中国新材料产业发展年度报告（2021—2022）

关键矿产及其材料高质量发展战略研究

国 家 新 材 料 产 业 发 展 专 家 咨 询 委 员 会
“国家关键矿产及其材料产业供应链高质量发展战略研究”项目组 著

北 京
冶 金 工 业 出 版 社
2023

内 容 提 要

本书首次将矿产资源、材料产业串联开展资源端、冶炼端、材料端和循环利用端的全产业链研究。分析了产业发展形势和现状，建立了关键矿产及其材料产业高质量发展水平评价指标体系，评述了我国相关产业的发展状况，梳理了面临的重大问题，并基于未来国家经济社会发展对资源和材料的需求，综合提出了我国关键矿产及其材料产业高质量发展的目标和举措。

本书可供从事资源产业、材料产业发展战略等方面研究的人员使用，也可为相关政府部门工作人员、相关企业管理者和技术人员及大专院校师生提供参考。

图书在版编目(CIP)数据

中国新材料产业发展年度报告.2021-2022：关键矿产及其材料高质量发展战略研究/国家新材料产业发展专家咨询委员会，“国家关键矿产及其材料产业供应链高质量发展战略研究”项目组著.—北京：冶金工业出版社，2023.12

ISBN 978-7-5024-9518-3

Ⅰ.①中…　Ⅱ.①国…　②国…　Ⅲ.①工程材料—研究报告—中国—2021-2022　Ⅳ.①TB3

中国国家版本馆 CIP 数据核字(2023)第 096077 号

中国新材料产业发展年度报告（2021—2022）

关键矿产及其材料高质量发展战略研究

出版发行　冶金工业出版社　　**电　　话**　(010)64027926

地　　址　北京市东城区嵩祝院北巷 39 号　　**邮　　编**　100009

网　　址　www. mip1953. com　　**电子信箱**　service@ mip1953. com

责任编辑　夏小雪　美术编辑　彭子赫　版式设计　郑小利

责任校对　郑　娟　责任印制　禹　蕊

北京捷迅佳彩印刷有限公司印刷

2023 年 12 月第 1 版，2023 年 12 月第 1 次印刷

787mm×1092mm　1/16；27. 25 印张；628 千字；414 页

定价 260. 00 元

投稿电话　(010)64027932　投稿信箱　tougao@cnmip. com. cn

营销中心电话　(010)64044283

冶金工业出版社天猫旗舰店　yjgycbs. tmall. com

（本书如有印装质量问题，本社营销中心负责退换）

《中国新材料产业发展年度报告（2021—2022）》关键矿产及其材料高质量发展战略研究

编 辑 委 员 会

关键金属矿产及其材料组

裴荣富　陈其慎　邢佳韵　任　鑫　张艳飞　龙　涛
郑国栋　王　琨　李振清　李　强　王浩琳　王　晓
周　正　商铖红　康　昆　陈仁凤

战略优势矿产及其材料组

李仲平　孙传尧　潘复生　黄小卫　冯宗玉　王　猛
赵龙胜　孟德亮　申士富　袁国辉　张以河　刘洪波
黄正宏　王文利　孙　庆　李　明　周玉昌　彭一村
胡鸿飞　苗庆东　张溅波　蒋　斌　董志华　张　昂
李　龙　田跃龙　郑文江

新一代信息技术矿产及其材料组

屠海令　曹湘洪　王一德　吴以成　王海舟　俞大鹏
周　济　王兴权　潘　峰　马松林　刘　锋　刘开辉
缪向水　张果虎　石　瑛　毛昌辉　刘峰奇　霍成松
宋晶尧　刘海坤　杜晓峰　王凤英　宋　成　宋志棠
刘　灿　吴　华　赵鸿滨　郭奕雯

咨询组

马延和　方　向　介万奇　王仲颖　王　欣　王晓齐
王霄蕙　石　瑛　孙冬柏　朱玉华　朱建勋　闫晓林
吴长江　吴世平　吴　玲　张丕军　张平祥　张劲松
李力锋　李义春　李秋小　李　鑫　杨才福　杨桂生
陈亚莉　陈弘达　陈　燕　何耀洪　周少雄　周科朝
郅　晓　赵俊贵　徐　红　徐　坚　徐樑华　敖　宏
翁　端　崔　平　黄政仁　熊　梦　熊柏青　薛冬峰
戴圣龙

序

当今世界正处于百年未有之大变局，全球新一轮科技革命和产业革命持续深入，全球地缘政治经济格局加速调整，世界进入新的动荡变革期。矿产资源和材料是保障国民经济、社会发展、国防建设和人民生活的物质基础。当前我国已进入高质量发展阶段，矿产资源及其材料产业面临重大发展机遇。梳理关键矿产资源及其材料产业链供应链，提出支撑安全、高效、绿色、协调的关键矿产及材料产业链高质量发展战略，对新时期我国实现制造强国、推进新型工业化建设具有特别重要的意义。

中国工程院2021年启动“国家关键矿产及其材料产业供应链高质量发展战略研究”重大咨询项目，针对能源矿产及其材料、大宗金属矿产及其材料、关键金属矿产及其材料、战略优势矿产及其材料以及新一代信息技术产业用矿产及其材料等重点方向开展战略研究。中国工程院矿产资源和材料领域20余位院士领衔，国家新材料产业发展专家咨询委员会及各研究机构百余位专家参与研究工作。项目组系统梳理了我国关键矿产资源端、冶炼端、材料及产品端、循环利用端四大环节的全产业链发展状况，构建了产业链供应链高质量发展评价技术体系，分析了产业链供应链发展面临的问题，提出了关键矿产及其材料产业高质量发展战略目标、实施路径和措施建议。期望本书能为政府部门推进矿产和材料产业发展提供理论依据与决策参考，为广大矿产资源和材料领域工作者提供有价值的研究借鉴。

国家新材料产业发展专家咨询委员会主任

“国家关键矿产及其材料产业供应链高质量发展战略研究”项目负责人

中国工程院院士 干勇

2023年5月

前　　言

我国是全球最大的矿产资源和材料生产国与消费国。当前，国际形势发生深刻变化，发达国家重视关键矿产及其材料产业供应链安全问题并开展谋划和布局，我国也强调提高产业链供应链安全性、稳定性和竞争力。关键矿产及其材料产业链供应链受到国内外政府和学者的高度关注。

中国工程院在矿产资源和材料领域已分别组织了强国战略研究，如“矿产资源强国战略研究”项目组系统分析了我国矿产资源产业发展面临的重大问题，提出了相应的发展战略，并针对不同类型矿产提出了相应的发展路径；“新材料强国 2035 战略研究”项目组系统分析了材料产业发展的现状、形势及问题，针对 2035 年战略需求制定了技术路线图。然而，在以往的咨询项目中，没有开展矿产资源-材料供应链的串联研究。事实上，矿产资源是材料产业的基础，材料产业是矿产资源的下游，将矿产资源与材料产业串联，开展跨学科、跨领域战略研究，更加有利于从全链条的角度梳理产业链供应链发展的现状，分析面临的关键问题，从保障供应链安全、畅通产业链条、促进国内大循环和国际国内双循环的角度系统提出有关发展战略。

“国家关键矿产及其材料产业供应链高质量发展战略研究”涉及的关键矿产及其材料产业是指包含资源勘查、采选、冶炼、加工、制造和回收利用等矿产原材料供给全链条的产业体系。关键矿产及其材料产业的高质量发展包括两层含义：一是资源端、冶炼端、产品制造端和循环利用端四大环节全链条的高质量发展，二是为国家经济社会高质量发展、为中华民族伟大复兴提供高水平的原材料支撑。关键矿产及其材料产业高质量发展的特征体现在产业链条完善、产业国际竞争力强、绿色发展水平高、科技水平高等方面。本书立足我国矿产资源禀赋条件和材料产业发展现状，首次将矿产资源与材料串联，系统厘清关键矿产及其下游冶炼、材料制备、回收利用全产业链条，梳理每一环节的产品及其供应状况，在此基础上分析我国关键矿产及其材料产业发展面临的形势、问题和战略需求，提出矿产资源及其材料产业供应链高质量发展战略。

项目研究取得了一系列丰硕成果，提出针对关键矿产及其材料产业供应链的资源供给、科技水平、绿色发展、循环利用等薄弱环节，利用15年时间，坚持自主创新、优化产业结构、提升质量效益、践行绿色低碳，壮大一批具有国际市场竞争力的企业，全面实现我国矿产及材料产业的高质量发展，确保关键矿产资源“找得到”“采得出”“用得上”。

由于时间有限，书中尚有诸多不足之处，敬请读者批评指正。

本书编委会

2023年5月

目　录

第一篇　综　合　篇

第二篇　能源矿产及其材料篇

第四篇 关键金属矿产及其材料篇

第五篇 战略优势矿产及其材料篇

第六篇 新一代信息技术产业用矿产及其材料篇

第一篇

综 合 篇

第一章　关键矿产及材料产业发展现状

第一节　面临的形势

一、全球地缘格局动荡加剧，关键矿产及其材料安全供应面临严峻挑战

当今世界正处于百年未有之大变局，全球地缘政治经济格局加速调整，世界进入新的动荡变革期，地缘格局动荡造成全球经济发展受阻、贸易动荡，关键矿产及其产业链供应链不稳定性快速增加。2022 年，俄乌军事冲突爆发，全球原油、天然气、镍等多种矿产供应链受到严重影响。

二、世界各国高度重视关键矿产及其材料领域，全球资源产业竞争不断加剧

近年来，美国、欧盟、澳大利亚、加拿大、日本等发达国家均高度重视关键矿产及其材料安全保障，梳理本国关键矿产及其材料清单，开展关键矿产及其材料供应链调查，出台措施强化对关键矿产及其材料领域的保障。例如，美国政府一方面开展关键矿产、电池、半导体等 4 大关键领域百天供应链调查，评估关键供应链的脆弱性，制定全方位提高本国保障能力对策；另一方面联合加拿大、澳大利亚、英国等成立“可持续关键矿产联盟”“关键矿产买家俱乐部”等联盟。澳大利亚、加拿大也紧随其后提出相应的关键矿产战略，一方面强化本国在全球供应链中的优势地位，另一方面强化对美欧盟友的支持。欧盟委员会 2023 年出台《关键矿产法案》，从勘查、开发、储备、监测预警、国外合作等提出了全方位增强关键矿产产业链供应链安全的措施。

三、新一轮科技革命和产业革命为关键矿产及其材料发展带来历史机遇

当前，国际正在经历一场更大范围、更深层次的新工业革命，信息技术、制造技术、能源技术、材料技术交叉融合、深度渗透、群体性突破、协同应用，新技术、新业态、新产业层出不穷；一批标志性通用技术（数字化制造、5G、大数据等）涌现并向各产业领域渗透。新工业革命的本质是技术进步和模式创新驱动下的产业范式变迁，主要特点可以概括为“一主多翼”。“一主”，是指在当前产业革命的大背景下，数字化、信息化、网络化、智能化的智能创新和深度应用是主要的潮流和趋势；“多翼”，是指能源技术、材料技

术、生物技术等领域的创新发展、融合交叉、广泛使用。科技与产业发展日新月异，新材料与5G、人工智能、智慧城市、新能源、生命健康等新兴产业的发展高度融合，创新步伐持续加快。推动了关键矿产及其材料的不断推陈出新和产业化进程，这为关键矿产及其材料的大发展提供了难得的历史机遇。

四、积极应对气候变化，推动关键矿产及其材料向绿色低碳转型

工业化以来，由于温室气体大量排放，全球气温较工业化前上升了约1℃。如果气温继续以目前速度上升，2030~2052年期间将再上升1.5℃，进而引发一系列灾难性气候，对全人类造成巨大损失，气候变化已成为人类的最大威胁之一。为应对气候变化，2015年12月巴黎气候大会通过的《巴黎协定》提出，将21世纪全球平均气温上升幅度控制在2℃以内。世界主要国家提出了碳减排、碳中和目标，大部分发达国家提出要在2050年前后实现碳中和。为积极应对气候变化，各国采取多种措施应对气候变化，包括减少化石能源使用、加快发展风电、光伏等清洁能源、改进生产工艺、调整生产生活方式、加快碳封存和碳捕获技术研发、出台碳税、碳交易等，随着低碳革命的持续推进，冶炼、化工等高碳重化工业发展受到抑制，煤电、钢铁、炼铝等行业面临巨大碳排放压力，产业规模和生产方式将发生重大调整。新能源、新材料、新能源汽车、高端装备等产业加速发展，成为全球产业投资重心，带动关键矿产及其材料产业的绿色转型。

五、我国进入高质量发展阶段，对关键矿产及其材料提出更高要求

我国经济已从高速增长阶段迈入高质量发展阶段。高质量发展要求经济实现由要素密集型产业为主的产业体系，转向以技术和知识密集型产业为主的产业体系，从而促进我国产业向国际价值链的中高端迈进。同时，产品结构上要实现由目前低技术含量、低附加值产品为主的产品体系，转向高技术含量、高附加值的产品体系为主。这为我国关键矿产及其材料产业发展提出了更高要求。矿产资源是经济社会发展的物质基础，实现高质量发展需要矿产资源支撑，要着力保障我国矿产资源安全供应，同时在矿产资源开发中要做好与生态保护的协调统一，坚持绿色勘查、绿色开发、绿色利用。新材料产业应坚持走深层次自主创新发展道路。逐步把支持的重点转移到深层次自主创新上，鼓励新材料企业在没有国家经费支持下自主投入研发，探索他国没有形成的技术，掌握更多他国所不掌握的新材料高新科技，在“创新无人区”自主寻觅路径，创造市场还未出现的新需求，形成我国真正的核心竞争优势。

第二节 关键矿产及材料产业发展状况

一、关键矿产及其材料产业的界定

矿产资源是国民经济发展的基础性原材料，是工业的粮食。矿产资源经开采、冶炼加

工、提纯和制造形成材料，是飞机、高铁、汽车、手机、电脑等终端产品制造的物质基础。关键矿产是支撑和保障国家经济安全、产业安全和国防安全的关键性原料，而其生产的关键材料是支撑制造业产业升级和高质量发展的物质基础。以往矿产资源战略和材料发展战略的研究，均将矿产资源产业和材料产业作为两个分别的对象开展有关研究，矿产资源-材料供应链没有实现串联研究。事实上，材料是矿产资源产业的下游，资源是材料产业的基础。将矿产资源与材料产业串联，开展跨学科、跨领域战略研究，更加有利于从全链条的角度梳理产业链供应链发展的现状，分析面临的关键问题，从畅通链条、促进国内大循环和国际国内双循环的角度系统提出有关发展战略。

基于此，本项目涉及的关键矿产及其材料产业是指包含资源勘查、采选、冶炼、加工、制造和回收等矿产原材料供给全链条的产业体系。通过立足我国矿产资源禀赋条件和材料产业发展现状，本书从全产业链条角度，系统厘定煤炭、石油、天然气、铀、铁、铜、铝、锂、钴、镍、稀土、石墨、钒钛、镁、镓等关键矿产及其下游冶炼、材料产品链条，梳理链条上每一环节的产品及其供应链状况，从安全状况、国际竞争力、科技发展水平和绿色发展等开展高质量发展水平评价，梳理存在的主要问题，提出矿产资源及其材料产业链供应链高质量发展战略，参见图 1-1。

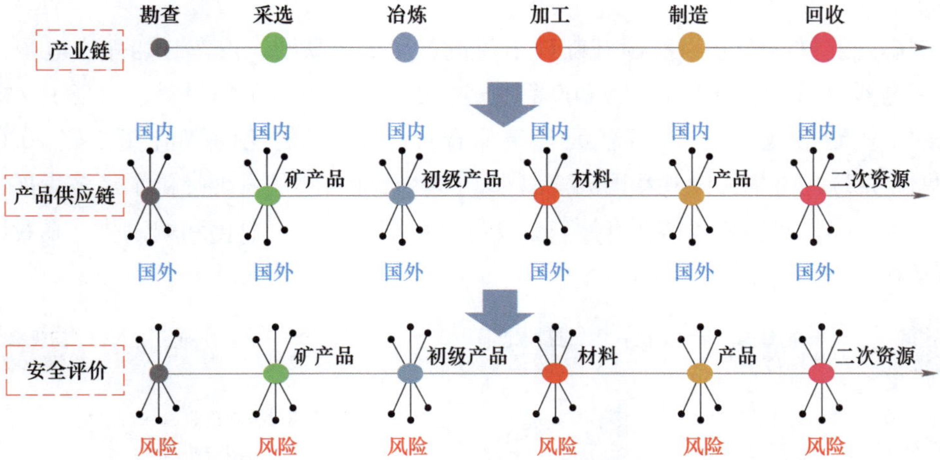

图 1-1 关键矿产资源及其材料高质量发展研究思路

二、我国关键矿产及其材料产业总体情况

（一）我国关键矿产及其材料产业涉及产值约 52 万亿元，占我国工业总产值比例超过 1/3

按中国《国民经济行业分类》（GB/T 4754—2017）标准，我国关键矿产及其材料产业主要涵盖工业部门中的煤炭、油气、黑色金属、有色金属和非金属采矿业，石油加工、炼焦和核燃料加工业，化学原料和化学制品制造业，黑色金属冶炼和压延加工业，有色金属冶炼和压延加工业等冶炼产业，以及不能在标准分类中找到明确对应的新材料产业和二

次金属矿产资源回收利用产业。根据最新的产量、价格估算，2020年我国采矿业产值约为6万亿元，冶炼产业总产值约为40万亿元，新材料产业产值约为5万亿元，二次金属矿产资源回收利用产值约为8000亿元（见图1-2），四者合计约为51.8万亿元，占我国工业总产值比例超过1/3。

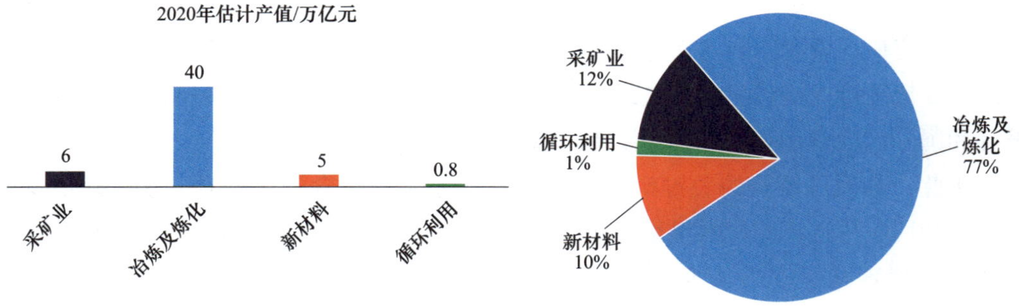

图1-2 2020年我国关键矿产及材料产业不同环节估算产值

（二）关键矿产及其材料产业支撑下游产业产值近90万亿元，是支撑我国工业化、城镇化发展的基石

关键矿产及材料产业为我国基础设施建设、飞机、高铁、汽车、船舶、电子通信设备、家用电器等绝大部分工业设备和产品制造提供了所需的各类原材料，相当于支撑了60万亿元的工业制造业以及26万亿元建筑业合计近90万亿元的产值（按照2020年价格）（见图1-3）。中华人民共和国成立以来，这些行业持续的发展提供了经济发展、人民生活以及人民物质财富积累的所有原料，支撑了我国的快速工业化和城镇化，是我国经济发展的基石。

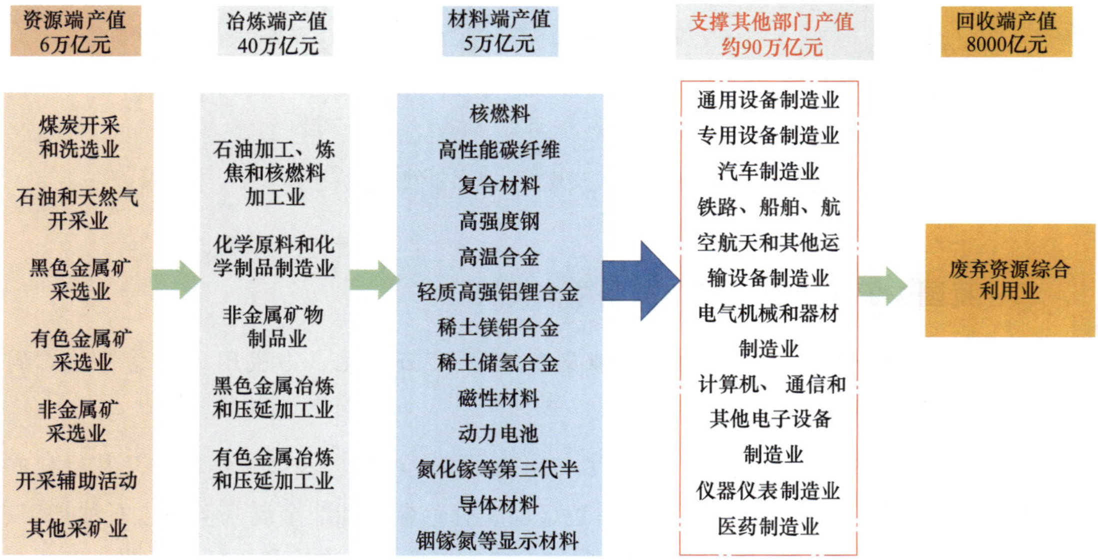

图1-3 我国关键矿产及其材料产业在工业部门中的支撑作用

（三）关键矿产及其材料产业涉及全球新一轮科技产业竞争，是我国实现中华民族伟大复兴的重要保障

未来15年，是中国大力发展战略性新兴产业、抢占全球科技制高点，建设矿产资源强国、新材料强国的重要阶段，也是中国经济和产业转型升级的关键阶段。稳定的矿产原材料供应和自主可控的关键材料供应，涉及国防军工、航空航天、5G通信、新能源等几乎所有关键产业部门的发展，将成为我国在日益复杂动荡的国际形势下平稳转型、实现经济社会高质量发展和中华民族伟大复兴的重要保障。

三、资源与矿业发展现状及形势

（一）我国矿产资源消费将长期保持在较高水平，锂、钴、镍等关键矿产需求快速增长

我国处于工业化中后期发展水平阶段，矿产资源需求种类多，用量大，矿产资源在国民经济中的基础性和支撑性地位长期难以改变。2020年，我国煤炭消费量49.8亿吨标准煤，占全球54%；石油消费量6.9亿吨，占全球17%；天然气消费量3280亿立方米，占全球9%；铁矿石消费14.3亿吨，占全球67%；铜矿石消费1453万吨，占全球49%。未来20年，我国煤炭、铁、锰等大宗矿产消费仍将保持高位，石油、天然气、锂、钴、镍等战略性矿产需求仍将保持增长态势。

（二）国内资源保障能力减弱，后劲不足

由于长时间高强度的开发利用，加之政策、环保等多种因素，我国矿产资源开发空间受限，矿业市场投资低迷，国内矿产储量难以增长，有效矿业权数量大幅下降，产量明显下降。近10年来，我国矿业权数量急速减少。2011年至2021年6月，我国探矿权数量从3.6万个下降到1.1万个，下降69%；采矿权数量从10.1万个下降到3.6万个，下降64%（见图1-4）。石油、铁、锰、铬、钼、锡、锑、磷矿、萤石等16种矿产产量明显下降。其中，原油产量自2016年以来连续5年不足2亿吨，铁、锰、铜、钾盐等矿产产量较高点分别下降19%、61%、13%、10%（见表1-1）。

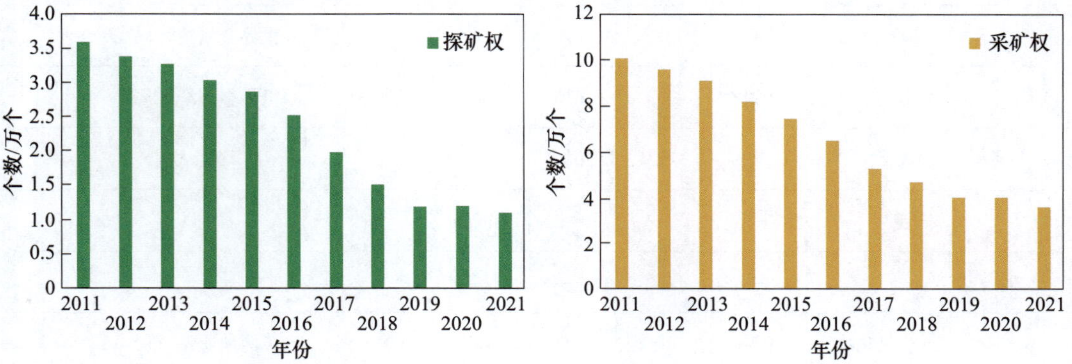

图1-4　2011~2021年我国探矿权和采矿权个数变化情况

（数据来源：自然资源部）

表 1-1　2015 年和 2020 年我国部分重要矿产资源产量

序号	矿种	单位	2015 年	2020 年	增幅	数据来源
1	煤炭	亿吨	37.47	39.02	4%	国家统计局
2	石油	亿吨	2.15	1.95	-9%	国家统计局
3	天然气	亿立方米	1346.1	1925	43%	国家统计局
4	页岩气	亿立方米	44.71	200.55	349%	自然资源部油气资源战略研究中心
5	煤层气	亿立方米	44.25	57.67	30%	自然资源部油气资源战略研究中心
6	铀	—	—	—	—	—
7	铁（原矿）	亿吨	13.81	8.67	-37%	国家统计局
8	锰（金属含量）	万吨	300	130	-57%	美国地质调查局
9	铬（铬铁矿）	万吨	2.27	8.4*	270%	《全国非油气矿产资源开发利用统计年报》
10	钒	万吨	4.2	5.3	26%	美国地质调查局
11	钛（折 TiO_2）	万吨	85	230	171%	美国地质调查局
12	铜	万吨	166.7	167.3	0%	中国有色金属工业协会
13	铝（矿石）	万吨	6079	6960	14%	世界金属统计局
14	镍	万吨	10.1	10.6	5%	中国有色金属工业协会
15	钴	吨	10093	2000	-80%	中国有色金属工业协会
16	钨（折 WO_3 65%）	万吨	14.16	13.86	-2%	中国钨业协会
17	锡	万吨	11	16	45%	世界金属统计局
18	钼	万吨	13.7	9.6	-30%	世界金属统计局
19	锑	万吨	12.1	6.5	-46%	世界金属统计局
20	金	吨	379.4	301.7	-20%	中国黄金协会
21	铌	—	—	—	下降	—
22	钽	—	—	—	下降	—
23	铍（折铍氧化物）	万吨	20	70	250%	美国地质调查局
24	锂	吨	2000	14000	600%	美国地质调查局
25	锆	—	—	—	下降	—

续表 1-1

序号	矿种	单位	2015 年	2020 年	增幅	数据来源
26	铪	—	—	—	下降	—
27	稀土	—	—	—	—	—
28	锗	吨	115	172	50%	北京安泰科信息股份有限公司
29	镓	吨	—	290	—	北京安泰科信息股份有限公司
30	铟	吨	350	500	43%	北京安泰科信息股份有限公司
31	铼	吨	2.4	2.5	4%	美国地质调查局
32	钾盐（K_2O）	万吨	620	500	-19%	美国地质调查局
33	磷（矿石）	亿吨	14204	8893	-37%	国家统计局
34	硼（氧化硼）	万吨	15	25	67%	美国地质调查局
35	萤石	万吨	440	430	-2%	美国地质调查局
36	石墨	万吨	78	65	-17%	美国地质调查局

注：“—”代表无数据；* 为 2019 年数据。

（三）我国矿产资源依赖进口压力持续增大

我国多数矿产资源需要从国外进口，例如，石油、铁、铜、镍、钴、铌、钽、铂族、铀。近年来，我国矿产资源需求不断增长，但国内重要矿产产量下降，2015 年至 2020 年，石油、天然气、铁矿石、锰矿、铜矿、铝土矿对外依存度持续攀升（见图 1-5）。我国矿产资源大量依赖进口的压力会持续增大，产业链供应链安全挑战不断增加。

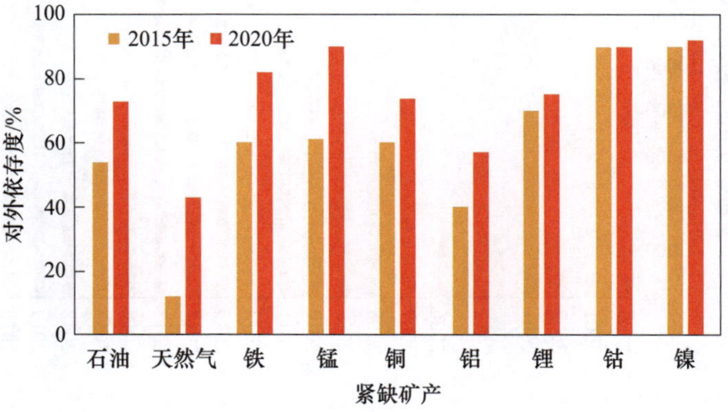

图 1-5　我国紧缺矿产 2015 年和 2020 年对外依存度变化

（四）矿业行业投资吸引力大幅下降，矿业市场投资低迷

我国矿业行业投资吸引力大幅下降，社会资金持续流出。根据《全国地质勘查成果通报》数据，2020年地质勘查投入为162亿元，较2012年最大值下降68%。社会勘查投入占勘查总投入比例从2012年的60%下降至2020年的30%左右（见图1-6）。2013~2020年，我国矿业固定资产投资从1.46万亿元降至1.02万亿元，减少30%（见图1-7）。投入下降的原因，一是受矿业周期性下行、矿业权数量和面积双减少、矿产资源法正在修改、权益金不完善等因素作用，影响企业勘查投入和矿业固定资产投资的积极性。二是由于近几年部门预算压缩，相应的基础地质调查工作滞后。三是一些地方政府因安全、环保等因素，采取“一刀切”关停等简单管理方式，甚至有些地方提出建设“无矿县”“无矿市”，市场主体对矿业发展预期不明确，投资信息不足。四是各方面对矿业准入提出更高要求，矿产资源勘查开发空间受到挤压。

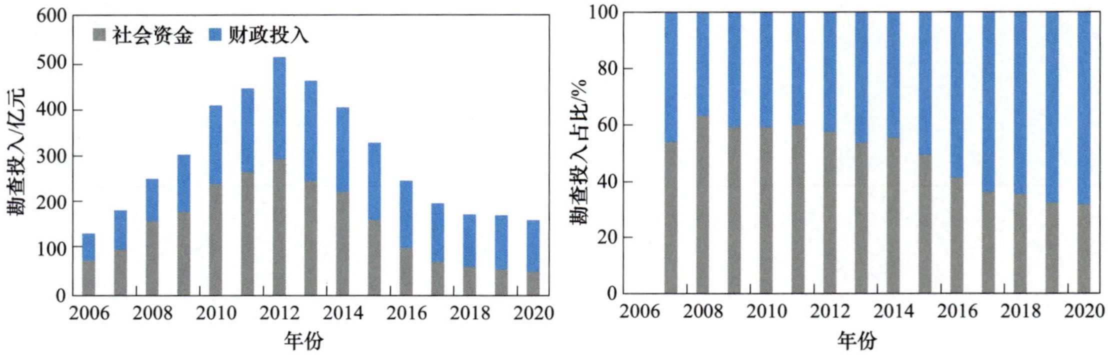

图1-6 2006~2020年我国非油气矿产地质勘查投入情况

（数据来源：自然资源部）

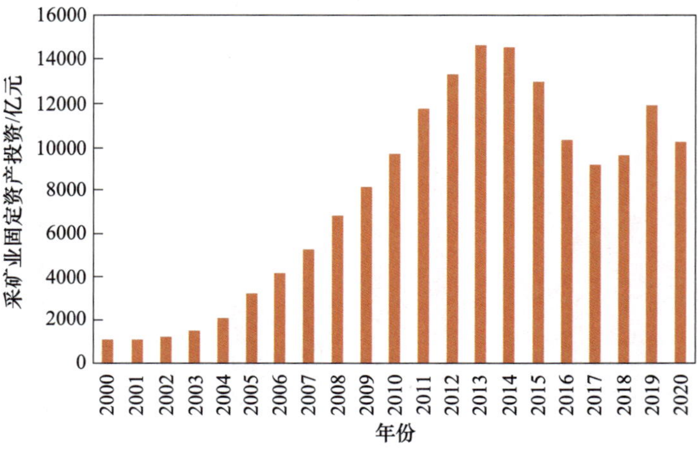

图1-7 2000~2020年采矿业固定资产投入情况

（数据来源：国家统计局）

四、冶炼加工产业现状及形势

（一）我国能源加工规模较大，基础化工和高端化工产品产能不足

2019 年，我国的原油加工量规模已经达到 6.6 亿吨，年产汽油约 1.5 亿吨、柴油 1.8 亿吨、煤油 5000 万吨，2000 年以来分别增长了 260%、150%和 470%，有力保障了经济社会发展和人民生活需要。化工品方面，主要产品的产能和产量也实现了较大增长，2019 年，我国的乙烯、丙烯、PX 产量分别达到了 2580 万吨、3280 万吨和 1452 万吨，虽然总体已经建成了较大的产业规模，但由于需求增长较快，我国乙烯、丙烯、PX 的自给率仅分别约为 49.4%、76.5%、49.4%，而一些高端化工品的技术水平和生产能力更是与国外存在较大差距，难以满足国内需求。

（二）我国是冶金产业第一大国，黑色、有色冶炼加工产业发展齐全

2000 年以来，我国步入工业化快速发展阶段，冶金产业伴随消费增加得到大力发展，规模庞大，生产种类齐全，成为冶金产业第一大国。2020 年，我国粗钢、精炼铜、原铝、精炼铅、精炼镍、精炼锡、原镁、精炼钴产量分别达到 9.3 亿吨、1003 万吨、3708 万吨、644 万吨、73 万吨、20 万吨、89 万吨、8 万吨，产量占全球比例分别为 51%、42%、40%、49%、30%、55%、89%、63%（见图 1-8）。

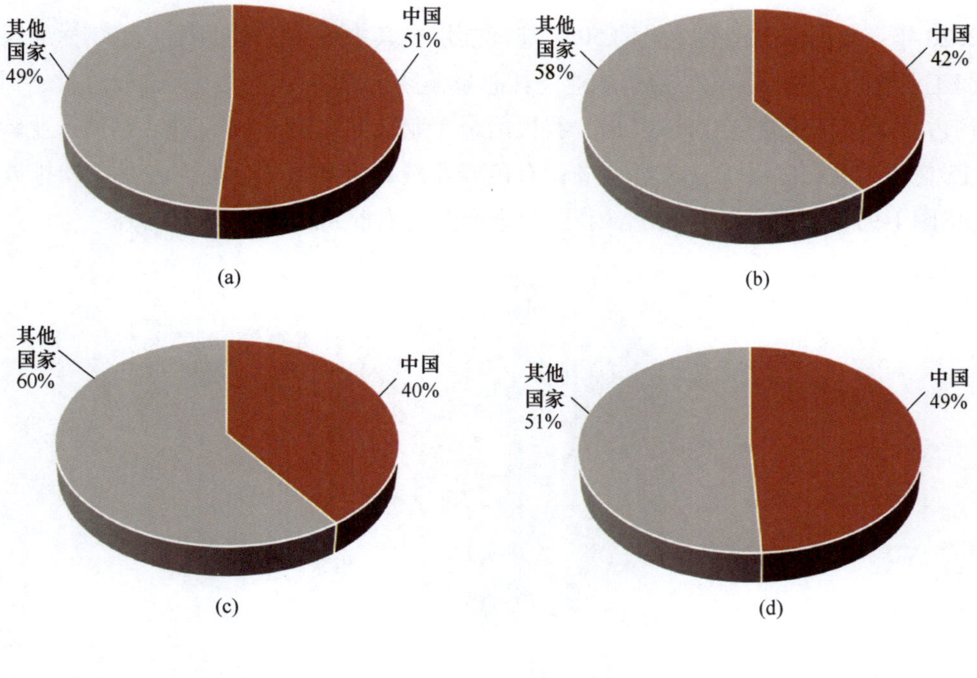

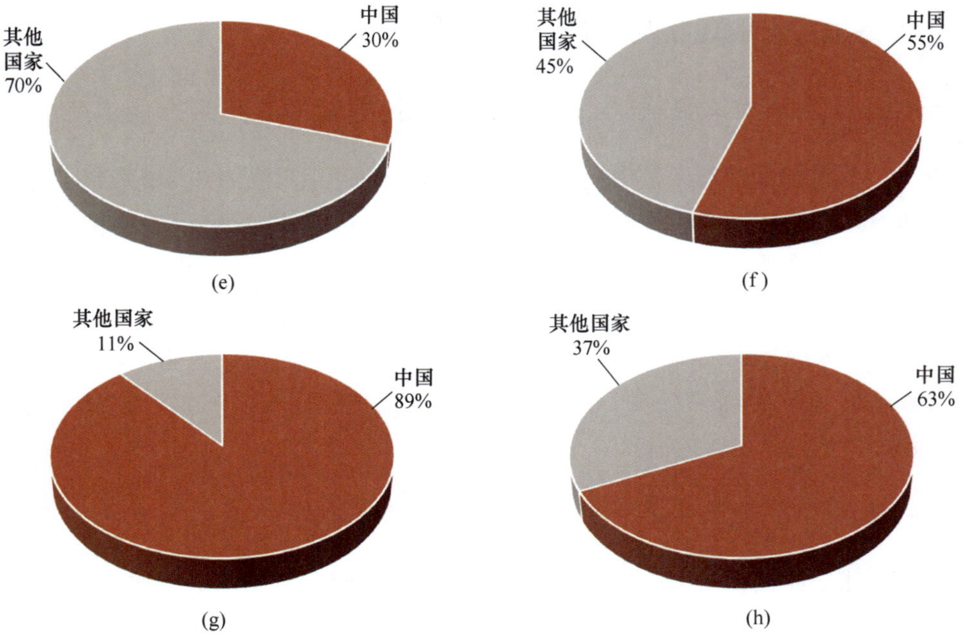

图 1-8　2020 年我国粗钢、精炼铜、原铝等冶炼产品产量占全球比例

（a）粗钢；（b）精炼铜；（c）原铝；（d）精炼铅；（e）精炼镍；

（f）精炼锡；（g）原镁；（h）精炼钴

（三）我国冶金产业总能耗高，碳排放总量大，面临较大的环保压力

2020 年，我国能源消费总量约 50 亿吨标准煤，其中钢铁工业能耗 4 亿吨标准煤，有色金属工业约 2 亿吨标准煤，冶金产业能耗总量偏高。2020 年，我国碳排放总量超 100 亿吨，约占全球碳排放总量 1/3，其中，我国冶金产业碳排放量超 20 亿吨。钢铁产业碳排放量约 15 亿吨，占我国碳排放总量 15%；有色产业碳排放量约 7 亿吨，占我国碳排放总量 7%（见图 1-9）。双碳目标背景下，我国冶金产业面临较大的节能减排压力。

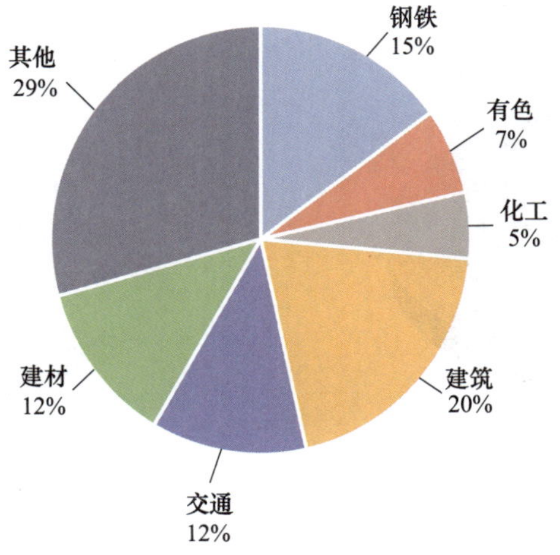

图 1-9　2020 年我国碳排放结构

（四）冶金产业总体利润水平较低，高端产品产量有待提升

2010年以来，我国钢铁、有色冶炼产业利润一直处于较低水平。近5年，钢铁冶炼产业销售利润率保持在1.5%~3.6%之间，有色冶炼产业销售利润率保持在2.8%~3.7%之间（见图1-10）。我国冶金产业高端产品占比相对较低，以钢铁产品为例，我国特种钢产量仅占本国粗钢产量的4%，大幅落后于瑞典的55%、德国的22%、日本的21%、意大利的17%。

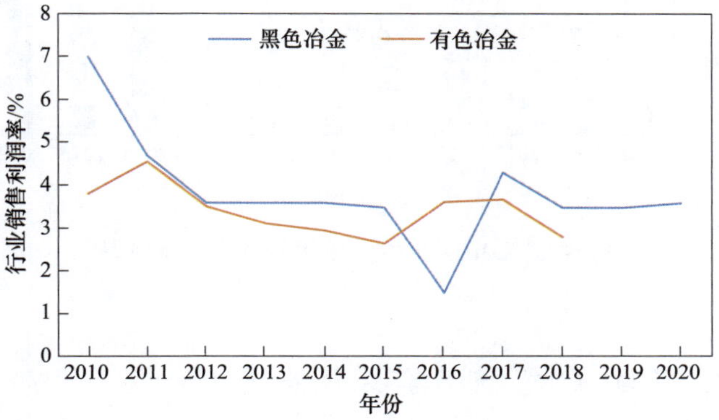

图1-10 2010~2020年我国黑色冶金、有色冶金行业销售利润率

（五）我国冶金产业结构不合理，正处于“压总量，调结构”时期

我国经济呈现“两头在外”的模式，产业规模庞大，产业结构不合理。例如，钢铁生产方式中，生产1t高炉钢需排放2t二氧化碳，生产1t电炉钢仅需排放0.6t二氧化碳，目前我国电炉钢产量占比仅约10%，与日本25%、美国68%和欧盟41%相比明显偏低，也远低于28%的世界平均水平。为实现“双碳目标”，我国冶金产业已步入“压总量，调结构”时期。

五、新材料产业现状及形势

与发达国家相比，我国新材料技术与产业起步较晚、基础薄弱。新中国成立以来特别是改革开放以来，我国出台多项政策文件，在材料领域全面部署，对标发达国家奋起直追，经过40多年的不懈努力，我国在体系建设、产业规模、技术进步、集群效应等方面取得了一定成效，成为了世界材料大国。

（一）生产体系基本完整，产业规模不断壮大

我国新材料产业已形成了全球门类最全、规模第一的材料产业体系。建成了涵盖金属、高分子、陶瓷等结构与功能材料的研发和生产体系；形成了庞大的材料生产规模，我国钢铁、有色金属、稀土金属、水泥、玻璃、化学纤维、先进储能材料、光伏材料、有机

硅、超硬材料、特种不锈钢等百余种材料产量达到世界第一位。据统计，自“十二五”以来，我国新材料产业产值快速扩张，从 2010 年的 0.65 万亿元增长到 2020 年的 5.0 万亿元（见图 1-11），材料产业已成为我国的重要支柱产业。

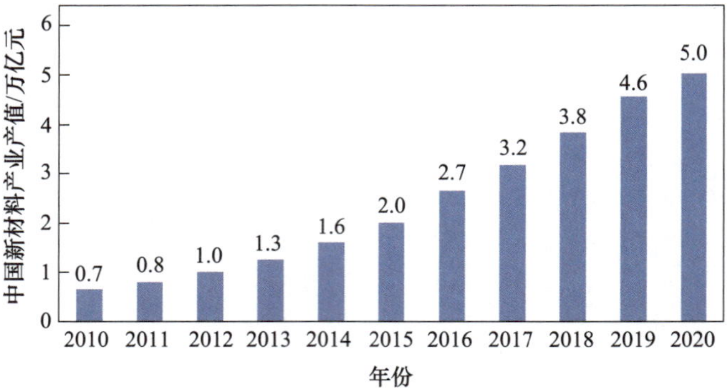

图 1-11　2010~2020 年中国新材料产业规模

（二）研发能力不断提升，创新体系逐步建立

以企业为主体、市场为导向、“用、产、学、研”相互结合的新材料创新体系逐步建立，新材料领域的国家重点实验室、工程（技术）研究中心、工程实验室、企业技术中心和科研院所实力大幅提升，在重大技术研发及成果转化中的促进作用日益突出。面向新材料产业发展的重大共性需求，开始布局新材料领域的创新中心，加快成果转移扩散和技术工程化商业化。重点企业主体装备总体达到国际先进水平，建成了 170 余个国家重点实验室和工程（技术）研究中心、30 余个国家新材料重点平台，极大地推动了新材料的应用技术创新发展水平。

在科技创新方面，研发投入强度由 2012 年的 0.62%提高到 2021 年的 1%左右。科技论文和发明专利数量全球第一，300 余项材料技术获得国家科学技术奖。我国自主开发的拓扑绝缘体材料、高温超导、石墨烯等二维材料、块状纳米材料、仿生与超材料、半导体照明材料、光伏材料、深紫外等人工晶体材料、分离膜材料、全钒液流等电池材料、低温共烧陶瓷、钽铌铍合金、非晶合金、高磁感取向硅钢、二苯基甲烷二异氰酸酯（MDI）、立方氮化硼等超硬材料、间位芳纶、器官替代及病毒快速检测等高端生物医用材料等新材料的研发、生产与应用技术已达到或接近国际水平，部分达到国际领先水平。

（三）产业集聚效应明显，区域特色产业集群初步形成

近年来，我国新材料产业正呈现出快速集聚并形成特色产业集群的趋势，各地根据自身资源、人才、区位和产业基础，充分发挥比较优势，出台专项规划和行动方案，支持新材料产业特色发展，逐步形成了特色鲜明、各具优势的区域分布格局，产业集聚效应不断增强。

环渤海、长三角和珠三角地区承担着新材料的研发、高端制造等功能，新材料种类

多，成为全国三大综合性新材料产业聚集区；中部地区依托雄厚的原材料工业基础，新材料产业快速发展；西部地区依托丰富的资源基础，新材料产业呈特色化发展，形成多个特色新材料产业基地；东北地区作为老工业基地，具有较强的工业优势，新材料产业发展潜力日益凸显。

环渤海地区主要以北京、天津、唐山、青岛、烟台等城市为中心。其中，北京地区，是人才与科技资源集中地，拥有多家大型企业总部、重点高校和科研院校，新材料产业科技研发实力处于全国领先地位，在高端金属材料、稀土材料、化工材料、建筑材料、磁性材料、生物医用材料、生物基材料等多个领域发展优势明显。珠三角地区主要以广州、深圳、福州、厦门、泉州、宁德、东莞、佛山等城市为中心，以外向出口型为主，技术创新型中小企业占主导地位，在先进半导体及芯片制造材料、新型显示材料、化工材料、纺织材料、稀土材料、人工晶体、陶瓷材料、新型能源材料等领域具有较强优势。以洛阳、重庆、长沙、武汉、西安、太原、芜湖等为代表的中西部地区，是中国重要的能源和原材料生产基地，在稀土材料、高端金属材料、先进轻工材料、超导材料等材料领域具有较强优势。东北地区主要以哈尔滨、鞍山、长春等城市为中心，在高端金属结构材料、先进高分子材料和高性能复合材料等领域初步形成了产业集群。

（四）新材料应用水平逐步提高，创造了较大的经济和社会效益

新材料为我国航空航天、能源交通、工程建设、资源节约及环境治理等领域一系列国家重大工程的实施提供了不可或缺的物质基础和保障。新材料快速发展不断推动产业结构优化，科技贡献度日益增强。

先进基础材料领域：超级钢、电解铝、低环境负荷型水泥、全氟离子膜、聚烯烃催化剂等产业化关键技术的突破，促进了钢铁、有色、建材、石化等传统产业转型升级。高性能钢材料、轻合金材料、工程塑料等产品结构不断优化，有力支撑和促进了高铁、载人航天、海洋工程、能源装备等国家重大工程建设及轨道交通、海洋工程装备等产业的“走出去”。

关键战略材料领域：第三代铝锂合金成功实现在大飞机上应用，稀土永磁材料在电子信息、风电、节能环保等领域的应用规模稳步扩大；锂离子电池材料在新能源、新能源汽车的应用快速增长；半导体照明、新型显示、高性能纤维及复合材料等关键技术突破及工程化和产业化的实现，培育和发展了一批新兴产业和新的经济增长点，如半导体照明产业从零起步发展到 2020 年 7013 亿元产业规模。生物医用材料、肝炎和艾滋病快速诊断、海水和苦咸水淡化等一大批新材料、新技术的突破和产业化，为科技惠民提供了有效支撑。

前沿新材料领域：石墨烯在触摸屏、功能涂料等领域初步实现产业化应用；纳米材料与器件、人工晶体与全固态激光器、光纤、超导材料与器件、智能材料、高效能源材料、液态金属等前沿材料技术领域取得重大进展，缩小了我国与世界科技强国之间的差距。

（五）新材料产业整体与国外存在较大差距，关键原辅材料依赖进口

当前我国材料企业大多在国际产业链分工中处于劣势地位，国际竞争能力较弱。例

如，我国集成电路制造用八大系列近千个产品中，仅少数产品形成竞争优势，整体产业与美国、日本等领先水平国家相比差距较大。我国不但部分关键材料短板突出，而且材料生产用原辅料、生产设备及生产技术进口依赖度较高，国产装备研发仍然较多采取跟踪、追随模式，多处于原型样机阶段而未开展产业应用，技术引领性不足，产业链自主可控性较差。例如，在集成电路行业，超高纯多晶硅、大尺寸高档石英坩埚和石墨热场、光掩模用石英基板、高档光刻胶用成膜树脂、高端溅射靶材用超高纯金属、化学机械抛光（CMP）用高档磨料等尚依赖进口。

六、循环利用产业现状及形势

（一）我国已步入二次金属产业大规模发展阶段，未来二次金属将逐步成为资源及材料供应的主体

美、日、欧等发达国家和地区经验表明，随着一个国家经济发展、基础设施建设的逐步完善和人民物质财富的积累，二次金属的蓄积量也将大幅提高；工业化中后期，随着金属需求总量和社会蓄积量达到高位，二次资源回收利用量也迅速增加，最后逐步取代较大规模的一次矿产资源消费，逐步成为资源供应的主体（见图 1-12）。如目前美国钢铁生产原料中 70%来自资源废钢，再生铝消费也超过原铝；欧盟 50%钢铁原料来自废钢，再生铝消费占比超过 40%；钨供应 70%来自废钨；日本已于 2014 年停止原铝生产，通过加工本国生产的废铝及少量进口的废铝即可满足本国需求。

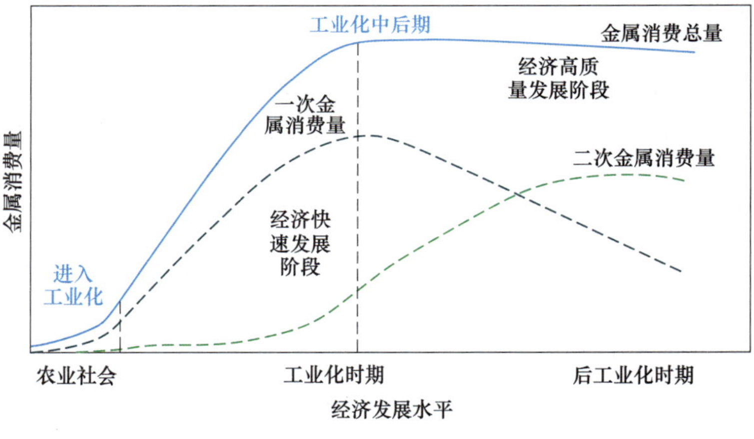

图 1-12　经济发展与一次、二次金属资源消费量的关系

我国已步入工业化中后期，同时步入废旧金属资源消费快速增加的新阶段。2000 年以来，随着我国经济发展速度和基础设施建设速度的加快，人民物质财富快速积累，我国钢、铜、铝等金属消费也快速增长，其中 2000~2020 年，我国累计消费量钢、铜、铝分别为 118 亿吨、1.4 亿吨和 3.6 亿吨。据中国废钢应用协会估算，我国 2020 年钢铁蓄积量达 104 亿吨，2025 年约为 129 亿吨，2030 年将达 145 亿吨，远高于美国的近 50 亿吨，欧盟

近30亿吨，日本约15亿吨等水平。我国铜、铝蓄积量也已超过发达国家。未来15年，我国钢以及铜、铝、铅、锌、镍等有色金属的回收规模将会进入加速增长阶段，锂、钴、稀土等金属回收也将进入规模化发展阶段，成为资源和材料供应的重要力量。

（二）我国废钢、废有色金属等资源回收规模已达世界第一，但回收率较发达国家尚有较大差距

从回收量来看，我国废钢、废有色金属等资源回收规模已达世界第一。2020年，我国废钢铁、废有色金属回收量分别约为2.60亿吨（见图1-13）和1300万吨（见图1-14）。这一规模远大于美、日、欧盟等发达国家和地区，如近年来美、日、欧盟等废钢年平均回收量分别为5000万吨、3300万吨和6800万吨左右。再如美国废铜、废铝、废铅和废锌年平均供应量目前分别为87万吨、350万吨、118万吨和17万吨。

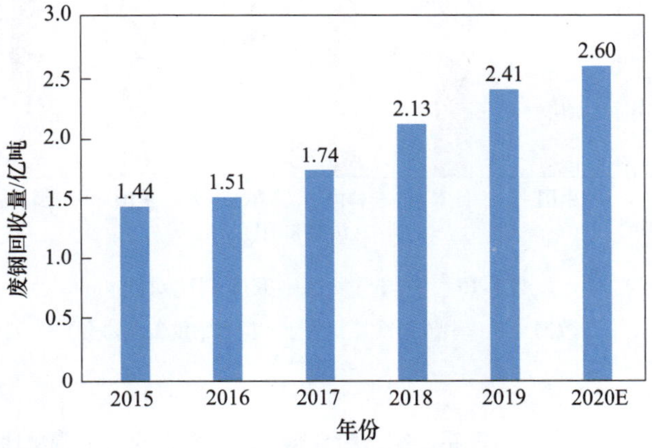

图1-13　2015~2020年我国废钢回收量

（数据来源：《中国再生资源回收行业发展报告（2015—2020）》）

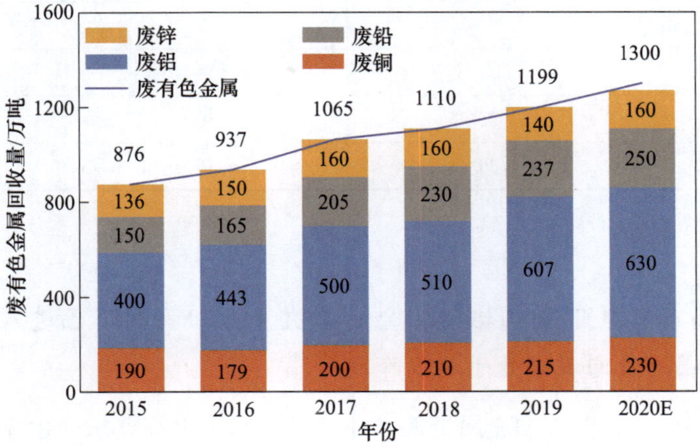

图1-14　2015~2020年我国废有色金属回收量

（数据来源：《中国再生资源回收行业发展报告（2015—2020）》）

然而，与发达国家相比，我国各类废旧资源的回收率、回收水平还相对较低。我国废旧金属回收量占消费量比例远低于发达国家水平。如2020年我国钢铁原料中废钢占比达到22%，但美国为70%以上，欧盟平均为55%～60%，韩国也在50%以上，日本为35%（见图1-15）；我国铝、铜、铅二次资源供应（新废加旧废合计）占消费量比例分别为18%、16%和39%（见表1-2），均严重低于发达国家水平，发展空间较大。此外，我国各类废旧产品的回收率普遍较低，如我国报废汽车回收率仅为0.7%（国际水平为4%～6%），我国各类家电、电子产品、废旧电池等的回收率也低于国际水平。

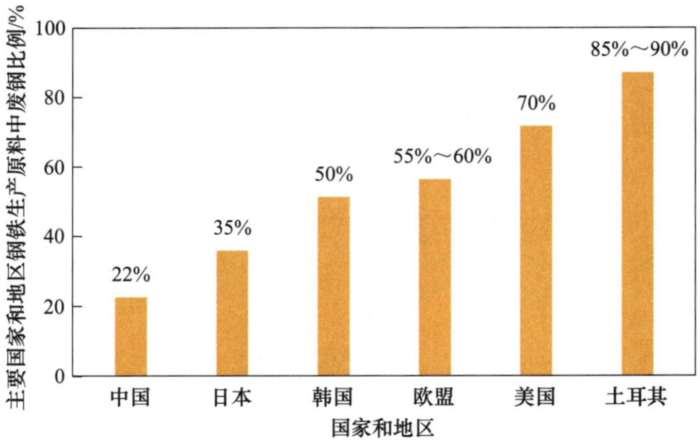

图1-15　中国与发达国家废钢比对比

（数据来源：中国钢铁工业协会、世界钢铁工业协会）

表1-2　中美日欧等铝、铜、铅金属二次资源供应占消费量比例　（%）

国家和地区	铝	铜	铅
中国	18	16	39
日本	48	65	61
美国	73	37	76
欧盟	39	51	71
全球平均	25	30	57
全球除中国平均	35	36	75

注：数据来源于世界金属统计局。

（三）双碳目标背景下钢铜铝大宗金属二次资源回收利用已进入快速发展阶段，锂钴稀土等小金属资源回收尚处于起步阶段

双碳目标的提出对我国废旧金属资源产业发展提出了更高要求。由于废钢、废铝等再生资源能够有效替代矿产资源，并大幅降低能耗、减少其他废弃物排放、有效降低碳排放，我国未来二次资源循环利用产业将会快速发展。我国钢、铜、铝等大宗金属应用历史

相对较长，社会蓄积量已达到一定水平，社会可回收利用的金属量较大，按照国家《"十四五"循环经济发展规划》要求，"十四五"期间我国废钢供应量年均增速为4.2%，再生有色金属供应量年均增速为6.6%。此外，近年来，锂、钴、稀土等战略性新兴产业矿产所需的金属需求呈爆发式增长，对应的动力电池回收、稀土永磁体回收产业也已初步建立，回收量占消费量比例尚不足5%，发达国家目前高度重视这类金属的循环利用，已在技术、产业体系、标准体系等方面开展部署，我国也应提前部署，避免进入被动局面。按照当前发展速度，2035~2040年，我国钢、铝、铅、锌、镍、铬、锰等金属二次资源供应将有望超过一次资源，铜、锂、钴等金属二次资源供应占比也将达到30%。

（四）我国已初步建立了涵盖"回收—加工—再利用"的废旧资源产业体系，但产业体系尚不健全

经过多年发展，我国已初步建立了涵盖"回收—加工—再利用"的废旧资源回收利用产业体系，但产业体系尚不健全。据商务部《中国再生资源回收行业发展报告（2020）》数据，2019年我国再生资源回收企业约10万家，回收行业从业人员约1500万人，其中大部分企业规模偏小，设备简陋、技术落后，从业人员素质不高，无法充分发挥再生资源的回收利用价值。我国目前仍面临金属资源循环利用规范化水平低，回收设施缺乏用地保障，低值可回收物回收利用难，大宗固废产生强度高、利用不充分、综合利用产品附加值低等问题，铜、铝、铅等大宗金属再生利用仍以中低端资源化为主，动力电池、光伏组件等新型废旧产品产生量大幅增长，回收拆解处理难度较大，稀有金属分选的精度和深度不足，循环再利用品质与成本难以满足战略性新兴产业关键材料要求。例如，我国废钢行业规范企业加工能力严重不足，以2019年为例，国内钢铁企业消耗废钢铁2.16亿吨，其中社会废钢约1.7亿吨，仅7000万吨来自规范企业，仅占社会废钢供应量的41%。

（五）我国尚未建立完善的二次资源循环利用法律、制度和产品分级分类的标准体系，技术水平、数字化和精细化管理水平亟待提升

我国在法律体系、制度保障、产品分级分类标准方面，与发达国家尚有较大差距。以日本为例，早在20世纪70年代，日本即着手建立自身循环利用法律体系，首先颁布了《循环型社会形成促进基本法》《废弃物处理法》《再生资源利用促进法》等基本法律，又进一步针对专门领域制定了《容器包装循环法》《家电循环法》《建设循环法》等回收利用法律，保障了废旧产品从产生的源头就依法进入回收体系，极大地降低了浪费，增加了循环利用效率。与之相比，我国在家电、汽车、废旧电池、废旧电子产品等领域均有相关的法律法规，但如家电回收预付费制、生产者责任制、闭环回收等先进回收理念和回收体系及其对应的法律制度要求尚未建立。此外，我国废旧金属回收利用的技术水平、数字化和精细化管理水平较美、日、欧等发达国家也存在差距。

第二章　关键矿产资源及材料产业高质量发展评价

第一节　评价指标体系构建

根据关键矿产及材料产业供应链高质量发展的内涵及其特征，从产业发展特点出发，考虑指标的全面性、代表性以及数据可得性，本章设计的关键矿产及材料产业供应链高质量发展评价指标体系涵盖资源端、冶炼端、产品和材料制造端与循环利用端四大环节，每一环节包含科技水平指标、绿色发展指标、国际竞争力指标以及安全指标等四个维度，每一环节和维度围绕国家、企业两个层面，合计共 70 个三级指标（见表 2-1）。

表 2-1　国家关键矿产及材料产业供应链高质量发展评价指标体系

A 四大环节	B 二级指标	C 三级指标
A1 资源端	B11 安全指标	C1 储消比
		C2 对外依存度
		C3 运输安全
		C4 进口集中度（前 2 个进口国占比之和）
		C5 可替代性
		C6 国际市场垄断程度
		C7 与发达国家的差距
	B12 绿色发展指标	C8 单位产值废水排放量
		C9 单位产值废气排放量
		C10 单位产值固废排放量
		C11 单位产值能耗
		C12 单位产值二氧化碳排放水平
	B13 国际竞争力指标	C13 储量占世界比例
		C14 产量占世界比例
		C15 资源品质
		C16 产业集中度（CR3）
		C17 国际优势度
		C18 盈利能力（前 3 大企业销售利润率）
		C19 出口量占世界贸易量比例
		C20 国际化水平（海外产量占全球产量比例）
	B14 科技水平指标	C21 勘查技术水平
		C22 采矿技术水平
		C23 选矿技术水平

续表 2-1

A 四大环节	B 二级指标	C 三级指标
A2 冶炼端	B21 安全指标	C24 产品对外依存度
		C25 进口集中度（前 2 个进口国占比之和）
		C26 可替代性
		C27 国际市场垄断程度
		C28 与发达国家的差距
	B22 绿色发展指标	C29 单位产值废水排放量
		C30 单位产值废气排放量
		C31 单位产值固废排放量
		C32 单位产值能耗
		C33 单位产值二氧化碳排放水平
	B23 国际竞争力指标	C34 产量占世界比例
		C35 国际优势度
		C36 产品质量
		C37 企业集中度（CR3）
		C38 产品毛利率
		C39 出口量占世界贸易量比例
		C40 国际化水平（海外产量占全球产量比例）
	B24 科技水平指标	C41 高端产品产值占比
		C42 研发投入占行业产值比例
		C43 科技水平国际地位（领跑、并跑、跟跑）
A3 产品和材料制造端	B31 安全指标	C44 产品对外依存度
		C45 进口集中度（前 2 个进口国占比之和）
		C46 可替代性
		C47 国际市场垄断程度
		C48 与发达国家的差距
	B32 绿色发展指标	C49 单位产值废水排放量
		C50 单位产值废气排放量
		C51 单位产值固废排放量
		C52 单位产值能耗
		C53 单位产值二氧化碳排放水平
	B33 国际竞争力指标	C54 产量占世界比例
		C55 国际优势度
		C56 产品质量
		C57 企业集中度（CR3）
		C58 产品毛利率
		C59 出口量占世界贸易量比例
		C60 国际化水平（海外产量占全球产量比例）
	B34 科技水平指标	C61 高端产品产值占比
		C62 研发投入占行业产值比例
		C63 核心专利占比
		C64 科技水平国际地位（领跑、并跑、跟跑）

续表 2-1

A 四大环节	B 二级指标	C 三级指标
A4 循环利用端	B41 政策支持	C65 国家政策支持
		C66 地方政策支持
	B42 回收率（计算：回收量/产量）	C67 回收率（计算：回收量/产量）
	B43 科技水平指标	C68 研发投入占行业产值比例
	B44 绿色发展指标	C69 单位产值能耗
		C70 单位产值二氧化碳排放水平

安全指标主要考虑资源的国内供给能力、国际供应链的安全性、与发达国家差距等方面，资源端的安全指标主要包括储消比、对外依存度、运输安全、资源进口集中度、资源可替代性、国际市场垄断程度等指标；而冶炼端与产品和材料制造端涉及产品较多，重点考虑主要产品的对外依存度、进口集中度、可替代性以及国际市场垄断程度等指标。

绿色发展水平的评价主要从环保和低碳两个维度出发，主要指标考虑产品所在产业四大环节的废水、废气和固废排放水平，能耗水平和碳排放水平等。

国际竞争力水平从产业整体发展规模、发展质量、发展效益、发展结构和国际优势水平出发，设计了每一环节的产品产量占世界比例、国际优势度、产品质量、企业集中度（CR3）、产品毛利率、出口量占世界贸易量比例、国际化水平（海外产量占全球产量比例）等指标来表征。

科技发展水平重点衡量产业不同环节技术水平的国际地位，资源端主要考查国内勘查、采矿和选矿的技术水平，冶炼端、产品和材料制造端与循环利用端用高端产品产值占比、研发投入占比、核心专利占比以及科技水平的综合国际地位等指标来表征。

由于循环利用环节的特殊性，除考虑该环节的科技水平、绿色水平和循环利用规模（既产品回收率）等以外，还增加了政策支持指标。

第二节　关键矿产资源及其材料产业高质量发展评价

本书合计开展了煤炭、石油、天然气、铀矿、铁、锰、铜、铝、锂、钴、镍、稀土、石墨、钒、钛、镁、镓等 17 种矿产资源及其材料产业供应链的高质量发展评价。

第一步，由各行业各课题专家根据本行业发展状况，对各个矿产及材料行业的三级指标进行统一评价和打分。

第二步，根据二级指标和一级指标权重计算各个行业二级指标和三级指标分数。各行业二级指标和一级指标权重的确定采用德尔菲法，根据各行业矿产资源、材料有关专家共同打分，根据打分结果综合确定（见表 2-2）。

需要说明的是，由于部分矿种缺少相应的环节，如煤炭、石油、天然气和铀矿均缺少循环利用环节，石墨缺少冶炼环节，缺失环节的矿种在计算时把其他环节的权重折算为 100%计算即可。

表 2-2　国家关键矿产及材料产业供应链高质量发展评价指标权重　（%）

四大环节 A	一级指标权重	二级指标 B	二级指标权重
A1 资源端	35	B11 安全指标	36
		B12 绿色发展指标	17
		B13 国际竞争力指标	25
		B14 科技水平指标	22
A2 冶炼端	20	B21 安全指标	21
		B22 绿色发展指标	28
		B23 国际竞争力指标	25
		B24 科技水平指标	26
A3 产品和材料制造端	30	B31 安全指标	28
		B32 绿色发展指标	13
		B33 国际竞争力指标	24
		B34 科技水平指标	35
A4 循环利用端	15	B41 政策支持	25
		B42 回收率	35
		B43 科技水平指标	20
		B44 绿色发展指标	20

第三节　评价结论

一、我国矿产资源及材料产业初步进入高质量发展阶段

当前我国矿产资源及材料产业高质量发展评价总体得分为 70.5 分，满分 100 分（见图 2-1）。总体而言，我国关键矿产资源及材料产业初步进入高质量发展阶段，处于大而不强、技术跟跑、绿色发展能力较弱的初级发展水平。其中，资源端是相对薄弱环节，资源保障能力弱，竞争力弱，绿色发展能力弱，尚未进入高质量发展阶段；冶炼端相对其他环节发展较好，已进入高质量发展阶段，逐步接近良好水平；与美、日等发达国家相比，我国材料端基本处于追赶阶段，部分领域处于国际并行甚至领先水平，但是产业整体基础薄弱，竞争力较差，同时关键领域缺少核心技术，与发达国家仍有较大差距；循环利用端是相对薄弱环节，尚未进入高质量发展阶段。

二、煤炭、稀土等矿产高质量发展达到良好水平，石油、铜、铝等相对较差

分行业评价结果显示，我国 17 种关键矿产及材料产业中，仅有煤炭、稀土两个行业高质量分数超过 80 分，铀、钴两个行业小于 60 分，其余 13 个矿种得分均在 80 分以下，大于 70 分小于 80 分的矿种包括镁、石墨、钒、锂、铁、天然气、镓等 7 个行业，大于 60

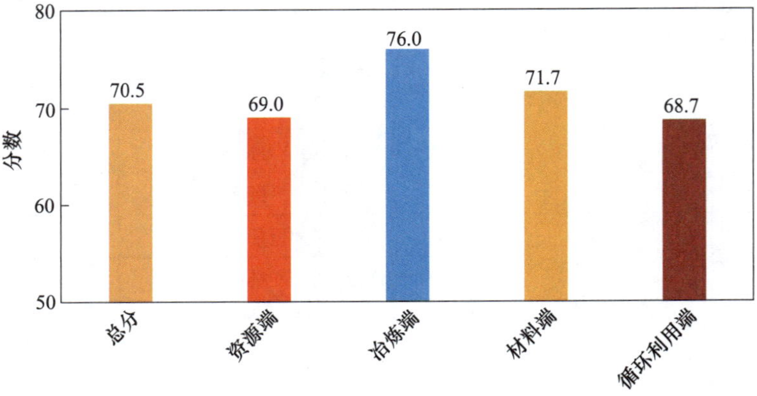

图 2-1　我国关键矿产及材料产业高质量发展水平（满分 100 分）

分小于 70 分的矿种包括铝、石油、铜、钛、锰、镍等 6 个行业（见图 2-2）。

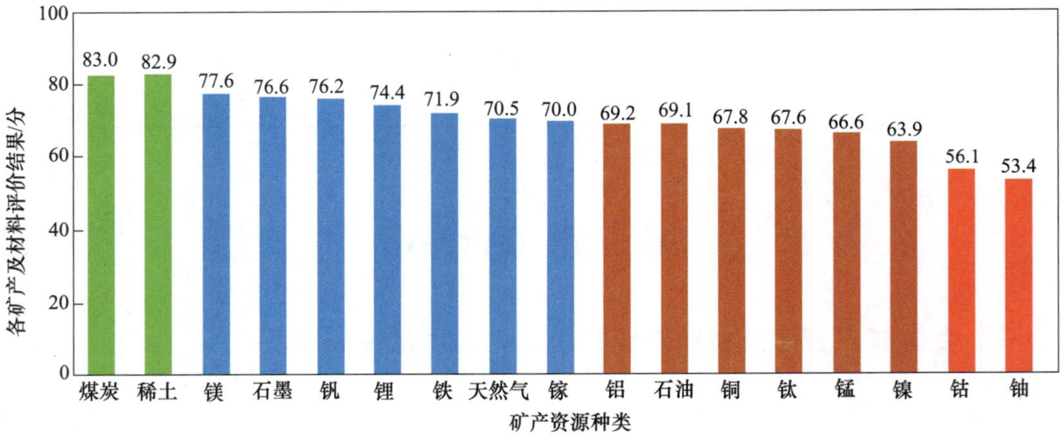

图 2-2　我国各矿产及其材料产业高质量发展水平

三、资源端突出问题为安全水平低

资源端评价结果显示，我国 17 种关键矿产及材料产业中，除煤炭、稀土、钒、镓、石墨、镁等 6 种资源优势较为突出的品种，其余钴、镍、铀、铁、锰、铜、铝、石油、锂、天然气、钛等 11 种矿产均面临突出的安全问题（见图 2-3），由于这些矿产国内资源禀赋和供应能力不足，难以满足需求，需要大量依赖进口，成为制约我国资源端高质量发展的突出问题。举例来说，我国钴、镍、铀、锰、铁、铜、石油、锂对外依存度较高，且这些矿产的进口高度依赖少数国家，进口集中度极高，安全风险大。

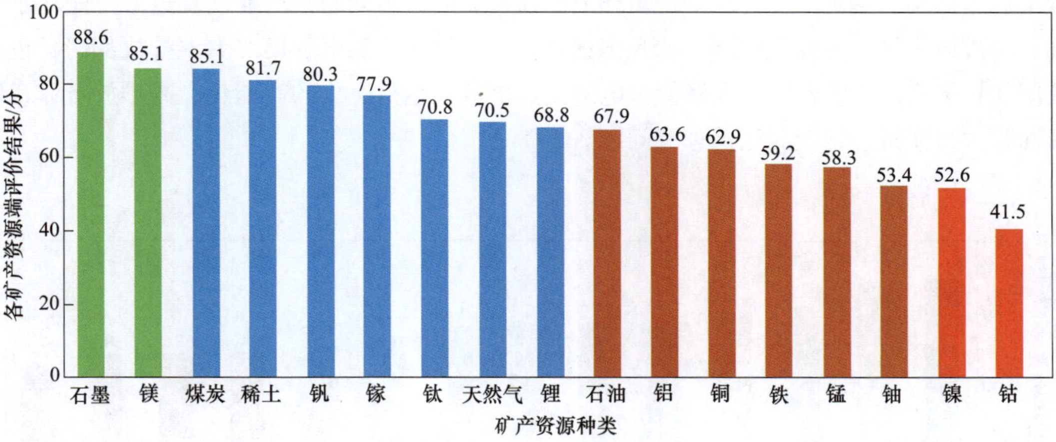

图 2-3 我国各矿产及其材料产业资源端高质量发展水平

四、冶炼端突出问题为绿色发展水平低

我国矿产及材料产业的中间环节冶炼加工环节是我国规模发展较大、产业技术水平较高、具备一定国际竞争力的环节（见图 2-4 和图 2-5），我国 17 种矿产冶炼产品产量占全

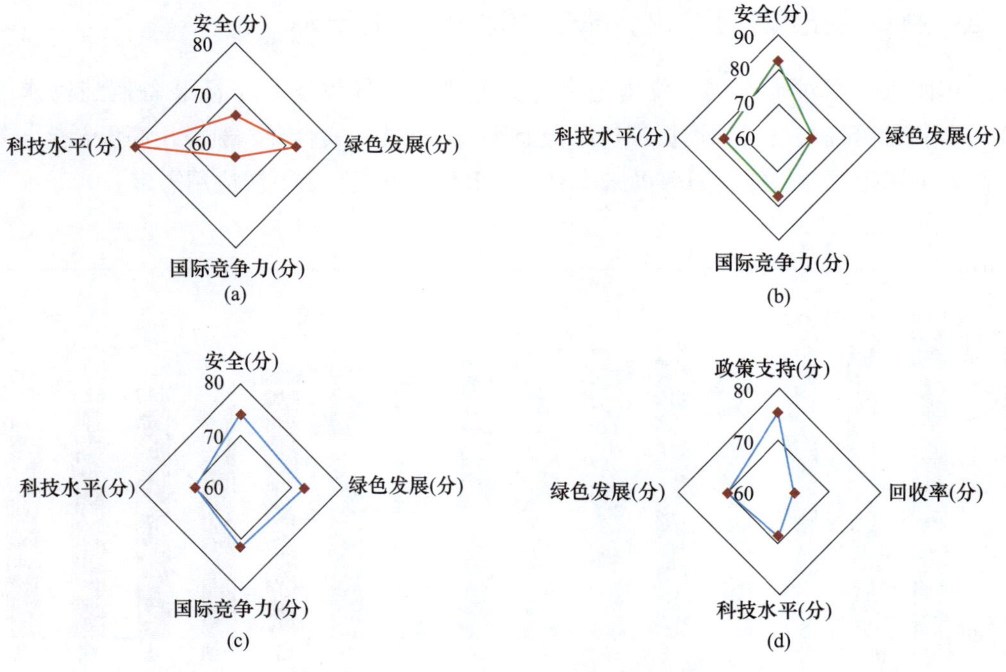

图 2-4 我国各矿产及其材料产业各环节评价结果蛛网图

（a）资源端；（b）冶炼端；（c）材料端；（d）循环利用端

球比例均在50%左右，除少数精炼铜需要进口不能100%满足下游需求以外，我国绝大多数冶炼产品均能满足下游需求。但该环节当前发展的突出问题是产业规模过大、能耗水平高、碳排放高等绿色发展问题，如我国钢铁行业是仅次于煤电的第二大碳排放部门，也是我国能耗最高的工业部门。电解锰、电解镁、电解铝也是突出的高能耗、高排放行业，同时面临大量镁渣、锰渣无法治理等问题。

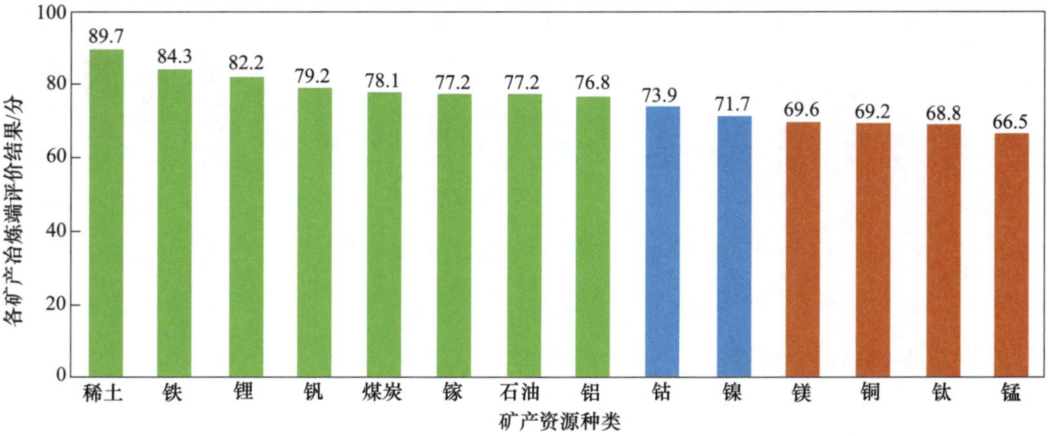

图2-5　我国各矿产及其材料产业冶炼端高质量发展水平（满分100分）

五、材料端技术瓶颈突出，部分关键材料受制于人

总体而言，相对资源端，我国绝大部分基础材料能够满足下游装备制造需求（见图2-6），但部分高端材料如铜板带与铜合金管、高性能铝镁合金、航空用高温合金与钛合金、高纯金属靶材、超纯石墨等仍然技术水平不足，不能满足下游应用需求。

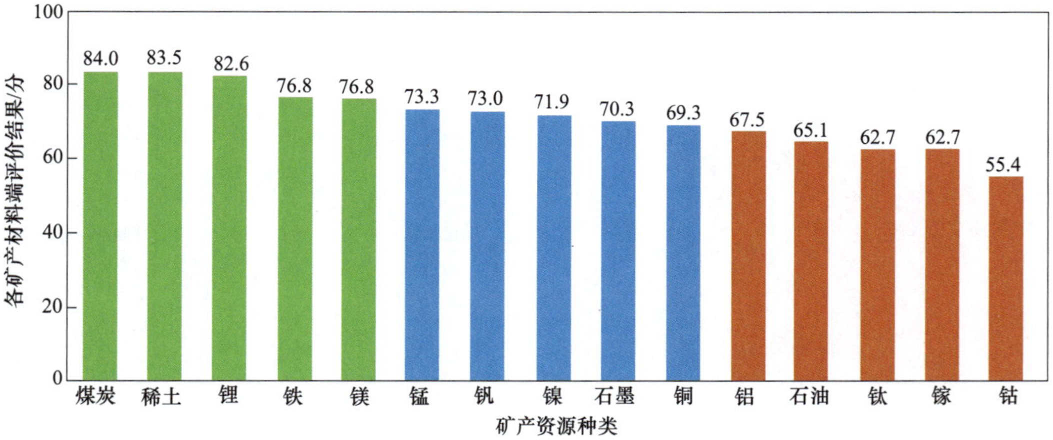

图2-6　我国各矿产及其材料产业材料端高质量发展水平（满分100分）

六、循环利用端整体需要加强

我国 17 个矿产及其材料产业循环利用均低于 80 分（见图 2-7），其中铁、铝、铜等大宗矿产回收利用产业虽然已形成一定规模，回收率达到年消费量的 20%左右，但回收率相较于国外（美国均达到 50%以上）还有较大差距；而锂、钴、镍等金属回收产业刚刚建立，电池等回收产业尚不健全，回收率仅在 10%左右，镓、稀土、钒、钛等我国较为丰富的资源循环利用也处于产业体系建立的阶段（见图 2-8）。

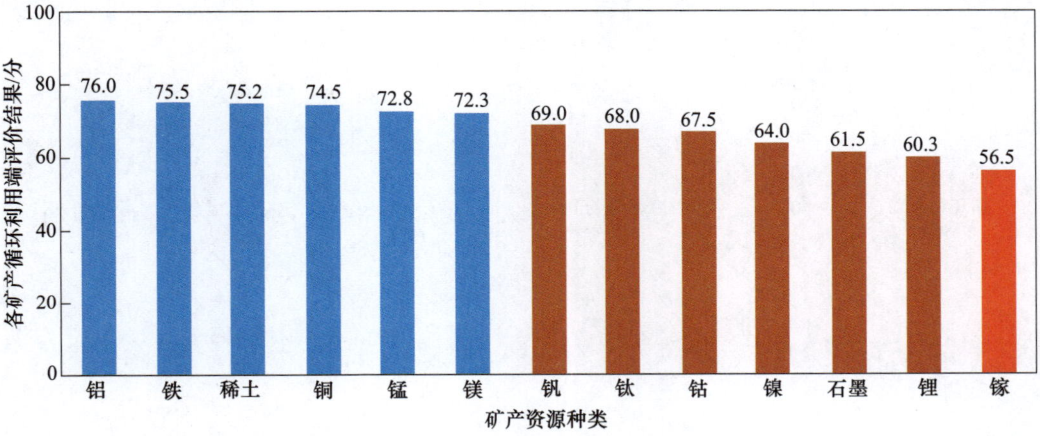

图 2-7　我国各矿产及其材料产业循环利用端高质量发展水平（满分 100 分）

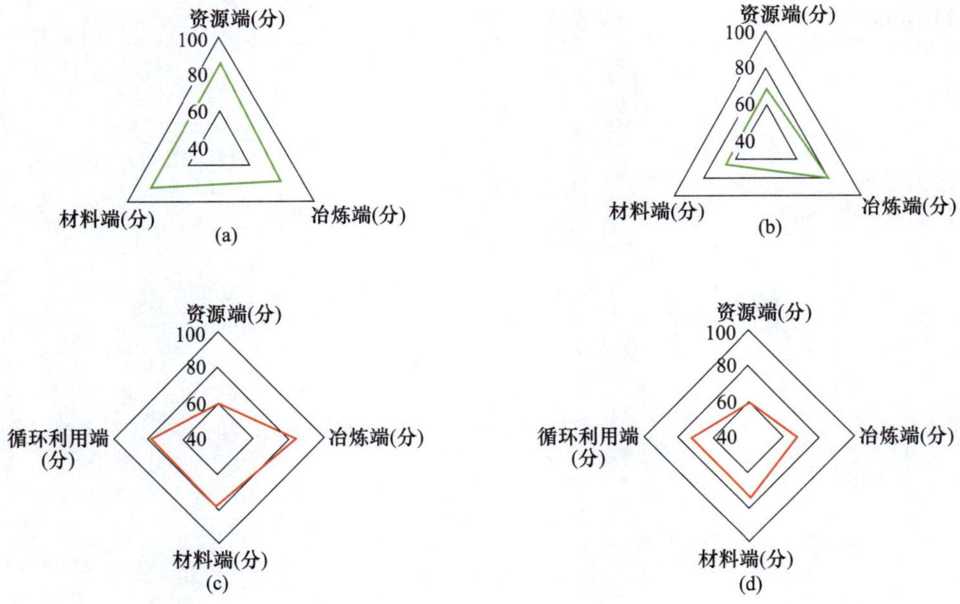

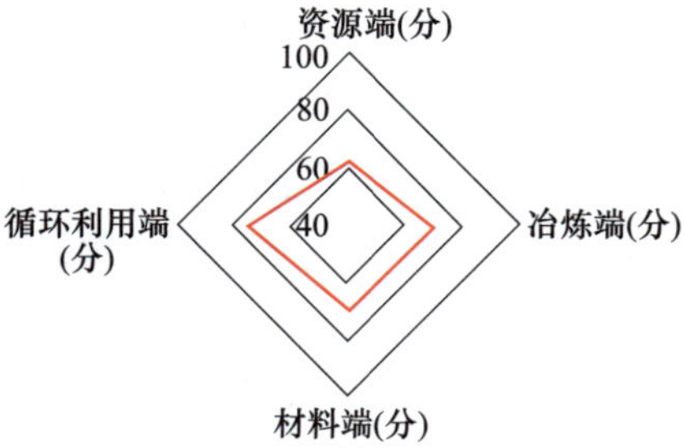
资源端(分)
100
80
60
40
冶炼端(分)
材料端(分)
循环利用端
(分)
(e)

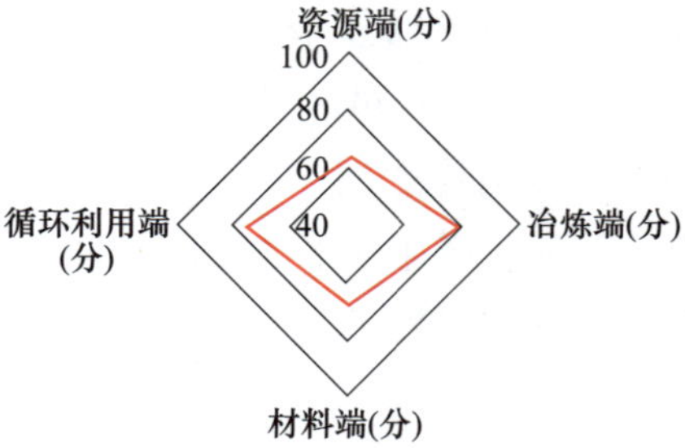
资源端(分)
100
80
60
40
冶炼端(分)
材料端(分)
循环利用端
(分)
(f)

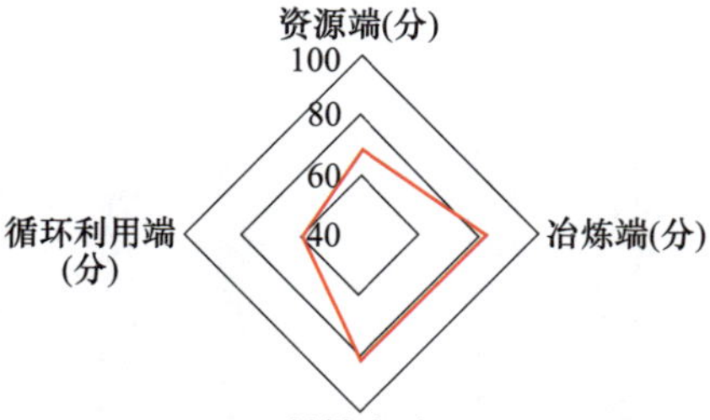
资源端(分)
100
80
60
40
冶炼端(分)
材料端(分)
循环利用端
(分)
(g)

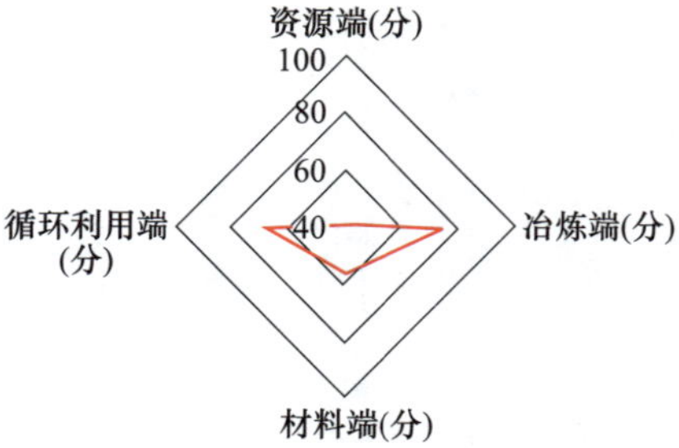
资源端(分)
100
80
60
40
冶炼端(分)
材料端(分)
循环利用端
(分)
(h)

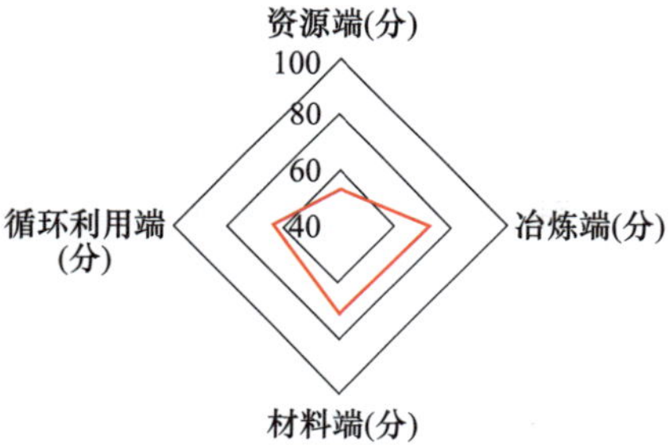
资源端(分)
100
80
60
40
冶炼端(分)
材料端(分)
循环利用端
(分)
(i)

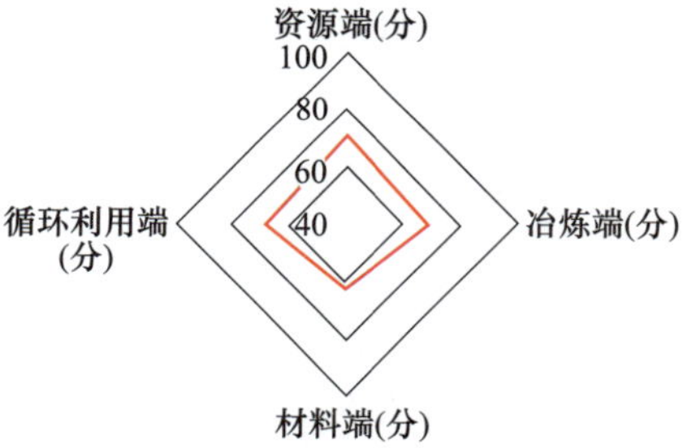
资源端(分)
100
80
60
40
冶炼端(分)
材料端(分)
循环利用端
(分)
(j)

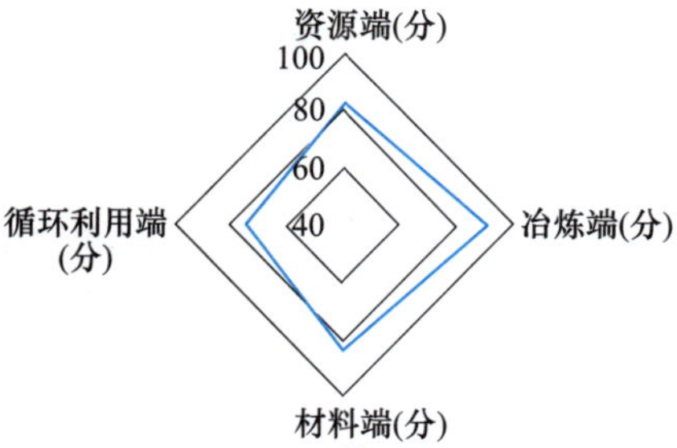
资源端(分)
100
80
60
40
冶炼端(分)
材料端(分)
循环利用端
(分)
(k)

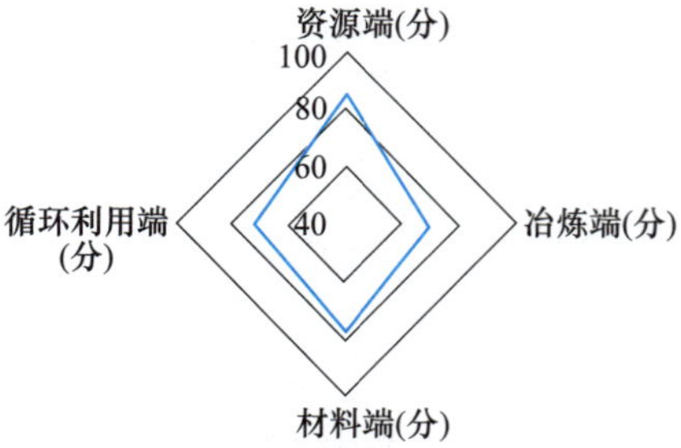
资源端(分)
100
80
60
40
冶炼端(分)
材料端(分)
循环利用端
(分)
(l)

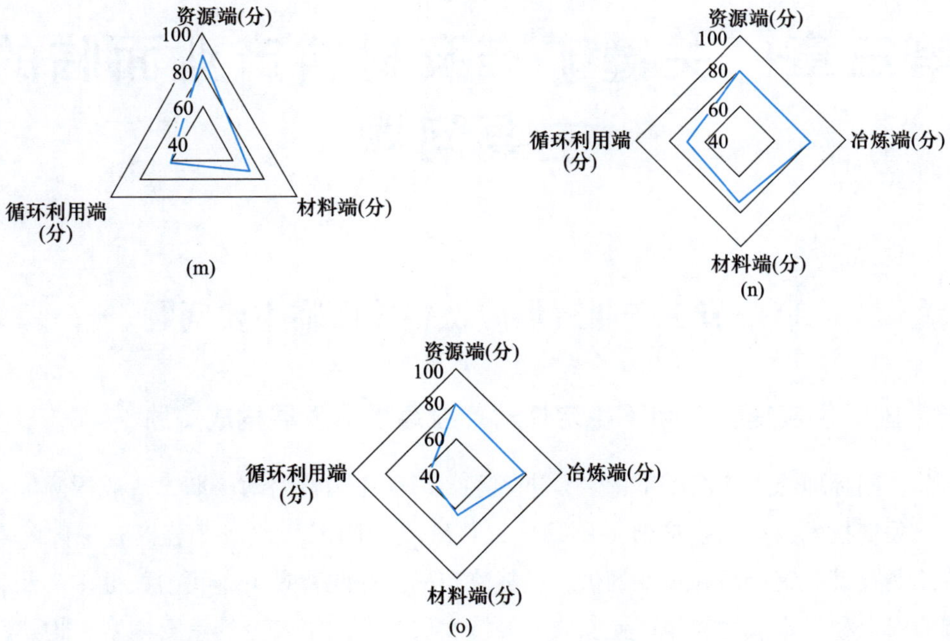

图 2-8　我国各矿产及其材料产业各环节高质量发展水平

(a) 煤炭；(b) 石油；(c) 铁；(d) 锰；(e) 铜；(f) 铝；(g) 锂；
(h) 钴；(i) 镍；(j) 钛；(k) 稀土；(l) 镁；(m) 石墨；(n) 钒；(o) 镓

第三章 关键矿产及材料产业面临的主要问题

第一节 产业链供应链整体面临主要问题

一、国际供应链竞争和不稳定性对产业高质量发展构成威胁

当前，国际地缘局势高度不稳定，进入了新旧秩序调整的动荡期，造成国际能源、大宗商品、关键技术及产品供应链的不稳定；传统发达国家和地区显著提升了国际竞争力度，持续调整其关键产品和技术的供应链战略布局。在此背景下，我国关键矿产及其材料供应链的安全和稳定成为影响产业发展、经济发展乃至国家安全的重要因素；构建以国内供应为主体、国际国内双循环的矿产及材料产业高质量发展新格局，尤为迫切。

二、产业链呈现“纺锤形”态势，引发上、下游出现产品与技术卡点

从产品产量和产值看，整个矿产及其材料产业集中于冶炼加工产业，而资源端、材料端、回收利用端的占比均较小，导致整个产业链形成“中间大、两头小”的“纺锤形”发展态势。虽然材料、回收利用产业近年来都有快速发展，但因过去“世界加工厂”发展模式的影响依然深远，产业上、下游不通畅，造成产业链上游（资源端）与冶炼端、冶炼端与材料端、回收利用与整个产业链流通等方面的卡点。我国经济从快速发展阶段转入高质量发展阶段，关键矿产及其材料产业链的高端化、畅通化、绿色化、低碳化是经济社会发展的必然要求；“纺锤形”态势将不再适应，亟需进行调整和变革。

第二节 资源端安全保障面临问题

一、矿产资源需求大，国内资源保障能力不足

我国作为全球最大的加工厂，经济发展两头在外，大量进口矿产资源，生产冶炼加工产品和初级工业品出口，因此发展消耗大量矿产资源，据测算，我国矿产资源消费总量占全球32%，但我国矿产资源储量仅占7%，资源禀赋难以满足需求。另外，受国际矿业市场低迷、国内矿业政策变化、生态环保严格等因素影响，国内矿业发展受阻，矿产资源生产能力出现下降，国内资源保障能力不足，难以保障日益增长的资源需求。

二、关键矿产大量依赖进口

我国是全球第一大矿产资源进口国，矿产资源进口总量大，贸易总额高，2021 年达 4.9 万亿元，占我国货物进口总额的 28%，其中进口原油 5.1 亿吨、天然气 1687 亿立方米、铁矿石 11.2 亿吨、铜矿 2340 万吨、铝土矿 1.1 亿吨。

第三节　新材料产业自主创新能力不强

一、关键材料供应能力不强

在代表我国较高制造水平的重点领域，高端材料供应不充分。例如，显示产业规模达到世界首位，但新型显示用材料仍然较多依赖进口；高速铁路列车已成为我国高端制造的“名片”，但列车装备用高端芯片仍较高比例进口。材料领域的整体创新能力不强，虽然在材料科学基础研究的众多方向取得良好进展，但是在重大材料创制与突破方面缺乏划时代的贡献。例如，因瓦合金和艾林瓦合金、半导体材料、富勒烯和石墨烯、光纤、蓝光发光二极管、拓扑相变与拓扑材料等划时代的新型材料，均不是由我国科学家首先发现。

二、材料质量技术基础设施薄弱

材料测试、表征、评价、标准等材料支撑体系贯穿材料研发、生产、应用全过程，是材料产业提质升级的基础。当前，我国新材料质量基础设施建设主要存在以下问题：一是材料评价标准严重缺失，认证认可质量保障服务不够。在一些关系到国家产业发展的关键领域，认证制度研发力量薄弱，国内专业认证认可机构能力无法满足产业发展需求，专业认证认可市场多被国外认证机构占据。二是材料检验检测等基础能力差，检测市场机制不完善，高水平测试评价人才不足，缺乏前沿材料检测与表征技术探索和储备。三是尚未建立完善的材料标准体系，材料标准体系交叉重复的情况比较严重，标准体系分类不系统、体系不完善。采用国际、国外标准中的研究和试验验证工作相对薄弱，被动采用多而自主制定少。标准制定过程中以材料生产商为主导，没有广泛吸纳各相关利益方的参与，与科研、生产和市场脱节，多以产品标准和测试方法标准为主，无法形成系统化的涵盖材料产品生产工艺、产品性能指标和产品服役性能全生命周期的标准体系。

三、未形成良好的产业发展生态

我国新材料产业面临创新投融资环境不佳、知识产权法律制度不健全等问题。国家更愿意把扶持资金发放到国有企业和科研院所，对民营企业设置的条件较多，导致大量初创期的创新企业因无法获得投资而夭折，大量中小企业由于缺乏资金而无法完成科技成果转化。新材料领域社会资本利用率低，来自资本市场的直接融资和来自银行等机构的间接融资门槛太高，远不能满足新材料企业发展需求，来自私募股权等权益性资本的融资水平低，很少涉及新材料产业。同时，我国知识产权制度环境建设仍有较大改善空间，侵权现象较多，难以调动研发人员的创新积极性。

第四章　关键矿产及材料战略需求趋势

第一节　我国关键矿产需求趋势

一、矿产资源消费规律

矿产资源消费规律是预测一个国家或者全球矿产资源中长期需求趋势的重要理论基础，对于制定国家矿产资源战略、规划具有重要意义。通过挖掘产业演进与资源消费演进的内在关联，陈其慎等（2015）提出资源-产业“雁行式”演进规律，揭示经济、产业与资源需求三者之间的内在联系，以此为理论基础对我国矿产资源需求前景进行了分析。

资源-产业“雁行式”演进规律：对于一个典型的走工业化发展道路的国家来说，经济发展伴随产业更迭和演进，其产业部门的演进基本遵循：建筑→冶金→家电→机械设备→化工与汽车→电子信息（5G）→新能源、新能源汽车→航天军工以及其他新兴产业“雁行式”演进序列（见图 4-1），而支撑这些产业发展的矿产资源的消费峰值到来时间也具有相应的

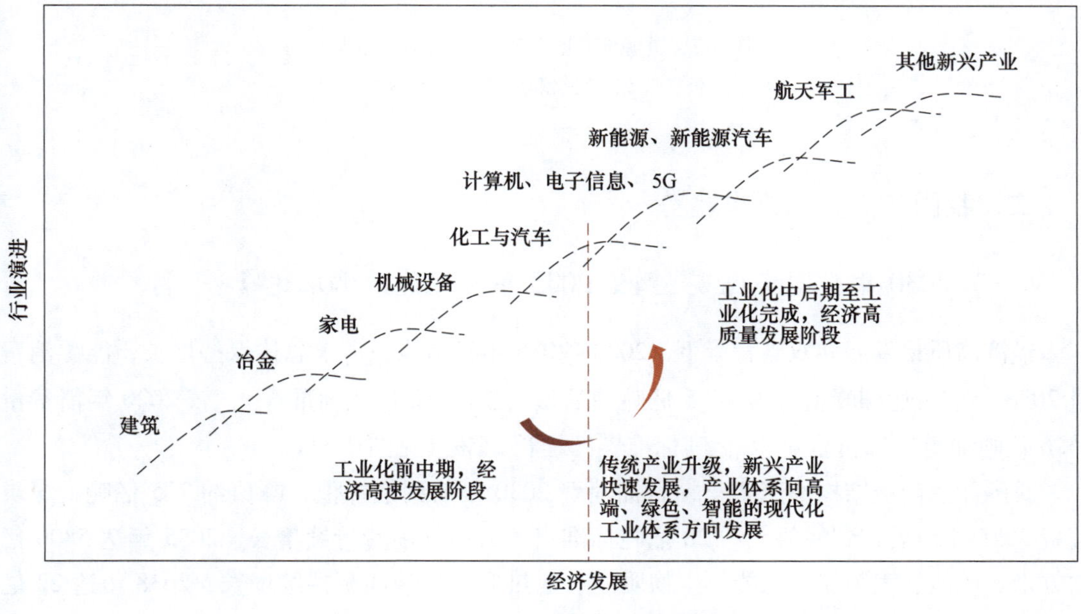

图 4-1　产业峰期“雁行式”演进规律模式

（资料来源：陈其慎等，2015 年修改）

"雁行式"演进序列，即产业发展的峰期演进次序与相应产业所需要的矿产资源消费峰值的演进顺序相一致，称之为资源-产业"雁行式"演进规律。例如，铁、锰、钒等终端用途用于建筑产业的矿产资源，其消费峰值会伴随建筑产业生产指数峰值的到来而到来（见图 4-2）。

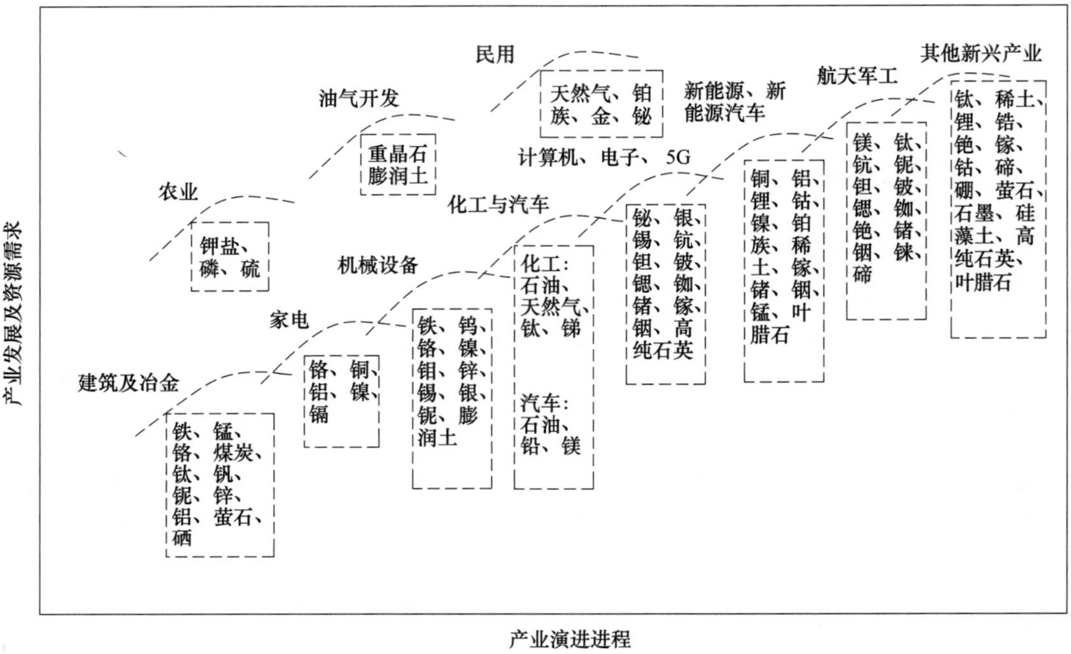

图 4-2 资源-产业"雁行式"演进规律

（资料来源：陈其慎等，2015 年修改）

二、我国矿产资源需求趋势

（一）2030 年我国实现碳达峰，2035 年实现能源需求达峰

经济高质量发展和双碳背景下，2020~2035 年我国能源需求总体保持增长，能源消费量 2035 年前后达到峰值，为 44.5 亿吨油当量（折合 62 亿吨标准煤），较 2020 年消费量 35.6 亿吨油当量（折合 49.8 亿吨标准煤）增长 25%（见图 4-3）。

我国能源消费结构快速调整，石油消费 2030 年前到达峰值，峰值约 7.5 亿吨。煤炭消费 2025 年前后达到峰值，约 28 亿吨标准煤。天然气消费持续增长，2035 年达 5800 亿立方米。风能、太阳能、水能、生物质能、地热能等清洁能源持续增长，2038 年达 22 亿吨，超过化石能源，2060 年消费量达 28 亿吨，占总能源消费比例为 86%。二氧化碳排放量 2030 年达到峰值，为 110 亿吨，较 2020 年 102 亿吨增长 8%（见图 4-4）。

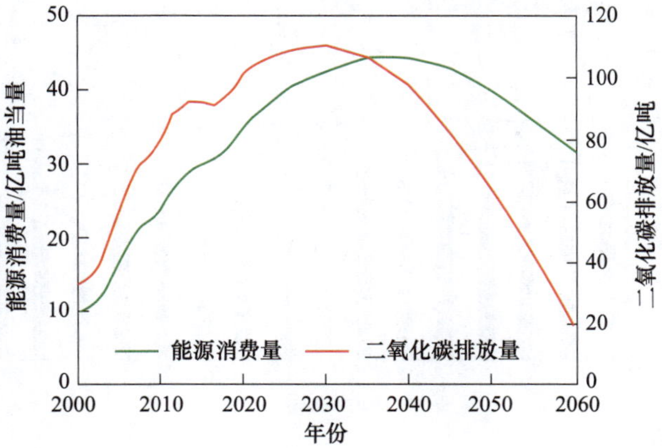

图 4-3　我国能源消费量与碳排放

（数据来源：历史数据来自国家统计局）

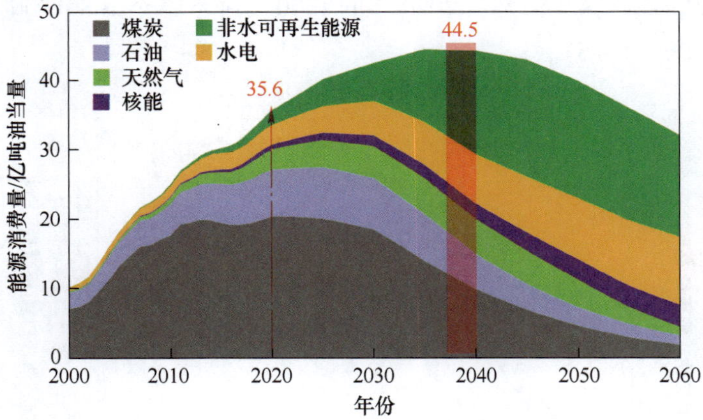

图 4-4　我国不同能源消费趋势

（数据来源：历史数据来自国家统计局）

（二）“十四五”我国钢铁产量将达峰，铁矿、锰矿需求量也将逐步下降

2020 年，我国钢铁消费量 10.3 亿吨。未来 15 年，我国钢铁需求总体处于高位运行后缓慢下降态势。2025 年、2030 年和 2035 年我国钢铁需求分别为 10.2 亿吨、10 亿吨和 9.5 亿吨（见图 4-5）。2020~2035 年，我国钢消费结构中建筑及基础设施领域占比将由 58%下降至 46%，机械制造由 20%增加至 25%。

我国铁矿石、锰矿需求将处于缓慢下降趋势。扣除废钢用量，2020 年我国铁精矿（62%品位）消费量约为 13.8 亿吨。2021 年中国出台《“十四五”循环经济发展规划》，计划要将 2025 年废钢资源利用量从当前的 2.6 亿吨提高至 3.2 亿吨。伴随废钢利用量的

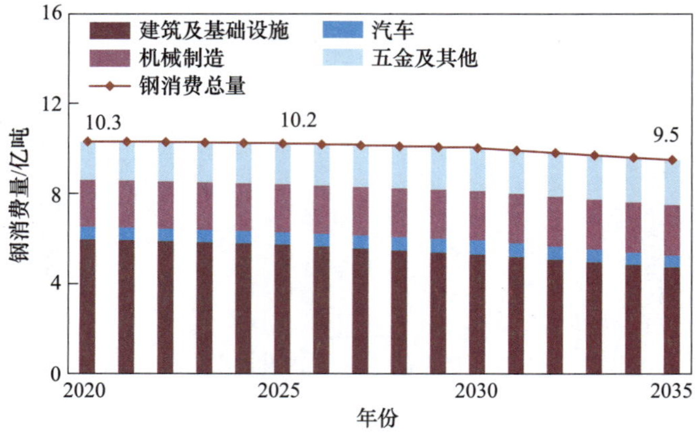

图 4-5　2020~2035 年我国钢消费趋势

增加，我国铁矿石需求总体将呈缓慢下降态势，到 2025 年、2030 年、2035 年和 2040 年，我国铁矿石需求分别为 13.2 亿吨、12.1 亿吨、11 亿吨和 10.5 亿吨。2025 年、2030 年、2035 年和 2040 年，我国锰矿消费从 2020 年的 1300 万吨下降至 1080 万吨、960 万吨、850 万吨和 700 万吨（见图 4-6）。

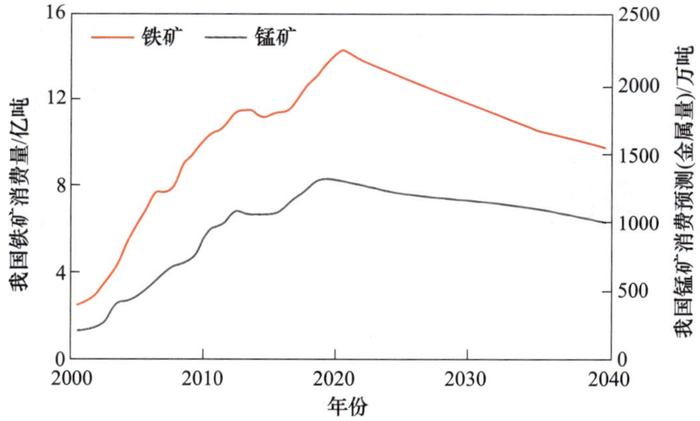

图 4-6　我国铁矿、锰矿消费趋势

（三）随着新能源汽车、新能源产业及其他战略新兴产业的发展，我国铜、铝、锂、钴、镍、稀土等需求快速增长

我国铜需求量仍将呈上升态势，预计 2020~2035 年，我国铜消费量将从 1300 万吨上升到 1960 万吨，较 2020 年增长 47%（见图 4-7）。其中，新能源行业拉动铜需求合计为 473 万吨，合计占需求增量的 76%。

随着交通、航空航天、机械装备轻量化需求，铝需求也将不断增长，预计 2020~2035

年，我国铝消费量将从 3686 万吨增长至 5738 万吨（见图 4-7），较 2020 年增长 2052 万吨，增长 56%，其中新能源产业拉动铝需求 1286 万吨，占需求增长总量的 63%。

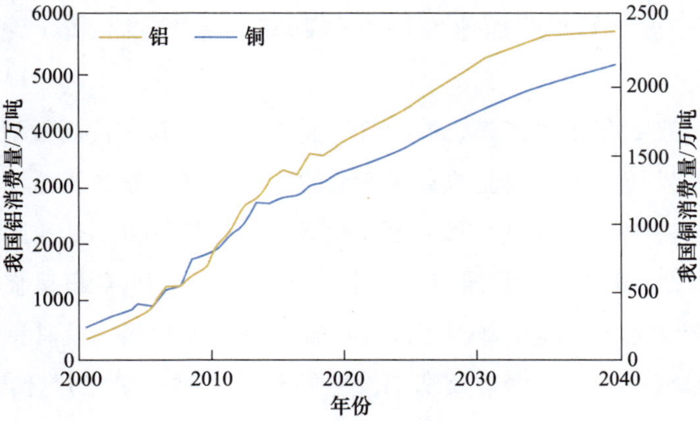

图 4-7　我国铜、铝消费趋势

预计 2020~2035 年，我国锂需求将从 23 万吨增长至 220 万吨，是目前的 10 倍；我国钴需求量将从 7 万吨增长至 20 万吨，是目前的 3 倍；我国镍需求量将从 135 万吨增长至 290 万吨，是目前的 2 倍；我国稀土需求量将从 18.5 万吨增长至 100 万吨以上，是目前的 5 倍（见图 4-8）。

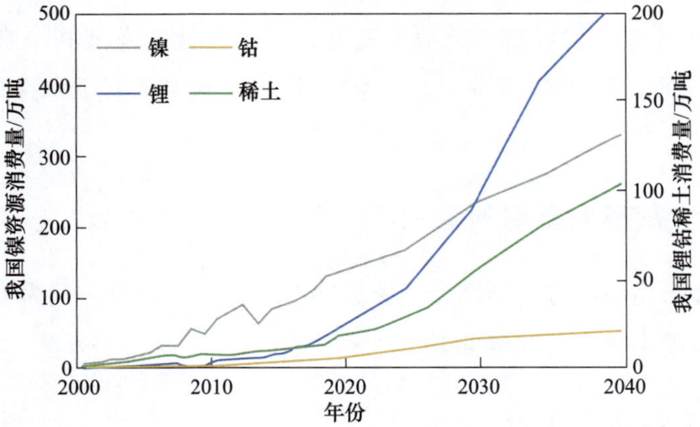

图 4-8　我国锂、钴、镍、稀土消费趋势

第二节　我国新材料需求趋势

当前，我国处于经济结构转型期，国家战略对运载工具、能源动力设备、信息显示及医疗等方面新材料需求突出。

运载工具领域，受国家政策上的大力推进，我国航空产业进入快速成长期，尤其是“大飞机”研发的技术突破，将致使我国相关材料需求进入快速增长阶段。预计到2030年，我国航空发动机用量将达3万台，修换件会加大，对高温合金的需求量预计达到7万余吨。国内新能源汽车产业加速发展，到2035年新能源汽车产量将增长至2000万辆。

我国能源资源禀赋存在“富煤缺油少气”特点，发展新一代高效清洁燃煤发电技术和深海油气资源开发技术是我国能源资源安全的重大战略。先进能源动力系统用特种合金代表国家高端装备核心竞争力，属于国家战略型新材料范畴，是我国抢占技术制高点的重大机遇。预计到2030年，我国需建设上千台600℃、700℃超超临界火电机组，需耐热钢和耐热合金量数千万吨；基础零部件用轴承钢、齿轮钢、模具钢的年需求量大量增加。海洋资源勘探、开采、储运及基础设施的建设对钢及耐蚀合金需求量达到60万吨/年。

显示与IC（集成电路）是我国电子信息产业的两大基石。预计到2030年，我国先进半导体和新型显示材料的需求量将大幅激增。

医疗领域中，生物医用材料的快速突破，将在疾病快速诊断、人体器官修复移植方面为人类带来福祉，对国家的医疗安全、人民健康产生至关重要影响。特别是在骨再生修复材料、人工种植牙、血管支架等重点领域，相关新材料需求前景广阔。

除上述新材料外，颠覆性技术亦催生对新材料的需求，超导材料、氢能材料、石墨烯及二维材料、3D打印新材料等材料的研发制备，是经济社会发展和军事变革的重要推动力量，是世界科技强国的战略竞争前沿，将在我国由大变强阶段发挥重要的技术支撑作用。

一、国家重大战略对新材料需求

当前，我国处于经济结构转型期，国家战略对运载工具、能源动力设备、信息显示及医疗等方面新材料需求突出（见表4-1）。

（一）运载工具领域

《“十三五”国家科技创新规划》提出大力发展新能源、高效能、高安全的系统技术与装备，完善我国现代交通运载核心技术体系，发展时速400公里高速列车、远程宽体客机、新能源汽车等运载工具，提升交通运载可持续发展能力和“走出去”战略支撑能力。亟需对重型直升机、高速列车、远程宽体客机、新能源汽车、重型运载火箭、航天器等运载工具所需核心部件及关键材料进行研发，实现核心部件产品自主保障能力。

表 4-1　我国新材料需求趋势

需求领域			涉及新材料
国家重大战略对新材料需求	运载工具领域	重型直升机	高强高韧耐损伤铝锂合金等
		远程宽体客机	高强中模碳纤维及其复合材料、碳碳复合材料、高温合金、耐温超高强韧铝合金/铝锂合金/镁合金等关键原材料
		航天器	高强高模碳纤维、航空电源系统第三代半导体材料
		新能源汽车	动力电池
		高速列车	时速350公里及以上高速列车关键部件：轴承、车轮、车轴、滑板等
	能源动力领域	700℃超超临界火电机组	耐热钢和耐热合金
		重型地面燃气轮机	长寿命耐热蚀单晶高温合金、定向凝固高温合金、变形高温合金等
		深海能源钻采平台	耐蚀合金
		磁传动动力系统	新型磁动力控制系统用功能结构一体化磁器件及核心磁材料
	信息显示领域	新型显示	三基色半导体激光器的短波长红光LD（AlGaInP）和蓝绿光LD（InGaN）材料；微米尺度氮化镓（GaN）多色LED材料；新一代宽色域显示光源用新型窄带荧光粉，类太阳光全光谱光源用新型荧光粉，近红外探测光源用高效稀土荧光粉等稀土发光材料，高分辨率辐照及成像光源用高光产额/快衰减稀土闪烁晶体，以及紫外固态光源用氮化物基第三代宽禁带半导体材料
		集成电路	氧化镓单晶、大尺寸超高纯有色金属靶材
	先进医疗	骨再生修复	可降解镁合金
		人工种植牙	钛或钛合金涂层
		血管支架	降解镁合金血管支架
颠覆性技术催生的新材料需求	—	超导材料	铌-钛合金、铌-钛-钽合金等
		氢能材料	储氢合金（含稀土、钛、镁、钒等合金）
		石墨烯及二维材料	高性能传感器、柔性显示屏、柔性电子器件、太阳能电池及风力发电机叶片等用石墨烯
		3D打印新材料	石墨烯、铝材、钛合金、不锈钢等

1. 航空航天装备

远程宽体客机：远程宽体客机要求载客量大、噪声低、油耗低和安全性高，是擎起万亿航空产业的战略龙头，是一个国家经济、科技和工业等综合实力的集中体现。大型客机对新材料的主要需求领域集中于机身翼面主承力部件、碳碳刹车部件、复杂型腔单晶叶片和粉末涡轮盘等发动机关键热端部件、起落架、机体与发动机用轴承和齿轮，以及飞机襟翼等关键基础部件，涉及的重点新材料主要包括高强中模碳纤维及其复合材料、碳碳复合材料、高温合金、耐温超高强韧铝合金/铝锂合金/镁合金等关键原材料。

航天器：卫星、空间站等长时在轨航天器的研制是推动我国由航天大国向航天强国迈进的重要组成部分。我国卫星的平均在轨服役寿命、结构质量比等核心指标与国外发达国家相比差距较大，降低航天器的电源及配电系统的重量体积和提高电能使用效率能够降低航天器的发射成本并增加有效载荷容量。目前，在用的硅功率半导体逐渐达到其理论极限，难以达到功率半导体器件高频化、高功率密度及小型化的要求。第三代半导体材料成为制作大功率、高温及抗辐照电子器件的理想替代材料。

2. 节能汽车与新能源汽车

节能汽车：预计 2025 年我国乘用车整体百公里油耗要进一步降至 4. 0L 左右目标，该指标降幅严苛程度甚至超过欧盟。根据工业和信息化部统计，2021 年我国乘用车平均燃料消耗量约为 5. 1 升/百公里，与 2025 年目标值相比仍有不小差距。单纯依靠汽车发动机、变速器技术进步，提高热动能量转换效率、降低能量传输过程损失、EGR 技术等很难达到目标值，而通过材料轻量化来减少汽车行驶所需能量则是降油耗的更有效途径之一。汽车轻量化趋势对高性能的高强度钢、铝合金、镁合金、碳纤维增强复合材料的需求将进一步增加。

新能源汽车：新能源汽车是全世界竞相发展的制高点，我国新能源汽车产销量连续 6 年世界第一，在全球累计销量中超过 50%，体量大、先发优势明显，技术水平与国外差距远小于传统汽车。轻量化车体、安全件，以及电池电控电机“三电系统”是新能源汽车的核心部件和核心技术，亟需突破轻量化车体用碳纤维及其复合材料、超高强度钢、铝合金板材、高强可焊接铝合金锻件/型材、抗疲劳高导热镁合金、稀土镁铝合金等，通过多材料混合应用实现车身轻量化和高碰撞安全性；亟需发展高压储氢气瓶用碳纤维复合材料、高容量稀土储氢合金、电控系统用功率半导体芯片、驱动系统磁路组件、夜视系统用稀土氟化物镀膜等，通过发展“三电”系统核心技术，显著提升新能源汽车能量储存、传输及转换效率，从而大幅提升续航里程，支撑我国汽车工业由大到强的转型升级，打造出具有国际竞争力的新能源汽车产业。

3. 高速列车

高铁是我国新型战略产业和新四大发明之一，是我国实施“一带一路”和“走出去”战略的重要龙头，已成为我国现代化建设的标志性成果和中国制造实力的国家名片。我国高铁行车速度和运营里程已在世界上处于领先地位，在吸收国外技术并加以创新的基础上，形成了具有自主知识产权的中国高铁技术。时速400公里及其以上高速列车是全球竞相抢占的高铁技术制高点。

高速列车涉及新材料的主要部件包括轮对及齿轮箱等行走与传动部件、制动组件、轻量化车体、受电弓与接触网、大功率牵引电机、牵引及辅助变流系统等关键产品，涉及新材料主要包括车轮钢、车轴钢、轴承钢、齿轮钢、碳纤维复合材料、阻燃内饰复合材料、高强耐磨复合材料、铝合金、镁合金、高耐磨模具钢、高导电轻质弓网材料、高性能稀土磁体、碳化硅等新材料。

（二）能源动力领域

以煤炭为主和油气资源紧缺的能源结构基本国情，决定了我国国家能源战略发展重点在于发展新一代高效清洁燃煤发电技术和深海油气资源开发技术。

1. 700℃超超临界火电机组

700℃超超临界电站是全球竞相研发的新一代高效清洁燃煤发电技术，相比600℃超超临界电站，其热效率提高10%，进一步降低10%以上的CO_2等污染物排放。欧洲、美国和日本先后启动了700℃超超临界发电技术国家计划。

700℃超超临界汽轮机高中压转子、高温气缸、叶片和紧固件用耐热合金及其关键结构件，排气系统用高效稀土净化部件是700℃超超临界发电技术的最关键“瓶颈”问题，是世界性技术难题，代表大型镍基耐热合金铸锻件材料技术以及稀土新材料技术的最前沿。实现我国700℃超超临界发电技术的自主化，支撑我国700℃超超临界电站示范工程建设，对提高我国能源利用效率，保障能源安全具有重要战略意义。

2. 重型地面燃气轮机

重型燃气轮机是发电设备的高端核心装备，是迄今为止效率最高的热-功转换类发电设备，其技术含量和设计制造难度居所有机械设备之首，它的研发制造水平代表了一个国家的重工业水平。重型地面燃气轮机涉及新材料的核心部件主要是大尺度高、低压涡轮叶片，大尺寸涡轮盘等关键部件，这些核心部件涉及新材料主要包括长寿命耐热蚀单晶高温合金、定向凝固高温合金、变形高温合金等新材料。

我国燃气轮机行业目前没有形成自主创新的研发体系，尚无市场认可的产品。300MW级（F级）以上地面燃气轮机用核心热端部件定向/单晶高温合金叶片和高温合金涡轮盘制备技术长期以来被少数国家所垄断。我国应围绕重型地面燃机热端部件国产化的迫切需求，开发出国产高性能大型定向凝固设备，实现300MW级以上地面燃气轮机用核心热端部件的批量生产能力。

3. 深海能源钻采平台

我国海洋油气可燃冰等能源资源丰富，开采利用率很低，远远落后于海洋发达国家。深海能源钻采平台核心技术高度集中于水下钻、采、集、输系统用无磁钻铤、立管、水下管汇、脐带缆、海底管线、隔水管、钻头、抽油机磁路器件等关键部件，被称为海洋工程的“心脏”。同时，大规模南海海洋能源开发，需要建设和发展安全、可靠、服役寿命长的岛礁基础设施及相关装备。因南海海洋具有高湿热、高盐、高辐射、强热带风暴、近海岸等特殊腐蚀环境，材料腐蚀问题十分突出。因此，亟需开展高端不锈钢、耐候钢、耐蚀合金、硬质合金、防腐涂料、镍基高温合金、磁性材料、碳纤维及其复合材料等新材料技术研究，支撑深海油气钻采集输系统关键部件和岛礁基础设施及超大型风电装备等自主研制。

4. 磁传动动力系统

永磁驱动电机与磁传动协同的新型磁动力系统将是动力系统的一次革命性进展，可推动高精度永磁传动、磁力联轴器、磁悬浮轴承、先进永磁电机、磁传感器、磁力机械、磁性仪器仪表等磁科技的发展，满足航空航天装备、高技术船舶、新能源汽车、现代化轨道交通、工业及医用康复机器人、绿色节能家电等战略性新兴领域，对高效、节能、长寿命的新型大功率紧凑型磁动力系统的技术发展需求。

突破以磁悬浮轴承、永磁涡流柔性传动/制动等磁技术为代表的、力与力矩无接触传递的永磁传动新技术，开发新型磁动力控制系统用功能结构一体化磁器件及核心磁材料，实现高端规模化应用，可推动磁科技产业的跨越式发展，催生万亿规模磁动力产业，实现稀土磁功能材料新原理、新结构、新功能的原创和应用突破，将我国稀土战略资源优势转变为核心技术和产业优势。

（三）信息显示领域

显示与IC（集成电路）是信息领域为数不多的千亿美元级产业，带动力和辐射力极强，在我国国民经济中占有极其重要的战略地位。当前我国电子信息材料与发达国家存在较大差距，发展空间巨大。

1. 新型显示

我国在显示产业已累计投资超过8000亿元人民币，每年生产的电视屏幕产品占全球50%以上。现阶段信息显示产业国内外产业化水平基本同步，但核心材料与器件落后国外，亟需研发印刷显示、激光显示、Micro-LED 显示等信息显示产业关键产品。

2. 集成电路

集成电路（IC）产业是信息产业的核心和基础，也是关系到国家经济社会安全、国防建设的极其重要的核心产业。集成电路材料包括硅材料、光掩模、光刻材料、电子气体、工艺化学品、CMP 抛光材料、溅射靶材、专用封装材料等八大类，我国进口量较大。目前，IC 领域我国已在产业布局和集群分布均取得了长足的发展，但是高端芯片受到国外掣肘。同时，我国在高性能氮化物陶瓷粉体及基板、光刻胶、氧化镓单晶、高纯石英玻璃及制品、湿电子化学品等集成电路用关键材料方面技术水平落后于发达国家。

（四）先进医疗领域

随着全球人口老龄化日益加剧，人们对自身健康的关注度不断提高，健康产业进入加速发展时期。基于分子和基因等临床诊断材料和器械的发展，使肝癌等重大疾病得以早日发现和治疗；血管支架等介入器械的研发催生了微创和介入治疗技术；生物活性物质（如药物、蛋白、基因等）的靶向/智能型控释系统及其载体材料的发展，不仅导致传统给药方式发生革命性变革，而且为先天性基因缺陷、老年病、肿瘤等难治愈疾病的治疗开辟了新的途径。生物医用材料的快速突破，将在疾病快速诊断、人体器官修复移植方面为人类带来福祉，对国家的医疗安全、人民健康产生至关重要影响。

生物医用材料是高技术材料市场中技术附加值最高（知识成本可高达总成本的 50%~70%）的材料。随着各个国家对于第三代生物医学材料的竞相研发，具有良好的组织再生诱导修复功能及优异生物相容性的高端植/介入医用材料及产品的转化速度也明显加快，有望在 5~10 年内广泛应用于临床。特别是在骨再生修复材料、人工种植牙、血管支架等重点领域表现尤为突出。

1. 骨再生修复

由于我国人口老龄化进程加速，预计 2040 年 65 岁及以上老年人人口占总人口的比例将超过 20%，加之压力引起的退行性疾病高发，我国医疗水平的提升，人均可支配收入的提高以及人们健康意识的提高，我国骨科植入物市场规模有望持续增长。目前，中国骨科植入市场近一半被国外产品占据，高端市场几乎被国外医疗器械生产商占领；另外，多项政府政策及指引倾向支持本地医疗器械制造商，骨再生修复材料的国产化替代需求空间广阔。当前，骨再生修复对新材料的需求主要是具有生物活性的第二代生物医学材料，包括生物活性陶瓷和生物活性玻璃两大类无机非金属材料，这类材料目前在国内外医院已广泛应用。以镁合金、聚乳酸为代表的可降解金属和高分子材料开始进入临床使用，未来需求空间广阔。

2. 人工种植牙

数据显示，以色列、韩国的种植牙渗透率超过600颗/万人，美国接近100颗/万人，日本超过30颗/万人，而我国目前种植牙的渗透率仅7颗/万人，远远低于其他国家，存在巨大的成长空间。常用的种植牙材料主要是钛，涂层也以钛或钛合金为基材。目前，我国人工种植牙种植体对进口依赖较大，产品仍以中低端为主，大部分市场份额被国外品牌所占有，存在巨大国产替代空间。

3. 血管支架

血管支架是指在管腔球囊扩张成形的基础上，在病变段置入内支架以达到支撑狭窄闭塞段血管，减少血管弹性回缩及再塑形，保持管腔血流通畅的目的，是血管介入治疗所使用的最主要临床医疗器械。心血管系统材料和器械已成为生物医用材料的第二大市场，已从20年前国际生物材料市场的一个小产业，发展成为一类重要的产业。目前国内市场主要是以药物涂层为代表的第三代血管支架为主，第四代血管支架可以减少长期存留对血管的刺激和炎症反应，是未来的发展方向。当前，全降解聚乳酸血管支架、可降解镁合金血管支架等第四代降解支架已经获得一些突破性进展，未来需求空间广阔。

二、颠覆性技术催生的新材料需求

（一）超导材料

超导材料具有常规材料所不具备的零电阻、完全抗磁性两个基本特性。利用超导材料这两个基本特性可以制造高场强超导磁体、实现零电阻输电和高性能量子超导电子学器件，在能源、医疗、交通、科学研究及国防军工重大工程等方面有重要的应用价值和巨大的开发前景。随着我国智能电网、高端医疗装备制造、加速器和核聚变大科学装置发展规划相继公布，未来10年我国超导材料与技术的应用需求将持续增长。

（二）氢能材料

全球环境问题日益突出，可替代传统石化能源的新型材料更受关注，储氢与超导等技术不断取得新进展。美国、欧盟、日本、韩国等各主要发达国家都把发展氢能燃料电池汽车作为国家发展战略，并制定了相应的战略目标和实施路线图。近些年，我国相继发布《国家节能与新能源汽车技术路线图》等重要战略纲要，提出要大力发展氢燃料电池汽车。据《中国氢能产业基础设施发展蓝皮书》预测，到2030年，氢能产业将成为我国新的经济增长点和新能源战略的重要组成部分，产业产值将突破10000亿元；加氢站数量达到1000座，燃料电池车辆保有量达到200万辆。未来以氢燃料为驱动力的电池汽车，基于廉价高效氢气制取与储运技术，将在2030~2050年前后有望进入发展快通道，并可带领人类走进氢能社会时代。

（三）石墨烯及二维材料

石墨烯作为未来发展的重要潜在的颠覆性材料，近年来受到世界各国的广泛关注。预计未来5~10年内，石墨烯相关产品可能涉及电子领域的高性能传感器、柔性显示屏、柔性电子器件，石墨烯浆料领域的石墨烯导电油墨及防腐、防腐涂料，能源领域的高性能电池、超级电容器、太阳能电池及风力发电机叶片，环境领域的污水处理、海水淡化及大气污染治理，高性能材料的高强度橡胶和塑料，医药领域的药物输送和临床检测等。

（四）3D打印新材料

3D打印（增材制造技术）作为工业4.0时代最具发展前景的制造技术之一，已经在航天、航空、航海、核工业、交通、能源、建筑、医疗等国防与工业装备领域展现了广泛的应用前景与潜力。据统计，2021年全球增材市场规模达到了152.44亿美元，较2020年增长了19.49%。2015~2021年增材市场规模年复合增长率达到了19.77%。随着增材制造技术的快速发展，对3D打印材料的需求也将不断扩大。目前可用的3D打印材料种类已超过200种，大致可分为石化产品类、生物类产品、金属类产品、石灰混凝土产品等几大类。近些年，国内外最新开发出来的新型3D打印材料包括石墨烯、纤维素、碳纳米管、氮化硼纳米管、形状记忆聚合物、凝胶材料、液态玻璃等。

第五章　关键矿产及材料产业发展总体战略

第一节　战略目标

一、总体战略目标

围绕矿产及材料产业供应链在资源供给、科技水平、绿色发展和循环利用等环节上的短板，利用 15 年时间，坚持自主创新，不断优化产业结构，提升质量效益，提高绿色低碳水平，打造一批具有国际竞争力企业，实现关键资源和材料的自主可控，全面实现我国矿产及材料产业高质量发展。

二、2025 年目标

矿产及材料产业初步形成高质量发展新格局。资源端供应能力明显改善，循环利用率明显提升，材料端突破一批紧缺关键技术，初步形成产业链条较为通畅、各环节高质量发展水平明显提升的矿产及材料产业高质量发展新格局。

三、2030 年目标

矿产及材料产业供应链迈入高质量发展阶段，资源端自主保障能力和国际经略能力明显提升，冶炼端产业规模合理，实现绿色、高效发展，材料端突破一批核心技术，初步建成循环利用产业体系，初步实现关键材料的自主可控，初步实现高质量发展。

四、2035 年目标

矿产及材料产业供应链总体达到高质量水平，资源端完全自主可控，冶炼端产业发展质量效益大幅提升，关键产品和技术实现完全自给，循环利用产业体系健全，全面实现高质量发展。

第二节　技术发展重点

一、大力发展智能找矿勘查技术

创新找矿预测理论，研发先进找矿勘查技术装备，推进高海拔、深切割、浅覆盖新区找矿，提高找矿效率。

二、大力发展与我国资源禀赋相适应的资源开发利用技术

开发我国攀西地区钒钛磁铁矿、白云鄂博铁铌稀土矿、金川铜镍钴矿等大型矿产资源共伴生矿高效选冶及综合利用技术，提高资源综合利用整体水平。开展精准采选、绿色低碳冶炼分离及物料循环利用、高纯化及高质化基础原料制备、高丰度稀土元素规模化平衡应用、二次资源综合回收利用等关键技术攻关，解决稀土提取分离过程存在资源利用率较低、冶炼分离产品档次偏低、稀土元素应用不平衡等问题。

三、大力发展材料深度提纯技术

围绕高品质硅单晶、高档光刻胶、封装基板、高端溅射靶材、前驱体等对高纯原材料的需要，开展高纯及超高纯铁、铜、铝、钛、钴、钨、钼、钽、镍、锗、锑、铟、镓、铍、石英、石墨、氟、磷、成膜树脂等原材料提纯制备技术研究与开发，满足新一代信息技术、高端装备制造对高纯、超高纯材料的需求。

四、大力发展新能源用材料和环境友好材料

开发核石墨、玄武岩纤维、动力电池隔膜用树脂材料等基础原材料的高性能、规模化工艺技术；布局石墨烯、储氢材料、超高压电缆用聚丙烯树脂等前沿基础材料的研究；完善动力电池、光伏电池等回收和循环利用体系；开发低析出、低气味、高生物相容性等特征的聚烯烃、聚酯、聚酰胺、聚氨酯等石化基础原材料制备技术及装备，形成具有我国大健康合成树脂基础材料体系。

五、大力发展材料流程制造技术

突破钢铁冶金长/短流程、特种冶炼短流程、先进材料近终形制造、石油化工流程等关键流程技术，实现大宗原材料制造流程绿色化、智能化，形成国际领先的动态有序、高效协同的大宗原材料先进制造流程。

第三节　实施路径

一、系统提升国内矿产资源供给保障能力

（一）加大矿产资源勘查投入，实施新一轮找矿突破战略行动

加大公益性勘查投入，通过政策科学引导商业性勘查投入增加。实施新一轮找矿突破战略行动，重点加强老矿山、现有大中型矿山深边部资源勘查，提高矿产资源储量。

（二）加强国内矿山生产保障，确保大中型矿山稳定供应

着力加强当前供应我国80%以上的大中型矿山的资源供给保障能力。科学开展调查分

析，明确这类矿山面临问题。从财税、金融、矿业权审批等多种方面，保障这些矿山的稳定可持续供应。

（三）控制矿产资源消费总量

控制能源消费总量，明确单位 GDP 能耗和碳排放强度降低要求。持续优化能源消费结构，积极推进煤炭清洁高效利用；推进深部热能资源开发，有序提高核能、风能、生物质能等清洁、可再生能源在一次能源供应结构中的比例。保障战略性矿产需求，科学确定矿产资源消费上限，集约节约利用矿产资源，促进生产生活方式转变。

（四）开展紧缺矿种采选冶重大技术攻关

建议针对资源禀赋差、选冶技术制约的钾盐、锂、钴、铬、镍、锆、铪、铌、钽、铍、铼等矿种，从找矿、选矿、分离、冶炼等不同环节设立重大技术攻关项目，开展技术攻关，突破低品位、难选冶资源开发利用技术难题，提高这些矿产的国内供应能力。

（五）优化国家资源管理政策，提振矿业市场信心

一是优化完善权益金制度。大幅降低探矿权权益金，采矿权权益金收取后置，以“产量”计价，并在生产过程中随税费一同缴纳。二是优化矿产资源出让制度，制定有利于地勘单位找矿增储和企业自主探矿的出让制度细则。

二、系统提升材料技术竞争力

（一）对国际影响大、技术难度大的“材料群”给予长期稳定的支持

紧密围绕国家重大需求布局关键材料科技攻关，力争实现一大批关键核心技术的突破，并探索出提升引领发展和可持续发展能力的路径，促进新材料研发及应用全流程协同创新体系的形成。

（二）建立和完善我国材料科技创新体系，重组优化材料领域国家重点实验室

围绕《“十四五”规划和 2035 年远景目标纲要》提出的战略需求和创新任务，针对新一代信息技术、双碳战略、高端装备制造、生命健康等重点领域对新材料的需求，调整原有国家重点实验室的定位和研究方向，推进国家重点实验室建设向统筹规划、系统布局、分类管理转变，使之在新时期焕发新活力。

（三）夯实材料技术基础

借鉴发达国家在基础研究方面的成功经验，一是在材料基础、共性领域和交叉、前瞻性领域，以大学和研发机构为主体，加强政府资金和资源的持续性、稳定性投入，强化积累，提升原始创新能力，争取取得重大原创性成果。二是在以关键基础原材料、基础工艺

与装备、基础零部件/元器件、基础检验检测仪器、基础工业软件等“五基”为代表的产业基础领域，以头部企业为主体，产学研紧密结合，组织全产业链创新，全面提升产业基础能力，为材料产业发展提供源源不断的动力。

（四）促进体制机制和研发模式创新

一是改革科研评价机制。打破“唯论文论”，从以论文为主转向以创新性、实用性和社会效益综合评价为主，鼓励青年科学家面向应用开展研发活动。二是促进材料科技成果转化与应用。在高端装备制造领域为国产新材料提供更多的验证平台和应用场景，加快新材料的升级迭代。三是强化材料人才力量。引导青年科学家在新材料领域精耕细作，吸引海外高端人才回国效力。

三、畅通资源—冶炼—材料—循环利用产业链条

（一）适应国家双碳目标及高质量发展形势，大力推进产业结构调整

严格限制高耗能、耗矿产原料且产业附加值低的初级冶炼、加工制造产业发展规模，如粗钢、煤电铝、初级化工等产业，改变现有纺锤形产业发展格局。

（二）全方位提升国内企业国际竞争力

加速推进产业整合，引导企业加强自主创新，原始创新。鼓励龙头企业延伸产业链条，形成全产业链控制力和影响力。

（三）着力推动资源产业绿色转型，系统提升产业绿色发展水平

提高产业绿色准入门槛，建设绿色矿山、绿色资源型产业；引导企业业务转型，引导企业向支撑新能源、新材料、新一代信息技术所需资源方向转型；加快构建碳排放、碳交易标准，利用标准和规则引导产业规范转型；引导企业建立碳排放管理账户，按照国际标准管理企业碳排放，并与下游冶炼、运输相关企业合作，减少企业在整个价值链上的碳排放。

（四）构建二次资源供给体系，提高供应能力

通过政策引导、技术支持、金融支持等多种手段，完善二次资源产业体系，提升钢铁、有色金属、稀贵金属等矿产二次利用水平，提高供应能力。运用现代化技术手段，构建从资源生产—加工—运输—仓储物流—下游使用—资源回收再利用等全链条的追踪、利用体系，提高二次资源产业管理水平。

第二篇

能源矿产及其材料篇

第六章 我国煤炭矿产及其材料产业发展现状与形势

第一节 全球煤炭资源勘探开发形势

一、全球煤炭消费占比逐步下降，但仍是第二大能源

近年来，世界主要国家均加速调整能源结构和转变能源开发利用模式，加快向绿色、多元、高效的可持续能源系统转型。世界一次能源结构加速调整，形成多元化格局，整体变化趋势为石油和煤炭份额下降，天然气份额提高，非化石能源份额迅速上升。

根据《BP 世界能源统计年鉴 2020》，2019 年，全球煤炭消费量达到 53.9 亿吨标准煤，同比下降了 0.6%，占全球一次能源消费总量的 27.0%，煤炭仍是全球第二大能源（见图 6-1）。另据国际能源署（IEA）、美国能源信息署（EIA）、欧佩克（OPEC）和 BP 公司等近期发布的能源展望报告，2040 年煤炭占全球一次能源消费比重仍将高达 20%~22%。

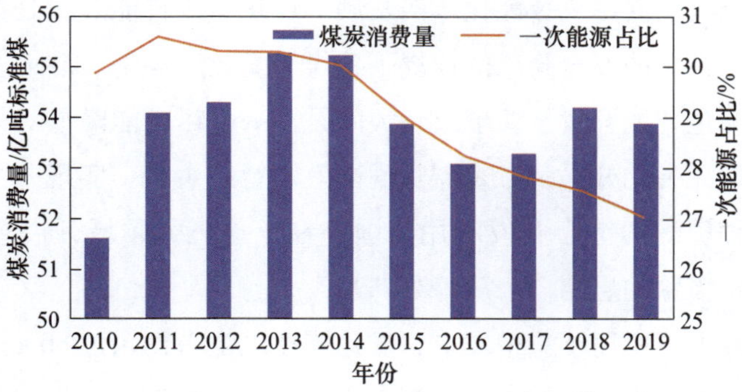

图 6-1 世界煤炭消费量及其一次能源占比

（数据来源：BP Statistical Review of World Energy 2020）

二、发电是煤炭利用的主要方式，全球发电量占比超 1/3

燃煤发电仍是煤炭利用的主要方式。2019 年全球燃煤发电量 9.8 万亿千瓦·时，比 2018 年下降 2.65%，占全球总发电量的 36.4%（见图 6-2）。从发电量来看，全球燃煤发电在地理分布上高度集中，年发电量超过 1 千亿千瓦·时的有中国、印度、美国、日本、

韩国、南非、俄罗斯、印度尼西亚、德国等13个国家。其中，中国、印度、美国三国占全球燃煤发电量的71.71%。根据全球能源监测机构（Global Energy Monitor）发布的报告显示，2020年全球投运的煤电总装机容量为50.3GW，包括中国（38.4GW）、印度（2GW）、日本（2GW）、德国（1.1GW）等；全球煤电退役规模为37.8GW，全球燃煤电厂装机容量规模净增长12.5GW。

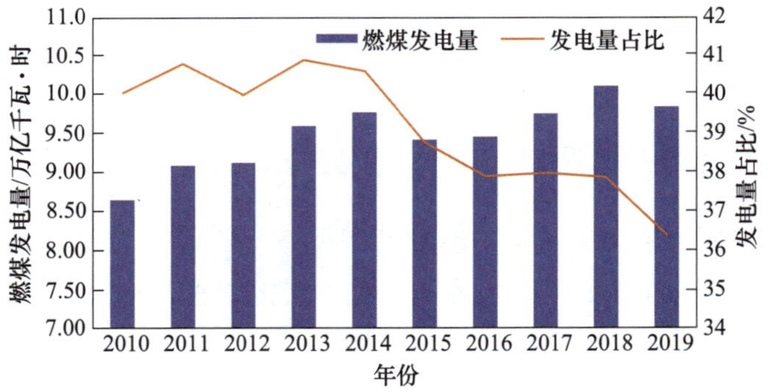

图6-2 世界燃煤发电量及其占比

（数据来源：BP Statistical Review of World Energy 2020）

三、煤炭绿色低碳开发利用技术创新仍是重点

世界煤炭开发方式正向绿色智能化方向发展。煤炭绿色智能开发是指在不断克服复杂地质条件和工程环境带来的安全隐患的前提下，煤炭高效、经济、环境友好和社会协调的可持续开采。煤炭绿色智能开发主要解决三大问题：一是尽可能降低对生态的扰动和对作业人员的危害，实现无害化开采；二是需实现高效、智能生产，实现井下无人化生产；三是实现煤系地层多种资源的综合开发利用。国外在上述三大领域开展了大量的研究与实践，为我国提供了可借鉴的思路。

煤炭利用在国际上主要用于集中发电，发达国家电煤占比超过80%。近年来，日本等重视燃煤发电的国家都在为实现发电净效率大于50%的目标努力，发展趋势是研发更高参数发电技术和新型动力系统、高灵活性和多能互补发电技术、智能发电技术，实现燃煤发电的安全高效和灵活智能。

长期以来西方发达国家和煤炭主要消费国一直在支持煤炭清洁转化及相关技术的研发，除南非外，国外煤炭清洁转化产业相对较小。从能源战略安全角度出发未来发展的趋势主要是煤炭高效清洁转化制取清洁燃料和煤转化制取大宗及特殊化学品两大技术方向。

此外，国际社会在CCUS领域的技术合作意愿增强，开展了大量研究和示范工作。

第二节　我国煤炭产运储销供应链发展现状

一、我国煤炭开发利用基本情况

我国煤炭资源丰富，是能源消费的主体。2020年煤炭占我国一次能源生产近七成，消费的一半以上。

2020年，我国一次能源生产40.8亿吨标准煤，其中，原煤产量39.0亿吨。从生产结构和增长趋势来看，煤炭一直是我国一次能源生产的主体，2000~2015年一直占据一次能源生产的七成以上，之后占比有所下降，但仍超过68%。

煤炭长期以来是我国的主体能源和重要的工业原料。改革开放以来，全国规模以上煤炭企业主营业务收入由125.8亿元（1978年为煤炭工业总产值）增加到2.48万亿元，增长200倍。全国累计生产煤炭约815亿吨，为国家经济社会发展提供了70%以上的一次能源，支撑了我国国内生产总值由1978年的3679亿元到2019年的99.08万亿元的快速增长。同时，煤炭消费和利用呈现出清洁化、多元化发展模式，煤炭作为燃料与原料并重实现革命性进展，煤炭清洁高效利用取得历史性成就，有效改善了我国生态环境质量，为我国经济社会高质量发展作出了巨大贡献。

当前，以具有自主知识产权的煤直接液化、煤间接液化成套关键技术与装备产业化为代表的煤炭清洁转化创新突破以及工业示范工程的安全稳定长期满负荷运行，对我国发挥煤炭资源优势、缓解石油资源紧张局面、保障能源安全、保护生态环境具有重要战略意义。2016年12月，在宁夏煤业公司400万吨煤间接液化示范项目工程投产之际，习近平总书记作出重要指示：这一重大项目建成投产，对我国增强能源自主保障能力、推动煤炭清洁高效利用、促进民族地区发展具有重大意义，是对能源安全高效清洁低碳发展方式的有益探索，是实施创新驱动发展战略的重要成果。

我国也是全球最大的煤炭消费国，煤炭消费主要用于发电和供热、工业生产、民用和化工等行业和领域，如图6-3所示。2018年我国煤炭消费接近40亿吨，燃煤发电、供热用煤占60%左右，化工用煤比重约23%，工业、民用煤炭近年来持续下降，用煤比重下降至15%左右。

近年来，在煤炭去产能背景下，煤炭产业结构加快调整，发展质量不断提高。截至2020年底，全国累计退出落后产能煤矿5500处，产能达10亿吨/年以上，超额完成国务院2016年指定的化解过剩产能目标；14个大型煤炭基地产量占全国总产量比重达到96.6%，煤炭开发布局持续得到优化；年产120万吨以上的大型现代化煤矿1200处以上，产量占比约80%，已成为全国煤炭开发主体；大型煤炭企业采煤机械化程度达到98.9%，部分特大型煤矿的技术面貌和效率处于世界先进水平，建成一批千万吨级矿井群和智能工作面；原煤入选率超过74%，接近发达国家水平；安全生产水平不断提高，节能减排和生

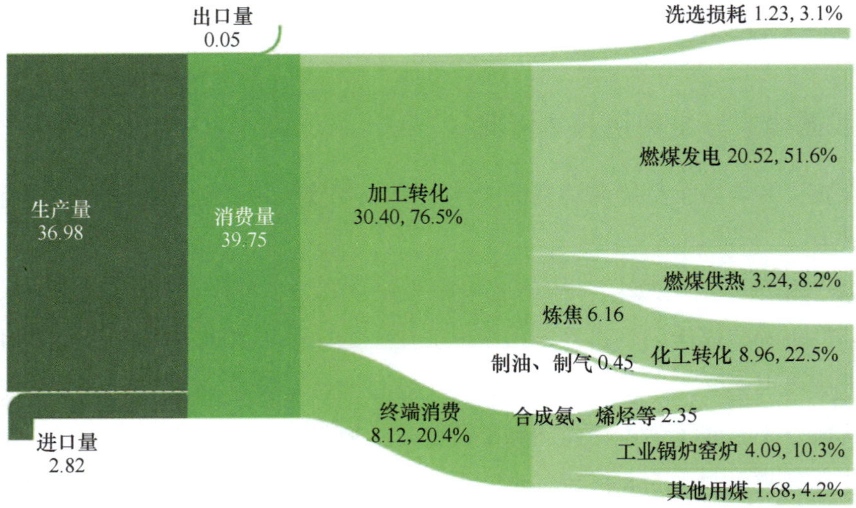

图 6-3 我国 2018 年煤炭流向图（单位：亿吨）

（数据来源：中国能源统计年鉴 2019）

态环境保护持续改善。

我国大型煤炭基地共有 14 个，分别为神东、晋北、晋中、晋东、蒙东（东北）、云贵、河南、鲁西、两淮、黄陇、冀中、宁东、陕北、新疆基地。从区域分布来看，华北地区最多，达到 5 个；其次西北和华东地区分别有 4 个和 2 个，东北、西南、华中地区各有 1 个。

2018 年，全国共有煤矿采矿权 5134 个，14 个大型煤炭基地共有 4347 个，占全国的 84. 67%，主要集中在云贵、蒙东（东北）、神东基地。全国在产煤矿 3157 座，大型煤炭基地中共有在产煤矿 2409 座，仅占全国的 76. 31%，仍主要集中在云贵、蒙东（东北）、神东基地。

“十三五”期间，我国煤炭开发按照“压缩东部、限制中部和东北、优化西部”的总体布局，以大型煤炭基地为重点，统筹资源禀赋、开发强度、环境容量、市场区位和输送通道等因素，优化了区域开发布局。其中，鲁西、冀中、河南、两淮基地煤炭开发规模逐步压缩；蒙东（东北）、云贵基地推进了升级改造，区域保障能力得到提高；晋北、晋中、晋东、宁东基地实施了产能减量置换，稳定了开发强度；陕北、神东、黄陇、新疆基地适度推进有序建设，实现了产能梯级转移。目前，大型煤炭基地产能占全国煤炭产能（含在建产能）的 96%以上，煤炭开发布局进一步向西北地区集中，其中，陕西、内蒙古、新疆产能开发凸显。

大型现代化煤矿的供应主体地位突出，已建设完成 120 万吨/年及以上的大型煤矿 1200 余处，产能占全国 80%以上。其中，千万吨级煤矿 52 处，核定生产能力 8. 21 亿吨/年，约占全国生产煤矿总产能的 20%。

二、煤炭产量情况

图 6-4 为 2010~2020 年全国煤炭产量。2010~2020 年间，煤炭产量都超过 34 亿吨，2020 年我国煤炭产量达到 38.40 亿吨。

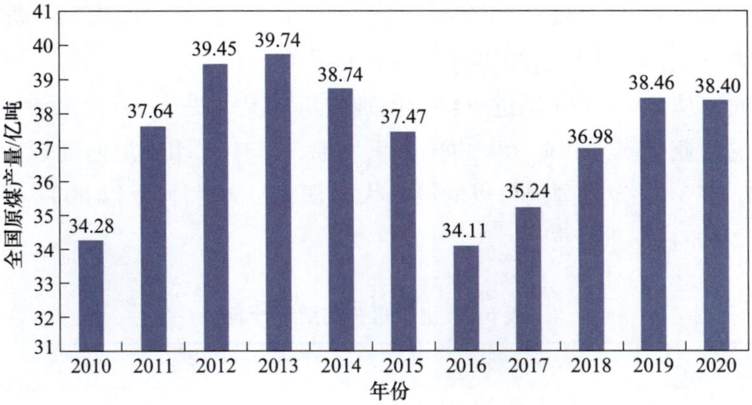

图 6-4　2010~2020 年全国煤炭产量

“十三五”时期，我国煤炭生产重心加快向资源禀赋好、开采条件好的“晋陕蒙地区”集中。2020 年西部地区煤炭产量 23.3 亿吨，占全国的 59.7%，比 2015 年提高 5 个百分点；中部地区占全国的 33.4%，下降了 1.4 个百分点；东部地区下降了 2.3 个百分点；东北地区下降 1.3 个百分点。

从大型基地和区域煤炭产量变化看，2020 年，14 个大型煤炭基地产量占全国总产量的 96.6%，比 2015 年提高 3.6 个百分点。内蒙古、山西、陕西、新疆、贵州、山东、安徽、河南 8 个省（区）煤炭产量超亿吨，原煤产量共计 35.0 亿吨，占全国的 89.7%，其中，晋陕蒙 3 省（区）原煤产量 27.9 亿吨，占全国的 71.5%。全国煤炭净调出省（区）减少到晋陕蒙新 4 个省（区），其中，晋陕蒙 3 省（区）调出煤炭 17.3 亿吨左右。

三、我国煤炭进出口贸易分析

长期以来，我国一直属于煤炭净出口国，2004 年起我国煤炭进出口量之间的差距开始逐渐缩小，到 2009 年我国转变为净进口国。受我国宏观经济形势影响，进口煤相对国内煤质量和价格优势是进口的主要因素，例如在 2004 年到 2013 年间我国煤炭进口量大幅增加，2009 年煤炭进口量突破 1 亿吨，2013 年达到 3.27 亿吨，是 2006 年的 8.6 倍；2016 年以来，国内供给侧改革的宏观环境下，煤炭进口量再次出现较快增长，2019 年煤炭进口量达到 2.99 亿吨。未来一段时间，随着我国煤炭优质产能的有序释放，以及进口煤限制政策与政策因素等的发酵，煤炭进口量有望稳定在 3 亿吨左右。

我国煤炭进口以动力煤为主，主要包括低阶烟煤和褐煤，动力煤进口变化趋势与煤炭进口量变化趋势基本相同，2019 年动力煤进口量达到 2.18 亿吨左右。

进口煤种类方面，炼焦煤需求量主要受钢材需求的影响，我国房地产等基础建设投资增加会带动炼焦煤需求大增，进而影响炼焦煤进口量。2013 年，我国炼焦煤进口量 7542 万吨，达到阶段性高位；从 2014 年开始，受国内需求不断萎缩，国内焦煤价格不断下行导致进口焦煤价格优势缩小等因素的影响，进口焦煤数量呈现明显下降的态势，到 2015 年炼焦煤进口量降至 4800 万吨；2016 年之后，受国内煤矿限产的影响，炼焦煤资源供不应求，进口焦煤补充作用明显，2019 年焦煤进口 7466 万吨。

进口源方面，从 2018 年我国进口煤分国别进口情况（见表 6-1）来看，我国煤炭进口主要来自印度尼西亚、澳大利亚、蒙古国和俄罗斯，其中，印度尼西亚以 12560 万吨的进口量（占比 44.7%）成为我国进口煤的第一大来源国，澳大利亚以 8094 万吨的进口量位居第二（占比 28.8%）。

表 6-1　进口煤分国别统计表

时间	国家	进口数量/万吨	占比/%
2018 年	印度尼西亚	12560	44.7
	澳大利亚	8094	28.8
	蒙古国	3624	12.9
	俄罗斯	2735	9.7
	菲律宾	440	1.6
	加拿大	303	1.1
	美国	234	0.8
	其他	132	0.5
	合计	28123	100.0

注：数据来源于海关总署。

第三节　我国煤炭深加工产业发展现状

一、产业规模稳步增加，整体地位快速提升

以煤制油、煤制气、煤制烯烃、煤制乙二醇、低阶煤分质分级利用为主的现代煤化工技术均取得了显著的工业示范效果，形成了一定的产业规模，产能和产量均对整个产业形成了较大影响。截至“十三五”末，我国已建成 8 套煤制油、4 套煤制天然气、36 套煤（甲醇）制烯烃、25 套煤制乙二醇、3 套低阶煤分质分级利用示范及产业化推广项目。

2019 年，煤制油产能 823 万吨/年，较 2015 年度增长 500 万吨；全年产量 628.6 万吨，较 2015 年度增加 435 万吨，产能利用率为 76.4%。通过示范项目的投产运行，我国

煤制油产业已形成强有力的技术和产能储备，对于提高国家能源战略安全保障能力、丰富我国清洁油品来源等都具有十分重要的战略意义。

2019 年，煤制天然气产能 51.05 亿立方米/年，较 2015 年度增长 20 亿立方米；全年产量 43.2 亿立方米，较 2015 年度增加 27.2 亿立方米，产能利用率为 84.62%。在 2017~2019 年供暖季期间，煤制天然气 4 家生产企业合计供应天然气 48.05 亿立方米，为大气污染防治重点区域供暖季期间提供清洁燃气，为有效降低大气污染物排放做出了重要贡献。

2019 年底，煤（甲醇）制烯烃产能 1582 万吨/年，较 2015 年度增长 790 万吨；全年产量 1277.3 万吨，较 2015 年度增加 629.3 万吨，产能利用率为 80.73%。2019 年，煤制乙二醇产能 488 万吨/年，较 2015 年度增长 276 万吨；全年产量 313.5 万吨，较 2015 年度增加 211.5 万吨，产能利用率为 64.2%。煤（甲醇）制烯烃产能占全国聚烯烃产能的 32%，煤制乙二醇产能占全国乙二醇总产能的 43.2%。煤制化学品已成为我国石油化工产业的重要组成部分，为我国石化原料多元化发展提供了重要支撑。

二、企业生产运行质量不断提高，绿色发展水平持续提升

国家能源集团鄂尔多斯煤直接液化示范项目，生产负荷持续维持在 85%左右，单周期稳定运行突破了 420 天，远超设计 310 天运行时间。国家能源集团宁夏煤业公司“400 万吨/年煤炭间接液化示范项目”、山西潞安集团“高硫煤清洁利用油化电热一体化示范项目”和内蒙古伊泰化工公司“120 万吨/年精细化学品示范项目”三个百万吨级煤间接液化项目经中国石油和化学工业联合会组织现场标定表明：三个项目运行负荷率均达到 95%以上，单位产品综合能耗为 1.98~2.04t(标煤)/t，单位产品煤耗为 3.48~3.54t(标煤)/t，单位产品水耗为 5.12~5.72t/t。大唐克旗煤制天然气项目一期工程主要技术指标接近或优于设计值，2019 年能源转化效率为 55.4%，单位产品煤耗 1.84t(标煤)/千标方，水耗 5.77t/千标方。内蒙古汇能煤化工有限公司煤制天然气项目综合能效接近 51%，产品质量、消耗指标均接近或优于国家控制指标，生产系统安全、稳定、满负荷运行最长达 652 天。国家能源集团新疆煤制烯烃项目乙烯+丙烯选择性达到 83.09%，主要指标优于同类技术，达到国际先进水平。河南能源化工集团有限公司六套煤制乙二醇装置均实现了达标达产和长周期稳定运行，乙二醇产品畅销于聚酯行业的高端用户，其中在河南省内的五套煤制乙二醇装置吨蒸汽耗在 6t 以下。总体上，我国现代煤化工从技术路线选择、设备选型、安全设施配套、自动化控制系统、工程建设等方面起点较高，具备安全生产的硬件基础。

三、产业集中度大幅提升，基地化格局已经形成

在国家产业规划和地方规划布局引导下，我国现代煤化工项目主要布局在国家规划建设的 14 个大型煤炭基地和 9 个大型煤电基地内，其中陕西、内蒙古、宁夏、新疆等省（区）现代煤化工发展速度较快，培育了宁东能源化工基地、鄂尔多斯能源化工基地、榆林国家级能源化工基地等多个现代煤化工产业集聚区，现代煤化工产业基地化格局已经

形成。宁东能源化工基地坚持以供给侧结构性改革为主线，进一步提高煤炭清洁高效利用水平，做大做强现代煤化工产业，建成了400万吨煤制油、宝丰烯烃等项目，初步形成了煤制油、煤制烯烃、精细化工三大产业集群。榆林国家级能源化工基地充分利用多种资源一起转化的协同效应，加强与国家能源、中煤、陕煤、延长、山东能源等大型能源集团的合作，推进先进技术的研发、应用和推广，在煤油气综合利用、煤制大宗化学品、煤制油、煤油共炼、低阶煤分级分质利用等路径上实现了煤化工的大型化、规模化、产业化。鄂尔多斯能源化工基地重点发展煤制油、煤制气、煤制甲醇、煤制烯烃、煤制乙二醇等煤化工及下游精细化工产业，已基本形成品类齐全的现代煤化工产业集群。现代煤化工产业园区化、基地化发展的优势初步显现。

第四节　我国煤炭产业链的工程科技发展现状

一、煤炭地质勘查

“十三五”以来，煤炭地质勘查理论体系不断完善，形成了具有中国特色的煤炭地质学新理论与综合勘查技术体系、矿井复杂地质构造与灾害源探测体系、矿井灾害源超深探测地质雷达装备及技术方法、采煤工作面涌水量多阶动力学动态预测技术等代表性理论与技术成果。

（一）资源勘查方面

发展出适合中国煤炭资源分布特点的煤炭资源综合勘查技术体系，将“煤田地质勘探”发展为以煤为主，包含煤层气、页岩气、致密砂岩气以及高岭土、铝土矿、“三稀”（稀有、稀土、稀散金属）等多能源矿产协同勘查，并涵盖煤炭勘查、矿井建设、安全生产、环境保护等内容的“煤炭资源综合勘查”。

（二）地质构造探测方面

建立了矿井复杂地质构造与灾害源探测体系，“地震主导、多手段联合、采前采中配合”矿井地质保障技术的成熟应用，可查明1000m深度以内落差3~5m以上的断层和直径20m以上的陷落柱。国产井下随钻测量定向钻进技术与装备取得重要进展，创造了井下深孔定向钻进3353m的新纪录。开发了矿井灾害源超深探测地质雷达装备及技术方法，首次实现了80m范围内的地质构造和灾害源的精细探测，探测距离提高1.6倍以上，地质构造验证率平均达75%；开发矿井低频地质雷达探测系统及CT透视反演软件，实现了透射法300m跨度工作面的地质构造和灾害源的精细探测，探测精度提高30%以上。

（三）矿井水害预测方面

开发出基于工作面涌水量采前快速预测与采中动态校正方法的涌水量动态预测软件，实现了工作面推采过程采空区峰值涌水量、动态稳定涌水量及发生位置的精细预测，将应用矿井工作面涌水量预测精度从70%以下提高到85%以上，完善了矿井涌水量预测技术体系。

二、矿井建设

“十三五”以来，矿井建设理论体系不断完善，立（斜）井凿井、快速高效掘进、巷道支护等关键技术取得历史性突破，形成了以冻结、钻井、注浆为主的建井理论与技术体系，研制出超大直径深立井建井技术和大型成套装备。

（一）立（斜）井凿井建设方面

攻克了深厚岩层中新型单层冻结井壁技术、深部冻土成套实验装置与技术和冻结孔固管充填缓凝水泥浆液及施工技术，使得深立井建设最大主井井筒净直径达到9.6m；建立了复杂地层深长斜井冻结壁三维动态模型和冻结壁设计计算体系，研发了深厚含水砂层深长斜井冻结段井壁结构、施工工艺技术及装备，解决了深长斜井冻结调控难题和“冻掘”矛盾；形成了盾构施工煤矿斜井的成套装备与技术体系，解决了煤矿长距离斜井深埋超长、连续下坡、富水高压、地层多变等重大技术难题；变革了竖井和斜井施工方法，攻克了深井、大直径、坚硬岩石和复杂地层反井钻井的破岩、排渣、偏斜和井帮稳定性控制等难题，并研发了大直径反井钻井成套技术与装备。

（二）巷道掘进方面

研发了井巷掘进爆破新技术和液压凿岩控制的钻装锚一体机，解决了钻爆施工中存在的“周边成型差、炮孔利用率低、围岩损伤严重”等难题；引入成熟的山岭隧道、城市地铁全断面掘进机施工技术和装备，降低了劳动强度、提高了煤矿深井岩巷掘进效率；研发了煤矿深井巷道全断面硬岩掘进机，实现了掘进、支护、排矸、辅助运输同步作业；研发了国内首台煤矿大直径、大埋深、长距离煤矿岩巷全断面盾构机（新矿1号）；应用了掘、支、运一体化快速掘进技术与装备；形成了掘锚一体机、锚杆转载机和柔性连续系统为主体的智能快速掘进成套装备，突破了掘支运一体化快速掘进技术，实现了高效掘进；并研发了首套集智能截割、自动运网、自动钻锚等技术为一体的智能快速掘进系统，有效提高了掘进水平和支护质量。

（三）巷道支护方面

创建了首台用于测试井下锚杆支护系统复杂受力状态的综合试验平台，攻克了高强度锚杆受冲击载荷作用易破断难题，形成了煤矿巷道抗冲击预应力支护成套技术体系；提出了冲击地压巷道防冲吸能支护理论及技术体系，发明了系列巷道防冲吸能支护装备，有效降低了冲击地压巷道破坏程度；研发了具有NPR结构的新型恒阻大变形锚杆/索，并成功应用于巷道大变形控制与预测；研发了锚架充协同控制技术，实现了千米深井软岩大巷围岩大变形的有效控制。

三、煤及共伴生资源开采

“十三五”以来，煤及共伴生资源绿色开采理论与技术创新形成了厚及特厚煤层开采、煤炭资源绿色开采、煤与瓦斯共采、煤与油型气共采等代表性理论与技术成果。

（一）厚及特厚煤层开采方面

开发了7.0m特厚硬煤层超大采高智能化综放开采成套技术与装备，研发了8.2m一次采全高综采工艺及装备技术，形成了千万吨级综放工作面智能控制关键技术，创建了特厚煤层开采坚硬顶板大空间采场坚硬岩层控制理论，研发了基于地面压裂技术与井下预裂的远近场协同控制技术体系，实现了特厚煤层安全开采理念、技术和装备的重大突破。在急倾斜煤层开采方面，揭示了急倾斜特厚煤层综放开采覆层形成和顶煤结构畸变致灾机制，创建了急倾斜厚煤层综放开采顶煤放出理论（BBR理论），研发了急倾斜厚煤层综放开采的专用支架与采场围岩控制技术。

（二）煤炭资源绿色开采方面

提出了西部浅埋地层隔水岩组隔水性判据和保水开采分类方法，开发了柔性条带充填保水开采技术，建立了保水采煤技术体系，有效指导了生态脆弱矿区煤炭资源开采和生态环境；发现了遗煤开采的扰动面接触块体梁岩体结构，提出了遗留煤柱群链式失稳的关键柱理论，研发了遗煤开采可行性定量判定方法，研发了遗煤开采岩层控制的关键技术，指导优质遗煤高效回收；提出了“切顶短臂梁”理论，研发了无煤柱自成巷110工法和N00工法，实现了采（盘）区内无煤柱和无巷道掘进，形成了具有我国自主知识产权的采煤工艺和装备系统；发明了柔模支护无煤柱开采技术及其配套装备，开发了柔模支护充填开采技术和柔模充填支架，提出了锚杆与柔模混凝土碹相结合的巷道支护方法；提出了煤炭资源“采选充+*X*”绿色化开采技术构想，形成了煤炭“采选充+*X*”（控、留、抽、防、保）协同生产模式。除此之外，还开发了露天矿区绿色开发的系列关键技术。

（三）煤与瓦斯共采方面

开发了碎软低渗煤层顶板岩层水平井分段压裂成套开发技术工艺，研发了煤矿用履带式钻进高压旋转水射流破煤钻扩造穴一体化技术，提出了高压水压裂-冲孔联作的煤岩缝网改造技术，发明了脉动水力压裂裂缝导向控制高效致裂增透技术，创建了以全孔段均衡作业为核心技术思想的可控冲击波煤层增透技术，研发了水平井与千米钻孔对接抽采、大孔径裂隙带定向长钻孔抽采、厚煤层沿空留巷及留巷钻孔抽采、双向立体交错抽采、大直径水平钻孔桥接抽采、双管柱筛管完井与洗井增产、采动卸压瓦斯分域联动导流抽采、软岩保护层卸压抽采等瓦斯增产技术，完善了煤层气高效抽采数字系统。除此之外，还发明了煤层气高效开发无线随钻测量钻进技术，研制了具有多逻辑保护回路与钻进参数监测功能的超长定向孔钻进装备，研制了 ϕ89mm 高强度大通孔无缆定向钻杆、磁吸牙片限位反转式钻头和内附导向衬管式钻杆，研发了煤矿井下 3000m 超长距离传输的泥浆脉冲无线随钻测量系统，发明了复杂结构井导向钻井随钻测控技术。

（四）煤与油型气共采方面

建立了油型气（瓦斯）勘查技术，创新了油型气（瓦斯）“预-探-抽”一体化精准防治技术，研究了油型气爆炸与巷道扩散规律，研制了煤矿油型气检测装置；发明了油型气不均匀涌出工作面连续高效开采方法，研发了超前预测多机联动智能控制系统，首创了煤与油型气共生矿区安全智能开采技术体系；研发了煤与油型气共生矿井安全保障及智能开采配套技术与装备，制定了安全智能开采技术和管理标准体系。

四、矿井灾害防治

“十三五”以来，矿井灾害防治理论体系不断完善，冲击地压防治、瓦斯灾害防控、矿井水害防治、煤层自燃与火灾防治、复合动力灾害防控等关键技术取得历史性突破，形成了以灾害预测和防控为核心的理论与技术体系。

（一）冲击地压防治方面

建立了集中静载荷疏导的区域防范冲击地压的理论与技术体系，开发了以诱发冲击启动的载荷源为中心，分源监测、分源防治的局部冲击地压防治技术；研发了冲击地压危险动静载区域探测技术与装备，研发了冲击地压危险多尺度多元融合预警关键技术与方法；构建了以“分类分治”为核心的深部煤层冲击地压防治“七模块”技术体系；提出了冲击地压巷道防冲吸能支护理论及技术体系，发明了系列巷道防冲吸能支护装备，发明了冲击地压能量释放与吸收监测装备。

（二）瓦斯灾害防治方面

论证了瓦斯含量法指标预测煤与瓦斯突出的科学性，发展了基于瓦斯含量法预测煤与瓦斯突出的瓦斯含量临界值；在煤与瓦斯突出防控方面，确定了矿井煤与瓦斯突出的力学作用机理，发明了全过程监测、多元信息融合的突出预警方法；创建了多尺度强湍流瓦斯爆炸动态传播和湍流-火焰-超压多场耦合理论，形成了矿井瓦斯封闭抑爆与隔爆协同防控技术体系。

（三）矿井水害防治方面

制订和实施了有效的底板寒武灰岩水害防治措施和地热水利用方案，创建了“直孔水平三分支互嵌”和“直孔垂向两分层重叠”的射流孔含水层改造技术，提出了砂-土-基岩水害、高承压基岩水害、白垩系巨厚砂层离层水害和地表水-薄基岩水害 4 种顶板水害模式，制定了不同模式下水害防治技术，构建了“系统解析→动态预测→分区防控→控制疏放”的矿井顶板水害综合防控体系，并开发了烧变岩帷幕墙注浆保水技术。

（四）煤层自燃与火灾防治方面

研发了基于热-磁-电位复合异常响应的火区范围初探技术与附带导温杆的红外热像测温反演高温点精探相结合的火源探测成套技术，提出了煤自燃阶段跃迁理论及其预警决策体系，研发了适用于容易自燃复杂采空区下开采的风压自动调节技术，提出了 CO 气体分源治理方法；发明了多种等高效抑制煤层发火的材料，研发了非间隔连续拖管注氮防火装备与防灭火工艺；在此基础上，集成创新形成了堵漏控风、覆盖隔氧、阻化降温的井上下联动防灭火技术体系。

（五）复合动力灾害防控方面

应用蝶形破坏理论解释了巷道冒顶、底臌、非对称大变形、冲击地压、煤与瓦斯突出以及地震等动力灾害形成的机理；研发了双系煤层开采水气下泄灾害预警系统和安全开采技术体系；界定了控制复合煤岩动力灾害的“主控地质体”概念，研发了基于声发射和微震技术的复合煤岩动力灾害微震预警新方法；研发了深部区采场矿压控制技术系统、巷道支护辅助决策支持系统、采场矿压预警系统、采空区煤自燃灾害预测系统、综采工作面综合防尘系统等 5 大系统，实现了多灾害数据开发与管理、海量数据压缩保真及多灾害智能预测与防控。

除此之外，我国学者还走出国门服务孟加拉国煤炭资源安全开采，构建了特厚煤层多灾源安全开采模式，形成了极强含水层下特厚煤层开采顶板水害“上保下疏”、冲击地压“动静转移”、自燃火灾“时空适配”的综合防控技术体系，形成了中国—孟加拉国煤电联营模式，为推进“一带一路”倡议做出重大贡献。

五、煤机装备与智能化

“十三五”以来，煤炭行业综采装备、巷道掘进装备、主要运输装备和辅助运输装备等实现了重大革新，保障了煤炭资源的安全高效开采。

（一）综采装备研发方面

研制出能够适应于 7.2m 厚煤层开采的 MG1000/2540-GWD 型采煤机，研发了基于 30CrNiMo 的中碳合金钢高强度厚煤层摇臂，形成了高承载能力行走系统，开发了工况自适应智能截割技术；研发了 8.8m 大采高智能化液压支架、22000kN 四柱支撑掩护式强力放顶煤液压支架、20000kN 急倾斜强力液压支架、纯水液压支架和巷道防冲液压支架；制造了高性能 3×1600kW 系列智能型刮板输送机，研发出直角转弯大功率重型刮板输送机，形成了主要部件整体铸造重型刮板输送机制造技术。在此基础上，研发了适应 0.65～10.00m 煤层高智能综采成套技术装备。同时，在煤矿综采成套装备再制造的设计方法、新型激光器研制、激光熔覆用合金粉末研发、采煤机械设备典型零部件绿色清洗与再制造成形加工关键技术等方面也取得了突破。

（二）巷道掘进装备研发方面

制造了大功率全断面自动截割成形远控掘进机，发明了掘、支、运三位一体巷道掘进方法，开发了智能快速掘进成套装备，形成了掘进、支护、运输一体化智能快速掘进生产线。

（三）主要运输装备研发方面

研制了6000m超长运距低阻智能机头集中驱动矿用带式输送机，发明了长距离大运力带式输送系统永磁电机直驱、分布式张力调节、空间转弯等本体关键技术，研发了长距离大运力带式输送系统控制与监测技术，发明了长距离大运力带式输送系统安全保障技术；研发了“矿山超大功率提升机全系列变频智能控制技术与装备”，攻克了重载平稳起动、宽范围精确调速、高精度定位、整流器无网侧电动势传感器电网优化接入、低开关频率整流器柔性启动、超大功率三电平高功率密度变频调速等核心技术，建立了基于物联网的二维远程故障预测诊断系统，实现了大型提升机的智能化控制、无人化运行和远程监控。

（四）辅助运输装备研发方面

发明了隔爆型永磁交流变频同步电机系统和隔爆型锂离子蓄电池电源，设计了整车智能主动安全防护体系，发明了矿用防爆车辆整车控制系统，形成了矿用防爆锂电池无轨胶轮车系列产品；开发一种新型摩擦轮与齿轮混合驱动电喷柴油单轨吊，首创性研发出矿用大功率防爆蓄电池、柴油机混合驱动单轨吊，全方位满足煤矿辅助运输需求；研发了无人驾驶矿用自卸卡车，实现了装运排一体化运行作业。还研发了基于机器视觉的煤矿运输节能与安全智能控制关键技术，实现了危险区域的人员监测、胶带防纵撕和振动筛流量异常监测功能。除此之外，研发了千万吨级综采工作面智能高压型大流量乳化液泵站系统，发明了矿用隔爆兼本质安全型高压变频调速一体机，开发出基于一体机的智能驱动综采装备，实现了煤炭开采装备传动技术升级换代。

基于上述煤机装备，我国煤炭智能开采格局初步形成。“十三五”以来，煤炭绿色开发与智能精准开采技术体系逐步建立。同时，制定了煤矿智能化发展规划和实施方案，为煤矿智能化建设描绘了路线图和施工图。具体如下：

（1）智能开采装备研发方面。发明了工作面直线度精确检测与智能控制、采煤机记忆截割控制、刮板机智能控制、工作面集中远程智能控制等多个关键技术，研发了适用各种煤层条件具有较高智能化水平的系列化综采（放）成套装备，使不同区域、不同煤层条件实现了智能安全高产高效生产。

（2）智能远程管控研发方面。提出了智能化与远程干预结合的综合机械化采煤新模式，研发了综采工作面采煤、支护、运输等工序的智能化协调控制技术，开发了矿井人员与车辆等动目标精确定位关键技术与系统，开发了煤矿供电无人值守及防越级跳闸技术与系统，研发了一体化矿山生产综合智能监控系统，研发了面向智能开采的煤矿安全高效生产空间信息处理关键技术，创建了亿吨级矿区复杂系统的全流程信息协同系统平台，实现了矿井群资源的智能配置和管理。

此外，提出了数字孪生智采工作面新系统（DTSMW），并把物联网、5G 通信、云计算等技术融合于智采工作面，创建精确的虚拟智采工作面模型，实现智采工作面生产、管理的高度数字化及模块化；提出了煤矿机器人的分类方法，构建了科学合理的煤矿机器人分类体系，规划了不同种类、层次煤矿机器人的研发路径；开通并优化了井上井下 5G 网络，建成了矿用高可靠 5G 专网系统，研发出 3∶1 时隙配比 5G 网络，开展了 5G 成套装备规模化应用，发布《5G+煤矿智能化白皮书》，倡议建设煤矿 5G 应用生态，引导煤矿科学有序开展 5G 网络建设；实现了智能开采环境下煤层空间信息的动态修正、管理模式的创新和各类空间及属性数据的一体化存储，开发了具有我国自主知识产权的软件平台和应用系统，并在阳泉、大同、平顶山等矿区实现应用，初步实现了对智能化煤矿安全生产运营“一盘棋、一张网、一张图、一个库”的新型管理理念。

截至目前，全国已建成约 500 个智能化采煤工作面，形成薄、中厚、厚煤层的完整智能化开采实践应用示范体系，构建了“有人巡视、无人操作”的智能开采工作面新模式。

六、洁净煤技术

煤炭是高碳化石能源，煤炭资源的洗选加工与清洁高效利用，是社会主义生态文明建设的要求，同时对缓解油气资源短缺、降低对外依存度、保障国家能源安全、降低碳排放都具有十分重大的现实意义，也是贯彻落实“六保”工作的重要途径。“十三五”以来，形成了包含煤炭洗选、提质加工、清洁转化与污染物控制的洁净煤技术体系。

（一）选煤技术方面

千万吨级湿法全重介选煤技术、大型复合干法和块煤干法分选技术、大型井下选煤排矸技术和新一代空气重介干法选煤技术成功应用；发明了大型复合式干法分选技术和干法重介质流化床分选技术，开发了世界上首套模块式高效干法选煤工艺系统，形成了煤炭高效干法分选关键技术，解决了长期影响干法选煤工程化的技术难题。此外，还研发出了融合图像识别和 X 射线识别的高压喷嘴式高精度智能干选机，以及超大处理能力原料煤、粗煤泥重介质分选及煤泥水浓缩设备等。

（二）提质加工、清洁转化及污染物控制方面

中小型高效煤粉工业锅炉、水煤浆浆体化 CFB 供热供暖锅炉、大容量高效煤粉工业锅炉、民用固硫抑尘型煤、烟煤解耦新型炉具、大型低阶煤热解分质分级利用等技术取得突破；同步建设和投入运行废水处理、VOCs 治理与脱硫、脱硝等装置，研发了具有靶向清洗、选择性活性补充、结构补强和脱硝催化剂全寿命管理解决方案的神华脱硝催化剂再生技术，实现了兰炭粉燃料无助燃稳定运行，攻克了粒径小于 30mm、产量占低阶煤总产

量80%以上的混煤热解的系列关键技术难题，突破了煤焦油分质转化高性能油品及高附加值产品的瓶颈，构建了低阶煤分质清洁高效利用技术体系。

"十三五"以来，我国现代煤化工产业快速发展，在煤制油、煤制天然气、煤制烯烃、煤制乙二醇等方面都取得了较大突破，在生产工艺、关键大型装备和特殊催化剂等领域逐步实现了国产化，传统煤化工的大型合成氨行业已全面升级换代为煤炭高温气化技术。

（1）煤气化方面。攻克了大型、超大型水煤浆气化和干煤粉气流床高压气化成套关键技术与装备，研发了多喷嘴对置式水煤浆气流床加压气化技术、航天干煤粉气流床加压气化技术、水煤浆水冷壁废锅流程气流床加压气化技术（晋华炉）、"神宁炉"干煤粉气流床加压气化技术、"东方炉"干煤粉气流床加压气化技术等，建成单炉日处理3000t级、4000t级煤气化示范工程，解决了"三高"煤难气化等煤种适应性问题；开发出气化煤浆粒控提浓系列工艺及装备，并完成了工业化，缓解了煤浆浓度低影响气化效率、煤化工污泥难处理且成本高、中浓度管输煤浆直接气化效率低等"痛点"。

（2）煤直接液化方面。完成了煤制油品/烯烃大型现代煤化工成套技术开发与应用，首创了高效大型现代煤制油品和烯烃工程化技术，突破了超大超厚装备设计及制造技术，实现了核心装备的国产化，世界首个煤直接液化和煤制烯烃工程长周期稳定运行。

（3）煤间接液化方面。根据费托反应的温度不同，开发出3种不同的工艺：1）实现了超大型工业反应器放大设计制造的重大突破，建成国内首套百万吨级煤间接液化工业示范装置；2）解决了中温条件下铁基催化剂活性结构控制和产物选择性控制的技术难题，建设成世界上单厂生产能力最大的400万吨/年煤间接液化产业化示范项目；3）研发了高温流化床费托合成催化剂YHFT®-C01的制备工艺，并在国内首套10万吨/年高温费托合成工业示范装置上成功应用。

（4）碳减排方面。煤炭行业主动作为，首创了煤化工CO_2捕集、咸水层封存与监测成套技术，建成了世界首个10万吨级煤化工CCS示范工程，提高了我国在国际气候战略博弈的话语权；开发了低渗咸水层多地层分类改造与多组同注、多维度监测与安全预警等成套CO_2封存关键技术。

七、节能环保与职业健康

"十三五"以来，我国在低浓度瓦斯利用、矿井余热利用、煤矿低品位热能利用、采煤沉陷区治理、矿井生态环境修复和矿井粉尘防治等方面取得了显著的进展。

（一）低浓度瓦斯利用方面

系统开展了集瓦斯治理、抽采、发电、制冷、热害治理为一体的瓦斯综合治理与循环利用关键技术与示范研究；发明了瓦斯自适应混配和自回热蓄热氧化技术，研发了瓦斯阶梯式清洁利用技术，破解了低品质瓦斯化学能的热电转换、高效氧化提热的难题。

（二）矿井余热利用方面

研发了低浓度瓦斯蓄热氧化井筒加热技术，开发了风排瓦斯引风技术、风排瓦斯与抽采瓦斯混配技术、远距离安全输送技术、大型脱水技术、蓄热式非催化氧化技术（RTO）和热电联供技术等关键技术研究，发明了焦化厂荒煤气高温余热回收技术。

（三）煤矿低品位热能高效利用方面

发明了兼顾煤矿通风安全与热能高效提取的系列喷淋式矿井回风换热器，开发了喷淋式矿井回风余热利用成套装备；研发了壳管式防结垢、防堵塞、强换热的换热器以及与其配套的矿井排水余热利用成套装备。

（四）采煤沉陷区治理方面

创建了采煤沉陷区中高层建筑群建设技术体系，提出了采煤沉陷区城市服务功能开发理念，研发了采煤沉陷区湿地建设、城市功能开发等关键技术，研发了高强度开采矿区生态环境修复与调控技术，并首次在沉陷治理中创新性采用定向钻探、城市建筑废弃物再生利用、分布式光纤动态监测、深层地热资源利用等先进技术工艺，建成了全国首例条带式采煤沉陷区综合治理与利用项目，改善了沉陷区生态环境，增加了采空区土地再利用，实现了人与自然和谐共生的重大民生工程。

（五）矿井生态环境修复方面

发明了煤矸石山自燃污染控制与生态修复关键技术，构建了矿区生态环境与地质灾害时空信息多尺度监测技术体系，发展了高强度开采矿区生态环境演变链式响应理论和生态环境损害动态预警方法；研发了采煤沉陷区土壤重构、植被恢复和区域尺度农业景观再塑关键技术，形成了能促进植物根系生长发育、抗拉伤能力强的微生物修复技术，研发了集约化开采源头减损与地表生态修复一体化技术。

（六）矿井粉尘防治方面

揭示了机械化掘进巷道煤岩尘微观理化特性对其润湿性影响规律，确定了综掘工作面宏观粉尘团及细观颗粒流扩散规律，揭示了巷道喷雾细观降尘机制；发明了射流汽化吸液及低阻高效产泡方法与装置，研制了环形承压泡沫的喷射装置，研发了活性磁化水幕帘与泡沫联用除尘系统；发明了三向旋流全断面风幕控尘方法及关键技术，研发了综掘工作面高效小型化风雾双幕协同增效控除尘成套装备。

八、现代煤化工技术攻关

在煤气化方面，多喷嘴对置式水煤浆气化技术、航天粉煤加压气化技术、水煤浆水冷壁废锅煤气化技术、SE-东方炉粉煤气化技术、“神宁炉”干煤粉气化技术等先进煤气化技术已经进入大型化、长周期运行阶段。

在煤制油方面，国家能源集团依据煤直接液化反应的产物分布特点，着力开发超清洁汽、柴油以及军用柴油、高密度航空煤油、火箭煤油等特种油品的生产技术，目前已完成了煤直接液化油品的战机试飞和火箭发动机试验。国家能源集团低碳院开发了具有完全自主知识产权的煤沥青制备中间相沥青以及中间相沥青连续聚合技术和设备，并在西来峰焦油厂建成了国内首套百吨级中间相沥青连续聚合装置，成功产出高附加值的中间相沥青，开拓了中间相沥青生产的新技术路线。中科合成油技术有限公司基于对煤炭液化过程的全面分析，提出了包括温和加氢液化、费托合成和油品加工三个核心单元的煤炭分级液化工艺。该工艺解决了传统煤炭液化技术存在的操作条件苛刻、油品质量较差、过程能效偏低等问题，操作条件温和、油品化学结构丰富、节能减排效果显著。陕西未来能源化工有限公司自主开发的高温流化床费托合成关键技术已完成10万吨/年中试，该技术将大大丰富和改善煤制油产品方案，与低温费托合成等其他现代煤化工、石油化工单项技术结合，将逐步打破煤制油、煤制烯烃产业的界限，形成具有较强竞争力的煤基能源化工新产业。

在煤制天然气方面，西南化工研究设计院有限公司和中海石油气电集团有限责任公司联合开发煤制天然气甲烷化工艺，完成了20000标准m^3/h工业化试验。新疆广汇新能源公司和中科院大连化学物理研究所在新疆伊吾县淖毛湖工业区建立了规模为7000标准m^3/h的完全甲烷化模拟试验系统，在工业气源条件下进行了稳定性试验，累计运行4400h。大唐国际化工技术研究院有限公司通过引进、消化吸收、再创新，开发了具有自主知识产权的合成气甲烷化技术，按照工业装置标准建设了3000标准m^3/h甲烷化装置，并累计稳定运行超过4000h。我国自主研发的煤制天然气甲烷化技术已经具备了工业化条件。

在煤制烯、芳烃方面，中国科学院大连化学物理研究所开发的“第三代甲醇制烯烃（DMTO-Ⅲ）技术”在甲醇转化率、乙烯丙烯选择性、吨烯烃甲醇单耗等方面优势明显，继续引领行业技术进步。2016年，采用中国石化“高效甲醇制烯烃全流程技术（S-MTO）”建成世界最大规模的360万吨/年S-MTO工业装置，在中天合创建成并投产，标志着中国石化S-MTO全流程技术迈向新的台阶。中科院大连化学物理研究所包信和院士研究团队创制了一种新型双功能的复合催化剂，在实验室实现了合成气直接转化、高选择性地制取低碳烯烃。中国科学院上海高等研究院在煤经合成气直接制烯烃浆态床技术研发方面，完成了实验室层面低甲烷高烯烃选择性的FTO催化剂的验证。合成气直接制低碳烯烃技术是一项“即将改变世界”的新技术，又是一个具有里程碑意义的创新突破。中科院大连化学物理研究所开发的甲醇制丙烯（DMTP）流化床工艺耦合了甲醇转化、乙烯烷基化和C^{4+}转化三个反应，丙烯选择性显著提高，工艺技术和指标先进，目前已完成百吨级放大试验，该工艺技术具有原创性。

在煤制芳烃方面，北京大学/中国科学院山西煤炭化学研究所、厦门大学、复旦大学、清华大学等科研团队均开展了卓有成效的研究。以我国科学家为主创新提出的金属氧化物/沸石分子筛双功能催化剂应用于合成气直接制芳烃已取得较大进展，实现芳烃的高选择性合成（达到70%~80%）。

此外，在烯烃、芳烃联产方面，中科院大连化学物理研究所开发了甲醇甲苯制对二甲苯联产低碳烯烃流化床工艺（DMTA），陕西煤化工技术工程中心有限公司开发了苯和甲醇选择性烷基化制对二甲苯技术和甲苯甲醇制对二甲苯联产低碳烯烃新技术，实现了煤化工与石油化工的结合，开辟了对二甲苯生产新的原料路线。

在低阶煤分级分质利用方面，陕西煤业化工集团分别完成了低阶粉煤气固热载体双循环快速热解技术（SM-SP）、煤气热载体分层低阶煤热解成套工业化技术（SM-GF）、输送床粉煤快速热解技术、大型工业化低阶粉煤回转热解成套技术等一系列热解技术的开发和示范；陕西延长石油（集团）有限责任公司碳氢高效利用技术研究中心充分融合煤化工、石油化工先进技术理念，自主研发了粉煤热解气化一体化技术（CCSI），完成了万吨级/年氧气气化工业试验，开辟了 CCSI 技术化工利用新途径；河南龙成集团建成了千万吨级旋转床煤热解示范装置。这些低阶煤分级分质利用技术为有效推动国家煤炭分质清洁高效利用提供了重要支撑。

第七章　我国油气矿产及其材料产业发展现状与形势

第一节　全球油气资源勘探开发形势

一、全球油气勘探总体形势

据中国石油最新一轮全球资源评价结果，全球油气总资源量达到 17319 亿吨油当量，其中常规可采资源占 63%，非常规技术可采资源量占 37%，世界油气资源仍十分丰富。2020 年以来，受新冠肺炎疫情叠加低油价的双重冲击，石油公司均不同程度削减勘探投资，未能延续 2019 年触底反弹的趋势，再次整体回落，但油气勘探仍表现出较强的韧性，勘探新增储量仍然表现不俗，再次获得自 2016 年低油价以来的储量发现小高峰。长期来看，未来世界经济仍将重返缓慢上升的发展轨道，全球油气勘探行业仍需保持信心和战略定力。

（一）全球油气勘探投资

自 2014 年低油价以来，全球各大石油公司纷纷大幅削减上游投资，勘探投资与 2013 年高峰时期相比削减幅度达 35%~60%，2016 年达到了最低点，为 409 亿美元。2020 年，受低油价叠加新冠肺炎疫情的双重影响，全球油气勘探投资进一步萎缩，在上一轮低油价下投资低迷的基础上进一步下滑。全年勘探投资仅 335 亿美元，较 2019 年大幅下降，降幅达 24%（见图 7-1）。

全球油气勘探投资占上游总投资的比例为 11.6%，总体相对稳定，同比略有提升。2011~2015 年高油价期间勘探投资占比为 14%~16%，平均为 14.7%。2016~2019 年低油价期间与上一个五年相比勘探投资占比明显下降一个台阶，降幅约为 3 个百分点，基本稳定在 11%~12%区间。

从区域角度看，全球油气勘探投资呈现明显差异性。美洲地区勘探投资最高，超过 160 亿美元；亚太地区其次，107 亿美元；中亚-俄罗斯地区位居第三，超过 25 亿美元；欧洲、非洲和中东地区投资额相对较小。从勘探投资占上游总投资比例来看，亚太地区占比相对最高，为 19%；非洲、美洲地区其次，均为 14%；中东地区占比最低，仅为 1%。

从投资主体看，低油价下国家石油公司、国际石油公司和独立石油公司的勘探投资总体呈三足鼎立之势，但国家石油公司勘探投资相对占优，独立石油公司最弱，国际石油公司勘探投资相对活跃。

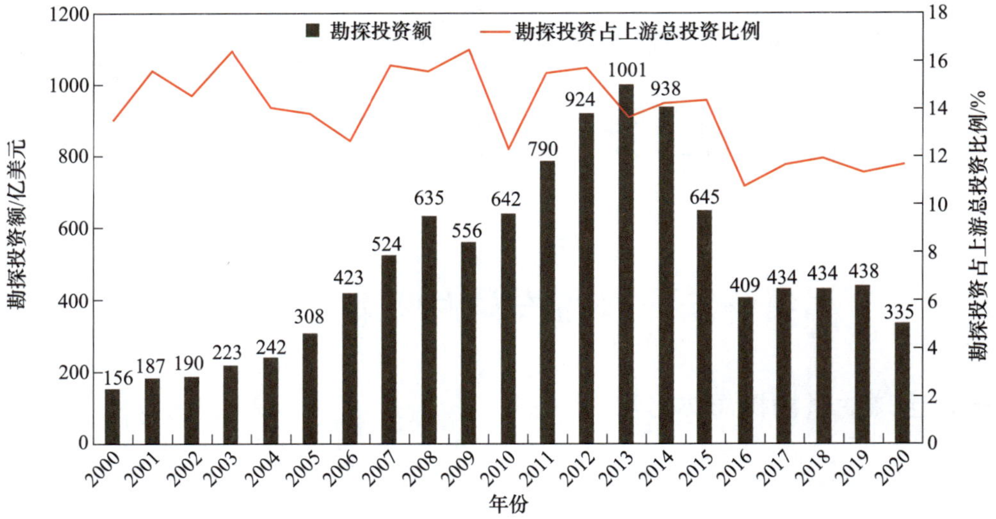

图 7-1　全球油气勘探投资年度分布柱状图

（数据来源：全球油气勘探开发形势及油公司动态 2021）

英国石油（BP）、雪佛龙（Chevron）、埃克森美孚（ExxonMobil）、壳牌（Shell）、道达尔（Total）、埃尼（Eni）和挪威国家石油（Equinor）等七大国际石油公司累计勘探投资 90.8 亿美元，占全球勘探总投资的 27.2%。其中，壳牌和埃克森美孚的勘探投资额较高，分别为 24.8 亿美元和 19.3 亿美元；其次是挪威国家石油、道达尔和英国石油，分别为 11.7 亿美元、11.6 亿美元和 11.2 亿美元；雪佛龙和埃尼勘探投资相对较小，分别为 8.7 亿美元和 3.5 亿美元（见图 7-2）。

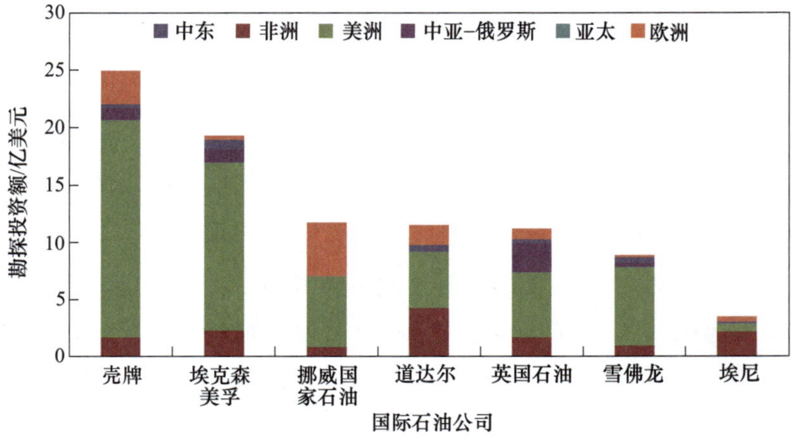

图 7-2　七大国际石油公司各地区油气勘探投资分布

（数据来源：全球油气勘探开发形势及油公司动态 2021）

（二）全球油气勘探工作量

2020 年，全球油气勘探工作量极度低迷，非地震、二维和三维地震工作量为近几年最低水平，钻井工作量也有近两成降幅。

2020 年，全球共完成二维地震采集 97000km，同比下降了 29%。海上二维地震采集占比为 82%，较 2019 年有所减少，但低油价以来仍保持超过 80%的水平。

全年共完成三维地震采集 254000km^2，较 2019 年下降 17.3%，为连续第 4 年下降，工作量主要分布在海上。2008 年以来，海上三维地震占比呈逐步增加的趋势，自 2012 年以来占比均超过 80%，2020 年占比达 88%。

自 2008 年以来，全球探井数量呈快速递减趋势，特别是陆上探井数量（见图 7-3）。2020 年，全球共完钻探井、评价井 1274 口，较 2019 年减少 256 口，降幅 16.7%。2020 年，全球探井的成功率为 45.8%，高于 2019 年，扭转了近 3 年以来逐渐下降的趋势。其中，海上探井成功率为 39.4%，陆上探井成功率为 49.9%，海上和陆上的成功率均高于 2019 年。

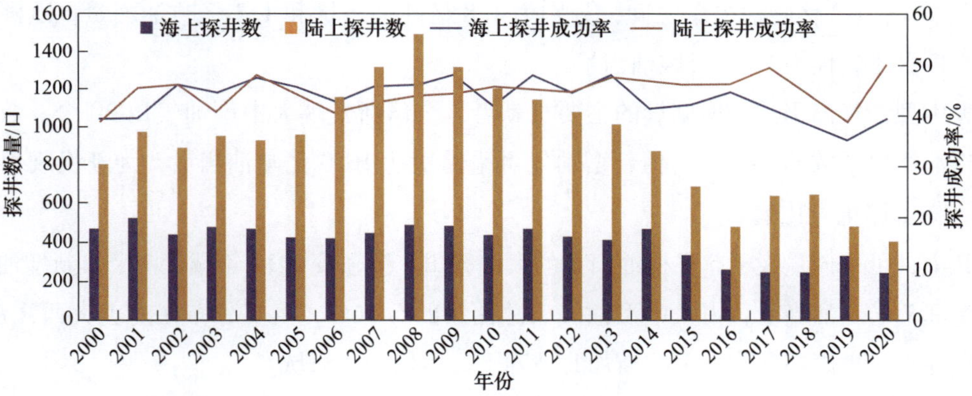

图 7-3　2000 年以来全球海陆探井数量/成功率统计图

（数据来源：全球油气勘探开发形势及油公司动态 2021）

（三）全球油气勘探新发现

与 2019 年相比，2020 年全球新发现油气田数量大幅下降，而新增储量大体相当。全球（不含北美陆上，仅含阿拉斯加）新发现常规油气田 205 个，与 2019 年的 269 个相比降幅明显，发现油田数量的减少与钻井工作量的收缩有明显的相关性。新发现油气田可采储量 19.3 亿吨油当量，与 2019 年 20.9 亿吨油当量大体相当，仅减少了约 1.6 亿吨油当量（见图 7-4），远高于前 4 年 14.6 亿吨油当量的平均水平，一定程度上提振了油公司的勘探信心。

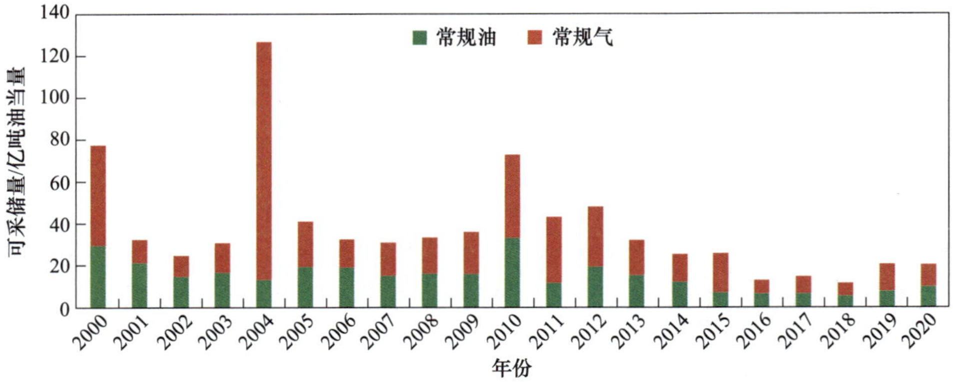

图 7-4　2000 年以来全球历年新发现常规油气可采储量柱状图

（可采储量相当于证实和控制可采储量，数据来源于全球油气勘探开发形势及油公司动态 2021）

从常规油气可采储量的区域分布看，美洲地区居首，为 9.1 亿吨油当量；中东地区和中亚-俄罗斯地区次之，分别为 4.2 亿吨油当量和 2.1 亿吨油当量；非洲、亚太地区储量规模介于 1 亿~2 亿吨油当量之间，分别为 1.8 亿吨油当量和 1.3 亿吨油当量；欧洲地区储量规模最小，仅为 8060 万吨油当量。

大中型油气田仍是新增储量的主要贡献者，全球新发现大中型油气田 30 个，数量占新发现油气田总数的 14.6%，但新增油气可采储量达 16.0 亿吨油当量，为新发现总储量的 82.9%。储量占比超八成。

其中，可采储量大于 5 亿桶油当量的大油气田 6 个，较 2019 年减少 1 个，新增油气可采储量 8.7 亿吨油当量，占大中型油气田总储量的 54.6%，主要分布在南美大西洋深水、南非超深水、黑海超深水、阿拉斯加北坡陆上、西伯利亚海域。

前十大发现新增可采储量 10.7 亿吨油当量，占全球总储量的 55.4%，主要分布在南美大西洋深水、南非超深水、黑海超深水、阿拉斯加北坡陆上、俄罗斯北极南喀拉海域。

二、全球油气开发总体形势

2020 年，受全球新冠肺炎疫情的暴发与蔓延、石油市场最惨烈的价格下跌及全球经济大衰退的叠加影响，对全球油气供需关系、投资与价格、油气全产业链、油公司生产经营产生了巨大影响，全球油气储量稳定增长和产量持续上升的趋势遭遇了急刹车。随着 OPEC 组织达成了史上最大规模减产协议，全球油气供需失衡的态势得以扭转，特别是进入 2021 年以来，随着全球新冠肺炎疫情得到有效防控、国际油价逐步攀升，全球油气开发形势呈现出复苏的局面。

（一）全球油气开发概况

截至2020年底，全球油气田主要分布于133个国家，可划分为六个大区，即中亚-俄罗斯地区、中东地区、非洲地区、美洲地区、亚太地区和欧洲地区。全球油气经济剩余可采储量2189.4亿吨油当量，技术剩余可采储量4418.59亿吨油当量；其中，原油经济剩余可采储量1239.71亿吨，技术剩余可采储量2401.25亿吨；天然气经济剩余可采储量112.45万亿立方米，技术剩余可采储量238.91万亿立方米。全球油气年产量76.26亿吨油当量，其中原油产量43.51亿吨，天然气产量38776.5亿立方米。

（二）全球油气剩余可采储量

全球油气技术剩余可采储量分布不均衡，呈现“两大一中三小”的特点（见表7-1）：两大为中东、美洲地区（油气储量均大于1000亿吨油当量），一中为中亚-俄罗斯（油气储量为200亿~1000亿吨油当量），三小为欧洲、非洲、亚太地区（油气储量均小于200亿吨油当量）。截至2020年底，全球前十大国家技术剩余可采储量占全球的78.66%（见表7-2）。以区域位置划分，有6个位于中东地区，占总储量的38.83%；有3个位于美洲地区，占总储量的27.11%；有1个位于中亚-俄罗斯地区，占总储量的12.73%。以储量占比划分，技术剩余可采储量占全球的比例大于10%的国家有3个：俄罗斯、美国和卡塔尔；占比为5%~10%的国家有4个：沙特阿拉伯、委内瑞拉、伊朗和加拿大；占比小于5%的国家有3个：阿拉伯联合酋长国、伊拉克和科威特。

表7-1　全球油气经济与技术剩余可采储量统计表

地区	原油/亿吨		天然气/万亿立方米		油气合计/亿吨油当量	
	经济剩余可采储量	技术剩余可采储量	经济剩余可采储量	技术剩余可采储量	经济剩余可采储量	技术剩余可采储量
中东地区	557.55	992.09	24.97	91.15	768.42	1761.77
美洲地区	411.45	933.16	40.62	48.45	754.46	1342.29
中亚-俄罗斯地区	154.53	264.04	26.89	53.07	381.62	712.13
非洲地区	58.90	117.31	5.30	18.73	103.69	275.45
亚太地区	34.16	57.14	11.94	21.96	135.02	242.54
欧洲地区	23.12	37.51	2.73	5.55	46.19	84.41
合计	1239.71	2401.25	112.45	238.91	2189.40	4418.59

注：数据来源于全球油气勘探开发形势及油公司动态2021。

表 7-2 前十大国家油气技术剩余可采储量统计表

国家	地区	油气田数量/个	经济剩余可采储量/亿吨油当量	技术剩余可采储量/亿吨油当量	主要类型
俄罗斯	中亚-俄罗斯	1972	303.31	562.45	陆上常规天然气（47.7%） 陆上常规原油（35.72%）
美国	美洲	3115	530.19	547.49	非常规天然气（47.64%） 非常规原油（39.57%）
卡塔尔	中东	39	92.97	524.53	海域天然气（74.67%） 海域原油（23.74%）
沙特阿拉伯	中东	124	300.28	397.96	陆上常规原油（49.18%） 海域原油（23.16%）
委内瑞拉	美洲	217	17.27	358.22	非常规原油（51.96%） 陆上常规原油（31.85%）
伊朗	中东	180	93.29	309.43	陆上常规原油（32.11%） 海域天然气（31.92%）
加拿大	美洲	500	111.14	297.07	非常规原油（74.78%）
阿拉伯联合酋长国	中东	63	101.96	197.77	陆上常规原油（42.17%） 海域原油（23.41%）
伊拉克	中东	156	87.92	195.43	陆上常规原油（86.12%）
科威特	中东	23	64.30	90.48	陆上常规原油（90.36%）

注：数据来源于全球油气勘探开发形势及油公司动态 2021。

（三）全球油气产量

全球油气产量大小分布不均衡，油气产量呈现“两大一中三小”的特点，两大为美洲、中东地区（油气年产量均大于 20 亿吨油当量），一中为中亚-俄罗斯地区（油气年产量为 10 亿~20 亿吨油当量），三小为亚太、非洲、欧洲地区（油气年产量均小于 10 亿吨油当量）。全球各大区主要油气开采类型不同，美洲地区主要为非常规原油、非常规天然气和海域原油；中东地区主要为陆上常规原油、海域天然气和海域原油；中亚-俄罗斯地区主要为陆上常规天然气和陆上常规原油；亚太地区主要为海域原油、陆上常规原油和陆上常规天然气；非洲地区主要为海域原油、陆上常规原油和陆上常规天然气；欧洲地区主要为海域原油和海域天然气。

截至 2020 年底，油气产量前十大国家的产量占全球的 69.34%。以区域位置划分，中东地区有 5 个、美洲地区有 2 个、中亚-俄罗斯、亚太、欧洲地区各 1 个。其中美国油气产量最高，为 15.87 亿吨油当量，占油气产量前十大国家总产量的 30.01%。原油产量前十大国家的产量占全球的 73.04%，其中美国原油产量最高，为 8.09 亿吨，占原油产量前十大国家总产量的 25.46%。天然气产量前十大国家的产量占全球的 72.31%，其中美国天然气产量最高，为 9216. 29 亿立方米，占天然气产量前十大国家总产量的 32. 87%（见图 7-5 和图 7-6）。

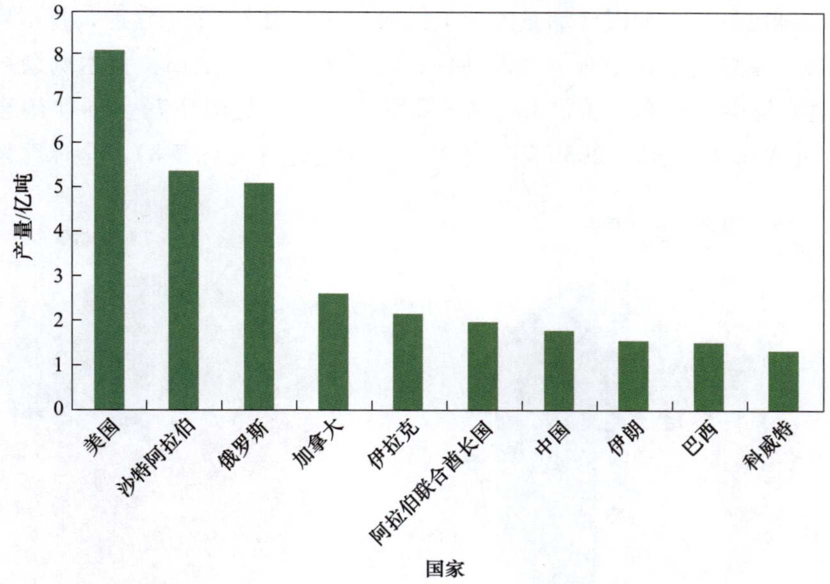

图 7-5　2020 年全球原油产量前十的国家

（数据来源：全球油气勘探开发形势及油公司动态 2021）

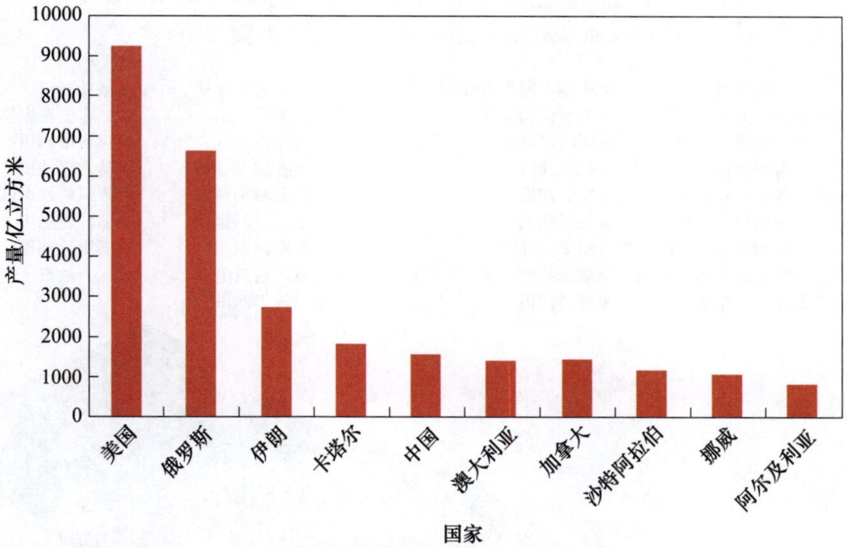

图 7-6　2020 年全球天然气产量前十的国家

（数据来源：全球油气勘探开发形势及油公司动态 2021）

2011~2020 年，全球新投产油气项目 6418 个，其中原油新投产项目数量为 3209 个，在 2020 年贡献产量占总产量的 20. 23%；天然气新投产项目数量为 3209 个，在 2020 年贡献产量占总产量的 20. 85%。

（四）未建产/待建产大油气田

目前，全球已发现大油田（储量大于 1 亿吨）中仍有 61 个未建产，技术剩余可采储量超 180 亿吨，主要集中在中东、美洲地区；35 个待建产大油田，技术剩余可采储量超 114 亿吨，主要集中在中东、美洲和中亚-俄罗斯地区（见图 7-7）。预计待建产大油田 2025 年产量可达 0.94 亿吨，2036 年产量可达 3.9 亿吨（见图 7-8）。全球已发现大气田

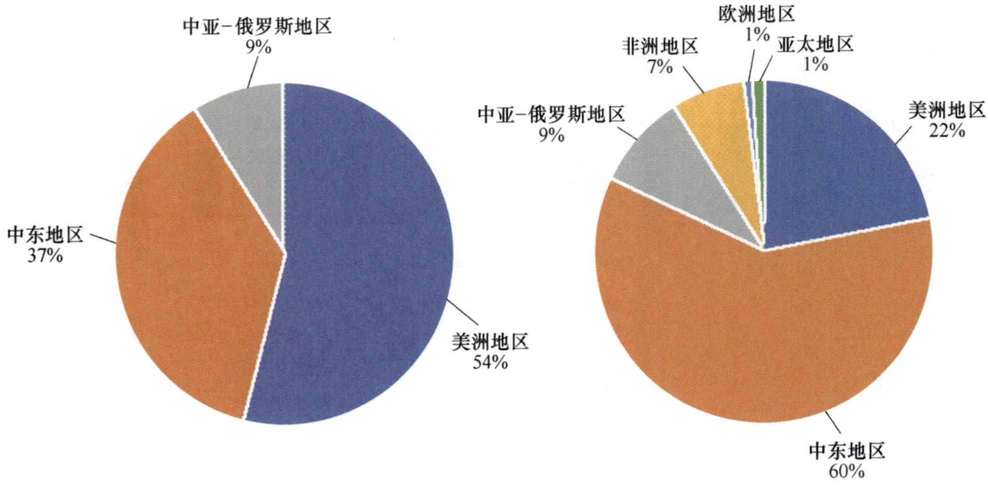

图 7-7　未建产（左）/待建产（右）大油田技术剩余可采储量

（数据来源：全球油气勘探开发形势及油公司动态 2021）

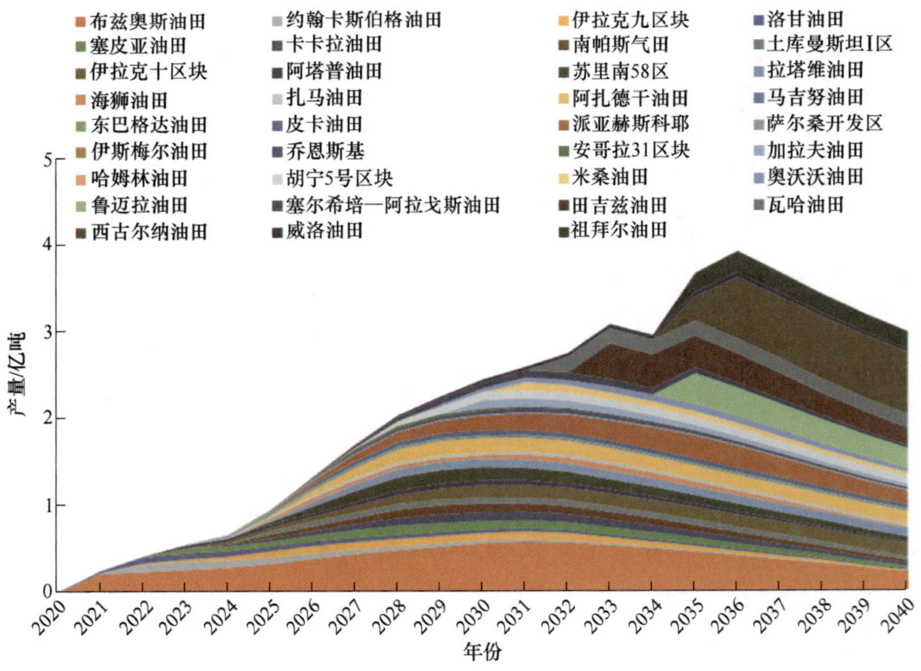

图 7-8　全球待建产大油田产能剖面

（数据来源：全球油气勘探开发形势及油公司动态 2021）

（储量大于1000亿立方米）中仍有58个未建产，技术剩余可采储量超61万亿立方米，主要集中在中东地区；74个待建产大气田，技术剩余可采储量超36万亿立方米，主要集中在中亚-俄罗斯、中东地区（见图7-9）。预计待建产大气田2025年产量可达1840亿立方米，2038年产量可达7000亿立方米（见图7-10）。

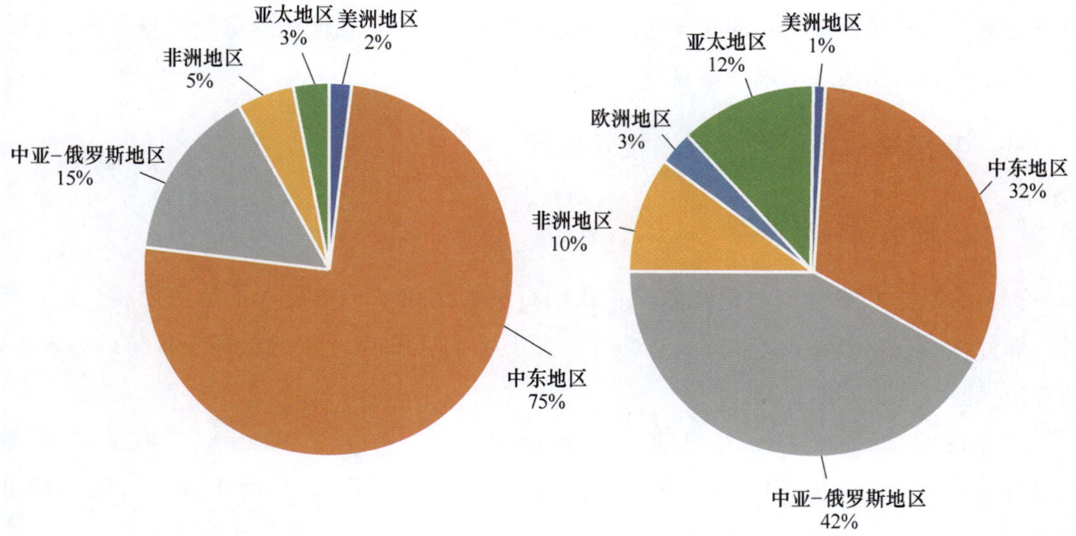

图7-9　未建产（左）/待建产（右）大气田技术剩余可采储量
（数据来源：全球油气勘探开发形势及油公司动态2021）

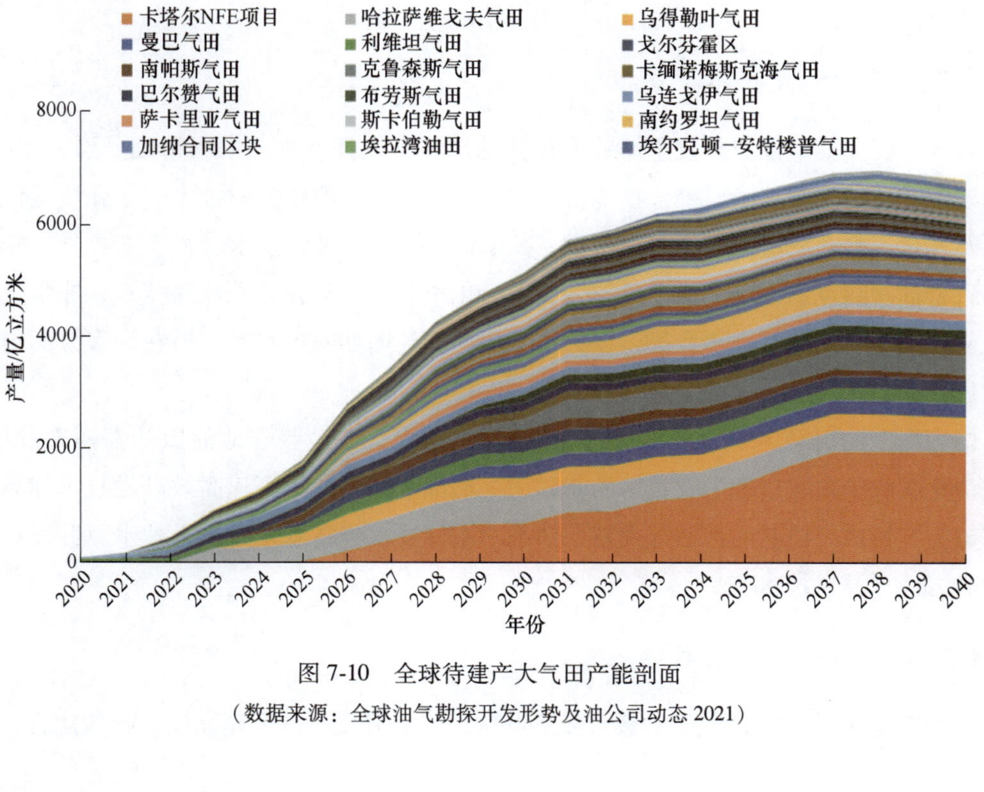

图7-10　全球待建产大气田产能剖面
（数据来源：全球油气勘探开发形势及油公司动态2021）

第二节　我国油气资源勘探开发现状

我国石油、天然气资源相对短缺，虽然潜力较大，但品质下降趋势明显，增储上产难度加大。近年来，原油产量保持在 2 亿吨左右，天然气产量增长较快，但国内油气生产难以满足需求的较快增长。石油和天然气是我国实现社会主义现代化的重要战略资源，提升油气供给能力，是实现国家战略目标的必然要求。

一、我国油气资源勘探开发技术现状

（一）油气勘探技术现状

石油物探技术方面，21 世纪以来，我国石油物探技术装备迈入了自主创新、创造阶段，部分技术赶超国际先进水平，研发了一批具有自主知识产权的物探装备与核心软件，综合技术服务能力不断提高。

测井技术方面，经历了半自动-全自动测井阶段（1955～1977 年）、数字测井-数控测井阶段（1978～1993 年）、成像阶段（1994～2015 年），当前正步入智能化测井阶段。

钻井技术方面，经历了起步阶段（1949～1960 年）、发展阶段（1961～1980 年）、提高阶段（1981～2000 年）和现代化阶段（2001～2020 年），当前正步入自动化、数字化、智能化阶段。

（二）石油开发技术现状

目前，我国陆上油田开发主体技术包括储层精细表征技术、水驱精细分层注采技术、缝网匹配的精细水驱技术、聚合物纳米微球技术、低渗透油藏气驱技术、多介质蒸汽吞吐及气驱技术、多介质蒸汽辅助重力泄油（SAGD）技术、火驱技术、“二三结合”开发技术、致密油藏甜点识别与产能评价技术、工厂化作业及水平井体积压裂技术、非常规致密油气建模数模一体化综合平台等，部分技术指标达到国际先进水平，但在许多方面与国外相比还存在差距。

国内海上油田经历了 30 余年的大规模开发历程，在借鉴陆地油田开发模式及技术、引进消化吸收国内先进理念及技术的基础上，形成了海上油田高速高效开发技术体系。在此基础上，形成了成熟的水驱开发技术体系。主体技术包括海相砂岩天然水驱开发技术和陆相砂岩注水开发技术。

（三）天然气开发技术现状

2000 年以来我国天然气工业逐步发展壮大，先后开发了深层超高压、碳酸盐岩、疏松

砂岩、中低渗砂岩等多种类型的大型复杂气田，形成了以裂缝预测、水侵模拟为核心的构造气藏“控制水侵”开发理论，以储层定量表征、开发指标优化为核心的岩性气藏“多级降压”开发理论，以长水平井、体积改造为核心的非常规气“人造气藏”开发理论，形成了超深高压气藏、低渗砂岩气藏、深层碳酸盐岩、高含硫气藏、火山岩、大型整装气藏等主要类型气藏开发的主体技术和致密气、页岩气、煤层气等非常规气藏开发技术体系，指导建成了苏里格、克拉 2、龙王庙、涪陵等大气田，支撑我国天然气产量跨越式增长。

二、我国油气资源勘探开发产业现状

（一）我国油气勘探产业现状

根据自然资源部发布的《全国石油天然气资源勘查开采通报（2020 年度）》，截至 2020 年底，全国累计探明石油、天然气、页岩气地质储量分别为 422 亿吨、16.88 万亿立方米和 2 万亿立方米。

“十五”以来，中国陆上油气勘探围绕大面积岩性、前陆冲断带、海相碳酸盐岩、成熟探区、非常规页岩油气、煤层气等领域，不断创新发展油气成藏理论、攻关勘探关键技术，取得了一系列重大发展。石油勘探在准噶尔西北缘环玛湖地区二三叠系砂砾岩、鄂尔多斯盆地中生界多层系、塔里木盆地寒武-奥陶系断裂带等十大领域取得一批重大发现，累计探明石油地质储量 208 亿吨。天然气勘探在鄂尔多斯下古生界大面积致密砂岩、四川震旦-寒武系海相碳酸盐岩、塔里木库车前陆冲断带、四川盆地川南志留系页岩气等领域取得一批重大发现，累计探明天然气地质储量 16 万亿立方米。

（二）我国石油开发产业现状

我国石油产量 1978 年突破 1 亿吨，2010 年突破 2 亿吨，2015 年达到历史峰值 2.15 亿吨。2014 年下半年遭遇低油价以来，降至 2018 年的 1.89 亿吨。通过大力提升勘探开发力度，2020 年企稳回升至 1.95 亿吨（见图 7-11）。全国已开发油田大多已进入开发后期，老井产量符合双曲递减，年初始递减率 12%；全国投产新井产量符合双曲递减，年初始递减率 20%。

（三）我国天然气开发产业现状

2019 年，全国天然气开发和产能建设步伐加快，新建产能超过 400 亿立方米，同比增加了 30%以上；产量大幅提高，常规天然气增产约 110 亿立方米，同比增长 7.8%，非常规气增产超过 50 亿立方米，同比增长 32%；全年合计常规和非常规气产量达 1740 亿立方米左右，增产约 165 亿立方米，同比 2018 年增长了 10.5%。

按年增产幅度计，2019 年全国天然气增产量创历史纪录，显著提高了国产气供应能

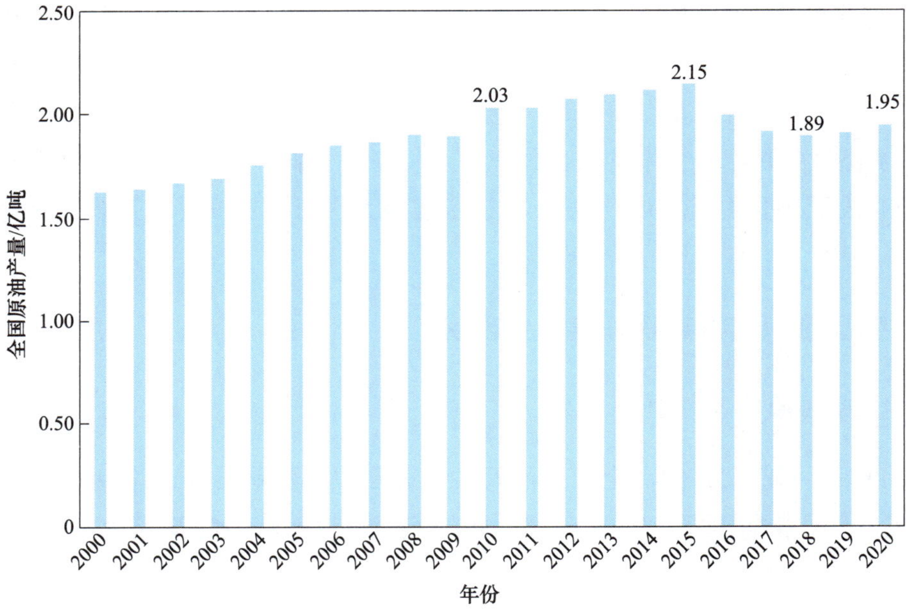

图 7-11　2000~2020 年全国原油产量图

（数据来源：国家统计局）

力，可能是该年我国天然气发展最大的亮点。

全国 2020 年产气量 1889 亿立方米，近 10 年天然气产量年均增长率 7%，天然气连续 4 年年增量在 100 亿立方米以上（见图 7-12）。全国已开发气田老井综合递减率在 12%，全国投产新井产量符合双曲递减，年初始递减率在 20%。

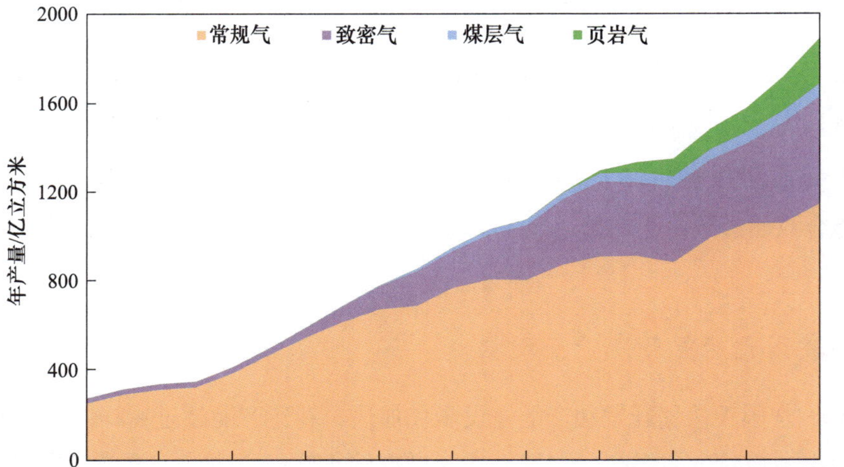

图 7-12　2000~2020 年我国天然气产量构成图

（数据来源：中国天然气发展报告）

第三节　我国油气领域国际市场参与程度分析

一、我国油气领域国际贸易

近年来，我国原油进口大幅度增加，进口来源持续多元化。2020 年国内主要油田稳产增产态势良好，原油产量为 1.95 亿吨，比上年增长 2.0%，连续两年实现产量增长。但是，多年来国内原油产量不足以支撑不断增加的能源需求，需通过原油进口供应国内消费，近几年的进口量同比增速始终稳定在 10%左右的水平（见图 7-13）。

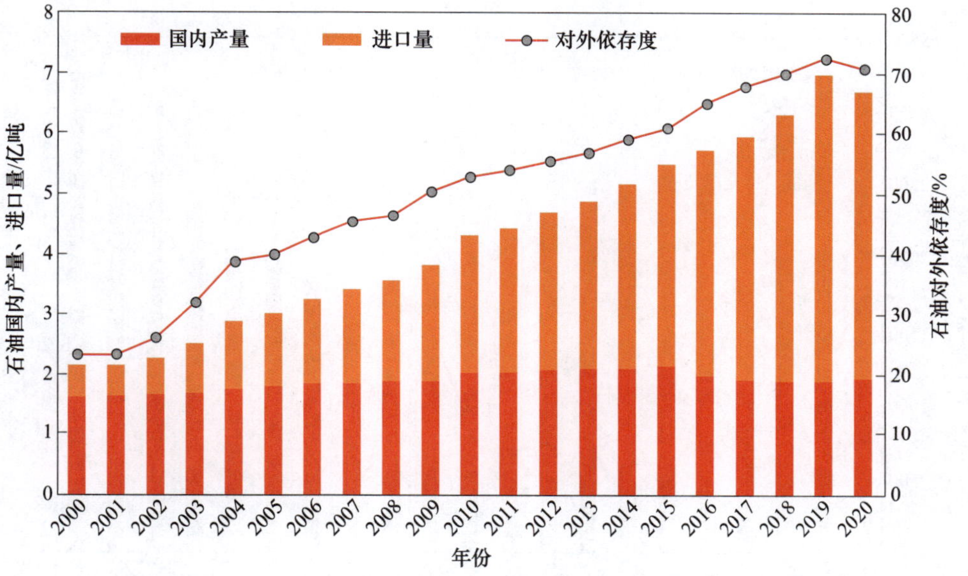

图 7-13　2000~2020 年中国石油产量、进口量及对外依存度

（数据来源：国家统计局）

中国作为世界最大的原油进口国，必然会受到全球石油价格的影响。2017 年以前，由于全球石油供给充足，石油价格低位运行，中国原油进口金额不断降低。但是，自沙特阿拉伯和俄罗斯等国形成减产联盟，达成减产协议以后，中国石油进口金额有了明显上升，2019 年进口金额为 16701.6 亿元。但 2020 年新冠肺炎疫情在全球蔓延，主要国家都经历了经济停摆，国际油价应声下跌，中国原油进口数量稳步增长，1~12 月份，原油进口 5.4 亿吨，同比增长 7.3%；进口金额 12217.6 亿元，同比下跌 26.8%。

从进口来源国看，中国从 35 个国家进口原油，其中居于前列的主要是中东的沙特阿拉伯，欧亚的俄罗斯以及西非的安哥拉等国。进口方式较为集中，主要是从波斯湾港口至华南、华东和环渤海地区，大型油轮经过一个月左右的时间运输。如果从中南美和西非等地则时间较长一些，大概需要一个半月的时间。除了主要的海运方式之外，从俄罗斯至东北地区以及中亚地区至新疆等地区采用管线；此外，部分原油经航运至缅甸之后通过中缅管线直接运输至云南炼化，形成了运输来源多元化，渠道多元化局面。

天然气进口贸易大幅度增加。近年来，受国内天然气消费和“煤改气”政策等因素的影响，我国天然气消费快速增长。如图 7-14 所示，2010~2020 年，我国天然气消费增长 2 倍，由 2010 年的 1088 亿立方米增至 2020 年的 3280 亿立方米。天然气进口量为折合 1346 亿立方米，同比仅增长 1.5%。其中，LNG 进口量为 6713 万吨，同比增长 11.5%；管道天然气进口量为 3453.11 万吨，同比减少 6.28%；进口 LNG 与管道天然气分别占天然气总进口量的 66.12%与 33.88%，天然气表观消费量为 3280 亿立方米，同比增长 7%。由于“煤改气”政策的管制力度变弱，补贴减少，天然气增量出现下降，2019 年和 2020 年天然气对外依存度保持下降。

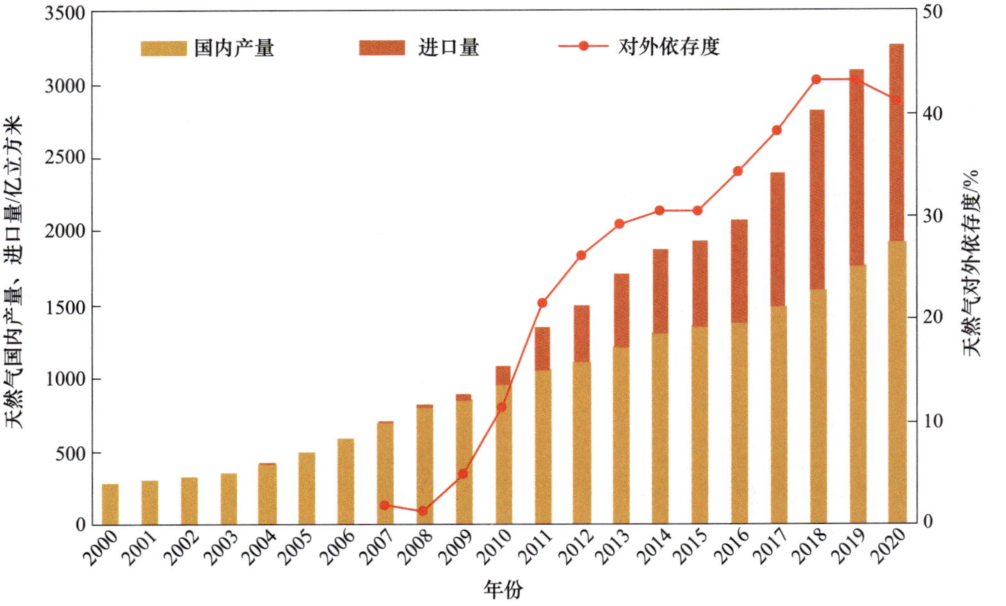

图 7-14　2000~2020 年中国天然气产量、进口量和对外依存度

（数据来源：国家统计局）

从天然气供给结构来看，国内天然气生产依然是供给的主要来源。根据海关总署统计数据，按照天然气进口方式来看，管道天然气进口增长较为平稳，2010 年到 2020 年期间年均增长 18%。中亚仍然是最主要的管道天然气进口来源，2017 年中亚提供了 93.5%的管道天然气，中俄管道于 2019 年底正式开通，为中国提供了 380 亿立方米的天然气进口。LNG 方面，2015 年以来，由于多国大量投产 LNG 项目，国际 LNG 供给十分宽松。中国作为国际 LNG 市场的主要买家，LNG 进口增速大幅上升，2020 年，管道天然气和 LNG 进口分别给国内天然气贡献了约 15%和 28%。从进口来源来看，澳大利亚是中国最主要的 LNG 来源国，天然气进口占比 43%，进口量为 2905.31 万吨；其次是卡塔尔和马来西亚，分别向中国出口 817 万吨和 611.22 万吨。2020 年，自俄罗斯进口 LNG 508.43 万吨，自美国进口 LNG 320.44 万吨。

二、我国油气领域国际合作

以三大石油公司为主、30 多家中国企业参与全球 50 多个国家的 200 多个油气项目，基本形成了以上游勘探开发业务为主导、覆盖油气储运和炼化销售的全产业链合作格局，基本建成了中亚-俄罗斯、中东、非洲、亚太、美洲和欧洲六个主要油气合作区，基本覆盖了全球重点资源国和油气富集地，涵盖陆地、浅水、深水常规油气和油砂、页岩油气等非常规油气资源。

海外油气权益产量连续保持快速增长，2018 年海外油气权益产量 1.96 亿吨，其中石油权益产量 1.55 亿吨，天然气权益产量 518 亿立方米，2019 年突破 2 亿吨。境外炼化投资合作项目运行平稳，一批重要项目完成产能改造，海外原油加工量持续增长，2019 年原油加工总量超过 5000 万吨。

第四节　我国油气下游产业供应链发展现状

炼油及化工产业是我国油气产业链上的关键一环，衔接资源侧和产品侧，既承担着保障油品供应、保障大国安全的重要责任，也起着为制造业提供基础原材料、促进产业和经济发展的关键作用，同时还扮演着连接人民大众、为人民生活衣食住行提供物质需求和便利的重要角色。经过几十年的发展，我国的炼化产业取得了长足的进步，从最早的解决“一亿吨原油如何利用”的问题，到现如今已经成长为国家的重要支柱性产业。

2019 年，我国的原油加工量规模已经达到 6.6 亿吨，年产汽油约 1.5 亿吨、柴油 1.8 亿吨、煤油 5000 万吨，2000 年以来分别增长了 260%、150%和 470%，有力保障了经济社会发展和人民生活需要。化工品方面，主要产品的产能和产量也实现了较大增长，2019 年，我国的乙烯、丙烯、PX 产量分别达到了 2580 万吨、3280 万吨和 1452 万吨，虽然总体已经建成了较大的产业规模，但由于需求增长较快，2019 年，我国乙烯、丙烯、PX 的自给率仅分别约为 49.4%、76.5%、49.4%，而一些高端化工品的技术水平和生产能力更是与国外存在较大差距。

总体来看，我国油气下游产业链的安全形势总体尚可，尤其是炼油产业目前已经进入产能过剩状态，未来随着油品消费需求的下降，炼油产能主要以结构调整为主，基本不存在产能短缺和供应风险问题。油气下游产业链的安全问题主要体现在部分基础化工品和高端化工品上，基础化工品以乙烯的供应能力不足尤为突出，较高的对外依存度以及较大的消费增长需求，都将使得我国乙烯的供应能力不足问题日益凸显，同时高端化工品领域则具有应用领域独特、产品定制性强、高附加值等特点，是我国化工产业发展的瓶颈所在，也是产业转型升级、延伸价值链的需求所在。

第八章　我国能源矿产及其材料产业供应链安全保障程度评价

第一节　我国能源矿产及其材料产业供应链情况

能源矿产由于其能源投入物和化工原材料的资源特性，我国能源矿产及其材料产业供应链研究建立了资源开采、冶炼加工、材料或化工原料制造以及循环利用四大能源矿产流程环节。资源端是针对煤炭、石油、天然气的开采环节；第二个环节是对煤矿洗选加工、石油炼制、天然气加工过程，相应可形成动力煤、化工用煤、石脑油、乙烷、丙烷等制造材料或化工原料；第三个环节为碳纤维和化工原料深加工过程；最后一个环节是综合废弃资源利用，如粉煤灰利用、油气废弃产品利用（见图 8-1~图 8-3）。

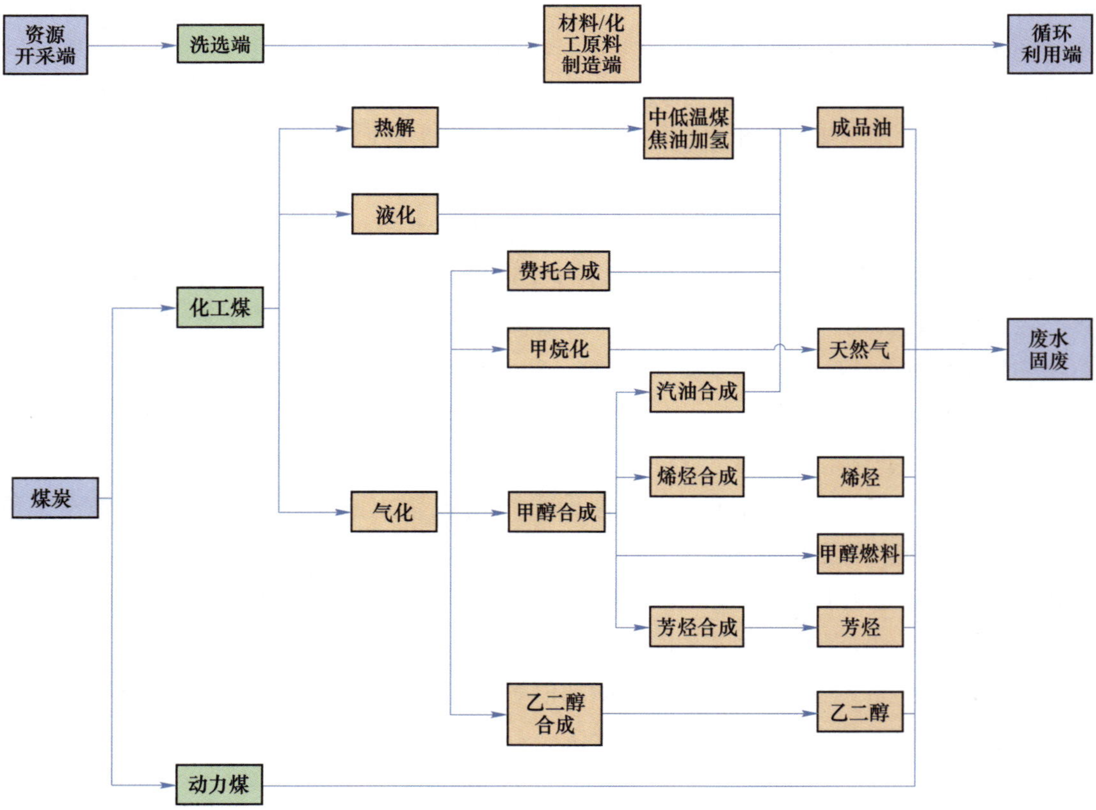

图 8-1　煤炭产业链主要环节

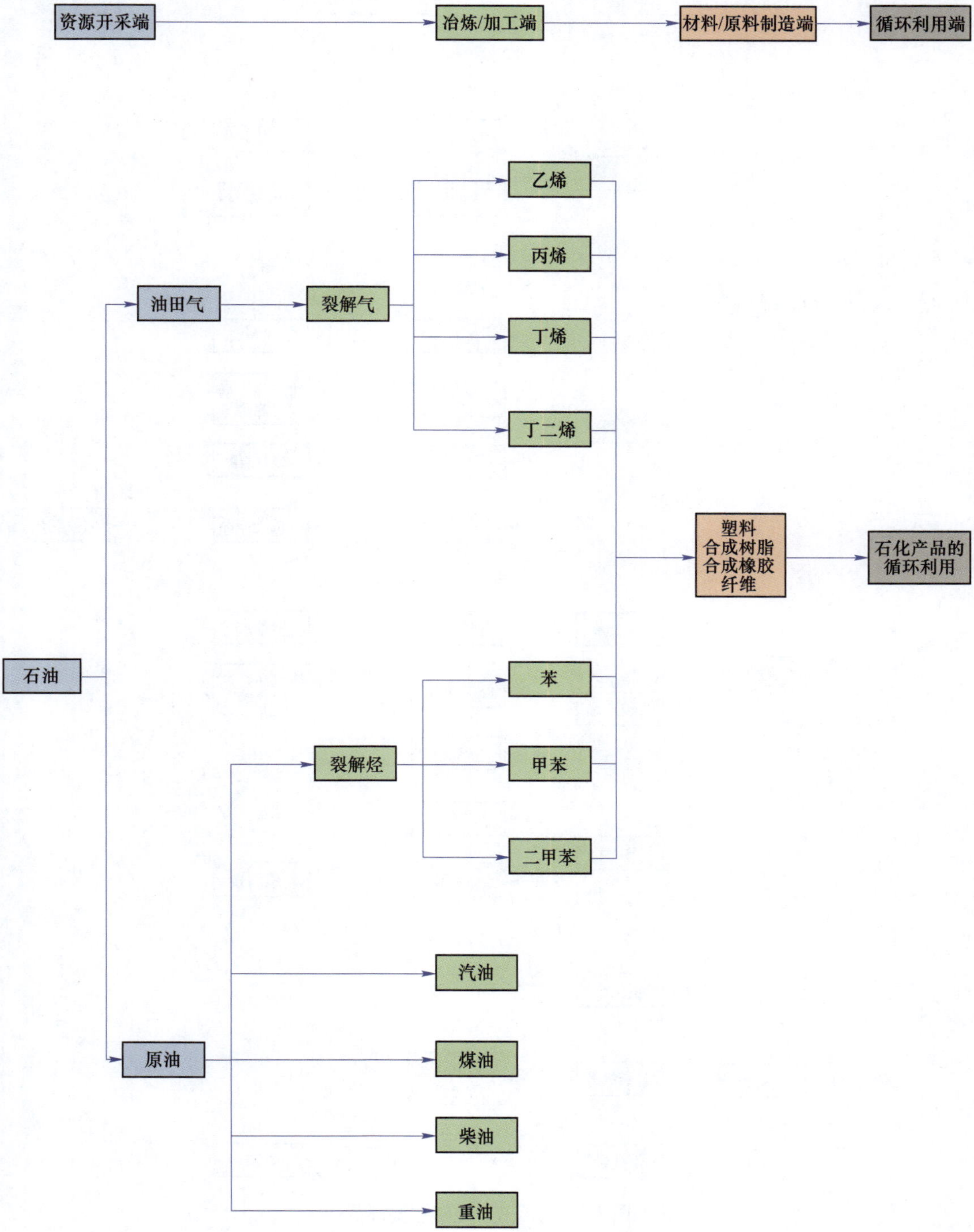

图 8-2 石油产业链主要环节

结合图 8-1~图 8-3 进行了资源开采端、冶炼/加工端、材料/原料制造端和循环利用端四个产业链环节的划分。安全、绿色、国际竞争力与科技是能源领域高质量发展的重要特征，结合能源矿产的赋存条件、找矿勘查、生产、进出口以及下游关键材料产业供应链发

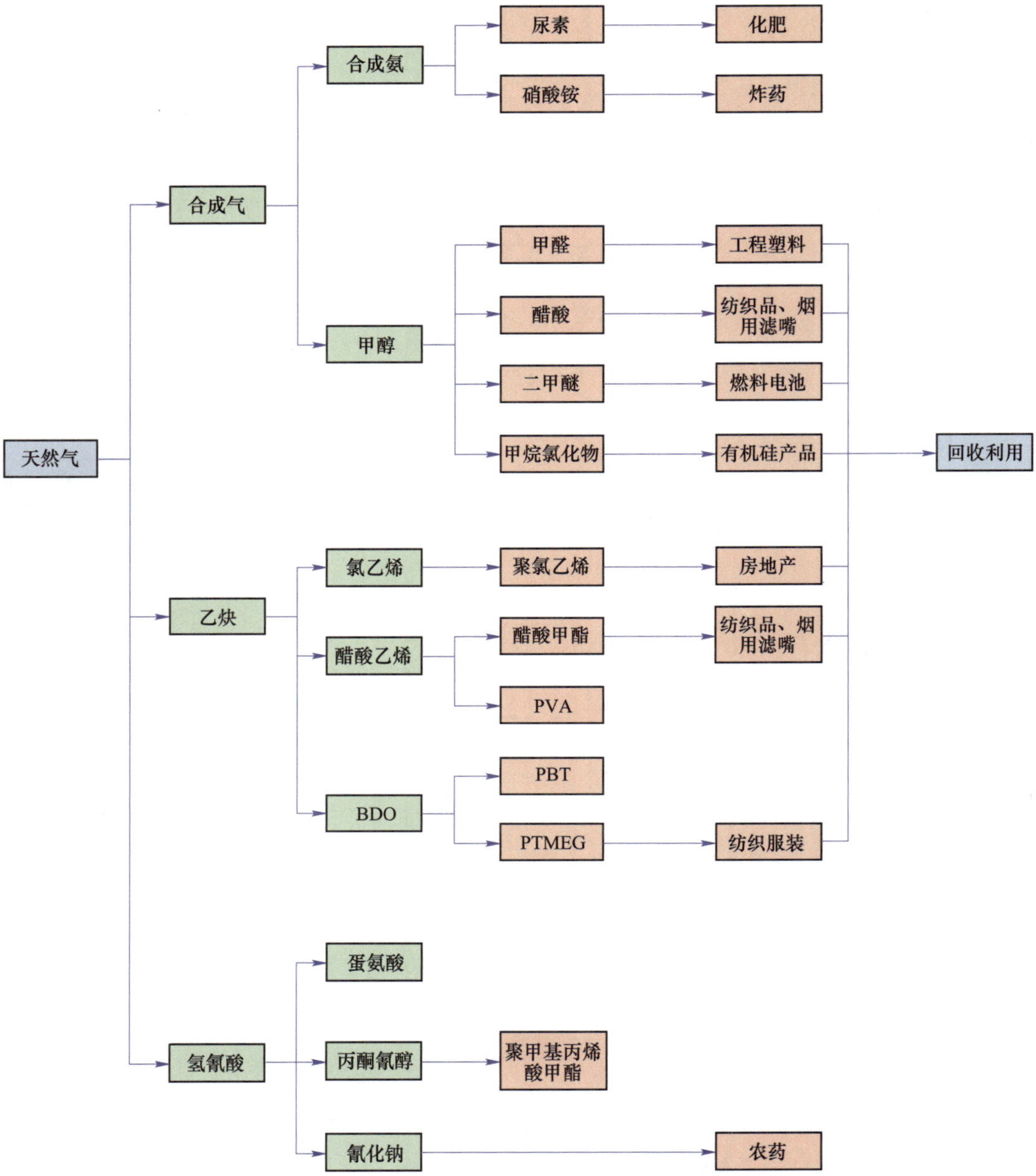

图 8-3　天然气产业链主要环节

展特征，课题组构建了基于资源开采端、冶炼/加工端、材料/原料制造端和循环利用端四端产业链环节和安全、绿色、国际竞争力与科技四大维度的能源矿产供应链高质量发展评价指标，构建多层次、全方位、科学合理的综合评价指标体系。表 8-1 给出了能源产业供应链高质量发展的评价指标体系。

表 8-1 能源产业供应链高质量发展指标体系及评价标准

四大环节	二级指标	三级指标	计算公式/评价标准
资源开采端	安全指标	储消比	资源储量/2020 年消费量
		对外依存度	2020 年净进口量/2020 年消费量
		运输安全	专家评估（1~10 打分越来越好）
		进口集中度（前 2 个进口国占比之和）	（进口来源第一大国+进口来源第二大国）的进口量/我国进口总量
		国际市场垄断程度	前 3 大国外的生产公司 2020 年产量加和/全球 2020 年生产总量
	绿色发展指标	单位产值废水排放量	t/万元
		单位产值废气排放量	m^3/万元
		单位产值固废排放量	t/万元
		单位产值能耗	t/万元（标准煤）
		单位产值碳排放水平	t/万元
	国际竞争力指标	储量占世界比例	我国储量/全球储量
		产量占世界比例	我国产量/全球产量
		资源品质	专家评估（1~10 打分越来越好）
		产业集中度（CR3）	我国前 3 大生产企业产量加和/我国总产量
	科技水平指标	勘查技术水平	专家评估（1~10 打分越来越好）
		开采技术水平	专家评估（1~10 打分越来越好）
冶炼/加工端	安全指标	冶炼端产品对外依存度	净进口量/消费量
		冶炼端产品进口集中度（前 2 个进口国占比之和）	（进口来源第一大国+进口来源第二大国）的进口量/我国进口总量
		冶炼端产品国际市场垄断程度	前 3 大国外的生产公司产量加和/全球生产总量
		关键技术与发达国家差距	专家评估（1~10 打分越来越好）
	绿色发展指标	单位产值废水排放量	t/万元
		单位产值废气排放量	m^3/万元
		单位产值固废排放量	t/万元
		单位产值能耗	t/万元（标准煤）
		单位产值碳排放水平	m^3/万元
	国际竞争力指标	产量占世界比例	我国产量/全球产量
		产品质量	专家评估（1~10 打分越来越好）
		企业集中度（CR3）	我国前 3 大生产企业产量加和/我国总产量
		产品毛利率	行业平均产品毛利率
	科技水平指标	加工洗选技术水平（煤）	专家评估（1~10 打分越来越好）
		冶炼技术水平（油、气）	专家评估（1~10 打分越来越好）

续表 8-1

四大环节	二级指标	三级指标	计算公式/评价标准
材料/原料制造端	安全指标	产品对外依存度	进口量/消费量
		进口集中度（前 2 个进口国占比之和）	（进口来源第一大国+进口来源第二大国）的进口量/我国进口总量
		国际市场垄断程度	前 3 大国外的生产公司产量加和/全球生产总量
	绿色发展指标	单位产值废水排放量	t/万元
		单位产值废气排放量	m^3/万元
		单位产值固废排放量	t/万元
		单位产值能耗	t/万元（标准煤）
		单位产值二氧化碳排放水平	t/万元
	国际竞争力指标	产量占世界比例	我国产量/全球产量
		产品质量	专家评估（1~10 打分越来越好）
		企业集中度（CR3）	我国前 3 大生产企业产量加和/我国总产量
	科技水平指标	技术水平	专家评估（1~10 打分越来越好）
循环利用端	政策支持	循环利用产业链建设完善程度	专家评估（1~10 打分越来越好）
	回收率	回收利用率	回收量/产量
	科技水平	回收技术水平	专家评估（1~10 打分越来越好）

为区别指标对高质量发展的影响作用，邀请了能源领域煤炭、油气等产业的多位专家，基于德尔菲法得到各级指标的指标体系权重。篇幅关系，最终结果见表 8-2。

表 8-2　能源产业供应链高质量发展水平指标体系权重

环节	一级权重	二级指标	二级权重	三级指标	三级权重
资源开采端	0.35	安全指标	0.36	储消比	0.35
				对外依存度	0.15
				运输安全	0.20
				进口集中度（前 2 个进口国占比之和）	0.15
				国际市场垄断程度	0.15
		绿色发展指标	0.17	单位产值废水排放量	0.20
				单位产值废气排放量	0.20
				单位产值固废排放量	0.20
				单位产值能耗	0.20
				单位产值碳排放水平	0.20
		国际竞争力指标	0.25	储量占世界比例	0.35
				产量占世界比例	0.35
				资源品质	0.15
				产业集中度（CR3）	0.15
		科技水平指标	0.22	勘查技术水平	0.50
				开采技术水平	0.50

续表 8-2

环节	一级权重	二级指标	二级权重	三级指标	三级权重
冶炼/加工端	0.20	安全指标	0.21	产品对外依存度	0.35
				进口集中度（前 2 个进口国占比之和）	0.30
				国际市场垄断程度	0.25
				关键技术与发达国家差距	0.10
		绿色发展指标	0.28	单位产值废水排放量	0.20
				单位产值废气排放量	0.20
				单位产值固废排放量	0.20
				单位产值能耗	0.20
				单位产值碳排放水平	0.20
		国际竞争力指标	0.25	产量占世界比例	0.30
				产品质量	0.45
				企业集中度（CR3）	0.10
				产品毛利率	0.15
		科技水平指标	0.26	加工洗选技术水平（煤矿）	1.00
				冶炼技术水平（油、气）	1.00
材料/原料制造端	0.30	安全指标	0.28	产品对外依存度	0.45
				进口集中度（前 2 个进口国占比之和）	0.30
				国际市场垄断程度	0.25
		绿色发展指标	0.13	单位产值废水排放量	0.20
				单位产值废气排放量	0.20
				单位产值固废排放量	0.20
				单位产值能耗	0.20
				单位产值二氧化碳排放水平	0.20
		国际竞争力指标	0.24	产量占世界比例	0.35
				产品质量	0.45
				企业集中度（CR3）	0.20
		科技水平指标	0.35	现代煤化工技术水平（煤）	1.00
				石化技术水平（石油）	1.00
				制造技术水平	1.00
循环利用端	0.15	政策支持	0.35	循环利用产业链建设完善程度	1.00
		回收率	0.35	回收利用率	1.00
		科技水平	0.30	回收技术水平	1.00

根据表 8-1 的评价标准，课题组执笔人团队构建了评分组，根据客观数据与产业实际表现给出了综合评估与打分，再根据表 8-2，采用加权法，得到了综合评估得分。其中，得分进行标准化，且转化为正向指标，即打分越高，代表供应链安全度越高；打分越低，

代表供应链安全度越低。此外，由于我国能源矿产各领域统计数据不足，评估信息有限，因此四个产业链没有考虑回收利用端，而天然气产业只进行了资源开采端的打分（注：出现未打分指标，保留的指标权重是根据其原来权重值重新分配的）。综上，计算得到煤炭、石油、天然气产业链高质量发展综合得分为91分、71分、76分，其中，煤炭供应链安全较高，整体供应链高质量发展得分较高，而石油、天然气产业链安全保障问题是影响高质量得分的重要因素，下面重点分析能源矿产供应链安全保障问题。

第二节　我国煤炭供应链安全保障现状与能力分析

一、绿色煤炭资源的勘查程度较低

我国煤炭绿色资源的勘查程度仍处于较低水平，提升煤炭资源的勘探和详查资源比重，尤其是绿色煤炭资源的勘探和详查比重仍是今后煤炭地质工作的主要任务，要加强绿色资源的梯级进补。绿色基础储量偏低，经济可采的绿色储量更低。因此，短期内针对绿色矿区高勘查级别资源开展进一步补充精细勘查和经济可行性评估，提升经济可采的绿色储量规模将是重要基础性工作。

二、我国煤炭开采智能化水平有待进一步发展

2020年，全国煤矿采煤、掘进机械化程度已分别达到78.5%、60.4%，已建成约500个智能化采掘工作面，但智能化水平仍需进一步提高。

（一）成套设备的稳定性还有待提升

由于我国矿山大多分布在环境比较恶劣的地区，因此无论是对执行层面，还是感知、装备，或是系统层面而言，成套设备稳定性受到诸多限制，其功能无法完全发挥。

（二）智能化开采技术的普遍适用性不强

对于煤岩层数据信息采集不准确，不能做到时刻感知和高精度预测，实际操作时不能对各项数据进行准确控制，导致设备数据设置和煤层数据不相符，无法及时探测并根据煤层信息变化而自动调整，实现自适应式开采。

（三）智能化开采的思想、观念和管理模式需要进一步提升

目前正处于智慧矿山建设的关键时期，自动化开采只是基础，智能化开采才是核心，而最终目标是实现无人化开采。目前为止，行业中对于智能化开采仍然缺乏统一标准，还需加强对智能化开采技术的研究，提升技术水平。

三、煤炭安全绿色开发水平需进一步提升

实现煤炭资源安全高效绿色开发已成为煤炭资源开发研究工作的基础目标，当前煤炭

资源开采工作中依然存在不少急需解决的问题。

（一）生态环境破坏严重

我国煤炭资源集中在西北、华北地区，这些地区的水资源原本就极为匮乏，而且生态环境脆弱，本身就存在沙漠化、水土流失等情况。其次，随着煤炭资源的大量开采，开采深度也在不断加大，由此带来的生态环境问题愈加严重。简而言之，大规模的煤炭资源开采将带来地表塌陷、水位下降、植被破坏等问题，使水土流失和荒漠化程度加剧。

（二）安全生产压力较大

在煤炭资源开发过程中，虽然目前已经采用了十分先进的开采技术和设备，但是煤炭开采环境本身就非常复杂，尤其在井下工作时，随着开采深度的加大，井下作业时存在大量的瓦斯气体、高温现象严重，工作环境极为恶劣。其次，在开发力度加大以后矿井瓦斯事故、水患事故和煤层自燃事故数量增多，治理和预防的难度加大。完全保证安全高效绿色的煤炭开发还需要很长的一段时间去践行实现。

（三）国产洗选装备整体落后，原煤入洗率仍需提升

低阶煤利用以蒸发脱水干燥为主，褐煤转化利用率低；在低品质煤提质方面，干法分选技术取得较大进展，但动力煤入洗率低。

四、煤系共伴生资源与综合利用率低

国外发达国家煤系伴生资源与固废资源利用率高，达到70%~90%，矿山废水重复利用率达到80%~85%，注重关闭矿井空间资源与地热资源的开发利用，如处置废料、存储物资及数据、商业开发等，开展残煤地下气化、煤层气抽采利用、抽水蓄能及多能互补、水及地热资源利用。而我国煤炭地下气化处于起步阶段，部分关闭矿井中煤层气资源丰富，未形成规模性开发；废弃矿井空间、矿井水、地热等伴生资源利用率低。

此外，煤炭开发行业基础理论研究相对薄弱分散，关键技术原创性突破、颠覆性创新仍然较少，高端装备未能完全满足应用需求，科技创新领军人才和高技能人才大量缺乏，研发经费投入强度达不到全社会平均水平，知识产权保护运用和标准引领水平滞后。

第三节　我国油气供应链安全保障现状与能力分析

未来我国的炼化产业也将进入一个升级转换期，产业的增长动力将进一步加速切换至化工业务，尤其是基础化工品的产能补缺和高端化工品的研发升级将会成为近中期的产业发展重点。这主要是由两方面的原因驱动：

一是油品需求方面，随着新能源汽车产业的快速发展，其在生产成本、使用成本、续航里程和充放电速度等使用便利性方面，都将逐步化解各类瓶颈和短板，从而加速对燃油

车的替代，虽然航空煤油仍有较高的增长速度和较大的增长空间，但总体来看，我国的油品需求将在近期内达峰，峰值预计将在“十四五”末期至“十五五”初期出现，并逐步转入快速下降通道。

二是化工产品需求方面，由于我国的经济增长长期稳定向好，且人均主要化工产品的消费量仍明显低于发达国家平均水平，因而无论是从制造业产业需求，还是从居民生活消费看，我国的化工产品的消费量仍会在较长时期内保持增长，预计乙烯、丙烯、PX 等主要产品的消费量峰值将会在 2035~2040 年间出现，较低的自给率水平和较大的需求增长空间，使得我国的化工产品生产仍有较大的增长需要，在逐步提升产业绿色生产水平的同时，我国的化工产能仍将保持一定时期的增长。

在上述产业转型发展的背景趋势下，对我国油气下游产业链安全作出如下预判：一是炼油产业短期和中长期看安全风险问题较低，炼油产能已进入过剩阶段，当前过剩产能将达到 2 亿吨甚至更高水平；二是化工产业存在部分基础产品短缺和高端供给能力不足两方面的风险问题。基础产品方面，近期内，丙烯和 PX 的供应能力将得到较快改善，尤其是 PX 将会由约 50%的自给率快速进入产能过剩阶段，供应风险问题主要体现在乙烯产品，其自给率将需要较长的产能建设周期才能提升到较高水平，预计“十五五”中期提高到约 75%。

面临的主要挑战：一是陆上油气资源日趋复杂、增储上产困难。陆上石油资源量 1018 亿吨，探明率近 40%，进入勘探中期。复杂油气资源（深、低、海、非、老等）成为我国油气勘探开发重点，资源品质劣质化，开采难度增大、生产成本上升。二是现有理论技术难以弥补未来产量递减缺口。考虑油气田开发阶段、综合递减率、老区提采技术、每年新建产能等因素，若不科技攻关 2035 年原油产量降至 1. 5 亿吨，天然气降至 1500 亿方。

存在的主要问题：一是油气工程技术水平存在差距。我国油气工程科技迅猛发展，总体处于跟跑和并跑，部分领跑，常规装备全部国产化，自主研发了一批高端装备及大型软件；部分高精尖装备需进口，存在差距，油气经济高效开采面临挑战。二是油气开发扶持政策不完善。油气勘探开发环保、用海用地方面的政策以及高含水油田、低产、低渗资源等财税扶持政策尚不完善，地方局部利益等制约油气大规模勘探开发，影响原油产量 2 亿吨目标。

第四节　面向 2035 年能源矿产及其材料产业供应链安全风险综合研判

当前，外部发展环境可能会更加复杂，加之全球新冠肺炎疫情影响，我国能源安全保障面临的不确定因素和挑战更多。实现碳达峰、碳中和目标是国家重大战略决策，将对我国能源矿产发展和全球能源供需格局产生深远影响。我国作为世界最大的能源生产国和消费国，煤炭资源丰富，石油、天然气等能源矿产自主供应能力不足，未来较长时间内能源矿产在我国一次能源消费中仍居主导地位。因此，发展能源矿产是中国能源供应保障的战略选择。

能源储备是保障能源安全的重要基础，作为能源消费大国，须做好应对能源内外部环境变化的充分准备。能源储备是抵御自然灾害、统筹生态保护与资源开发、链接“国际国内双循环”、保障国家能源安全和社会经济发展的有效措施。

可再生能源电力装机快速增加，稳定可靠的电力供应面临挑战。可再生能源电力占比的持续提升增加了电网应对用电高峰的压力。水电丰余枯缺，季节性枯水期出力不足。风电、光伏发电受气候条件影响，出力不稳定，波动幅度较大，也无法有效应对短期电力尖峰负荷。一旦风电、光伏发电、水电、外来电均无法提供有效出力的，火电将成为满足区域电力需求的主要保障。2019 年，火电在我国电力供应结构中的占比高达 69%（其中煤电占比 62%），仍是当前最主要的电力来源。随着我国能源调入省份煤矿的持续关闭，今后部分省份将不再具有短期煤炭自供能力。“十四五”期间，四川、重庆、江苏、云南、湖北、广东等省份的电力供应可能出现缺口。

第九章 战略思路与目标

第一节 战略思路

煤炭、石油、天然气等能源矿产是现阶段人类可现实利用的主要能源，为我国经济社会的发展注入了强大的动力。统筹国内国际两个大局，持续推动能源矿产的消费、供给、技术、体制革命，全方位加强国际合作是确保我国能源安全，实现碳达峰、碳中和目标，推动国民经济高质量发展，建设美丽中国的重要抓手。面向2035年，加强顶层设计，提高国内供应能力和科技创新能力，结合“国内国际双循环”，确保能源矿产及材料供应链安全是能源矿产及其材料产业发展的战略需求。统筹发展、安全与“双碳”目标关系，确保安全、环保、经济、可靠的前提下，明确定位，建立底线思维，系统优化配置，统筹国际和国内供应链，科学定量评价安全风险水平，系统性能源矿产资源勘探开发布局，构建安全韧性的供应链网络，保障国民经济的平稳运行。

第二节 战略目标

一、加强资源能源保障能力建设，提高资源能源利用水平

依据资源禀赋、开发利用等情况，布局一批能源资源基地和国家规划矿区，打造战略性矿产资源稳定供应的核心区。实施矿产地储备工程，构建产品、产能和产地相结合的战略性矿产资源储备体系。加大石油、天然气等战略性矿产资源勘查，做好重要矿产资源战略接续。提高重要矿产资源开采回采率、选矿回收率和综合利用水平，建立科学合理的循环利用模式。大力推进绿色矿山建设，加大已有矿山改造升级力度，新建、扩建矿山全部达到标准要求。推动战略性矿产资源开发与下游行业耦合发展，支持资源型企业的低碳化、绿色化、智能化技术改造和转型升级，统筹有序做好碳达峰、碳中和工作。

二、统筹资源能源开发与保护，开展生态环境综合治理

加强对战略性矿产资源调查评价、勘查和开发利用的统一规划，建立安全可靠的资源能源储备、供给和保障体系，提升资源能源供给体系对国内需求的适配性。按照资源型地区资源环境特征，强化国土空间规划和用途管制，落实永久基本农田、生态保护红线、城镇开发边界等空间管控边界，确保资源能源的有序开发利用和保护。严格落实资源开采相

关各项生态保护和污染防治措施，坚持边开采、边治理，同步恢复治理资源开采引发的植被破坏、水土流失、采空沉陷、土地盐碱化、水位沉降、重金属污染等生态环境问题，防范闭坑矿山的潜在污染风险。按照“谁破坏、谁治理”“谁修复、谁受益”的原则，落实企业和地方政府主体责任，探索第三方治理模式，加快解决工矿废弃地、矸石山、尾矿库、特大露天矿坑等历史遗留问题。

三、提升科技创新能力，加快形成绿色生产方式

引导资源型地区大力促进科技创新，营造更加开放、公平、灵活的创新创业环境，引进和培养一批创新型技能型人才和团队，补齐转型发展的技术和人才短板。强化企业创新主体地位，整合各类创新资源，加强资源能源开采利用等关键技术和重大装备的研发攻关，提升行业创新发展水平。围绕共性技术研发、工程示范和产业发展，鼓励开展跨区域、跨行业创新合作，探索形成多主体、多元化、多方位创新驱动发展的新路径。推动资源能源绿色开发，坚持科学勘查、有序开采、清洁生产、高效利用，加大对矿产资源储量、开发潜力和生态环境影响的综合评价，合理调控开采规模、时序和强度，全面落实生态保护红线、环境质量底线、资源利用上线和生态环境准入清单。推进接续产业绿色制造，推广清洁生产工艺、技术和生产设备，推进水资源节约集约利用，提高传统高消耗、高排放行业的清洁生产水平。鼓励废弃物减量、资源化利用和无害化处置，促进原材料、能源梯级利用和高效产出。严格执行重点行业环境准入和排放标准，坚决淘汰落后和过剩产能。

四、积极参与国际资源能源和产业合作，提升产业链供应链竞争力

加强创新链和产业链对接，持续挖掘和巩固提升比较优势，积极发展装备制造、精细化工、新能源等产业，提升产业链的创新能力和附加值，培育一批新兴支柱产业。鼓励资源型地区积极融入全球供应链，支持加快构建自主可控、安全高效的资源能源供应链体系。立足国内需求，鼓励资源型地区积极参与协同推进国际国内资源能源市场融合发展，培育跨境资源能源贸易产业。积极参与高质量共建“一带一路”，带动矿山机械、化工设备、环保设备和特色农产品等走向国际市场。推动资源型地区企业和研究机构间的国际合作交流。

展望 2035 年，化石能源占一次能源消费比例持续下降，但仍是能源消费主体。煤炭在我国一次能源结构中的比重将持续下降，但煤炭主体地位仍将保持较长时间。加快形成煤炭清洁高效低碳开发利用体系，煤炭科学产能占比超过 95%，煤炭集中高效利用比例提高到 95%，其中电煤占比超过 65%；燃煤发电及超低排放技术进入整体国际领先；现代煤化工和多联产技术实现重大突破，掌握低能耗的百万吨级 CCUS 技术。

坚持“稳油增气”，保障国家油气供应安全，实现原油 2 亿吨/年、天然气 2600 亿~3000 亿立方米/年的产量目标。设定原油需求天花板，多方施策确保和平时期原油对外依存度不大于 70%。天然气作为我国能源转型的重要能源，生产和消费增长较快，预计到 2035 年，我国天然气产量将达 3000 亿~3500 亿立方米，天然气消费量将达 6000 亿~6500 亿立方米，国内天然气产量仍无法满足经济社会发展需求，需大量进口。

第十章 战略任务与实施路径

第一节 煤炭及其材料产业供应链安全保障战略任务与实施路径

一、加强煤炭绿色开发，强化资源综合利用与生态保护

重点研究煤系矿产资源精细勘查与生态地质理论，时空变化条件下的矿井地质精准探测及建模理论，面向矿井复杂环境的自适应感知理论，矿山多源异构数据融合及信息动态关联理论，复杂条件下采掘设备群的协同控制理论，面向复杂矿井环境的动态协同控制与数据驱动决策理论，黄河流域等重点区域煤炭开发生态大尺度演变规律与生态修复方法等。探索深部原位流态化开采的采动岩体力学理论和采矿方法。

研发矿区水环境保护与水资源一体化利用技术，高矿化度矿井水净化和利用技术，矿区煤矸石等固废资源化利用与污染防治技术，矸石山综合治理技术，采煤沉陷区治理及土地利用技术，矿区土壤改良技术，低浓度瓦斯高效提浓技术，超低浓度乏风瓦斯销毁和余热利用技术，闭坑矿井地下空间资源开发与维护技术，共伴生矿产资源和稀贵关键元素无害化利用技术，矿区生态环境管理信息化技术等。

二、加强煤炭产业升级，推动智慧煤矿和智能化开采

作为煤炭产业转型升级和技术革命的战略目标，智慧煤矿和智能化开采核心技术的研发已成为采矿行业升级发展的强大推动力。然而，建设智慧煤矿不是简单技术改造就能建成的，其中包含的系列关键技术需要进行不断的探索和攻关，并借助新一代信息技术带来的发展机遇，与煤炭开发技术深度融合，开创绿色、安全、高效的煤矿发展新模式。

智慧煤矿的总体目标是形成煤矿完整智慧系统，全面智能运行，科学绿色开发的全产业链运行新模式。智能化开采是煤炭综合机械化、自动化开采技术的新发展，其目标是全面突破和完善智慧煤矿与智能化开采的关键技术，全面实现煤矿的智能化和现代化，构建起煤矿及矿区多产业链、多系统集成的智慧煤矿系统，全面实现生产和管理信息的数字化，全部主要生产环节的智能决策和自动化运行，达到全矿井一线作业、安控和应急救援的机器人化、无人化作业。

三、引导煤炭行业多元化发展，健全企业转型退出机制

新形势下煤炭企业转型需要积极探索多元化发展，特别是在生产服务、大数据管理、绿色发展、智能化等领域呈现了发展优势。当前，煤矿、煤电、煤炭洗选加工、煤化工等

不同煤炭领域企业所面临的转型问题存在着较大的差异性，未来企业转型如何利用现有优势发展，缺少具体执行路径与科学思考。

要强化煤炭资源的应急安全储备功能，加强煤炭的原料属性及其现代化工品供应能力，做好煤电充当备用安全电源的转型机制，包括大型煤矿产能的快速提高能力、建设极端气候条件或恶劣天气事件等突发情况下区域或城市备用电力供应系统等。

矿区废弃地及其剩余废弃资源的开发利用、矿区生态修复、废弃电厂资产回收、退出企业人员安置等一系列问题，需要结合新的发展形势特征，面向能源数字化管理、智能化生产、生态修复、废弃资源利用等新兴产业方向，深入研究企业转型发展的基础、优势与不足，建立健全煤炭领域企业转型发展机制。

四、现代煤化工向高质化、融合化、生态化发展

现代煤化工技术向自主化、集成化发展，装备向大型化、国产化、智能化发展，产品路线向灵活化、差异化、高质高值化发展。对现有项目，进行高技术水平挖潜改造和技术改造，实现技术提升；调整产品方案，优化产品品种，提高高附加值产品比例，实现产品提升；通过打通运行瓶颈，加强生产管理，降低能耗，降低运行成本，实现工艺提升。对于新建项目，在示范项目经验和教训基础上，优化设计，降低投资，高起点优化建设，从计划环节到全场系统实现流程优化和运行水平大幅度提升。

进一步开展大型环保型固定床熔渣气化、费托合成联产化学品、10 亿立方米级自主甲烷化工艺及催化剂、一步法制低碳烯烃、合成气制高碳伯醇、煤制氢等技术示范研究；难降解废水高效处理、高含盐废水处理处置、结晶盐综合利用等环保技术、新型节能技术、碳减排及利用技术等实现工业化应用。研究高浓度 CO_2 大规模低能耗捕集、碳资源化利用与可靠封存技术；发展煤化工与新能源耦合利用技术，如风、光电制氢耦合煤转化技术。煤化工耦合碳汇研究，增强生态回收二氧化碳载体，形成森林、绿地等碳汇与煤化工园区布局和流程系统的耦合。

煤炭转化产业加强与煤炭、电力、石化等产业的融合发展，延伸产业链，加快集约化、园区化、基地化建设，推进产品联产化、高值高质化，推动现代煤化工产业升级，增强产业创新力和市场竞争力，实现高质量、可持续发展。加强园区内企业间合作，形成相对完整、具有高度分工合作关系的生态化产业发展链条，实现资源利用的科学化、集约化、清洁化。

第二节 油气及其材料产业供应链安全保障战略任务与实施路径

一、将国内油气生产定位于保障基础核心需求

国内油气生产规模需基于我国油气资源的特点。我国油气资源总量较为丰富，但油气田在沉积类型、油藏地质条件、生产效益等方面相对较差，部分关键技术尚不成熟，且普

遍处于高负荷生产状态，未来国内油气生产仍远不能满足社会和经济发展对油气的需求。因此，从战略上，应将国内油气生产定位于基础保障功能：在正常情况下将对外依存度保持在可控水平，在紧急状况下保障国内基础核心供应。

二、将稳油增气作为现实目标和战略选择

（一）常规油气领域增储上产

加大深地深海勘探开发。深地深海是寻找大油气田的重要领域，通过深化油气基础地质、勘探理论、资源评价等研究，加快推进万米深井自动化钻机、耐高温高压测井仪器、深水生产平台、水下井口、水下采油树等关键设备和工具自主科研攻关，加大勘探开发力度，可支撑我国油气持续发展。

推进非常规油气加快接替。页岩油加大鄂尔多斯、准噶尔和松辽等重点盆地的勘探和规模开发，有望实现千万吨以上生产规模。致密气加强苏里格老区等已开发气田提高采收率，加大鄂尔多斯盆地西南与东南部等接替领域甩开预探和风险勘探，推进规模效益开发；页岩气以川渝地区海相为重点，有序动用浅层、深层资源；煤层气立足沁水盆地、鄂东等已开发区，加快新区蜀南、准噶尔、二连等盆地勘探评价和建产，力争非常规气年产量达到1600亿立方米以上。

持续挖掘老油田生产潜力。老油田虽然勘探开发程度较高，但通过加强成熟盆地基础机理与解剖研究，深化精细勘探和滚动勘探，仍能持续规模增储；全面推进精细油藏描述和精细注水，加大化学驱、气驱、蒸汽驱、火驱、微生物驱等提高采收率动态三代技术滚动接替，支撑老油田持续稳产。

（二）非常规领域推进三大革命性工程，做好战略接替

中低成熟度页岩油地下原位转化开采工程。页岩油地下原位转化是利用水平井电加热轻质化技术，将页岩中的重质油、沥青和各类有机物大规模转化为轻质油的过程，可将页岩油技术采收率从2%~3%提高到60%~70%，且因无需实施大规模人工压裂，可节约大量水资源，而产生的残余物留在地下，可大大降低CO_2排放。首先在鄂尔多斯盆地设立中低熟页岩油先导试验及国家示范区，探索形成可借鉴、可复制的工程技术体系与生产运行模式，技术成熟后进行推广。我国埋深300~3000m的页岩油技术可采资源量700亿~900亿吨，是常规石油可采量的3倍以上，如能实现技术突破，将大幅度提升我国原油产量。

中深层煤原位清洁转化工程。煤炭地下气化（UCG）是将处于地层中的煤炭进行有控制的燃烧，通过对煤的热作用及化学作用而产生可燃煤气的过程，吨煤经地下气化可产生合成气2000m^3（其中可燃组分占60%~70%），有利于石油公司拓展新产业和转型发展、煤炭行业去产能和清洁化利用，以及大量闲置煤炭资源的有效开发利用。我国煤炭地下气化技术在煤气热值、有效气组分、气化效率、甲烷含量以及气化稳定性等方面取得了重大突破，为大规模工业化奠定了坚实基础。可考虑在鄂尔多斯、准噶尔、二连等盆地埋深超

1000m 煤层中，利用水平井注入燃料、氧气、水和氮气，点燃煤层形成气化腔，采出氢气、甲烷等，利用二氧化碳驱油，打造“UCG+”油、气、热、电、氢等煤炭低碳利用融合发展，预计可气化地质资源量约 300 万亿立方米。

天然气水合物开发利用工程。天然气水合物（可燃冰）是水和天然气在高压低温条件下形成的类冰状结晶物质，能量密度非常高，同等条件下燃烧产生的能量比煤、石油、天然气要多出数十倍，且燃烧后仅会产生少量二氧化碳和水，是真正的绿色能源，被视为未来油气的战略性替代能源。我国已成功进行了南海海域天然气水合物的两轮试验性试采，研发形成了钻采关键技术和核心装备，为生产性试采、商业开采奠定了技术基础。

（三）强化科技创新提效工程，做实支撑基础

构建老油田智能开发理论技术体系，建设“百年油田”。持续发展高含水老油田开发理论技术体系，攻关剩余油精准预测、薄差储层预测和油藏精细描述等技术，完善精细水驱、化学复合驱、多介质复合热力采油、天然气驱油等提高采收率理论技术，支撑老油田长期稳产。做好与数字智能技术深度融合，加大以智能注采技术、高效节能举升技术、智能采油技术为代表的人工智能油气田关键技术攻关，推动开发水平迈上新台阶。

创新发展陆相页岩油地质理论与工程技术，推动“页岩油革命”。加快页岩油赋存状态、渗流机理、富集规律和成藏机理等基础研究，搞清资源分布和规模，明确有利区和“甜点区”，落实优质建产资源；加强开发理论与提高采收率技术研究，推进开发政策研究和工艺攻关试验，提高资源利用效率；加大钻井和压裂提质提速提效技术攻关及集成配套，强化工程技术支撑；加快构建中低熟页岩油地下原位转化商业化开采技术体系。努力闯出陆相页岩油创新发展之路，推动中国陆相页岩油革命。

大力发展天然气快速增产稳产技术，建成“天然气强国”。攻关常规深层/超深层天然气勘探技术，研究页岩气富集机理与分布规律等基础理论，夯实上产储量基础；发展以大数据、高精度、可视化为核心的地质物探钻井一体化“甜点区”预测与评价技术，完善以长水平段井优快钻完井及大规模体积压裂改造为核心的提高单井产量技术，推动非常规天然气规模效益开采；开展大型气藏型储气库优化运行与降本增效关键技术、复杂地质盐穴储库造腔新工艺等储气库技术攻关，构建天然气强国“底气”。

研发新一代石油工程装备体系，建设油气“智造强国”。结合新材料、新工艺及数字化等技术，打造以全波物探、智能测井、高效钻井、精准改造、智慧生产等重大技术装备为代表的高端石油工程技术利器。加大深地、深水油气资源勘探开发关键技术装备自主研发，开创万米深地钻探成套自动化装备制造新局面，力争实现 1500m 以深海洋油气装备国产化，形成具有国际竞争优势的高端技术产业链，实现石油工程装备高质量跨越式发展。

针对我国化工产品供应安全风险问题，主要有三大类措施：一是增强基础化工品的供应保障能力，在我国对化学品的消费量快速增长的同时，合理推进新增产能的建设，提升我国自主生产和供应能力，同时在产能项目建设过程中，提升产业的绿色低碳水平，充分落实国家碳达峰、碳中和目标要求和产业降低碳排放强度的发展目标，实现绿色增长、低

碳发展；二是攻关高端化工产品，随着我国各类产业的转型升级，紧跟各产业对化工产品，尤其是高端化工产品的特殊性需求，加强科技攻关、推进成果转化、实现工业化生产，通过高端化工产品供应能力的增强，既实现产业自身向价值链高端的跃升，也满足国家战略性科技产业对于高端材料的需求；三是建设化工产品循环利用体系，通过废旧塑料、橡胶等的回收和再利用，减少土地、水体、大气的污染，从而减少石油的源头消耗。在化工产品循环利用体系的建设过程中，从供应侧和消费侧共同发力，既引导产业和居民的消费及分类回收习惯，降低回收难度和成本，同时又可以通过税收、专项资金等形式，鼓励生产企业加大循环回收化工产品的再利用、再生产。先期加快物理回收体系的成熟，同时加快化学回收体系的建设，最终实现我国油品消费的源头减量。

第三篇

大宗金属矿产及其材料篇

第十一章　铁矿资源及其材料产业高质量发展形势、问题及战略

第一节　全球铁矿资源形势与现状

一、全球铁矿资源现状

（一）全球铁矿资源分布及主要类型

全球铁矿石资源丰富但分布较不均衡，主要集中在澳大利亚、俄罗斯、巴西、中国等地，四个国家占比超过70%。其中，澳大利亚拥有力拓、必和必拓、FMG，巴西拥有淡水河谷，这4个铁矿公司是全球最大的铁矿企业。从储量来看，根据《Mineral Commodity Summaries 2021》报告，澳大利亚拥有最多的铁矿石储量，2020年达到500亿吨；其次是巴西，为340亿吨；俄罗斯则以250亿吨排名第三，中国以200亿吨排名第四。从铁矿石储量占比来看，2020年澳大利亚铁矿石储量占全球比重达到28%，巴西为19%，俄罗斯为14%，中国为11%，4个国家合计占全球的比重达到72%。

USGS 2020年全球铁矿石储量地区分布如图11-1所示。

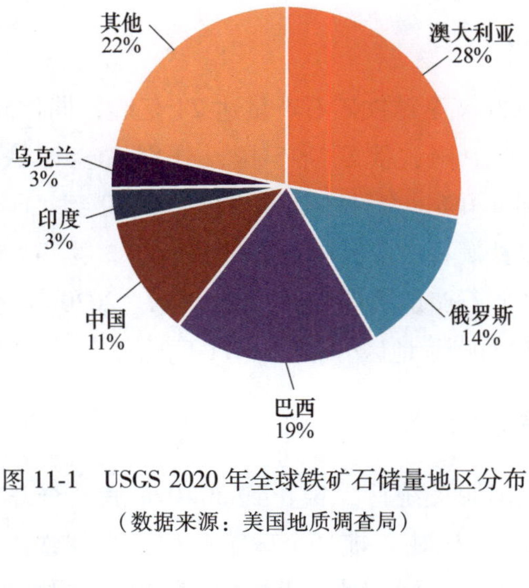

图11-1　USGS 2020年全球铁矿石储量地区分布

（数据来源：美国地质调查局）

世界铁矿床成因类型有沉积变质型、岩浆型、火山岩型、接触交代-热液型、沉积型五大类。沉积变质型铁矿主要是指前寒武纪含铁建造经受表生风化淋滤形成的含铁大于

60%的赤铁矿富矿，规模巨大，是世界上最重要的铁矿石来源，主要分布在澳大利亚、巴西和南非等地。岩浆型铁矿是指产于基性岩中的钒钛磁铁矿矿床，主要分布在加拿大、挪威和中国等地。火山岩型铁矿是指与火山岩浆-热液作用有关的富含磷灰石和低钛磁铁矿的矿床，主要分布在瑞典和智利。接触交代-热液型矿床是指矽卡岩型铁矿，产于中酸性侵入岩与碳酸盐岩接触部位，在全球分布广泛。沉积型铁矿是指沉积作用形成的鲕状赤铁矿矿床，这类矿床目前因选矿技术问题暂难利用。

受矿床类型及成矿背景的影响，世界铁元素的分布情况与铁矿石基础储量的分布情况并不一致，不同国家/地区矿床品位差异较大，根据 USGS 2020 年统计（见图 11-2），南非、印度平均铁矿石品位超过 60%；俄罗斯、伊朗平均铁矿石品位在 50%~60%之间；澳大利亚、瑞典、巴西平均铁矿石品位在 40%~50%之间。

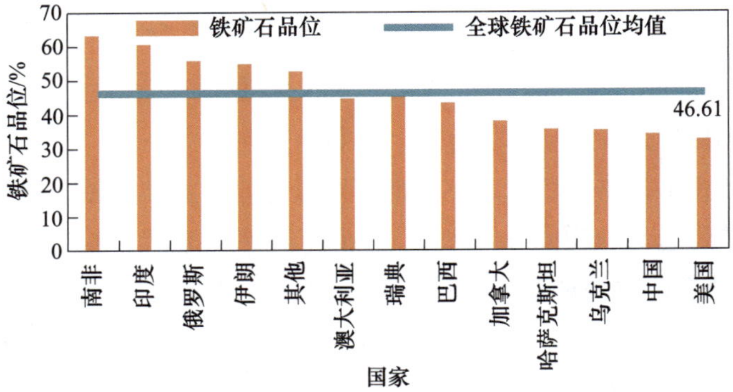

图 11-2　2020 年全球主要国家铁矿石品位

（数据来源：USGS）

（二）全球铁矿石产量

根据 USGS 统计，2020 年全球铁矿石产量达 24 亿吨，同比降低 2.04%，主要集中在澳大利亚、巴西、印度、中国、俄罗斯 5 国，分别占全球铁矿石总产量的 37.5%、16.7%、9.6%、14.2%和 4.0%，合计占比达 82%。2020 年，印度、南非、秘鲁、智利、美国和毛里塔尼亚等国家铁矿石产量大约为 4400 万吨。

2016~2020 年全球铁矿石储量统计如图 11-3 所示。2020 年全球铁矿石产量地区分布如图 11-4 所示。全球铁矿石产量地区分布如图 11-5 所示。

二、全球铁矿贸易现状

据 UN Comtrade 和中国海关统计，截止到 2020 年底，全球铁矿石进口量 22.11 亿吨，其中中国进口量 11.69 亿吨，排名全球第一位。全球铁矿石的主要出口国为澳大利亚、巴西、印度、乌克兰、俄罗斯、哈萨克斯坦，中国是全球最大的铁矿石进口国。

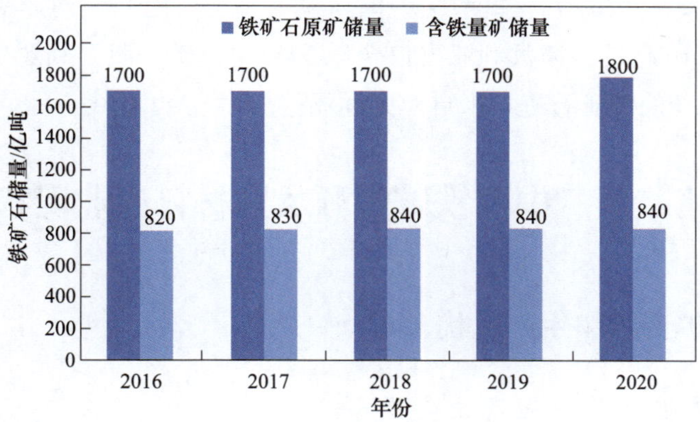

图 11-3　2016~2020 年全球铁矿石储量统计

（数据来源：USGS）

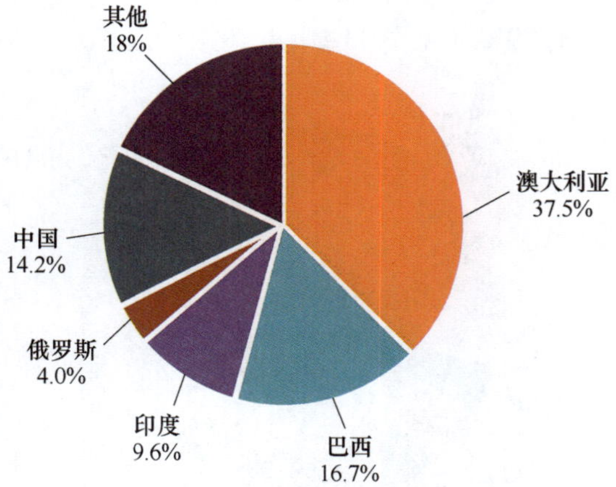

图 11-4　2020 年全球铁矿石产量地区分布

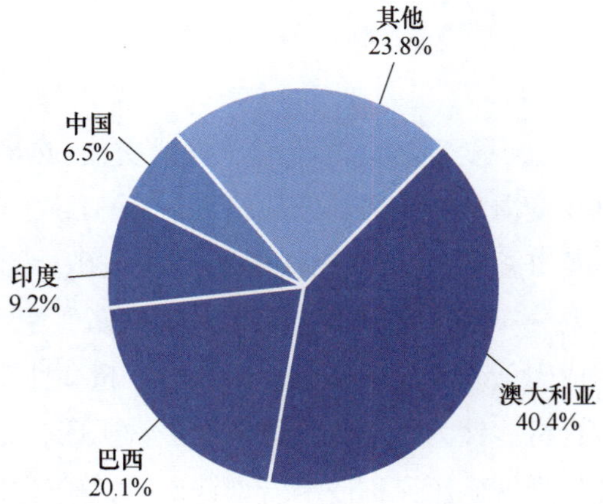

图 11-5　全球铁矿石产量地区分布

（数据来源：联合国 &《世界钢铁统计数据》）

2020年全球铁矿石贸易73%集中在中国与澳大利亚、巴西、南非等国之间。2020年全球铁矿贸易量为16亿吨，澳大利亚出口全球54%的铁矿，澳大利亚出口的铁矿石82%流向中国，中国61%的铁矿石进口来自澳大利亚。

第二节　中国铁矿资源及其材料产业现状

一、中国铁矿资源和生产现状

（一）中国铁矿资源分布及主要类型

2020年我国铁矿石储量为200亿吨，在全球排名第四位，占全球14%，整体品位较低，以贫矿为主。我国铁矿资源主要分布在辽宁、四川、河北、山东、安徽等省份，五省合计占全国铁矿资源60%（见图11-6）；富铁矿主要分布在新疆、云南、四川、山东和海南，五省（区）合计占全国39%（见图11-7）。

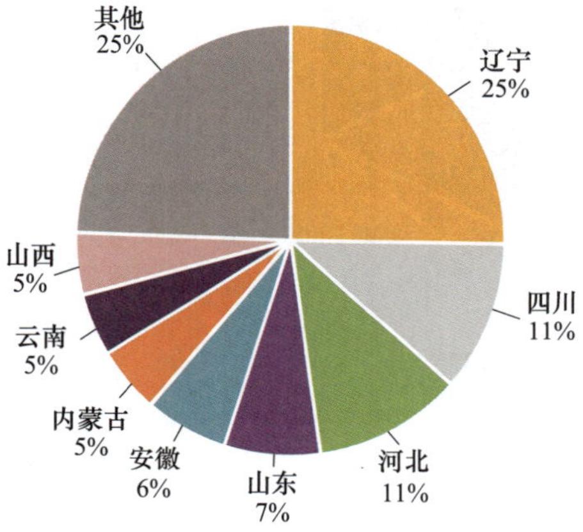

图11-6　我国铁矿资源分布
（数据来源：自然资源部）

中国铁矿床成因类型有沉积变质型、岩浆型、接触交代-热液型、火山岩型、沉积型和风化淋滤型六大类。沉积变质型铁矿是前寒武纪含铁建造经受不同程度的区域变质作用形成的铁矿床，主要由石英（燧石）和氧化铁矿物（磁铁矿、赤铁矿等）组成，通常具有典型的条带状构造，主要分布在辽宁鞍山、辽宁本溪和冀东等地区，是中国最重要的铁矿类型。岩浆型铁矿床在成因上与不同地质时代的基性、超基性杂岩体有关，矿体直接产于岩体内，以铁矿物中富含钒、钛为特征，又称钒钛磁铁矿床，主要分布在四川攀枝花和河北承德等地区。接触交代型铁矿床又称矽卡岩型铁矿床，矿体主要产于中性、中酸性或酸性中浅成侵入体和碳酸盐围岩接触带的矽卡岩中或其附近围岩中，一般呈透镜状、似层状、脉状或不规则状产出，主要分布在湖北大冶和河北邯郸、邢台等地区。火山岩型铁矿

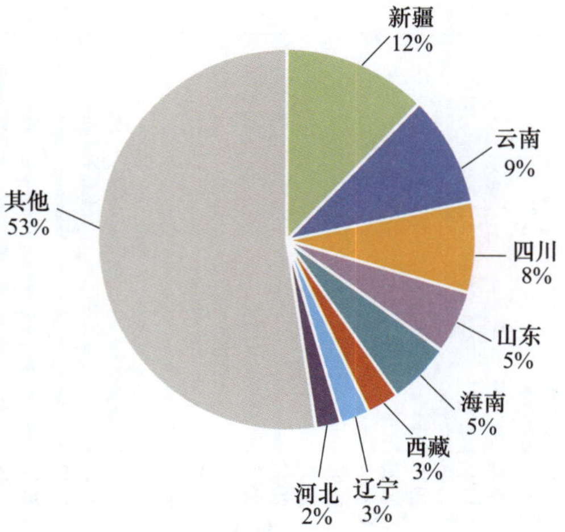

图 11-7　我国富铁矿资源分布
（数据来源：自然资源部）

是指产于火山岩建造中以铁为主的矿床，按含矿建造的形成环境分为海相火山岩型铁矿和陆相火山岩型铁矿，前者主要分布在新疆西天山地区，后者主要分布在宁芜地区。沉积型铁矿是指主要与沉积作用（与火山作用无关）有成因关系的铁矿床，著名的有华北宣龙式和华南宁乡式鲕状赤铁矿床。风化淋滤型铁矿是指在湿热的气候和适当的地形、构造条件下富集而成的氧化铁帽，主要分布于中国南方，以褐铁矿为主，工业意义不大。

总体而言，中国铁矿石类型以磁铁矿石为主，其次是钒钛磁铁矿石和“红铁矿石”（赤铁矿石、镜铁矿石、褐铁矿石、混合铁矿石），菱铁矿石较次要。磁铁矿石的累计查明总量最大，占累计查明铁矿石总量的64%。其次为钒钛磁铁矿石，占累计查明铁矿石总量的18%。其他类型的铁矿石合计占累计查明铁矿石总量的18%，属技术上较难利用的铁矿石类型，数量也较少。

（二）中国铁矿产量

2020年，我国铁矿石原矿产量达到8.7亿吨（折铁精矿约2.75亿吨），同比增加3.6%（见图11-8）。由于我国铁矿石贫矿较多，虽然原矿产量2008~2013年大幅上升，但折合为世界平均品位的矿石量自2008年以来逐年下降。2008~2017年，我国折合为世界平均品位的铁矿石产量由3.3亿吨下降至1.2亿吨，以每年10.6%的速度递减。

我国铁矿石生产主要集中在河北、辽宁、四川、山西、内蒙古和山东地区，产量占比分别为37%、15%、12%、6%、5%、4%，六省（区）合计占我国生产总量79%（见图11-9）。

二、中国铁矿进出口情况

我国铁矿主要依赖进口，2020年进口量为11.7亿吨，进口来源高度集中，2020年从

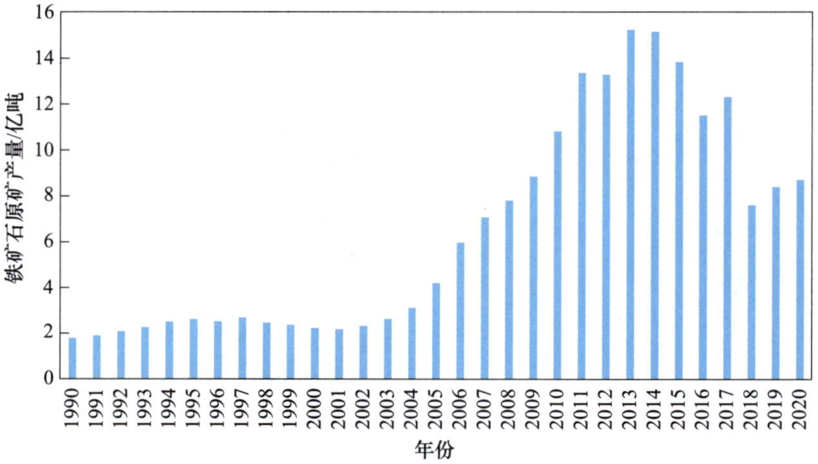

图 11-8　1990~2020 年我国铁矿石原矿产量

（数据来源：国家统计局）

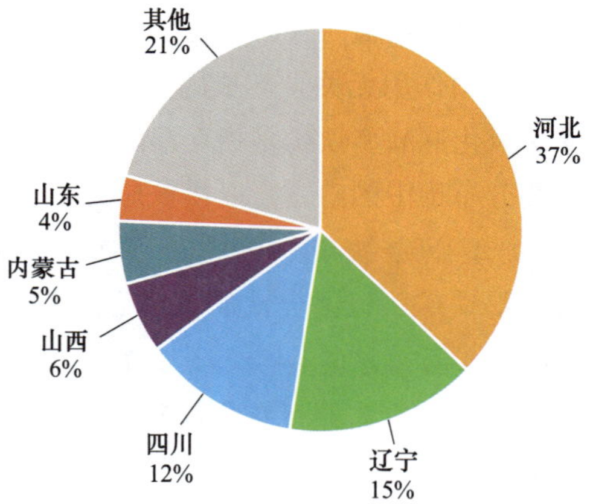

图 11-9　我国铁矿石产量分布

（数据来源：国家统计局）

澳大利亚和巴西的进口量分别为 7. 13 亿吨和 2. 36 亿吨，占我国进口总量比例分别为 61%和 20%（见图 11-10）。

三、钢铁冶炼总体形势分析

铁矿根据冶炼方法的不同，可分为转炉钢、电弧炉钢、感应电炉钢和其他炉钢。世界上钢铁生产国家或地区主要有美国、欧洲、日本、俄罗斯、印度和中国。

2016 年以来全球粗钢产量增长迅速，到 2019 年增长至 18. 699 亿吨，同比增长 3. 4%。2020 年由于受到新冠肺炎疫情的影响，全球粗钢产量上升趋势被打断，粗钢产量为 18. 64 亿吨，同比下降 0. 3%（见图 11-11）。

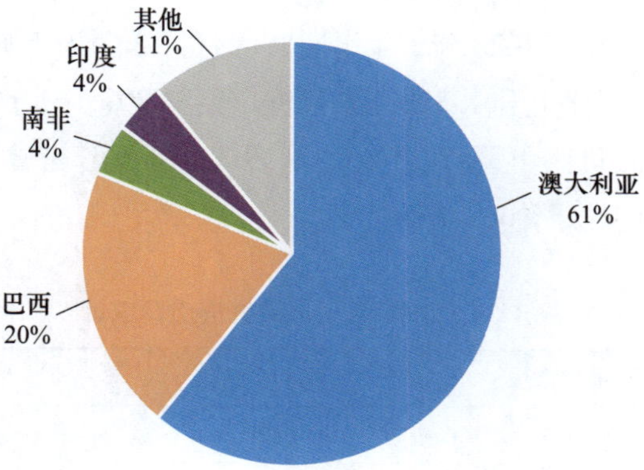

图 11-10　2020 年我国铁矿石进口来源
（数据来源：中国海关）

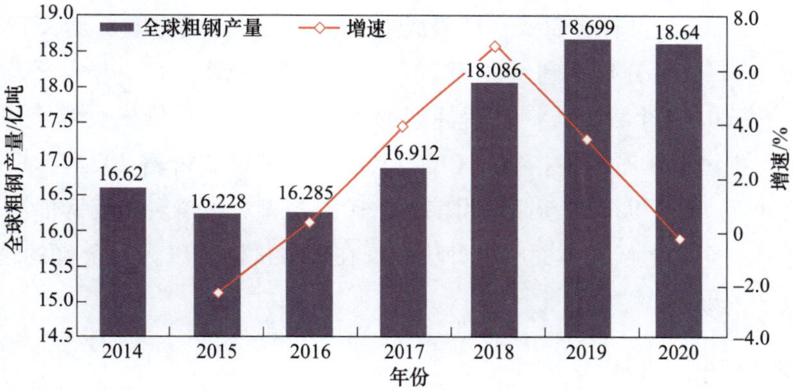

图 11-11　2014~2020 年全球粗钢产量变化
（数据来源：国家统计局）

自 1996 年，我国钢产量突破 1 亿吨，至今连续 25 年稳居全球钢铁生产和消费第一位。在国民经济高速增长的背景下，我国钢产量持续增长，2020 年突破 10 亿吨，达到 10.65 亿吨，占世界钢产量的 56.7%。自 1960 年到 1970 年，10 年间中国粗钢产量只增加了 427 万吨；1960 年到 2000 年的 40 年间，粗钢产量增加 11498 万吨；2000 年到 2020 年这 20 年粗钢产量增加了 93650 万吨；其中 2000 年到 2010 年这 10 年，粗钢产量增加了 50873 万吨；2010 年到 2020 年这 10 年，粗钢产量增加 42777 万吨。2020 年全球粗钢消费量 17.72 亿吨，其中中国消费粗钢 9.95 亿吨，排名全球第一位。

2020 年中国的粗钢同比提高 5.2%，占全球粗钢产量的 56.5%，居世界首位。印度的粗钢产量为 9960 万吨，同比下降 10.6%；日本的粗钢产量为 8320 万吨，同比下降 16.2%。中国粗钢产量最高的省份为河北省，产量达到 34976.95 万吨，远高于其他省份；第二为江苏省，产量为 12108.2 万吨；第三为山东省，产量为 7993.51 万吨；第四为辽宁省，产量为7609.4万吨；第五为山西省，产量为6637.78万吨。

据海关总署公布的数据，2020年，我国出口钢材5367.1万吨，比上年减少16.5%，出口均价847.2美元/t，同比上升1.3%；累计进口钢材2023.3万吨，比上年增长64.4%，进口均价831.6美元/t，同比下降27.5%（见表11-1）。若考虑进口钢坯增加的情况，2020年我国粗钢净出口同比下降67.6%。

表11-1　2020年我国钢材进出口统计

贸易	数量/万吨	金额/百万美元	均价/美元·t^{-1}
进口钢材	2023.3	16826.6	831.6
出口钢材	5367.1	45470.0	847.2

注：数据来源于中国海关。

2020年我国钢铁企业利润小幅增长。据初步统计，2020年，重点统计钢铁企业销售收入47033亿元，同比增长10.86%；销售成本42366亿元，同比增长11.57%，成本增幅大于收入增幅0.71个百分点；利润总额2074亿元，同比增长6.59%；平均销售利润率4.41%，同比下降0.18个百分点。值得注意的是，进口铁矿石价格大幅上涨，令我国钢铁业直接承压。中国铁矿石价格指数（CIOPI）62%，进口矿价格2021年1月18日最高达到171.6美元/t，创近9年来新高。目前，铁矿石、煤炭、焦炭和废钢价格均处于高位，有的呈上涨态势，企业生产成本面临上升压力。在钢材价格难以大幅上涨的情况下，钢铁企业降本增效任务艰巨。

四、钢铁材料总体形势

近年来，我国钢铁工业的快速增长，满足了经济快速增长带来的消费需要，国内钢材市场占有率和自给率大幅提高，基本满足了机械、汽车、造船、家电、化工、电力等行业用钢需求。保障了北京奥运会、西气东输（二线）、三峡水电站、高速铁路工程等国家重大工程和重点建设项目顺利实施。我国钢铁材料产业科技取得了一系列突破，带动了产业的创新发展，建立了完整的钢铁产品品种结构体系。

我国22大类钢铁产品基本实现自给，其中19类产品自给率达到100%，剩余3类产品自给率也都超过了98.8%，多种钢铁产品稳步进入国际第一梯队。尤其是第三代高强度汽车钢、高钢级管线钢、“手撕钢”等产品，实现了从“跟随”向“领跑”的跨越。

五、废钢回收现状

废钢是一种可循环利用的再生铁素资源，主要用于钢铁冶炼，理论上说用废钢炼1t钢可节约铁矿消耗1.65t，标准煤350kg，降低CO_2排放1.6t，固体废弃物排放4.3t。因此，废钢产业是整个钢铁行业产业链中一个再生资源循环利用行业，而我国作为世界上最大的钢铁生产国与消费国，存在巨大的废钢回收与利用空间。

废钢回收行业具有明显的分散特点，由于运输半径的限制，废钢回收企业基本上分布在城市周边，呈现较强的地域性特点，因此市场格局极度分散。钢铁企业对废钢价格具有很强的议价能力，在钢铁企业需要废钢或者本身厂内废钢量较少时会提高废钢收购价格。随着废钢的可用性继续增长，回收行业将需要扩张以处理更大数量的废钢，并提高效率以提高盈利能力。一些大型钢铁企业已经开始进军废钢市场，马钢、鞍钢、宝钢等一批钢铁企业开始通过自建、参股、控股等方式，进一步加大废钢资源控制，稳定废钢原料供应。截止到2020年4月，工业和信息化部已经累计公告了七批符合准入条件的废钢回收加工企业共379家，废钢铁加工能力约1.1亿吨，占我国废钢消耗量的一半。随着废钢铁行业准入条件的逐步提高以及部分大型回收企业建立起完善的回收供应网络，未来废钢市场的集中度有望进一步提升。

2017年7月，国务院办公厅印发了《禁止洋垃圾入境推进固体废物进口管理制度改革实施方案》，标志着进口废钢从此退出了我国市场，从历史价格走势来看，2017年之后的废钢价格由于上游供给减少而一路上涨，尽管一些企业可以通过申请进口许可证的方式进口废钢，但是进口量受到严格限制，普遍在50~2000t之间，而根据海关总署的数据显示2020年的前9个月我国废钢进口仅为2.1万吨。在进口废钢退出市场的情况下，中国的废钢回收行业发展潜力巨大。

世界部分国家废钢使用水平对比如图11-12所示。

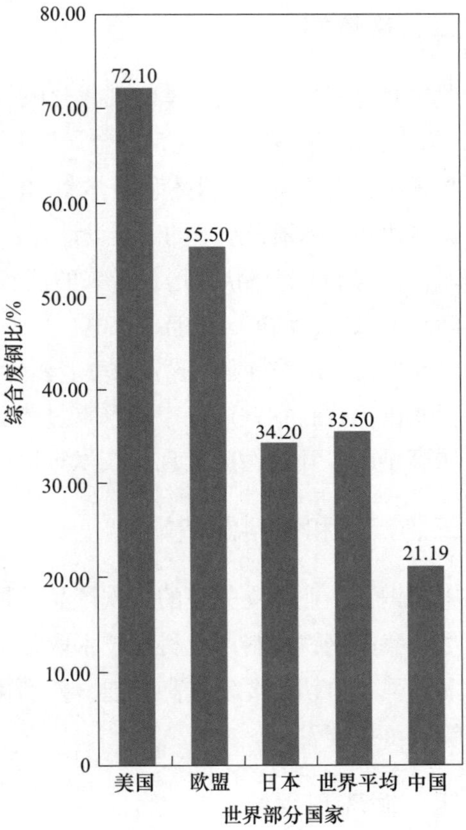

图 11-12　世界部分国家废钢使用水平对比

第三节　铁矿及钢铁产业供应链高质量发展综合评价

一、资源端

总体上来说我国铁矿储量类型齐全，拥有世界上所有的铁矿类型，但是主要以贫矿为主，组分复杂，质量不高，全国铁矿平均品位为32%~34%，品位在50%以下的铁矿占总量的95%以上；我国大型矿床分布相对集中，但考虑到水文地质、工程地质、交通不便、难选难炼等因素，我国铁矿资源开发利用条件总体评价为“差”；另外，我国铁矿企业产业集中度不高，营收比远低于国际三大铁矿巨头，在国际市场优势度低。近几年，我国铁矿高度依赖澳大利亚、巴西等国家，进口集中度高；国际垄断程度高，受西方限制程度高。

在科技水平方面，我国铁矿勘查水平低，地球物理高精度探测及矿体精准定位水平低，遥感找矿仅在基岩裸露区有明显成效，但在浅覆盖区和中高山切割区效果并不理想，且核心装备及技术受制于人；在采矿方面，我国采矿技术整体达到国际先进水平，但是采矿装备主要依赖进口，智能化、规模化、绿色化水平低；在选矿方面，我国选矿技术处于领先地位。

二、冶炼端

我国具有完整、基础雄厚的现代化钢铁工业体系，拥有完备的采矿、选矿、烧结（球团）、焦化、炼铁、炼钢、轧钢、金属制品及辅料等生产工序，初步形成了以企业为主体，产、学、研、用相结合的技术创新体制和机制，建立了完整的教育和人才培养体系，拥有了一批总体达到国际领先水平的冶金设计院、工程咨询公司和工程建设公司。我国钢铁工业的快速增长，满足了经济快速增长带来的消费需要，国内钢材市场占有率和自给率大幅提高，基本满足了机械、汽车、造船、家电、化工、电力等行业用钢需求。中国钢铁工业的综合效率属全球最高，钢铁行业的投资效率、基建效率、运营效率、劳动效率均位居前列。

但我国仍存在钢铁产业产能严重过剩、行业整体利率低、能源消耗总量和污染物排放总量居高不下、环境污染及现行技术难以适应双碳目标的要求等现象。

三、产品和材料制造端

中国钢铁工业建立完整的钢铁产品品种结构体系，多种钢铁产品稳步进入国际第一梯队。尽管我国钢铁材料产业科技技术取得了一系列突破，带动了产业的创新发展，但总体上大而不强，迫切需要发展高性能、差别化、功能化的先进材料，推动基础材料产业的转型升级和可持续发展。

四、循环利用端

“十三五”期间，我国废钢产业得以快速发展，废钢铁循环利用水平创历史新高，废钢回收、拆解、加工、配送、应用“一体化”开始推进，2020 年炼钢用废钢比达到 21.8%，虽然远低于发达国家水平，但已达到了近年来的最高水平，废钢加工企业达 478 家，年废钢铁加工能力达到 1.3 亿吨，形成了“回收—加工—配送”的产业链。

在政策标准方面，多年来我国国内市场废钢产品的标准化程度低，钢铁企业都在使用自己的标准，“十三五”期间我国废钢行业标准化水平迈上了新台阶，2021 年《炼钢铁素炉料（废钢铁）加工利用技术条件》《再生钢铁原料》国家标准开始实施，符合规定的加工产品将不属于固体废物，而是作为一般商品管理；在工艺方面，随着环保要求的提高，废钢加工设备不断升级，废钢破碎机产能快速增加，经过破碎生产线加工处理的废钢破碎料更优质，成为主流钢厂理想的炼钢炉料。

第四节　铁矿及钢铁产业高质量发展面临的主要问题

一、资源端存在的主要问题

（一）我国铁矿石对外依存度过高，进口高度集中，价格上涨，威胁国家资源供应安全

“十三五”以来，我国铁矿石进口量一直保持高位，进口量平稳增长，2020 年最高达到 11.7 亿吨，但在铁矿石进口总量幅度不超过 12%的前提下，我国铁矿石进口金额飞速增长，从 2016 年的 576.57 亿美元，到 2021 年快速增长到 1846.7 亿美元，涨幅超过 220%（见图 11-13）。我国铁矿石进口量高度集中，自 2014 年以来，我国铁矿石从澳大利亚进口的份额从 40%增长到 60%，2020 年我国从澳大利亚进口铁矿石总金额约 700 亿美元，占我国进口总金额的 70%。第 2 名是巴西，接近我国铁矿石进口总量的 20%。铁矿石尤其是富铁矿也成为了中国急需解决的受限制领域。

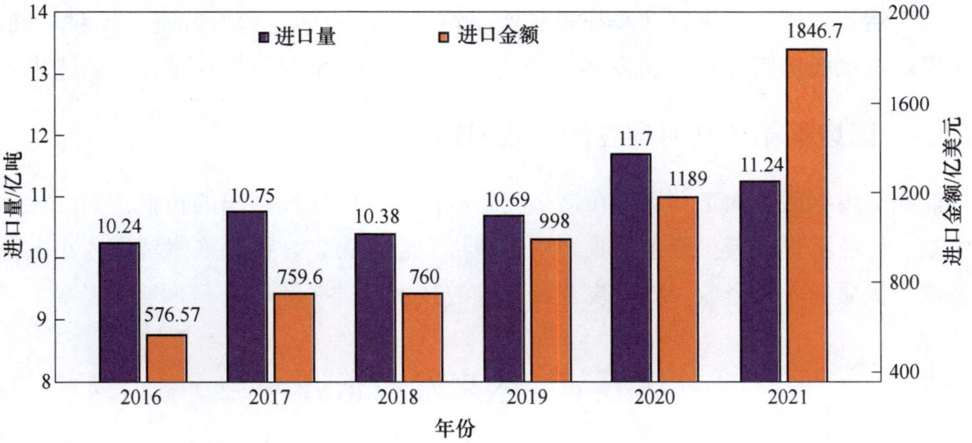

图 11-13　我国铁矿石进口量及进口金额对比图

（数据来源：中国海关总署）

（二）我国铁矿找矿技术落后，制约我国铁矿行业发展

我国铁矿石大量进口的原因是缺乏富铁矿。在双碳目标及更加严格的环保要求下，减少污染物排放的环境保护要求越来越高，而高品位铁矿石的更大比例使用，在同等钢铁产量的前提下，无疑有利于污染物排放物的减少，因此更加剧了我国对富铁矿的需求。

国外的富铁矿主要是沉积变质型的赤铁矿富矿，但是我国的地质背景不同，缺乏这种类型的大型富铁矿的成矿地质条件，富铁矿石主要为沉积变质型、接触交代-热液型及矽卡岩型磁铁矿富矿。这种磁铁矿富矿在我国华北地区（河北、山西、山东和河南）、长江

中下游地区以及新疆天山，都具有重要的找矿潜力。目前面临的难题是过去磁性强的异常已经评价，而大量弱磁异常的验证缺少更高分辨率的技术方法，亟需研发高精度、高分辨率的航空地球物理及遥感高效精细探测设备，创新有效的找矿技术方法，建立矿体精准定位的技术装备体系。

二、冶炼端存在的主要问题

在我国钢铁产能总量大、以高炉-转炉为主的流程结构、以煤炭为主的能源结构、行业集中度不高的背景下，我国钢铁工业实现碳中和面临着巨大的挑战。但是低碳发展也将倒逼钢铁行业深化供给侧结构性改革，推动钢铁工业实现高质量发展。

三、我国钢铁材料存在的主要问题

尽管我国特殊钢、轴承钢、无缝管等产量世界第一，但是我国特种钢产量仅占国际市场的3%，国内40%仍需进口，高端、先进材料钢材仍存在不少突出问题，如先进制造基础零部件用钢（高性能轴承钢、高性能齿轮用钢等）自主创新能力低、产业结构不尽合理、产品总体水平低、成本高；高技术船舶及海洋工程用钢关键材料品种存在空白，标准规范相对落后；先进轨道用钢（高速重载铁路轮轴用高强韧、抗疲劳钢，轮对用轴承钢，轮轨用高强韧贝氏体钢等）在研发、生产及应用方面不能满足高铁快速发展的需求等。

四、我国废钢循环利用存在的主要问题

目前我国废钢回收加工利用存在诸多问题亟待解决，比较突出的包括进口受限制、税收秩序差、行业不规范等，废钢回收利用以中小型企业为主，行业整体呈现“小散乱”的局面，缺少优质的龙头企业、标准规范及先进的技术。

第五节　未来发展态势

我国钢铁一半以上用于建筑和基础设施建设，其余用于机械制造、汽车、船舶以及铁路和能源输送管道等制造业。未来15年，我国钢铁需求总体处于高位运行后缓慢下降态势。到2025年、2030年和2035年我国钢铁需求分别为9.5亿吨、9亿吨和8.5亿吨，全球消费量占比长期保持在40%以上，2020~2035年累计消费量超过150亿吨。其中，建筑业钢铁消费占比将会下降。

铁矿石需求也将处于缓慢下降趋势。扣除废钢用量，2020年全球粗钢消费量为17.72亿吨，我国粗钢消费量约为9.95亿吨。据中国废钢铁应用协会，2019年全国废钢产生量为2.4亿吨，钢铁行业用量约为2.15亿吨。伴随废钢利用量的增加，我国铁矿石需求总体将呈缓慢下降态势，到2025年、2030年和2035年我国铁矿石需求分别为11.3亿吨、9.7亿吨和8亿吨。

第六节　铁矿及钢铁产业链发展战略建议

一、加强铁矿资源地质勘查工作

一是持续稳定地增加铁矿地质勘查的中央和地方财政资金投入，同时广泛吸纳社会资金参与。2001～2011 年中国铁矿资源勘查投入年均增长 66.03%，2012 年达到峰值，2012～2018 年勘查投入年均下降 37.90%，我国铁矿勘查投入下降和储量增量不足现状急需做出改变；二是强化铁矿成矿理论研究，运用新技术、新方法开展原有矿山外围找矿和深部找矿，以增加后备资源，缓解产量递减；三是加大对勘查程度较低的西部地区找矿力度，充分挖掘铁矿资源勘查开发潜力，进一步增加资源探明储量。

二、加强低品位铁矿资源综合利用的研发工作

中国铁矿石贫矿多、品位低、开采条件差、选冶困难、成本较高，制约了铁矿石产量的提高。建议设立重大专项引导大型铁矿企业和科研院所联合攻关，着力解决低品位、共伴生铁矿资源的开发利用难题，以增加铁矿石产量。

三、加快结构调整和产业升级，减少铁矿石消耗

整体上我国钢铁行业发展正处于数量发展向高质量、低碳环保发展的重要阶段，“十三五”期间我国压减粗钢产能超过 1.5 亿吨，为解决全球钢铁产能过剩问题做出了重要贡献。随着中国社会高质量发展，对钢铁行业的发展也提出了更高要求：一是继续巩固成果，优化钢铁产能结构，淘汰钢铁落后产能，减少铁矿石消耗；二是提高钢材质量及国际竞争力，推进建筑、机载等行业用钢升级换代，提高钢材使用效率。

四、完善废钢铁资源回收利用机制

目前中国废钢铁回收利用率仅为 20%左右，与全球 35%～45%、发达国家 50%以上水平相比还存在较大差距。因此，未来我国仍需加强以下几方面工作：一是加强废钢回收体系建设，完善废钢领域法律、法规及规范，增加相关指令性条款并作强制要求；二是鼓励建立回收处理大宗废钢铁的大型企业，推广以废钢为原料的炼钢工艺及装备应用；三是对符合准入标准的废钢铁大型企业给予税收优惠和补贴，并不断提高废钢铁资源回收利用工艺水平；四是建全废钢等二次资源加工配送体系，降低成本、提高质量、减少污染，加快废钢等二次资源回收利用的相关技术与装备的开发与推广。

第十二章 锰资源及其材料产业高质量发展形势、问题及战略

第一节 锰资源及其材料产业链总体形势

一、资源端总体形势

全球的锰矿床按成矿作用、锰质来源及成矿条件等可划分为四类，分别是：海相沉积型、火山-沉积型、变质型、热液型。在这几种锰矿床中，工业价值最大的为海相沉积型矿床和变质型矿床，二者储量约占世界锰总储量的90%，火山（热液）-沉积型锰矿虽有一定的矿床数量，但储量相对较小。在大洋底部也蕴藏着丰富的锰结核资源，但受开采技术和设备的限制，并不能大规模开发利用。中国的锰成矿类型以海相沉积型为主，变质型矿床较少，与全球差别较大。

（一）全球锰资源形势

1. 储量

全球锰资源储量丰富，但分布极不平均，主要集中在南非、巴西、澳大利亚、乌克兰等国。据美国地质调查局（USGS）统计数据显示，2021年全球锰资源储量（金属量）总计15亿吨（见图12-1），比2020年的13.32亿吨增长了12.6%，其中，南非6.45亿吨、

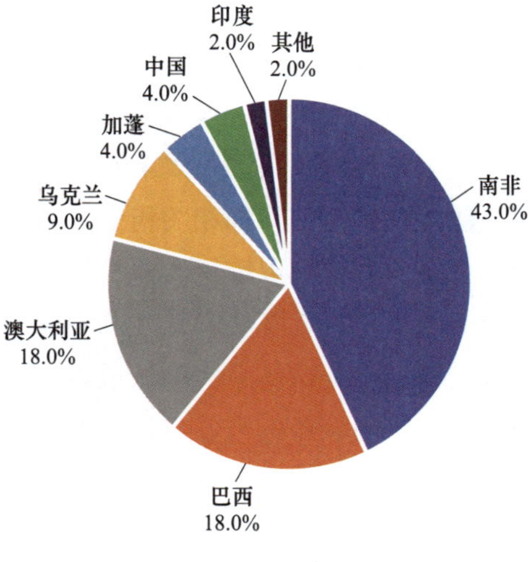

图12-1 2021年全球锰资源储量（金属量）分布

（数据来源：USGS）

巴西 2. 7 亿吨、澳大利亚 2. 7 亿吨、乌克兰 1. 35 亿吨、加蓬 0. 6 亿吨、中国 0. 6 亿吨、印度 0. 3 亿吨，前四国的储量合计占全球总量的 88%。全球主要锰资源国家的矿石平均品位在 40%左右，其中高品位锰资源主要分布在南非、澳大利亚、加蓬和巴西等国（见表 12-1）。

表 12-1　全球主要锰资源国家矿石品位　（%）

国家	矿石品位	国家	矿石品位
南非	30~48	加蓬	45~53
巴西	33~51	加纳	28~34
澳大利亚	37~53	中国	20~30
乌克兰	30~35	印度	10~54

2. 产量及消费量

2021 年全球锰矿生产量（金属量）约 2000 万吨，相较于 2020 年增加 110 万吨，同比增长 5. 8%（见图 12-2）。其中，南非 740 万吨、加蓬 360 万吨、澳大利亚 320 万吨、中国 140 万吨、印度 60 万吨、乌克兰 60 万吨、巴西 40 万吨，前六国的产量合计占全球总量的 84%。

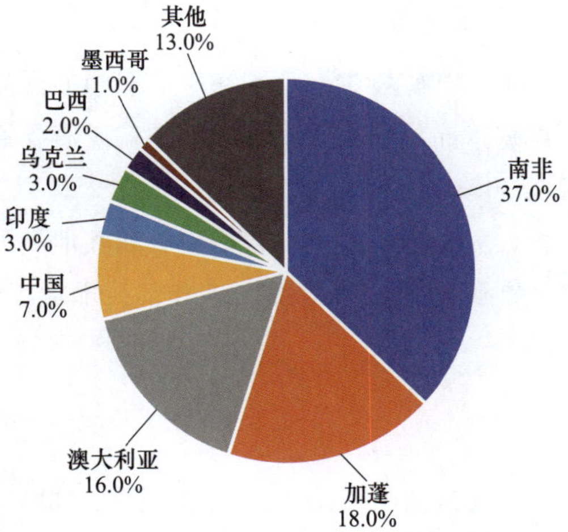

图 12-2　2020 年全球锰资源产量（金属量）分布
（数据来源：USGS）

全球锰矿石消费与粗钢产量密切相关，随钢铁消费趋势变化而变化。2021 年全球锰矿石表观消费量超过 2000 万吨，其中 95%以上用于钢铁冶金行业，钢铁行业用锰在锰的下游消费中占据绝对主导地位（见图 12-3）。其中硅锰、高碳锰铁（碳含量>2%）主要用于普通炼钢，也可用于制造中低碳锰铁（也称精炼锰铁），精炼锰铁、电解锰用于不锈钢、高温耐热钢、结构钢、工具钢等特种钢材，广泛用于高端装备制造。

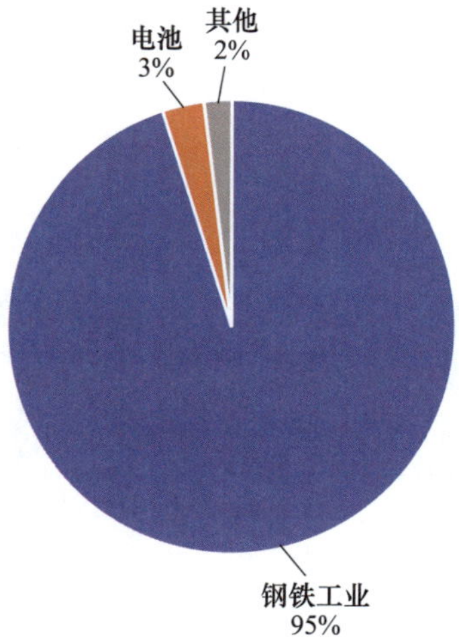

图 12-3　全球锰矿消费结构

锰在电池领域用于制造动力电池三元材料、锰酸锂、干电池等。锰在环保领域用于汽车尾气和工业用水、饮用水的净化剂。化学工业上生产的硫酸锰、高锰酸钾、碳酸锰、氧化锰、硝酸锰、一氧化锰等，是化学试剂、医药、农业、焊接、油漆、涂料、合成工业等的重要原料。

（二）我国锰资源形势

我国锰矿资源以贫矿为主，富矿较少，全国锰矿矿石中的锰品位平均只有 22%，符合国际商品级的富矿石较为短缺。品位中等及中等以下的贫矿需要通过选矿提高品位后才能利用，而氧化锰矿品位需在 30%以上，碳酸锰矿品位需在 25%以上。我国锰矿石类型主要有四类，分别是碳酸锰矿石、氧化锰矿石、混合型矿石和其他类型矿石，主要以前两类为主。我国锰矿物质组分复杂，矿物颗粒一般细而难选，技术加工性能差，矿石中磷、硫、铁、硅、钴、镍等含量高。

1. 储量

我国的锰资源分布较广，2021 年我国锰资源储量（矿石量）为 28168.78 万吨，主要集中在广西、贵州、云南、甘肃、湖南等地，其中广西以 13016.83 万吨位居全国第一，其次是贵州 4916.78 万吨和云南 2341.28 万吨，具体数据详见图 12-4。

2. 消费量和进口情况

我国是全球锰矿最大消费国，2021 年我国锰矿进口量为 3003 万吨，虽然比 2020 年减少了 5.1%，但是对外依存度依然偏高。我国进口锰矿的主要来源国是南非、澳大利亚、加蓬、加纳和巴西，2021 年我国从上述 5 国进口锰矿量占进口总量的 92%（见图 12-5）。

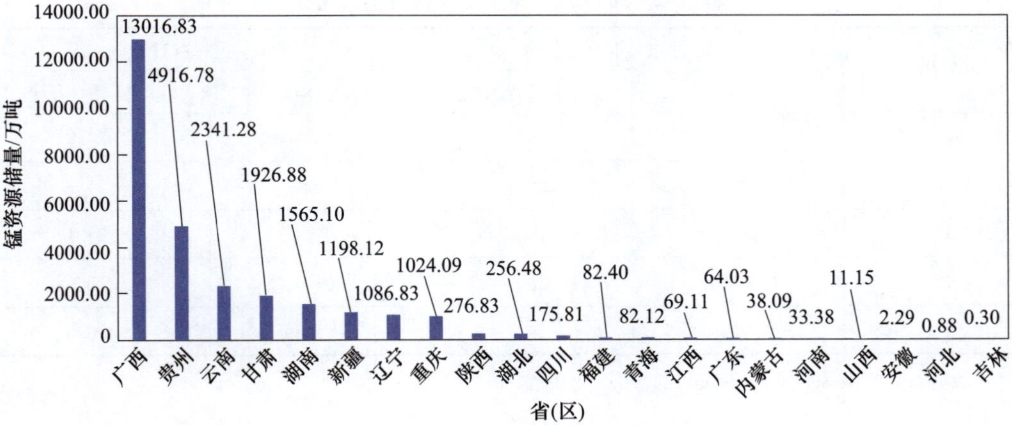

图 12-4　2020 年我国分省锰储量统计柱状图

（数据来源：2021 年全国矿产资源储量统计表）

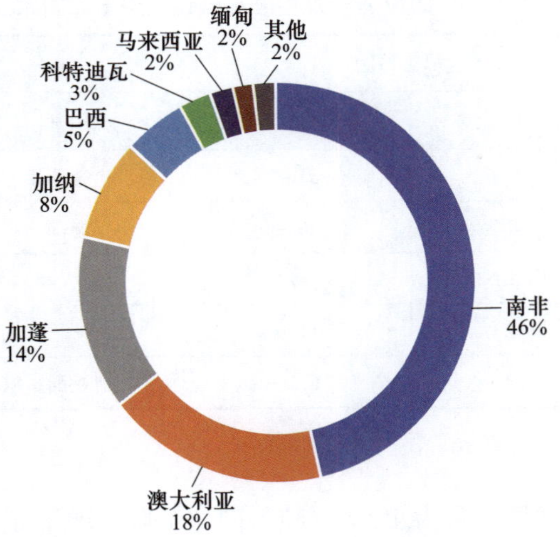

图 12-5　2021 年我国锰矿进口来源国

（数据来源：中国海关）

二、冶炼端总体形势

（一）全球形势

美国是全球最大的锰合金进口国之一，高碳锰铁、精炼锰铁和硅锰进口量均位于世界前列。其中，印度、乌克兰是最主要的硅锰出口国，马来西亚是最主要的高碳锰铁出口国，挪威和韩国是最主要的精炼锰铁出口国。

2020 年全球硅锰贸易量为 290 万吨，同比下降 9%，前三名出口国为印度、乌克兰和挪威，土耳其、日本和美国是进口国前三名（见表 12-2）。

表 12-2　2020 年全球主要硅锰进出口国家

序号	主要出口国		主要进口国	
	国别	出口量/万吨	国别	进口量/万吨
1	印度	61	土耳其	24.9
2	乌克兰	55.2	日本	24.3
3	挪威	27.9	美国	23.1
4	马来西亚	26.9	德国	20.6
5	格鲁吉亚	24.9	意大利	20.0

注：数据来源于 Resourcetrade. earth。

2020 年全球高碳锰铁贸易量为 110 万吨，同比下降 21%，前三名出口国为马来西亚、印度和南非，美国、德国和意大利是进口国前三名（见表 12-3）。

表 12-3　2020 年全球主要高碳锰铁进出口国家

序号	主要出口国		主要进口国	
	国别	出口量/万吨	国别	进口量/万吨
1	马来西亚	21.8	美国	11.3
2	印度	18.4	德国	9.89
3	南非	14.4	意大利	8.13
4	挪威	11.0	荷兰	7.77
5	法国	6.56	其他亚洲国家	7.20

注：数据来源于 Resourcetrade. earth。

2020 年全球精炼锰铁贸易量为 45.1 万吨，同比下降 35%，前三名出口国为挪威、韩国和南非，美国、荷兰和德国是进口国前三名（见表 12-4）。

表 12-4　2020 年全球主要精炼锰铁进出口国家

序号	主要出口国		主要进口国	
	国别	出口量/万吨	国别	进口量/万吨
1	挪威	16.2	美国	7.4
2	韩国	7.59	荷兰	4.18
3	南非	6.33	德国	4.09
4	印度	2.35	印度	2.82
5	荷兰	1.63	意大利	2.32

注：数据来源于 Resourcetrade. earth。

（二）国内形势

我国是主要的电解锰的生产国和出口国，2017~2020 年我国电解锰产量维持在 150 万吨左右，2021 年受行业供给侧改革和缺电等因素影响，电解锰产量显著下滑，为 130.4 万吨，同比减少 13.12%。我国电解锰在满足国内需求的同时也对外出口，2021 年我国电解锰出口量为 36.7 万吨，同比增长 16.12%，主要出口荷兰、韩国、日本和俄罗斯等国家和地区（见图 12-6）。

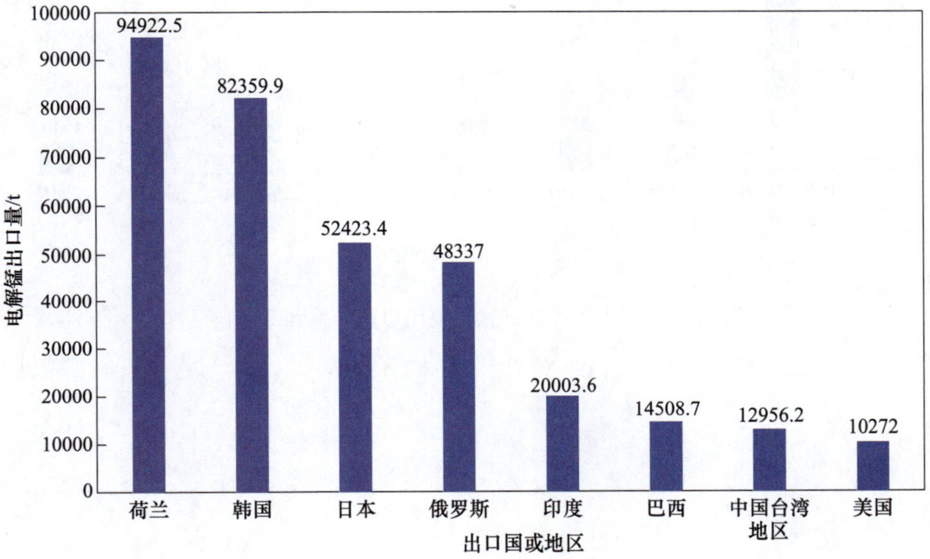

图 12-6　2021 年我国电解锰主要出口国、地区及出口量

（数据来源：中国海关）

我国是全球硅锰主要生产国之一，2021 年我国硅锰产量为 1064.75 万吨，硅锰出口量为 10.8735 万吨，同比增长 314.19%，主要出口印度尼西亚、马来西亚、越南和日本等国家和地区（见图 12-7）。

此外，我国还是锰铁合金的主要出口国，2021 年我国锰铁出口量为 20415.79t，主要出口印度尼西亚、土耳其、马来西亚和越南等国家和地区（见图 12-8）。

三、产品和材料制造端总体形势

锰产业链产品众多，下游应用领域十分广泛，涵盖钢铁冶金、电池制造、化工、医药、电子、建筑、农业饲料等领域（见图 12-9）。根据《中国矿业》相关文献统计，目前我国锰消费结构中，85%~90%用于钢铁工业，5%~10%用于电池行业和化工领域。近年来，新材料、电动汽车等绿色制造业的快速发展，将为电解二氧化锰、锰酸锂和高纯硫酸锰等正极材料提供广阔的市场。

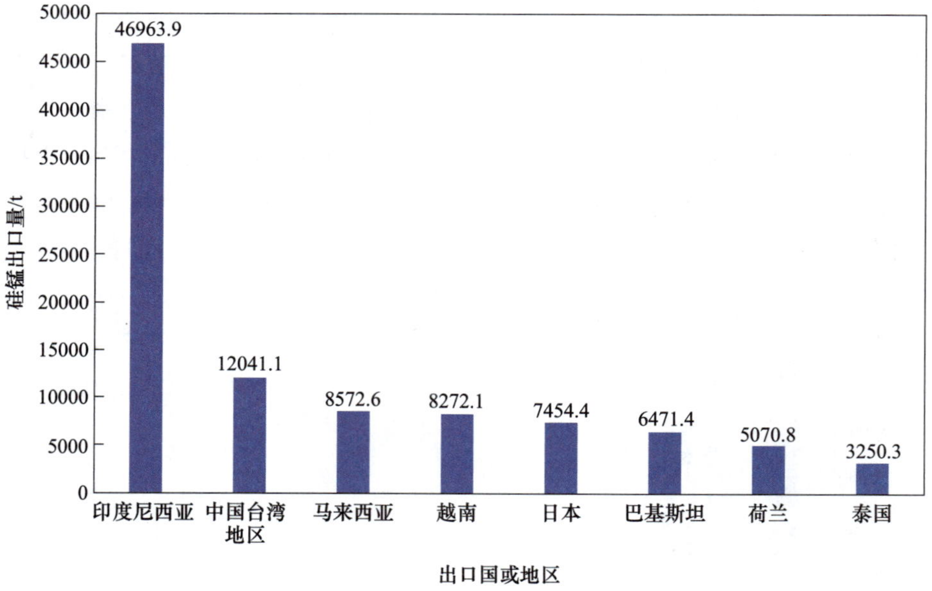

图 12-7　2021 年我国硅锰主要出口国、地区及出口量

（数据来源：中国海关）

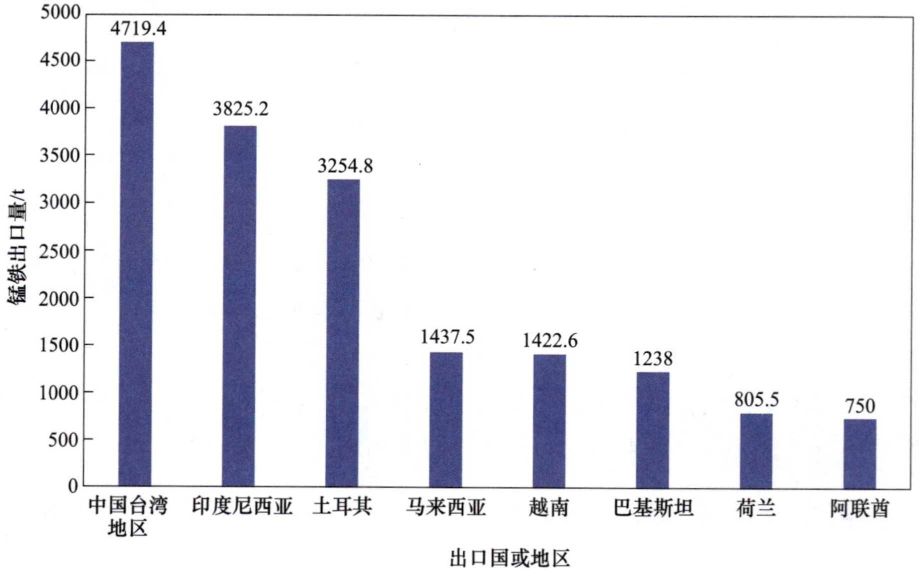

图 12-8　2021 年我国锰铁主要出口国、地区及出口量

（数据来源：中国海关）

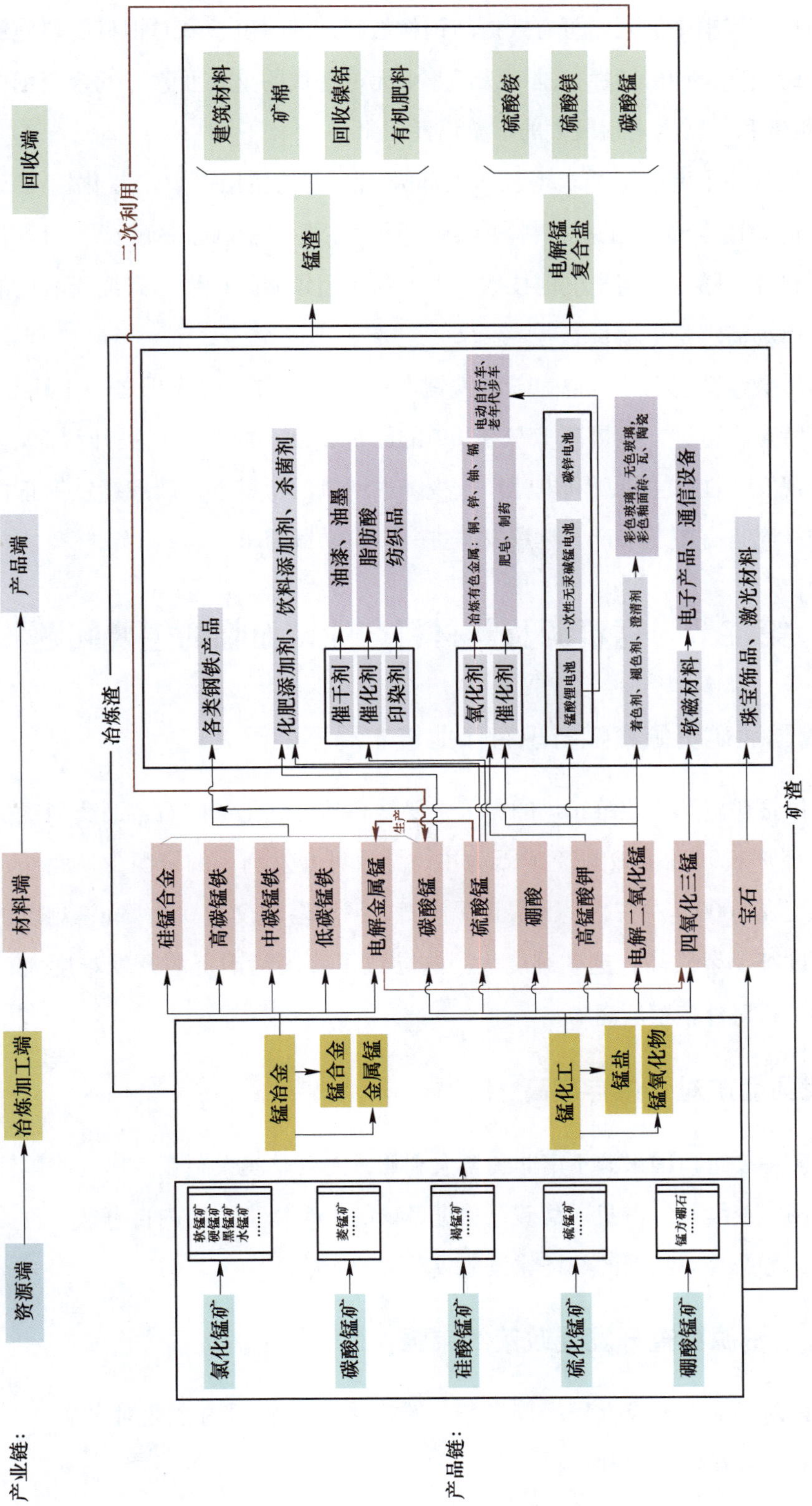

图 12-9　锰资源及材料产业供应链示意图

其中，钢铁行业占据90%的锰需求。由于锰可以提高合金的强度、韧性、耐磨性和耐腐蚀性的特性，炼钢中加入锰可有效提高钢材强度，消除硫、氧对钢材的热脆影响，同时不降低钢材的塑性、冲击韧性，是钢铁工业中无可替代的重要元素，低合金钢中锰含量在1%~2%。钢铁和不锈钢是锰最大的下游消耗。

三元电池带动了硫酸锰需求增长。大部分三元电池使用电解二氧化锰（EMD）或高纯一水硫酸锰（HPMSM）正极材料。高纯硫酸锰主要用于制备锰酸锂、四氧化三锰、镍钴锰三元材料等。随着锂离子电池技术的发展和应用领域的扩展，高纯硫酸锰的市场发展前景较好，市场需求量呈增长态势。

此外，磷酸锰铁锂电池被视为磷酸铁锂电池升级方向上的成果之一，具备稳定性好、安全性高等特点，可进一步提高15%~20%的能量密度，而成本仅提升约6%。在终端消费者日趋重视安全性、主机厂和电池厂重视降本增效的背景下，磷酸锰铁锂正极材料作为三元材料的补充，有望迎来产业化爆发，进一步拉动锰需求。

第二节　锰资源及其材料产业链面临的主要问题

一、我国锰矿资源禀赋与现有产业链布局不匹配

目前我国锰矿资源产业链布局的需求主要是高品位氧化锰矿石，而我国锰矿资源禀赋以低品位（15%~25%）的碳酸锰矿石为主，导致可开发利用的资源少。此外，绝大部分矿体埋藏深度在1000m左右，呈薄层且缓倾斜，平均厚度仅为0.8~3m，难以进行规模开采；矿石粒度细、杂质高，选矿难度大。这导致了我国锰矿资源开发难度大、利用成本高，氧化锰矿石对外依存度高。

二、我国锰矿对外依存度高

我国锰矿主要进口国来源于南非和澳大利亚，尤其是澳大利亚，作为我国锰矿进口的第二大来源国，连续几年占我国锰矿石总进口量的15%以上，国内自有锰矿资源短时内难以弥补缺口，势必会对我国的经济建设造成较大的影响。

三、锰矿资源勘查开发受政策约束强

目前国内对矿业权的审批程序周期长，难度大，造成国内企业对于矿产开发望而却步，制约了我国锰矿资源的勘查和开发。

第三节　锰资源及其材料产业链未来总体趋势及战略

一、未来发展趋势

未来 15 年，全球粗钢消费总体仍呈上升趋势，带动锰矿及其合金消费增长。预计全球钢铁产量到 2035 年将达到 21.85 亿吨（见表 12-5）。在过去的十几年中，每吨粗钢的平均锰含量增加了 10%以上，目前全球每吨粗钢中平均锰含量为 0.75%。其中，含锰量较高的结构钢在基础设施领域、建筑行业和汽车行业的使用量会进一步增加，所以这一数字还在继续上升，但上升空间有限。

表 12-5　全球粗钢产量预测　（亿吨）

年份	2025	2030	2035
粗钢产量	19.21	20.68	21.85

预计未来全球锰矿石（锰含量）需求将随全球粗钢产量增加而增加，且年均增速会稍微快于粗钢产量年均增速。2025 年、2030 年、2035 年全球锰矿需求将增加至 2073 万吨、2231 万吨和 2358 万吨。区域上来说，与粗钢消费地区相似，亚洲将继续作为全球锰矿石（锰含量）消费中心，主要增长点将来自于亚洲的印度和东盟地区。

对于锰系铁合金，根据国际锰协会的数据，近年来，每吨粗钢生产所耗用的高碳锰铁、精炼锰铁和硅锰合金分别为 2.1kg、0.9kg 和 8.9kg 左右。由此可以预测未来锰系铁合金的需求量，预计到 2035 年全球高碳锰铁需求量为 459 万吨，中低碳锰铁需求量为 197 万吨，硅锰合金需求量为 1945 万吨（见表 12-6）。

表 12-6　全球锰系铁合金需求量预测

年份	2025	2030	2035
粗钢产量/亿吨	19.21	20.68	21.85
高碳锰铁/万吨	403	434	459
精炼锰铁/万吨	173	186	197
硅锰合金/万吨	1710	1841	1945

注：数据来源于 IMNI、Worldsteel。

中国是锰消费大国，未来消费量仍呈高位。2019 年，我国锰矿消费量约为 1285 万吨（锰含量），占全球的 66%。高碳锰铁、精炼锰铁和硅锰合金消费量分别为 170 万吨、75 万吨和 1820 万吨。电解锰消费量估计为 120 万吨。预计到 2035 年，我国硅锰消费量仍有 1170 万吨，硅锰合金消费仍达 990 万吨，仍然是全球最大的锰资源消费国（见表 12-7）。

表 12-7　中国锰矿及锰系铁合金需求量预测

年份	2025	2030	2035
粗钢产量/亿吨	9.9	9.5	9
高碳锰铁/万吨	168	162	153
精炼锰铁/万吨	79	76	72
硅锰合金/万吨	1089	1045	990
锰矿（锰含量）/万吨	1280	1235	1170

注：数据来源于 IMNI、Worldsteel。

二、战略目标

从资源战略和资源综合利用两个层面考量，我国锰矿资源应实施多元化的资源利用战略。一方面立足于国内，在寻找大规模、优质锰矿床上加大投入。对于国内想要进行锰矿勘查和开采投入的企业来说，运用新型的锰矿成矿模式在贵州等西南地区进行大规模深层次的勘查非常有望发现新矿藏。另一方面，通过国际合作更加有效地开发利用国外锰矿资源。

材料端要形成以国家发展目标、政策为导向的创新战略目标，为我国加快形成“双循环”新发展格局的重大战略选择而努力奋斗。继续做深锰产品的利用价值，强链、补链、延链，不断拓宽锰的用途。尤其在未来的高端装备制造业、新能源材料、生态农牧业等领域对锰系产品的需求方面，以打造高品质的绿色锰产品，来开拓和细分新的市场。充分利用新能源汽车蓬勃发展的态势，继续做强锰酸锂、电解二氧化锰、硫酸锰等新材料产业，让高质量的锰系列产品服务传统冶金行业、农牧业和新兴能源行业。

锰矿企业应以资源高效利用和循环利用为目标，全力践行创新驱动战略，围绕优势产业高点定位，用新技术、新装备、新工艺、新流程加大力度改造提升。深刻践行创新驱动战略部署，建立一条“上-中-下游”为一体的绿色循环经济产业链。通过实施创新驱动战略，充分发挥科技创新的主体作用，努力带动产业结构优化和产品升级，促进循环经济产业健康可持续发展，以实现社会效益、环境效益、经济效益三者共赢为最终目的。

三、发展建议

具体发展建议如下：

（1）在新一轮找矿战略行动中，继续进行锰矿资源，尤其是氧化锰矿和富碳酸锰矿资源的找矿勘查行动，加强国内锰矿成矿带、重点资源基地和大中型矿山的勘查，以及外围找矿增储，不断增强国内资源保障能力。同时，有针对性地选择国外富锰地区进行锰矿勘查开发。

（2）突破“隐伏锰矿找矿勘查科学技术和1000m左右富大锰矿高效开发利用技术”以及攻克“碳酸锰矿石到氧化锰矿石的品位提升和成本降低的科技难题”。

（3）优化锰资源找矿勘查和开发政策，针对重大项目，简化相关审批程序，促进资源开发。

第十三章　铜资源及其材料产业高质量发展形势、问题及战略

第一节　铜资源及其材料产业发展总体形势

一、全球铜资源与生产状况

全球铜矿资源的分布特点为总量比较丰富，但分布不均。统计信息显示（USGS，2021），2020年全球陆地已探明铜资源量21亿吨，铜储量8.7亿吨（金属量）。国别尺度上，智利（23%）、澳大利亚（10%）、秘鲁（11%）、俄罗斯（7%）、墨西哥（6%）和美国（6%）的铜矿储量合计占全球总储量的63%，属于全球铜储量的第一梯队；波兰、中国、哈萨克斯坦、刚果（金）和赞比亚属于铜储量的第二梯队，在全球总储量中的占比为2%～4%不等（见图13-1）。以成矿区带计，铜矿主要集中分布在南美安第斯铜矿带（39%）、北美科迪勒拉铜矿带（16%）、中非铜矿带（11%）等8条重要成矿区带上。成矿类型方面，主要铜矿床类型为斑岩型、砂页岩型、矽卡岩型、IOCG型、岩浆铜镍硫化物型及VMS型，其中以斑岩型、砂页岩型和矽卡岩型矿床最为重要，它们的铜储量/资源量分别占总储量/资源量的56%、21%、7%。

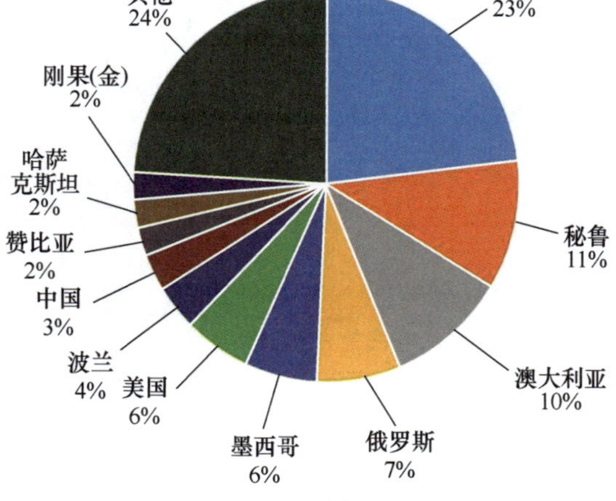

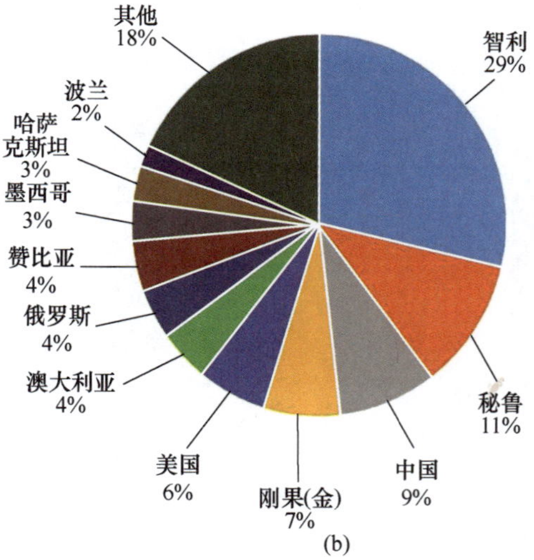

图13-1　2020年全球铜资源国家和生产国家及占比

（数据来源：USGS，2021）

（a）储量；（b）铜精矿产量

智利、中国、秘鲁、美国、澳大利亚及刚果（金）是全球重要的铜精矿生产国。2019年，全球铜精矿产量为2050万吨，智利是第一大生产国，产量为560万吨，占全球27%，前5个国家占全球比例合计为59%。

全球储量和资源量大于2000万吨的超级铜矿有23座，23座超级铜矿分布在智利、秘鲁、美国、墨西哥、俄罗斯、波兰、哈萨克斯坦、刚果（金）、澳大利亚、印度尼西亚、蒙古国和巴基斯坦等12个国家。其中，智利是拥有超大型铜矿最多的国家，有8座超大型铜矿，规模排名第一至第三的超级铜矿均位于智利。其次是美国、秘鲁、刚果（金）、俄罗斯，各拥有2座超大型铜矿。已经开发17座，有1座正准备开工建设，即紫金矿业作为第一大股东的刚果（金）Kamoa铜矿，有3座铜矿正在开展可行性研究，有2座铜矿在开展概略研究，目前仍在勘探的有2座。最大的铜矿是Escondida铜矿，为必和必拓、力拓及日本2家公司拥有；第二为Andina Division铜矿，为智利国家铜业公司所拥有，铜金属资源量为13580万吨。

全球23座超级铜矿山情况见表13-1。

表13-1 全球23座超级铜矿山情况

排名	矿山	拥有公司	国家	发展阶段	活动状况	主要矿种	铜金属储量/万吨	铜资源量/万吨	品位/%
1	Escondida	必和必拓，力拓，三菱，日本矿业，三菱材料	智利	开采中	活跃	铜，金，银	4740	9200	0.601
2	Andina Division	智利国家铜业	智利	扩张	活跃	铜，钼，金，银	720	13130	
3	El Teniente	智利国家铜业	智利	扩张	活跃	铜，钼，金，银	1410	7170	
4	Olympic Dam	必和必拓	澳大利亚	扩张	活跃	铜，铀，金，银，镧系	1050	6870	1.926
5	Collahuasi	嘉能可，英美资源，三井物产，三井矿业，日本矿业	智利	开采中	活跃	铜，钼，银	2980	4770	0.930
6	Chuquicamata	智利国家铜业	智利	开采中	暂时搁置	铜，钼，金，银，铼	970	5280	0.720
7	Kamoa-Kakula	艾芬豪，紫金矿业，刚果（金）政府，水晶河	刚果（金）	可行性开始	活跃	铜	480	3770	3.810
8	KGHM Polska Miedz	波兰铜业	波兰	开采中	活跃	铜，银，金，铅，镍	1750	2200	1.521
9	Pebble	北朝矿业，第一量子	美国	划定范围	活跃	铜，金，钼，银，钯，铼		3690	

续表 13-1

排名	矿山	拥有公司	国家	发展阶段	活动状况	主要矿种	铜金属储量/万吨	铜资源量/万吨	品位/%
10	Grasberg	自由港麦克莫兰，印度尼西亚政府，力拓	印度尼西亚	开采中	活跃	铜，金，银	2050	1400	1.054
11	Oyu Tolgoi	力拓，绿松石资源，蒙古政府	蒙古国	扩张	活跃	铜，金，银，钼	1160	2060	
12	Radomiro Tomic	智利国家铜业	智利	开采中	活跃	铜，钼	1060	2040	0.480
13	Los Pelambres	安托法加斯塔，日本矿业，三菱材料，丸本公司，三菱，三井物产	智利	扩张	活跃	铜，钼，金，银	770	2310	0.600
14	Polar Division	诺里尔斯克镍业	俄罗斯	扩张	活跃	镍，铜，钯，铑，铂，钴，金，锇，铱，钌，银，硒，碲	1180	1870	1.750
15	Resolution	力拓，必和必拓	美国	可行性完成	活跃	铜，金，钼		2750	
16	Los Bronces	英美资源，智利国家铜业，三菱，三井物产	智利	开采中	暂时搁置	铜，钼，银	780	1920	0.516
17	Udokan	AO 控股	俄罗斯	可行性研究	活跃	铜，银	1510	1160	1.050
18	Buenavista	南方铜业，墨西哥国家铜业	墨西哥	开采中	活跃	铜，金，银，钼		2550	0.310
19	Tenke Fungurume	洛阳钼业，纽伍德，刚果（金）国家矿业	刚果（金）	开采中	活跃	铜，钴	460	2020	2.148
20	Reko Diq	巴里克黄金，安托法加斯塔，俾路支省政府	巴基斯坦	可行性研究	诉讼中	铜，金，铅，锌，银		2440	
21	La Granja	力拓	秘鲁	划定范围	活跃	铜，金，银，锌		2210	
22	Antamina	嘉能可，必和必拓，泰克资源，三菱	秘鲁	开采中	活跃	铜，锌，钼，铅，银	500	1710	0.923
23	Central Region	哈萨克斯坦铜业	哈萨克斯坦	扩张	活跃	铜，锌，金，银，钼，铅	230	1930	0.974

注：数据来源于标普全球市场财智。

近年来，全球铜精矿年产量基本维持在2000万吨左右，集中分布在智利（29%）、秘鲁（11%）、中国（9%）、刚果（金）（7%）、美国（6%）和澳大利亚（4%），前6大铜精矿生产国合计占全球产量的63%（见图13-1）。全球铜矿产能前25大矿山中智利占9座，秘鲁占5座，总年产能达866.5万吨，占全球份额为41.8%，其中Escondida（智利）铜矿年产铜矿最多，达118.9万吨，占全球份额为5.74%。全球25大铜矿山产能排行（2019年）见表13-2。

表13-2 全球25大铜矿山产能排行（2019年）

排名	矿山名称	国家	主要控股公司	产量/t	全球份额/%
1	Escondida	智利	必和必拓、力拓、三菱商事	118.9	5.74
2	Collahuasi	智利	嘉能可、英美资源、三井株式会社	56.5	2.73
3	Morenci	美国	自由港、住友金属	46.0	2.22
4	El Teniente	智利	智利国家铜业	45.5	2.20
5	Cerro Verde	秘鲁	自由港、布埃纳文图拉矿业、住友金属	44.9	2.16
6	Antamina	秘鲁	嘉能可、必和必拓、泰克资源	43.8	2.11
7	Buenavista	墨西哥	南方铜业	39.9	1.92
8	KGHM Polska Miedz	波兰	波兰铜业	38.5	1.86
9	Chuquicamata	智利	智利国家铜业	38.3	1.85
10	Las Bambas	秘鲁	五矿资源	36.3	1.75
11	Los Pelambres	智利	安托法加斯塔	35.6	1.72
12	Polar Division	俄罗斯	诺里尔斯克镍业	33.5	1.62
13	Los Bronces	智利	英美资源、三菱商事、智利国家铜业	27.5	1.33
14	Grasberg	印度尼西亚	自由港	26.9	1.3
15	Kamoto	刚果（金）	加丹加矿业	26.6	1.29
16	Radomiro Tomic	智利	智利国家铜业	25.8	1.24
17	Toquepala	秘鲁	南方铜业	23.2	1.12
18	Kansanshi	赞比亚	第一量子、赞比亚联合铜业	22.1	1.06
19	Mt Isa Copper	澳大利亚	嘉能可	22.0	1.06
20	Trident-Sentinel	赞比亚	第一量子	19.8	0.95
21	Antapaccay	秘鲁	嘉能可	19.6	0.94
22	Centinela Sulfide	智利	安托法加斯塔、丸红株式会社	19.3	0.93
23	Spence	智利	必和必拓	18.9	0.91
24	Saloho	巴西	淡水河谷	18.7	0.90
25	Bingham Canyon	美国	力拓	18.4	0.89

注：数据来源于标普全球市场财智。

二、铜冶炼加工产业发展现状

铜的冶炼工艺主要有火法冶炼和湿法冶炼两种方法。火法冶炼是生产铜的主要方法，目前世界上80%的铜是用火法冶炼生产的。特别是硫化物型铜矿石，基本上主要采用火法处理。火法处理硫化铜矿石的主要优点是适应性强，冶炼速度快，能充分利用硫化矿中的硫，能耗低，特别适合处理硫化铜矿和富氧化矿。

火法炼铜一般流程图如图13-2所示。

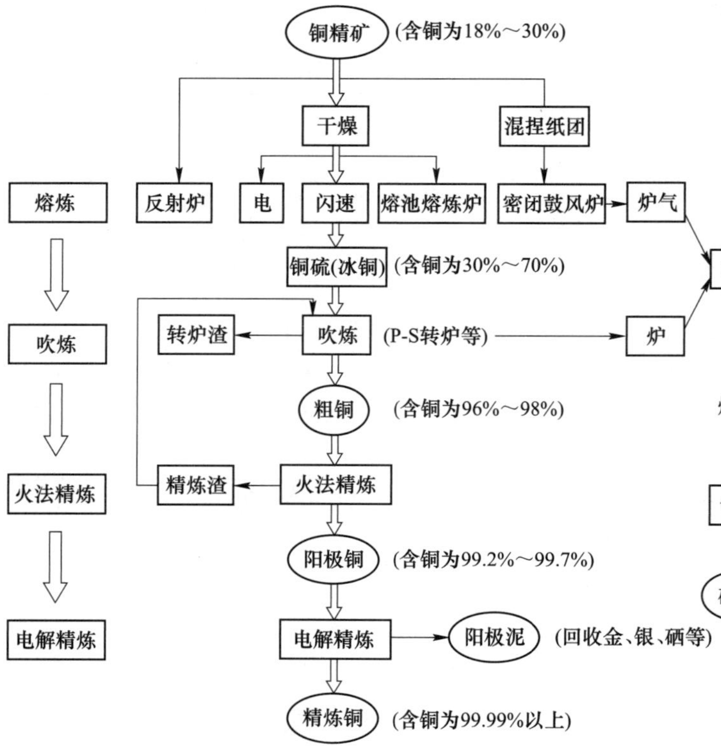

图13-2　火法炼铜流程图

火法炼铜生产过程一般由以下几个工序组成：备料、熔炼、吹炼、火法精炼、电解精炼，最终产品为电解铜。配套工序主要包括：阳极泥处理、余热回收、余热发电、烟气收尘、烟气制酸及循环水系统等。

除火法工艺外，近年来湿法炼铜工艺也取得了长足进步，湿法工艺不仅可以处理一些难选的氧化矿和表生矿、铜矿废石等，而且随着细菌浸出和加压浸出的发展，亦可以处理硫化铜矿石，并能获得较好经济效益，从而大大扩宽了铜资源的综合利用范围。该法是在常温常压或高压下，用溶剂浸出矿石或焙烧矿中的铜，经过净液，使铜和杂质分离，而后用萃取-电积法，将溶液中的铜提取出来。对氧化矿和自然铜矿，大多数工厂用溶剂直接浸出。对硫化矿，一般先经焙烧，而后浸出。

湿法炼铜主要归纳为三个工艺流程：硫化铜精矿硫酸化焙烧—浸出—电积流程；氧化铜矿浸出—萃取—电积流程；硫化矿细菌浸出—萃取—电积流程。浸出又可以分为就地浸出、堆浸等，细菌（氧化铁硫杆菌、氧化硫杆菌等）参与反应，能促进浸出（生物浸矿）。

湿法炼铜流程图如图 13-3 所示。

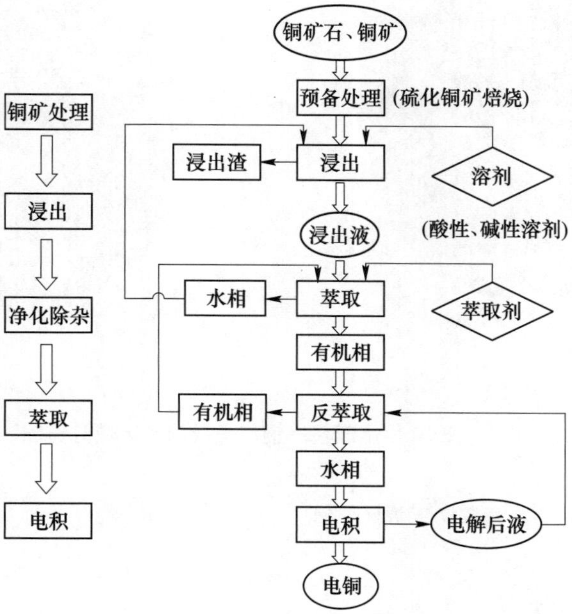

图 13-3　湿法炼铜流程图

湿法冶炼可以解决火法处理硫化铜精矿带来的 SO_2 污染等问题，但由于其在处理高品位矿时，与火法工艺比较，在经济上不占优势，且并不能从根本上解决环境污染问题，不利于贵金属等有价伴生元素的回收，因此在工业上未能得到广泛应用。

我国是采用铜冶炼工艺种类最多的国家，但主要以火法冶炼为主。国际上先进的铜冶炼技术在我国大多已采用，且生产规模远大于其他国家，同时仍存在大量采用落后生产工艺、污染严重的中小型铜冶炼企业。

产能方面，根据国际铜研究组织（ICSG）数据，2011~2020 年，全球精炼铜的产能逐渐增长，2020 年全球精炼铜产能为 2994. 5t。产量方面，全球每年生产的精炼铜约为 2500 万吨（USGS，2021）。中国是全球最大的精炼铜生产国，2020 年共生产精炼铜 980 万吨，占全球总产量的 39%，智利（10%），日本（6%），俄罗斯（4%），美国（4%），刚果（金）（4%），前 6 大精炼铜生产国合计占全球产量的 67%，生产集中度相对较高。

消费方面，根据 ICSG 和 WBMS 数据显示，2010~2019 年全球精炼铜消费量呈现波动增长趋势，2019 年的全球精炼铜消费为 2442. 9 万吨，2020 年精炼铜消费量则对应着宏观经济形势和下游需求降低而出现下降，为 2340 万吨。在销量区域分布方面，中国是最大的精炼铜消费国，中国精炼铜消费主要集中在房地产、电力、家电、汽车等行业。根据 WBMS 数据，2020 年中国的精炼铜消费量占比达到 54%，其次为欧洲地区，消费占比为 15%。

2020 年全球精炼铜产量及消费区域分布图如图 13-4 所示。

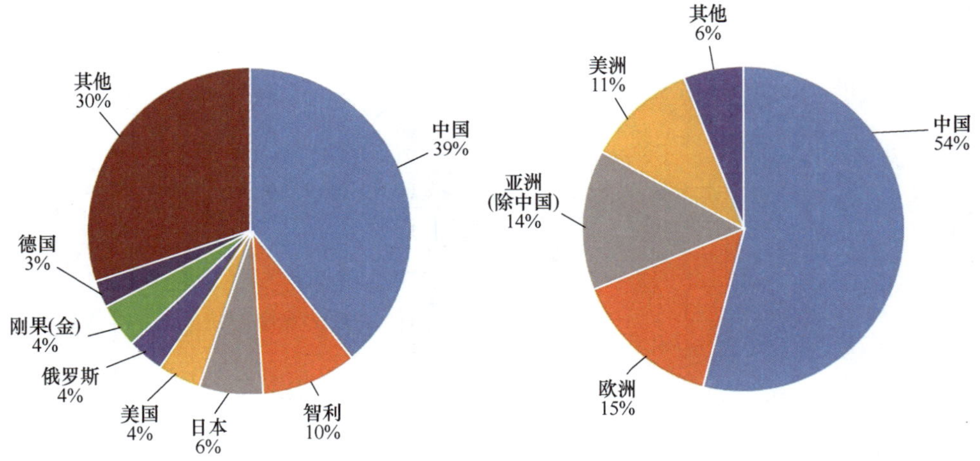

(a)　　(b)

图 13-4　2020 年全球精炼铜产量及消费区域分布图

（数据来源：ICSG）

（a）精炼铜产量；（b）精炼铜消费区域

三、全球铜贸易状况

全球铜资源主要的贸易形式是铜精矿和精炼铜。智利和秘鲁是全球铜精矿和精炼铜的最大出口国，中国是最大的进口国。2019 年全球铜精矿贸易量为 898 万吨（铜含量），其中智利和秘鲁是最大的出口国，出口量合计占全球的 58%；中国是最大的进口国，其次为日本、西班牙、韩国、德国和印度等。

2019 年全球铜精矿进出口国家及占比如图 13-5 所示。

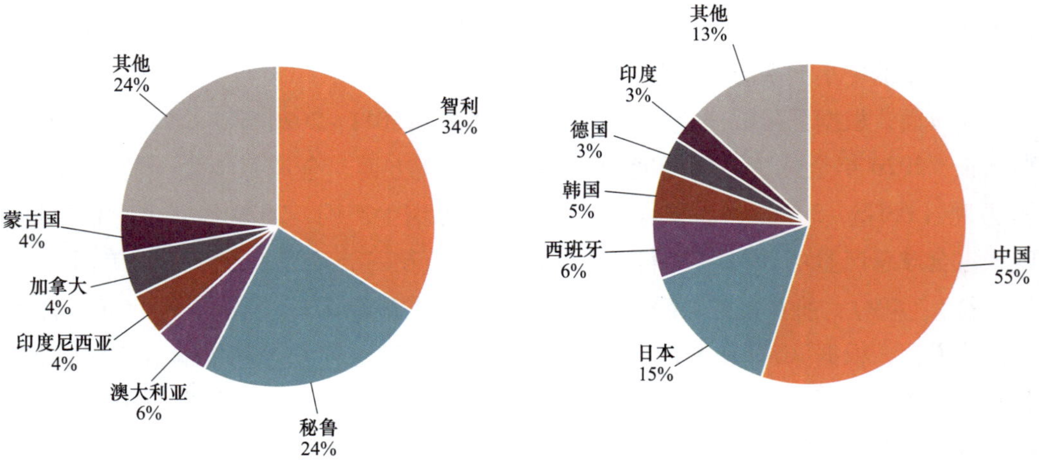

(a)　　(b)

图 13-5　2019 年全球铜精矿进出口国家及占比

（数据来源：世界金属统计）

（a）铜精矿出口；（b）铜精矿进口

全球精炼铜主要出口国包括智利、赞比亚、刚果（金）、俄罗斯、日本等。进口国家和地区主要包括中国、西欧、东南亚等。智利国家铜业公司、嘉能可、必和必拓、自由港、南方铜业、第一量子、力拓、波兰铜业、安托法加斯塔和诺里尔斯克镍业等是全球主要的铜生产公司，前25大公司产量占全球总产量的63.8%，总产能达1321.9万吨。

全球主要的铜矿生产公司及其2019年铜权益产量见表13-3。

表13-3 全球主要的铜矿生产公司及其2019年铜权益产量

排名	公司名称	年产量/万吨	全球产量份额/%
1	智利国家铜业	170.6	8.23
2	嘉能可	131.2	6.33
3	必和必拓	128.4	6.20
4	自由港	117.0	5.64
5	南方铜业	98.6	4.76
6	第一量子	65.5	3.16
7	力拓	54.4	2.62
8	波兰铜业	53.5	2.58
9	安托法加斯塔	51.6	2.49
10	诺里尔斯克镍业	46.8	2.26
11	英美资源	44.4	2.14
12	淡水河谷	37.4	1.80
13	哈萨克矿业	31.7	1.54
14	五矿资源	30.9	1.49
15	紫金矿业	30.4	1.47
16	泰克资源	28.3	1.37
17	伊朗国家铜业	26.3	1.27
18	巴里克	26.0	1.26
19	住友金属	25.9	1.25
20	三菱商事	24.1	1.16
21	伦丁矿业	23.5	1.14
22	江西铜业	20.3	0.98
23	加丹加矿业	20.2	0.97
24	康宝控股	17.5	0.85
25	乌拉尔矿业	17.4	0.84

注：数据来源于标普全球市场财智。

近年来，由于全球经济低迷，市场需求不振，全球铜价持续在底部震荡。但 2021 年以来，受新冠肺炎疫情放缓及经济复苏等方面综合影响，铜价持续升高，突破历史高位。

LME 铜三个月期货价格如图 13-6 所示。

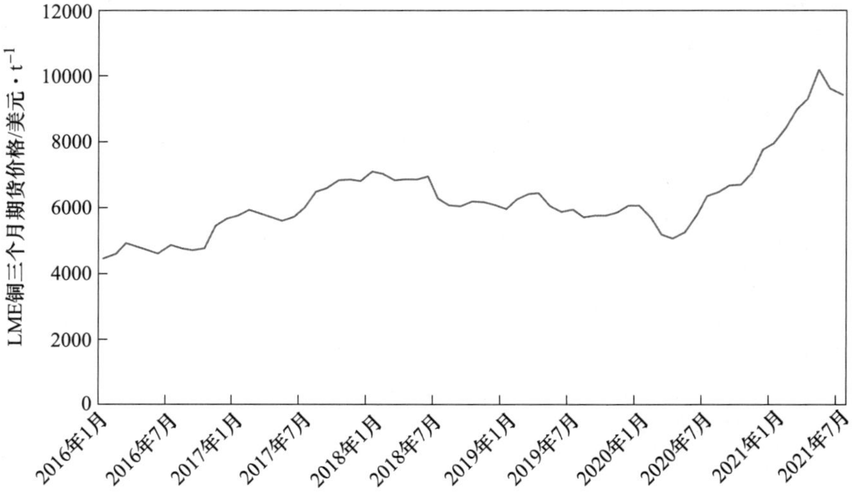

图 13-6　LME 铜三个月期货价格

（数据来源：Wind）

四、中国铜资源进出口情况分析

我国铜资源大量依赖进口。我国铜在各个环节均相对短缺，铜精矿、粗铜、精炼铜、废杂铜和铜半成品等均为净进口。其中，2019 年我国进口铜精矿 2199 万吨（折金属量约为 550 万吨），精炼铜 355 万吨。未来，我国铜消费量仍呈增长态势，铜供应增长有限，二次资源供应有一定增加。

我国铜进口高度依赖智利和秘鲁两个国家，集中度较高，其次为赞比亚和刚果（金）等国。

第二节　铜资源及其材料产业供应链高质量发展综合评价

一、铜产业链分析

铜产业链包含了从矿山开采、铜矿冶炼、加工成材、终端消费的整个过程。上游主要是对矿山原矿进行开采和筛选，得到主要原料铜精矿。中游主要是冶炼环节，主要产品为直接用于加工的精炼铜，其中由铜精矿冶炼得到的精炼铜为原生精炼铜，由回收来的废杂铜冶炼得到的精炼铜为再生精炼铜。下游主要是通过不同的加工工艺，将精铜加工成各种形状的铜材产品，如铜棒、铜管、铜板带、铜箔等。最后，铜材作为产品进入消费终端，其中最主要的终端是电力、建筑、房地产、电子、交通等行业。

铜产业链结构图如图 13-7 所示。

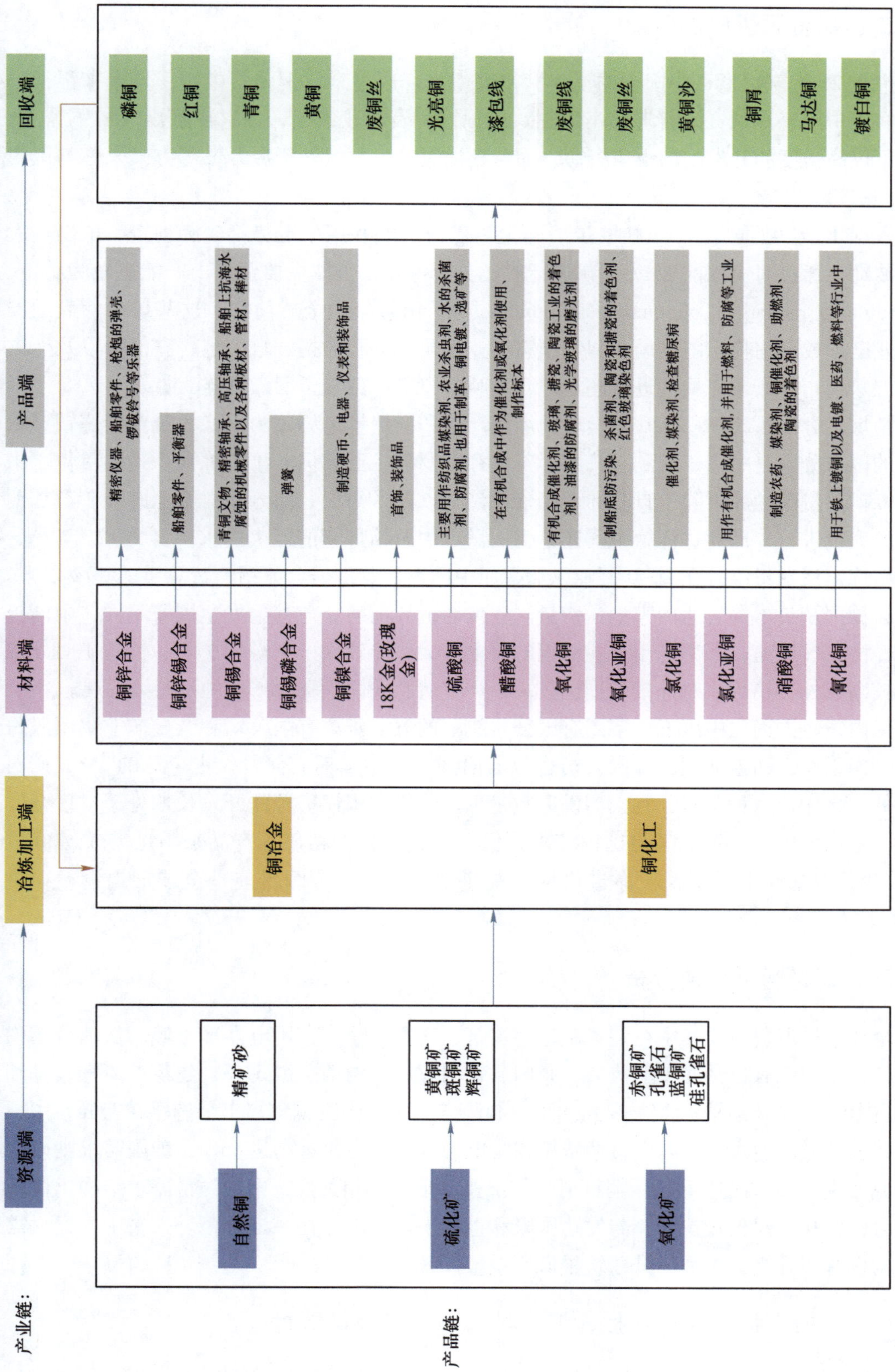

图 13-7　铜产业链结构图

二、铜资源供应链分析

进入 21 世纪以后，中国铜的消费大幅度增加，成为全球铜消费中心，且未来很长一段时间，中国仍是铜资源需求第一大国。中国铜矿资源较缺乏，面对规模庞大的铜需求，中国不仅高强度的开发国内铜矿资源，而且还通过进口、海外资源开发等方式来弥补国内需求的缺口。

根据 ICSG 数据显示，2004~2020 年全球矿山产能利用率走势都较为稳定，未出现大幅度波动。通过对全球前 25 大铜矿进行对比分析可知，全球主要铜矿山产能也较为稳定。Escondida、Greaberg、Collahuasi、EI Teniente 等矿山常年居全球前列，这些矿山背后的控股企业已形成较为稳定的格局，智利国家铜业公司、必和必拓、自由港、嘉能可以及南方铜业五家公司年产铜矿均接近或超过 100 万吨，牢牢占据全球铜产业链上游第一梯队。

精炼铜方面，2000~2020 年全球精炼铜产量和消费量走势较为平稳，全球精炼铜产量前五的国家分别是中国、智利、日本、美国和俄罗斯，亚洲仍居于精炼铜产量的首位。中国精炼铜产量高的原因除了自身的矿产资源储备以外，很大一部分是由于上游铜矿石和铜精矿的大量进口，即使这样，中国还是无法满足中游精炼铜的巨大需求。自 2012 年以来，全球精炼铜消费量维持在 2000 万吨以上，而中国铜消费占据全球铜消费总量的 50%以上。美国、德国及日本等发达国家铜消费量同样位居世界前列。与其他发达国家不同，中国近年来经济发展迅速，下游应用行业对铜的需求较大，导致除了上游铜矿石、铜精矿对外依赖度较高以外，精炼铜对外依赖度也较高，严重威胁我国铜资源产业的可持续发展。

国内铜企方面，中国五矿集团有限公司旗下的五矿资源有限公司和紫金矿业集团股份有限公司以及江西铜业集团有限公司也位居前列。但中国铜矿储量仅占全球的 3%，矿石品位低，矿床伴生种类多，且大型矿床数量少。尽管中国铜资源的开发长期处于过度开发状态，但内部供应仍不能满足国内需求，仍需大量进口铜精矿等产品来满足需求。20 世纪 90 年代以来，中国铜精矿净进口量呈快速增长趋势，中国目前是全球最大铜精矿进口国。

三、铜材料供应链分析

全球铜材消费主要集中在装备制造、建筑、交通运输、家用电器等领域。从消费结构上来说，据中国有色金属工业协会，我国装备制造领域铜消费占 31%，建筑占 28%，基础设施占 16%，交通运输占 13%和其他工业制品占 12%。中美铜材需求结构存在差异，中国需求结构升级潜力大。中国铜材消费结构中电力行业所占比重高达 45%，美国需求则以建筑领域为主导，占比达 44%。铜材消费与工业水平存在相关性，中国铜材需求结构仍体现为电力设施和基建投资拉动，与发达国家和世界平均情况存在一定差距。未来中国铜材需求结构也有望升级，不断提升建筑领域用铜量。

（一）铜线材、铜板带材、铜管材、铜棒材和铜箔材

我国目前的铜材料主要有铜线材、铜板带材、铜管材、铜棒材和铜箔材为主要细分行

业的产业格局。在铜的初级消费结构中，铜线材占比最高，达到 53%，其次为铜板带材 13%、铜棒材 13%、铜管材 12%、铜箔材 2%以及其他产品 7%。

铜板带材在汽车工业中主要用于制造连接器。新能源汽车，尤其是电动汽车对铜板带材的需求还是很大的，主要应用于电子接插件方面。此外，充电桩内也需要大量的电子接插件。目前铜板带材行业盈利水平处于中低水平，净利率仅 3%左右，预计伴随行业集中度提升，有望呈现量价齐升态势。根据中国有色金属加工协会数据，截至 2019 年底，我国铜板带材制造企业近百家，产量共计 187 万吨，前 8 家企业产量约占全国总产量的 38. 8%，集中度较低，行业进一步整合空间较大。该行业盈利水平处于中低水平，净利率仅 3%左右，预计伴随行业集中度提升，有望呈现量、价齐升态势。铜棒材行业生产格局逐步由分散走向集中，小型产商技术上不具有优势，近几年形成了以宁波金田、博威合金、浙江力博、宁波长振等几家大规模生产企业为代表的生产格局。

我国铜板带材制造企业产量占比如图 13-8 所示。

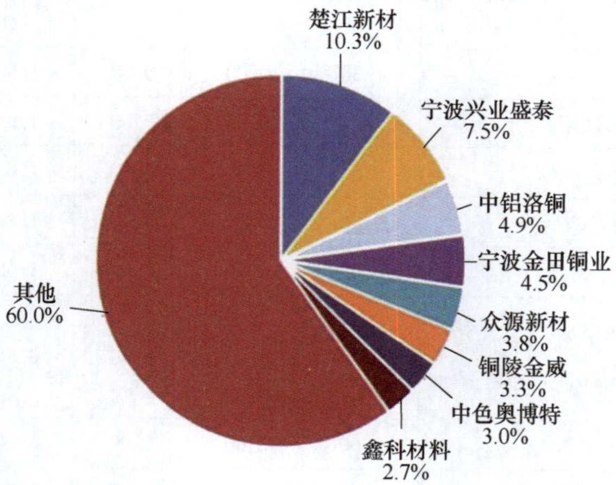

图 13-8　我国铜板带材制造企业产量占比

铜棒材主要应用领域为空调管、冰箱管、机油管、给水管道以及各种机械配套用料、汽车同步器齿环、船用泵、阀、结构件、摩擦附件等。铜棒材行业生产格局逐步由分散走向集中，小型产商技术上不具有优势，近几年形成了以宁波金田、博威合金、浙江力博、宁波长振等几家大规模生产企业为代表的生产格局。

铜箔材并非是传统的金属铜产品，它是结合了复合材料、纳米材料技术等设计理念，加上内部微观组织的不同，导致铜箔材的特性不同于传统的纯铜性质。铜箔材应用主要着眼于导电、导热、电磁波屏蔽特性。按主要应用分类，铜箔材可大致分为印刷电路板用途与非印刷电路板用途两大类别（锂电负极载体、屏蔽材料等）。据中国有色金属工业加工协会数据显示，2020 年底全球锂电铜箔材总产能约 40 万吨，2020~2022 年全球锂电铜箔材总产能年复合增速近 18%。2020 年底中国大陆、韩国锂电铜箔材产能合计高达 87%，2021~2022 年锂电铜箔材新增产能也主要来自这两个地区。从国内市场看，截至 2020 年底，诺德股份、灵宝华鑫、九江德福产能占比均在8%以上，为第一梯队；铜冠铜箔、禹象铜箔、嘉元科技、华威铜箔和江铜耶兹铜箔产能占比均在4%以上，为第二梯队。锂电铜箔材2020年产能、2021~2022年新建产能情况见表13-4。

表13-4　锂电铜箔材2020年产能、2021~2022年新建产能情况

地区	企业	2020年底锂电铜箔产能/万吨·年$^{-1}$				未来产能计划/万吨·年$^{-1}$	
		>6μm	6μm	4.5μm	合计	2021年底	2022年底
中国大陆	诺德股份	1.80	2.20	0.30	4.30	4.30	5.80
	九江德福	1.35	1.20	0.00	2.55	2.55	2.55
	嘉元科技	0.30	1.00	0.30	1.60	2.33	2.33
	铜冠铜箔	1.55	0.45	0.00	2.00	2.00	2.00
	华威铜箔	1.03	0.57	0.00	1.60	1.60	1.60
	灵宝华鑫	1.02	2.48	0.00	3.50	4.25	5.00
	湖北中一科技	1.30	0.00	0.00	1.30	1.30	1.30
	赣州逸豪	1.02	0.00	0.00	1.02	1.02	1.02
	远东圣达电气	0.50	0.50	0.00	1.00	2.00	2.00
	台湾长春（盘锦）	0.90	0.90	0.00	1.80	1.80	1.80
	茌平信力源	0.70	0.80	0.00	1.50	1.50	1.50
	铜陵华创（具备4.5~6μm生产技术）	0.80	0.00	0.00	0.80	0.80	0.80
	溧阳铭丰	0.60	0.00	0.00	0.60	0.60	0.60
	浙江花园新能源	0.60	0.40	0.00	1.00	1.00	3.00
	台湾南亚（昆山）	0.60	0.00	0.00	0.60	0.60	0.60
	福建清景铜箔	0.50	0.00	0.00	0.50	0.50	2.00
	中天科技（江苏）	0.50	0.50	0.00	1.00	1.00	1.00
	中天科技（内蒙古）	0.00	0.00	0.00	0.00	0.00	0.00
	新疆亿日铜箔	0.50	0.70	0.00	1.20	1.20	1.20
	超华科技	0.40	0.60	0.00	1.00	1.00	1.00
	江西新科	0.25	0.00	0.00	0.25	0.25	0.25
	贵州中鼎	0.30	0.00	0.00	0.30	0.30	2.30
	江铜耶兹铜箔	0.00	1.50	0.00	1.50	1.50	2.30
	禹象铜箔	0.00	2.00	0.00	2.00	2.00	2.00
	龙电电气（东营）	0.00	0.50	0.00	0.50	1.00	1.00
	小计	16.72	16.30	0.60	33.42	36.17	45.62
	平均产能小计	16.72	13.15	0.30	29.97	35.70	41.68

（二）太阳能光伏铜带

太阳能光伏铜带是太阳能光伏电池组件所需的导热、导电材料，要有良好的导热、导电性能，较小的厚度偏差、宽度，表面光洁平整并且易于涂覆处理（光热铜带镀黑铬、光伏铜带镀锡）。进入21世纪以来，国家把发展太阳能列入“973”“863”等重大项目。近些年来，我国太阳能光伏产业的增长速度明显加快，正在进入快速发展的阶段。我国政府提出了光伏产业建设方面的相关规划。比如已经进行了“青海敦煌8MW大漠光电”相关的研究和论证。2018年，晶体硅太阳能电池的产量是中国最大的光伏系统。总体上，我国太阳能光伏产业还位于起步阶段，与发达国家相比，还存在不小的差距。

（三）高端铜材

电子、电气领域应用的高端铜材如下：电真空器件用弥散强化无氧铜、高纯无氧铜和挠性印刷电路板等用压延铜箔；集成电路引线框架用铜合金带（中导电中强度铜合金、Cu-Fe-P系列高导电铜合金，Cu-Cr-Zr系列、Cu-Ni-Si系列固溶时效强化型铜合金。后者强度不小于600MPa，电导率不小于80% IACS，可以满足超大、甚大规模集成电路发展需求）。近几年以来，我国对集成电路产业的扶持力度逐渐加大，不断扩大了国内集成电路产业的市场规模。根据国家统计局的调查显示，2020年前三季度国内集成电路的产量达到1822亿块，同比增长14.7%，我国已成为主要动力推动着全球集成电路产业的发展；从集成电路销售收入来看，2020年前三季度国内集成电路总销售额达到898亿美元，较去年同期增长了16.9%，达到了全球集成电路总销售额的28.1%。除此之外，在集成电路进出口方面，2020年前三季度集成电路进口额达到了2522.2亿美元，同比增长了13.8%，成为国内进口量最大的商品；与此同时，集成电路出口额仅为824.7亿美元，贸易逆差正在逐渐增大。

全球铜消费领域结构图如图13-9所示。

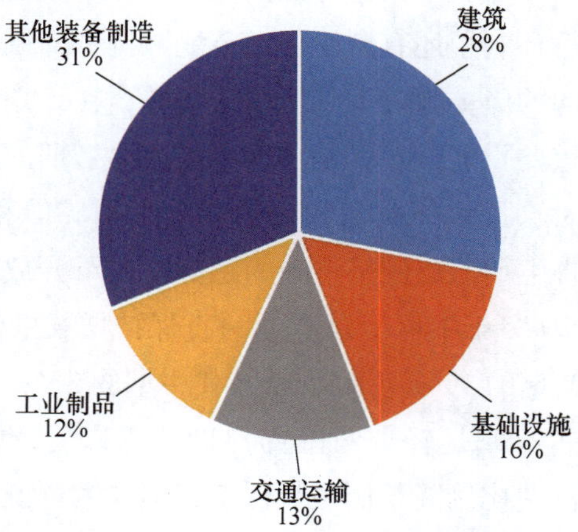

图13-9　全球铜消费领域结构图

（数据来源：ICSG）

经过多年的发展，我国已经基本能够生产各个领域需要的铜材，但是生产工艺相对落后，产品质量不高，致使电子通信、航空航天、船舶工程及军事领域等高新技术发展所需要的高精度铜材无法满足，需要大量进口，而中低档产品的产量却出现过剩的局面，产业结构矛盾突出。由于国内产品与进口产品相比，仍然存在一定差距，几乎无法进入国际市场。又因生产集中度低，产品结构单一，导致国内低档铜材产品市场竞争激烈，企业经济效益偏低。

中国铜材加工技术落后于欧美等发达国家，生产制造出来的铜材技术含量低，附加值低。又由于中国铜矿资源不丰富，需要大量依赖进口国外铜精矿，定价权受制于人，同时也提高了铜材生产开发的成本。除内螺纹铜管以外，国内企业在其他品种，特别是高精铜板产品的产量上总体没有太大的突破，仍然靠进口才能满足国内需求，这就使国内铜市场受制于人。

我国许多铜加工企业，技术装备水平低下，产出规模小，产品的技术含量低。与当前世界铜材生产的大型、精密、自动化控制发展趋势相比，我国铜材生产企业与发达国家之间还存在很大差距。尤其是在研发资金投入不足、整体创新能力薄弱及自主知识产权核心技术研发不足等方面表现尤为明显。我国铜材生产的熔铸和轧制等工艺技术与国际先进水平相比仍比较落后，几乎没有先进技术装备，无法应对日趋激烈的国际化竞争。铜加工业是一项技术密集型产业，铜材强国凭借多年的技术积累与专业化的人才队伍，能够实现专业化、规模化、自动化生产，使铜材生产不仅能够精益求精还能够大批量生产。然而，中国相比于铜材强国，不具备创新的技术氛围，更无法实现专业化和大规模的生产，所生产的产品不具备较强国际竞争力。

四、铜资源循环利用分析

铜是少数可以重复循环利用的金属之一，和其他金属相比，它最大的亮点是可以100%循环利用。实际上，再生铜与传统由矿石熔炼的铜在质量和性能表现上没有任何区别，我国把大力发展再生铜循环利用作为补充铜资源不足的重要手段，近年来取得了较快发展。此外，发展再生铜循环利用还有利于促进节能减排，降低单位能耗，减少碳排放。

中国再生铜工业在不同的历史阶段得到了较大发展，在计划经济时期，再生铜的生产为国家的经济建设做出了重要贡献，尤其是在新中国成立初期的头十年，再生铜产量占中国铜总产量的65%。随着社会废铜积蓄量的减少与大型铜矿山和冶炼厂的建设，从20世纪50年代末到70年代初再生铜的比例呈下降的趋势。改革开放之后，中国再生铜工业得到了快速的发展，最近的20多年中再生铜产量一直保持增长的势头，再生铜占精铜产量的比例从20世纪70年代初期的19%增加到90年代中期的33%（安泰科），再生铜及其产品已经在中国的铜工业中占有举足轻重的位置。2000年以后，中国精炼铜消费量飞速增长，中国铜社会回收量占消费比例降至历史最低点，但在铜资源供应中仍占有重要地位。

中国再生铜行业经过近年来的快速发展，已经形成了相对完整的产业体系。从产量规模来看，2015~2020年中国再生铜行业产量整体呈平稳上升趋势。2020年，虽然受到疫情影响，但再生铜产量仍然达到 325 万吨，占铜供应量的比重仍为 32.4%。

根据国外经验，未来直到 2025 年前后，中国铜社会回收量将稳步增长，其占精炼铜消费量比例将基本维持稳定；之后随着早期大量消费的精炼铜产品逐渐进入回收周期，铜需求量的下降，铜社会回收量占铜消费量比例将快速上升，铜社会回收量将随着铜蓄积量的增长而增长，2040 年将达到 39%（中国有色金属协会）。

第三节　铜资源及其材料产业高质量发展面临的主要问题

一、铜资源供应压力仍处高位

（一）全球铜精矿供应局面紧张

受新冠肺炎疫情影响，全球多家大型铜矿被迫减产，预计扩建并投产的矿山开发项目被迫推迟，这使得全球铜精矿产量增长缓慢。秘鲁拉斯班巴斯矿山和拉丁美洲其他矿山产量的恢复，智利的克夫拉达布兰卡矿山和斯宾塞（Spence）矿山、俄罗斯的乌多坎矿山、秘鲁的克拉维科矿山以及蒙古国的奥尤陶勒盖铜矿的投产，预计将使全球每年增加 11.1 万吨的铜精矿产量。国内方面，城门山铜矿和玉龙铜矿扩建工程预计未来两年内完成，将增加 5 万吨的精铜矿年产量，但是这些增量短期内无法改变全球供应紧张的局面。

（二）铜的应用领域扩大，需求将持续增长

铜的应用领域广泛，既包括电力、空调制冷、交通运输、电子、建筑、军工等传统领域，也包括风力发电基础设施和新能源电动车等新兴领域。传统领域对铜的需求随 GDP 变化稳步增长；而在新兴产业方面，风力发电和新能源汽车的大幅发展将带动全球铜消费。

另外，在全球新冠肺炎疫情大流行的背景下，铜在抗菌方面的功能被挖掘，拓展了新的应用领域。含铜的 3D 打印口罩、电梯和 ATM 机按钮等产品已广泛投入使用。未来类似的含铜防疫产品在得到充分论证后，将会广泛应用于人们的日常生活中，从而带动全球铜需求。

（三）企业成本压力巨大，急需调整资源行业布局

由于铜矿产的国内刚性需求高、行业集中度低、国际市场垄断性强等一系列因素，使得我国铜产品制造业生产成本居高不下，初级矿产加工品价格却增长缓慢，这使得我国成为世界廉价的初级矿产品加工产地，相关企业的经济效益低、利润空间小。同时，铜资源加工行业多为高能耗、高污染企业，在国家可持续发展战略的背景下，急需调整资源行业布局。

（四）铜二次资源供应能力仍需加强

全球二次铜资源的使用最早主要集中在西方发达国家，由于铜资源良好的回收性能，二次铜资源使用量占总消费量比例最高可达 50%以上。全球精炼铜产量中再生铜平均在 15%左右（UN Comtrade）。近年来，随着中国铜消费量的急剧增加，国内废杂铜的蓄积量不断增长，国内再生铜资源供应量呈增长趋势，从二次资源利用类型来看，国内再生铜供应主要包括再生精炼铜和直接使用废杂铜两种形式，尤以前者最为重要。2000 年以来，中国再生精炼铜产量快速增长，由 34.77 万吨增加到 2018 年的约 200 万吨，增加了近 5 倍。参照美国及西欧等发达国家的再生铜供应情况，中国未来再生铜潜力巨大，2035 年可达 450 万吨（中国有色金属工业统计年鉴）。

2000~2018 年中国再生精炼铜产量如图 13-10 所示。

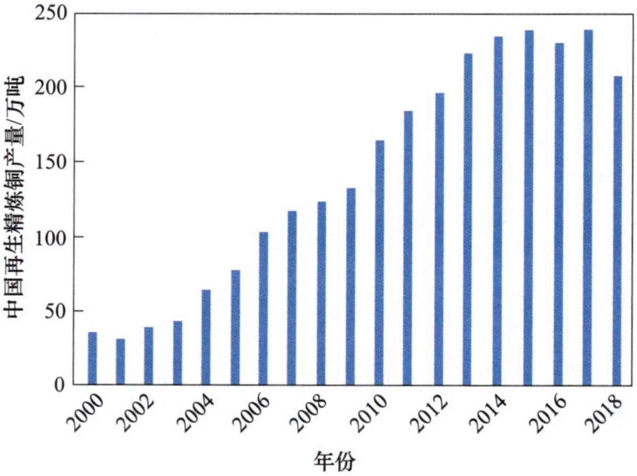

图 13-10　2000~2018 年中国再生精炼铜产量

（数据来源：中国有色金属工业统计年鉴）

长期以来，中国稳居世界废铜进口量的第一位，但 2017 年以来，受中国相关进口政策影响，废铜进口量下降明显，已由 2005 年的 482 万吨下降为 2019 年的 150 万吨（UN Comtrade）。综合来看，尽管进口废铜资源呈下降趋势，但国内废铜资源的二次利用将填补其空白。

二、铜加工产业结构亟待调整

经过 30 多年的快速发展，中国铜加工行业在总体规模及高强高导铜合金、环保铜合金、高效散热管等中高端领域取得了一定成果，但在功能铜合金、铜基复合材料等新材料的前沿研究领域与国际主流生产商的差距依然明显。目前，中国铜加工行业呈现出以下特点：

（1）产业布局分散，集中度有待提高。目前，我国铜加工基地主要集中在发达省份和沿海地区，而在铜资源丰富且潜力较大的西部地区份额较少，未能充分发挥西部地区在资源及能源方面的优势。而随着未来行业竞争的加剧，行业的兼并重组及淘汰落后产能将有助于提高企业的竞争力。

（2）中低端产品过剩，但高端产品仍需进口。中国铜加工企业数量多（超过1000家）、规模小使得行业内部缺乏有效的调控和自律，导致我国行业普通产品产能过剩、竞争激烈，但高端产品仍依赖进口的局面。进口产品的高端属性主要表现为加工精度高和专利技术等方面。因此，中国铜加工产业政策应进一步鼓励新产品和新材料的开发，从根本上解决材料与工艺问题，改善行业产品结构，满足航空航天、国防军工及电子信息工业等高新技术领域对高精尖深加工产品的需要。

（3）尚未形成世界级的铜加工龙头企业。中国铜加工企业众多（超过1000家），但至今还没有一家能在综合实力上与世界同行业先进企业相抗衡，在生产规模、管理水平和资金实力等方面均有较大的差距。近年来铜价高位运行，加大了行业内企业的流动资金压力和运营成本，铜价的大幅波动也对企业的管理能力提出了严峻的挑战。未来铜加工行业大型企业向规模化和国际化发展，中小型企业向专业化和特色化发展的趋势将更加明显，而贯彻绿色发展理念，加快产业技术升级也将是必经之路。发展模式方面，鼓励大企业兼并重组、多种经济成分混合所有制企业建设，建立大型铜加工企业和研发基地，树立国际品牌战略。科技创新方面，要围绕清洁生产、节能减排及生态保护等科技攻关，开展新型材料研究，扩大新型领域的应用科技攻关，满足绿色环保材料的应用。

（4）国内外竞争激烈，低成本优势正在逐渐丧失。与其他国家的同类产品相比，我国铜加工产品具有低成本优势，这主要得益于较低的劳动力成本、能源成本和投资成本。但随着我国劳动力成本和能源成本逐步提高，加之铜加工行业的资金密集型属性，设备和技术的更新改造、研发投入的不断加大，会进一步压缩劳动力成本和能源成本在生产成本中所占的比例，我国铜加工企业的成本优势正在逐渐丧失。而国内高端产品无法与国际同行竞争的现状将进一步增加国内中低端铜加工产品领域竞争程度。此外，随着铜价维持高位且波动较大，上游冶炼企业已经或准备大规模进入铜加工行业，其在资源、规模及资金方面的优势将进一步压缩国内铜加工行业的生存空间。

第四节 铜资源及其材料产业供应链高质量发展总体战略

一、铜资源总体发展战略及建议

加快顶层设计，制定中国铜资源开发利用规划，保障我国铜资源产业的可持续发展为首要战略目标。我们要力争在2025年铜需求峰值来到之前不再提高对外依存度比值，并进一步争取在2035年实现铜资源对外需求降低到50%以内，并实现进口来源的多元化。

为达成这一战略目标，主要从以下三个方面开展工作：

（1）加强铜资源开发利用顶层设计，划分中国铜资源勘查开发重点区域规划，大中型铜资源产地实行统一规划和管理，充分发挥规划对资源配置的统筹和调控作用。在加强规划体系建设的同时，应实施领导责任制，将中国铜资源开发利用总量调控、勘查开发布局与结构调整、节约与综合利用、矿产资源储备、矿山地质环境恢复治理等重大规划目标纳入管理目标体系进行考核。

（2）提高中国铜矿资源开发及综合利用水平，首先要进行技术攻关，提高有用组分的选矿回收率，进一步改善技术流程条件并探索提高贫矿选矿回收率的新途径；其次是加强低品位、共伴生铜矿资源及尾矿有用组分的综合勘查与综合利用，对具有工业价值的共伴生铜矿资源，统一规划，综合开采，综合利用。此外，要进一步完善矿产资源节约与综合利用的激励引导机制，建立技术咨询服务体系，严格中国铜矿资源综合勘查和综合评价的地质勘探报告评审备案制度。对暂不能综合开采或综合利用的中国铜矿资源及含有用组分的尾矿，采取有效的保护措施。

（3）采用循环经济发展模式可最大限度地实现矿山生产过程中的资源节约、资源与废弃物的再利用并减少污染物排放。推动中国铜资源循环经济要按照“再勘查、减量化、再利用、资源化”的原则进行，其首要问题就是要因地制宜地解决生态恢复治理和土地再利用问题。对矿山固体废弃物进行综合开发利用及无害化处理，提高矿山开发区的保土持水能力，实现矿山自然生态恢复，探索发展循环经济的有效模式，大力推进绿色矿山建设，安全、环保、可持续地发展中国铜资源循环经济。

（4）提升废铜资源的利用效率、回收效率，打造铜资源循环型完整产业链。随着我国早期铜资源的积累，未来再生铜的产能将不断提高，在再生铜产业链方面，应提倡利用科技创新、高新技术、现代化互联网加速发展铜资源循环利用的商业模式和相关技术的研发，提高废铜原材料的预处理水平，加速发展回收、分拣、加工、再循环利用的产业化标准体系。此外，建立完善的废铜资源信息技术服务体系和线上交易平台，摆脱传统的废铜交易痛点，利用线上平台优势，及时为供需双方提供产业一体化服务。

二、铜材料总体发展战略及建议

我国仍处于中高速的发展中，未来铜材料产业的发展仍面临巨大挑战，尤其是高端铜材料领域还需不断实现突破。中国是铜材料生产和应用的第一大国家，铜材料产品结构上存在低端产品能力过剩，高端产品产能满足不了市场需求，产品存在有同质化等问题。因此，实现产业升级将是未来铜材料产业的首要战略目标，力争在 2025 年实现高端铜产品的技术突破，经过 10 年左右的发展后，在 2035 年达到世界领先水平。

为达成这一战略目标，未来我们应主要从以下几个方面开展工作：

（1）加速资源整合，提升产业布局集中度，打造具有国际竞争力的企业与产品。需要在生产工艺、新型合金材料和高端市场需求的产品方向上加大研发投入，力求开发出满足高端产品需求的新合金材料，形成高效率、短流程的工艺技术，开发出更多的满足市场高端需求的产品。

（2）加快信息化建设，提升精益化管理水平，提高生产效益。企业应根据自身需求，适时推进工厂智能化建设，以便提升企业竞争力。工厂信息化系统建设可以体现在信息、指令自动传递、跟踪、预警、优化等多个方面，以提高订单管理、计划管理的可操作性，缩短物资的周转时间，用信息化推动工厂精益管理，提升工厂的效能管理水平，最终实现提高企业效益的目的。

（3）坚持绿色发展理念，服务国家双碳目标。在绿色环保技术方面，废乳液、废水、废轧制油的回收循环利用，不但可减少对环境的有害影响，同时也可以降低企业的生产运行成本。高效节能技术方面，主要是多采用短流程工艺技术，通过水平连铸生产线供坯料有效减少生产工序，增大产品的宽度、加大卷径、加大卷重生产模式提高生产效率，进而实现节能减排的目的。

第五节　保障措施

（1）对新技术进行攻关，提高我国铜产业技术开发能力。针对我国铜产业生产使用实际情况，重点实施一批重大项目：包括开发铜基催化剂电解还原技术、铜回收技术、铜制热交换器表面抗氧化技术、PCB 铜电路表面无钯活性及化学镀镍技术、印刷电路板铜/树脂耐剥离性新型棕化工艺以及互连多层石墨烯纳米带工艺等。通过对关键技术进行研究攻关，从而在基础理论、新方法等方面取得突破性进展，实现技术与成果之间的相互转换，着力解决铜产业发展过程中的技术受限问题，使我国铜产品朝着高质量方向发展。

（2）加强人才队伍建设，“对外引入”与“内部培养”双管齐下，引入世界知名的铜产业领域的科学家及团队，进行铜相关材料的研究和教学工作。在人才管理方面，学习科学评价体系，以科学竞争方法、选拔标准以及绩效考评等评价体系对人才进行引入和管理；在教育方面，通过企校合作，针对性培育相关技术、研发人才，同时，通过政府、社会补贴，加大培育人才的投入力度。

第十四章　铝资源及其材料产业高质量发展形势、问题及战略

第一节　铝资源及其材料产业链总体形势

一、资源端总体形势

铝土矿是金属铝的主要来源，由含铝矿物（三水铝石、一水软铝石和/或一水硬铝石）、含铁矿物（主要为赤铁矿和针铁矿）及少量硅酸盐、钛酸盐、硫酸盐和碳酸盐组成。根据矿物组成、化学成分和基底岩性特征，铝土矿可分为3种类型：红土型为残积成因，是近地表铝硅酸盐的原位红土化作用的产物，以三水铝石为主要的含水铝氧化物，约占世界铝土矿资源总量的90%；碳酸盐岩岩溶型又被称为喀斯特型（Karst），主要的含铝矿物为一水软铝石和硬铝石，下伏岩石为碳酸盐岩，约占世界铝土矿资源总量的11.5%；季赫温型（Tikhvin）是先存红土型铝土矿经风化、搬运、异地沉积的产物，覆于铝硅酸盐剥蚀面之上，但与基岩无成因关系，约占世界铝土矿资源总量的0.5%，工业意义较小。

（一）全球铝资源形势

1. 储量

全球铝土矿资源总量丰富，全球铝土矿成矿带主要分布在非洲、大洋洲、南美洲及加勒比地区和东南亚。超大型铝土矿矿床主要分布在几内亚、澳大利亚、越南、巴西等国。2021年全球铝土矿资源储量约为320亿吨，比2020年增长了6.7%，其中几内亚74亿吨、越南58亿吨、澳大利亚53亿吨、巴西27亿吨、牙买加20亿吨、印度尼西亚12亿吨、中国10亿吨，前五个国家铝土矿储量占全球总资源储量的72.5%（见图14-1）。

2. 产量

2021年全球铝土矿产量为3.9亿吨，比2020年的3.71亿吨增长了5.12%。全球主要的铝土矿生产国为澳大利亚、几内亚、中国、巴西和印度，2021年澳大利亚铝土矿产量约为1.1亿吨，占全球产量的28.2%；第二是几内亚，铝土矿产量为8600万吨，占全球产量的22%。此外，巴西、印度等国也是铝土矿生产国（见图14-2）。

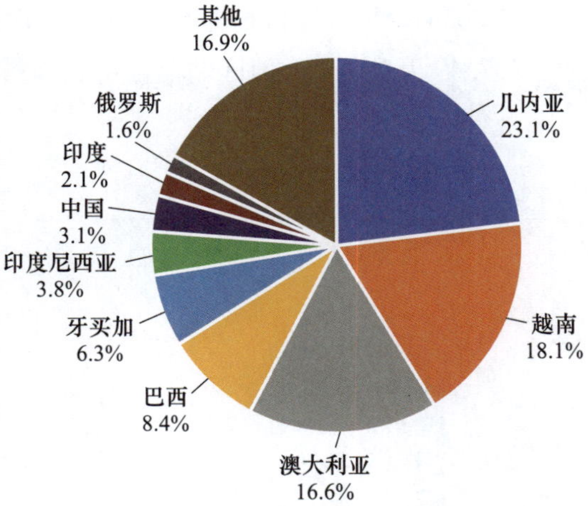

图 14-1 2021 年全球铝土矿资源储量分布

（数据来源：USGS）

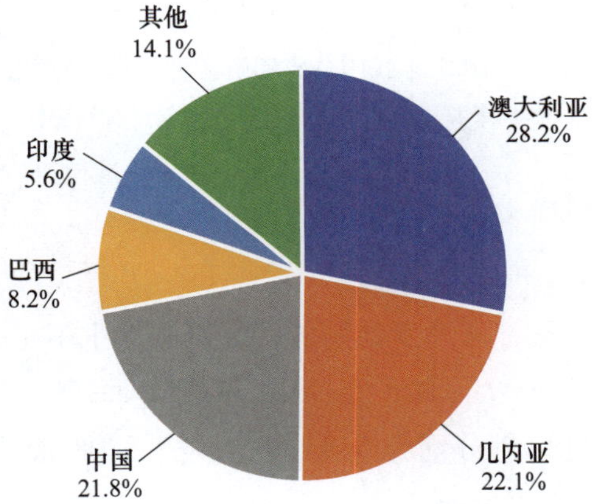

图 14-2 2021 年全球铝土矿生产量分布

（数据来源：USGS）

（二）我国铝资源总体形势

我国铝土矿矿床有古风化壳沉积型、堆积型和红土型三大类型。其中，古风化壳沉积型铝土矿是最主要的类型，储量占比高于 80%，广泛分布于山西、河南、贵州和广西等省区；其次是堆积型铝土矿矿床，主要分布于广西和云南省区。我国铝土矿矿床规模小，且适合露天开采的矿床比例小，矿体薄、采矿难度大、矿石品位变化大。铝土矿石质量较差，大部分都是加工困难、耗能高的一水硬铝石，占比高达 90%以上。多与耐火黏土、石灰岩和铁矿等矿产共生。

1. 储量

2021 年我国铝土矿资源储量（矿石量）为 71113. 74 万吨，主要集中在广西、贵州、河南、山西等地，其中广西以 26347. 88 万吨位居全国第一，其次是贵州 16281. 69 万吨、河南 14396. 68 万吨和山西 9267. 49 万吨，4 个地区的储量占总储量的 93. 2%。具体数据详见图 14-3。

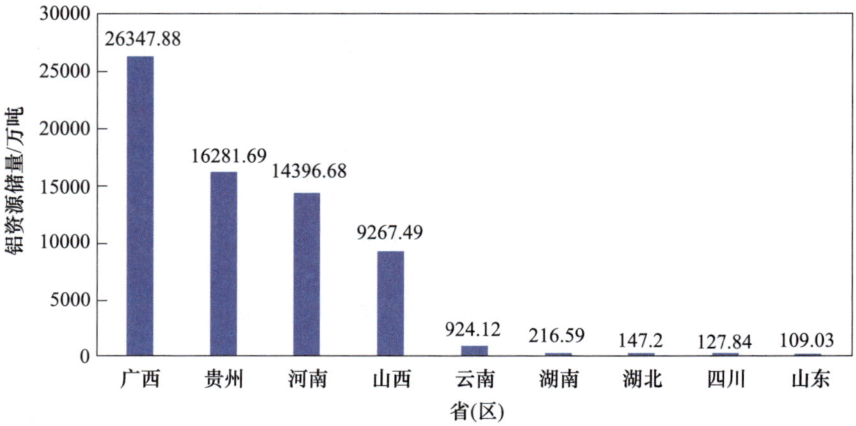

图 14-3　2021 年我国分省铝资源储量统计柱状图

（数据来源：2021 年全国矿产资源储量统计表）

2. 进口情况

我国铝土矿资源较为匮乏，可开发利用的后备资源严重不足，对外依存度偏大。2021 年我国铝土矿进口量达 10737. 47 万吨，比 2020 年下降 3. 75%，主要进口国家为几内亚、澳大利亚和印度尼西亚，进口量分别为 5483. 89 万吨、3408. 05 万吨和 1783. 97 万吨，占总进口量的 99. 4%（见图 14-4）。

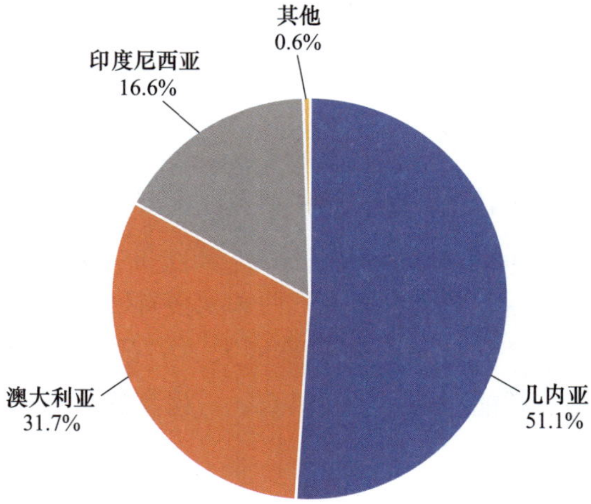

图 14-4　2021 年我国铝土矿进口国分布

（数据来源：中国海关）

二、冶炼端总体形势

（一）全球形势

目前全球氧化铝产能主要分布在中国、澳大利亚、巴西、印度和俄罗斯等国。2021 年全球氧化铝产量为 13977.5 万吨，其中中国氧化铝产量 7748 万吨位列第一，占总产量的 55.4%，其次是澳大利亚 2100 万吨、巴西 1100 万吨、印度 680 万吨、俄罗斯 310 万吨，这 5 个国家产量占全球产量的 85.4%（见图 14-5）。

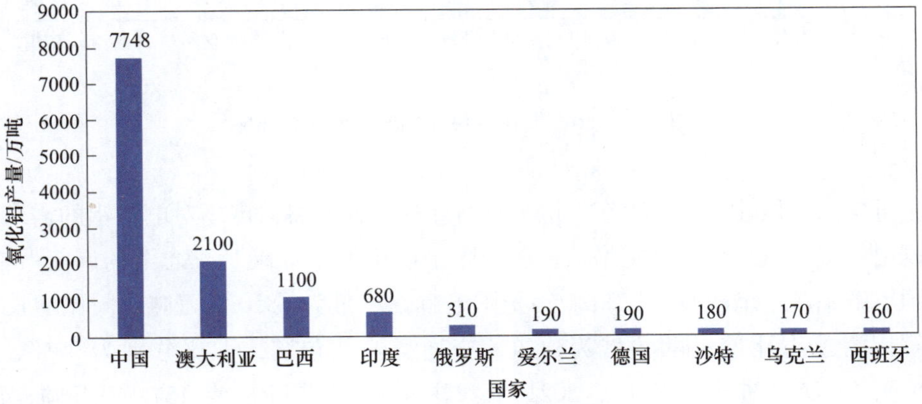

图 14-5　2021 年全球氧化铝产量前十名的国家

2021 年全球电解铝产量为 6724.3 万吨，其中中国电解铝产量为 3850 万吨，占总产量的 57%。Mysteel 统计数据显示，以实际产量为排名依据，2021 年全球前十五大电解铝生产企业产量为 4266 万吨，占全球总产量的 63%。其中中国企业占据了七个席位，包括中铝、宏桥、信发、国电投、东方希望、酒钢和神火，产量共计 2370 万吨。剩余八家海外企业分别是俄铝（UC RUSAL），力拓 Rio Tinto，阿联酋环球铝业（EGA），美铝（Alcoa），海德鲁（Hydro），韦丹塔（Vedanta），巴林铝业（Alba）和印度铝工业有限公司（Hindalco），产量共计 1896 万吨。

（二）国内形势

国内氧化铝产业主要集中在华东地区和华南地区。2021 年，山东、山西、广西、河南氧化铝产量超 1000 万吨，其中，山东氧化铝产量最高达 2748.93 万吨，占比 35.5%。山西、广西分别排名第二和第三，产量分别为 1959.5 万吨和 1133.44 万吨（见图 14-6）。进出口方面，2021 年我国氧化铝进口量为 332.68 万吨，出口量为 11.97 万吨。

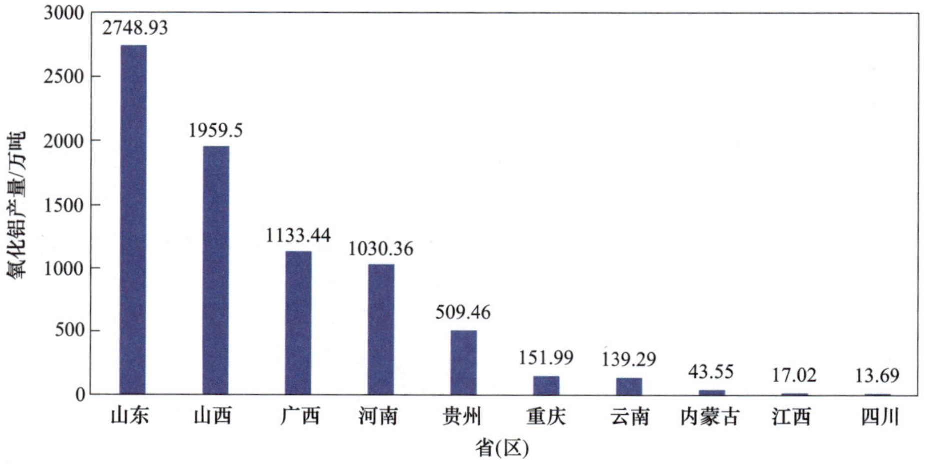

图 14-6　2021 年国内氧化铝产量前十名地区

由于近年来我国建筑业、汽车、电力等行业的迅速发展，市场对电解铝的需求不断增加，我国电解铝产量也随之稳定增长，但受限于近年来“双碳”理念下的产能严格管控，使得我国电解铝产量增幅较小。2021 年我国电解铝产量为 3850. 3 万吨，同比增长 3. 8%。我国电解铝需求占比前三的领域为建筑、交通运输及包装，占比分别为 29%、26% 和 13%（见图 14-7）。进出口方面，2021 年我国电解铝进口量为 157. 97 万吨，出口量为 7051. 7t。

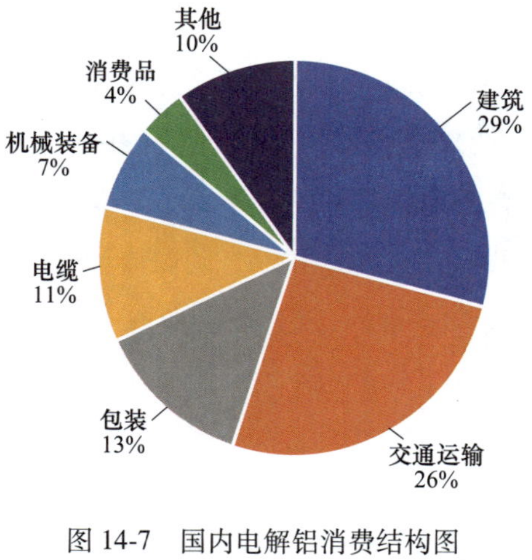

图 14-7　国内电解铝消费结构图

三、产品和材料制造端总体形势

铝资源产业链分为上、中、下游。上游是原材料的采选，主要过程是铝土矿的开采（露天开采和地下开采）和选矿。中游是矿石的冶炼，包括粗炼成氧化铝、电解法精炼成原生铝锭（电解铝），同时承担着废杂铝的重熔工作。下游是加工和制作，主要过程是由铝锭加工成各种含铝中间产品（铝材），同时也承担着新废料和部分废杂铝的再次利用工作（见图 14-8）。

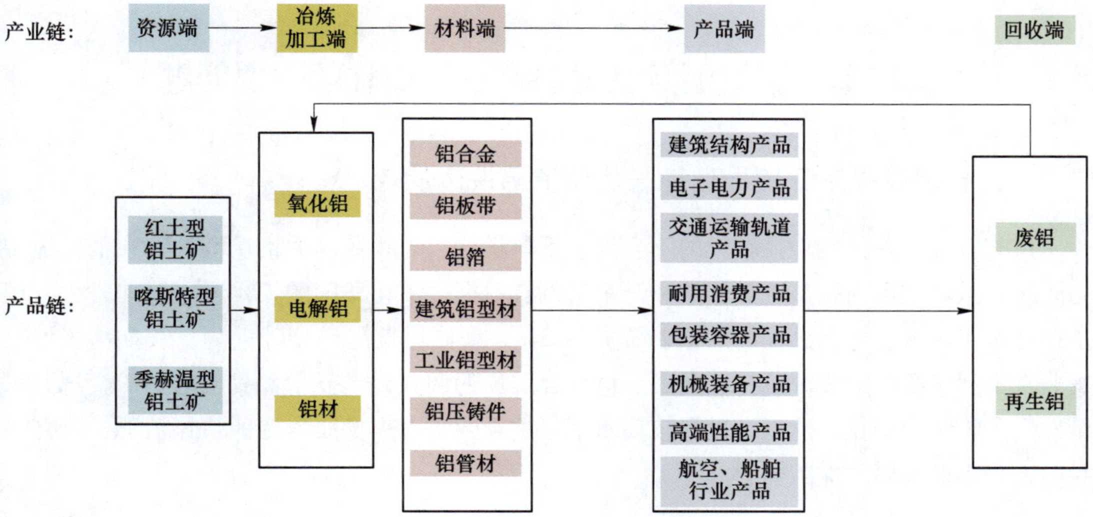

图 14-8 铝资源及材料产业供应链示意图

铝型材主要应用于建筑领域和工业领域，可分为建筑型材和工业型材两大类。建筑型材主要用于建筑及房地产业，在建筑铝型材的分品种消费领域中，铝合金门、窗、幕墙型材又占其中的主体。在国内航空航天、电子电器、集装箱等行业的快速发展下，我国的铝型材生产及加工企业得到了长足的发展，铝型材生产企业的年产量连年攀升。因此，许多的铝型材生产企业加大了铝型材生产的投入，为了能够满足房地产、航空航天、电子电器、集装箱等行业中铝型材的需求量，我国的铝型材生产类型逐步的向着工业型材而转变，以此推动着这些行业的快速发展。

现阶段，由于铝型材生产技术的掌握力度不足，我国所生产的中低端铝型材产品出现了产能过剩的问题，而一些高端的铝型材生产技术较为短缺。我国高端铝合金产品主要依赖进口。在新一代电子信息、航空航天、新能源汽车等领域，高端铝新材料仍然存在国外垄断问题。

铝箔是锂电池生产的重要辅材之一，被用于正极集流体和铝塑膜。集流体是锂电池关键部件，决定了电池充放电性能和循环寿命。铝塑膜则是软包装锂电池电芯封装的关键材料，市场长期被日、韩企业垄断，对外依存度偏高。我国也正在积极推进自主研发，争取打破日、韩企业的市场垄断，降低铝箔材料的对外依存度。

目前，中国每年消费铝箔量达 16. 13 万吨，已成为仅次于美国的全球第二大铝箔消费国。铝箔在国内的主要需求来自热传输产品领域，随着快餐文化、饮料品种多元化的发展以及医药领域的扩大，预计铝箔在包装领域未来市场的容量有望进一步扩大。

虽然我国铝合金材料在产业规模与技术水平上成绩斐然，但是我国现代工业体系建设起步晚、底子薄，追赶发达国家难度较大，相当部分关键基础材料、核心零部件仍不能自给，我国在未来较长一段时期内都是关键基础材料的需求大国。

第二节　铝资源及其材料产业链面临的主要问题

一、长期高强度开发导致地表优质资源快速消耗

目前资源开采仍然存在较大的不合理、不科学性，导致我国的铝矿资源存在消耗过快的问题。世界范围内铝矿资源储量和开采量调查数据显示，我国的铝矿开采量非常大，但是存储量仅约占世界上已探明的铝矿资源的3%，采储比位居于全球前列，长期高强度开发非常不利于我国的资源可持续发展。世界金属局的调查记录显示，我国的铝矿金属开采量发生了阶跃式增长，达到了世界较高水平，这导致了地表优质资源的快速消耗，降低了我国未来铝矿资源的保障能力。

二、部分高端材料仍需依赖进口

我国铝主导产品仍然以工业产品为主，家用电器电机外壳、散热器、电脑配件以及体育用品等高端民用铝合金产品的开发力度不足，相比国外铝加工业发达地区差距较大；产业链终端产品品种少，特别是涉及航空航天、国防军工等“高精尖”的高端产品还很少甚至空白。

三、再生循环利用与发达国家相比差距较大

目前我国铝的循环利用不仅在社会观念上存在一定的偏差，同时也存在聚集度低，缺少体系运作及行业标准等问题，与此同时，在回收产业链及技术上，废铝回收只能依靠下游客户产生新废料，消费后废铝供应渠道少，技术上同样因含金识别及杂质去除等问题也存在不足。相比于发达国家的回收利用体系和政策还存在较大差距。

四、企业国际竞争力有待提高

经济全球化虽然加快了我国的经济建设，带动了铝行业的发展，但同时也逐渐显现一些弊端。外资铝企业进驻国内，对我国民营铝企业带来了巨大的竞争，特别是中小企业。我国民营铝企业规模小，存在低端产品产能过剩、高端产品生产力不足的问题，以目前的技术难以满足生产的要求和需求。我国铝企业缺乏技术创新，强化技术、热处理技术和塑性变形等技术与国际领先水平存在一些差距。

第三节 铝资源及其材料产业链未来总体趋势及战略

一、未来发展趋势

未来15年，全球原铝消费总体仍呈增长态势。得益于新能源汽车、轨道交通等产业的发展以及印度、东南亚等国家工业化，2035年，全球原铝需求约为7800万吨，较目前上升23%。中国、美国、欧盟、日本等仍将是原铝重要的消费大国，印度和东盟将成为拉动全球原铝需求增长的主要国家。

中国是铝资源需求大国，未来15年，中国铝消费仍呈增长态势。据中国有色金属工业协会数据，2019年，我国铝消费量为3600万吨左右，预计到2025年中国铝资源需求量约为2496万吨，2030年约为2368万吨，2035年约为2224万吨。此外，中国铝土矿进口量将继续保持上升。

预计未来15年，建筑领域铝消费将逐步放缓，交通运输、耐用消费品、包装容器等领域消费年均增长仍在5%左右。尤其是汽车领域，由于电动汽车产业的快速发展，对汽车轻量化要求更高，单位汽车用铝量将会大幅上升。据国际铝业协会对中国电动汽车和传统产业发展态势的分析认为，到2030年，我国汽车行业原铝消费量将比现在增加500万吨以上（见图14-9），成为拉动国内原铝消费的主要部门。

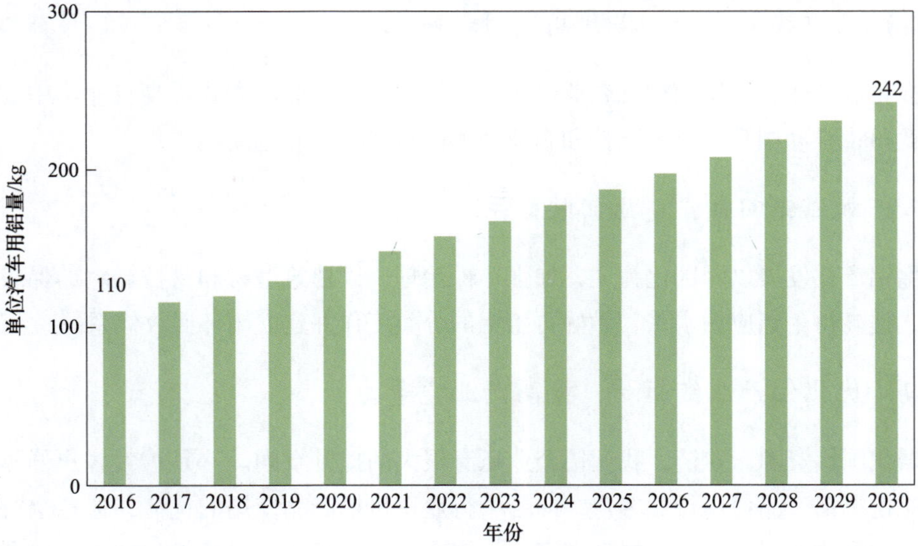

图14-9 我国单位汽车平均用铝量

（数据来源：IAI研究报告《report china auto usage 2016-2030 feb2019update》）

二、战略目标

中国铝资源的发展战略目标是未来五到十年时间将把我国建设成资源结构和产品结构

合理、自主技术创新、海外资源开发有序的世界铝工业强国。充分保障国内铝土矿可持续供应，加强国内铝土矿资源的勘查和高效开发利用，立足国内铝土矿资源供应安全实行矿产资源储备战略，建立稳定、安全、经济、多元的铝资源供应体系。

抢抓新一轮科技革命和产业变革新机遇，紧紧把握《区域全面经济伙伴关系协定》（RCEP）实施、铝合金和铝基新材料应用蓬勃发展、铝产业产能向西南和东盟国家转移等重要机遇，科学应对铝土矿资源逐渐枯竭、供应链支撑不足、生态环境压力加大等挑战，坚持内外循环、创新驱动、绿色低碳，坚持延链补链强链、集群式发展，大力推进供给侧结构性改革，推动铝产业从中低端向中高端、从原材料向新材料、从低附加值向高附加值迈进，实现高质量发展，建设具有国际影响力的生态铝生产基地和高端铝制造基地。

三、发展建议

（一）国内外并举，提高铝资源供应能力

积极参与国际铝土矿资源开发；适时调整国内产业政策和进出口政策，逐步扩大海外氧化铝权益产能，严控利用国内矿新增氧化铝产能，研究国内煤下铝资源开发的可行性，逐步引导内地缺乏铝土矿资源的氧化铝产能退出，在沿海地区适当布局利用进口矿生产氧化铝产能。

（二）注重技术创新，提升高端材料研发

加强行业自律，引导铝加工企业以兼并重组或相互参股的方式提高行业集中度，减少同质化竞争；推动国家、科研院校和企业的协同技术研发和创新。

（三）加强铝回收，建立回收体系

再生铝产业发展以园区化为主，加强环保治理，以建筑型材和易拉罐料的保级利用为突破口，提高再生铝应用水平，做好再生铝的分类工作并建立闭环回收体系。

（四）优化铝产业链布局，提高产业竞争力

根据我国铝资源产业链，我国铝企业还有很大的提升空间。一是扩大客户群体，铝企业要广泛挖掘铝产品使用行业客户，向各个行业宣传铝产品使用的优势，让各个行业认识到铝产品的重要作用。二是发展高端客户，铝产品要从粗加工向精细化加工再向高端加工转型，才能促进铝行业持续发展，这就需要铝行业企业深入高端消费市场，发展更加广泛的消费群体。三是延伸深加工，铝行业发展从单一的产品生产逐渐向多元化产品发展。

第四篇

关键金属矿产及其材料篇

第十五章　锂及其材料产业供应链安全保障形势与战略

第一节　锂总体形势

一、锂资源形势

（一）锂资源需求形势

1. 应用领域

锂是自然界最轻的软质碱金属，化学符号 Li，原子序号为 3，密度为 0.53g/cm^3，熔点为 184.54℃，沸点为 1347℃，硬度为 0.6，具备了密度轻、质地软、比热容大、线膨胀系数低、负电位高等一系列优良特性，广泛应用于电池、玻璃陶瓷、润滑脂、新材料以及新药物等领域，是当下最炙手可热的新能源矿产之一。锂的性质及应用领域见表 15-1。

表 15-1　锂的性质及应用领域

性　质　作　用	应用领域
由于在金属中，锂具有最小的密度和最大的电负性，因此具有最高的电池比能量	电池
可增强玻璃抗腐蚀能力，提高熔点；可增强陶瓷胚体硬度，增强涂料黏度，提升釉料色泽	玻璃陶瓷
锂作为增稠剂，能将润滑脂的使用寿命延长 4 倍，同时提高润滑性能	润滑脂
锂主要以溴化锂的形式，作为空气处理设备中制冷机的吸收剂	空气处理
作为添加剂，可以降低能耗，增大电解槽的电导率，减少氟化物的释放	电解铝

2. 需求现状

受到电池领域需求的快速拉动，2010~2020 年，全球锂需求量从 13.20 万吨（碳酸锂，下同）增长至 32.89 万吨，年均增速为 9.6%；中国是全球电池供应中心，同期，中国需求从 2.6 万吨增长至 22.97 万吨，年均增速高达 24%。

中国、日本、韩国作为全球电池供应中心，2019 年锂消费量合计占全球比例高达 86%。欧洲、美国锂消费量分别占全球比例为 8%、5%。

2010~2020 年世界和中国锂需求量形势如图 15-1 所示。2019 年全球主要国家锂需求量占比如图 15-2 所示。

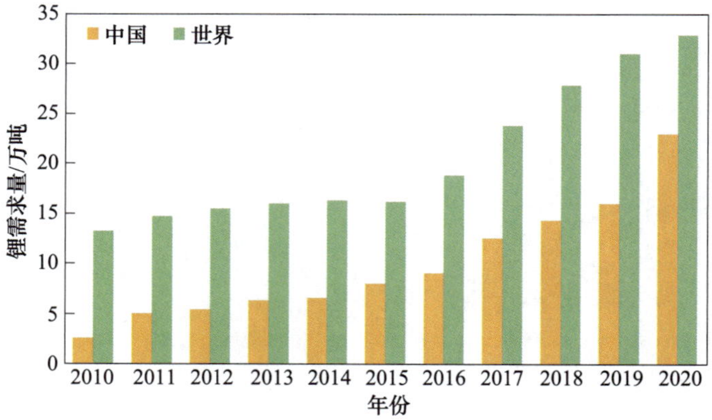

图 15-1　2010~2020 年世界和中国锂需求量形势

（数据来源：USGS，安泰科）

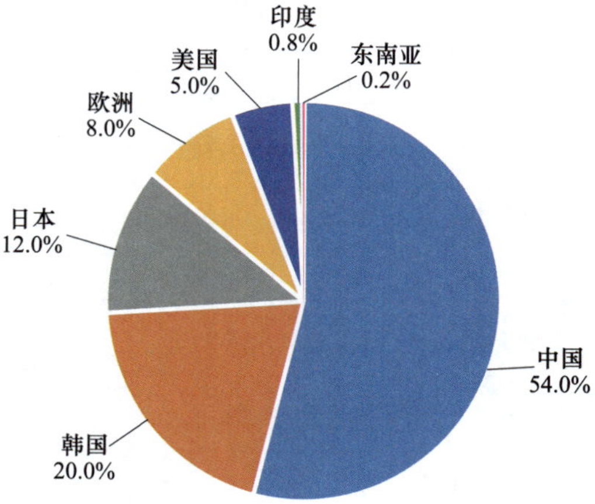

图 15-2　2019 年全球主要国家锂需求量占比

（数据来源：Roskill）

锂最重要的三大消费领域为电池、玻璃陶瓷、润滑脂。在全球锂消费结构中，这三个领域锂消费占比分别为 71%、14%、4%（见图 15-3）；在中国锂消费结构中，这三个领域锂消费占比则分别为 69%、11%、8%（见图 15-4）。

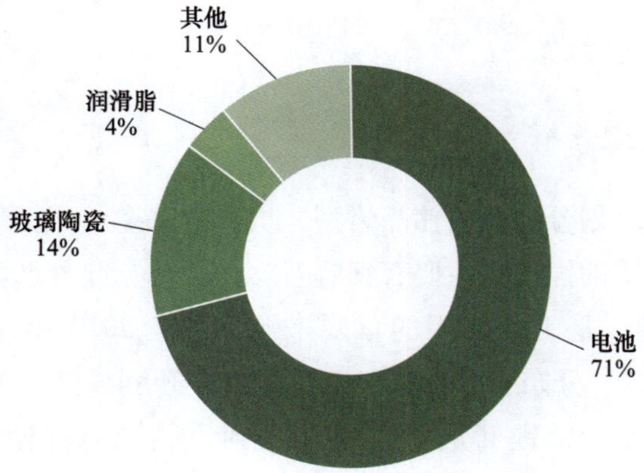

图 15-3 全球锂消费结构

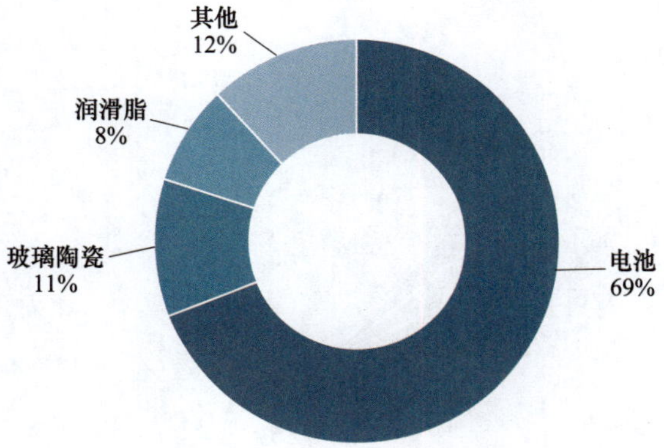

图 15-4 中国锂消费结构

在电池领域的锂消费中，又主要分为新能源汽车（纯电动汽车+混合动力汽车）动力电池、3C 等设备电池领域以及储能电池等锂消费。目前动力电池锂消费占电池领域锂消费的 50%，3C 领域锂消费占比约为 40%。电池领域内部锂消费结构如图 15-5 所示。

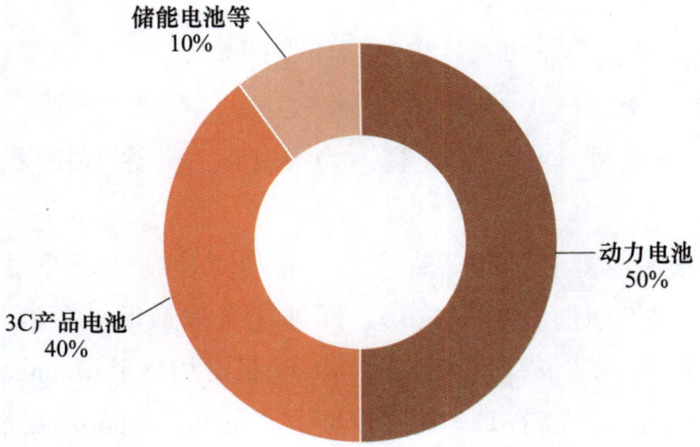

图 15-5 电池领域内部锂消费结构

（二）锂资源供应形势

1. 全球及中国资源状况

锂矿床按地质成因可划分为花岗伟晶岩型、地下卤水型、云英岩化花岗岩型和富锂黏土型四类。目前广泛使用的锂矿物主要有锂辉石、锂云母，此外，卤水型盐湖锂、含锂黏土等资源也富含较多锂，是工业使用的重要来源。截至 2020 年，全球锂储量共 1.1 亿吨（折合碳酸锂，下同），分布十分集中，75%集中在智利、澳大利亚、阿根廷三国。智利是锂储量第一大国，智利的锂储量约为 4900 万吨，占全球锂储量的 44%；澳大利亚、阿根廷位列第二和第三位，锂储量分别为 2500 万吨和 1011 万吨，占全球锂储量的比例分别为 22%、9%。澳大利亚以锂辉石资源为主，智利、阿根廷以盐湖锂资源为主。

全球锂储量分布如图 15-6 所示。

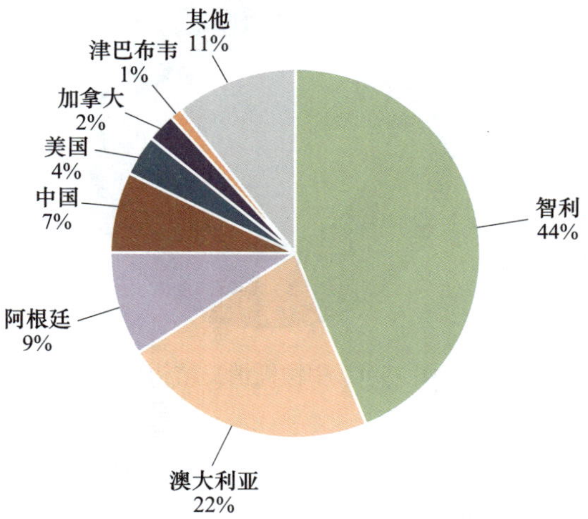

图 15-6　全球锂储量分布

（数据来源：美国地质调查局）

从资源品质来看，澳大利亚锂辉石资源品质全球领先，目前开采的锂矿石均为伟晶岩型锂辉石，主要伴生元素为钽，部分含有铁和锡等元素。其中，Talison 锂业公司的 Greenbushes 锂矿的 Li_2O 平均品位最高，为 2.1%，其余矿山的 Li_2O 品位分布在 1.0%~1.5%。

智利、阿根廷、玻利维亚三国的“锂三角”是全球盐湖锂资源禀赋最好的地区。“锂三角”地区大多数盐湖的镁锂比在 1.4~10，镁锂比全球最低，资源禀赋好，易于开发利用。该地区分布有智利的阿塔卡马（Atacama）、玛丽贡加（Maricunga），阿根廷的翁布雷穆埃尔托（Hombre Muerto）、高查理-奥拉罗斯（Cauchari-Olaroz）、林孔（Rincon）和玻利维亚的乌尤尼（Uyuni）等世界级优质盐湖。

中国锂资源储量约 800 万吨，占全球总量约 7%，位列全球第四。我国拥有锂辉石、锂云母和盐湖锂等多种锂资源，锂辉石主要集中在四川地区，锂云母集中在江西宜春，盐湖锂集中在青海、西藏地区。我国锂资源主要集中在青海、四川、江西、西藏等地区。

花岗伟晶岩型锂矿主要分布在新疆阿尔泰成矿带、川西松潘—甘孜成矿带，典型矿床有新疆可可托海锂铍铌钽矿床、川西甲基卡锂铍矿床。碱性长石花岗岩型矿床主要位于华南地区，典型矿床有江西宜春钽铌锂矿床。宜春钽铌锂矿床拥有锂资源量 32.5 万吨，矿石中锂平均品位为 0.886%（Li_2O），是一个锂、铌、钽等多稀有元素金属矿床。

青藏高原分布有盐湖锂矿床 80 多个，锂矿床多以碳酸盐型为主，重要矿床有扎布耶盐湖、当雄措盐湖等。西藏扎布耶盐湖锂含量为 1413mg/L（南湖晶间卤水），镁锂比低至 0.003，是世界上唯一的低镁锂比碳酸盐型富锂盐湖。

柴达木盆地的盐湖型锂矿床主要有一里坪盐湖、西台吉乃尔盐湖和东台吉乃尔盐湖，多为硫酸型。

中国盐湖除了扎布耶盐湖的镁锂比较低外，其他大部分盐湖镁锂比是“锂三角”的几十至几百倍，如大柴旦盐湖镁锂比为 134，察尔汗盐湖镁锂比为 1577。

此外，四川邛崃、湖北江汉等地的油气田卤水中的锂含量都超过单独开采品位，但目前尚未规模化开发。

2. 全球及中国供应情况

2006~2020 年，全球锂产量由 12.5 万吨（碳酸锂，下同）增长至 43.7 万吨，年均增速达 9.3%。澳大利亚、智利是最主要的全球供应国家，年产量合计占全球比例为 79%。2020 年澳大利亚、智利、中国、阿根廷产量分别达到 21 万吨、9.6 万吨、7.5 万吨、3.3 万吨。我国锂资源生产主要集中在江西宜春、青海、四川和西藏地区。

2006~2020 年全球锂生产趋势如图 15-7 所示。

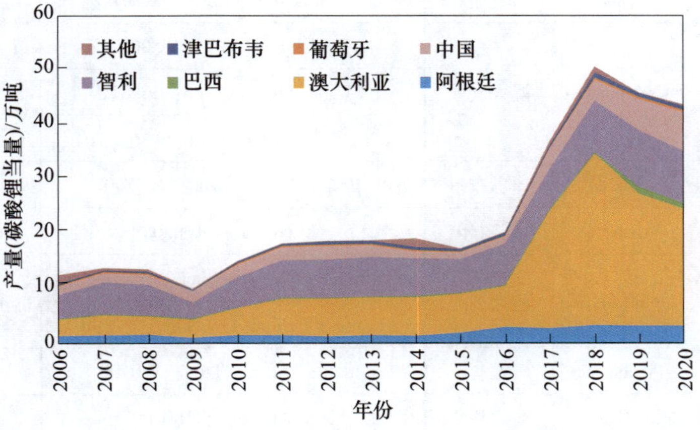

图 15-7　2006~2020 年全球锂生产趋势

（数据来源：美国地质调查局）

2020 年主要生产国家锂产量如图 15-8 所示。

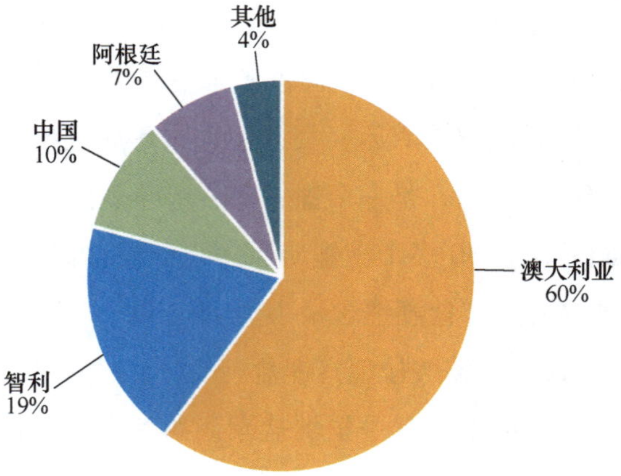

图 15-8　2020 年主要生产国家锂产量

（数据来源：美国地质调查局）

相对国际优质资源，我国锂资源品质不高。例如，2021 年全球主要锂矿项目的平均开采现金成本为 3344 美元/t 碳酸锂，而我国的宜春锂云母矿、扎布耶盐湖、东西台吉乃尔盐湖、察尔汗盐湖的锂开采现金成本在 3768 美元/t 碳酸锂至 5303 美元/t 碳酸锂之间，虽然相对前两年成本有所下降，但仍比全球重要锂矿项目平均成本高出 13%~58%。

全球主要锂项目生产成本见表 15-2。

表 15-2　全球主要锂项目生产成本

序号	产品类型	项目名称	所在国家	控股情况/%	产量/千吨碳酸锂	总成本/美元·t 碳酸锂$^{-1}$
1	Concentrate	Cachoeira	巴西	Cia Brasileira de Litio：100. 00	0. 0	830. 31
2	Concentrate	Greenbushes	澳大利亚	Albemarle Corp：49. 00 Tianqi Lithium Corp：26. 01 IGO Ltd. ：24. 99	188. 9	1271. 97
3	Concentrate	Bikita	津巴布韦	Bikita Minerals Ltd. ：100. 00	8. 3	1475. 13
4	Concentrate	Alvarroes	葡萄牙	Grupo Mota：100. 00	1. 2	2293. 80
5	Concentrate	Mount Marion	澳大利亚	Mineral Resources Ltd. ：50. 00 Ganfeng Lithium Co., Ltd. ：50. 00	69. 4	2410. 01
6	Concentrate	Pilgangoora	澳大利亚	Pilbara Minerals Ltd. ：100. 00	36. 4	2537. 00
7	Concentrate	Mt Cattlin	澳大利亚	Orocobre Ltd. ：100. 00	28. 7	2862. 17
8	Carbonate	Cachoeira	巴西	Cia Brasileira de Litio：100. 00	1. 0	3342. 46

续表 15-2

序号	产品类型	项目名称	所在国家	控股情况/%	产量/千吨碳酸锂	总成本/美元·t 碳酸锂$^{-1}$
9	Carbonate	Salar del Hombre Muerto	阿根廷	Livent Corporation：100.00	17.9	3683.78
10	Concentrate	Yichun	中国	Yichun Tantalum Co., Ltd.：100.00	9.8	3768.75
11	Carbonate	East Taijinair	中国	Western Mining Group Co., Ltd.：100.00	12.9	3963.80
12	Carbonate	Salar de Atacama	智利	Sociedad Químicay Minera de Chile SA：100.00	87.1	4116.14
13	Carbonate	Salar de Atacama	智利	Albemarle Corp：100.00	44.3	4127.53
14	Carbonate	Salar de Olaroz	阿根廷	Orocobre Ltd.：66.50 Toyota Tsusho Corp：25.00 Jujuy Energiay Mineria Sociedad del Estado：8.50	12.9	4264.60
15	Carbonate	Chaerhan Lake	中国	Qinghai Salt Lake Industry Co., Ltd.：100.00	14.9	4287.65
16	Carbonate	West Taijinair	中国	—	3.0	5303.43
17	Carbonate	Silver Peak	美国	Albemarle Corp：100.00	3.9	6797.92
产量合计与平均生产成本					569.8	3372.73

注：数据来源于标普全球市场财智。

全球锂优质资源主要集中在少数矿业公司，2020 年全球前四大锂生产商分别为美国雅宝、智利 SQM、成都天齐锂业、赣锋锂业，产量分别为 8.73 万吨、7 万吨、4.49 万吨和 3.64 万吨，四家公司产量合计占全球比例达到 54.6%。2020 年，全球前 13 家锂生产商产量合计 41.4 万吨，占全球比例达 93%（见表 15-3）。

表 15-3　全球主要锂生产商产量情况

序号	公司	产量/t	产量价值/百万美元	产量占世界比例/%
1	美国雅宝（Albemarle）	87320	605.61	20
2	智利 SQM	70000	485.48	16
3	成都天齐锂业	44880	311.26	10
4	赣锋锂业	36446	252.77	8
5	阿里塔资源（Alita Resources）	35611	246.98	8

续表 15-3

序号	公司	产量/t	产量价值/百万美元	产量占世界比例/%
6	Mineral Resources Ltd.	29914	207.46	7
7	Pilbara Minerals Ltd.	26834	186.11	6
8	力文特（Livent）	19801	137.33	4
9	银河资源（Galaxy Resources）	15988	110.88	4
10	Altura Mining Ltd.	14119	97.92	3
11	青海盐湖工业	13502	93.64	3
12	宜春钽业	9787	67.88	2
13	西部矿业	9454	65.57	2
合计		413656	2868.89	93

注：数据来源于标普全球市场财智。

2020 年，全球前八大锂矿项目合计产量 35 万吨，占全球总量的 80%（见表 15-4）。其中，Greenbushes、Mount Marion、Pilgangoora、Mt Cattlin 四个项目分布在澳大利亚；Salar de Atacama 的两个矿业项目在智利；Salar de Hombre Muerto 和 Cauchari-Olaroz 两个项目在阿根廷。

表 15-4　全球前八大锂矿项目情况

序号	项目名称	所在国	控股公司	碳酸锂产量/t	占全球产量比例/%
1	Greenbushes	澳大利亚	美国雅宝，天齐锂业	88000	20
2	Salar de Atacama	智利	SQM	70000	16
3	Mount Marion	澳大利亚	澳大利亚矿产资源公司，赣锋锂业	59827	14
4	Salar de Atacama	智利	美国雅宝	42000	10
5	Pilgangoora	澳大利亚	皮尔巴拉矿业公司	40953	9
6	Salar del Hombre Muerto	阿根廷	力文特公司	19801	5
7	Mt Cattlin	澳大利亚	Orocobre 公司	15988	4
8	Cauchari-Olaroz	阿根廷	赣锋锂业，加拿大矿业锂美洲公司，阿根廷胡胡伊能源与矿业公司	14000	3
合计				350569	80

注：数据来源于标普全球市场财智。

3. 全球市场分析

2015 年以来，全球锂投资过热，全球碳酸锂均价由 2018 年高点 18800 美元/t 下跌至 2020 年 11 月 6400 美元/t。由于新冠肺炎疫情蔓延，全球财政放水，碳酸锂价格随之回升，截至 2021 年 10 月底，全球碳酸锂均价已涨至 19105 美元/t（见图 15-9）。

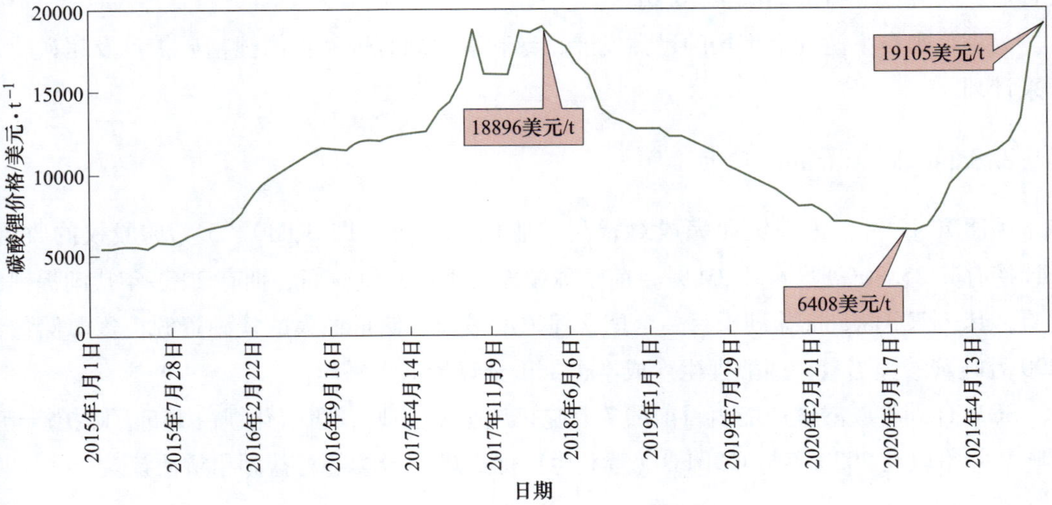

图 15-9　全球碳酸锂价格变动

（数据来源：标普全球市场财智）

（三）全球锂资源贸易状况

全球锂资源贸易以锂辉石精矿、锂的碳酸盐等形式为主，2019 年全球锂贸易量达 36.3 万吨（碳酸锂当量，下同）。锂辉石精矿最主要的出口国是澳大利亚，主要出口到中国。2019 年我国从澳大利亚进口锂辉石精矿 172 万吨（折合碳酸锂当量 21.5 万吨）。锂的碳酸锂最主要的出口国智利和阿根廷，分别出口了 8.64 万吨和 2.83 万吨。其中智利锂盐主要出口到韩国、日本、中国、比利时，出口量分别为 2.98 万吨、1.85 万吨、1.57 万吨、0.72 万吨、0.38 万吨，出口量占智利出口总量比例分别为 34%、21%、18%、8%、4%；阿根廷锂盐主要出口到中国、美国、日本、俄罗斯，出口量分别为 1.13 万吨、0.82 万吨、0.38 万吨、0.18 万吨，出口量占阿根廷出口总量比例分别为 40%、29%、13%、10%。

我国是全球锂资源进口第一大国，2019 年，我国各类锂资源进口量合计 24.43 万吨。其中锂辉石精矿进口量为 21.5 万吨，几乎全部来自澳大利亚；碳酸锂进口量为 2.93 万吨，其中 60.3%来自智利，38.6%来自阿根廷。

（四）中资企业海外投资情况

1. Greenbushes 项目

该项目位于西澳大利亚格林布什，已开采超过 25 年。格林布什锂矿的总资源量折合碳酸锂当量 878 万吨；锂矿储量折合碳酸锂当量 690 万吨。目前已建成两个化学级精矿工厂（用于生产锂电池行业所需的基础锂盐产品）和一个技术级精矿工厂（用于传统玻璃、陶瓷等行业），合计产能约 134 万吨锂精矿，折合碳酸锂当量约 18 万吨。在引入 IGO 战略投资后，天齐锂业持股缩减至 26.01%。

为满足来自下游锂电市场的迅猛发展，泰利森规划有进一步的锂精矿扩产及尾矿重新开采计划。

2. Salar de Atacama 项目

2018 年 12 月，天齐锂业完成对智利矿业化工公司（即 SQM）23.77%股权的收购，合计持有其 25.86%股份。SQM 是目前全球领先的锂产品供应商，拥有 20 多年盐湖提锂的经验，其运营 Atacama 盐湖项目是全球含锂浓度最高、储量最大的盐湖资源，资源储量约 4290 万吨碳酸锂当量，碳酸锂生产成本也处于全球最低水平。

SQM 计划将碳酸锂产能由目前的 7 万吨扩产至 18 万吨，氢氧化锂由 1.5 万吨扩产至 3 万吨，并争取在 2030 年与 CORFO（智利生产促进局）继续签订盐湖租赁协议。

3. Mariana 项目

Mariana 是一个位于阿根廷萨尔塔省的锂钾盐湖。根据澳大利亚地质咨询公司 Geos 矿业编制的最新资源评估报告，Mariana 项目的控制及推断锂资源量约为 519.6 万吨碳酸锂。Mariana 项目已于 2019 年顺利完成了可行性研究工作，计划在 2021 年内拿到建厂环评许可后开始建设。

4. Mount Marion 项目

Mount Marion 位于西澳大利亚州 Kalgoorlie 矿区西南 40km 处。赣锋锂业持有 Mount Marion 母公司 RIM 的 50%股权。该项目于 2017 年 2 月投产，年产量约为 40 万吨锂精矿，为赣锋锂业目前锂原材料的主要来源。根据 2016 年资源量勘探数据，Marion 锂矿项目的矿产资源量约为 7780 万吨，含 1.37%氧化锂和 1.09%氧化铁，预计可维持约 30 年的生产。

Mount Marion 项目生产现场情况如图 15-10 所示。

5. Cauchari-Olaroz 项目

Cauchari-Olaroz 是位于阿根廷西北部胡胡伊省（Jujuy）的锂盐湖。截至报告期末，公司直接持有 Cauchari-Olaroz 项目 51%股权。Cauchari-Olaroz 项目的含锂卤水资源量约为 2458 万吨碳酸锂，是目前全球最大的盐湖提锂项目之一，支持年产量超过 4 万吨电池级碳酸锂并持续 40 年。赣锋锂业订立了包销协议，获得 Cauchari-Olaroz 规划年产 4 万吨电池级碳酸锂中 76%的产品包销权。Cauchari-Olaroz 计划于 2021 年完成大部分项目建设，由于受新型冠状病毒肺炎疫情的影响，该项目延期至 2022 年上半年试车生产。

Cauchari-Olaroz 项目现场如图 15-11 所示。

图 15-10 Mount Marion 项目生产现场情况

图 15-11 Cauchari-Olaroz 项目现场

6. Tanco 项目

2019 年 Tanco 项目交割后，公司地质专家团队按照中国现行地勘行业规范要求对 Tanco 矿区保有锂钽资源量核实，并编制了《加拿大曼尼托巴省 Tanco 矿区锂钽矿资源储量核实报告》，经第三方评估机构评审，以 Li_2O 边界品位 1%、Li_2O 工业矿品位 2.5% 圈定矿体，矿区锂矿体工业矿保有资源量为 208.345 万吨矿石量，Li_2O 金属量为 65536.27t，Li_2O 平均品位为 3.146%。另外，还有 Li_2O 品位在 1%~2.5%的锂矿产资源量 251.935 万吨矿石量，Li_2O 金属量为 46663.23t，Li_2O 平均品位为 1.852%。截至 2021 年 9 月，该矿山锂辉石原矿涉及产能为 12 万吨/年，可生产 4000～5000t 的电池级碳酸锂，预计 2022 年投产。

7. Sonora 项目

该项目是位于墨西哥的锂黏土提锂项目，是赣锋锂业与 Bacanora 共同持有的项目。截至报告期末，赣锋锂业持有 Sonora 项目层面 22.5%股份，持有 Bacanora 层面 25.74%股份。根据 Sonora 项目的最新可行性研究报告，该项目总锂资源量约为 882 万吨碳酸锂，是目前全球最大的锂资源项目之一。得益于锂黏土资源的独特优势，该项目的提锂工艺特点是能够同时兼具矿石提锂以及盐湖提锂的优点，既能够以类似矿石提锂的速度在短时间内完成提锂过程，也能够以类似卤水提锂的成本以较低成本完成提锂。目前该项目仍在建设过程中。

8. Pilbara Pilgangoora 项目

Pilbara Pilgangoora 钽锂矿项目位于西澳大利亚州黑德兰港外 120km 处，为世界上最大的锂辉石矿山之一。Pilgangoora 钽锂矿项目的锂资源量约为 693 万吨碳酸锂，平均锂含量为 1.26%，目前该项目由 Pilbara 全资持有。截至 2021 年 3 月，赣锋锂业持有 Pilbara 6.33%的股权。

二、锂下游产业总体形势

（一）锂化工产业总体形势

锂化工产品主要包括工业级碳酸锂、电池级碳酸锂、电池级氢氧化锂、药用级碳酸锂、溴化锂、氯化锂、金属锂等。其中工业级别的碳酸锂是最重要的基础锂盐，除可直接用于铝冶炼、玻璃陶瓷等行业外，还被用于进一步加工制备电池级碳酸锂、电池级氢氧化锂、氯化锂（氯化锂进一步制备金属锂）等其他锂化合物。

1. 工业级碳酸锂

2020 年，我国工业级碳酸锂产量为 6 万吨。工业级碳酸锂化学成分见表 15-5。

表 15-5　工业级碳酸锂化学成分表

产品牌号	Li_2CO_3/%	杂质含量/%						
		Na	Fe	Ca	SO_4^{2-}	Cl^-	盐酸不溶物	Mg
Li_2CO_3-0	≥99.2	≤0.08	≤0.002	≤0.025	≤0.20	≤0.01	≤0.005	≤0.015
Li_2CO_3-1	≥99.0	≤0.15	≤0.0035	≤0.040	≤0.35	≤0.02	≤0.015	—
Li_2CO_3-2	≥98.5	≤0.20	≤0.007	≤0.070	≤0.50	≤0.03	≤0.05	—

2. 电池级碳酸锂

电池级碳酸锂主要用于生产锂离子电池的正极材料，主要应用于中低镍三元电池、磷酸铁锂电池、钴酸锂电池等。其碳酸锂纯度不小于99.5%，化学成分见表15-6。

表15-6　电池级碳酸锂化学成分表

Li_2CO_3/%	杂质含量（质量分数）/%						
≥99.5	Na	Mg	Ca	K	Fe	Zn	Cu
	≤0.25	≤0.008	≤0.005	≤0.001	≤0.001	≤0.0003	≤0.0003
	Pb	Si	Al	Mn	Ni	SO_4^{2-}	Cl^-
	≤0.0003	≤0.003	≤0.001	≤0.0003	≤0.001	≤0.08	≤0.003

据不完全统计，国内电池级碳酸锂总产能约为15.95万吨，占世界比例约66%。国内产能前三位企业分别为赣锋锂业、天齐锂业和盛新锂能。

赣锋锂业是全球第三大及中国最大锂化合物供应商，是全球唯一同时拥有“卤水提锂”“矿石提锂”“回收提锂”产业化技术的公司，拥有5个大类逾40种锂化合物及金属锂产品的生产能力，稳居世界第一梯队。

赣锋锂业电池级碳酸锂产能主要分布于江西赣州宁都赣锋2万吨、江西新余马洪工厂2.3万吨。天齐锂业是重要锂业龙头，国内张家港基地电池级碳酸锂产能为2万吨/年、射洪基地产能为1.45万吨/年。张家港基地目前是全球仅有的全自动电池级碳酸锂生产工厂。

3. 电池级氢氧化锂

在将锂盐与电池三元前驱体颗粒混合烧结时，需要锂盐呈熔融态才能使原料均匀混合。其中，高镍三元材料的烧结温度不宜过高。无水氢氧化锂的熔点约为462℃，单水氢氧化锂的熔点约为470℃，而碳酸锂的熔点高达723℃。因此，生产高镍三元材料从性能要求上只能使用氢氧化锂作为锂源，而生产中低镍三元材料和磷酸铁锂等可以使用廉价的碳酸锂作为锂源。电池级氢氧化锂具体化学成分见表15-7。

表15-7　电池级氢氧化锂化学成分表

产品牌号	LiOH主含量/%	杂质含量（质量分数）/%												
		Na	K	Fe	Ca	Cu	Mg	Mn	Si	Cl^-	SO_4^{2-}	CO_3^{2-}	B	酸不溶物
$LiOH \cdot H_2O$-D1	56.5~57.5	≤0.005	≤0.003	≤0.007	≤0.002	≤0.001	≤0.001	≤0.001	≤0.005	≤0.002	≤0.008	≤0.4	≤0.005	≤0.005

续表 15-7

产品牌号	LiOH主含量/%	杂质含量（质量分数）/%												
		Na	K	Fe	Ca	Cu	Mg	Mn	Si	Cl^-	SO_4^{2-}	CO_3^{2-}	B	酸不溶物
LiOH·H_2O-D2	56.5~57.5	≤0.005	≤0.003	≤0.007	≤0.005	≤0.0001	≤0.001	≤0.001	≤0.005	≤0.002	≤0.01	≤0.5	≤0.005	≤0.005
LiOH·H_2O-D3	56.5~57.5	≤0.01	≤0.005	≤0.007	≤0.01	≤0.0001	≤0.001	≤0.001	≤0.005	≤0.002	≤0.01	≤0.5	≤0.01	≤0.005

我国企业近些年纷纷投资电池级氢氧化锂，截至 2021 年上半年，国内可利用的电池级氢氧化锂产能已达 25.3 万吨，占全球总产能比例为 84%（全球总产能为 29.95 万吨）。若扣除美国雅宝（Albemarle）和力文特（Livent）外资企业在国内的产能，中资企业在国内有效产能合计为 20.3 万吨，占全球比例为 65%。赣锋锂业电池级氢氧化锂产地位于江西新余马洪工厂；天齐锂业电池级氢氧化锂国内产地位于射洪基地。

我国企业锂化工产品受到国际市场认可，以我国化工产品龙头赣锋锂业为例，产品客户有韩国 LG 化学、特斯拉、德国大众和德国宝马等，见表 15-8。

表 15-8 赣锋锂业产品下游客户

客户名称	协议签署日期	合 作 内 容
韩国 LG 化学	2018 年 8 月	2019~2025 年，由公司及赣锋国际向 LG 化学销售氢氧化锂及碳酸锂产品
特斯拉	2018 年 9 月	2018~2020 年（可展期三年），特斯拉指定其电池供货商向公司及赣锋锂业全资子公司赣锋国际采购电池级氢氧化锂产品，年采购数量约为公司该产品当年总产能的 20%
德国大众	2019 年 4 月	约定未来 10 年将向德国大众及其他供应商供应锂化工产品，在锂材料供应协议之外，德国大众还将与公司在电池回收和固态电池等未来议题上进行合作
德国宝马	2019 年 12 月	公司及赣锋国际将于 2020~2024 年（之后双方同意可延长）向德国宝马指定的电池或正极材料供货商供应锂化工产品的品种和具体数量，价格依据市场价格变化调整

4. 氟化锂

氟化锂主要用来制备锂离子电池电解质锂盐六氟磷酸锂，也可用于陶瓷工业、分光仪、焊条、X 射线单色仪的棱镜制造以及用作增值反应的载体。用作铝电解和稀土电解的添加剂，降低电解质熔点和黏度，提高电流效率；在陶瓷工业中，用于降低窑温和改进耐热冲击性、磨损性和酸腐蚀性；同时还用于制取各种含氟化锂单晶的原料、特殊光学仪器及激光。

据不完全统计，目前我国氟化锂产能约为1.85万吨，龙头公司为多氟多等。

5. 氯化锂和金属锂

金属锂主要用于锂电池负极材料、医药反应催化剂、合金及其他工业品材料。金属锂原料主要是氯化锂，2020年我国无水氯化锂产量为2.3万吨，金属锂产量1.4万吨。

（二）锂下游材料总体形势

我国三元材料产能较大。高镍三元正极材料产品性能和生产工艺与海外材料企业尚有一定差距。日本、韩国企业在高镍三元正极材料方面研发起步较早，技术相对成熟。

我国三元正极材料企业集中度相对分散，前5家企业市场份额占比为52%；电池电解液企业集中度较高，前5家企业市场份额占比达72%（见图15-12）。

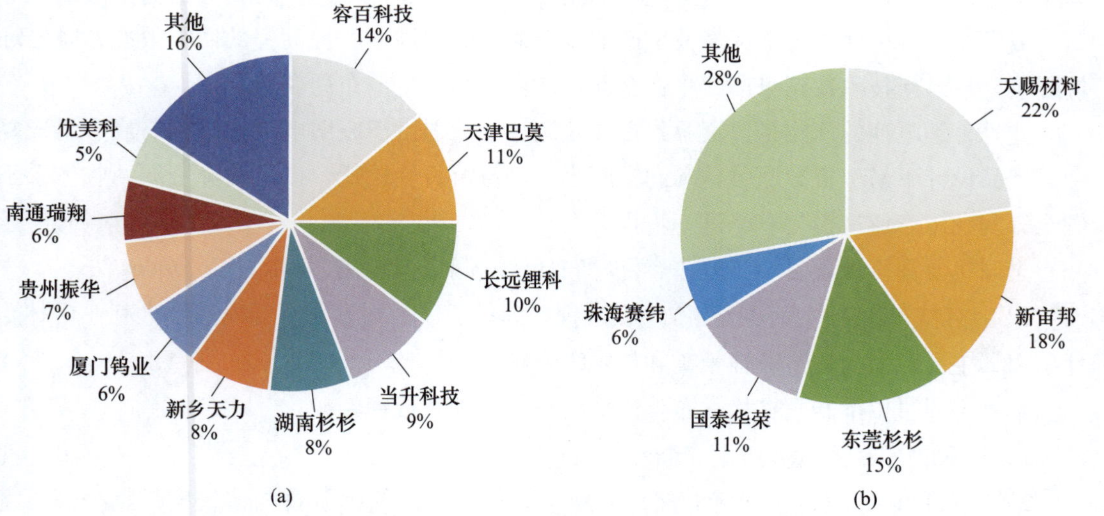

图15-12　我国三元正极材料(a)和电池电解液(b)生产企业集中度

我国是全球电池生产中心，电池产能规模大，国际市场占有率高，仅宁德时代一家企业就供应全球30%以上动力电池。电池对外净输出，基本能够自给。国内动力电池技术相对完备，但在能量密度高、未来发展潜力大的软包电池方面，技术相比LG等国外企业有一定差距。

（三）二次回收总体形势

目前，我国锂回收规模较小，尚未建立系统的回收产业链体系，处于产业秩序混乱阶段，集中度不高。同时，一些小厂商在运输、处置和二次利用生产过程中分解或水解出的氢氟酸和其他含氟化合物会有一定的腐蚀性与毒性，面临生态环保问题。

目前，我国主要的动力电池回收企业有湖南邦普、格林美等。

三、锂行业技术形势

（一）资源端

综合比较来看，矿石提锂技术经过100余年的发展，传统工艺方面已相对成熟，未来会在新的装备、新的工艺（如电化学法）等方面有进一步的产业化突破。在采矿方面，目前国内使用的锂辉石矿主要来自澳洲、加拿大、非洲等，国内的锂辉石矿还需要进一步的勘探、开发和利用。

国内卤水工艺受原料和区域的影响，产能和质量一直未能有效突破。在未来几年，新的技术有可能会给盐湖提锂工艺带来根本性地改变，从而使高镁锂比盐湖卤水、低品位卤水、含锂地热水、含锂油气废水等锂资源得到开发利用。国际上许多技术机构都在研发卤水提锂技术并有很多阶段性成果，在这些新技术中，吸附交换技术、膜分离技术、萃取分离技术等，任何技术的突破都有可能根本改变盐湖卤水提锂工艺，将庞大的盐田浓缩工序简化或省略，减少盐田投资，降低生产成本、缩短生产周期，提高锂的回收效率，减轻环境影响。一旦新技术得到量产，将迎来新一波世界性锂生产布局变动。

此外，锂电池的回收是锂资源的重要来源之一。但由于废旧电池的结构与成分组成复杂，产品设计不易于资源回收，利润空间小，经济可行性较低，以及废弃资源回收体系不健全等问题，产业规模化有待进一步提升。

全球主要锂资源项目生产方法有格林布什法、阿塔卡马法、FMC法、Oraloz法。

（1）格林布什法。公司目前唯一在产锂矿为控股子公司泰利森开发的澳大利亚格林布什矿山，主要产品为化学级锂精矿和技术级锂精矿。

泰利森通过以下步骤在格林布什矿场将锂辉石加工成锂精矿：

1）开采的粗矿通过多级破碎循环进行尺寸减小。

2）破碎的矿石通过筛网区分尺寸，用重介质分离法使锂矿物与多密度矿物分离，将粗糙的碎矿进行浓缩，从而得到粗糙的锂精矿。

3）使用筛网或液压尺寸测定方法进行分类，以将剩余的矿流按照不同尺寸分成不同的组别。

4）使用研磨球磨矿物。

5）采用湿式高强度磁选去除潜在的污染矿物质。

6）进行浮选从而得到精细的锂精矿。

7）进行增稠及过滤，以生产化学级或技术级锂精矿。

格林布什法具体生产流程如图15-13所示。

（2）阿塔卡马法。这是SQM/Albemarle旗下的世界最大盐湖智利阿塔卡马所采用的碳酸锂生产方法。

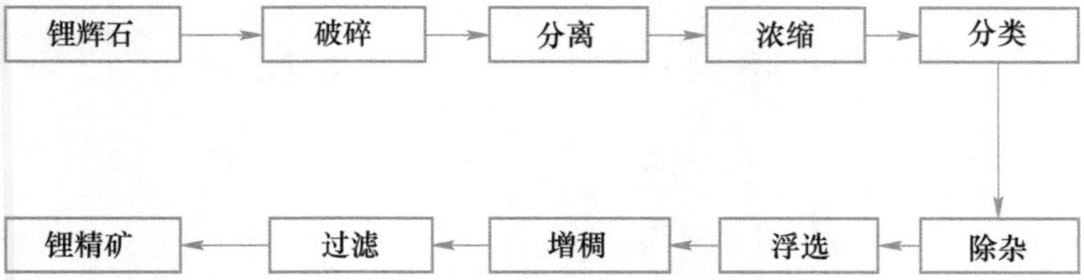

图 15-13　格林布什法具体生产流程

1）通过在阳光下蒸发盐水（Li：约 1500×10^{-6}）并浓缩盐水，溶解度低于 LiCl 的 NaCl 和 KCl 会结晶。此时，Li 浓度浓缩至约 0.9%。

2）进一步在阳光下蒸发使 $MgCl_2$ 结晶，最后将 Li 浓度最大浓缩到 6%左右。此时，剩余 1.8% 的 Mg 和 0.8% 的 B。

3）用溶剂萃取法除去 B，加入生石灰（CaO）或熟石灰（$Ca(OH)_2$）中和除去 $Mg(OH)_2$。

4）加入纯碱（Na_2CO_3），碳酸化，加热，压滤机过滤，干燥，得到碳酸锂产品。

5）氢氧化锂是在碳酸锂中加入熟石灰，取代羟基而得。

此外，碳酸化和添加纯碱存在去除残留钙等问题，每个生产商都有诀窍。

（3）FMC 法。阿根廷 Hombre Muerto 盐湖采用的方法。流程等细节还没有说清楚，但在调节温度和 pH 值后，用氧化铝基吸附剂（选择性吸附 Li）将 Li 含量浓缩到 1%左右，然后在阳光下蒸发。随后的过程（碳酸化）与阿塔卡马方法几乎相同。

（4）Oraloz 法。Orocobre 在阿根廷 Olaroz 盐湖中使用的方法。盐水中加入 CaO 除镁后，将脱镁的盐水日晒得到的浓盐水（Li 含量约为 1%）中加入纯碱，生成粗碳酸锂。然后，CO_2 被吹入并重新溶解。再溶解被认为是 $Li_2CO_3+CO_2+H_2O\rightarrow2LiHCO_3$ 的反应式。

之后，通过离子交换从过滤后的 $LiHCO_3$ 溶液中去除 Mg、Ca 和 B 等残留杂质，并加热结晶，得到纯化的碳酸锂。

（二）冶炼端

目前天齐锂业锂化工产品主要由公司旗下的射洪天齐、江苏天齐和重庆天齐负责运营和生产，公司通过以下步骤，将锂精矿加工成碳酸锂、氢氧化锂及氯化锂。第一步，对锂精矿进行煅烧、磨细和酸化。第二步，加入碳酸钙并进行调浆、浸取、过滤，将锂精矿转化为硫酸锂溶液。第三步，通过纯化和蒸发浓缩处理将硫酸锂溶液进行浓缩过滤，然后分别加入碳酸钠、氢氧化钠或氯化钙制成成品碳酸锂、氢氧化锂或氯化锂。最后，通过包括电解和蒸馏的方法使用氯化锂生产金属锂。具体流程如图 15-14 所示。

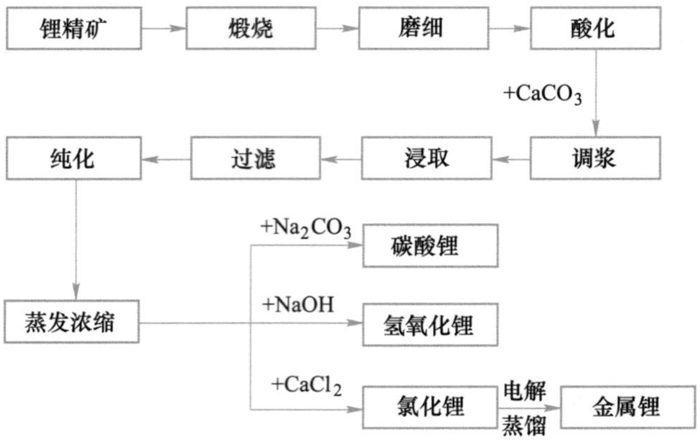

图 15-14　天齐锂业碳酸锂、氢氧化锂及氯化锂、金属锂的生产流程

赣锋锂业最具代表性的锂化工产品有电池级碳酸锂、工业级氯化锂及氢氧化锂，其工艺生产流程如图 15-15 所示。

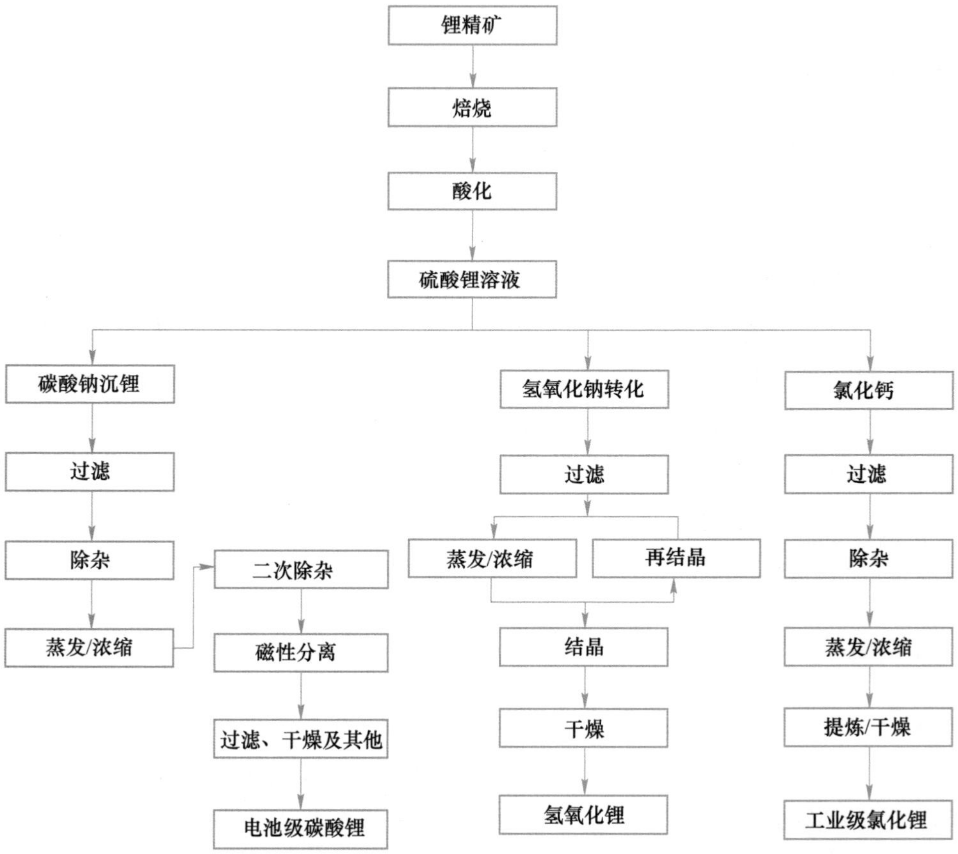

图 15-15　赣锋锂业生产电池级碳酸锂、工业级氯化锂及氢氧化锂工艺流程

我国锂及其下游材料产业链图谱，如图 15-16 所示。

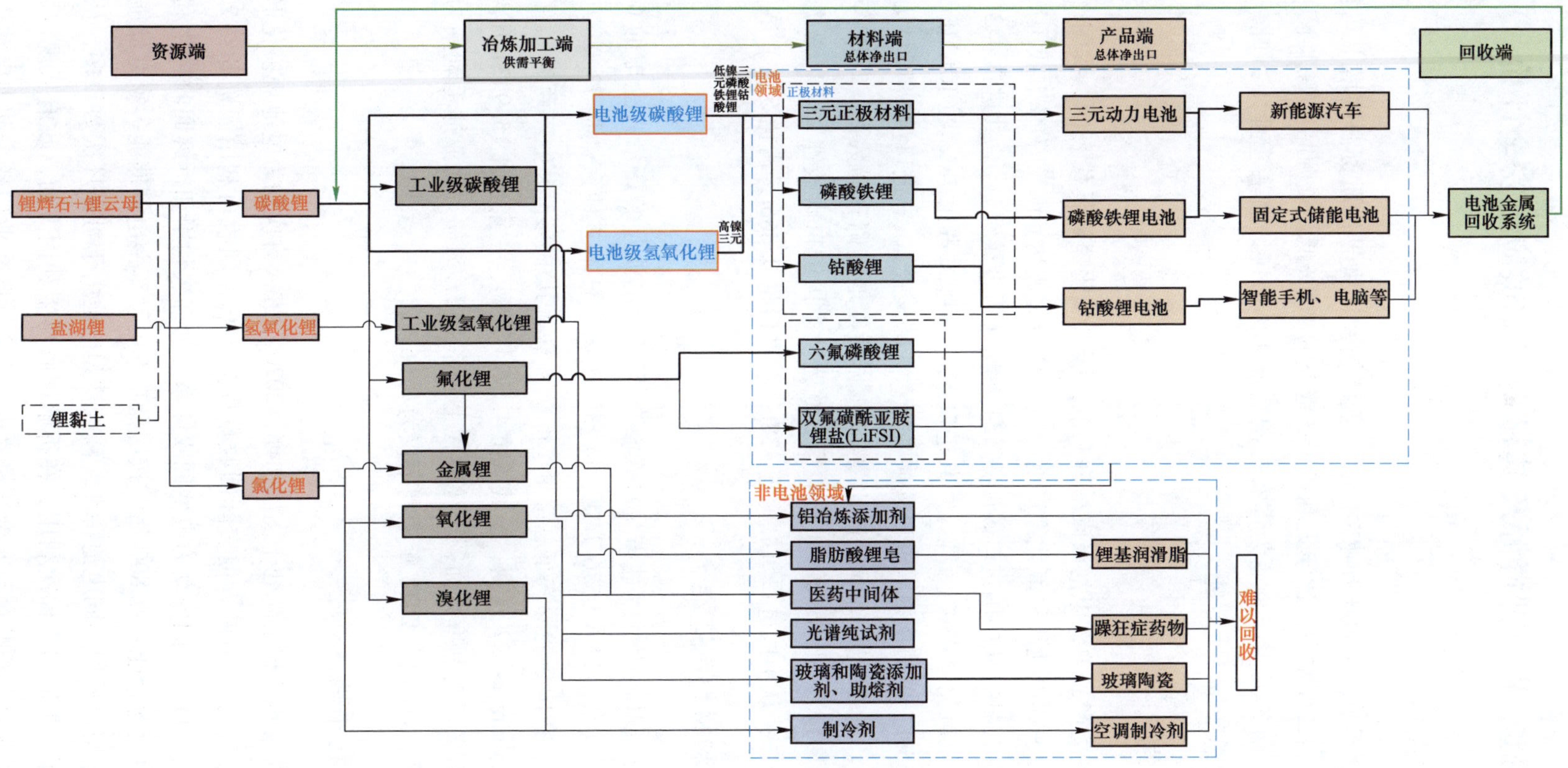

图 15-16　我国锂及其下游材料产业链图谱

第二节　锂资源及其材料产业供应链安全评价

一、资源端

我国锂储量不多，仅 800 万吨碳酸锂，盐湖镁锂比世界优质资源阿塔卡玛盐湖的高，四川锂辉石品位 1.2%左右，比澳大利亚天齐锂业的 1.8%低，资源品质整体不高。就国内锂矿开发来说，前 3 大生产企业为青海盐湖工业 1.4 万吨，宜春钽业 1 万吨，西部矿业 0.9 万吨。国内总产量 7.1 万吨。

二、冶炼端

在冶炼端各类产品中，电池级碳酸锂和电池级氢氧化锂最具代表性。我国产能十分庞大，电池级碳酸锂和电池级氢氧化锂产能分别占全球比例达 66%和 71%。我国冶炼端的国际竞争力为 55%，日本从中国进口碳酸锂 424 万吨（折金属锂），总共进口 4431 万吨，占比 9.6%；进口氢氧化锂 4803 万吨，总共进口 6161 万吨，占比 78%。（JOGMEC）日本锂消费总量为 10659t。美国从中国进口碳酸锂 174t（碳酸锂），总进口量 1.1663 万吨；进口氢氧化锂 28.5t，总进口量 1596t，占比 2%。根据美国地质调查局数据，2017 年美国锂消费量 3000t（金属量），折合 16000t 碳酸锂。欧盟从中国进口碳酸锂 237t，总进口量 1.83 万吨，占比 1.3%；从中国进口氢氧化锂 438t，总进口量 0.866t，占比 5%。

三、产品和材料制造端

我国各种电池材料产量合计占全球总量的 52%，电池整装产量占全球的 66%。2020 年，我国新能源汽车出口 6.9576 万辆，欧洲、美国、日本三地区销量 73.94 万辆，我国出口占比 9.4%。我国新能源汽车总销量 136.7 万辆，其中前 3 大生产商为比亚迪 6.9991 万辆、五菱宏光 mini 11.27 万辆、长城欧拉 4.6774 万辆，三家合计 15.9474 万辆，前 3 家企业集中度为 12%。毛利率方面，宁德时代毛利率为 27.51%，比亚迪毛利率为 19.18%，属世界较高水平，LG 化学 2018 年毛利率仅为 0.96%。

四、循环利用端

中国动力电池循环利用尚处于发展初期。2020 年进入首次动力电池规模化退役，动力电池累计退役总量约 20 万吨，但实际回收量仅为 41%，回收再利用锂资源约 2 万吨，循环利用效果较差。目前，国内动力电池回收体系分为梯次利用和拆解回收再生利用两个循环过程。当动力电池余能不足 80%后，按照低功率电动车→电网储能→家庭储能→报废的顺序进行梯次利用，根据不同电池特性，磷酸铁锂电池由于可循环次数较多，从汽车退役后仍可多次循环，更适用于梯次利用。在拆解回收再生利用方面，政府从规定回收主体、动力电池拆解作业要求和贮存与安全环保要求、提高回收企业门槛、动力电池中镍钴锰锂回收率等多方面出台了相应的管理办法。同时，构建新能源汽车国家监测与动力蓄电池回收利用溯源综合管理平台，对汽车用动力电池开展全生命周期追溯，实现动力电池的来源可查、去向可追、节点可控。整体来看，目前出台的政策缺乏强制性，国内动力电池报废后进入正规渠道的回收率仍然很低，产业秩序相对混乱。

未来随着国家在动力电池回收领域的政策和法律法规不断完善，对动力电池报废流向约束力加强，我国锂资源循环利用水平将有较大提升空间。

第三节　面临的重大问题

一、我国是锂消费第一大国，进口需求还将呈扩大趋势

我国锂消费量占全球比例进一步增加，2020 年上升至 69.7%，产量仅占 17%，国内供应难以满足需求，需大量进口。2012~2020 年，我国锂需求量由 6 万吨增长至 22.97 万吨，未来随着用锂量的增长，进口量还将继续扩大。

二、我国锂资源提取成本相对较高，矿山盈利能力低于国际水平

全球主要锂矿项目的平均开采现金成本为 3344 美元/t 碳酸锂，而我国的宜春锂云母矿、扎布耶盐湖、东西台吉乃尔盐湖、察尔汗盐湖的锂开采现金成本在 3768 美元/t 碳酸锂至 5303 美元/t 碳酸锂之间，比全球重要锂矿项目平均成本高出 13%~58%。

三、国内面临高海拔、生态环保政策等诸多约束，锂矿扩产受到一定限制

短期内我国部分地区锂资源难以大规模开发利用。一是部分资源地理位置条件差，我国西藏扎布耶盐湖海拔 4000 多米，而智利阿塔卡玛盐湖和国内青海察尔汗、东西台吉乃尔等大部分盐湖海拔均为 2000 多米，海拔高导致温度低、卤水蒸发较慢，同时基础设施建设受限，制约了其生产规模。二是环保政策制约，部分地区锂资源扩产受到一定限制。

四、核心专利布局较晚，正极材料、电解液等核心专利已被国外公司垄断

三元正极材料对锂动力电池生产十分关键，其核心专利掌握在美国 3M 等公司手中。目前，国际主流厂商松下、三星、LG 等都要花钱购买相关专利授权。此外，电解液基础专利已被日本等企业注册。我国企业开展核心材料相关布局较晚，若未来面对国际巨头竞争，缺乏核心专利将成为较大短板。

五、废旧动力电池资源二次回收体系尚不完备，产业秩序较为混乱

我国新能源汽车发展较快，动力电池退役量猛增。据中国汽车技术研究中心数据，

2025 年我国动力电池累计退役总量将比 2020 年增长近 4 倍。充分利用二次资源是缓解资源供应紧张的重要手段。目前，我国锂动力电池回收规模较小，尚未建立系统的回收产业链体系，回收产业处于秩序混乱阶段，集中度不高。虽出台了部分动力电池回收管理办法，但小企业分布分散，监管存在难度，运输、处置和二次利用生产过程中分解出的氢氟酸和其他含氟化合物对环境产生一定的腐蚀性与毒性，面临生态环保问题。同时，还存在退役电池检测沿用车用动力电池标准，检测时间和资金成本高，电池残值评估技术和人才储备不足等问题。

第四节　未来发展态势

一、新能源汽车发展趋势分析

根据我国《新能源汽车产业发展规划（2021—2035 年）》和《节能与新能源汽车技术路线图 2.0》，2035 年我国新能源汽车销量将达到 2000 万辆，市场渗透率将达 50%。其中，纯电动汽车约合 1900 万辆，占新能源汽车总量的 95%。

由于磷酸铁锂电池能量密度比三元电池低，难以满足汽车对续航里程高要求，因此，2015~2019 年，我国三元电池市场份额由 38% 快速增长至 70%。2020 年，CTP 电池包、刀片电池等结构性创新提升了磷酸铁锂电池续航能力，使其性价比相对三元电池高，因此 2020 年磷酸铁锂市场份额快速回升。由于高端、中端、低端乘用车对于各项指标要求不同，长期来看，高镍三元动力电池和磷酸铁锂电池将实现分级消费、并行发展。在现有技术水平下，综合考虑资源可得性、性价比等因素，我们认为 2035 年磷酸铁锂电池占比将达到 55%、三元电池占比将达到 44%。

2016~2035 年我国不同种类汽车销量如图 15-17 所示。

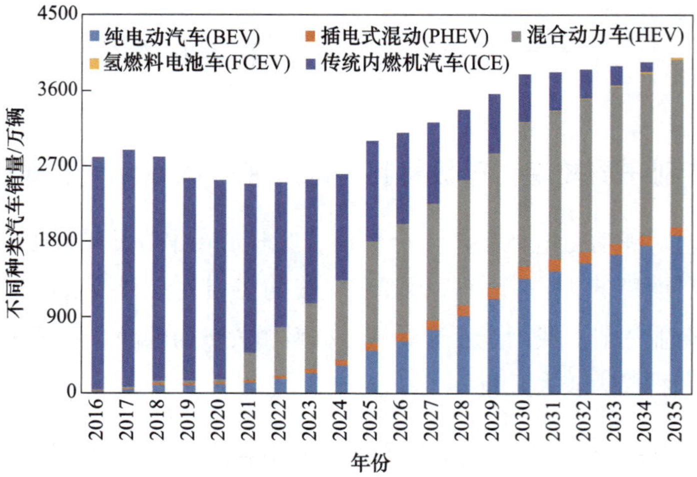

图 15-17　2016~2035 年我国不同种类汽车销量

中国各类动力电池市场份额及预测见表 15-9。

表 15-9　中国各类动力电池市场份额及预测

类型	2015 年	2016 年	2017 年	2018 年	2019 年	2020 年	2025 年	2030 年	2035 年
三元电池	38%	39%	53%	62%	70%	66%	61%	56%	44%
磷酸铁锂	52%	52%	39%	31%	37%	33%	38%	43%	55%
其他	10%	9%	8%	7%	3%	1%	1%	1%	1%

除特斯拉外，目前市场上纯电动汽车动力电池容量主要为 30~60kW·h，插电式混合动力汽车电池容量主要为 8~12kW·h。

随着电池技术的提升和对电动汽车续航里程的要求，动力电池的容量将不断上升。纯电动车汽车动力电池容量由现在的 30~60kW·h 到 2035 年的 100~120kW·h；插电式混合动力汽车由现在的 8~12kW·h 到 2035 年的 13~15kW·h；混合动力汽车电池容量在 2~6kW·h 之间。

根据新能源汽车产量及电池容量变化趋势，2020~2035 年，中国动力电池装机量将从 62.85GW·h 增长至 1500GW·h，增长约 23 倍。结合动力电池装机容量变化、不同电池种类及其正极材料和电解液中单位含锂量，计算动力电池领域锂需求。

二、3C 产业锂需求趋势分析

3C 等小型锂电池主要应用于手机、笔记本电脑等便携电子产品领域。目前，全球智能手机、笔记本电脑等电子产业市场逐步成熟和饱和，电子产品产量趋于稳定，全球年出货量分别维持在约 12.4 亿部、2.35 亿台。中国智能手机、笔记本电脑出货量则维持在 2.96 亿部、0.49 亿部左右。随着用户对手机等便携设备电池带电量要求的不断提升，预计 2020~2030 年，中国 3C 领域用锂仍将保持 3%左右增长。

三、固定式电化学储能产业需求趋势分析

根据中金公司预测，2030 年中国电化学储能出货将达 187GW·h。据此发展速度，假定磷酸铁锂电池在此领域依旧保持主流地位，预计 2020~2035 年，中国该领域锂需求将由 1.3 万吨增长至 28.9 万吨。

综合考虑储能领域、3C 领域、玻璃陶瓷等领域，得出全球和中国的锂需求趋势，见表 15-10。

表 15-10　2020~2035 年中国锂需求趋势　（万吨碳酸锂）

类型	中国				
	2020 年	2025 年	2030 年	2035 年	2035 年占比/%
动力电池领域	6.0	24.3	72.0	109.7	69
3C 领域	3.5	4.5	5.7	8.0	5

续表 15-10

类型	中国				
	2020 年	2025 年	2030 年	2035 年	2035 年占比/%
储能领域	1.3	4.7	12.0	28.9	18
玻璃陶瓷	2.4	2.8	3.4	3.9	2
其他	9.8	9.4	8.9	8.5	5
合计	23.0	45.7	102.0	159.0	100

第五节　总体战略

2035 年，我国锂及其材料产业供应链高质量发展评价总分将由 74 分增长为 93 分。总体战略目标具体如下。

一、资源端

通过多元化进口来源、降低三废排放和能耗等提升我国资源端高质量发展评价分数，由目前的 69 分提升至 90 分。

二、冶炼端

通过提升行业中（电池级别高纯产品）高端产品产量、进一步强化在国际行业中科技水平、降本增效、持续科研创新投入，提升我国锂冶炼端高质量发展水平，由目前 82 分提升至 95 分。

三、产品和材料制造端

通过加大科研投入、增强科研创新能力，加强国际科技水平地位；加快电池专利布局；产品结构进一步向高端化发展，将我国锂材料产品端发展水平由 83 分提高至 95 分。

四、循环利用端

我国尚未建立完善的电池回收管理体制机制，目前回收市场处于小散乱状态。循环利用端是我国锂提升发展质量的最重要环节。通过构建新能源汽车动力电池回收利用技术体系和产业体系，提高从手机、电脑等产品回收金属能力，提高锂、钴、镍等金属循环利用规模。提升电池回收企业门槛，加强电池回收企业集中度。实施生产者延伸责任制度，让生产者承担部分回收费用与回收责任，促进生产者与回收企业共同联合的回收体系建设。最终实现锂在循环利用端从 60 分提升至 95 分。

2020 年、2030 年、2035 年我国锂及其材料产业供应链高质量发展目标见表 15-11。

表 15-11　2020 年、2030 年、2035 年我国锂及其材料产业供应链高质量发展目标

序号	四大环节	权重	2020 年得分	2030 年得分	2035 年得分
1	资源端	0. 35	69	80	90
2	冶炼端	0. 20	82	88	95
3	材料产品制造端	0. 30	83	87	95
4	循环利用端	0. 15	60	85	95

第六节　对策建议

具体对策建议如下：

（1）加大国内找矿力度。夯实资源基础，提高国内资源保障能力。

（2）出台完善二次资源回收政策体系，构建资源回收利用管理平台，提升社会回收利用规模。

（3）加强从资源开采环节到下游深加工产品的科技攻关。降低生产成本，增强产品市场竞争力。

第十六章 钴及其材料产业供应链安全保障形势与战略

第一节 钴总体形势

一、钴资源形势

（一）钴资源需求形势

1. 应用领域

钴（Co）是一种具有光泽的白色金属，钴有 16 种天然和人造同位素。钴 60（^{60}Co）是广泛使用的 γ 射线源，半衰期 5.26 年。钴与铁、镍的性质很相似，统称为铁族元素。钴、镍、铁合金是很好的磁性材料，钴的熔点为 1495℃，沸点为 2930℃，常温下密度为 $8.9g/cm^3$，硬度为 5.6。钴具有强而稳定的磁性，其居里点高达 1115℃，比任何金属和合金都高。此外，钴是唯一能增加铁磁化的元素。钴为不活泼的金属，块状金属钴在 300℃ 以下时，与水和空气不起反应，在高温下能与非金属及氧化合；粉末状的钴在温室下很快就可被空气氧化。钴易溶于硝酸，并能逐渐溶于稀盐酸和硫酸。

钴具有耐高温、硬度好、磁性强等特质，钴锂化合物被广泛用于充电电池正极材料，钴基超级合金、高温合金（美国称之为超级合金）是航空航天发动机、工业设备及舰船的燃气轮机叶片的重要制作材料。此外，钴还被用于制作硬质合金、化学催化剂、永磁体材料等，是一种对我国新能源汽车、航空航天等战略性新兴产业以及国防军工意义重大的矿产。

钴的性质及应用领域见表 16-1。

表 16-1 钴的性质及应用领域

性质作用	应用领域
稳定材料的层状结构，而且可以提高材料的循环和倍率性能	电池
耐高温	高温合金
硬度好	硬质合金
具有强而稳定的磁性，其居里点高达 1115℃，比任何金属和合金都高	磁性材料

在钴全球消费结构中，电池为第一大消费领域，其次为高温合金、硬质合金、催化剂、玻璃陶瓷和磁性材料。由于中国是全球电池供应基地且电动汽车发展迅速，国内84%的钴都用于电池生产。

2020年全球钴消费结构如图16-1所示。2020年中国钴消费结构如图16-2所示。

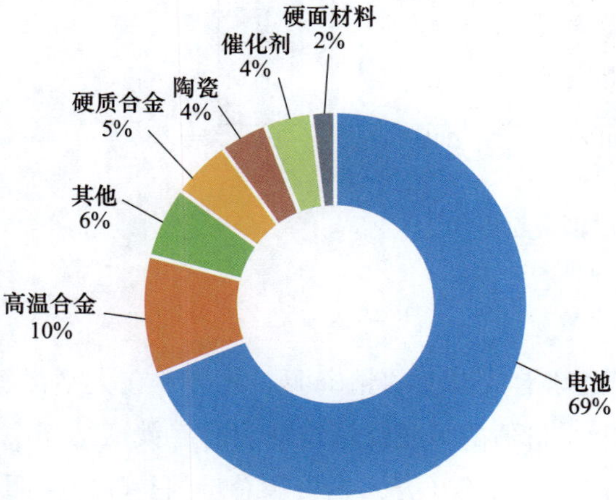

图16-1　2020年全球钴消费结构

（数据来源：安泰科）

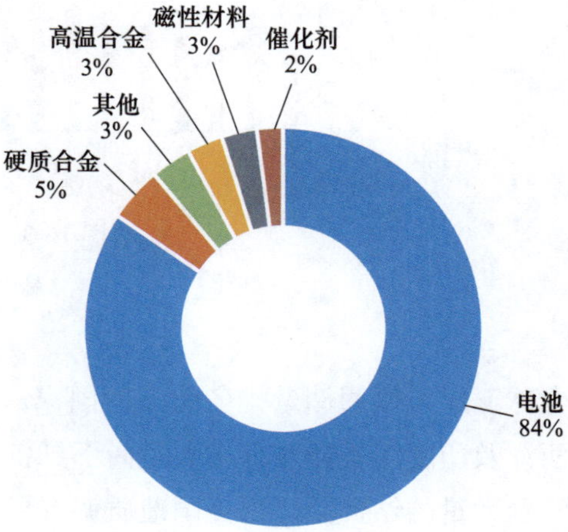

图16-2　2020年中国钴消费结构

（数据来源：安泰科）

2. 需求现状

2020年全球钴消费约为14.1万吨，同比增长5.3%。2020年受到新冠肺炎疫情的影响，导致全球高温合金领域需求大幅减少，硬质合金等行业消费也受到负面影响，钴消费增速减缓；同期，居家办公以及学生网课促进了3C领域销量大幅增长，弥补了高温合金及其他领域需求减少的缺口。

我国是全球最重要的钴消费国，需求量占世界的50%。2020年，我国钴消费7万吨。作为全球电池生产中心以及新能源汽车产业坚定的推动国，我国电池领域的钴需求将继续保持增长。此外，随着我国航空航天及造船工业等新兴产业的快速发展，将推动我国钴在高温合金领域的需求。

全球钴消费趋势如图16-3所示。

（二）钴资源供应形势

1. 全球及中国钴资源分布状况

全球钴资源分布高度集中，刚果（金）探明储量约占全球五成，我国钴资源贫乏。

据USGS统计数据，2020年全球陆地钴探明储量约710万吨。主要分布在刚果（金）、澳大利亚、古巴、赞比亚、俄罗斯、加拿大、菲律宾等国，其中仅刚果（金）探明储量约

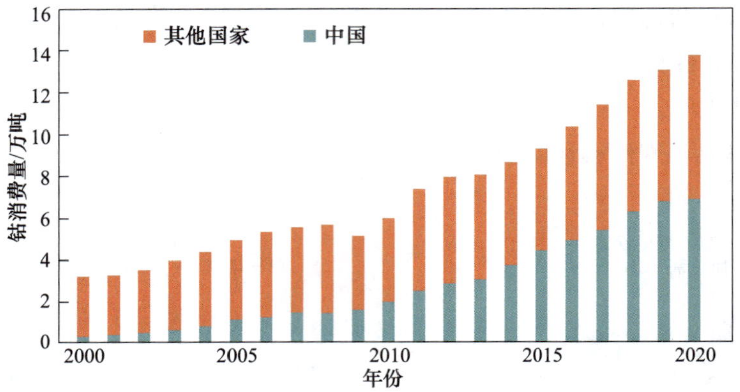

图 16-3　全球钴消费趋势
（数据来源：USGS）

占全球五成，探明储量排名前三的国家占据着全球七成以上的钴资源。此外，在太平洋、大西洋及印度洋等洋底存在大量尚不具备经济开采价值的海底铁锰结核和海底铁锰结壳中蕴藏着大量的钴资源，据美国地质调查局估算，洋底结核（壳）钴资源总量约是陆地探明总储量的 5 倍，具备极大的开发前景，是未来钴主要的潜在接替资源。

刚果（金）钴资源最为丰富，查明资源储量约 340 万吨，占全球探明储量的 49%，而据刚果（金）矿业部统计数据，其钴资源探明储量高达 450 万吨，因此也被国际社会誉为“钴矿之国”；澳大利亚拥有全球第二大钴储量，其探明储量约 120 万吨，占全球总储量的 17%；古巴钴资源储量排名全球第三，探明储量约 50 万吨，占全球总储量的 7%；其他钴资源大国主要包括菲律宾（28 万吨，占比 4%）、赞比亚（27 万吨，占比 4%）、俄罗斯（27 万吨，占比 4%）、加拿大（26 万吨，占比 4%），中国钴资源匮乏，探明储量约 8 万吨，仅占全球总储量的 1.1%（见图 16-4）。

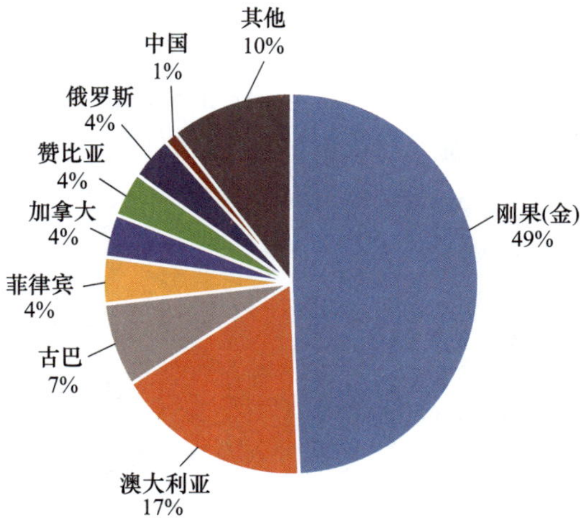

图 16-4　2020 年全球陆地钴矿储量分布图
（数据来源：USGS）

中国钴资源紧缺，据 USGS 统计，2020 年中国钴储量约 8 万吨，仅占全球总储量的 1.1%；但据自然资源部《2020 年全国矿产资源储量统计表》数据，2020 年中国钴金属矿产储量为 13.74 万吨。中国钴资源具有分布集中、矿床规模小、矿石品位低、伴生矿多、开采难度大等特点，主要分布在甘肃、吉林、内蒙古、山东、四川、陕西等地，仅甘肃省储量约占全国总储量的 72%（见图 16-5）。我国目前查明最大的钴矿床是金川铜-镍矿床，无论是储量还是品位均低于世界平均水平，且钴作为铜、镍矿的副产品回收产出，回收率低且成本高。

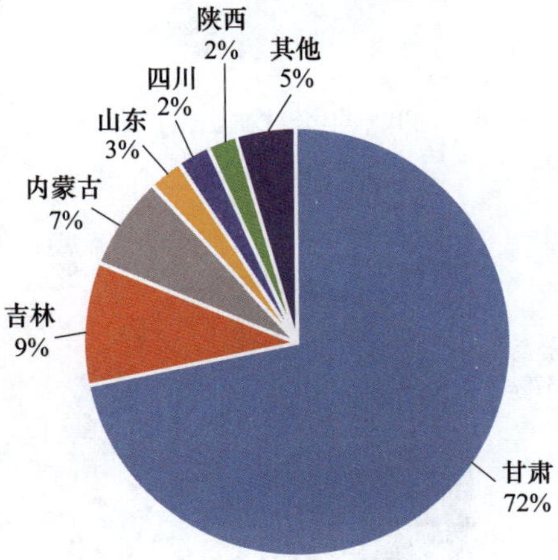

图 16-5　中国钴矿资源分布图

（数据来源：2020 年全国矿产资源储量统计表）

2. 全球及中国钴资源供应情况

全球矿山钴供应地区和企业集中，刚果（金）提供了全球近七成的矿山钴。

据 USGS 统计数据，2020 年全球矿山钴产量约 14 万吨，主要生产国包括刚果（金）、中国、加拿大、俄罗斯、澳大利亚、赞比亚、古巴等国，其中刚果（金）产量为 9.5 万吨，约占全球总产量的 68%，其他矿山钴供应大国分别是俄罗斯（6300t，占比 5%）、澳大利亚（5700t，占比 4%）、菲律宾（4700t，占比 3%）、古巴（3600t，占比 3%）以及加拿大（3200t，占比 2%），我国矿山钴产量约 2300t，约占全球总产量的 2%（见图 16-6）。

同时全球矿山钴生产企业也相对集中。2020 年前 10 大矿山钴生产企业分别是：嘉能可集团（瑞士）、洛阳钼业（中国）、Gécamines SA（刚果（金））、欧亚集团（哈萨克斯坦）、华友钴业（中国）、Shalina Resources Ltd.（阿联酋）、中国有色矿业（中国）、淡水河谷（巴西）、诺里尔斯克镍业（俄罗斯）、金川集团（中国），其中排名前 5 的矿业公司产量约占全球总产量的 48%，排名前 10 的矿业公司产量约占全球总产量的 63%（见图 16-7）。

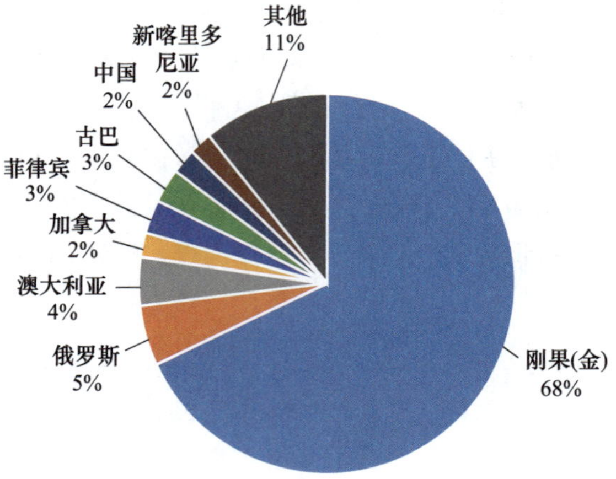

图 16-6　2020 年全球矿山钴产量分布图

（数据来源：USGS）

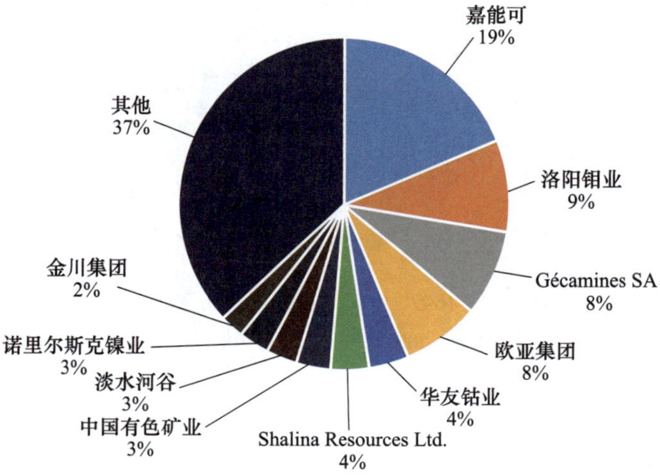

图 16-7　2020 年全球主要钴矿公司矿山钴产量占比

（数据来源：标普全球市场财智）

从矿山钴生产企业的 HHI 指数来看，2010 年全球前 5 大企业 HHI 指数为 398，此后的 10 年呈现逐渐上升趋势，至 2020 年该指数为 642。而根据美国贝恩对市场结构的分类标准，全球矿山钴生产市场倾向于寡头垄断，并且随着类似嘉能可集团、洛阳钼业等超大型矿山钴生产公司产量占全球份额的不断增加，未来 HHI 指数还将呈上升趋势，钴行业市场垄断程度将逐渐提高。

全球精炼钴供应高度集中，中国提供了全球超六成的精炼钴。据世界金属统计年鉴统计数据，2019 年全球精炼钴产量 13. 14 万吨，主要生产国包括中国、芬兰、比利时、加拿大、挪威、澳大利亚等国，其中中国产量约 8. 5 万吨，约占全球精炼钴总产量的 65%，其他精炼钴供应大国分别是芬兰（12526t，占比 9%）、比利时（6500t，占比 5%）、加拿大（6250t，占比 5%）。

2019 年全球主要国家精炼钴产量占比如图 16-8 所示。

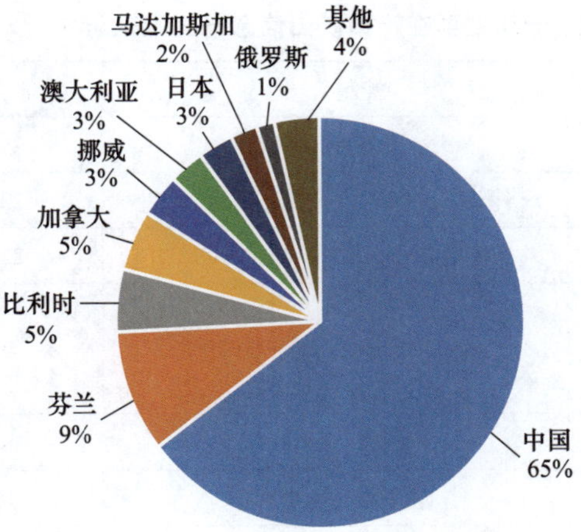

图 16-8　2019 年全球主要国家精炼钴产量占比
（数据来源：世界金属统计年鉴）

过去 30 年，全球精炼钴的供应格局出现了由非洲向欧美地区转变，再向亚太地区转变的过程。1995 年，全球精炼钴产能约 4. 68 万吨，其中刚果（金）约为 1. 8 万吨，俄罗斯约为 8000t，赞比亚约为 5000t，这 3 个国家产能占全球总产能比例高达 66%；1997 年，芬兰接替刚果（金）成为全球最大精炼钴生产国，同时欧洲地区的俄罗斯、挪威、波兰等国产量在全球也占据重要份额；2004 年中国精炼钴产能超过芬兰，成为全球第一大精炼钴生产国。此后，中国进入快速发展阶段，至 2019 年，中国精炼钴产量占全球总产量比例高达 65%，稳居全球第一，预计在未来短时间内这种形势不会改变。

2020 年中国主要公司精炼钴产量占比如图 16-9 所示。

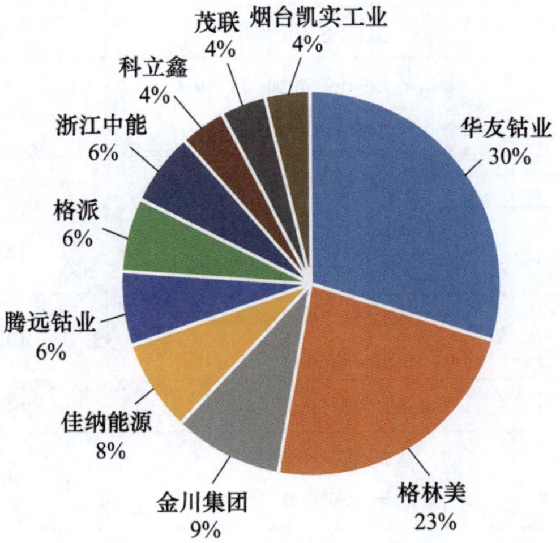

图 16-9　2020 年中国主要公司精炼钴产量占比
（数据来源：安泰科）

全球主要在产钴矿山信息一览表见表 16-2。

表 16-2　全球主要在产钴矿山信息一览表（资源量>5 万吨）

序号	项目名称	控制公司	储量、资源量/t	平均品位/%
1	Mutanda	嘉能可 100%	2904000	0.370
2	Tenke Fungurume	洛阳钼业 80%，Gécamines SA 20%	2390000	0.290
3	Kamoto	嘉能可 75%，Gécamines SA 25%	2218000	0.500
4	Congo Mines and Infrastructure Construction	中铁资源 63%，Congo National Mining Co 20%，花港集团 12%，华友钴业 5%	494000	0.240
5	Metalkol RTR	欧亚资源 100%	341500	0.303
6	Punta Gorda	谢里特国际 100%	341000	0.110
7	Mutoshi	Chemaf SPRL（Shalina Resources）100%	300000	—
8	Mufulira	ZCCM Investments Holdings Plc 100%	287800	0.080
9	Musonoi	金川集团 75%，Gécamines SA（Venturer）25%	282000	0.820
10	Pomalaa	印尼国有矿业 100%	277300	0.068
11	Moa Bay	通用镍业 50%，谢里特国际 50%	248600	0.130
12	Boss	欧亚资源 70%，Gécamines SA 30%	244000	0.202
13	Boleo	韩国财团 92.77%	223000	0.052
14	Tapunopaka	印尼国有矿业 100%	213550	0.073
15	Ambatovy	住友株式会社 54%，韩国资源公司 46%	180000	0.080
16	Murrin Murrin	嘉能可 100%	179400	0.078
17	Clean TeQ Sunrise	Sunrise Energy Metals Limited（Owner）100%	162000	0.058
18	Jinchuan	金川集团 100%	161000	0.031
19	Chambishi	中国有色 85%，ZCCM Investments Holdings Plc 15%	158000	0.077
20	Nkana Slag	私人控制 90%，ZCCM Investments Holdings Plc 10%	152000	0.760
21	Kevitsa	Boliden AB（publ）100%	145000	0.051
22	Goro	法国某财团 95%，新喀里多尼亚矿业 5%	140100	0.110
23	Hengjaya	Nickel Mines Limited 80%，Private Interest 20%	140000	0.080
24	Santo Domingo	Capstone Mining Corp100%	132300	0.023

续表 16-2

序号	项目名称	控制公司	储量、资源量/t	平均品位/%
25	Ramu	中冶集团 57%， 吉林杰恩镍业 11%， 酒泉钢铁 11%， 金川集团 6%	129000	0.090
26	Luishia	华刚集团 100%	110000	0.193
27	Ruashi	金川集团 75%，Gécamines SA 25%	92000	0.280
28	Ravensthorpe	第一量子矿业 70%，POSCO 30%	89400	0.030
29	Etoile	Shalina Resources 95%， 刚果（金）5%	82610	0.397
30	Araguaia	奥里藏特矿业 100%	77000	0.060
31	Nico	财富矿业 100%	74249	0.111
32	NorthMet	PolyMet 矿业 100%	72212	0.007
33	Comide	欧亚资源 100%	68200	0.047
34	Luiswishi	华友钴业 100%	62903	—
	合计		1317 万吨	

注：数据来源于标普全球市场财智。

3. 全球市场分析

2016~2018 年，新能源汽车产业快速发展，动力电池开始倾向三元锂电，需求增长使钴市场供应紧张情绪升温，导致苹果公司等国际大型需求公司都跳过中间商寻求钴矿供应，钴价一时飙涨到近 9.5 万美元/t，创历史新高。2018~2020 年，全球智能手机、笔记本电脑等 3C 产品需求疲软，新能源汽车向高镍低钴化发展，加之钴精矿及中间产品的主要市场供应过剩，钴价由 9.5 万美元/t 大幅下跌至 2.56 万美元/t，跌破全球主要钴矿山生产成本价 2.9 万美元/t。2020 年以来，钴价已回升至 5.95 万美元/t。

2011~2021 年钴价格如图 16-10 所示。

二、钴下游产业总体形势

根据中国有色金属工业协会钴业分会统计数据，2020 年我国钴消费量约为 7.8 万吨。主要消费领域集中在新能源汽车和 3C 数码领域，未来随着“双碳”目标的推进，我国钴消费总量将进入快速增长阶段。2020 年锂电池依然是消费增长的主要动力，电池行业用钴量约为 9.7 万吨，占比约为 68.8%，其次是高温合金，用钴量约为 1.4 万吨，占比约为 10.2%。硬质合金和金刚石工具行业、硬面材料、陶瓷和催化剂行业分别占比约为 5.1%、

图 16-10　2011~2021 年钴价格

2.5%、3.6%和 3.8%。国内钴消费主要分布在电池、硬质合金、高温合金、磁性材料和催化剂等领域。消费占比分别约为 84.4%、4.4%、2.9%、2.2%和 2.1%。

（一）电池行业

钴酸锂需求减少，三元电池需求上涨。

目前市场主流正极材料为钴酸锂、镍钴锰酸锂三元材料、镍钴铝酸锂三元材料、磷酸铁锂和锰酸锂。3C 产品中智能手机主要以钴酸锂为正极材料，平板电脑和笔记本电脑用正极材料主要是钴酸锂和镍钴锰酸锂混掺使用；主流动力电池正极材料为镍钴锰酸锂三元材料和镍钴铝酸锂三元材料，还有部分动力电池搭载磷酸铁锂正极材料。

2020 年海外厂商钴酸锂产量接近 1.8 万吨，同比下降 14.6%；NCM 三元材料产量达到 15 万吨，同比增长 16.2%；NCA 产量达到 5.5 万吨，同比增长 3.8%。海外厂商钴酸锂产量大幅减少，主要由于日韩市场 3C 锂电池产能持续转向中国，这也是中国四氧化三钴出口持续下滑，同时钴酸锂产量持续增加的一个原因。同时，随着全球新能源汽车领域需求的增加，带动了海外厂商三元材料 NCM 和 NCA 的产量提升。

我国电池行业钴消费量达到 6.6 万吨，同比增加 10.7%。随着手机、电脑等终端下游市场日益成熟，3C 数码市场增长趋于平缓。未来 3C 数码终端领域出货量提升明显的设备包括：物联网终端设备（POS 机、智能机器人）、平板电脑、笔记本电脑、5G 智能手机、TWS 耳机电池、ETC 用电池、电子烟电池以及家用小电器电池等，其中 5G 智能手机受换机潮带动，笔记本以及平板受线上工作模式带动，电子烟以及 TWS 耳机用电池等领域增量显著。因此，本文采用高工产研锂电研究所（GGII）预测数据，未来几年 3C 数码锂电池需求增速将保持在 5%~10%。

海外钴酸锂和三元电池产量如图 16-11 所示。

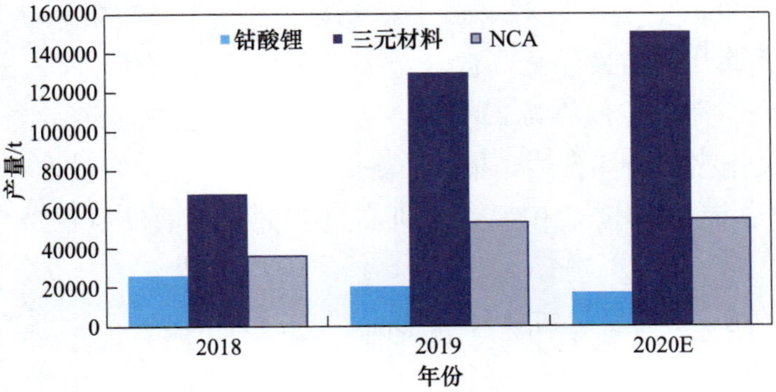

图 16-11 海外钴酸锂和三元电池产量

（数据来源：安泰科）

我国钴酸锂和三元电池产量如图 16-12 所示。

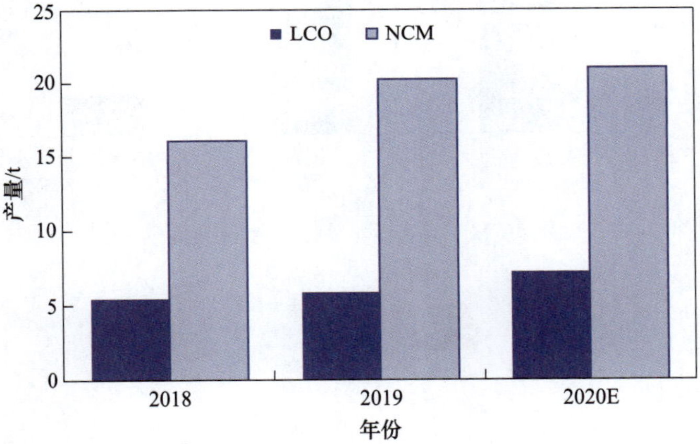

图 16-12 我国钴酸锂和三元电池产量

（数据来源：安泰科）

（二）高温合金

全球市场高温合金消费降低，我国高温合金领域钴消费量约提高至 2300t 左右。

采用基体元素对高温合金的分类方法，高温合金可分为铁基高温合金、镍基高温合金和钴基高温合金三个大类，其中钴基高温合金是以钴为基体，钴含量大约占 60%，具有高温条件下（600~1000℃）长时间极限复杂应力情况下保持良好的金属特征，因此钴基高温合金大多应用于航空发动机的四大热端部件，即燃烧室、导向器、涡轮叶片和涡轮盘。在现代航空发动机中，高温合金材料用量占到发动机总质量的 40%~60%。

受国家政策上的大力推进，我国航空发动机产业进入快速成长期，尤其是“大飞机”研发的技术突破，将致使我国航空发动机进入加速放量阶段，对钴基高温合金的需求也将迅速攀升。根据中信建设对未来5~20年我国军用航空发动机需求数量预测数据，未来5年我国军用航空发动机高温合金需求总量约为3万吨，未来20年我国军用航空发动机高温合金需求总量约为23万吨，需求年均增速约为6%；结合我国商用飞机《2019—2038年民用飞机市场预测年报》，未来20年我国民航客机发动机所需高温合金总量约为22万吨，而2020年我国民航客机高温合金需求量仅为0.38万吨，需求年均增速约为10%。

空客及波音公司飞机交货量如图16-13所示。

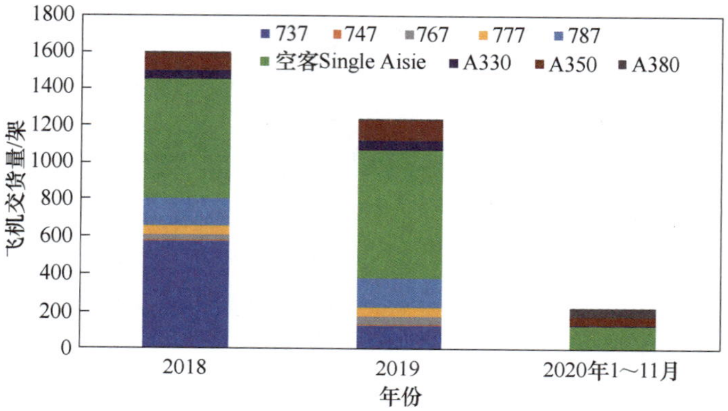

图16-13　空客及波音公司飞机交货量

（数据来源：安泰科）

（三）硬质合金

未来将呈现逐年增长态势。

由钨和钴组成的高硬度合金材料，因其硬度高、耐磨性好、耐腐蚀性强的特点，被称为“工业牙齿”，主要作为切削道具、耐磨工具等广泛应用于汽车制造、矿山开采、石油钻井、航空航天等领域。

中国硬质合金行业细分种类及应用分析情况，见表16-3。

表16-3　中国硬质合金行业细分种类及应用分析情况

序号	种类	需求占比	具体内容
1	切削工具	30%	主要用于焊接刀具、可转位刀具、数控刀具、合金钻头、合金锯片等领域
2	地质矿山工具	25%	主要用于矿山冲击凿钻、钻井钻头、石油领域用潜孔钻、牙齿钻以及截煤机截齿等领域

续表 16-3

序号	种类	需求占比	具 体 内 容
3	模具	8%	主要用于拉丝模、冷镦模、挤压模等模具领域
4	结构零件	6%	用于结构零件的主要有旋转密封环、压缩机活塞、轴承轴径等
5	耐磨零件	5%	用硬质合金制成的耐磨零件有喷嘴、导轨、铲车板等
6	其他用途	16%	合成金刚石用的顶锤、压缸，表壳表链、拉链头等

注：资料来源于新材料在线，前瞻产业研究院。

2020 年我国硬质合金消费量约为 4.5 万吨，硬质合金领域钴消费量约为 0.34 万吨。根据前瞻产业研究院对过去几年我国的硬质合金需求数据变化情况，结合我国宏观经济发展趋势，综合预测我国硬质合金需求量在未来将呈现逐年增长态势。

（四）其他领域消费疲软

钴在其他工业领域的应用主要集中在磁性材料、催化剂、搪瓷颜料等行业，2020 年消费量约为 0.64 万吨。从目前来看，钴在这些领域技术不易被替代，并且随着“中国制造 2025”提出全面提升中国制造业发展质量和水平的重大战略部署，随着经济社会发展，结合历史需求增速变化情况，综合预测钴磁性材料、催化剂、搪瓷颜料等消费领域消费年均增速在 4%~6%。

三、钴资源回收现状分析

钴作为一种重要的战略资源，在合金材料、催化材料和电池材料等方面具有重要作用。随着钴在合金、催化、电池等行业的广泛应用，废弃的二次资源逐渐增加，特别是失效锂离子电池，已经成为回收钴的重要二次资源。除此之外，由于钴常与镍、铜、锌等矿物伴生，因此在这些金属冶炼过程中产生的中间渣、净化渣也成为提钴的重要二次原料。

四、全球钴资源贸易状况

在世界钴贸易中，钴矿及钴中间冶炼产品为最主要的贸易形式。2018 年全球钴矿贸易量为 19.5 万吨，钴中间冶炼产品贸易量为 30 万吨。刚果（金）是最大的钴矿出口国和最大的钴中间冶炼产品出口国，出口量分别占全球的 97%和 74%。除刚果（金）外，加拿大、俄罗斯等国也有部分钴中间冶炼产品出口。2019 年 2 月，刚果（金）政府颁布钴矿出口禁令，鼓励企业对原矿进行加工后再出口，未来钴矿或将不再是主要的贸易形式。

第二节　钴产业形势

一、钴产业链

钴产业上游包括钴矿开采、精炼钴冶炼等环节，中游钴产品按分类具有不同的下游应用：钴金属下游为高温合金和磁性材料等行业；钴粉的下游应用领域为硬质合金和催化剂行业；钴盐则对应着锂离子电池行业，主要分为 3C 锂电（四氧化三钴）和动力锂电（硫酸钴）。此外，钴在陶瓷、干燥剂等行业也有应用。

我国钴及其下游材料产业链如图 16-14 所示。

二、主要生产企业

主要钴生产企业见表 16-4。

表 16-4　主要钴生产企业

公司	产量/t	产量份额/%
嘉能可公司	25946	19
洛阳钼业	12349	9
Gécamines SA	11663	8
欧亚集团	10500	8
沙利纳资源有限公司	6650	5
华友钴业	5390	4
淡水河谷公司	4192	3
诺里尔斯克镍业	4102	3
Chemaf SPRL（Shalina）	4000	3
金川集团	3293	2

注：数据来源于标普全球市场财智。

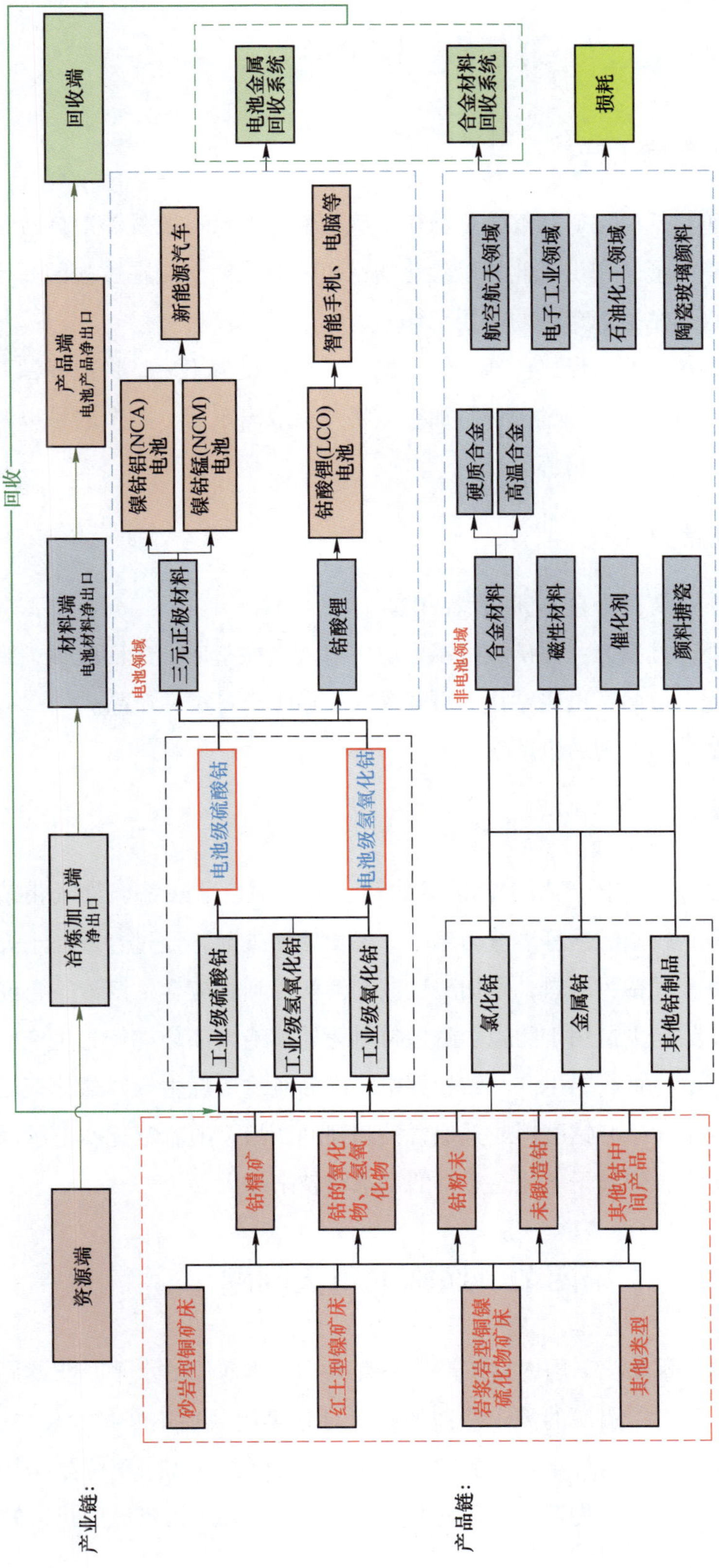

图 16-14　我国钴及其下游材料产业链

第三节　技术形势

一、镍伴生矿冶炼工艺

与镍伴生的钴矿包括硫化矿和红土型镍矿。硫化矿中的钴一般从镍冶炼流程中的净化工序以氢氧化镍钴渣的形式产出，此外以硫化物精矿的形式产出。在过去的几十年中，从硫化矿中提取钴一直是钴冶炼产业的主要工作。

红土型镍矿中的钴的产出形式包括：红土型镍矿经过粗加工后，将镍和钴共沉淀，以氢氧化镍钴的形式产出；原矿经过进一步加工，将镍提取出来后，剩余的钴以粗钴盐形式产出，送往钴生产流程进一步精炼。

二、铜伴生矿冶炼工艺

与铜伴生的钴矿主要指来自非洲的水钴矿。

水钴矿的一般处理流程为：原矿经过浸出后，溶液送往萃取工序回收铜，剩余的含钴溶液进入钴生产流程，最终产出粗钴盐，再经深加工后生产各类钴产品。

另外，有将水钴矿粗处理后生产铜钴合金，再作为钴生产原料。

三、钴盐生产

钴盐类钴产品主要是中间产品，包括氯化钴、硫酸钴、草酸钴、氢氧化钴、碳酸钴等，以氯化钴、硫酸钴或硝酸钴等溶液为原料，添加碱性试剂，经过合成、干燥等工序生产，也有部分企业以金属钴为原料，添加酸性试剂溶解得到相应含钴溶液，再经过合成工序生产的。钴盐类产品除少量用于陶瓷、磁性材料等外，绝大部分均作为生产钴氧化物的原料使用，最终用于电池材料的生产。钴盐类中间产品经过煅烧生产四氧化三钴，再经过与锂盐的混合煅烧合成，生产钴酸锂或其他含钴和锂的产品。随着笔记本电脑和便携式职能设备使用规模的扩大，锂离子电池对于钴的需求将越来越大。

第四节　面临的重大问题

由于我国钴资源严重缺乏，国内钴矿产量一直维持在非常低的水平。与此同时，经过多年的发展，下游产业对钴资源的需求快速增长，导致供应缺口不断扩大。未来随着 5G 技术的兴起以及新能源汽车等行业的不断发展，我国对钴资源的需求仍将处于持续增长的势头。与此同时，我国钴资源贫乏，且开发潜力有限，预计未来钴资源的供应缺口仍将不断拉大。

第五节 未来发展态势

三元电池依然是市场主流，其具有能量密度高、续航时间长等优点。三元电池路径技术成熟，未来发展潜力大。车企在制定电动车型规划时，需要考虑动力电池路径，一旦确定，短期内无法更改或者更改成本很高，而目前大多数欧美主要车企电动车型规划均以三元电池为主，确保至少未来 5 年内三元电池依然是市场主流。

动力电池的高镍化趋势有助于产业链进一步降低成本，从而使电动汽车相较于传统燃油车更具有经济性优势。但是高镍不等于无钴，钴对于稳定层状结构，从而稳定电池性能至关重要。随着电动车渗透率提升，将带动钴需求持续增长。

未来 15 年全球和中国钴需求预测见表 16-5。

表 16-5 未来 15 年全球和中国钴需求预测 （万吨）

类别	全球				中国			
	2020 年	2025 年	2030 年	2035 年	2020 年	2025 年	2030 年	2035 年
电池领域	10	16	20	24	6	9	11	12
其他领域	4	7	10	14	1	2	4	7
合计	14	23	30	38	7	11	15	29

第六节 战略目标及建议

一、战略目标

通过如下措施将我国 2035 年钴矿及其材料产业供应链安全保障得分提升至 90 分：加大优质钴资源的勘查力度，提高国内钴资源保障能力；完善钴资源回收利用体制机制，提高资源综合利用率，将钴资源价值最大化利用；发展我国钴深加工技术，增强市场竞争力。

二、战略建议

（1）加强与刚果（金）、澳大利亚、加拿大、巴布亚新几内亚和印度尼西亚等钴资源丰富国家的正常贸易。目前我国钴原料主要从刚果（金）进口，2021 年开始，我国在印度尼西亚的镍钴湿法项目投资将陆续投产，而且中冶瑞木在巴布亚新几内亚的项目正在扩产，将成为我国钴原料来源的有效补充。澳大利亚、加拿大的钴资源相对丰富，我国从这些国家进口的金属钴，从工艺来看，金属钴也可以作为钴盐产品的原材料。未来应继续与各资源丰富国家保持积极的贸易关系。

（2）加强钴废料的回收利用，适时放开废锂离子电池料等含钴物资的进口。加强各种含钴物料的回收，尤其是未来大量报废的动力电池的回收，应该未雨绸缪，形成对钴原生料的补充。钴的再生资源主要是来自包括 3C 产品电池与电动汽车在内的锂离子电池的回收，此外还有少量的再生资源来自硬质合金、废催化剂等，未来动力电池的回收将加大再生钴资源的供应量，形成对原生资源的有益补充。目前 3C 产品二次物料的回收较为有限，未来可加强 3C 产品以及电动汽车锂离子电池的回收，减少对原生资源的高度依赖。

此外，我国作为全球最大的动力电池生产国，现有的电池不仅满足国内企业的需求，还逐渐与国际主流车企开展合作，搭载在特斯拉、大众与宝马等车型上。为了满足动力电池的闭环循环利用，建议在境外布局动力电池回收基地。参照《再生铸造铝合金原料》和《再生钢铁原料》标准制定的流程，加快《再生电池原料》标准的制定，扩大废锂离子电池料等含钴物资的进口渠道。

（3）降低或取消下游产品进口关税。全球电解钴的产地相对比较分散，有中国、加拿大、挪威、澳大利亚、俄罗斯、摩洛哥、马达加斯加以及日本。通过降低或取消下游产品的部分关税，可以扩大进口来源，提高资源供应稳定性。

第十七章　镍及其材料产业供应链安全保障形势与战略

第一节　镍总体形势

一、镍资源形势

（一）镍资源需求形势

1. 应用领域

镍（Ni）是银白色金属，属铁族元素。在许多物理化学性质上，镍与同族的铁和钴相似。镍的密度为 8.8~8.9g/cm^3，硬度为 5，熔点为 1455℃，沸点为 3075℃，具有良好的机械强度和延展性、难熔、在空气中不氧化等特性。镍有磁性，但在加热到 365℃时失去磁性。

镍被称为“工业维生素”，也是重要的新能源矿产。第二次世界大战后，随着不锈钢工业的发展，镍被广泛应用于不锈钢中，提高了防锈效果。经过逐步发展，不锈钢成为其第一大消费领域，消费占比为 74%，广泛用于工业机械制造以及航空航天、导弹、坦克舰艇、原子能反应堆等部门。由于其抗腐蚀性强、易抛光，也常用作防护装饰性镀层，电镀成为镍的重要消费领域，消费占比为 6%。镍同时是镍氢电池、镍镉电池、锂离子电池等多种电池的重要原料，在便携设备、电动汽车、工业储能等领域有广泛应用，目前电池领域镍消费占比为 7%，是最具有发展潜力的消费领域。此外，还常作为氢化催化剂和永磁材料，用于电子遥控、原子能工业和超声工艺等领域。

2020 年全球镍应用领域如图 17-1 所示。2020 年中国镍应用领域如图 17-2 所示。

2. 需求现状

1984~2020 年全球镍消费呈现增长趋势。自 20 世纪 80 年代初至 90 年代末，全球镍消费处于平稳上升阶段，2000 年以后，全球镍消费加速。美国、日本及德国等发达国家镍消费水平 30 年来都相对比较稳定，近年来镍消费量还有所降低。中国作为新兴经济体，自 2000 年开始，镍消费需求大幅攀升，2005 年中国精炼镍消费量全球第一，逐步成为影响全球镍需求的主导国家。

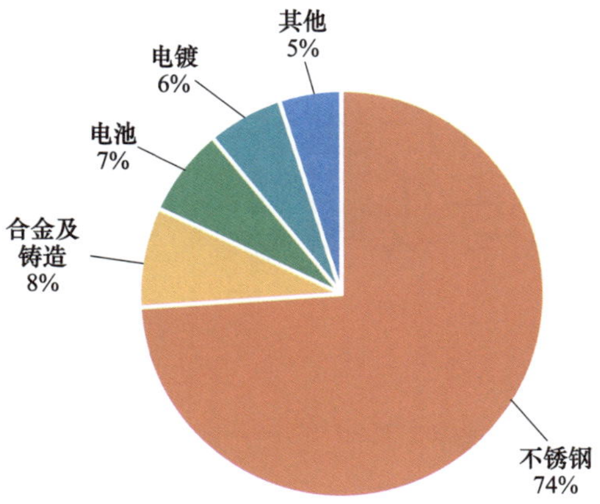

图 17-1　2020 年全球镍应用领域
（数据来源：安泰科）

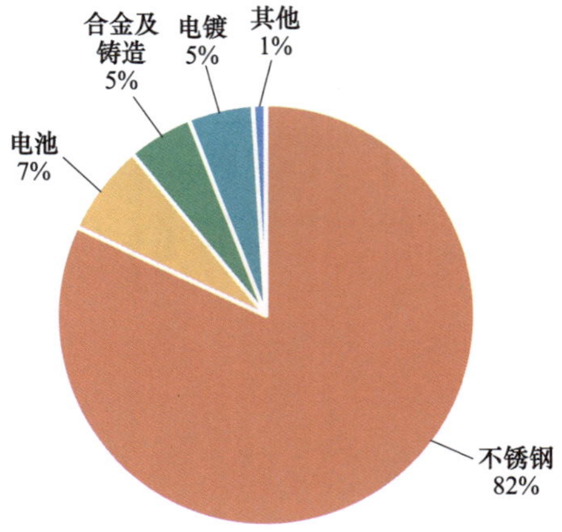

图 17-2　2020 年中国镍应用领域
（数据来源：安泰科）

2014 年中国镍消费降低，全球镍消费相应下滑。由于 2014 年印度尼西亚禁止镍矿原矿出口，矿石产能大幅下降，全球镍矿产量、消费量均有所下降，但随后 2015 年菲律宾镍矿替代印度尼西亚镍矿成为全球市场的供应商，镍消费迅速恢复。2017 年，印度尼西亚放宽镍矿出口，全球镍产量快速上升，镍消费也稳步上升。

受新冠肺炎疫情影响，2020 年世界精炼镍消费量为 237 万吨，同比 2019 年下降 6.5 万吨。世界前 5 国精炼镍消费量占全球的 82%左右，除我国和印度尼西亚外，其余国家精炼镍消费量也略有下降，我国由于新冠肺炎疫情防控得当，工业生产快速恢复，精炼镍消费量与 2019 年相比略有上升；印度尼西亚消费量上涨 5 万吨左右，这主要是由于 2020 年印度尼西亚原矿出口禁令的实施，各企业纷纷前往印度尼西亚投资建设镍铁、不锈钢等中下游产业链，印度尼西亚镍消费量快速上涨，3 年内消费增速达到 70%。

全球精炼镍消费量如图 17-3 所示。

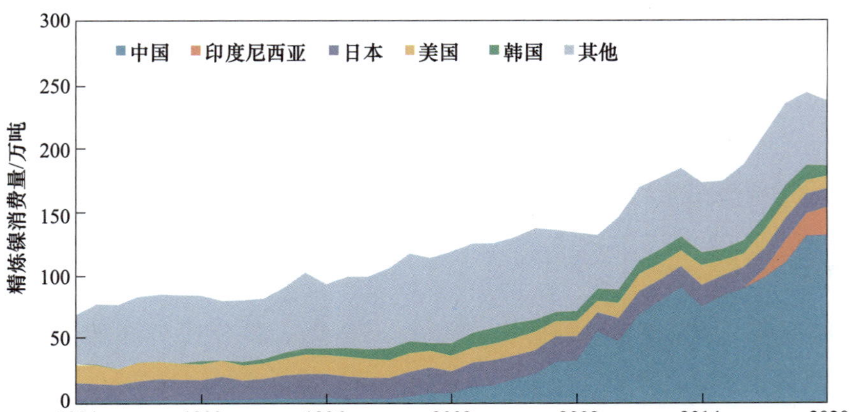

图 17-3　全球精炼镍消费量
（数据来源：WBMS）

（二）镍资源供应形势

1. 全球及中国镍资源状况

2020 年全球镍矿储量为 9400 万吨，60%的储量集中在印度尼西亚、澳大利亚和巴西。其中，印度尼西亚基本为红土型镍矿，储量居于全球首位，为 2100 万吨，占全球储量的 22.4%，澳大利亚红土型镍矿和硫化镍矿均有分布且储量丰富，为 2000 万吨，占全球储量的 21.3%。

按地质成因分类，全球陆地镍矿主要分为红土型镍矿和硫化镍矿，占储量优势的红土镍矿（占比 60%）主要分布在南北回归线内的印度尼西亚（以下简称“印尼”）、菲律宾、新喀里多尼亚、澳大利亚及加勒比海区域，硫化镍矿（占比 40%）分布在纬度较高的俄罗斯、加拿大等地区。此外，镍矿在欧洲、南部非洲及南美等地也有分布，但规模不大。

镍矿品位下降趋势图如图 17-4 所示。

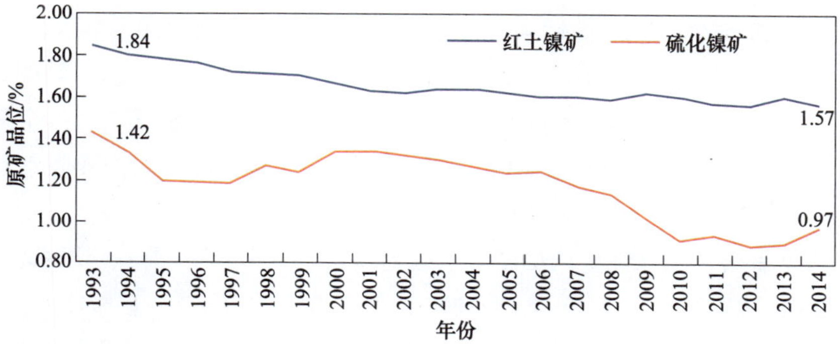

图 17-4 镍矿品位下降趋势图

（数据来源：Royal Corp.，Wood Mackenzie）

我国镍资源储量较少，仅占全球的 3%。我国镍主要分布在甘肃、新疆、青海、内蒙古、云南、四川等地。

2020 年全球镍储量分布如图 17-5 所示。

2. 全球及中国供应情况

近年来的镍矿山产量提升主要来自红土镍矿，硫化镍矿的年产量维持在 60 万~70 万吨的水平，并没有明显的增长，但是自从红土镍矿生产镍铁的工艺成熟之后，红土镍矿的镍产量一直是主要增量，从 2004 年的约 42 万吨一路增长至 2014 年的 116 万吨，年均复合增长率达到 10.6%，2010 年后更是达到 17.5%。红土镍矿的产量占比也从 2004 年的 43%升至 2014 年的 62%。在矿山端，供给的集中度非常高，2020 年印度尼西亚贡献了全球近

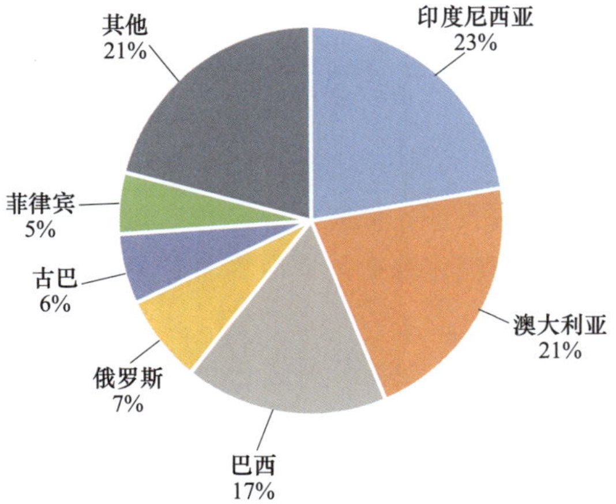

图 17-5　2020 年全球镍储量分布

（数据来源：USGS 自然资源部）

1/3 的镍矿产量。2020 年全球镍产量约 250 万吨金属量，印度尼西亚、菲律宾、俄罗斯、新喀里多尼亚、加拿大、澳大利亚是主要的镍矿生产地。2020 年全球镍矿产量为 250 万吨，同比下降 20 万吨。其中，印度尼西亚的产量为 76 万吨，占全球总产量的 30.4%，菲律宾产量为 32 万吨，占全球总产量的 12.8%，俄罗斯产量为 28 万吨，占全球总产量的 11.2%。受新冠肺炎疫情、印度尼西亚矿石出口禁令的影响，印度尼西亚及菲律宾产量下降 14 万吨，全球镍矿产量下降 20 万吨。

从历史数据来看，全球镍矿产量经历了缓慢增长（2007 年以前）、快速增长（2007~2014 年）、波动下降（2014~2017 年）、加速上升（2017 年以来）四个阶段。

（1）缓慢增长阶段。由于硫化镍矿大多易于开采且品位较高，埋藏深度浅，开采难度小，2007 年以前，全球镍矿生产主要集中在俄罗斯、加拿大等硫化镍资源国，但随着工业化发展，对不锈钢的需求快速增长，硫化镍产量不断增加，开采难度加大，镍矿价格不断飙升，从 2000 年的 8000 美元增长至 2007 年的 54000 美元，硫化镍产量增速缓慢。

（2）快速增长阶段。2007 年后，由于硫化镍价格居高不下，红土镍矿生产的镍铁/镍生铁开始取代硫化镍矿成为不锈钢生产的主要原材料，导致硫化镍矿需求大减，红土镍矿产量快速上升，以印度尼西亚、菲律宾为主的红土镍矿资源国在镍矿生产中的地位迅速提高，奠定了后期以这两国为主的镍矿供应格局。

（3）波动下降阶段。2014~2017 年全球镍矿产量整体呈下降趋势，供应发生较大改变。2014 年，印度尼西亚宣布禁止出口没有经过加工的镍矿石，受禁矿政策影响镍矿产量由 2013 年的 44 万吨下降到 17.7 万吨，受此影响当年全球镍矿产量下降 18 万吨至 240 万吨。2016 年菲律宾政府颁布环保法令，要求不符合环保规定的矿山被关停，镍矿产量由 2015 年的 53 万吨下降至 2016 年的 34.7 万吨，其他国家镍矿生产较为平稳。

（4）加速上升阶段。2017 年随着印度尼西亚放宽禁矿政策，产量逐渐恢复，同时

2017 年以来，全球新能源汽车产业发展突飞猛进，以镍为原料的三元动力电池逐渐成为电池行业的主流选择，需求快速上升，镍矿产量年均增速 13%。在这一阶段，镍矿供应仍然以印度尼西亚、菲律宾等国的红土镍矿为主。值得注意的是，俄罗斯镍矿产量由 2017 年最低点 18 万吨上升至 2020 年 28 万吨。近年来，由于硫化镍矿储量产量的不断下降，普遍认为硫化镍矿资源面临枯竭，但受镍价不断上升和需求的不断上升，各国增加对硫化镍的勘探费用，未来硫化镍矿的产量或将有所恢复。

全球主要镍矿生产国产量变化情况如图 17-6 所示。

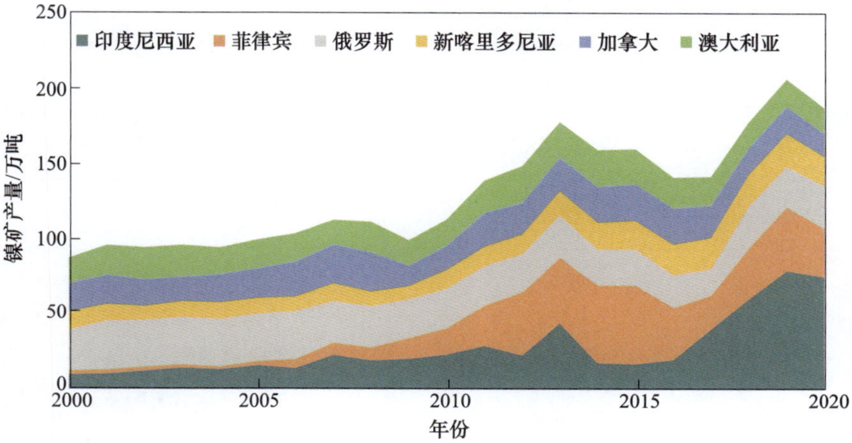

图 17-6　全球主要镍矿生产国产量变化情况

（数据来源：WBMS）

全球 TOP20 镍生产项目见表 17-1。

表 17-1　全球 TOP20 镍生产项目

排名	项目	所在地	实际控股公司	产量/万吨	产量占全球比值/%
1	Kola Division	俄罗斯	俄罗斯诺里尔斯克镍业	17.2	7.1
2	Sudbury Operations	加拿大	嘉能可	9.2	3.8
3	Jinchuan	中国	金川集团	7.7	3.2
4	Sorowako	印度尼西亚	PT Vale Indonesia Tbk	7.2	3.0
5	Nickel West	澳大利亚	必和必拓	6.1	2.5
6	Polar Division	俄罗斯	俄罗斯诺里尔斯克镍业	6.1	2.5
7	SLN	新喀里多尼亚	Eramet	4.8	2.0

续表 17-1

排名	项目	所在地	实际控股公司	产量/万吨	产量占全球比值/%
8	Ontario Division	加拿大	淡水河谷	4.3	1.8
9	Murrin Murrin	澳大利亚	嘉能可	4.1	1.7
10	Cerro Matoso	哥伦比亚	South32	3.6	1.5
11	Voisey's Bay	加拿大	淡水河谷	3.6	1.5
12	Barro Alto	巴西	英美资源	3.5	1.4
13	Koniambo	新喀里多尼亚	Societe Miniere，嘉能可	3.5	1.4
14	Ramu	巴布亚新几内亚	中冶集团	3.4	1.4
15	Raglan	加拿大	嘉能可	3.3	1.4
16	Moa Bay	古巴	Sherritt，General Nickel	3.2	1.3
17	Goro	新喀里多尼亚	Prony Rsrc New Caledonia conso	3.1	1.3
18	Taganito	菲律宾	亚洲镍业公司，太平洋镍业	3.1	1.3
19	Guaxilan	危地马拉	BSG，International Mineral	3.0	1.2
20	Nova-Bollinger	澳大利亚	IGO	3.0	1.2

注：数据来源于标普全球市场财智。

二、全球镍冶炼材料生产现状

（一）全球镍冶炼材料端包括镍铁/镍生铁、硫酸镍、电解镍等，其中镍铁/镍生铁为主要产品

镍铁/镍生铁是镍和铁的合金，主要用于生产不锈钢（镍铁含镍量在15%~75%之间，镍生铁含镍量<15%）。由于镍生铁采用的是品位较低的红土型镍矿，相对于镍铁而言成本低、产量高，因此全球镍铁的生产较为稳定，产量波动相对较小，而镍生铁的产量快速增加。在产量及成本的双重攻击下，镍铁的产量很难快速提升，镍生铁的性价比逐渐高于镍铁，以往采用镍铁的企业转而使用镍生铁，镍铁的市场将不断缩小，镍生铁或将挤占镍铁份额成为镍产业链中的核心产品。

我国和印度尼西亚是主要的镍生铁生产国，2020年以前，我国是镍生铁生产的第一大

国，生产原料主要来自印度尼西亚、菲律宾、新喀里多尼亚的红土镍矿，2020 年印度尼西亚镍生铁产量为 59 万吨，首次超越我国，成为镍生铁第一大生产国。同时除原料优势外，印度尼西亚国内大力鼓励镍产业发展，希望以此实现镍的价值最大化，因此在原料、政策等多重推动下，未来印度尼西亚镍生铁产量将会进一步提升，成为镍生铁产量的主要来源。

全球镍铁产量变动情况如图 17-7 所示。

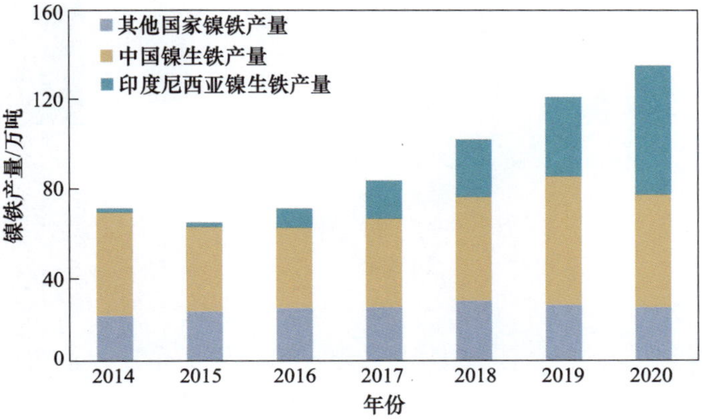

图 17-7　全球镍铁产量变动情况

（数据来源：ESDM，俄罗斯诺里尔斯克镍业年报）

（二）硫酸镍主要用于生产新能源汽车的三元动力电池

近年来，由于新能源汽车产业的快速发展，硫酸镍在镍产业链中的地位逐渐上升，其供应形势的改变直接影响了全球动力电池产业的发展方向。2020 年硫酸镍产量在 88 万吨左右，生产主要集中在中国、日本、韩国等地，其中我国的硫酸镍产量为 50 万吨左右，占全球硫酸镍产量近 60%，其他国家硫酸镍产量波动不大。

全球硫酸镍产量情况如图 17-8 所示。

三、全球镍下游产品生产现状

全球镍下游产品包括不锈钢、电池、合金、电镀等，其中不锈钢、电池为最受关注的产品。这部分产品生产主要集中其原料国家，不锈钢产量最高的国家为镍铁/镍生铁产量较高的国家，动力电池生产依然，且均呈现出集中度高的特点。

2020 年全球不锈钢产量为 5089. 2 万吨，同比下降 2. 54%。除中国和印度尼西亚外，其他国家产量均有大幅度下降。其中，我国不锈钢产量为 3013. 9 万吨，同比上升 2. 51%；印度尼西亚不锈钢产量为 253 万吨，同比上升 11. 7%；印度不锈钢产量为 315. 7 万吨，同比下降 19. 73%。2020 年，受新冠肺炎疫情影响全球主要不锈钢生产国开工率下降，我国由于疫情防控措施得当，不锈钢产量迅速恢复并能够供应全球。由此能够看出，我国不锈

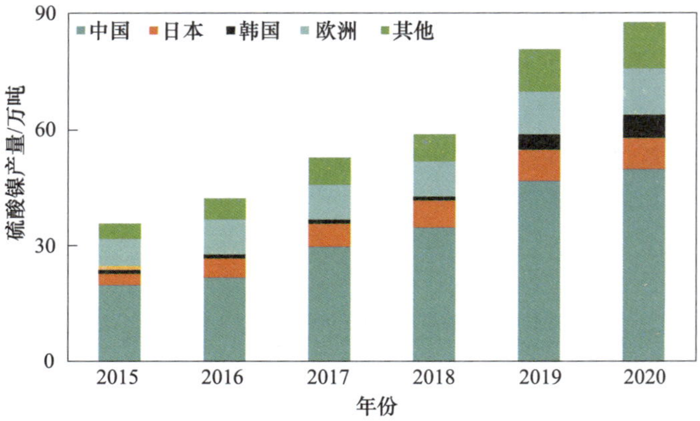

图 17-8 全球硫酸镍产量情况

（数据来源：麦肯锡）

钢产业发展的完善程度，同时由于我国海外镍铁/镍生铁的布局，不锈钢原料充足，未来我国不锈钢产量在全球仍将占较大比重。除此之外，因中国公司在印度尼西亚建立庞大的不锈钢产能，印度尼西亚或将在 2021 年超越印度成为世界第二大不锈钢生产国。

全球不锈钢产量变化如图 17-9 所示。

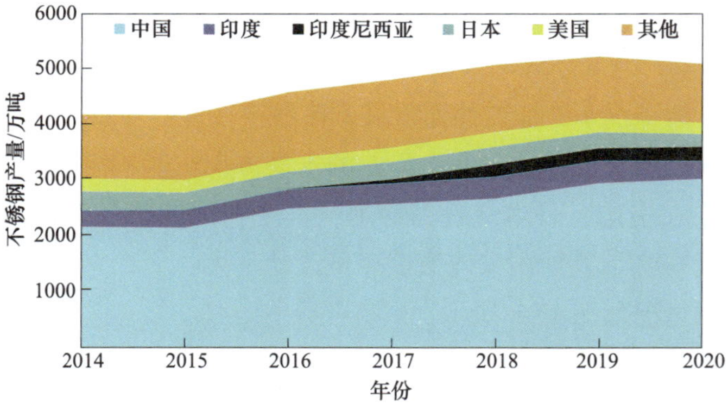

图 17-9 全球不锈钢产量变化

（数据来源：国际不锈钢协会）

动力电池生产主要受新能源汽车发展的影响，主要集中在中国、日本、韩国等地。随着电动汽车的快速发展，动力电池的需求增长迅猛。从技术路线来看，动力电池的主流路线一直都是磷酸铁锂电池和三元动力电池。我国三元锂电池装机量从 2015 年的不到 40%增长至 2019 年的 70%，而磷酸铁锂电池的装机量则从 60%降至 27%。2020 年，由于新能源汽车的补贴退坡，考虑成本因素，部分车企转而使用磷酸铁锂电池，2020 年磷酸铁锂电池的装机率开始回升，但由于磷酸铁锂的电池能量密度远小于三元动力电池以及不耐低温等劣势，从长期来看，三元动力电池仍然将在动力电池市场占据重要地位。

中国电动汽车电池装机量占比如图 17-10 所示。

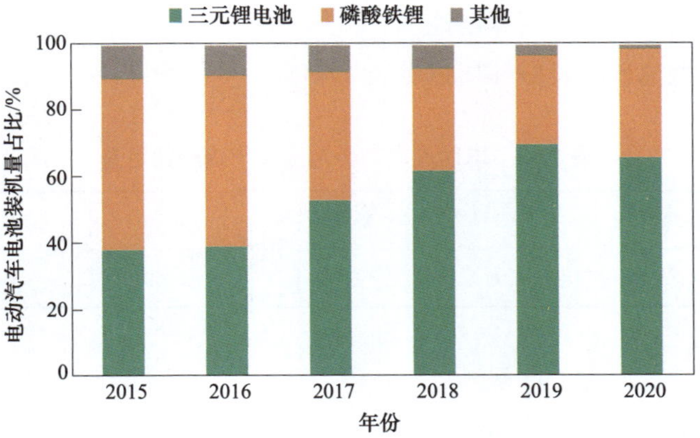

图 17-10　中国电动汽车电池装机量占比

（数据来源：乘联会）

三元电池与磷酸铁锂电池的对比见表 17-2。

表 17-2　三元电池与磷酸铁锂电池的对比

项目	三元电池	磷酸铁锂电池
成本	高：目前三元电池包售价为 0.85～0.90 元/(W·h)	低：目前磷酸铁锂电池包售价为 0.65～0.70 元/(W·h)
电池能量	高：一般的电池容量为 30～80kW·h，个别电池容量可以达到 100kW·h	低：一般的电池容量为 10～50kW·h
循环寿命	一般：1500 次左右	高：2000 次左右
耐低温性能	好：一般在-30℃环境下仍然能够使用	一般：不低于-20℃环境下使用
安全性	一般	高

三元动力电池包括 NCM（镍、钴、锰）、NCA（镍、钴、铝），NCM 由于原料比例的不同又包括了 NCM333、NMC523、NCM622、NCM811。由于全球范围内钴的供给相对较少，价格较高，动力电池企业纷纷开始推动三元动力电池高镍化，提高电池中镍的比例不仅提升了电池能量而且降低钴含量，进而降低成本。“高镍低钴”已经成为各大电池企业的需求热门，包括松下、LG、宁德时代等国际主流动力电池企业都在将低钴和无钴化电池作为下一代动力电池的研发方向，例如，松下在 2021 年 1 月宣布将开发无钴电池，打算

在未来几年内将钴的使用比例降至0%；格林美9系NCA含钴4.7%的前驱体也已经开始批量出货。

2019年NCM811产量占比为11%，2020年NCM811产量占比提升至22%。根据现在动力电池发展趋势以及新能源补贴政策的逐渐退坡，动力电池厂商及电动汽车企业为了降低成本可能会转向成本更低的高镍电池。

电动汽车动力电池矿产硫酸镍用量见表17-3。

表17-3 电动汽车动力电池矿产硫酸镍用量 (kg/(kW·h))

类型	NCA	NMC111	NMC433	NMC523	NMC622	NMC811
硫酸镍	0.67	0.4	0.47	0.59	0.61	0.75

注：数据来源于IEA。

主要采用三元动力电池车型的电池能量及续航里程见表17-4。

表17-4 主要采用三元动力电池车型的电池能量及续航里程

车企	车型	电池能量/kW·h	续航里程/km
特斯拉	model 3 高性能版	76.8	605
	model Y 长续航版	76.8	594
	model Y 高性能版	76.8	480
	model S 长续航版	100	663
	model S plaid 版	100	628
	model S plaid plus 版	100	840
比亚迪	秦	53.1	421
北汽新能源	EC3 2019款	30.66	301
	EC5 2019款	—	403
江淮	iC5 2020款	54.8	450
	iEVS4 2019款	66	470
长安	奔奔 E-Star 2021款	32.2	301
	逸动新能源 2019款 EV460	56.56	405
	长安新能源 E-Pro 2020款	48.3	401
宝马	宝马 iX3 2020款	74	500

注：数据来源于汽车之家。

四、镍资源贸易状况

镍的贸易形式十分多样，有矿砂及精矿、镍铁、包含镍锭镍块等未锻轧非合金镍、镍锍、氧化镍烧结矿、合金镍、镍粉、镍片等，其中最主要的贸易商品为镍矿砂及精矿，其次为镍铁、未锻轧非合金镍。

近年来，我国的镍消费量处在震荡调整的状态。2020 年，我国镍矿进口量为 3849. 2 万吨，同比回落 30. 7%。2020 年 1 月 1 日起，全球红土镍矿的主要供应国——印度尼西亚正式执行禁矿政策，而该国 95%以上的红土镍矿出口到中国。2020 年，我国精炼镍净进口量为 11. 2 万吨，同比下降 28. 2%。中国精炼镍进口主要来自日本、挪威和英国，这 3 个国家的进口量分别同比增长了 121. 8%、7. 5%和 7. 2%，其余国家的进口量则呈下降趋势。分品种来看，其他未锻轧非合金镍进口降幅最大，进口量为 11. 5 万吨，同比下降 38%。

五、全球市场分析

2000~2007 年，主要以硫化镍生产不锈钢，在不锈钢产量拉动下镍价格飙升。2007~2017 年，红土镍矿开始成为不锈钢原料，由于供应较充足，镍价震荡下跌。2017 年后，电动汽车对镍需求快速增加，镍价由 2020 年年初的 13000 美元震荡上行至 2021 年的 20000 美元左右。目前，镍矿供应趋紧，未来镍价有进一步上涨的可能性。

2000~2021 年全球镍价变动情况如图 17-11 所示。

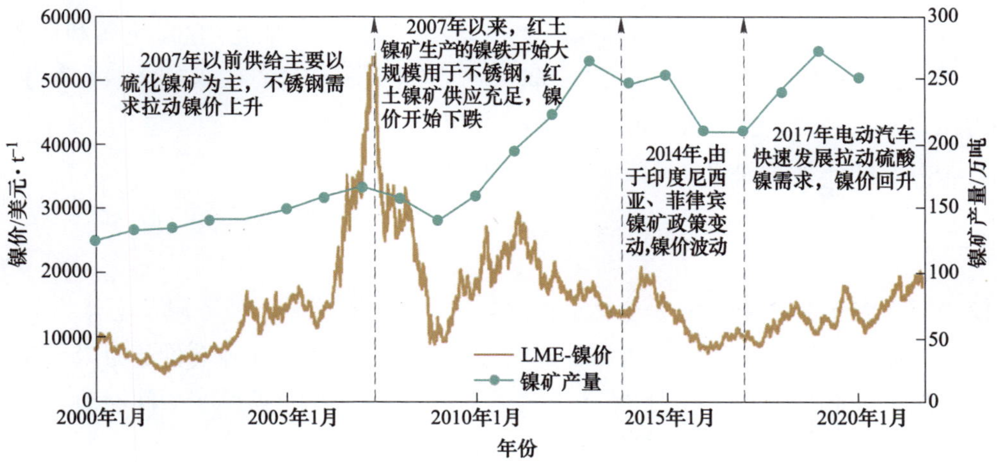

图 17-11　2000~2021 年全球镍价变动情况

（数据来源：标普全球市场财智）

第二节　镍产业形势

一、镍产业链

镍产业链主要包括镍资源开发、冶炼加工、材料制造、镍产品应用和回收 5 个方面。镍资源开发主要是指镍矿资源开采，我国资源端对外依存度较高，资源储量较低，主要依靠镍矿进口；冶炼制造端主要包括了高冰镍、氢氧化镍钴、氧化镍等产品，这一部分我国国内产量较少，主要以进口为主。我国镍及其下游材料产业链示意图如图 17-12 所示。

二、主要生产企业

2020 年，世界前 10 镍矿企业产量占全球总产量的 37. 8%，其中俄罗斯诺里尔斯克镍业为最大的生产商，2020 年生产 23. 9 万吨镍，占全球产量的 9. 8%，旗下的 Kola 项目 2020 年生产 17 万吨镍，为全球产量最大的项目，Polar 项目为全球储量最高的硫化镍项目；其次是嘉能可，2020 年生产 18. 3 万吨镍，旗下的 SudBury 项目产量仅次于 Kola。除此之外，淡水河谷、金川集团等均为重要的镍矿生产企业。主要的镍矿企业均拥有自己的矿山，镍矿市场格局相对稳定，但值得注意的是，近年来受下游需求快速增加的影响，下游部分企业开始向上游追溯，不锈钢企业、电池企业等纷纷开始投资矿山，其中以特斯拉、青山控股集团等大型公司为主。

（一）俄罗斯诺里尔斯克镍业——全球最大的镍生产商

诺里尔斯克镍业是全球最大的镍生产商之一，也是世界领先的铂和铜生产商之一，生产钴、铑、银、金、铱、钌、硒、碲和硫金属，该公司业务范围涉及基础金属和贵金属勘探、开采、提炼和矿物质冶炼加工等。2020 年镍销售额占金属总收入的 21%，低于 2019 年的占比 26%，主要是受全球镍价变动和全球疫情的影响。

2020 年诺里尔斯克镍业金属收入占比如图 17-13 所示。

（二）淡水河谷

淡水河谷成立于 1942 年，是全球最大的金属矿业公司之一，业务遍及全球约 30 个国家或地区。截至 2021 年 9 月，淡水河谷市值为 732. 36 亿美元，企业总价值为 784. 76 亿美元。近年股票价格在 2016 年 1 月 14. 5 美元至 2021 年 6 月最高 22. 9 美元间浮动。

2014~2021 年淡水河谷股票价格如图 17-14 所示。

2020 年，淡水河谷公司总营业收入 408 亿美元，年增长率为 40%，毛利为 215 亿美元，毛利率为 53%，税息折旧及摊销前利润（EBITDA）为 223. 35 亿美元，利率为 55%，2020 年净收入为 52 亿美元。其中，主要营收来自中国、日本、巴西，分别占比为 58%、6%、7%。

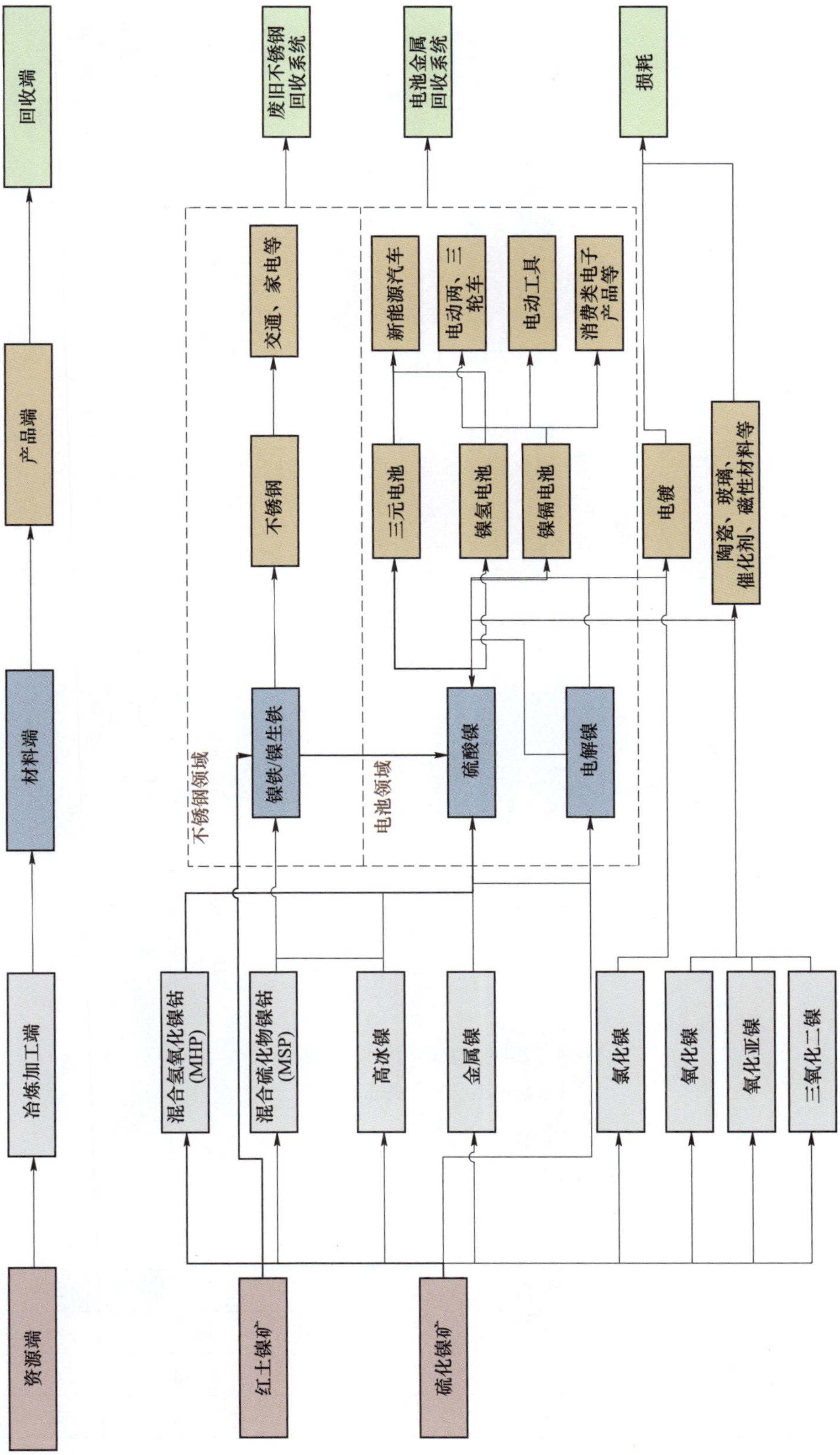

图 17-12　我国镍及其下游材料产业链示意图

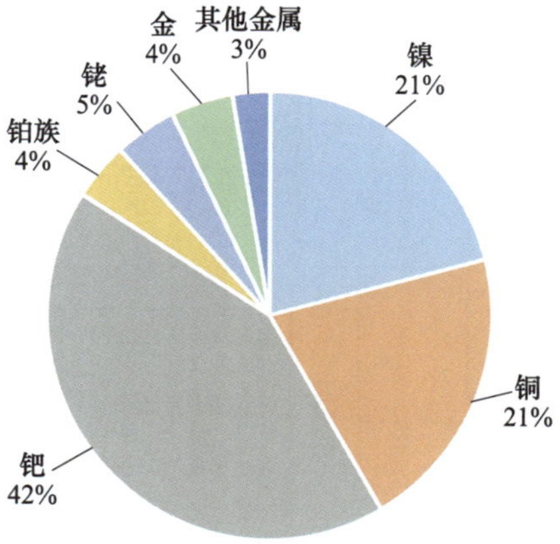

图 17-13　2020 年诺里尔斯克镍业金属收入占比

（数据来源：标普全球市场财智）

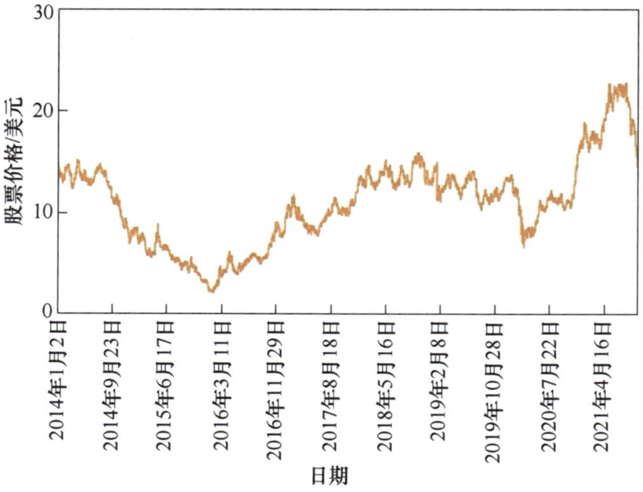

图 17-14　2014～2021 年淡水河谷股票价格

（数据来源：标普全球市场财智）

淡水河谷公司经营情况见表 17-5。

表 17-5　淡水河谷公司经营情况

项目	2018 年	2019 年	2020 年
总收入/亿美元	370	377	408
年增长率/%	24	11	40
毛利/亿美元	146	164	215

续表 17-5

项目	2018 年	2019 年	2020 年
毛利率/%	40	43	53
EBITDA/亿美元	161.91	173.64	223.35
EBITDA 利率/%	44	46	55
EBIT/亿美元	128	133	192
EBIT 利率/%	35	35	47
净收入/亿美元	71	−17	52
净收入利率/%	19	−4	13

注：数据来源于淡水河谷年报。

2020 年，淡水河谷公司在全球范围内的项目有 122 个，其中在产镍矿项目 5 个，权益产量 13.5 万吨。淡水河谷镍矿项目见表 17-6。

表 17-6　淡水河谷镍矿项目

项目	股权/%	权益产量/万吨
Ontario Division	100	4.3
Voisey's Bay	100	3.6
Goro	95	2.9
Onca Puma	100	1.6
Manitoba Division	100	1.1

注：数据来源于标普全球市场财智。

（三）嘉能可

嘉能可公司在 2021 年福布斯“全球企业 2000 强”榜单中排名第 415 位。嘉能可最初是一家瑞士石油贸易商，20 世纪 80 年代掌门人马克·里奇开始锌矿开采，2013 年嘉能可公司完成对斯特拉塔（Xstrata）矿业公司的并购，实现了铅锌资产的大规模扩张，一跃成为全球铅锌产业链的巨头。嘉能可公司目前主营业务有综合商品生产商及营销商，在全球范围广泛从事金属及矿产、能源产品以及农产品营销、生产、精炼、加工、存储及运输活动。2020 年，嘉能可公司的铜、锌、镍、金、钴产量分别达到 135 万吨、120.6 万吨、18.3 万吨、24t（862262 盎司）、2.5 万吨，是全球第一大钴生产商、第一大铅矿生产商、第二大锌矿生产商、第三大铜矿生产商、第三大镍矿生产商，以及大型煤炭、铬、锰、石油和天然气生产商。

嘉能可公司镍矿项目见表 17-7。

表 17-7　嘉能可公司镍矿项目

项目	股权/%	镍权益产量/万吨
Sudbury Operations	100	9.2
Raglan	100	3.3
Murrin Murrin	100	4.1
Koniambo	49	1.7

注：数据来源于标普全球市场财智。

全球 TOP20 镍生产企业见表 17-8。

表 17-8　全球 TOP20 镍生产企业

排行	公司名称	产量/万吨	市场份额/%	主要项目	所属国家
1	俄罗斯诺里尔斯克镍业	23.9	9.8	Kola Division、Polar Dision	俄罗斯
2	嘉能可	18.3	7.5	Sudbury、Murrin Murrin	瑞士
3	淡水河谷	13.5	5.6	Ontiario、Voisey's Bay	巴西
4	金川集团	7.7	3.2	金川	中国
5	淡水河谷印尼分公司	7.2	3.0	Sorowako	巴西
6	必和必拓	6.1	2.5	Nickel West	澳大利亚
7	英美资源	4.4	1.8	Barro Alto	英国
8	亚洲镍业公司	3.7	1.5	Taganito、Rio Tuba	菲律宾
9	South32 公司	3.6	1.5	Cdeeo Matoso	澳大利亚
10	Eramet 公司	3.6	1.5	SLN、Weda Bay	法国
11	IGO 公司	3.0	1.2	Nova-Bollinger	澳大利亚
12	Terrafame 公司	2.9	1.2	Terrafame	芬兰
13	PT Aneka Tambang Tbk	2.8	1.2	Pomalaa、Weda Bay	印度尼西亚
14	BSG 资源有限公司	2.8	1.2	Mayaniquel、Feni、Guaxilan	巴西
15	International Mineral	2.8	1.2	Mayaniquel、Feni、Guaxilan	瑞士
16	英美资源	2.0	0.8	Bokoni	南非
17	中冶集团	1.9	0.8	Ruma	中国
18	吉恩镍业	1.8	0.7	Ruma	中国
19	Societe Miniere Du	1.8	0.7	Koniambo	新喀里多尼亚
20	Western Areas Ltd.	1.8	0.7	Cosmos	澳大利亚

注：数据来源于标普全球市场财智。

全球主要不锈钢生产企业见表 17-9。

表 17-9　全球主要不锈钢生产企业

企业	国家	市场份额/%
青山控股集团	中国	19.3
太钢	中国	8.8
韩国浦项	韩国	6.5
Acerinox	西班牙	6.5
芬兰奥托昆普	芬兰	6.3
Aperam	比利时	0.6
北部湾新材料	中国	0.6
广州烨联钢铁	中国	0.6
江苏德龙	中国	0.2

全球主要动力电池生产企业见表 17-10。

表 17-10　全球主要动力电池生产企业

企业名称	国家
宁德时代	中国
LG 化学	韩国
比亚迪股份有限公司	中国
三星 SDI	韩国
松下	日本
国轩高科股份有限公司	中国
孚能科技（赣州）股份有限公司	中国
惠州亿纬锂能股份有限公司	中国
广州鹏辉能源科技股份有限公司	中国
SKI	韩国
欣旺达电子股份有限公司	中国
江苏塔菲尔新能源科技股份有限公司	中国
天津力神电池股份有限公司	中国
中航锂电科技有限公司	中国
蜂巢能源科技有限公司	中国
星恒电源股份有限公司	中国
远景动力技术（江苏）有限公司	中国
深圳市比克电池有限公司	中国
江苏天鹏电源有限公司	中国

第三节 技术形势

一、镍矿冶炼技术现状与趋势

镍冶炼技术按工艺类别可分为火法冶炼技术和湿法冶炼技术两大类，按处理原料可分为硫化型镍矿处理技术和红土型镍矿处理技术。

红土镍矿的化学元素含量差异显著、含镍物相种类繁多、矿物组成复杂多变等特点，使其处于易开采、难利用的局面，如何高效低成本地开发利用红土镍矿，对不锈钢工业的发展具有重要的现实意义。目前，国内外处理红土镍矿的工艺流程大致可分为湿法（生物浸出、高压酸浸、常压氨浸等）、火法（RKEF 法、高炉冶炼、还原硫化熔炼镍锍等）和火-湿联合法（还原焙烧-氨浸 Caron 法等）3 种。其中，湿法冶炼工艺适合处理褐铁矿型、中间型红土镍矿，具有能耗低、生产成本较低等优点，但存在工艺复杂、流程长、对设备要求高、污染大、规模小等不足；火法冶炼工艺适用于硅镁镍矿型、中间型红土镍矿，该工艺比较成熟，且流程短、原料范围广、生产规模大，是当前红土镍矿的主流生产工艺，但存在能耗较高、环境污染等缺点；火法-湿法联合可用于处理褐铁矿型、硅镁镍矿型、中间型红土镍矿，工艺生产成本低，但有浸出率低、能耗高、规模小等缺点。

（一）红土型镍矿冶炼技术

以新喀里多尼亚红土型镍矿开发为标志，从红土型镍矿中生产金属镍迄今已经有 100 多年的历史。早期的红土型镍矿火法冶金一般采用鼓风炉或电炉还原熔炼得到镍铁，采用电炉熔炼可以达到较高的温度，炉内的气氛也比较容易控制。此外，硅镁镍矿也可以采用外加硫化剂的方法进行硫化熔炼得到镍锍，石膏是最常用的硫化剂。

目前，国内外普遍采用回转窑-矿热炉的工艺技术，即 RKEF 工艺，该技术始于 20 世纪 50 年代，由 Elkem 公司在新喀里多尼亚的多尼安博厂开发成功，由于产品质量好、生产效率高而且节能环保，RKEF 工艺很快取代了鼓风炉工艺。随着冶金科学技术的发展，RKEF 工艺也吸纳了包括自动化、清洁生产在内的众多最新技术成果，在设计制造、安装调试和生产操作上日臻成熟，已成为世界上生产镍铁的主流工艺技术，占据统治地位。

还原焙烧-磁选工艺是利用煤粉作还原剂，在高温下还原氧化镍，使焙砂中的镍呈金属状，并还原部分铁氧化物，然后通过磁选回收镍铁合金成分。可得到含镍 6%~10%、铁 85%~90%的镍铁合金，镍回收率大于 85%，硫、磷含量低于 0.03%。该工艺具有流程简单、技术指标先进等特点，可适用于多种红土型镍矿资源，但由于工艺存在结圈等问题，目前尚未推广。

对于褐铁矿类型的红土型镍矿和含氧化镁比较低的硅镁镍矿通常采用湿法冶金工艺处理。湿法冶金就是将金属矿物原料在酸性介质或碱性介质的水溶液中进行化学处理或有机溶剂萃取、分离杂质、提取金属及其化合物的过程，许多金属或化合物都可以用湿法工艺进行生产。目前，国内外红土镍矿湿法冶金工艺主要有如下三种：

（1）还原焙烧-氨浸工艺，最早在古巴尼加罗项目中得到应用，随后在印度苏金达、菲律宾诺诺克、澳大利亚亚布鲁等项目中相继采用此工艺；

（2）硫酸常压浸出工艺，主要是中国广西银亿等企业采用此方法；

（3）加压浸出工艺（HPAL），最早应用于古巴 Moa 项目，后续在澳大利亚、巴西等地方均有应用。近 20 年全球新建的红土镍矿湿法冶炼厂主要采用加压浸出工艺，如马达加斯加的 Ambabovy、新喀里多尼亚的 Goro、巴布亚新几内亚的瑞木等项目。湿法冶金主要形成了两种工艺，一种是还原焙烧-氨浸工艺（简称 RRAL），由于存在镍、钴回收率低等问题，目前采用的生产企业较少。另一种是硫酸加压酸浸工艺（简称 HPAL）。近年来，镍红土型镍矿的湿法冶金技术有了很大的发展，特别是加压浸出技术和各种组合的熔剂萃取工艺。古巴毛阿的高压酸浸工厂，采用 5 级并联 4 台串联的“帕丘克”釜作为高压浸出设备，是第一代加压酸浸技术；考斯、布隆、穆林采用卧式高压釜生产，属于第二代加压酸浸技术；随着耐高压浸出工况介质的材料和设备技术不断进步，最近投产和在建的红土型镍矿项目比如珊瑚湾、Goro、莱文索普、安巴托维、瑞木等均采用了比较先进的材料、设备和自动控制技术，属于第三代红土型镍矿加压酸浸技术。

主要红土镍矿技术对比见表 17-11。

表 17-11　主要红土镍矿技术对比

工艺类型		优点	缺点
火法冶炼（适合处理腐泥土层红土镍矿）	还原硫化熔炼镍硫工艺	工艺成熟，操作简单，产品形式灵活	镍回收率低，能耗高，污染大
	回转窑-电炉冶炼镍铁 RKEF（主要）	工艺成熟，设备简单，生产高效	能耗高，渣量大，冶炼温度高，存在粉尘污染
火法冶炼（适合处理腐泥土层红土镍矿）	还原焙烧-磁选工艺	生产成本低，能耗低	回转窑结圈，还原度控制难，磁选参数不易控制
	转底炉直接还原-熔分炉冶炼工艺	能耗低，原料适应性强，工艺流程短	热效率低，对球团强度要求高
湿法冶炼（适合处理褐铁矿层红土镍矿）	还原焙烧-氨浸工艺	碳酸铵溶剂易回收和循环利用，常压、腐蚀性较小	能耗高，镍、钴回收率较低（Ni 为 75%～80%，Co<60%）
	高压硫酸浸出 HPAL	能耗低，镍和钴的回收率均达到 90%以上	加压酸浸操作过程中会结垢，减少高压釜容积，降低传热效率，阻塞管道，且工艺操作条件相对苛刻
	常压硫酸浸出	工艺简单，投资少，能耗低	Fe^{3+} 和 Al^{3+} 等被大量浸出，且浸出渣量大，酸耗较高，影响后续处理

（二）硫化型镍矿冶炼技术

硫化镍矿的矿物种类较多，但是全球大部分镍是从镍黄铁矿（Ni，Fe）$_9S_8$ 中提取的，其通常含有大量的磁黄铁矿和各种非硫化物，其中一些矿石中含有单质 Mg。硫化型镍矿由于含铜钴及贵金属，大部分用火法冶炼富集生产高镍锍，然后用湿法冶炼分离提纯（有个别工厂直接用湿法冶炼）。

目前，硫化镍矿中镍提取的主要技术包括火法冶金、湿法冶金和生物冶金。

（1）火法冶金。火法冶金工艺成熟、处理量大，但高温熔炼过程镍的损失量大且有害废气排放强度高，需建设配套的废气处理设施以满足排放要求，使得投资、运行和管理成本较高。火法炼镍传统工艺有鼓风炉、反射炉、电炉冶炼等流程，新的冶炼工艺以闪速炉为主，包括奥托昆普型闪速炉和国际镍公司型闪速炉。现在世界上有 5 座奥托昆普型的炼镍闪速炉在生产，还有加拿大的铜崖冶炼厂采用国际镍公司型的卧式纯氧闪速炉。俄罗斯的北方镍冶炼厂用氧气顶吹自然熔炼炉处理低品位的镍块矿，属于熔池熔炼类型。

（2）湿法冶金。湿法冶金具有回收率高、产物纯度高、能耗低、易实现连续化及自动化等优点，已成为硫化镍矿中镍提取的优选技术。硫化镍矿的湿法冶金工艺主要包括加压氨浸、加压酸浸、常压酸浸、硫酸化焙烧-水浸、氯化焙烧-水浸等。加压氨浸法镍的浸出率高（90%~95%），还能回收大部分硫，工业应用成熟，但不适合处理含贵金属的硫化镍精矿。相较于加压氨浸，加压酸浸成本低、镍的浸出率高（97%~98%），但其酸性废水排放强度高，对设备和控制要求较高。

（3）生物冶金。生物冶金具有回收率高、产物纯度高、能耗低等优点，但由于处理周期长、所需菌种不易培养等缺陷，阻碍了该项技术的工业化应用。

主要硫化镍矿生产技术对比见表 17-12。

表 17-12　主要硫化镍矿生产技术对比

生产技术	优点	缺点
火法冶炼	工艺成熟、处理量大	镍的损失量大且有害废气排放强度高，投资、运行和管理成本较高
湿法冶炼	回收率高、产物纯度高、能耗低、易实现连续化及自动化	不适合处理含贵金属的硫化镍精矿
生物冶金	回收率高、产物纯度高、能耗低	处理周期长、所需菌种不易培养

关于世界镍的精炼技术，即从高冰镍生产电解镍或其他精镍产品，大部分生产规模大，历史长的工厂都采用传统的可溶阳极电解工艺，如俄罗斯的北方镍公司和诺里尔斯克所采用的粗镍电解工艺，加拿大汤普逊厂、中国的金川集团股份有限公司的硫化镍电解，

但一些新建的工厂采用了湿法冶金浸出电积工艺，芬兰奥托昆普公司采用硫酸常压浸出—净化—电积工艺。20 世纪 70 年代以来，许多工厂在此基础上增加了高压浸出环节，采用硫酸化加压选择性浸出工艺，提高镍、钴浸出率至 99%，中国金川集团股份有限公司已成功采用硫酸选择性加压浸出—电积工艺，取代了部分硫化镍电解。90 年代以来，随着设备防腐技术的进步，部分冶炼厂采用氯化浸出工艺进行技术改造，缩短了工艺流程，降低了生产成本。

二、电池回收技术

锂电池的回收技术路线分为物理、火法、湿法三种，物理回收虽然工艺流程简单、成本低但回收率较低，容易引入杂质影响再生料性能。经粗略测算，回收 1t 三元材料采用火法及湿法工艺对应的成本分别为 1.6 万元与 3 万元，而对应的利润分别为 1476.6 元与 9265.6 元；从投资回报率角度考虑，火法不如湿法，所以国内企业多采用工艺成熟的湿法回收路线。

（一）物理法工艺及流程

将废旧动力电池通过破碎、过筛、磁选分离、精细粉碎等手段获得有价值产物，再进行出售或材料修复，实现电池的再制造。

（二）火法工艺流程

三元电池：拆除电池外壳获得电极材料后，在高温环境加入石灰石进行焙烧，焙烧后的锂和铝形成炉渣，不被回收；形成合金的铜、镍、钴、锰通过进一步处理分离提取出来。

磷酸铁锂：电极材料中不含贵重金属，普通火法工艺不适用；用改进的火法回收技术通过煅烧去除有机黏结剂，使磷酸铁锂粉末与铝箔片分离，获得磷酸铁锂材料，之后再在其中加入适量原料以得到所需的锂、铁、磷的摩尔比，经高温固相法合成新的磷酸铁锂。

（三）湿法工艺及流程

磷酸铁锂的湿法回收：利用强酸将正极极片溶解后，加入碱使溶液中的锂、铁离子和磷酸根离子形成沉淀分离出来，再按照回收的比例进行调节，高温焙烧后得到再生的磷酸铁锂。

三元电池的湿法回收：在金属以离子形式溶于溶液后，根据要合成的三元材料中的镍、钴、锰元素的比例适当加入对应的金属盐，再加碱沉淀出金属共沉淀物，得到的沉淀物与碳酸锂按比例混合烧结成再生三元材料。

各工艺的优缺点对比分析见表 17-13。

表 17-13　各工艺的优缺点对比分析

工艺路线	优点	缺点
物理法	可大批量对三元及铁锂的电解液、隔膜、电极材料全组分处理和回收	有价材料易流失，易引入杂质
火法	提高回收效率，缩短工艺处理时间	污染气体、能源消耗较高
湿法	回收得到的材料纯度较高	消耗较多的酸、碱等化学试剂

注：数据来源于鑫椤资讯。

第四节　镍资源及其材料产业供应链安全评价

镍资源端产品包括红土镍矿和硫化镍矿的开采，我国仅有硫化镍矿，且资源储量占世界比例的3%，镍产量占全球产量的5%，主要进口自菲律宾（占比为82%）、印度尼西亚（占比为9%）。

镍冶炼端产品主要包括镍铁、硫酸镍、电解镍等产品。我国镍铁冶炼主要采用的是镍含量较低的红土镍矿，工艺较为复杂，同时各企业研发投入占企业收入比例较高，因此该环节科技水平指标较高；这部分产品我国的自给率达到90%，基本能够满足我国的消费需要，但由于原料国家的出口限制，未来这部分产品国内生产的产量将会逐步下降，大规模在外生产投资。

我国材料产品制造端主要包括不锈钢、动力电池等产品，这类产品产量均占全球产量的50%以上，产品品质高，但生产的产品主要用于国内消费，出口量占世界贸易量比例很小。我国镍材料制造端在整个镍产业链中处于优势地位，安全性能较高。

第五节　面临的重大问题

一、国内资源条件较差

从资源来看，我国镍矿资源不足，储量仅占全球3%。

二、回收标准和政策有待完善，企业盈利空间有待提升

从回收系统看，下游不锈钢产品中，原则上，只要产品设计和回收技术允许，不锈钢可以无限循环利用，而三元电池中镍金属的回收率可达98%。但我国目前未建立完整全面的工业体系，回收标准政策制定不完善，和国际市场有一定差距，二次回收难度较大。

（一）政策标准有待明晰与落实

电池技术标准待明确：因动力电池在循环充放电过程中电池容量会逐渐衰减，当衰减

至 80%以下时，便达到退役状态，而国内对退役状态退役标准有多种定义，例如根据容量衰减定义、根据剩余放电量定义、根据剩余循环次数定义以及根据内阻定义，所以，对政策制定者来说存在辩证困难。另外，梯次利用标准制定的高低也影响着梯次利用的未来发展。

新能源行业是政策驱动性行业，因此，从某种程度上说，政策标准的制定与落实，决定了锂电池回收行业发展的速度。

（二）投资成本较一般电池高，盈利空间小

动力电池回收过程中涉及多项成本，包含仓储成本、环保成本、拆解成本、测试成本等，其中环保成本要求废旧动力电池的冶炼要遵循国家再生金属标准及有色重金属冶炼企业安全生产标准等有关要求，拆解过程要求环境友好和人身安全。国家也出台有 GB/T 22598—2017 车用动力电池回收利用拆解规范、GB/T ××××车用动力电池回收利用拆卸要求等多项标准。另外，从回收过程中用料成本考虑也存在成本高的问题，目前国内动力电池回收企业多采用湿法回收技术路线，与火法相比，湿法回收需要消耗较多的酸、碱等化学试剂，辅料的成本明显高于火法。

第六节　未来发展态势

一、不锈钢领域镍消费仍有增长空间，电池行业增速快

镍的主要消费集中在不锈钢以及电池领域，不锈钢近一半的消费用于后工业时代，当钢铁建材的消费到平台期后，后工业时代不锈钢消费仍有增长空间；而电池行业是新兴的增长亮点，呈现基数小、增速大的特点；电镀和合金铸造是比较平淡的行业，用量较小，大体保持平稳的趋势。在不锈钢及电池需求的带动下，中国原生镍的消费还将呈现增长的势头。

未来随着镍矿资源向大中型企业集中，镍铁生产格局将朝着大型化迈进，主要以山东鑫海为代表。另外，随着不锈钢企业 RKEF 一体化比重增加，小型的镍铁生产企业将逐渐退出市场，镍铁产业将面临重新洗牌。

新能源汽车快速发展将带动更多的对镍需求，而且随着高镍化进程加速，镍在动力电池领域的需求也将爆发。目前，动力电池生产主要集中在中、日、韩三国，欧美等国家发展新能源汽车也将从这些国家采购动力电池所需的三元前驱体和三元材料。我国一方面满足国内新能源汽车需求，同时出口也将成为一个重要部分。

预计到 2035 年全球原生镍消费量将达到 500 万吨，其中不锈钢消费量为 280 万吨，电池消费量为 186 万吨；中国原生镍的消费将达到 270 万吨，其中不锈钢消费量为 154 万吨，电池消费量为 105 万吨，其他应用领域基本持稳。

2020~2035 年全球及中国镍消费预测见表 17-14。

表 17-14　2020~2035 年全球及中国镍消费预测　（万吨）

类别	全球				中国			
	2020 年	2025 年	2030 年	2035 年	2020 年	2025 年	2030 年	2035 年
不锈钢领域	175	200	230	280	107	132	150	154
电池领域	17	33	110	186	9	28	68	105
合金、电镀等其他领域	45	51	47	34	19	10	11	12
合计	237	284	387	500	135	169	229	270

二、我国在外投资企业更加注重与当地企业合作

近年来，中国青山控股集团率先走出去，已经在印度尼西亚获取了相当数量的红土镍矿的矿权，建设了大型镍资源冶炼厂，为印度尼西亚解决了大量就业并带来了巨额经济效益，深受印度尼西亚国民欢迎，树立了中国企业“走出去”获取镍资源的标杆模式。

三、行业产业链融合加速

由于新能源锂电材料行业有着较高的技术门槛和品质标准，尤其是动力电池对产品的续航能力、安全性、成本控制等诸多方面有着严苛的指标要求，因此从保证供应链安全稳定、技术协同研发、低成本竞争优势等角度，整车及锂电池龙头厂商对正极材料企业及上游原料企业的持续供应、成本控制、品质管理、技术研发等能力高度重视，也有意愿通过并购重组等方式进行产业链延伸，共同打造具备国际竞争力的锂电材料一体化产业链。

第七节　战略目标

结合我国实际情况和镍产业面临的挑战，提出以下中长期发展目标。

一、总体目标

加大主要成矿带、优质镍资源的勘查力度，保障我国镍资源的长期安全；整合可利用镍资源，培育出力量雄厚、创新能力强的具有国际影响力的大型镍企业；提高资源综合利用率及资源价值，大幅度提高绿色矿山保持率；完善镍回收利用体制机制，采用多种回收技术将镍资源价值最大化利用；以企业及大型研发平台为创新主体，快速发展我国镍精深加工技术，完全满足我国新兴产业发展需求。最终实现 2035 年我国镍矿及其材料产业供应链得分提升至 95 分。

二、2025年目标

（1）提高优质矿山占有率，建立企业合作平台，保障资源有效供给。

（2）加大镍企业环保力度，提升我国企业质量，达到与2020年相比，综合能耗降低20%的目标。

（3）建立完善的镍回收体制机制，改善我国目前镍资源浪费，回收利用率低的现状，在现有基础上培养2~3家大型回收利用企业，从而缓解我国镍资源供应紧张现状。

三、2035年目标

（1）提高我国镍资源综合利用率，优化各环节生产工艺。

（2）建立我国海外投资镍企业与国内企业合作备忘录，实现我国镍产业整体竞争力明显提高。

（3）全面提高镍产品循环利用率，提高回收技术。

第八节　对策建议

一、注重供应体系的建立，促进多样化原料供应

加大对镍产业供应体系的规划力度，创造有利于镍原料的多样化投资条件，缓解目前原料紧缺的问题，建立有效稳定的供应体系。鼓励企业大力开拓国外镍市场，适当增加对相关企业的融资支持力度，支持企业“走出去”合作开发镍资源，分散镍原料的进口来源，同时加快投资不同镍原料市场，达到平稳供应的目的。

二、促进技术创新，降低生产成本减少供应压力

技术创新可以在减轻供应压力和生产成本方面发挥重要作用，与镍原料相关的成本占总成本的大部分，因此可以在镍生产方面加强技术创新的研发工作，以便提高生产能力和生产效率，降低生产成本，更有效地利用材料，尽可能地提高供应量，从而提高市场竞争力。

三、加快发展再生镍行业，提高再生镍用量

回收利用可以减轻对镍原料的供应压力。加强各种镍物料的回收，尤其是未来大规模退役的动力电池回收，采取相关政策通过激励达到使用寿命的产品的回收利用，实施生产者延伸责任制度，让生产者承担部分回收费用与回收责任，促进生产者与回收企业共同联合的回收体系建设。同时完善收集和分类体系，并积极提高回收技术，为再生镍产量的快速增长做充分的准备。

四、加快推进我国企业国际化、产业一体化进程，提升核心竞争力

我国应加快培育一批一体化生产、国际化大型企业，未来形成矿产资源冶炼—镍产品加工制造—循环利用一体化的综合性国际化企业。引导企业积极布局资源投资、循环利用等方面，以提升产业协同发展能力、保障原材料平稳供应、提升核心竞争力。同时积极促进我国企业间合作，共同开发海外镍资源矿产冶炼及镍生产，有效提升产业协同发展。通过推动产业一体化、国际化进程，一方面能够保障我国镍原料的平稳供应，另一方面通过产业一体化，能够有效降低生产成本，提高产品盈利能力，增强企业核心竞争力。

第五篇

战略优势矿产及其材料篇

第十八章　稀土资源及其材料产业高质量发展形势与战略

第一节　稀土资源及其材料总体形势

一、稀土资源供应和需求形势

（一）全球稀土资源及开采、冶炼情况

稀土资源丰富且分布较为集中，全球稀土资源前五的国家储量占比接近 90%。其中，中重稀土主要分布在中国、缅甸等东南亚国家。海外稀土矿生产主要集中在美国芒廷帕斯矿、澳大利亚莱纳公司的韦尔德矿以及缅甸中重稀土矿。全球 85%以上稀土矿依赖中国冶炼分离产能，海外除澳大利亚莱纳公司拥有 2 万吨（以稀土氧化物 REO 计）冶炼分离产能外，其余海外开发的稀土矿基本需运至中国进行冶炼分离。稀土冶炼分离呈现中国为主、海外为辅的产业格局。

1. 全球稀土资源的储量及分布

稀土是化学元素周期表中镧系元素——镧、铈、镨、钕、钷、钐、铕、钆、铽、镝、钬、铒、铥、镱、镥，以及与镧系元素同族的 2 个元素——钪和钇共 17 种元素的总称。其中，钪与其他 16 个元素在自然界共生关系不太密切，性质差别也较大，多数稀土工业矿物中都不含钪，属于典型的稀散元素；钷是反应堆铀的裂变产物或存在于富铀矿中（罕见），常见的稀土矿物中也不含钷，所以稀土冶炼分离厂生产的产品中一般没有钪、钷这两种元素。

世界稀土资源丰富，稀土在地壳内丰度高于铜、铅、锌等。根据美国地质调查局（U. S. Geological Survey）2023 年《Mineral Commodity Summaries》公布的数据，如表 18-1 所示，全球稀土资源储量为 12000 万吨（以 REO 计，下同）。其中，中国、越南、巴西、俄罗斯、印度的稀土资源储量分别为 4400 万吨、2200 万吨、2100 万吨、2100 万吨和 690 万吨，位居全球前五，合计占全球总量接近 90%。2012 年 6 月，我国政府发布了《我国的稀土状况与政策》白皮书，指出我国的稀土资源储量约占世界总储量的 23%。2013 年，国土资源部发布矿产资源年报，报告称截至 2009 年底，我国查明稀土资源量为 8396 万吨，其中基础储量为 1859 万吨。

表 18-1　2013~2022 年世界主要国家稀土储量（REO）　（万吨）

国家	年份									
	2022	2021	2020	2019	2018	2017	2016	2015	2014	2013
中国	4400	4400	4400	4400	4400	4400	4400	5500	5500	5500
巴西	2100	2100	2100	2200	2200	2200	2200	2200	2200	2200
越南	2200	2200	2200	2200	2200	2200	2200	—	—	—
俄罗斯	2100	2100	1200	1200	1200	1800	1800	—	—	—
印度	690	690	690	690	690	690	690	310	310	310
澳大利亚	420	400	410	330	340	340	340	320	320	210
格陵兰岛	150	150	150	150	—	150	150	—	—	—
美国	230	180	150	140	140	140	140	180	180	1300
塔桑尼亚	89	89	89	89	—	—	—	—	—	—
加拿大	83	83	83	83	—	83	83	—	—	—
南非	79	79	79	79	—	86	86	—	—	—
马来西亚	—	—	—	—	3	3	3	3	3	3
其他国家	28	28	31	31	440	—	—	4100	4100	4100
世界总储量	13000	12000	12000	12000	12000	12000	12000	13000	13000	14000

注：数据来源于 U. S. Geological Survey，Mineral Commodity Summaries，January 2023。

值得注意的是，从美国地质调查局公布的数据来看，2014 年，美国稀土资源在尚未大量开采的情况下，储量迅速由 2013 年的 1300 万吨调整至 180 万吨，原因可能在于当前各国纷纷将稀土作为极为重要的战略性资源，稀土资源储量无疑成为各国的保密数据。

2. 世界稀土资源开采、冶炼情况

根据美国地质调查局的数据，2022 年全球稀土矿产品总量为 30 万吨（以 REO 计，下同）；我国增产和美国 Mountain Pass 产能提升是主要原因。稀土主要产出国有中国（产量占比 70%，21 万吨）、美国（产量占比 14.3%，4.3 万吨）、澳大利亚（产量占比 6%，1.8 万吨）、缅甸（产量占比 4%，1.2 万吨）、泰国（产量占比 2.4%，0.71 万吨）等国家，如图 18-1 和图 18-2 所示。近年来，全球稀土矿产品由我国单边供应向全球多元化供应格局转变。

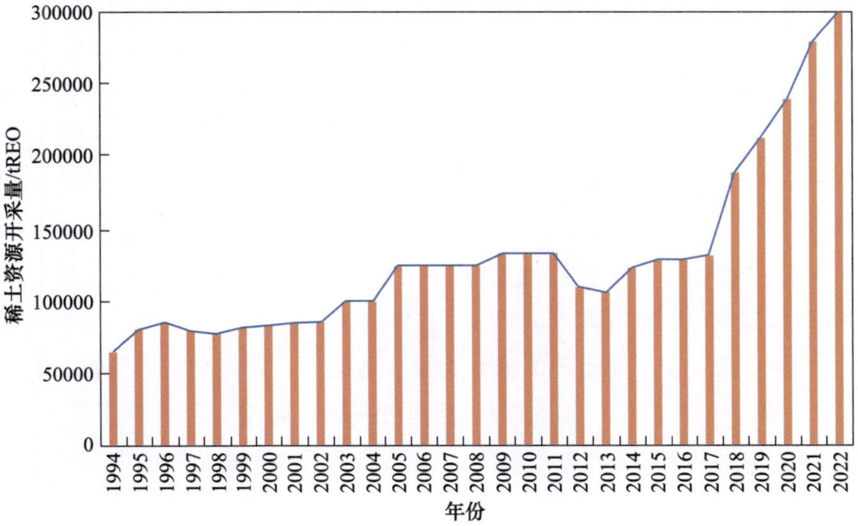

图 18-1　1994~2022 年全球稀土资源开采量（REO）

（数据来源：U. S. Geological Survey，Mineral Commodity Summaries，January 2023）

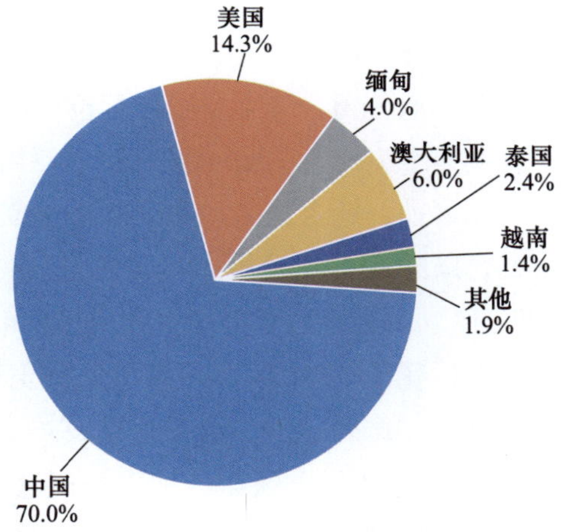

图 18-2　2022 年全球稀土资源主要开采国及占比量

（数据来源：U. S. Geological Survey，Mineral Commodity Summaries，January 2023）

国外稀土冶金始于 20 世纪初，独居石是最早被用于生产稀土的稀土矿物。到了 20 世纪 50 年代，美国芒廷帕斯氟碳铈矿实现工业生产，改变了早期完全依赖于高强度放射性独居石的局面。20 世纪 80 年代以前，稀土产品主要由美国钼公司（Molycorp）和法国罗地亚公司（Rhodia）等企业生产供应。之后，稀土冶炼分离产业逐步转向我国，1986 年，我国稀土产量首次超过美国成为世界第一生产大国。21 世纪以来，世界稀土生产主要集中在我国。

国外主要的稀土冶炼分离企业有：

（1）美国钼公司（Molycorp）。1949 年，在芒廷帕斯发现了氟碳铈矿稀土资源（轻稀土）。1952 年，美国钼公司开始稀土生产。1981 年，钼公司建立了轻稀土萃取分离生产线。1998 年因环保问题矿山开采停产，2001 年后分离停产。2011 年稀土价格大涨，美国钼公司启动凤凰计划，扩建稀土生产线，第一期产能为 19050tREO/a，2013 年底投产，二期产能提高至 40000tREO/a。主要采用氧化焙烧—盐酸浸出—萃取分离工艺，有机相采用液碱皂化，氯化钠废水采用电解回收酸、碱循环利用，但投资大、成本高、公司运行严重亏损。2015 年 6 月 26 日，美国钼公司申请破产保护，债务资产为 17 亿美元，芒廷帕斯矿山也随之停止开采。2017 年被四川盛和资源联合美国本土基金成立的 MPMO 公司收购，MPMO 公司的股权结构中，美国 JHL、QVT 财团持股 90.01%，我国盛和资源公司持股 9.99%。芒廷帕斯矿自从 2018 年复产以来，产量持续攀升，2020 年精矿产量达到约 3.8 万吨 REO，产能接近饱和，并实现了扭亏为盈。目前，芒廷帕斯矿生产的矿产品全部由盛和资源公司代理销售运往我国，但 MPMO 公司已在积极谋划重启冶炼分离生产线。MPMO 公司为筹集足够的冶炼分离生产线启动资金，于 2020 年 11 月登陆美股上市，并研究制定了重启方案。根据其计划，MPMO 公司希望实现约 2 万吨 REO/年冶炼分离生产，但目前在技术人员、辅料和水电供应、环保处理等方面面临较大挑战。

（2）比利时索尔维公司（Solvay）。索尔维集团（Solvay）是一家比利时化工集团，世界 500 强企业，成立于 1863 年，总部设在比利时首都布鲁塞尔 Neder-Over-Heembeek。比利时索尔维集团在 2011 年收购了法国罗地亚公司（Rhodia），开始涉足稀土领域。该公司的稀土业务板块的前身是法国罗地亚公司，其主要生产厂位于法国拉罗谢尔。1990 年以前以澳大利亚独居石（轻稀土）为原料，采用烧碱分解—硝酸溶解—TBP 萃取分离铀、钍和稀土。由于独居石矿中放射性元素铀、钍含量高，防护及环保成本高，于 20 世纪 90 年代停止处理独居石，改用包头混合碳酸稀土（轻稀土），经过硝酸溶解后进行萃取分离生产高纯稀土化合物直至 2005 年停产。法国罗地亚公司 20 世纪 90 年代末在我国建立了 2 个稀土冶炼分离厂。其中江苏溧阳工厂建于 1995 年，以离子型稀土矿为原料分离单一及高纯稀土化合物（采用中国的分离技术生产轻、中、重稀土），在 1998 年又在包头新建包头罗地亚工厂，年处理 1.2 万吨包头混合型稀土精矿，采用烧碱法冶炼分离生产轻稀土化合物。2008 年之后，根据我国稀土行业整合的政策，索尔维（当时的罗地亚）及时调整了经营战略并逐步停止稀土冶炼分离生产线的生产。2011 年以后，包头索尔维和溧阳索尔维分别转产为抛光材料与催化材料，已经完成产品的结构调整。

（3）澳大利亚莱纳公司（Lynas）。澳大利亚韦尔德山稀土矿中主要矿物为独居石（轻稀土），但其铁含量高，放射性钍、铀含量远远低于广泛应用的独居石。2001 年，莱纳公司获得了韦尔德山稀土矿权权益；2007 年，开始在澳大利亚建设选矿厂。2013 年，在马来西亚建设的冶炼分离厂（关丹稀土新材料厂）投产，年产能 22000tREO，主要采用硫酸焙烧—水浸—萃取分离工艺（我国处理包头混合型稀土精矿第三代硫酸法冶炼工艺）。澳大利亚的稀土矿开采量自 2013 年至今，整体趋势不断稳步提高，2020 年产能约 3 万吨 REO，产量达到了 17000tREO，已发展成为世界第二大稀土生产供应商。2020 年 1 月，莱纳公司选择澳大利亚内陆城镇卡尔古利作为稀土选矿厂，计划 2023 年全部完成，拟建的工厂预计将进行加工 24 万吨/年的矿石，生产超过 66000t/a 精矿量（约合 26000tREO/a）。

2020 年 2 月，莱纳公司宣布获马来西亚未来 3 年的稀土冶炼分离厂的运营许可，随着澳大利亚政府新的稀土项目的投资与工厂开采能力的提高，稀土产量有望继续提高。

（4）印度稀土公司（IREL）。印度稀土公司成立于 1950 年，是印度政府与 Kochi 特拉凡哥尔政府间的合资企业，其位于 Aluva 的稀土工厂于 1952 年建成并投产。目前主要采用碱分解工艺处理独居石精矿（轻稀土），生产出氯化稀土和铀-钍废渣，少量的氯化稀土进一步用于生产氢氧化铈、氧化铈、硝酸铈、碳酸镨钕、氧化钕和氟化稀土。印度稀土公司于 2010~2011 年恢复因转移而停产的氯化稀土的生产。2020 年的稀土总产量为 3000tREO。

此外，日本、俄罗斯、爱沙尼亚、越南、泰国等国家也拥有稀土冶炼分离的能力，但上述国外稀土冶炼分离企业全部采用轻稀土资源，主要生产镧、铈、镨、钕轻稀土产品，而且工艺陈旧、生产运行成本高，缺乏竞争优势。近年来，国外加紧重建稀土产业链工作，加大了稀土冶炼分离技术的开发投入，如澳大利亚莱纳公司、布隆迪彩虹稀土公司、澳大利亚北方矿业有限公司、德国蒂森克虏伯等已逐步成为稀土资源重要供应商；比利时索尔维、日本钇公司等启动冶炼分离产业；加拿大相关企业开展了新型冶炼分离技术的开发并开展中试试验；美国五角大楼向澳大利亚莱纳公司提供 3000 万美元资金用以在德州建立稀土加工厂等。越南有 3~4 家稀土冶炼分离厂可以处理氟碳铈矿、离子型稀土矿、钕铁硼废料等。总之，随着国外稀土资源的重视与开发，稀土产品的供应格局将会产生变化，竞争趋于国际化。

3. 世界稀土市场供需情况

2021 年 2 月 24 日，美国总统拜登签署行政令，要求联邦政府对关键产品和行业的供应链风险进行全面评估，解决美国供应链的脆弱性和面临的风险，其中包括稀土供应链。2021 年 3 月 11 日《日本经济新闻》报道，美、日、印、澳联手建立稀土供应链，以对抗中国在稀土供应方面的主导地位，摆脱对中国的依赖。美国、日本等国家之所以如此重视稀土，是因为稀土无论对国家的经济领域还是国防安全建设领域而言，都至关重要，且短期内没有其他供应可以替代。

美国是全球的稀土消费大国，每年稀土消费量约为 4 万吨。美国地质调查局数据显示，主要有催化剂、陶瓷和玻璃、冶金及合金、抛光 4 个应用领域，占比分别为 75%、6%、4%、5%，其他用途的需求占 10%。美国的稀土材料有 80%需从中国进口，包括镧、铈等稀土化合物，镨、钕等稀土金属，烧结钕铁硼、钐钴磁体等稀土磁性材料等，其余主要从爱沙尼亚、马来西亚等国进口。日本市场中所需要的稀土基础材料，有 60%以上由中国企业供应，其余主要进口来自澳大利亚莱纳公司马来西亚工厂。

但是，我国为主导的现有稀土供应格局正逐渐被打破。全球稀土正由中国单边供应向全球多元化供应格局转变。其中，2023 年全球稀土矿总产量为 30 万吨 REO，我国稀土矿产品产量全球占比已由 2016 年的 83%下降至 2023 年的 70%，澳大利亚莱纳斯已成为世界第二大稀土生产商，产量占比 10%以上。目前我国稀土资源进口量逐年增加，2018 年以来，已由净出口国向进口国转变，其中从美国、布隆迪等国家进口的轻稀土精矿及缅甸进口的离子型稀土精矿构成了我国主要进口来源。

（二）我国稀土资源及开采、冶炼情况

我国稀土资源不但储量丰富，且具有稀土矿种多和稀土元素分布齐全、轻稀土矿物品位高等优势。2011 年国家开始出台稀土开采、冶炼分离总量控制政策，国内稀土的开采、冶炼分离指标基本分配给稀土大集团，供给稳定性提高。但稀土资源开发仍存在环境污染问题，绿色化水平亟待提高。

1. 我国稀土资源的储量及分布

我国稀土资源成矿条件十分有利，矿物类型齐全、分布面广而又相对集中，目前我国在 22 个省市区发现上千处稀土矿床、矿点和矿化产地，稀土资源集中分布的区域主要在内蒙古白云鄂博、江西赣南、广东、四川、山东、广西、福建、湖南、云南。除此之外，在贵州、浙江、湖北、河南、山西、辽宁、陕西、甘肃、海南等省区也发现有稀土矿床。

我国主要稀土矿有白云鄂博稀土矿、四川凉山冕宁稀土矿、山东微山稀土矿、南方离子型稀土矿和漫长海岸线上的海滨砂矿等。白云鄂博稀土矿与铁共生，主要稀土矿物有氟碳铈矿和独居石，故称混合型稀土矿，稀土总储量大，为世界第一大稀土矿。四川凉山冕宁稀土矿和山东微山稀土矿主要为氟碳铈矿，伴生有重晶石、天青石、萤石等，是组成相对简单的一类易选稀土矿。南方离子型稀土矿的中重稀土含量较高，是一类很有市场竞争力的稀土矿。我国的海滨砂也极为丰富，在整个南海的海岸线及海南岛、台湾岛的海岸线可称为海滨砂存积的黄金海岸，有近代沉积砂矿和古砂矿，其中独居石和磷钇矿在处理海滨砂回收钛铁矿和锆英石时作为副产品加以回收。

目前，我国大规模开采的稀土矿主要包括白云鄂博混合型稀土矿、四川氟碳铈矿、南方离子型稀土矿三大类型矿床。资源赋存分布呈现“南重北轻”等特点。轻稀土矿（氟碳铈矿、独居石及其混合型稀土矿）主要分布在内蒙古包头、四川凉山和山东微山等地（占比约为 93%），离子型中重稀土矿主要分布在我国南方七省（占比约为 7%）。其中，白云鄂博混合型稀土矿是世界第一大轻稀土矿（轻稀土占比为 98%），属于多金属共伴生矿床，生产稀土产品占世界总量的 60%以上；四川氟碳铈矿是我国第二大轻稀土矿；南方离子型稀土矿是宝贵的中重稀土资源（中重稀土含量占比为 40%~90%），是新一代信息技术、国防军工等不可或缺的关键原料，但原矿稀土品位极低（以 REO 计，一般 0.03%~0.1%），提取分离难。该类稀土矿床的发现，丰富了世界稀土矿床的类型，为世界中重稀土的开发利用提供了资源保证。

2. 我国稀土资源开采、冶炼情况

近年来，我国不断加强对稀土资源勘查、开发、利用的规划和管控，根据资源形势和市场需求来调控开采、生产总量，严格市场准入制度。我国轻稀土矿生产主要依赖包头白

云鄂博混合型稀土矿和四川氟碳铈矿。目前，白云鄂博矿稀土原矿 REO 品位 6%~7%，选铁后的尾矿经过磁选、浮选等方法富集回收稀土，年产稀土品位 50%~60%的混合稀土精矿 15 万吨（REO 计）以上，其余稀土存放在尾矿库中。目前，全球 90%的中重稀土产品利用离子型稀土矿生产，随着中重稀土应用量的增加，离子型稀土产业规模不断增长。目前，我国离子型稀土冶炼分离总量超过 5 万吨 REO/年，但离子型稀土矿供应紧缺，导致铽、镝、镥等重稀土价格高涨，严重影响稀土永磁、稀土晶体等新材料的应用发展。

我国从 20 世纪 50 年代开始进行稀土的提取分离工艺研究，70 年代开始产业化，80 年代随着我国自主开发的硫酸法冶炼包头混合型稀土矿工业化技术及溶剂萃取分离稀土等先进技术的突破，我国稀土冶炼分离产业实现大规模连续生产，生产成本大幅度降低，世界稀土产业的格局从此发生了巨大变化。针对不同类型稀土资源的禀赋特点，我国开发了一系列具有原创性的稀土冶炼分离技术并大规模用于工业生产，成就了我国稀土大国的地位。

轻稀土矿产：包头混合型稀土矿、四川氟碳铈矿、独居石稀土矿等矿物型轻稀土矿主要通过重选、磁选、浮选等物理选矿方式生产稀土精矿，稀土精矿品位达到 50%~70%（REO）。其中，白云鄂博混合型稀土精矿属于氟碳铈矿和独居石的混合矿，世界公认的难冶炼矿种，主要采用浓硫酸强化焙烧—水浸—P204 或 P507 萃取转型分离；四川氟碳铈稀土精矿主要采用氧化焙烧—盐酸浸出—碱转优溶—P507 萃取分离；独居石矿主要采用氢氧化钠分解—盐酸优溶—P507 萃取分离。

中重稀土矿产：南方离子型稀土矿是宝贵的中重稀土资源。但离子型稀土矿稀土品位极低，提取分离难，主要采用盐溶液原地浸取—沉淀或萃取富集—P507/环烷酸萃取全分离，可以大规模连续化生产各类高纯稀土化合物。

总体来看，我国稀土采、选、冶分离技术世界领先，并禁止出口，在国际上具有较强的话语权，可大规模生产稀土相对纯度 2N~5N 的数百种产品。但也不可否认的是，在稀土资源大规模开发中仍存在资源综合利用率较低、绿色发展程度不高等一些问题。

（三）稀土材料产业发展现状

我国稀土永磁、发光、催化等新型稀土功能材料技术取得突破并实现大规模生产，但由于缺乏精深加工与应用核心原创技术，在稀土新材料领域仍面临诸多严峻挑战。

稀土功能材料产品产量的计量一般是按实物量统计，因此总产量和稀土用量差别较大。稀土功能材料主要包括稀土磁性材料、稀土发光材料、稀土催化剂材料、稀土抛光材料、稀土储氢材料、稀土陶瓷材料、稀土晶体材料及其他稀土材料等。

1. 稀土磁性材料情况

稀土磁性材料是战略新兴产业的关键核心材料，是稀土材料中最大的消费领域（约占 40%），在节能家电、新能源汽车、风力发电、航空航天、5G 基建等国防军工和民生等领域有广泛应用。稀土永磁材料主要包括烧结钕铁硼、粘结钕铁硼、热变形钕铁硼、钐钴永磁四大类产品。我国及日本共生产占世界95%的稀土永磁材料。我国是全球稀土永磁材料的最大生产国。近年来，为便于获得原材料并降低整体生产成本，日本、美国及欧洲部分企业已先后关闭本国工厂而转向我国生产稀土永磁材料。我国钕铁硼永磁材料的优势企业代表有中科三环、宁波韵升、烟台正海、江西金力、安徽大地熊、成都银河以及中央企业的安泰科技、有研稀土等，总产能为30万吨。我国稀土永磁材料的产量由2010年的8.26万吨增长到2020年的18.03万吨，增长了1.18倍，占全球产量的85%以上，但含稀土永磁材料的元器件的最终装配则集中在我国以外的国家或地区。

2. 稀土发光材料情况

2010年以来，白光LED光源因具有光效高、无污染、技术成熟度高等优点，迅速取代传统三基色荧光灯，逐渐占据通用照明和高品质显示等领域的绝大部分市场，研究和产业焦点也由三基色荧光粉转移至LED荧光粉。自2010年以来，白光LED荧光粉的需求量保持年均25%以上的高速增长，2019年我国的产量约为480t。优势企业包括有研稀土、江苏博睿等；除少数高端稀土发光材料如塞隆绿粉与电气化学、三菱化学等尚有差距外，其他材料基本实现了自主保障。随着紫外芯片和全光谱LED的成熟以及大功率激光照明的快速发展，高性能白光LED用荧光材料产量还将有较大幅度的增长。在特种稀土发光功能材料领域，稀土长余辉荧光材料近年来稳中有升，而面向安防监控、生物识别、食品医疗检测、植物补光照明等新型应用领域的深红光、近红外荧光材料发展迅速，有望成为新的市场爆发点。

3. 稀土催化材料情况

从全球范围看，稀土功能性材料中催化领域占比最高达19%，而我国稀土催化领域仅占5%，总体上比例仍然存在不小的差距（考虑到石化领域中一部分也是催化材料的应用，即使加上石化领域仍然有差距），主要原因除我国磁材行业发达外，稀土催化领域尤其是机动车尾气领域与国外差距较大。机动车尾气催化器本质是一系列化工材料的综合体，由催化剂载体、涂层、催化剂助剂和活性成分四部分组成，稀土材料充当助剂和提高活性的组分。目前，国内机动车尾气领域由三巨头德国巴斯夫、比利时优科美、英国庄信万丰把控大部分的市场，此外美国格雷斯、日本NGK也占有一定市场份额，国内汽车尾气领域主要的企业贵研铂业、中自催化、威孚力达等竞争力不足，背后原因主要是缺乏催化材料核心技术（助剂和活性成分）。

4. 稀土抛光材料情况

我国稀土抛光材料的产能、产量和消费量位居全球第一，2022年的年产量约为3.8万吨，主要用于手机盖板、高世代薄膜晶体管（TFT）盖板玻璃减薄、普通光学玻璃、水晶等抛光，技术水平处于中低端，市场规模不到20亿元，且中低端稀土抛光粉材料产能严重过剩。目前，由于国产稀土抛光材料存在的形貌不规则、物相不可控、粒径分布宽等问题，我国集成电路/芯片制造、高世代显示玻璃基板用的超精密稀土抛光材料与国外水平差距较大，价格较我国出口的稀土原材料增值10~100倍，价值高、利润空间大，市场规模日益增长。目前，日本三井金属、昭和电工、旭硝子、清美株式会社、法国罗地亚、美国嘉柏微电子等在集成电路制造和高端显示玻璃基板超精密抛光材料方面居于全球领先地位。

总之，在稀土新材料领域，涉及磁、光、电、催化等稀土功能材料，应用领域广。目前，已围绕消费市场建成北京、宁波、厦门、成都、包头和赣州等稀土功能材料生产与应用产业基地。特别是“十二五”以来，稀土应用产业规模不断扩大，稀土磁性、催化材料产量年均增幅超过15%，稀土磁性、发光、催化和储氢等主要功能材料产量占我国稀土消费的70%以上，基本满足下游应用产业及重点工程的需要，具体如图18-3所示。但在高端稀土永磁、催化、光功能材料等功能材料与关键技术和国外存在差距，制约下游应用领域的高质量发展。因此，迫切需要新型高性能稀土磁、光、催化、抛光等功能材料，满足国防军工、新一代信息、新能源、高标准机动车尾气净化、集成电路精密抛光等高端应用需求，将资源和产业优势变成经济优势和战略优势。

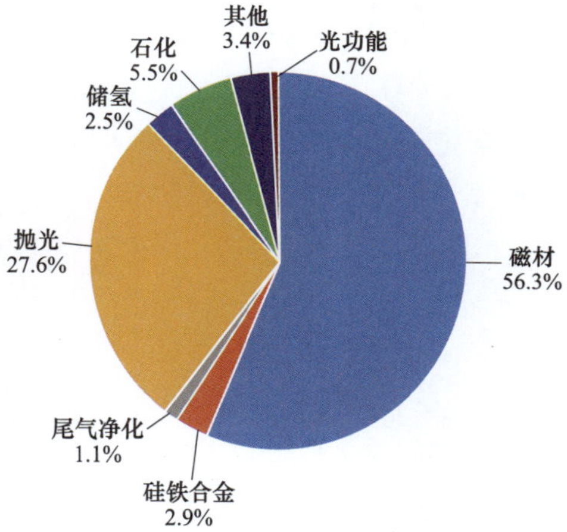

图18-3　2022年我国稀土消费领域分布

（数据来源：中国稀土行业协会）

二、稀土产业形势

（一）稀土产业链

我国稀土工业经过60多年的发展，已经建立起集资源采选、冶炼分离、深加工、功能材料及下游应用于一体相对完整的产业体系。尤其“十三五”以来，在工业和信息化部、科学技术部、国家发展和改革委员会、财政部等部门和各级地方政府的大力支持和引导下，我国稀土行业在科技创新、产业发展、下游应用、平台建设、人才培养等方面得到了全面提升，稀土行业正在由资源开发、初级加工等为主的低水平发展模式向以绿色开发、精深加工、高端应用为核心的高质量发展模式加快转变。

通过梳理稀土产业链技术体系，在稀土采、选、冶、分离领域，我国技术世界领先，并禁止出口，在国际贸易和资源外交等方面具有较强的话语权；但也不可否认的是，在稀土资源大规模开发中仍存在资源综合利用率较低、绿色发展程度不高等一些短板问题。在稀土新材料领域，涉及磁、光、电、催化等稀土功能材料，应用领域广。“十二五”以来，稀土应用产业规模不断扩大，我国每年稀土消费量在 17 万吨左右，占我国稀土产量的 80%左右。

总体来看，稀土提取分离优势生产企业主要集中在内蒙古、山东、四川及南方七省等资源地，稀土新材料优势生产企业主要集中在北京、山东、江苏和浙江等地。

（二）主要生产企业

在稀土产业链的矿石采选、冶炼分离、金属及合金加工等领域，由稀土大集团主导。在轻稀土矿资源方面，中国北方稀土集团占据优势地位。在离子型中重稀土资源方面，中国稀土集团占据控制地位。

在稀土磁性材料领域，优势企业代表有中科三环、宁波韵升、烟台正海、江西金力、安徽大地熊、成都银河以及中央企业的安泰科技、有研稀土等。

在稀土发光材料领域，分为传统的三基色荧光粉和高效的 LED 荧光粉。全球三基色荧光粉主要生产厂家，主要有中国的珠江光电和江门科恒 2 家，且需求量在逐年下降；全球 LED 荧光粉的生产厂家在中国主要有 6 家，分别是有研稀土、江苏博睿光电、烟台布莱特光电、英特美光电（苏州）、江门科恒、北京中村宇极。

在稀土催化材料领域，汽车尾气净化催化剂代表性企业主要包括无锡威孚、昆明贵研、四川中自、安徽艾可蓝、宁波科森等，可以生产国五/国六汽车尾气催化剂，但技术水平和市场推广需要提升。

在稀土陶瓷材料领域，优势企业代表有山东国瓷、三环集团、有研稀土、东方锆业等。

在稀土抛光材料领域，优势企业代表有包头天骄清美、上海华明高纳、甘肃稀土、淄博包钢灵芝、有研稀土等。

目前，稀土上市公司共计 20 家，其中综合板块 5 家，分别是中国稀土、盛和资源、北方稀土、厦门钨业、广晟有色；磁性材料板块 10 家，分别是中科三环、英洛华、横店东磁、安泰科技、银河磁体、正海磁材、金力永磁、宁波韵升、北矿科技、安徽大地熊；功能材料板块 5 家，分别是有研新材、威孚高科、国瓷材料、科恒股份、京运通。

三、技术形势

（一）稀土资源开发和冶炼加工技术情况

我国作为稀土资源大国，不仅拥有全球最大的白云鄂博稀土矿，同时也是在高精尖制造中占据更加重要地位的中重（以镝、铽为代表）离子型稀土的重要产地，具有独特优势。

我国在稀土采选、冶炼、分离提纯方面居领先地位，具备较强话语权，拥有一系列国际领先水平的核心关键技术，如离子型稀土原地浸矿技术、离子型稀土矿浸萃一体化新技术、包头混合型稀土矿硫酸法冶炼技术、模糊萃取/联动萃取/非皂化萃取/碳酸氢镁法分离提纯稀土技术等被广泛使用。

稀土提取分离领域的专利和知识产权主要集中于我国，北京有色金属研究总院开发的稀土硫酸法冶炼分离专利技术，北京有色金属研究总院、中国科学院长春应用化学研究所、北京大学等单位开发的P507和P204萃取稀土全分离专利技术，赣州冶金研究所开发的离子型稀土矿原地浸矿专利技术是我国核心的稀土冶炼分离技术，早期因没有成立专利局，无法实施专利保护，后期主要在国内进行专利布局。近年来，中国有研科技集团有限公司和有研稀土新材料股份有限公司开发出离子型稀土矿镁盐复合体系浸取-离心萃取富集回收稀土专利技术和碳酸氢镁法分离提纯稀土专利技术，北京大学开发出联动萃取分离稀土专利技术，并已在美国、澳大利亚、马来西亚、南美等国家进行了全球布局。

（二）稀土产品生产技术情况

1. 稀土磁性材料

稀土永磁材料的专利技术主要集中在日本、中国、美国等国家，但是其原始核心专利掌握在日本和美国相关企业手里，专利始终是困扰我国烧结钕铁硼发展的一个重要问题。自20世纪70年代开始，我国专利申请量以较大的增长率呈现逐年递增的趋势。从整体上看，近年来稀土永磁材料专利申请从关注磁性能的提升，逐渐转到高温稳定性改善、重稀土减量技术、无中重稀土永磁研发等方面。结合低碳经济的发展及未来应用领域的需求，目前稀土永磁材料研究热点主要包括：面向特种应用需求的稀土磁性材料开发，面向性能极限提升的关键共性技术开发，面向高效率的新型制备技术及装备的开发，面向应用的定制化技术开发，高丰度含La/Ce产品开发及高值利用，基于材料基因、机器学习的材料设计开发。

2. 稀土发光材料

目前，主流商用稀土发光材料专利已在2015年之前布局完成，几乎所有在用稀土发光材料的研发和应用均源于国外。三基色荧光粉和长余辉荧光粉等核心专利均超过专利保护期，但白光LED器件以及核心荧光粉专利以国外为主，1996年日亚化学最早申请了“YAG黄粉+LED芯片”白光LED器件专利，1998年美国通用电气最早申请了正硅酸盐绿粉器件专利，之后的2000~2005年德国欧司朗、丰田合成、飞利浦申请了多项补充专利；2004年日本物质材料研究所和三菱化学联合申请了氮化物红色荧光粉及器件原始专利；2004年日本电气化学最早申请了广色域显示用塞隆结构氮氧化物绿粉及器件专利；2006年美国通用电气率先申请了氟化物红色荧光粉+LED芯片的器件专利。国外频频对国内发起专利诉讼，征收高额专利许可费用，严重影响我国半导体照明产业的健康发展。类太阳全可见光覆盖的全光谱健康照明和超高色域（>100%NTSC）显示已成为照明和显示领域的前沿热点，同时荧光转换型近红外 LED 光源在现代农业/安防监控/食品安全/光伏等新兴应用领域展现巨大的应用前景。

3. 稀土催化材料

目前，铈基材料、蜂窝载体、汽车催化剂等领域的核心技术主要掌握在比利时、日本、美国，我国在该领域申请了不少专利，积极开展专利布局和技术研发。巴斯夫、庄信万丰等在选择性催化还原分子筛占主导；日本碍子株式会社、美国康宁公司在蜂窝载体占优势；雅吉隆、壳牌、日本触媒化成、托普索公司在工业烟气脱硝催化剂占主导。庄信万丰、巴斯夫、克莱恩、托普索等在工业有机废气催化剂方面处于领先地位。针对未来趋势，机动车尾气净化催化材料主要是发展低温高活性、高温耐久性、低贵金属含量的高性能材料，以满足国六/国七及以上尾气排放标准。工业烟气脱硝催化材料主要是发展少钒/无钒无毒高效的稀土基催化剂，并满足超低温、高碱尘、高空速等苛刻工况脱硝应用。工业有机废气净化催化材料主要是发展高活性、长寿命、广谱高效的高性能催化剂。

4. 稀土陶瓷材料

稀土陶瓷材料专利申请数量全球排名前三位的分别是日本、中国和美国，申请数量占总申请量的 80%以上。从申请人角度看，日本申请数量排名前三位的均为企业，分别是日本东曹（TOYO SODA）、日立（HITACHI）和京瓷（KYOCERA），而我国申请数量最多的是天津大学。由此可见，日本在稀土陶瓷材料领域创新实力突出，且专利贴近产业应用，新技术转化周期短；而我国在该领域排名最高的天津大学属于高校科研机构，新技术多处于实验室开发阶段。从稀土陶瓷材料产业格局分析，日本稀土陶瓷材料技术全球领先，其结构陶瓷、功能陶瓷领域均具有雄厚的技术实力，支撑了其较高的专利产出量。近年来，我国稀土陶瓷材料技术专利申请量迅猛增长，但是多为工艺专利或改进型专利，仍缺乏具有原始创新性的核心专利。美国以及欧洲国家和地区稀土陶瓷材料专利集中在发动机、轴承、刀具、绝热材料、电子材料等领域。开发稀土陶瓷粉体制备技术，实现高端粉体产品国产化，提高多层陶瓷电容器、热障涂层等应用领域粉体自给率，是该领域的主要发展方向。

5. 稀土抛光材料

超精密抛光用稀土抛光材料我国处于起步阶段。日本三井金属、昭和电工、旭硝子、清美株式会社、法国罗地亚、美国嘉柏微电子等高端稀土抛光材料国外生产企业在稀土抛光液添加剂、抛光材料合成与建成方法等方面都有专利布局；我国有研稀土、包头天骄清美、上海华明高纳、甘肃稀土等公司在此方面也有布局，在高端稀土抛光材料方面不存在控制专利。我国急需突破国外技术封锁，开发自主知识产权的超精密稀土抛光材料；促进集成电路、电子信息显示等高新科技领域发展；推动镧、铈等高丰度稀土元素平衡利用、高值化利用。

6. 高纯稀土材料

高纯稀土化合物专利主要来自我国与日本，我国高纯稀土专利申请量位居全球第一，有良好的技术基础，但多数为跟踪专利，重要原创专利较少。同时，拥有较明显产品优势的美国西格玛、日本信越化学、比利时索尔维等公司并未申请专利，其提纯及分析技术处于高度封锁之中。

高纯稀土金属领域知识产权，主要集中在近年来国内开发的固态电迁移、蒸馏提纯、定向凝固法等技术，申请单位主要包括有研稀土、北京大学、中科院金属研究所、湖南稀土金属材料研究院等。稀土金属靶材领域，电子信息用溅射靶材相关专利申请人主要为日本的日矿金属；稀土永磁用稀土铽镝靶材专利申请人主要为有研稀土、包头稀土研究院等稀土金属生产企业；近三年稀土合金靶材主要集中在铝钪合金，申请人主要为美国万腾荣、有研稀土、福建阿石创、湖南稀土金属材料研究院等。

未来，高纯稀土材料领域主要集中在面向新一代信息技术、核用材料、国防军工等特殊需求的高纯稀土材料及靶材。

（三）稀土二次利用技术情况

在稀土功能材料生产、加工及退役过程产生的大量金属及合金废料、晶体废料、抛光废料及稀土基废旧催化剂等典型稀土二次资源中含有高价值稀土及有价组分，回收利用价值高。近年来，由于稀土元素的战略作用，各个国家开始重视稀土二次资源的回收利用，并从废料分类、提取回收等环节寻求突破。我国现行稀土二次资源回收技术存在资源循环利用率低、环境负担重、能耗高等问题，急需开展含铽、镝、钪等贵重稀土元素的金属及合金废料、含镥等晶体废料、稀土基废旧催化剂等典型稀土二次资源的快速检测技术，以及绿色循环利用技术研究，构建稀土二次资源绿色高效循环利用关键技术体系，提高二次资源利用率，避免产生二次污染，实现固废资源化绿色高效循环利用，进一步巩固我国在稀土提取分离领域的国际竞争力，为我国稀土新材料全生命周期绿色发展提供支撑。

四、发展环境形势

稀土是不可再生的重要战略资源。我国是全球最大的稀土资源国、生产国、消费国和出口国，我国稀土工业虽然发展很快，取得了显著的成就，但前期仍存在着资源保护不力，生产、投资和进出口贸易秩序混乱，环境污染严重，产业结构不甚合理以及应用技术开发落后等问题。

为了有效解决这些问题，扭转国内稀土工业不规范的发展态势，我国政府陆续出台了一系列关于稀土产业发展的宏观调控政策，通过加强法制建设、规范市场秩序等手段，严格控制稀土开采和生产过程污染排放问题。这些政策对规范和引导国内稀土产业的良性发展发挥了重要作用，对稀土产业未来的可持续发展具有深远的影响。

（一）稀土行业管理政策

1.《国务院关于促进稀土行业持续健康发展的若干意见》

2011年5月10日，国务院出台了《国务院关于促进稀土行业持续健康发展的若干意见》（以下简称《意见》）。《意见》对稀土行业持续健康发展提出以下6点意见：（1）明确指导思想、基本原则和发展目标；（2）建立健全行业监管体系，加强和改善行业管理；（3）依法开展稀土专项整治，切实维护良好的行业秩序；（4）加快稀土行业整合，调整优化产业结构；（5）加强稀土资源储备，大力发展稀土应用产业；（6）加强组织领导，营造良好的发展环境。《意见》要求各有关部门和地方政府统一思想，增强大局意识、责任意识，明确责任分工，正确引导舆论，建立完善协调机制，严格稀土行业准入管理，深入推进稀土资源开发整合，建立起规范有序的稀土资源开发、冶炼分离和市场流通秩序，进一步巩固和发挥稀土战略性基础产业的重要作用，确保稀土行业持续健康发展。

2.《稀土企业准入条件》/《稀土行业规范条件》

为有效保护稀土资源和生态环境，推动稀土行业产业结构调整和升级，规范稀土企业生产经营秩序，加强稀土行业管理，2012年7月，依据国务院相关法律法规和产业政策要求，工业和信息化部公布了《稀土行业准入条件》（以下简称《准入条件》）。《准入条件》对稀土行业的设立和布局，生产规模，工艺装备，能源消耗，资源综合利用，环境保护，产品质量，安全生产、职业病危害防治、消防和社会责任，监督和管理等多项指标划定了门槛，为稀土建设项目进行投资核准（备案）管理、国土资源管理、环境影响评价、信贷融资、安全监管等工作提供标准依据。

为进一步规范稀土行业管理，发挥先进企业的示范和引导作用，推进稀土产业结构调整，促进稀土行业持续健康发展，2016年制定了《稀土行业规范条件（2016年本)》（以下简称《规范条件》）和《稀土行业规范条件公告管理办法》，并决定于7月1日起实施，2012年7月26日公布的《稀土行业准入条件》和《管理办法》同时废止。

《规范条件》对稀土矿山开发、冶炼分离项目的设立做了相关要求规定；对混合型稀土矿山、氟碳铈矿山、离子型矿山等企业生产规模，工艺及装备情况，能源消耗，资源利用，环境保护，产品质量及安全生产、职业病危害防治、消防和社会责任等多个方面都进行了细化规定。工业和信息化部、各省（自治区、直辖市）人民政府稀土行业主管部门依照《规范条件》规定，对符合条件的稀土企业实行动态准入管理。有关行业协会协助工业和信息化部、各省（自治区、直辖市）人民政府稀土行业主管部门做好公告管理相关工作。由稀土企业按照自愿原则提出《规范条件》公告申请，经工业和信息化部审查确定符合的企业名单，向社会公示，以工业和信息化部公告形式予以公布。

3.《稀土指令性生产计划管理办法》

2012年6月13日，工业和信息化部以工信部原〔2012〕285号印发《稀土指令性生产计划管理暂行办法》（以下简称《办法》）。《办法》共21条，对稀土产品的范围进行了界定，规定了企业报送程序，要求有关省、自治区工业主管部门（以下简称省级工业主管部门）负责本行政区域内所属企业计划申请的受理、初审、上报、下达和监督管理工作。中央企业负责所属企业计划申请的受理、初审、上报、下达和监督管理工作，并接受属地行政区工业主管部门的监管。

《办法》明确了处罚措施，企业未获得计划指标，不得从事稀土矿产品和稀土冶炼分离产品的生产。省级工业主管部门要加强对无计划生产企业的清理，坚决依法关闭违法违规企业，禁止无计划企业从事稀土生产，并配合国土、环保、工商、税务、安监等部门，依法予以处罚。对超计划生产的企业，由省级工业主管部门依法责令其停止计划管理产品的生产，并对企业进行警告，核减下年度计划。

4.《产业结构调整目录》

2005年底，国家发展和改革委员会颁布了《产业结构调整指导目录》（以下简称《目录》）。《目录》列出了稀土产业结构调整的三方面原则：一是淘汰未经国家主管部门批准、无采矿许可证的离子型稀土采选项目，以及未经国家主管部门批准建设的离子型稀土冶炼项目；二是限制投资一般的稀土矿山和冶炼项目以及离子型稀土矿原矿池浸工艺项目；三是鼓励建设稀土深加工及其应用项目。该《目录》通过淘汰、限制落后产能，鼓励发展稀土深加工的方式促进稀土企业进行产业结构调整。

2011年3月，国家发展和改革委员会同国务院有关部门对《产业结构调整指导目录（2005年本）》进行了修订，形成了《产业结构调整指导目录（2011年本）》，自2011年6月1日起施行。2019年8月对该《目录》再次进行了修改，《产业结构调整指导目录（2019年本）》（以下简称《指导目录》）自2020年1月1日起施行。该《指导目录》在环境保护与资源节约综合利用方面鼓励采用离子型稀土原矿绿色高效浸萃一体化技术，淘汰了离子型稀土矿堆浸和池浸工艺、独居石单一矿种开发项目、稀土氯化物电解制备金属工艺项目、湿法生产电解用氟化稀土生产工艺、2000tREO/a以下的稀土分离项目等工艺项目。

（二）稀土环境保护政策

环境与发展是当今国际社会普遍关注的问题。保护环境、实施可持续发展战略是当今世界的共识。稀土资源开发利用在造福社会的同时，也带来了资源和环境等诸多问题。中国政府高度重视在开发利用稀土资源过程中的环境保护和污染防治，不断完善法律法规，提高行业准入门槛，对稀土资源实施严格的保护性开采政策和生态环境保护标准，实行稀土资源开发利用与环境保护治理协调发展。

环保部于2011年1月24日颁布世界首部《稀土工业污染物排放标准》（GB 26451—2011），对现有和新建稀土工业企业生产设施水污染物和大气污染物排放限值、监测和监控都做出了明确要求。

2013年10月1日起实施的《稀土冶炼加工企业单位产品能源消耗限额》

（GB 29435—2012）对稀土冶炼加工企业单位产品能耗提出了强制性限定。

2015 年 1 月 1 日起实施的《新环保法》明确规定企业应当采用资源利用率高、污染物排放量少的工艺、设备以及废弃物综合利用技术和污染物无害化处理技术，减少污染物的产生，同时对重点行业实行重点污染物排放总量控制制度。

2015 年 4 月 15 日，国家发展和改革委员会、环境保护部、工业和信息化部三部委联合发布 2015 年 9 号公告，发布《稀土行业清洁生产评价指标体系》以指导和推动稀土企业依法实施清洁生产，提高资源与能源的利用率，减少污染物的产生及排放，加快生态文明建设。

2016 年 10 月，工业和信息化部发布的《稀土行业发展规划（2016—2020 年）》对稀土行业“十三五”期间的生产指标和绿色发展指标都做出了明确要求。

2016 年国务院办公厅发布了《国务院办公厅关于建立统一的绿色产品标准、认证、标识体系的意见》明确提出：建立统一的绿色产品标准、认证、标识体系，是推动绿色低碳循环发展、培育绿色市场的必然要求，是引导产业转型升级、提升中国制造竞争力的紧迫任务，是履行国际减排承诺、提升我国参与全球治理制度性话语权的现实需要。

2018 年 6 月 15 日，中国有色金属工业协会和中国有色金属学会发布由有研稀土新材料股份有限公司负责起草的《绿色设计产品评价技术规范稀土湿法冶炼分离产品》（T/CNIA 0005—2018），指导我国稀土湿法冶炼分离产品的绿色化生产。

2018 年 5 月 14 日，由工业和信息化部节能与综合利用司提出，中国电子技术标准化研究院联合钢铁、石化、建材、机械、汽车等重点行业协会、研究机构和重点企业等共同编制的《绿色工厂评价通则》（GB/T 36132—2018）国家标准正式发布，这是我国首次制定发布绿色工厂相关标准。2020 年《稀土采选冶行业绿色工厂评价导则》发布，标准的发布将有利于引导稀土企业创建绿色工厂，推动稀土工业绿色转型升级，实现绿色发展。

2020 年，生态环境部发布了由中国环境科学研究院、中国恩菲工程技术有限公司、有研工程技术研究院有限公司、中国有色金属工业协会、中国稀土行业协会等合作起草的《排污许可证申请与核发技术规范　稀有稀土金属冶炼》。标准规定了稀有稀土金属冶炼排污单位排污许可证申请与核发的基本情况填报要求、许可排放限值确定、实际排放量核算、合规判定的方法以及自行监测、环境管理台账与排污许可证执行报告等环境管理要求，提出了稀有稀土金属冶炼污染防治可行技术要求。

上述国家政策和标准的制定对保护环境、防治污染、节能减排、调整产业结构、优化生产工艺具有重要作用，同时对进一步保护国家稀土战略资源具有战略意义。

第二节　稀土供应链高质量发展评价

一、资源端

我国稀土储量和产量均居世界首位，并且矿物种类齐全、稀土元素配分好，为我国稀土工业的发展提供了得天独厚的有利条件；我国稀土勘查、采矿、选矿水平世界领先，具有技术优势；我国环境保护部颁布世界首部《稀土工业污染物排放标准》（GB 26451—2011），对现有和新建稀土工业企业生产设施水污染物和大气污染物排放限值、监测和监控都做出了明确要求，推动我国稀土资源采选领域的绿色发展。但是在离子型稀土矿提取方面仍存在氨氮废水、放射性废渣等环境污染问题，绿色化水平急需提高。

二、冶炼端

我国为了推动稀土冶炼领域的绿色化发展，发布了《稀土工业污染物排放标准》《稀土冶炼行业清洁生产评价指标体系》《排污许可证申请与核发技术规范　稀有稀土金属冶炼》等一系列标准，对稀土冶炼领域单位产品的废水排放量、废气排放量、固废排放量、能耗等环保指标进行了明确要求。但是，随着稀土产业规模的快速发展，资源浪费和环境污染问题仍然存在，绿色化水平亟待提高，绿色低碳新工艺技术规模推广应用进程缓慢，资源优势逐渐消减。

我国稀土产量占世界产量比例高达85%以上，稀土大集团为主要生产企业，企业集中度高，国际竞争力强。稀土冶炼分离水平全球领跑，但高纯稀土化合物及金属等高端产品占比较小，有进一步提升空间。

三、产品和材料制造端

虽然“十二五”以来我国稀土应用产业规模不断扩大，稀土磁性、催化材料产量年均增幅超过15%，稀土磁性、发光和储氢等主要功能材料以中低端为主，存在大而不强的问题，国际竞争力需要进一步提高。

我国稀土功能材料科技水平与美国、日本、欧盟等发达地区相比处于跟跑状态，虽然专利数量较多，但高性能稀土磁、光、催化、抛光材料的原创核心专利技术较少，高端产品产值占比较低，制约相关材料和应用产业的发展。例如，我国高端稀土永磁材料的产量占比约为20%，而日本高端磁体占比可以达到80%以上；我国国六尾气催化剂技术储备严重不足。综合分析，我国材料产品制造端科技水平落后于国外。

四、循环利用端

我国在资源循环利用和循环经济方面有宏观政策支持，但在稀土二次资源回收利用方面尚未形成系统完善的政策体系。稀土二次资源主要指稀土材料加工废料，包括钕铁硼稀土永磁废料、钐钴稀土永磁废料、稀土荧光粉废料、稀土抛光粉废料、稀土催化剂废料、稀土储氢废料、稀土金属及合金废料、稀土晶体废料。但目前主要稀土磁性材料、稀土晶体材料废料实现回收，规模较小，尚未形成其他二次稀土资源回收的体制机制，因此总体回收率为10%~15%，回收水平较低。我国稀土二次资源的回收利用技术基本借鉴稀土冶炼分离技术，有一定的技术先进性，但不同类别的稀土二次资源需开发针对性强的综合回收利用技术并降低生产过程中的能耗，因此有较大的进步空间。

第三节　面临的重大问题

一、稀土矿产资源采选冶技术流失

目前，国际竞争日趋激烈，外部环境不容乐观。全球稀土由中国单边供应向全球多元化供应格局转变。稀土提取分离技术对我国国家安全、战略优势、产业竞争力具有重要的保障作用，但是一旦对外转移或扩散被国外同行所掌握，将对我国稀土行业产生严重的冲击，降低国际竞争力。以具有重要价值的离子型稀土矿开采工艺为例，目前的常规开采工艺为硫酸铵原地浸取-碳酸氢铵沉淀富集工艺，已规模化应用 20 多年。但由于常规硫酸铵原地浸矿-碳酸氢铵沉淀富集工艺技术门槛低、环保问题凸显，部分民营企业未经批准将原地浸矿等限制或禁止出口的技术带到国外，更在周边国家大肆从事低水平粗放性的开采活动，不仅造成我国开采技术流失，对国内既有优势造成严重冲击，威胁国家安全，同时还极可能因为环保问题引发国际社会的不满，导致政治外交风险。再以澳大利亚莱纳公司为例，2013 年在马来西亚建设的冶炼分离厂（关丹稀土新材料厂）主要采用硫酸焙烧—水浸—萃取分离工艺（我国处理包头混合型稀土精矿第三代硫酸法冶炼工艺，通过引进中国技术人员获得技术）。目前，澳大利亚莱纳公司是国外唯一一家大规模生产的稀土冶炼分离企业。因此，国家亟需制定相关的政策，防止技术流失。

二、稀土资源浪费与环境污染问题依然存在，绿色化水平亟待提高

随着稀土产业规模的快速发展，资源浪费和环境污染问题仍然存在，体现在稀土资源回收利用率仍较低，伴生资源未综合回收利用，化工原材料消耗高，物料循环利用率低；提取分离过程产生放射性废渣、氨氮及高盐废水，伴生钍、氟等未回收利用，对环境造成影响。如某些稀土矿区小流域地表水中氨氮含量达到 100mg/L 以上，超标上百倍；生产过程产生的放射性废渣超标上百倍（$>10^5$Bq/kg），治理处置困难，存在严重安全隐患，部分区域被中央环保核查勒令停止开采多年，导致中重稀土自主保障能力严重不足，目前一半以上从缅甸等东南亚国家进口，面临复杂的国际形势，对新材料乃至下游产业造成严重的供给风险。

三、高端稀土功能材料自给率不高

随着中美贸易摩擦的展开，在经济社会发展、国防装备建设等领域，稀土材料部分高端功能材料自给率不高问题日益显现。高性能稀土磁、光、催化、抛光材料的原创核心专利技术被国外掌控，制约相关材料和应用产业的发展。

四、稀土材料应用技术与国外差距明显

稀土材料制备与下游应用衔接不足，与国外有着明显差距。例如，国产工业机器人大

多为三轴和四轴机器人，应用于汽车制造、焊接等高端行业领域的六轴或以上高端工业机器人主要以日本和欧美企业为主，国产六轴工业机器人占全国工业机器人新装机量比例偏低；日本、美国等国家已经将高纯稀土化合物、高端稀土金属及靶材等应用于燃料电池、5G 通信等新兴领域，而国内相关应用技术基本处于研发阶段。

第四节　未来发展态势

经过 70 多年的发展，我国已建立了从稀土采选—冶炼分离—稀土基础材料—稀土功能材料及应用等较完整的稀土产业链和工业体系，并发展成为世界稀土生产、出口和消费的第一大国，其中，我国稀土资源储量世界领先，并在稀土提取分离领域具有主导优势。近年来，美国、澳大利亚、缅甸等国家稀土资源的供应量逐渐增加，虽然对中国造成了一定冲击，但短期内无法撼动中国的稀土大国地位。

双碳大背景下，稀土的需求量将与日俱增，进一步提升稀土元素不可替代的战略地位。稀土永磁材料作为稀土新材料中应用最广、规模最大的分支，也是稀土最大的应用领域，未来其市场需求量将显著增长，如图 18-4 所示。

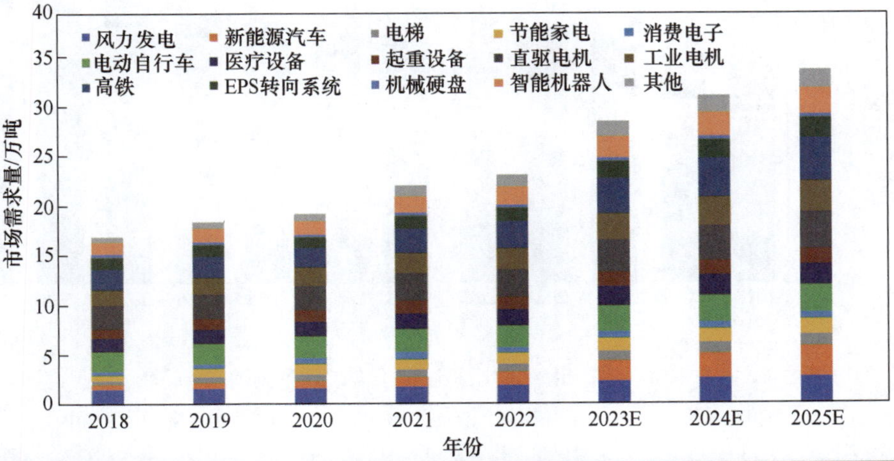

年份	2018	2019	2020	2021	2022	2023E	2024E	2025E
市场需求量/万吨	16.78	18.33	18.81	21.94	23.01	28.72	30.91	33.51

图 18-4　稀土永磁材料市场需求分析图

（数据来源：《稀土信息》、中国稀土行业协会）

智能电子器件领域，面向移动终端、物联网、智能音箱、VCM 等领域，采用稀土永磁可实现声学输入输出、微致动等功能，目前声学市场磁体成品需求量约为 14000t，其中高端手机扬声器/受话器磁体 3000t，智能音箱声学磁体 3000t，其他耳机、音响、汽车音响等低端声学磁体约为 8000t。传统汽车领域，传统汽车是目前稀土永磁最大的消费方向，主要集中在电机性能要求高的 EPS、ABS 等系统，随着碳中和与智能驾驶的发展，EPS 渗透率会持续增高，2025 年预计超过 6000t。新能源汽车领域，2020 年中国新能源汽车出货量为 136.7 万辆，全球合计 324 万辆，2025 年预计全球新能源汽车将超过 1000 万台，相应驱动电机用磁体需求达到 3 万吨（按单台电机用量 3kg 计）。风力发电领域，碳中和驱动下发展空间广阔，根据国务院新能源发展规划，未来 5 年中国风电新增装机量平均在 50GW/a，预计到 2025 年全球新增装机量有望达到 100GW/a，对应磁材需求超过 4.5 万吨。节能家电领域，单台变频空调电机需钕铁硼量为 0.1kg，到 2025 年国内变频空调渗透率有望提升至 85%，所消耗的钕铁硼数量为 10000t。工业自动化领域，伺服电机的下游应用 3C 电子制造、工业机器人、电池制造等领域快速发展，2018~2020 年全球年均伺服电机出货量约为 830 万台，消费的稀土永磁量约为 6400t。

此外，在碳中和趋势下，稀土抛光、稀土储氢、稀土催化等稀土功能材料都具有较好的发展前景。各应用领域稀土的需求量预测如图 18-5 所示，可见稀土需求量呈逐年递增趋势。

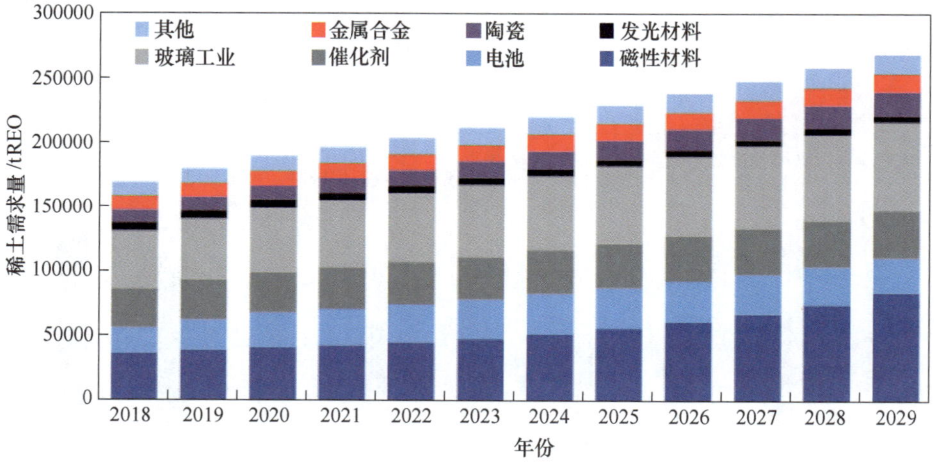

图 18-5 应用领域稀土需求量预测图

（数据来源：Argus Strategy Report，Argus Rare Earths Annual 2019，November 2019）

为了打破全球稀土由我国单边供应的局面，各个国家开始前所未有地重视稀土资源开发，并从资源勘探、开采加工、采购、战略储备、回收利用到研发替代稀土的其他新材料，在各个环节寻求建立应对策略，同时加紧重建稀土产业链工作。我国急需开发高效、清洁的可持续绿色发展技术，保持我国在该领域的技术领先地位。

在稀土催化材料、闪烁晶体、功能陶瓷材料、精密抛光材料、超高纯稀土及深加工产品等领域，美国、日本等发达国家科研及产业化技术水平整体领先于我国。因此，我国需充分利用稀土资源优势，发展具有我国资源特色和尖端技术急需的稀土磁性、催化、光功能、抛光、储氢和高纯稀土等新材料，保障我国国民经济和产业重大安全健康发展。

第五节　发展建议及保护措施

一、发展建议

（一）摸清家底，强化稀土资源保障

近年来，国外发达国家为了保证稀土原料供应，掀起了稀土资源开发热潮，世界稀土生产与供应格局发生深刻变化。而国内稀土资源尤其是中重稀土资源难以保障，资源优势逐渐减弱。为此，一方面，加强国家对战略性稀土资源的勘探、开发力度和政策性指导；同时，还要盘点资源，摸清家底，对国内的稀土资源尤其是南方区域进行系统勘探，得出最新科学数据和相关资料。另一方面，加快稀土大集团的进一步整合，研究修订《中国禁止出口限制出口技术目录》，将稀土采选技术由禁止类改为限制类，利用技术优势和国外稀土资源重启开发机会，结合“一带一路”倡议，鼓励国内大型国有企业“走出去”开发境外稀土资源，实现稀土资源利用的“双循环”。

（二）提增稀土总量控制指标，化解供需矛盾

2021 年全年国家相关管理部门安排的稀土开采、冶炼分离总量控制指标（折氧化物）分别为 16. 8 万吨和 16. 2 万吨，与现阶段和后续市场需求不匹配，根据产业发展和市场需求的增长，应该提增稀土矿开采总量控制指标和稀土生产总量控制指标，继续完善稀土矿总量控制指标和稀土生产总量控制指标相关管理政策措施。

（三）锻造优势长板，实现绿色发展

在稀土冶炼分离方面，重点支持离子型稀土矿等资源的高效提取分离、物料循环利用及污染近零排放等绿色低碳技术开发及推广应用，助推行业全面绿色转型，做优稀土提取分离长板技术，持续保持我国稀土产业的国际竞争优势。在稀土新材料方面，进一步做大做强稀土永磁材料、稀土发光材料等科技、产业优势领域，发展高端应用稀土功能材料技术攻关与产业化应用。

（四）补齐技术短板，推进高端稀土功能材料自主可控

重点开发国防军工及智能装备用高端稀土磁性材料、新一代光电信息与探测用稀土光功能材料、满足国六及更高标准要求的机动车尾气净化催化剂材料、集成电路及高世代显示玻璃基板用精密抛光材料等关键稀土新材料，实现高端稀土功能材料的自主可控。

（五）集聚创新力量，推进深度融合攻关

全力推进产学研用深度融合，聚集稀土材料基础研究、关键技术及工程化开发和下游

应用的优势力量，建设高效协同的创新体系与机制，通过顶层设计，沿产业链布局创新链，提升全产业链创新能力，不断开发稀土原创技术，抢占科技制高点，快速推进科技创新成果转化及产业化应用。

二、保障措施

（一）营造协同、开放、共享的创新体制机制

以问题为导向、以应用需求为牵引，创建集基础理论—关键共性技术—工程化与产业化技术—应用器件—核心装备全产业链创新模式，着力提升原始创新、成果转化能力，全面提升自主创新能力。重点解决关键高端材料“不好用、不会用”，应用领域无材料可用等突出问题。打破唯资源论，发挥市场对技术研发、创新要素配置的导向作用，让市场真正在创新资源配置中起决定性作用，实现政府职能由指导向组织的转变；建立以科技创新质量、贡献、绩效为导向的评价体系，完善创新激励体系，营造协同、开放、共享的创新体制机制。

（二）规范、保障创新环境

引导稀土企事业单位重视和加强知识产权和标准化工作，加强专利和标准战略。制定和完善强制有效的知识产权保护法律及法规，加大知识产权保护执法力度，出台政策“组合拳”，通过奖罚分明的制度，保护知识产权，严厉打击技术流失和侵权行为，为鼓励技术创新提供法律依据和保障。开展稀土行业标准发展战略规划，积极推进相关产品标准、检测方法标准、标准样品等研制工作，积极参与国际稀土标准化活动，扩大我国在国际稀土标准领域的影响力，着力推进产品标准与产业的有效对接提升软实力。

（三）加强政府引导和监管职能

贯彻落实国发〔2011〕12 号文关于“抓紧研究制定或修改完善稀土等稀有金属管理的有关法律法规”及 2018 年 12 月工业和信息化部等国家 12 部委联合发布的《关于持续加强稀土行业秩序整顿的通知》（工信部联原〔2018〕265 号文件）的要求，继续开展稀土行业秩序整顿，全面实施稀土原料追溯机制，研究出口技术、产品管控有效措施，加强对稀土违法生产流通、违规资源综合利用等重点问题的监管和查处力度，保持对违法违规行为的高压态势，坚持“全覆盖、零容忍、严执法、重实效”，大幅减少违规生产，改善行业秩序，形成稀土行业上下游协调发展的模式，为合规企业开展生产经营营造良好市场环境，推动稀土供给侧结构性改革。严厉打击偷采盗采行为，维护矿产资源利用秩序。

第十九章 石墨矿产及其材料产业高质量发展形势与战略

第一节 石墨矿产及其材料总体形势

一、石墨矿产资源供应与需求形势

（一）全球石墨资源储量

根据美国地质调查局（USGS）2021 年的统计资料，2020 年全球石墨储量为 3.2 亿吨（详情见表 19-1），其中土耳其为 9000 万吨，中国为 7300 万吨，巴西为 7000 万吨，三国的合计储量约占全球总储量的 72.81%，全球分布不均匀。值得注意的是，马达加斯加的天然石墨储量由 2019 年的 160 万吨提高到 2600 万吨，增长十分迅速。

表 19-1 全球 2020 年天然石墨储量

国别	储量/万吨
美国	※
澳大利亚	※
巴西	7000
加拿大	※
中国	7300
德国	※
印度	800
朝鲜	200
马达加斯加	2600
墨西哥	310
莫桑比克	2500
纳米比亚	※
挪威	60
巴基斯坦	※
俄罗斯	※
斯里兰卡	150

续表 19-1

国别	储量/万吨
坦桑尼亚	1700
土耳其	9000
乌克兰	※
乌兹别克斯坦	760
越南	※
合计	32000

注：※的部分全部计入合计储量中。

全球晶质石墨储量约为 1.9 亿吨，约占全部石墨储量的 63%，主要分布在亚洲的中国、斯里兰卡、印度，欧洲的乌克兰、挪威、意大利，非洲的马达加斯加、津巴布韦、莫桑比克、坦桑尼亚、肯尼亚，南美洲的巴西，北美洲的加拿大等国。其中，巴西、中国、坦桑尼亚、莫桑比克、马达加斯加、俄罗斯、印度等是晶质石墨储量最丰富的国家。按照全球晶质石墨精矿产量为 100 万吨静态计算，全球已探明晶质石墨储量还可以开采约 200 年。

从石墨在全球的分布来看，虽然许多国家都已发现石墨矿产，但具有较大规模、可供工业利用的矿床并不多，目前主要集中产在中国、马达加斯加、坦桑尼亚、莫桑比克、巴西、捷克、印度、墨西哥、朝鲜和加拿大等国。

近年来，非洲地区新探明石墨资源储量增长较快。南部的马达加斯加、坦桑尼亚、莫桑比克三国的石墨储量合计达到了 6800 万吨。马达加斯加为 2600 万吨，主要是大鳞片石墨；其南部 Fotodrevo 地区的 Molo 鳞片石墨矿区资源量为 1000 万吨，固定碳含量为 6%~10%；已开发的石墨矿位于塔马塔夫省，石墨赋存在云母片麻岩中，该矿床的石墨三分之二是大鳞片石墨，其余为细鳞片石墨；2016 年后，许多公司在该国推进石墨项目。坦桑尼亚石墨资源量高达 5000 万吨。位于莫桑比克德尔加杜角省的 Syrah Resources 公司的 Balama 石墨项目在 2018 年已经投产，并开始大量销售给中国等国家，并且周边有多家公司计划开发石墨矿。

近年来，全球石墨勘查热度持续，石墨储量不断增加，天然石墨储采比呈持续快速增长趋势。2012 年全球石墨储量为 7680 万吨，2020 年全球石墨储量增至 3.2 亿吨，相比 2012 年增加了 3.17 倍。

（二）全球石墨产量

2020 年全球石墨产量主要分布在亚洲、非洲、欧洲、南美洲，中国、莫桑比克、巴西、马达加斯加等是主要生产国，详见表 19-2；我国的石墨产量居世界首位，约占全球总产量的 59.1%。

表 19-2　2018~2020 年全球天然石墨精矿产量

国别	石墨精矿产量/t		
	2018 年	2019 年	2020 年
美国	—	—	—
澳大利亚	1000	1000	1000
巴西	95000	96000	95000
加拿大	40000	40000	10000
中国	693000	700000	650000
德国	800	800	800
印度	35000	35000	34000
朝鲜	6000	6000	5000
马达加斯加	46900	47000	47000
墨西哥	9000	9000	8000
莫桑比克	104000	100000	120000
挪威	3460	3500	15000
巴基斯坦	16000	16000	13000
俄罗斯	14000	14000	24000
斯里兰卡	25200	25000	3500
坦桑尼亚	4000	4000	150
土耳其	150	150	1500
乌克兰	2000	2000	19000
乌兹别克斯坦	20000	20000	100
越南	5000	5000	4500
津巴布韦	2000	2000	—
其他	200	200	—
合计	1120000	1100000	1100000

注：数据来源于美国地质调查局（USGS）官网。

全球生产石墨的矿山企业并不多，中国的鸡西柳毛石墨资源有限公司、中国五矿（黑龙江）石墨产业有限公司、萝北海达石墨有限公司、中国石墨集团有限公司、内蒙古瑞盛石墨有限公司、巴西 Nationalede Grafit、美国 Fortune Gaphite Producers、加拿大 Timcal、挪威 Skaland Graphiteas、乌克兰 Zavalievsky Grafitovy Kombinat、印度 Tami Nadu Minerals Ltd. 等是世界著名的石墨公司。巴西 Nationalede Grafit 公司为世界最大石墨生产者之一，提供了巴西全部的天然石墨产量。美国 Asbury Carbons 公司是美国最大的天然石墨加工者与出口者，但没有自己的石墨矿。加拿大是北美唯一有石墨开采活动的国家，Endustrial Mineral Scanadainc 公司为北美大鳞片石墨生产者。近年来，非洲国家出现了多家石墨生产企业，对全球石墨资源产业链产生了重要影响。

全球生产天然石墨精矿的重要企业见表 19-3。

表 19-3　全球生产天然石墨精矿的重要企业

国家	公司名称	矿物类型	厂址	精矿产能/万吨·年$^{-1}$
中国	鸡西柳毛石墨资源有限公司	鳞片石墨	黑龙江鸡西	8
	中国五矿（黑龙江）石墨产业有限公司	鳞片石墨	黑龙江萝北县	380（原矿）
	萝北海达石墨有限公司	鳞片石墨	黑龙江萝北县	30
	中国石墨集团有限公司	鳞片石墨	黑龙江萝北县	8
	黑龙江奥宇石墨集团	鳞片石墨	黑龙江萝北县	10
巴西	Nationalede Grafit	鳞片石墨	巴西米纳斯吉拉斯	7
美国	Fortune Gaphite Producers	隐晶质石墨	加拿大	27
加拿大	Timcal	鳞片石墨	加拿大伊勒湖	2
	Endustrial Mineral Scanadainc	鳞片石墨	加拿大安大略省比塞特克里克	15
德国	Graphite Kropfmuhi	鳞片石墨、隐晶质石墨	德国、中国、斯里兰卡、英国、津巴布韦	3
澳大利亚	EagleBay Resources	鳞片石墨	澳大利亚	—
奥地利	Grafitbergbau Kaiserberg	鳞片石墨、隐晶质石墨	奥地利凯撒斯贝格	3
瑞典	Mirab Mineral Resureab	鳞片石墨	瑞典	1.3

注：资料来源于左力艳，张万益，李状．全球石墨资源产业现状分析及我国石墨行业发展建议［J］．矿产资源利用与保护，2019（6）：32-35。

（三）全球天然石墨的贸易及供应链

1. 石墨消费领域

石墨是工业体系中多个产业部门的基础性原材料，对现代工业生产和经济发展起着至关重要作用。石墨产品分类及其应用领域见表 19-4。21 世纪以前，天然石墨多以耐火材料、铸造与密封润滑等传统产业领域的消费为主。随着科技发展，特别是新能源产业发展，21世纪后，核石墨、球化石墨、高纯石墨、膨胀石墨、石墨烯、纳米石墨等高性能石墨产品在节能环保、储能、新能源、新材料、电子信息和核工业等高科技领域的用量逐年增加。参考前期资料，估计2020年全球石墨消费在冶金、铸造与润滑等传统工业领域的占比约为70%，在新能源、新材料、新能源汽车等战略性新兴产业领域的占比约为30%。随着技术进步，未来高端市场石墨消费量将逐步增加，预计到2030年，石墨在新能源领域中的消费比例将达到40%~50%，新能源领域将取代传统工业成为石墨消费的第一领域。

表19-4　石墨产品分类及其应用领域

<table>
<tr><th>上游资源采选</th><th colspan="3">中游材料制备</th><th colspan="3">下游终端应用</th></tr>
<tr><td>原材料/产品</td><td colspan="2">材料级产品</td><td>专用级产品</td><td colspan="2">应用领域</td><td>石墨产品</td></tr>
<tr><td rowspan="4">石墨矿石/石墨精粉</td><td>初级产品</td><td>晶质石墨粉、隐晶质石墨</td><td>耐火材料、石墨电极增碳剂、铅笔</td><td rowspan="2">传统工业领域</td><td rowspan="2">铸造、冶金、轻工、机械、化学、电气、节能环保</td><td rowspan="2">铸造模具、脱模剂；耐火材料、石墨坩埚、冶金炉的内衬、增碳剂、铅笔、油墨、黑漆、墨汁；摩擦材料、润滑剂、抗腐蚀的管道、阀门、泵、空气压缩机、热交换器、冷凝器；生产炭素电极、电极碳棒；显像管涂料（石墨乳）、通信器材等</td></tr>
<tr><td>中端产品</td><td>硅化石墨、可膨胀石墨、石墨乳</td><td>保温材料添加剂、研磨与润滑剂、导电石墨材料、摩擦元件</td></tr>
<tr><td>高端产品</td><td>高纯石墨、球形石墨、氟化石墨、膨胀石墨、柔性石墨、各向同性石墨</td><td>核反应堆构件、锂离子电池负极、氟锂电池正极、人造金刚石、密封材料、吸附材料</td><td rowspan="2">战略新兴领域</td><td rowspan="2">新兴信息技术、新能源、新材料、原子能、军工航天</td><td rowspan="2">电子束蒸发用石墨内衬、计算机芯片、锂离子电池、动力电池、触控屏幕（太阳能电池）、超级电容等；电子元件或晶体管（石墨烯）、纳米石墨、核反应堆中子减速剂、防护材料；宇航设备零件、导弹鼻锥、火箭喷嘴、隔热与防射线材料等</td></tr>
<tr><td>前沿产品</td><td>石墨烯</td><td>柔性石墨烯薄膜、石墨烯锂电池、超级电容器、芯片处理器、防腐涂料</td></tr>
</table>

2. 全球石墨消费状况

全球石墨消费在地域上主要分布在亚洲、美洲和欧洲等地区，集中分布于中国、巴西、印度、加拿大、日本、韩国、美国、德国等国家。2018 年全球主要国家石墨消费分布如图 19-1 所示。2018 年全球石墨消费量约为 170 万吨，其中，中国石墨消费量约为 101.85 万吨，占世界石墨消费总量的 59.91%，位居全球第一；日本、印度、巴西、加拿大、韩国、德国与美国的石墨消费量占比分别为 5.32%、4.55%、4.26%、3.96%、3.40%、2.38%和 2.35%，以上 8 个国家石墨消费量约占当年世界石墨总消费量的 86.13%。美国石墨消费量较为稳定，2000 年以来每年石墨消费量维持在 3 万~4 万吨，主要用途是耐火材料、炼钢、制动衬片、润滑油、金属粉等，其中耐火材料与刹车片共占石墨消费量的 40%，铸造和润滑剂约占石墨消费量的 13%。日本石墨原料完全依赖进口，境内东海炭素公司为全球高纯石墨主要供应商，主要生产石墨电极、细碳、摩擦材料等石墨产品。欧盟石墨以电极应用为主，其次是耐火材料、石墨板材、铸造、电池等，其中德国和奥地利的石墨消费量在 2000 年以来均分布维持在 3 万~4 万吨/年与 1 万~2 万吨/年。韩国石墨深加工技术领先，石墨主要用于锂离子电池负极材料等高端市场，2020 年上半年 LG 公司依托石墨原料生产的动力电池销量位居全球第一，约占世界石墨总消费量的 24.6%。

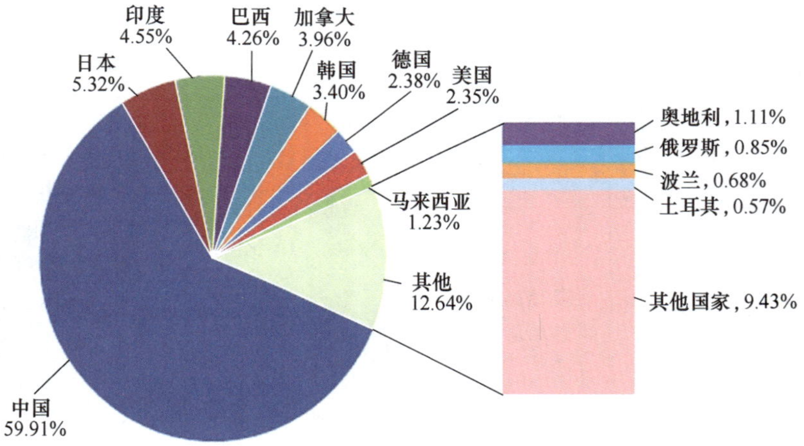

图 19-1　2018 年全球主要国家石墨消费分布

《世界矿产资源年评》与《中国矿产资源年报》数据显示，中国是世界第一大石墨消费国，其消费量远高于欧美、日本等国家和地区。2000~2019 年中国石墨消费量变化趋势如图 19-2 所示。近 20 年来，石墨消费总体呈曲折性增长态势。

中国与世界石墨消费结构基本相同，但在石墨提纯及高纯石墨、氟化石墨、石墨电池、柔性石墨等关键功能材料领域的生产和应用与发达国家相比仍有一定差距，例如在氟化石墨领域，美国、日本、俄罗斯居于全球领先地位，高端柔性石墨仅日本一国拥有生产技术。自 2014 年以来，中国石墨消费量稳步增长。2018 年耐火材料、钢铁工业仍是国内石墨消费的主要市场，占中国石墨总消费量的 41%；其次是电导材料（膨胀石墨、燃料电池、电机电刷等），消费占比为 23%；紧随其后的是铸造与润滑材料、石墨制品与摩擦材料，分别占比 12%和 10%；铅笔、密封材料及其他行业石墨消费量占

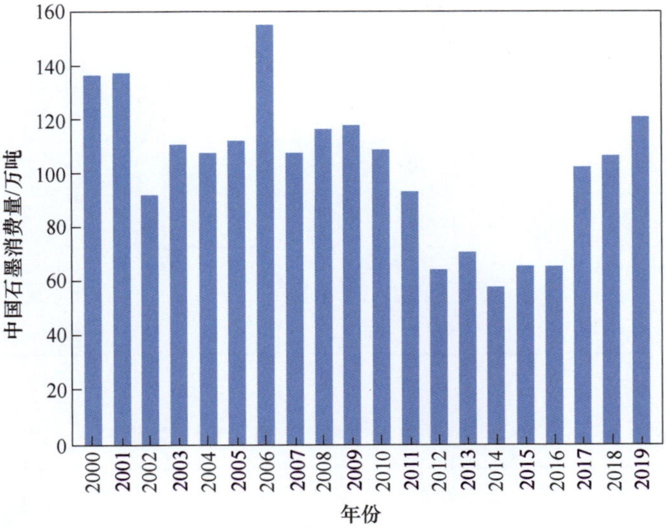

图 19-2　2000~2019 年中国石墨消费量变化趋势

14% 左右。随着全国经济结构调整、发展方式转变及石墨产品需求架构的转型升级与深加工技术的创新突破，石墨烯、高纯石墨、球化石墨、柔性石墨、核石墨、新型硅碳负极材料等高端材料产品将成为国内新的市场方向，这些战略性新兴产业将成为中国经济发展的新引擎。

3. 全球石墨贸易及供应链状况

全球约有 100 个国家和地区进口石墨，约有 65 个国家和地区出口石墨。中国、巴西等国家主要出口石墨精矿等石墨初级产品，而美国、日本、德国、韩国等国家主要将进口的初级产品深加工成高纯石墨、氟化石墨等高端产品用于自用与出口。目前，已基本形成以中国、巴西、莫桑比克和马达加斯加等少数国家为主要的原料供应方，以日本、美国、德国、韩国、印度、马来西亚等国为主要需求方的全球石墨进出口贸易格局。

2019 年全球主要石墨进出口国家情况见表 19-5 和表 19-6。日本国内石墨资源匮乏，但加工技术世界领先，每年从中国进口大量石墨，为全球石墨第三大进口国，2019 年进口量为 13.18 万吨，占世界总进口量的 16.24%。美国是世界石墨第五大进口国，主要从中国进口石墨精矿做深加工，2019 年进口量为 5.02 万吨，占世界总进口量的 6.19%。欧洲发达国家每年均从欧洲以外地区进口大量石墨，其中德国是世界第六大（欧洲第一大）石墨进口国，2019 年进口量为 4.86 万吨；奥地利进口量为 1.68 万吨。2019 年全球主要石墨出口国分别是中国（28.89 万吨）、莫桑比克（14.59 万吨）、马达加斯加（5.00 万吨）、巴西（1.92 万吨）、德国（1.71 万吨）、加拿大（1.24 万吨）、老挝（1.10 万吨）等。全球石墨供应高度集中，中国是第一大出口国；除莫桑比克外，其他出口国占比均低于 10%。

表 19-5 2019 年全球主要石墨进口国家情况

国家	进口量/万吨	进口量占比/%	国家	进口量/万吨	进口量占比/%
中国	19.70	24.28	德国	4.86	5.99
巴基斯坦	19.30	23.79	韩国	4.68	5.77
日本	13.18	16.24	印度	4.50	5.55
加拿大	5.47	6.74	马来西亚	2.75	3.39
美国	5.02	6.19	奥地利	1.68	2.07

表 19-6 2019 年全球主要石墨出口国家情况

国家	出口量/万吨	出口量占比/%	国家	出口量/万吨	出口量占比/%
中国	28.89	52.73	德国	1.71	3.12
莫桑比克	14.59	26.63	加拿大	1.24	2.26
马达加斯加	5.00	9.13	老挝	1.10	2.01
巴西	1.92	3.50	其他国家	0.34	0.62

（四）中国石墨资源状况

1. 中国已探明石墨资源储量分布情况

中国是世界石墨资源最丰富的国家之一，既有晶质石墨又有隐晶质石墨，前者资源储量占比为 87%，后者为 13%，分布均较为集中。其中晶质石墨主要分布在黑龙江（53.2%）、内蒙古（21.9%）、河南（5.9%）、山西（4.5%）等省份，隐晶质石墨主要分布在内蒙古（57.2%）、吉林（22.6%）和湖南（9.5%）等省份。

2. 中国石墨矿床分布及成矿区带

中国晶质石墨矿分布广泛，矿床规模以大、中型为主，而资源储量又相对集中于少数区域，其中晶质石墨以黑龙江省最多，占比为 42.98%，隐晶质石墨以内蒙古自治区最多，占比为 57.98%。岩浆岩型石墨矿主要分布在新疆奇台地区。截至 2020 年底，中国共查明晶质石墨矿 150 多处，晶质石墨矿床主要分布在黑龙江、山西、四川、山东、内蒙古、河南、湖北等 20 个省区，隐晶质石墨矿床主要分布在内蒙古、湖南、广东和吉林等省区。

颜玲亚等在前人工作的基础上，充分考虑全国三级成矿区带划分方案，结合石墨矿的自身特点圈定了中国石墨主要成矿带：额尔古纳地块石墨成矿带、伊犁微板块北东缘（造山带）石墨成矿带、塔里木板块北缘石墨成矿带、中祁连隆起石墨成矿带、东昆仑石墨成矿带、华北陆块南缘—秦岭石墨成矿带、桐柏—大别石墨成矿带、上黑龙江（边缘海）石墨成矿带、扎鲁特旗隐晶质石墨成矿带、佳木斯—兴凯（地块）石墨成矿带、小兴安岭—张广才岭（造山带）隐晶质石墨成矿带、吉中隐晶质石墨成矿带、辽吉裂谷石墨成矿带、华北陆块北缘中段石墨成矿带、阿拉善陆块石墨成矿带、胶北隆起石墨成矿带、康滇隆起石墨成矿带、龙门山—大巴山 2016 年（陆缘坳陷）石墨成矿带、黄陵断穹石墨成矿带、新华夏古陆石墨成矿带、湘中南—粤北坳陷中生代石墨成矿带。

3. 中国优质石墨资源概况

晶质石墨结晶粒度大于 1μm，隐晶质石墨结晶粒度小于 1μm。目前技术经济条件下，晶质石墨矿的性能更优，资源价值更高，因此晶质石墨被认为是优质石墨资源。其实，由于石墨成矿类型，即成矿“基因”的差异，不同成因的晶质石墨，其工业价值也不尽相同。

（1）石墨矿成因类型。中国对石墨矿床的成因有多种划分方法，其中认可度比较高的是按照原岩建造和变质作用类别进行分类，即将石墨类型划分为区域变质型、接触变质型、岩浆热液型三类；按照变质程度不同，区域变质型石墨矿床又可分深变质型石墨矿床和浅变质型石墨矿床两个亚类；按照含矿围岩不同，岩浆热液型石墨矿床又可分花岗岩型石墨矿床和花岗质伟晶岩型石墨矿床两个亚类（见表 19-7）。深变质型石墨矿床和浅变质型石墨矿床之间的最大差异是变质相，前者属角闪岩相、麻粒岩相，后者属绿片岩相；花岗岩型石墨矿床矿体实际是石墨化的花岗岩或石墨化的长英岩脉；花岗质伟晶岩型石墨矿床中石墨呈浸染状分布。

表 19-7　石墨矿床类型分类表

矿床类型	亚类	成矿作用	围岩	变质相	矿石组构	典型矿床
区域变质型石墨矿床	深变质型石墨矿床	基底含碳岩系变质重结晶	以太古、早元古为主的片麻岩、麻粒岩、大理岩	角闪岩相、麻粒岩相	中粗鳞片状晶质石墨	柳毛、云山、南墅、兴和、查汗木胡鲁、三岔垭
	浅变质型石墨矿床	活动带低级次区域变质、热动力变质重结晶	石英片岩、板岩、千枚岩、变粒岩	绿片岩相	细晶或微晶	坪河、骊山、金溪县峡山
接触变质型石墨矿床	外接触带煤系地层煤变质型石墨矿床	构造岩浆带内煤系地层和中酸性岩浆接触变质重结晶	变质砂岩、板岩、千枚岩	接触变质角岩相	致密块状-隐晶质石墨	鲁塘、烟筒山

续表 19-7

矿床类型	亚类	成矿作用	围岩	变质相	矿石组构	典型矿床
岩浆热液型石墨矿床	花岗岩型石墨矿床	构造岩浆带内重熔及同化混染作用，碳质重结晶	石墨化花岗岩质岩浆岩，可能有碳质岩系的捕虏体	岩体内部相和异体变质相	浸染状的球形或中细鳞片晶质石墨	苏吉泉、黄羊山、青谷
	花岗质伟晶岩型石墨矿床	伟晶岩化，岩浆热液驱使碳质重结晶	花岗伟晶岩，透辉大理岩	似伟晶岩相、自变质相	块状晶质或浸染状晶质，隐晶质与浸染状晶质石墨	托克布拉克

（2）中国不同成因类型石墨矿的资源概况。中国不同成因类型的石墨矿都有分布，且资源以区域深变质石墨矿床为主。区域深变质石墨矿床的石墨矿物结晶大，以中-粗石墨鳞片为主。国内著名的黑龙江省萝北县云山、黑龙江省鸡西市柳毛、山东省莱西市南墅、内蒙古自治区兴和县兴和、内蒙古自治区阿拉善盟查汗木胡鲁、湖北省宜昌市三岔垭等地的石墨矿都属于区域深变质石墨矿床。区域浅变质石墨矿也属于晶体石墨矿，但是石墨结晶通常为细晶或微晶。中国区域浅变质石墨矿较少，四川省南江县坪河、陕西省西安市骊山、江西省金溪县峡山浅变质石墨矿的矿床规模都不大。

煤变质石墨矿床的石墨结晶主要是隐晶质，湖南省郴州市鲁塘、吉林省磐石市烟筒山、内蒙古自治区通辽市扎鲁特旗敖包营子等石墨矿的资源较为丰富。

花岗岩型石墨矿床主要是浸染状的球状中-细鳞片晶质石墨，中国的典型代表是新疆维吾尔自治区奇台县的苏吉泉石墨矿和黄羊山石墨矿，2018 年黄羊山整装勘查区累计探获资源量达 8464 万吨，预测愿景资源量达 1 亿吨；石墨鳞片片径普遍较短，介于 10~600μm，通常在 100μm 以下。

新疆维吾尔自治区尉犁县托克布拉克石墨矿是花岗质伟晶岩型石墨矿床的典型代表，该类矿石有两种，一种是块状晶质或浸染状晶质石墨，另一种是隐晶质与浸染状晶质石墨。中国东部地区也有该类矿石，但是规模很小，工业价值有限。

（3）不同地质成因石墨矿的资源价值。石墨资源的价值是由多方面决定的，包括石墨资源的自身价值、探采价值、权益价值及生态价值等，其资源的自身价值最重要。资源自身价值和矿石成因类型、石墨品位、资源量等关系最大，石墨品位越高、资源量越大，其自身价值越大。本章主要根据工业实践及产品应用领域分析不同地质成因的资源价值。

中国长期开采的石墨矿主要是区域深变质石墨矿和煤变质石墨矿，形成的晶质石墨生产基地有 4 处，即黑龙江省鸡西市、黑龙江省萝北县、内蒙古自治区兴和县、山东省莱西市-平度市。黑龙江省鸡西市石墨基地的特点是储量大，矿石平均品位为 7%~8%，石墨的结晶类型属于中-粗鳞片。山东省莱西市-平度市石墨基地的特点是储量大，石墨的结晶类型属于中-粗鳞片，+0.15mm 粒级石墨的含量比鸡西地区的高，矿石品位为 3%~5%。内蒙古自治区兴和县石墨基地的特点是储量较小（约为 160 万吨），石墨的结晶类型属于中-粗鳞片，+0.15mm 粒级石墨的含量高于鸡西地区，石墨品位为 2.5%~5%。黑龙江省萝北县石墨基地的特点是储量巨大，其中的云山矿是亚洲最大的单体石墨矿，石墨的结晶类型属于中-粗鳞片，+0.15mm 粒级鳞片石墨的比例明显比鸡西地区的低，矿石平均品位约为 11%。近年来，山东省莱西市-平度市石墨产区开发力度有所降低，其他三个生产基地依然是中国最为重要的石墨开发区，合计石墨精矿产量约为 70 万吨，约占中国晶质石墨总产量的 70%。

这些生产基地的共同特点是石墨的矿床成因全部是区域深变质型，主要岩石类型为片麻岩、云母片麻岩等，石墨的结晶为中-粗结晶鳞片，并且该类型矿床通常为超大型石墨矿或大型石墨矿，中型以下的偏少。

中国煤变质石墨即隐晶质石墨矿的开采历史悠久，已经形成了湖南省郴州市鲁塘隐晶质石墨开采基地，矿石品位较高，固定碳含量一般为 75%~80%，每年开采量约为 40 万吨，但是价值较低。中国其他成因类型晶质石墨矿开采量很少。

（4）中国优质石墨资源量及分布概况。截至 2020 年，中国查明区域深变质石墨的资源储量主要分布在黑龙江、山东、内蒙古、山西、河南等省区；截至 2019 年中国主要省区区域深变质晶质石墨的保有资源量约为 2.93 亿吨。

中国近年加大了石墨资源的勘查力度，新发现大量石墨资源主要分布在黑龙江、内蒙古、河南、福建、山西等省区，截至 2019 年中国新增区域变质晶质石墨资源量约为 2.9 亿吨。

（五）中国石墨生产、消费、进出口现状

1. 中国石墨生产基地

如前所述，经过长期工业实践，目前我国已在黑龙江、内蒙古、山东、湖南等地形成 4 个晶质石墨基地和 1 个隐晶质石墨基地。

黑龙江省鸡西地区晶质石墨基地：鸡西市是世界最大的优质鳞片石墨蕴藏区之一，年产石墨精矿 30 多万吨，2014 年被国家授予“中国石墨之都”称号。

黑龙江省鹤岗市萝北晶质石墨基地：鹤岗市石墨资源得天独厚，拥有全球最大的晶质石墨单体矿——萝北云山石墨矿，石墨鳞片以中-粗为主，是我国锂离子电池负极材料的主要原料产区，产业聚焦程度高，园区建设初具规模。

山东省平度市-莱西市晶质石墨基地：莱西市、平度市是中国三大晶质石墨资源地之一，大鳞片石墨资源储量大，2017 年前是我国主要的石墨资源开发区，目前已经从资源开发向深加工方向转型，是我国最主要的石墨深加工产区。

内蒙古自治区兴和县晶质石墨基地：内蒙古自治区兴和县是我国大鳞片石墨的主要产区，拥有较为齐全的深加工产业链，但规模较小。

湖南省郴州市鲁塘隐晶质石墨基地：湖南省郴州市鲁塘石墨矿是我国储量最大的隐晶质石墨矿，占全国隐晶质石墨保有储量的25%，是全球最大的隐晶质石墨供应地。

天然石墨加工产品包括球形石墨、高纯石墨（固定碳含量大于99.9%）、可膨胀石墨、微粉石墨、胶体石墨、石墨纸等，其中，高纯石墨、球形石墨、可膨胀石墨、石墨纸是主要产品。

我国天然石墨深加工产品的产量居全球首位，以初级加工产品和中端加工产品为主，在国际上占有重要地位。全球球形石墨产品主要由我国供应，部分高端产品依赖进口。目前形成了5个石墨深加工产区，分别是：山东省平度市-莱西市石墨产区，产量最大，产业链条最齐全，产品涵盖球形石墨、可膨胀石墨、高纯石墨、微粉石墨、胶体石墨、石墨纸等；黑龙江省鸡西产区，主要生产产品是球形石墨、可膨胀石墨、高纯石墨；黑龙江省鹤岗市产区，主要生产产品是球形石墨、石墨烯及石墨烯润滑油等；内蒙古自治区兴和产区，主要生产产品是球形石墨、可膨胀石墨、石墨纸等；湖北省宜昌市产区，主要生产产品是可膨胀石墨、石墨纸、石墨防火材料等。

2. 中国石墨生产状况

中国石墨精矿产量长期稳居世界首位，近年鳞片石墨精矿年产量基本维持在70万~100万吨，占全球总产量的比例基本保持在60%~70%。近年来，黑龙江省鳞片石墨精矿产量占全国的70%~80%，年产量为50万~80万吨；内蒙古自治区的晶质石墨年产量约为5万吨。

3. 中国石墨消费情况

中国是石墨消费大国，近10年来，中国天然石墨消费量基本稳定，平均每年60多万吨。从消费格局来看，在低附加值的传统消费领域所占比例逐步减少，而新能源、新材料的消费比例逐步增加，导电材料占比已经达到18%以上，尤其是近年新能源产业发展迅猛，电动汽车产量大幅增长，天然石墨锂离子电池负极材料的消费量明显增加。随着锂离子电池、碱性电池、核工业、超硬材料、航天军工及氟化石墨等的发展，石墨新应用领域的消费量将大幅度增加。

2019年中国天然石墨消费的行业分布如图19-3所示。

4. 中国石墨进出口状况

中国是世界重要的石墨资源供应国，长期大量出口石墨原料及初级加工产品，而精深加工产品主要依赖进口。

中国石墨出口产品以石墨原料及各规格的鳞片石墨精矿、可膨胀石墨等产品为主，自2009年以来出口产品中增加了用于生产锂离子电池负极材料原料的球形石墨，属于附加值较高的深加工产品。随着中国的球化石墨技术的进步和新能源领域的快速发展，中国球形石墨由2009年的出口千余吨增加到2019年的约4.6万吨（数据来源于海关总署等）。中

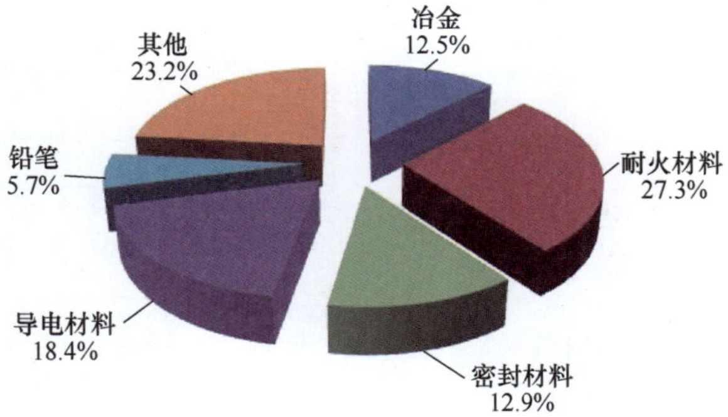

图 19-3 2019 年中国天然石墨行业消费结构

国石墨进口市场相对分散，除从朝鲜、莫桑比克、马达加斯加进口石墨精矿外，主要从日本、韩国、美国、德国、荷兰等发达国家高价进口高端产品。2019 年国际天然石墨供需格局发生变化，表现在中国石墨产品的出口均价有了明显的提升，“低出高进”的现象有所改善，中国由全球最大的石墨出口国转变为石墨最大进口国。2019 年中国进口石墨产量为 19. 3 万吨，出口石墨 11. 4 万吨，净进口量 7. 9 万吨，是中国实行石墨进出口贸易以来首次出现的逆差。

2020 年中国天然鳞片石墨进口主要来自马达加斯加、韩国、朝鲜、莫桑比克、日本、德国等。2020 年中国天然鳞片石墨主要出口国家及地区为日本、韩国、印度、美国、德国、伊朗、荷兰、土耳其、中国台湾地区等。

5. 高端石墨材料总体状况

调查分析，近年来，石墨在我国战略性新兴产业方面的应用领域不断拓展，详情见表 19-8。高端石墨的进口按照进出口商品名称主要是其他粉末或粉片天然石墨、球化石墨，从行业内了解，主要是氟化石墨、石墨乳、高纯石墨等，但是每种产品的具体数据无法统计。高端石墨出口主要是球化石墨，近年来出口量基本稳定在 5 万吨左右，约占出口总量的 25%，出口总额的 50%。

表 19-8 石墨在我国战略性新兴产业方面的应用

产业类别	关键发展领域	石墨相关应用
信息技术	构建网络强国基础设施	散热器件、密封材料
	推进“互联网+”行动	散热器件、密封材料
	实施国家大数据战略	散热器件、密封材料、数据探矿
	做强信息技术核心产业	石墨烯、等静压石墨坩埚、电池负极、锂离子电池电解液、散热器件、显示件
	发展人工智能	散热器件、超级电容器、显示器等
	完善网络经济管理方式	无

续表 19-8

产业类别	关键发展领域	石墨相关应用
高端装备及新材料	打造智能制造高端品牌	耐高温材料、耐磨材料、润滑材料、密封材料、电磁屏蔽材料等
	实现航空产业新突破	耐高温材料、耐磨材料、润滑材料、密封材料、高强碳纤维等
	做大做强卫星及应用产业	耐高温材料、密封材料
	强化轨道交通装备领先地位	润滑材料、导电材料、密封材料、高强碳纤维等
	增强海洋工程装备国际竞争力	
	提高新材料基础支撑能力	碳纤维、电池材料、润滑材料、导电材料、密封材料、环保材料
生物医药	构建生物医药新体系	检测材料、病原体分离材料、包覆材料
新能源汽车、新能源和节能环保	实现新能源汽车规模应用	锂电负极材料、导电剂、润滑材料、密封材料等
	推动新能源产业发展	核电慢化剂、结构材料、储能材料等
	大力发展高效节能产业	自发热材料、高导热材料、节能建筑材料
	加快发展先进环保产业	吸附材料、润滑材料、密封材料
	深入推进资源循环利用	石墨材料循环利用

特种氟化石墨是高性能一次电池的重要原料，主要用于航空航天、国防军工、医疗器械等领域；超高纯石墨也应用于航空航天等重要领域，特种氟化石墨及高纯石墨是我国的重要产品。球化石墨主要由中国生产，并使用黑龙江萝北地区的石墨精粉，因此目前情况下我国球化石墨是优势产品，但是由于其生产技术较为成熟，今后随着非洲、加拿大等国家或地区石墨产量的增加，其对外优势的程度可能会逐渐降低。

二、石墨产业形势

（一）石墨产业链及产品链

石墨产业链主要包括石墨资源开发、石墨深加工、石墨产品应用三部分；产品链则包括原料级产品、材料级产品、专用级产品等。石墨资源开发主要是指天然石墨的开采及选矿，选矿得到的石墨精矿产品通常固定碳含量在 80%~98%，片径为十几微米至数毫米，部分可以直接利用制备耐火材料、铅笔芯等。天然石墨的深加工是指选矿得到的石墨精矿经过提纯、插层、球化、粉磨、剥层、改性、压制等过程，制备成高纯石墨、可膨胀石墨、球形石墨、氟化石墨、微粉石墨、粉体石墨烯、石墨乳、石墨纸等产品。石墨产品应用是利用以上产品再制备成各种材料、器件、部件、设备等，如石墨电极、电刷、垫片、盘根、刹车片、散热片、炸弹、电热器、防腐容器、核反应堆的燃料核芯、电容器等。天然石墨产品链、产业链如图 19-4 所示。

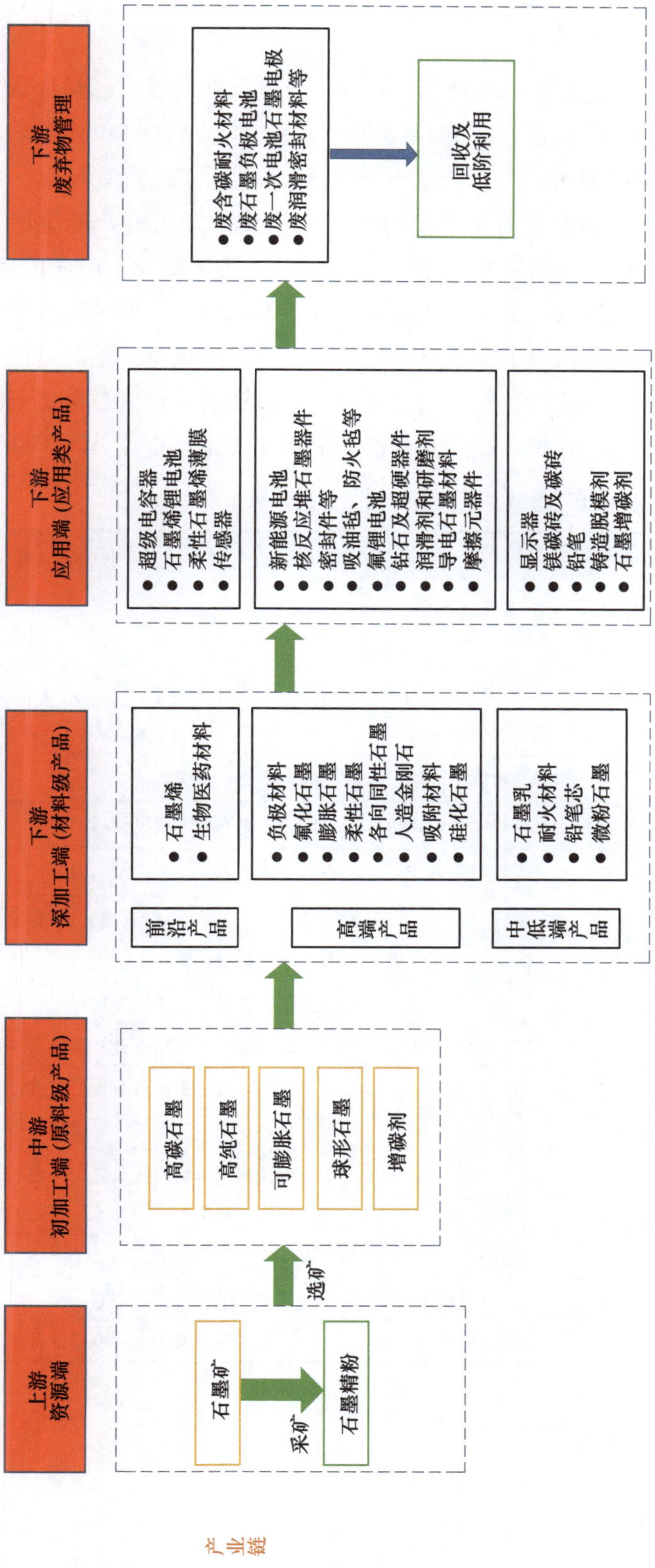

图 19-4　石墨产品链、产业链图谱

（二）国内主要生产企业

我国石墨生产及加工企业主要围绕资源地建设，经过长期发展，已经形成了黑龙江省鸡西市、黑龙江省鹤岗市、山东省平度市-莱西市、内蒙古自治区兴和县4个晶质石墨生产及深加工基地和湖南省郴州市隐晶质石墨生产基地，另外湖北省宜昌市、山西省大同市、内蒙古自治区丰镇、吉林省磐石市等也有少量石墨生产。随着新能源产业的快速发展，特别是锂离子电池负极材料需求量快速提高，以及石墨烯研发及产业的爆发式发展，天然石墨的深加工企业不断从以上石墨生产基地外延，如深圳市、常州市、上海市、哈尔滨市等已经成为我国乃至全球锂离子电池负极材料、石墨烯的重要产地。

石墨深加工端，我国的石墨产品种类较为齐全，基本涵盖了绝大部分的石墨中高端产品，但是大型石墨企业很少，我国石墨产品深加工端的主要生产企业见表19-9。

表19-9 中国石墨产品深加工端的主要生产企业

企业名称	地址	产品及产能
中国五矿集团（黑龙江）石墨产业有限公司	黑龙江省鹤岗市	球形石墨、锂电负极
萝北县海达石墨有限公司	黑龙江省鹤岗市	球形石墨、锂电负极材料
中国石墨集团有限公司	黑龙江省鹤岗市	球形石墨
奥宇石墨集团有限公司	黑龙江省鹤岗市	球形石墨、石墨纸
贝特瑞新材料集团股份有限公司	深圳市、黑龙江省鸡西市	球形石墨、锂电负极材料
鸡西市普晨石墨有限责任公司	黑龙江省鸡西市	可膨胀石墨
青岛海达石墨有限公司	青岛市	可膨胀石墨、微粉石墨、柔性石墨纸、高纯石墨、金刚石用石墨粉
青岛兴泰达石墨有限公司	青岛市	柔性石墨纸、石墨散热膜
内蒙古瑞盛新能源有限公司	内蒙古自治区兴和县	可膨胀石墨、球形石墨、柔性石墨纸等
宜昌新成石墨有限公司	湖北省宜昌市	可膨胀石墨、柔性石墨纸、石墨卷材、石墨烯防腐涂料、石墨烯防火漆、石墨防火板
青岛洛唯新材料公司	山东省青岛市	高纯球形石墨、高纯石墨、可膨胀石墨、一次电池石墨粉、石墨增碳剂
黑龙江华丰石墨公司	黑龙江省鹤岗市	石墨烯、石墨烯润滑油
鸡西浩市新能源材料公司	黑龙江鸡西市	超高纯石墨、人造金刚石
南方石墨有限公司	湖北省郴州市	隐晶质的炼钢增碳剂、石墨球升温剂、石墨粉

三、技术现状及发展趋势

（一）采矿技术

相对于有色金属矿和黑色金属矿，中国石墨矿采选规模偏小，开采技术条件一般为简单-中等-复杂。

晶质石墨矿床采用以组合台阶法为主的露天开采方法。多数为山坡露天开采，少数矿床由于矿体处于当地侵蚀基准面以下，需采用凹陷露天开采。有的矿床邻近有地表水体影响，开采技术条件相对更为复杂。

隐晶质石墨矿一般为地下开采，矿床顶底板围岩的稳定性较差，一般采用平硐和斜井开拓地下采矿，主要采用分层崩落法和小分段崩落法。

石墨露天开采矿山的平均开采回采率高于地下开采矿山 12 个百分点，符合露天开采回采率普遍高于地下开采回采率的一般规律。露天开采在石墨采矿中占主导地位。

目前，中国露天石墨矿的开采效率低。石墨矿大部分是软弱岩体，通常采用机械挖掘或爆破技术进行开采，机械作业的采矿效率低，爆破产生的大块率通常在 20%以上，严重影响了矿山的生产；采矿的回采率一般低于 80%，贫化率高于 10%。露天石墨矿的安全性差，目前大部分矿山安全监管系统建设不完善。石墨矿大部分是软弱岩体，在开采过程中极易造成滑坡和泥石流，因此必须尽快根据石墨矿的特点，安装露天边坡安全监测与预警装备。

据调查，鸡西市麻山区部分石墨矿的开采回采率在 60%左右，贫化率在 8%左右，主要是该地区小矿点多、无序开采、乱采滥挖、采富弃贫造成的，石墨资源浪费严重。恒山地区柳毛石墨矿区开采回采率在 75%左右，贫化率在 10%左右。萝北县云山石墨矿区开采回采率在 85%左右，但贫化率不稳定。

从石墨行业发展趋势看，单座石墨矿的开采规模必然快速增大，因此石墨矿必须采用现代化开采技术，其主要发展趋势为：（1）科学规划采掘境界和方案。（2）生产数字化及智能化，逐步采用数字调度系统、矿体三维建模动态开采等先进技术。（3）设备大型化，逐步采用大型无人矿车、智能化机械装备。（4）爆破精细化，已由过去的粗放式爆破方式逐步向分采分爆等精细化作业方式转变。

（二）选矿技术

1. 选矿工艺

由于石墨矿石的硬度一般为中硬或中硬偏软，因此选矿厂的破碎流程比较简单，常采用三段开路、两段开路或一段破碎流程，有些新建选厂采用了三段一闭路等流程。

石墨选矿的最主要目的及工作是保护大鳞片少受破坏、提高精矿品位及回收率、降低能耗、提高劳动生产率等。

目前，选矿厂普遍采用原矿粗磨粗选—粗精矿多段再磨多次精选浮选工艺技术。晶质石墨多采用粗精矿多段再磨、多段选别、中矿顺序返回或集中返回、集中分段返回的闭路流程，有些矿山也尝试了中矿集中或部分集中再磨再选流程。20 世纪 80 年代，中国大部分石墨选矿厂采用 3~5 次粗精矿再磨再选的工艺，目前大部分石墨选矿厂采用 8 次以上，甚至 11 次的粗精矿再磨再选工艺。采用多次磨矿的工艺可以保护石墨大鳞片少受损坏，提高精矿中大鳞片石墨的产率及回收率，提高精矿品位。

隐晶质石墨的石墨结晶通常小于 1μm，因此通过浮选方法大幅度提高精矿品位难度较大。目前，中国隐晶质石墨的开采量不大，通常采用手选的方法获得较高品位的石墨精矿。湖南省郴州市鲁塘石墨矿原矿品位为 65%~68%，手选精矿品位为 70%~88%，尾矿品位小于 60%。

2. 选矿药剂

石墨是已知矿物中浮游性能最好的矿物之一，常规浮选工艺使用的药剂较为简单。

石墨矿选矿常用的捕收剂为煤油、柴油，起泡剂为 2 号油（主要成分为高级醇）、甲基异丁基甲醇（MIBC）以及一些杂醇类化工副产品（选矿厂通常称为选油），也有采用其他药剂的报道及研究，但是工业使用较少。由于煤油、柴油、选油等的挥发性有机物高，容易造成车间挥发性有机物超标，危害工人身体健康，因此，目前在有些地区开展了环保型浮选药剂的试验。开发及使用环保型药剂是今后石墨行业努力的方向。

由于石墨中常含有不同的非目的性矿物，为了提高石墨品质常会使用一些调整剂，如石墨中含有黄铁矿，常添加石灰抑制；脉石中含有较多石英、云母或硅酸盐矿物、黏土矿物时，常使用羧甲基纤维素钠、水玻璃等，以达到抑制脉石的作用。大部分石墨选矿厂不用调整剂，但是黑龙江省萝北地区的选矿厂普遍使用 10kg/t 原矿左右的石灰。

3. 选矿装备

与金属矿相比，中国石墨选矿厂的规模较小，单线日处理量在 1000~2000t 原矿的居多。常用的选矿装备如下：

（1）浮选设备。早期由于石墨选矿未被充分重视并且受到选矿厂规模的限制，大多数企业采用自吸气式的 $\dot{A}$ 型浮选机，或者 $\dot{A}$ 型浮选机的升级产品-SF 型浮选机等。由于设备技术较为陈旧，常会出现浮选液面不稳定、翻花、溢槽等现象。目前，该类设备依然是老旧选矿厂的主流设备，新建选矿厂通常采用 BF、XCF 等型号的浮选机。

国内也有企业结合石墨选矿特点研制出石墨矿专用浮选柱，但目前还没有规模化使用。

得益于中国浮选装备的技术进步，国内外开始尝试采用中国的石墨专用选矿设备。莫桑比克某石墨矿处理量为 5000t(原矿)/d，采用了我国的 20m^3、10m^3 和 6m^3 等多种规格浮选机，为中国石墨专有浮选装备的大规模推广应用起到了良好的示范作用。中国五矿（黑龙江）石墨产业有限公司新建的年产 20 万吨石墨精矿生产线，设计使用了 100m^3、40m^3、24m^3 的浮选机，是目前石墨选矿行业使用的规格最大的浮选设备。

（2）再磨设备。常规的石墨再磨设备有两种，一种是长筒式球磨机，一种是立式搅拌磨机。长筒式球磨机通常用于石墨粗精矿的一段再磨，立式搅拌磨机常用于第二段以后的再磨。中国搅拌磨设备保护鳞片石墨的效果更好，磨矿介质的消耗更低，能耗也更低，在近年来发展较为迅速。

（3）筛分设备。由于石墨的密度低，石墨的颗粒呈片状，浮选的精矿呈泡沫状漂浮在矿浆表面，在筛面上容易随水流下移，因此普通的振动筛、弧形筛、圆筒筛等对石墨精矿浆的筛分效率很低。有些石墨企业研究了连续筛分的湿法滚筒筛，但是筛分效率也不理想，产品质量难以控制。非洲某些石墨矿的浮选精矿有 20 目（841μm）、50 目（297μm），甚至更大的鳞片，有些企业开发了大鳞片石墨专用湿法振动筛，目前已经在工业上应用。

国内黑龙江省鸡西市、内蒙古自治区兴和县及非洲等地的石墨矿大鳞片含量高，普遍采用干法筛分（浮选精矿烘干后再筛分）方法将石墨产品分成不同粒级。传统的筛分设备是借用筛分面粉的高方筛，其原理和回转分级筛基本相同，并增加了振动球、清理块等，目前大部分企业采用专用回转筛。

（4）选矿自动化。绝大部分石墨选矿厂机械控制停留在 20 世纪 90 年代，主要采用就地、单台控制技术，自动化水平很低。中国五矿集团（黑龙江）石墨产业有限公司新建的石墨选矿厂采用了现代化的自动化控制技术，阿拉善金宝利格矿业有限公司的石墨选矿厂建设了全厂视频监控，局部实现自动化控制。

总之，与现代化金属矿山相比，石墨矿的选矿技术、选矿装备、绿色发展等还非常落后。在国家高质量发展政策、国际石墨产业快速发展的驱动下，分质分选技术、绿色药剂制备技术、现代化专用装备、自动化控制技术、绿色矿山建设等必然成为行业发展的主流趋势。

（三）球化技术

球形石墨是以高碳天然鳞片石墨为原料，采用球化工艺对石墨表面进行形貌处理，颗粒形似球形或椭球形的石墨产品。球化工艺是天然石墨制备锂离子电池负极材料必须经过的工艺过程，球形石墨还需要提纯、包覆和炭化等才能作为锂离子电池负极材料。

目前主流的球形石墨生产工艺是采用多级串联的涡流粉碎机对鳞片石墨进行粉碎和整形，对每级粉碎整形产品进入分级，不合格产品进入下一次的破碎和整形，除第一台涡流粉碎机粉碎作用强烈外，其他粉碎整形设备的整形作用更强。所谓的整形就是将层状的鳞片石墨卷曲成类球形或椭球形颗粒。通常情况下，每条生产线需要 10 多台粉碎整形机、10 多台分级机和 10 多台布袋收尘器。分级后的产品还需要磁选除铁。

目前技术条件下，球形石墨的成球率不高，通常一次成球的成球率在 40%~50%，如果将一次成球的不合格细粉再次成球，行业内称为二次成球，两次成球的合计回收率约为 55%，剩余的微细鳞片石墨称为球形尾料，产率为 40%~60%。

为了提高成球效率及产品质量，中国球形设备生产厂家及研究单位也在开发新型的粉碎整形设备、自动化控制技术和新的粉碎整形工艺。与日本相比，中国球形化产品的成球率偏低。

（四）提纯技术

石墨提纯技术分为高温法、碱-酸法、氢氟酸法等，中国皆有涉及。

1. 高温法

石墨的熔沸点很高，熔点为（3850±50）℃，沸点为4500℃，而硅酸盐矿物的沸点都在2750℃以下，因此不用气体保护，或者在惰性气体、氟利昂等保护下，将石墨加热到2300~3000℃，石墨中的杂质就会溢出，从而实现石墨的提纯。高温法能够生产固定碳含量为99.99%以上的超高纯石墨。高温设备有间歇性生产的卧式艾奇逊炉、连续生产的卧式螺旋推料高温炉、连续生产的卧式推板炉、连续生产的立式高温炉等。

工业化最为成熟的是艾奇逊炉，但是电耗高、污染不容易解决。其他连续式高温炉具有节能、污染物容易控制的优点，中国在“十一五”“十二五”期间也进行了持续研发，但是由于炉内温度太高，材料、工艺、关键部件等问题一时难以解决。

2. 碱-酸法

碱-酸法提纯分为两个步骤：第一步是将石墨与烧碱或者片碱按照一定比例混合，然后在500℃左右进行熔融，石墨中的硅酸盐、硅铝酸盐、石英等成分与碱反应，生成可溶性的硅酸钠或酸溶性的硅铝酸钠、硅酸钠，然后用水或碱液洗涤；第二步是在洗涤后的石墨中加入盐酸或者硝酸等，将其中的金属离子等溶出，然后洗涤、烘干，最终提高了石墨纯度。

常用的碱-酸法技术可获得固定碳含量97%~99%的石墨产品，主要用于耐火材料等，难以生产99.9%以上的产品。

国内多家单位正在研究改进的碱-酸法技术，如微波-碱-酸技术、碱-酸-磁选技术等，但是目前大部分处于实验室阶段。

3. 氢氟酸法

氢氟酸法也称氢氟酸-混酸法，主要组分是氢氟酸以及少量的盐酸、硝酸；基本原理是氢氟酸和硅酸盐、硅铝酸盐、石英等反应生成挥发性四氟化硅及可溶性氟化物，盐酸、硝酸等与Ca^{2+}、Mg^{2+}、Fe^{3+}、Al^{3+}、Na^{+}等金属离子反应生成可溶性盐等。

氢氟酸法主要的优点是除杂效率高、产品纯度高、工艺简单、对石墨产品的性能影响小、能耗低；缺点是氢氟酸有剧毒和强腐蚀性，废水处理难度大、处理成本高。

目前，氢氟酸法是工业上获得99.9%~99.99%纯度石墨的最主要方法，也是球形石墨提纯的最主要方法。

（五）插层技术

1. 强氧化化学法

将天然鳞片石墨加入硫酸、硝酸、高锰酸钾或过氧化氢、高氯酸溶液中，硫酸等阴离子进入石墨层间与碳原子结合形成石墨插层化合物，经洗涤和烘干得到可膨胀石墨。

该方法是生产可膨胀石墨的最主要方法，其产品种类包括无硫和低硫产品等。无硫产品所用原料为天然鳞片石墨、浓硝酸、冰醋酸等，其膨胀倍数在200~250mL/g。低硫产品原料为天然鳞片石墨、浓硫酸、高锰酸钾、双氧水等，膨胀倍数大多在250~300mL/g，也有膨胀倍数达到1000mL/g以上的产品。低硫产品为主要品种，生产量大。

目前，化学氧化法是工业上生产可膨胀石墨应用最多和最成熟的方法。

2. 电化学法

电化学法制备可膨胀石墨包括强酸和弱酸电解质两种方法。强酸电解质法是将天然鳞片石墨和辅助阳极共同组成阳极室，用浓硫酸和乙酸的混合酸溶液作为电解质，用铂板、铅板或镍板作阴极，通入直流电流，从而发生氧化插层反应。在电解结束后，经过脱酸、水洗、脱水、干燥等过程得到可膨胀石墨。

3. 其他方法

制备可膨胀石墨的方法还有高压釜法、微波法、常温一步法等，但是大部分处于实验室阶段。

中国石墨膨化产品的硫含量较高，高端可膨胀石墨主要从德国进口，中国的制备技术还不成熟。

其实石墨的插层产品包括氟化石墨、金属插层化合物、分子插层化合物等。

（六）超细技术

微粉石墨是采用高速粉碎机、雷蒙磨粉机、气流粉碎机等磨粉设备及强制分级系统、收尘系统等生产制备的，也有采用高速搅拌磨制备纳米微粉的研究等。我国超细粉体的制备技术较为成熟。

（七）乳化技术

石墨乳是在微粉石墨中加入有机成膜材料、无机成膜材料、分散剂、胶体保护剂、消泡剂、防腐剂、溶剂等，经过充分搅拌混合制备的。石墨乳的品种很多，其制备技术主要体现在根据不同的应用场景配制性能适宜的石墨乳。

我国石墨乳的制备技术较为成熟，但是高端石墨乳还需要进口。

（八）压延技术

柔性石墨纸是由可膨胀石墨经过高温膨化、除杂、铺装、预压、精压、卷纸等工序加工而成。国内目前有0.03～1mm厚度的多种规格产品，但0.05mm以下厚度的石墨纸生产技术不成熟，高端产品的制备装备主要从德国等国家进口。

（九）石墨烯制备及应用技术

目前，已有包括美国、欧盟、韩国和日本等全球近80个国家和地区投入石墨烯的研发和生产。IBM、英特尔、陶氏化学、三星等国际知名跨国企业纷纷将石墨烯制备及其应用技术作为长期发展的战略方向，已经涌现了一批专门从事石墨烯研发、生产和应用的机构和企业。

近年来，与石墨烯相关的研究一直保持较高热度，石墨烯制备技术不断推出，石墨烯相关产品层出不穷，与之相关的石墨烯产品标准也逐渐推出。

我国在石墨烯研究方面的论文及专利在国际上占有较大比例，但是作为一种新材料，到目前为止，人们对石墨烯的认识和利用才刚刚开始，要实现可凸显石墨烯本征性能的石墨烯产品的制备、表征、应用等突破“杀手锏”级的技术还需要长时间的深入研究；据不完全统计，国内各类石墨烯研发平台、研发基地的数量超过50个，分布在国内20多个省、市、自治区，涉及长三角、珠三角、4个直辖市和石墨资源产地，但有效运转率不高；参与的企业多，但能够正常生产的少，据不完全统计，截至2020年底，国内石墨烯相关企业及单位超过10000家，90%为中小型企业或初创企业，无龙头企业，销售额超过千万以上级别的石墨烯企业更少；目前，国内存在石墨烯材料“万金油”化的倾向，石墨烯似乎成了解决各种问题的“灵丹妙药”，政府、产业界、媒体等过度炒作。

（十）循环利用技术

石墨的循环利用主要包括废石墨耐火砖、连续金属铸件用铝-石墨耐火材料、电炉用镁-石墨耐火砖、含石墨保温砖等，回收的耐火石墨材料的市场正在扩大，有的材料可直接回收成产品，如刹车衬片和隔热材料。从钢渣中回收鳞片石墨在技术上是可行的，但目前还没有工业实践。由于动力电池淘汰量快速增加，有些学者正在研究，在回收动力电池正极材料的基础上回收石墨的技术，但是也没有工业化实践。丰富且廉价的石墨资源在一定程度上抑制了石墨的回收。

四、发展环境与趋势

（一）国际发展环境与趋势

石墨是一种重要的非金属矿产，随石墨应用领域的不断拓展，特别是新能源、电子、高端装备、航空航天、国防军工、核电等领域对石墨需求量的增加及性能要求的提高，石墨被认为是支撑未来高新技术发展的重要战略资源。2011 年美国能源部发布了《关键材料战略》，石墨材料作为锂离子电池的负极材料被列入重点发展内容。2010 年欧盟发布的《欧盟关键矿产原材料》报告和"欧盟 2020 战略"七大旗舰项目，石墨都被列为关键材料。2012 年印度"十二五"矿产资源开发计划提出奖励石墨贫矿开采，鼓励石墨勘探。我国《全国矿产资源规划（2016—2020 年）》也将晶质石墨列入战略性矿产之一。

（二）国家政策

资源勘查方面，2013 年原国土资源部发布关于设立第三批整装勘查区的公告，石墨作为战略性新兴产业的重要原材料，被列入主攻矿种。

资源开发方面，为了规范石墨行业市场，减少石墨行业低端产业的无序竞争，2012 年工业和信息化部发布《石墨行业准入条件》，2020 年发布《石墨行业规范条件》。

深加工、应用产品制造方面，工业和信息化部发布的《新材料"十二五"规划》《建材工业"十二五"发展规划》《产业关键共性技术发展指南（2017 年）》《增强制造业核心竞争力三年行动计划（2018—2020 年）》，国家发展和改革委员会等三部委联合发布的《关键材料升级换代工程实施方案》，中国非金属矿工业协会发布的《非金属矿工业"十三五"发展规划》等系列文件，推动了石墨相关产业的发展。

进出口方面，为了限制天然石墨低价出口，商务部、海关总署 2003 年发布公告，对天然石墨出口实行"预核签章"管理；2009 年财政部、国家税务总局发文，取消全部石墨产品的出口退税。2009 年财政部、国家税务总局将矿产品进口环节增值税税率由 13% 调整为 17%。

科学技术支撑方面，"十三五"期间，国家将"石墨全产业链固废源头减量与协同利用关键技术及装备"列为重点研发计划项目。"十四五"期间，国家将"晶质石墨提纯及精深加工技术"列为重点研发计划项目。

（三）地方政府政策

资源勘查方面，我国地方政府对石墨的发展非常重视，黑龙江、内蒙古、河南等石墨大省（区）的地勘基金近年来都有石墨项目投入。

资源开发方面，为从源头提高石墨资源开发利用水平，黑龙江、湖南等省地政府积极推进石墨资源整合。黑龙江省鹤岗市在对萝北县云山石墨矿进行资源整合的基础上，引进中国五矿集团等战略投资者，对云山石墨矿进行了更大规模、更为规范的整合与发展；黑龙江省鸡西市也和中国建材集团洽商资源整合、整体开发事宜；2011 年，中国建材集团整合了湖南省鲁塘石墨矿。2019 年，黑龙江省政府提出将石墨产业发展成千亿规模的产业。

深加工、应用产品制造方面，黑龙江、内蒙古、山东等地方政府鼓励进行石墨的深加工。

（四）发展趋势

1. 石墨的战略地位越来越重要，逐步发展为新技术矿产

在第四次工业革命的大背景下，石墨的性能优势正在充分发挥和深化，应用范围深入扩展到新能源、人工智能、生物医药、航空航天、军工等领域。优质晶质石墨资源主要分布在中国、巴西、莫桑比克、埃塞俄比亚、马达加斯加、俄罗斯等少数国家，我国具有较大的资源优势。

在新兴产业带动下，石墨的精深加工技术及应用技术发展快速，新能源发展成为促进石墨发展的重要驱动力，人工智能、节能环保、新材料、航空航天、核能等的发展必然会快速扩展石墨的应用领域。

2. 全球石墨产业链、供应链重塑已经开始

随着石墨矿产的战略地位越来越重要，欧、美、日、澳、韩、印等国家对其的重视度逐步提高。

石墨应用领域的不断拓展，特别是石墨在新能源、储能、电子等方面的大规模应用，正逐渐改变石墨的产业链、供应链。欧、美、日、韩、澳等国家已经开始建设球形石墨、负极材料生产企业。

3. 资源整合及资源向大型企业倾斜，以龙头企业及大型研发平台带动行业技术进步势在必行

德国西格里炭素有限公司、日本东洋炭素有限公司、美国步高石墨有限公司、法国罗兰炭素有限公司等是世界著名炭素及石墨制品生产企业。但是，针对天然石墨深加工企业的报道很少。

我国专业的石墨研发单位主要有苏州中材非金属矿设计研究院有限公司、武汉理工大学、矿冶科技集团有限公司、清华大学等。

4. 绿色发展、大幅度提高劳动生产率成为行业发展的必然要求

提高装备技术水平、采矿回收率、选矿回收率、劳动生产率，是石墨企业高质量发展水平的重要标志；建设绿色矿山、绿色深加工企业是企业高质量发展的必然要求。

第二节　中国石墨供应链高质量发展评价及面临的重大问题

一、中国石墨供应链高质量发展评价

根据我国石墨产业供应链发展现状，对石墨供应链的高质量发展水平进行了评价。结果表明：（1）石墨资源端的综合指标较好，资源安全性较高；绿色发展指标较低，综合能

耗、固废排放量等较高。(2) 石墨材料产品制造端综合指标较差。高端产品进口主要集中在美国、日本、德国等国家。(3) 循环利用端综合指标较低，主要回收产品为废耐火材料。

二、面临的主要问题

(一) 石墨采选行业距离高质量发展还有较大差距

21 世纪以来，我国石墨采选业逐步走向良性发展之路，但依然存在产能过剩严重、资源回收率低、资源价值利用不充分、劳动生产率低、绿色矿山体系建设严重滞后等问题。目前我国石墨选矿产能利用率约为 50%，大部分企业开工率不足。虽然这与我国主要石墨矿山位于高寒地区有关，但也与我国石墨产业恶性竞争严重、规划设计不合理、国家及地方缺少石墨产业长期发展规划有关。我国石墨采选业石墨回收率不足 80%，大鳞片石墨损失率约为 50%，部分石墨矿尾矿库建设不规范，绿色矿山建设基本处于空白，采选过程自动化、智能化控制水平处于国内采选业较低水平，环境污染依然较为严重，整个产业距离高质量发展还有较大差距。

(二) 科技创新能力差

虽然我国已经涌现了一批从事石墨研发、生产和应用的机构和企业，但还没有以石墨资源开发技术、石墨深加工技术等为主要研究方向的科研机构（石墨烯除外），也没有具有较强、较系统研发能力的石墨生产企业，致使整个行业的技术创新能力分散、创新能力差。专业研究机构欠缺是造成我国石墨行业整体技术水平不高、高附加值产品严重依赖国外、产业链延伸速度慢的关键因素。

(三) 石墨烯产业遇到发展瓶颈

近年来，石墨烯作为一种新型材料引起了世界各国的高度关注，我国也非常重视石墨烯产业发展，大力推动石墨烯相关的研究和产业技术进步，但也存在一些问题。

1. 研发平台和研发基地多，但有效运转不足

近年来，各地方政府、企业、研究单位对石墨烯材料的发展都给予了充分重视，很多地方和单位都把石墨烯产业作为未来发展重点，石墨烯研发基地、研发平台、研发中心、创新中心、产业园区等如雨后春笋在各地出现。我国这类研发平台、研发基地数量较多，但有效运转率不高。

2. 企业规模总体偏小，石墨烯产业竞争力不足

截至 2020 年底，国内从事石墨烯业务的企业超过 2 万家，主要从事与石墨烯相关的

技术研发、设备制造、产品制造、应用推广、投资、检验检测、技术服务等，真正能够持续开展石墨烯相关业务的企业并不多，能够实现规模化生产的企业很少；90%为中小型企业或初创企业，龙头企业少。

3. 研究成果转化不足，产业化应用受阻

在石墨烯方面，我国是全球发表论文数量及申请专利数量最多的国家，但专利及技术的产业化转化率很低。在石墨烯制备方面，薄膜石墨烯尚没有进入产业化；粉体石墨烯虽然实现了产业化制备，但一般为多层石墨烯纳米片，结晶缺陷多、品质差别大、石墨烯特性表现不明显。目前，虽然石墨烯导电材料、散热材料实现了产业化应用，但社会上对石墨烯大健康产品和加热产品的效果、石墨烯作用和安全性等存在争议。石墨烯超级电容器、传感器、显示材料、复合材料、吸波材料等距离产业化还有很远路程。

4. 石墨烯领域的产品标准及检测标准不能满足实际需求

尽管近年来国内外加大了与石墨烯相关的产品标准及检测方法标准的研究，出台了一些标准和方法，但是由于石墨烯涉及的研究领域广、产品多，准确检测的技术难度大，目前石墨烯领域的产品标准及检测标准还不能适应实际需求。

三、我国石墨产业高质量发展潜力分析

当前全球石墨产业处于产业链供应链重塑期，非洲石墨资源开发量快速增加；新应用领域及产品改变了石墨的消费结构；欧洲、美国、日本、澳大利亚、韩国等国家和地区将石墨列为关键材料，在全球范围内加快资源布局和产业布局。新形势下，我国石墨产业必须走高质量发展之路，并具有巨大发展潜力。

（1）我国石墨资源丰富，特别是区域深变质类型大鳞片石墨矿资源储量大，具备高质量发展的资源优势及资源保障能力。

（2）我国石墨产业基础好，是全球唯一拥有完整石墨产业链的国家，选矿技术、初加工技术、主要产品深加工技术处于世界领先水平，石墨精矿、初加工产品、深加工产品的产量皆处于全球首位，具备高质量发展的产业基础。

（3）石墨消费重心向新能源领域转移，我国在新能源领域发展迅猛，具备引导石墨产业高质量发展的内生动力。

（4）在新技术领域，我国具有较强的研发能力，并在高纯石墨、柔性石墨、氟化石墨、医用石墨材料、核用石墨等方面取得了进步，研究基础较好。

（5）我国将石墨列为战略性矿产资源，自“十二五”以来持续支持相关技术的研发工作，国家及地方政府持续支持石墨产业的高质量发展，为石墨产业高质量发展奠定了良好的政策基础。

第三节　总体战略

一、总体目标

加大主要成矿带、优质石墨资源的勘查力度，保障我国石墨资源的长期安全；整合石墨资源，积极培育产业链齐全、创新能力强、具有国际影响力的大型石墨企业集团；提高资源综合利用率及资源价值，大幅度提高绿色矿山保持率；以企业及大型研发平台为创新主体，快速发展我国石墨精深加工技术，完全满足我国新兴产业发展需求；在现有石墨基地的基础上，尽快建设3~5家国家级石墨产业园及“国际石墨谷”。

二、发展原则

在高质量发展、创新驱动发展等国家战略引领下，在国家主管部门领导下，加强基础理论关键技术及装备研究，推进石墨资源开发、深加工及应用技术升级，建设国家级石墨资源开发利用研发平台，推动中国石墨行业全产业链的高质量发展。

三、实施路径

产业政策方面，在黑龙江、内蒙古、山东等石墨资源储量大的省区制定支持石墨产业高质量发展政策及落后产能淘汰政策；出台重点发展产品、企业等的扶持政策。

资源勘查方面，在黑龙江、内蒙古、山西、新疆等地加大优质资源及重点成矿带的勘查力度。

科技创新方面，长期支持石墨精深加工技术、材料制备技术、材料应用技术的创新。

环境保护方面，执行现有政策，适时出台特殊政策。

第四节　措施及建议

一、健全我国石墨全产业链及供应链数据库

统筹国内石墨地质、资源勘探、资源开发、深加工等方面的技术力量，建立基于地质信息、矿床成因、资源量、矿物学特性、可选性、采选信息、深加工信息、主要应用等的数据库。

二、建立长效支持我国石墨产业高质量发展的政策机制

建议科学技术部、工业和信息化部等成立国家级的石墨专家委员会等，围绕“双碳”战略、增材计划等制定石墨技术创新路线图，重点攻克石墨鳞片保护技术及高效回收技术、高效节能环保提纯技术、石墨精深加工技术、新能源材料制备技术、生物医药材料制

备技术等；围绕“大国重器”等关键装备所需密封、润滑材料、高温材料等所需石墨材料进行制备技术开发。

三、加快资源整合、绿色矿山建设及“国际石墨谷”建设步伐

当前应优化勘探资源，划定重点探矿区域，重点加强大型-超大型优质石墨矿产的找矿勘查力度；加快石墨产业供给侧结构性改革速度，加快淘汰落后产能，限制中小型产能，整合优质资源，优先支持大型石墨企业发展，积极培育龙头企业；鼓励开发国外石墨矿产，有规划地开发我国石墨资源，避免盲目扩大产能；制定绿色石墨矿山标准和石墨绿色产品标准，加快绿色矿山建设，开展绿色石墨产品认证；组织相关专家对石墨提纯技术进行重点论证，明确可以推广的技术路线，确定重点研发方向。国家发展和改革委员会等部门重点布局及支持建设国家级的黑龙江省鹤岗市晶质石墨产业园、黑龙江省鸡西市晶质石墨产业园、青岛市石墨新材料产业园，尽快推进“国际石墨谷”建设。

四、规划布局创新能力平台，加强人才培养

建议重点布局及扶持建设国家级的重点实验室、教育部重点实验室、国家级工程技术中心等，黑龙江省、山东省、深圳市等建设省市级创新平台，支持和鼓励现有非金属矿高等院校、科研单位、创新平台等培养专职研发队伍。

五、以石墨精深加工为中心布局技术创新体系

围绕“双碳”战略、增材计划等，以石墨精深加工为产业链中心，以重点石墨企业、大型科研机构为依托，制定中长期石墨产业链供应链技术创新路线图。重点布局新能源材料制备技术、高性能锂氟电池制备技术、生物医药石墨材料制备技术、大鳞片石墨高效回收技术、低污染石墨提纯技术等重点专项及工程。围绕“大国重器”、航空、航天、国防军工等关键装备所需的密封、润滑、耐高温等材料布局重点专项；加大对前沿技术、基础性研究的政策与资金支持，构建从资源端到材料端的技术创新体系。围绕“国际石墨谷”的建设，需要重点布局及支持国家级黑龙江省鹤岗市晶质石墨产业园（区）、黑龙江省鸡西市晶质石墨产业园（区）、青岛市石墨新材料产业园（区）等的建设；在生产基地建设基础上，各级政府加大财政、土地、上市等支持，重点培育具有国际竞争力的大型石墨企业群体。

六、优化资源配置，加快发展绿色石墨企业及绿色石墨矿

我国石墨矿床主要分布在华北地块、扬子地块周缘、天山—兴蒙造山带和秦祁昆造山带。我国已探明石墨矿储量大，当前应优化勘探资源，划定重点探矿区域，重点加强大型-超大型优质石墨矿产的找矿勘查力度；加快石墨产业供给侧结构改革速度，加快淘汰落后产能，限制中小型产能，整合优质资源，优先支持大型石墨企业发展，积极培育龙头企业；鼓励开发国外石墨矿产，有规划地开发我国石墨资源，避免盲目扩大产能；制定绿

色石墨矿山标准和石墨绿色产品标准，加快绿色矿山建设，开展绿色石墨产品认证；组织相关专家对石墨提纯技术进行重点论证，明确可以推广的技术路线，确定重点研发方向。

七、加强平台能力建设，夯实产业链供应链技术

创新基础重点面向石墨资源高效利用和精深加工，依托我国石墨资源开发利用基地或具有较好研究基础、较强创新能力的大型生产企业和科研单位，建设国家级省级研发平台。

第二十章　钒钛资源及其材料产业高质量发展形势与战略

第一节　钒钛资源及其材料总体形势

一、钒钛资源形势

（一）钒资源储量及分布

钒资源主要蕴藏在中国、俄罗斯、南非、澳大利亚的钒钛磁铁矿和委内瑞拉、加拿大、中东的油类矿藏，以及美国和中国的铀钒矿、铝土矿、石煤中。根据美国地质调查局的资料，截至 2020 年，全球钒储量超过 11250 万吨（以 V_2O_5 计，下同），其中符合当前采掘和生产要求的钒矿储量约为 3958 万吨，且 98%赋存于钒钛磁铁矿中。2020 年世界钒矿资源储量分布如图 20-1 所示。全球 99%以上的钒资源集中在中国、俄罗斯、南非及澳大利亚，中国钒矿储量占比达 42.86%，是钒矿储量最多的国家。

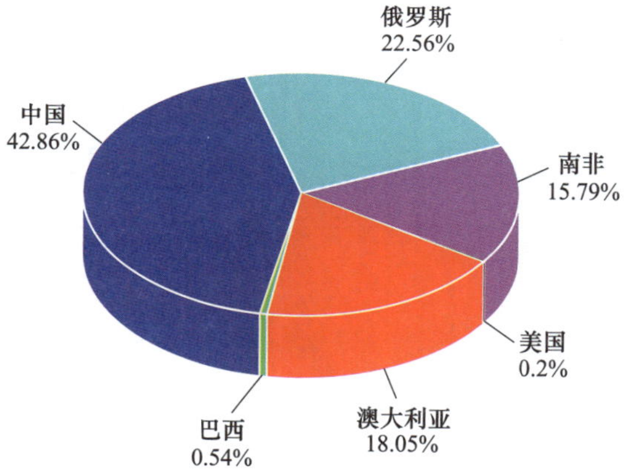

图 20-1　2020 年世界钒矿资源储量分布

（数据来源：USGS）

中国的钒资源主要分布在四川、河北、陕西、河南、甘肃、湖北和湖南等地，其中四川钒资源储量占全国的 63.19%，主要集中在攀西地区。

（二）钛资源储量及分布

工业应用的含钛矿物分为钛铁矿和金红石，据美国地质调查局统计，截至 2020 年全球钛资源储量为 7.42 亿吨（以 TiO_2 计，下同），其中钛铁矿资源储量为 6.96 亿吨，约占钛资源储量的 93.84%，金红石资源储量为 0.46 亿吨，约占钛资源储量的 6.16%。我国钛矿资源储量约为 2.82 亿吨，约占全球总储量的 38.07%，居世界第一位。世界钛资源分布如图 20-2 所示，全球金红石储量分布见表 20-1。

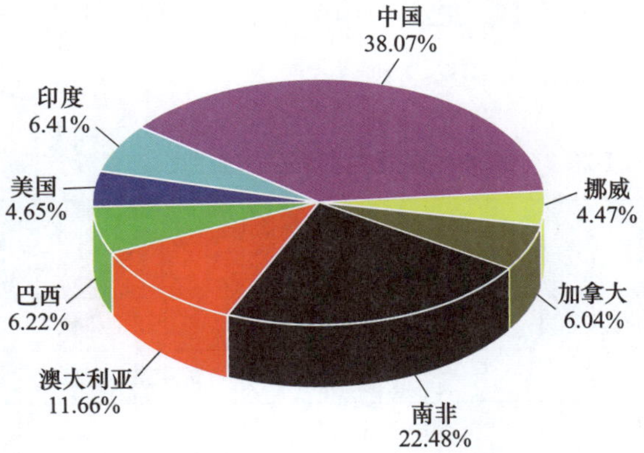

图 20-2　世界钛资源分布
（数据来源：USGS）

表 20-1　全球金红石储量分布　（%）

国家	澳大利亚	印度	南非	肯尼亚	乌克兰	其他
金红石	47	12	13	21	4	3

注：数据来源于 USGS。

中国钛资源分布中钛铁矿占 98%，金红石仅占 2%。主要分布在四川攀西，占 95.1%，河北承德，占 3.3%，其余分布在陕西、山西、云南、海南、广西等地。

（三）钒钛资源消费情况

根据世界范围内钒钛工业实践来看，钒钛磁铁矿是钒钛资源的重要来源，占资源供给的 90%以上。从我国钒钛工业生产实践来看，钒钛磁铁矿资源供给占主导地位，钒、钛自有资源供给分别占 92%和 98%以上。按照国内形成的钒钛产业规模（V_2O_5 为 12.5 万吨、钛白粉为 350 万吨、海绵钛为 12 万吨），钒钛磁铁矿资源消费量达 6000 万吨/年以上。

二、钒钛产业形势

（一）钒产品生产情况

钒产品主要有化工产品（偏钒酸铵、偏钒酸钾、五氧化二钒、三氧化二钒等）和合金产品（钒铁合金、钒氮合金、钒铝合金等），其中五氧化二钒和三氧化二钒主要用于生产钒铁合金、钒氮合金、钒铝合金等钒合金产品。

从钒产业现状来看，世界约 88%的钒产量来自钒钛磁铁矿，约 12%的钒由含钒二次资源（含钒燃油灰渣、废化学催化剂等）及含钒石煤生产。目前，全球钒的生产国家及地区主要有中国、俄罗斯、南非、新西兰，生产企业主要有俄罗斯耶弗拉兹集团（Evraz）及中国的攀钢、承钢、川威集团等。

国际钒技术委员会（Vanitec）统计，2020 年全球五氧化二钒产量为 20. 1 万吨。据中国钢铁工业协会钒业分会的数据，2020 年中国五氧化二钒总产量 12. 5 万吨。2020 年全球主要钒生产企业及产品情况见表 20-2。

表 20-2　2020 年全球主要钒生产企业、产量及产品

排名	企业名称	五氧化二钒产量/t	产　品
1	中国攀钢集团有限公司	42500	氧化钒、钒铁、钒氮、钒铝合金
2	俄罗斯 Evraz 集团	22382	氧化钒、钒铁、钒铝合金、催化剂
3	中国河钢集团承钢公司	18590	氧化钒、钒铁、钒氮、氮化钒铁、钒铝合金
4	中国四川德胜集团钒钛有限公司	18000	氧化钒（外委加工）
5	中国北京建龙重工集团有限公司	17500	氧化钒、钒氮合金
6	四川川威集团成渝钒钛科技有限公司	15287	氧化钒
7	巴西 Largo 公司 Maracas 钒厂	11825	氧化钒
8	瑞士 Glencore 公司 Rhovan Pooling and Sharing Joint Venture	8845	氧化钒、钒铁合金
9	中国达钢集团有限公司	8500	氧化钒（外委加工）
10	南非 Bushveld Minerals 公司	6640	氧化钒、钒铁、钒氮、钒电解液、催化剂

注：1. 南非 Bushveld 钒产品产量为 Vametco 及 Vanchem 产量之和。

2. 数据来源于国外钒生产企业公司年报。

我国钒合金产品产量结构如图 20-3 所示。2020 年，钒氮合金全年产量为 50300t，各

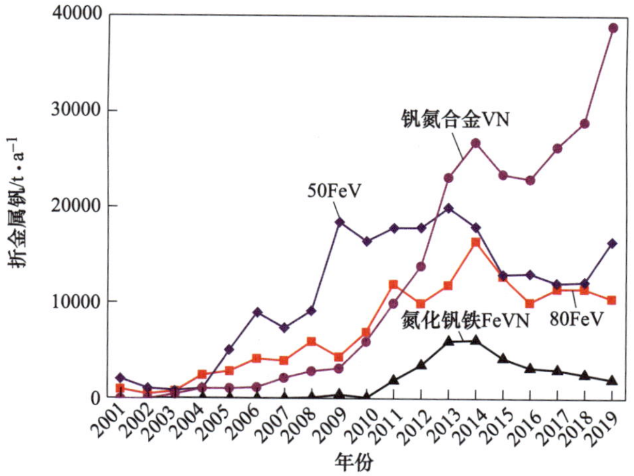

图 20-3　中国钒合金产品产量结构

规格氮化钒铁产量为 4814t，50FeV 与 80FeV 合计产量为 46600t。

（二）钒产品消费情况

全球约 90%的钒用于钢铁行业中，约 5%以钒铝中间合金的形式用于钛合金，约 5%应用于化工及其他行业。

国内钒业分会的数据统计，2020 年我国钒在钢铁领域中的应用比例高达 96.60%；在喷气发动机、飞机结构、火箭、民用航空等钛合金领域中的应用比例为 1.47%；用于催化剂、化工领域的应用比例为 1.79%。2020 年，中国钒产品在各领域的应用情况如图 20-4 所示。

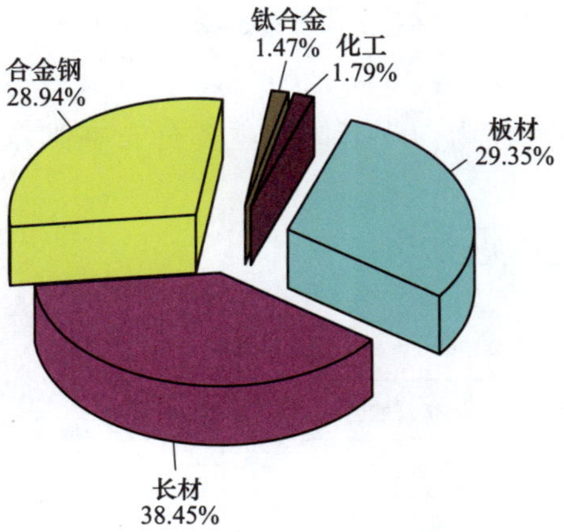

图 20-4　中国钒产品在各领域的应用情况

2020 年我国钒消费量约为 12 万吨（以 V_2O_5 计），按钒消耗量统计，中国是全球最大钒消费国家，世界各国钒消费情况见表 20-3。

表 20-3　世界各国钒的消费量情况（以 V_2O_5 计）　（t）

序号	国家或地区	2018 年	2019 年	2020 年
1	欧盟	23870.3	21638.1	18813.8
2	其他欧洲国家	4464.3	3553.2	4418.7
3	独立国家联合体	9611.9	9065.2	8791.9
4	北美	24006.9	22594.8	19724.9
5	南美	4099.9	3553.2	3507.7
6	非洲	1047.7	1230.0	956.6
7	中东	2095.5	2141.0	2186.6
8	中国	80357.1	100537.5	119533.5
9	印度	6878.6	6833.1	6696.4
10	除中国、印度以外的亚洲国家	15807.2	14440.6	14531.7
11	大洋洲	774.4	728.9	728.9
总计		173059.4	186178.9	200072.9

综上，我国既是钒产品生产大国也是钒消费大国，产量和消费量分别占全球的63.6%和59.7%，钒产品产销基本维持平衡。但是我国非钢领域钒产品应用占比低（不足5%），中高端产业整体竞争力偏弱。

（三）钛产品生产情况

1. 钛原料

2020年全球钛精矿总产量约为756万吨（以TiO_2计），中国、南非、澳大利亚、加拿大、莫桑比克5个国家的年产量总和达551万吨（以TiO_2计），约占全球总产量的71.4%。2020年全球金红石总产量约为63.4万吨（以TiO_2计），澳大利亚、塞拉利昂、南非、乌克兰这4个国家的产量为46.4万吨（以TiO_2计），约占全球总产量的77.5%。2020年，全世界钛渣总产能约为500万吨，主要分布在加拿大、南非、俄罗斯、中国等地。

全球主要钛矿石生产企业见表20-4。

表20-4 全球主要钛矿石生产企业

序号	矿业公司	国家或地区	矿山分布	钛原料产品	TiO_2产能/万吨
1	力拓 RioTinto	英国	加拿大 RTFT、马达加斯加 QMM	金红石、氯化渣、酸溶渣	170
2	爱绿卡 Iluka	澳大利亚	西澳大利亚州、维多利亚州	钛精矿、金红石	110
3	特诺 Tronox	美国	南非 KZN、澳大利亚 Tiwest	钛精矿、钛渣、人造金红石、金红石、白钛石	75
4	克罗诺斯 Kronos	挪威	挪威 Tellnes	钛精矿	40
5	肯梅尔 Kenmare	爱尔兰	莫桑比克 Moma	钛精矿、金红石	33
6	科斯特 Cristal	澳大利亚	滨大利亚 Bunbury	钛精矿、白钛石、金红石	27
7	攀钢集团有限公司	中国四川	白马、朱家包包	钛精矿	100*
8	龙蟒矿冶有限责任公司	中国四川	红格	钛精矿	70*
9	重钢西昌矿业有限公司	中国四川	太和（西昌）	钛精矿	40*
10	四川安宁铁钛股份有限公司	中国四川	潘家田	钛精矿	54*

注：数据来源于中国粉体网，*以钛精矿计。

2020年中国共生产钛精矿633万吨，其中攀西地区的产量为511万吨，占国内总产量的80.7%，生产企业有攀钢、龙蟒佰利联、安宁铁钛、太和铁矿、楠洋矿业等，国产钛精矿主要用作硫酸法钛白生产原料；2020年进口钛精矿为301万吨，主要用作氯化法钛白、海绵钛生产原料。

2020 年中国钛渣产能约为 230 万吨，现有 60 多家钛渣生产企业，主要集中在四川、云南、辽宁、河北、河南、内蒙古等省区。2020 年钛渣产量为 68.6 万吨，产能利用率低，仅 29.8%；生产集中度低，仅攀钢钛渣产量达 16.4 万吨，大部分企业的产量都只有几千吨，中国近年的钛渣产量见表 20-5，主要企业产能及产量见表 20-6。

表 20-5　近年中国钛渣产量　（万吨）

年份	2016	2017	2018	2019	2020
酸溶渣产量	25.0	38.6	42.8	42.3	43.1
高钛渣产量	20.0	18.0	18.8	24.6	25.5
生产量	45.0	56.6	61.6	66.9	68.6

注：数据来源于中国铁合金在线。

表 20-6　2020 年国内主要钛渣生产企业产能及产量

序号	公司	产品	产能/万吨·年$^{-1}$	2020 年产量/t
1	攀钢集团有限公司	高钛渣、酸溶渣	18.0	164000
2	攀枝花金港钛业有限公司	高钛渣、酸溶渣	15.0	36300
3	云南大互通工贸有限公司	高钛渣、酸溶渣	10.0	40700
4	龙蟒佰利联集团新立钛业有限公司	高钛渣	8.0	45000
5	武定县盛源钛业有限公司	高钛渣、酸溶渣	6.0	50700
6	承德市宏安商贸有限公司	高钛渣、酸溶渣	5.0	72800
7	攀枝花市国钛科技有限公司	高钛渣、酸溶渣	3.6	49800

2. 钛白粉

2020 年，钛白粉全球产能约为 840 万吨/年，产量为 675 万吨，其中海外产能为 440 万吨/年，以氯化法工艺为主，主要分布于欧美地区，且行业集中度极高，钛白粉产能排名前四的生产商总产能占比达到 80%，其中科慕、特诺、泛能拓、康诺斯产能分别为 125.0 万吨、107.8 万吨、67.7 万吨和 57.5 万吨，见表 20-7。

表 20-7　国外主要钛白粉生产企业产能前五名

序号	公司	生产方法	产能/万吨	工厂数量/个	氯化法占比/%
1	科慕（Chemours）	氯化法	125.0	4	100
2	特诺（Tronox）	氯化法、硫酸法	107.8	9	87
3	泛能拓（Venator）	氯化法、硫酸法	67.7	8	37
4	康诺斯（Kronos）	氯化法、硫酸法	57.5	6	74
5	英力士（INEOS）	氯化法	24.5	1	100

中国钛白粉2020年产能规模为420万吨/年，占全球产能比例为47.6%。国内钛白粉产能前五的企业分别是龙蟒佰利联、中核钛白、攀钢、金浦钛业和山东东佳，总产能达到143万吨/年。国内硫酸法钛白粉总产能为361.5万吨，占比为90.4%；氯化法钛白粉总产能为38.5万吨，占比不足10%，具体情况见表20-8。

表20-8　国内2020年钛白粉企业及产量情况

序号	企业名称	硫酸法钛白粉		氯化法钛白粉	
		产能/万吨·年$^{-1}$	产量/万吨	产能/万吨·年$^{-1}$	产量/万吨
1	龙佰集团	75	55.52	26	7.47
2	中核华原钛白股份有限公司	35	25.6		
3	攀钢集团有限公司	22	21.83	1.5	1.56
4	中国中化集团有限公司	19	16.98		
5	山东东佳集团	23	16.8		
6	金浦钛业股份有限公司	23	14.52		
7	山东金海钛业资源科技有限公司	15	12.6		
8	锦州钛业有限公司			6	6
9	宜宾天原集团股份有限公司			5	1.3

注：数据来源于中国涂料协会钛白分会。

近年来，我国钛白粉产量如图20-5所示。2020年全国42家全流程型钛白企业总产量

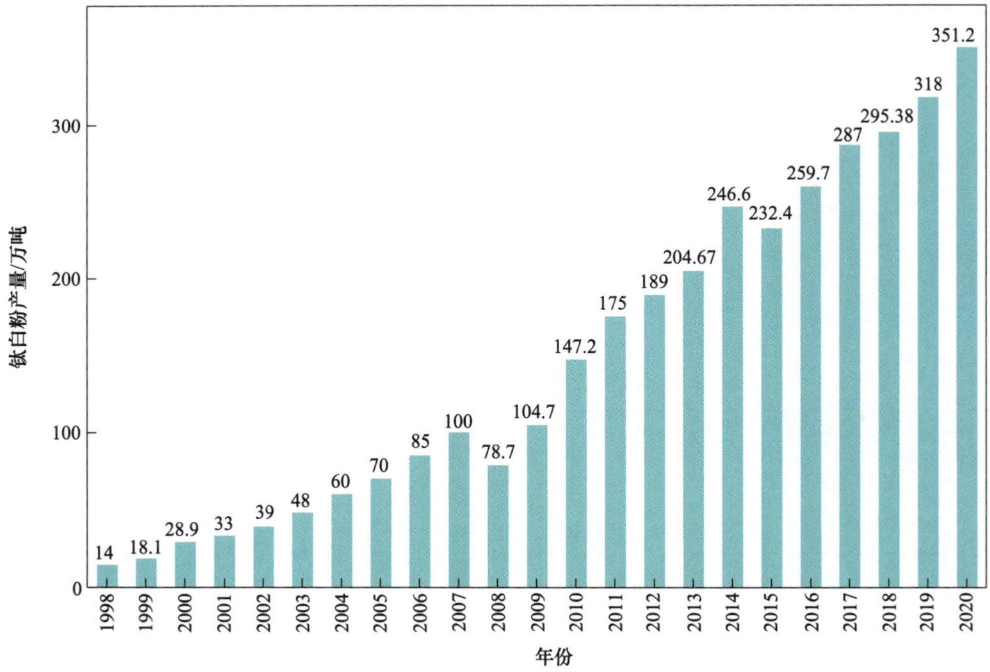

图20-5　近年来我国钛白粉产量

为351.2万吨，排名前12位的企业产量均超过10万吨，综合产量达257.2万吨，占全国总产量的73.2%；全国四家氯化法企业的综合产量为31.9万吨，占全国总产量的9.1%。2020年全国351.2万吨的钛白粉总产量中，金红石型产量为285.6万吨，占比为81.3%；锐钛型产量为53.8万吨，占比为15.3%；非颜料级为6.0万吨，占比为1.7%；催化和功能性材料为5.8万吨，占比为1.7%。

3. 海绵钛

2020年全世界海绵钛总产能约为45万吨，产量为21万吨，主要有4个国家生产海绵钛，分别为中国（占比57%）、日本（占比21%）、俄罗斯（占比16%）、哈萨克斯坦（占比4%）。

根据2020年中国钛工业发展报告，2020年我国海绵钛实际产量为12.29万吨。产量超过1万吨的海绵钛生产企业主要有攀钢、朝阳金达、洛阳双瑞万基、新疆湘润、朝阳百盛、贵州遵钛等，总计产量占比达76.3%。2020年我国海绵钛生产的主要企业与产量见表20-9。

表20-9　2020年我国海绵钛生产的主要企业与产量　（t）

企业名称	2020年产量
攀钢集团有限公司	22768
贵州遵钛（集团）有限责任公司	12500
朝阳金达钛业股份有限公司	16118
洛阳双瑞万基钛业有限公司	16000
新疆湘润新材料科技有限公司	15430
朝阳百盛钛业股份有限公司	13560
龙蟒佰利联新立钛业有限公司	8870
宝钛华神钛业有限公司	8212
盛丰钛业有限公司	3600
鞍山海量有色金属有限公司	2900
中信锦州铁合金股份有限公司	1700
宝鸡力兴钛业集团有限公司	1300

注：数据来源于中国有色金属工业协会钛锆铪分会统计。

4. 钛锭及钛材

世界范围内，钛材生产主要集中在中国、美国、俄罗斯、日本及欧洲少数国家，其中中国占比为36.6%、美国占比为27.6%、俄罗斯占比为21.8%、日本占比为10.3%。

根据2020年中国钛工业发展报告，2020年我国钛加工材实际产量达到9.7万吨。其中：钛合金板的产量为57609t，占总产量的59.2%，钛带卷的产量占到了一半以上；棒材的产量为15547t，约占16.0%；管材的产量为9488t，约占9.8%；锻件的产量为5660t，约占5.8%；钛丝产量为1198t，约占1.2%。2020年我国主要钛材生产企业的钛加工材料产量见表20-10。

表20-10　2020年我国主要钛材生产企业的钛材产量统计　(t)

厂家	板材	棒材	管材	锻件	丝材	件	其他	合计
宝钛股份	7280	4750	1346	376	117	203	4203	18275
新疆湘润	14735	265	—	—	—	—	—	15000
湖南湘投金天	9673	—	1829	—	—	—	—	11502
西部材料	4500	582	1001	—	—	—	—	6083
中铝沈加	5820	30	—	150	—	—	61	6061
云南钛业	4019	236	231	156	483	3	451	5579
西部超导	—	3135	—	1000	4	—	—	4139
攀钢	2060	10	—	1600	40	—	320	4030
宝鸡力兴	1310	595	168	1050	28	—	28	3179
咸阳天成	100	1689	—	525	—	—	672	2986
洛阳725所	2200	—	330	—	—	150	—	2680
沈阳鑫通	1800	600	—	50	—	—	—	2450
浙江申吉钛业	1983	—	—	—	—	—	—	1983
中色金航	200	600	100	80	—	—	500	1480
宝鸡富士特	—	850	—	320	20	—	48	1238
宝鸡兴盛	1150	30	—	—	50	—	—	1230
张家港华裕	—	—	1030	—	—	—	—	1.030
常熟锐钛	—	—	900	—	—	—	—	900
忠世高新	—	—	821	2	—	—	—	823
抚顺特钢	300	500	—	—	—	—	—	800
宝鸡瑞熙钛业	—	532	—	—	228	—	—	760
重庆金世利	80	350	—	100	—	—	220	750
南京宝泰	361	60	120	26	—	60	70	697

续表 20-10

厂家	板材	棒材	管材	锻件	丝材	件	其他	合计
张家港海龙	—	—	692	—	—	—	—	692
宏宝优特管业	—	—	650	—	10	—	—	650
宝武特冶	—	338	—	221	—	—	—	—
宝鸡鑫诺	38	280	—	—	30	—	—	559
沈阳铸造所	—	—	—	—	—	280	—	—
鑫朔源智能	—	—	270	—	—	—	—	348
百慕航材	—	—	—	—	—	240	—	—
宝鸡三立	—	5	—	4	28	—	18	280
合计	57609	15547	9488	5660	1198	936	6519	97029

注：数据来源于中国有色金属工业协会钛锆铪分会统计。

近三年中国各类钛材产量见表 20-11。

表 20-11　近三年中国各类钛材产量　(t)

年份	板材	棒材	管材	锻件	丝材	铸件	其他
2018	35725	10322	7483	4477	863	708	3818
2019	39060	13297	10150	5277	773	782	5926
2020	57609	15547	9488	5660	1198	936	6591

注：数据来源于中国有色金属工业协会钛锆铪分会统计。

（四）钛产品消费情况

1. 钛原料

根据海关总署的统计，近年来我国钛精矿消费量呈持续增长态势，2020 年中国钛精矿消费量达 846 万吨，其中进口钛精矿从 2008 年的 110 万吨逐步增加到 2020 年的 301 万吨，我国钛精矿的对外依存度较高。近 10 年我国钛精矿产量、进口量及消费量情况如图 20-6 所示。

2. 钛白粉

2020 年中国钛白粉表观消费量达到 246.8 万吨，近年来中国钛白粉表观消费量如

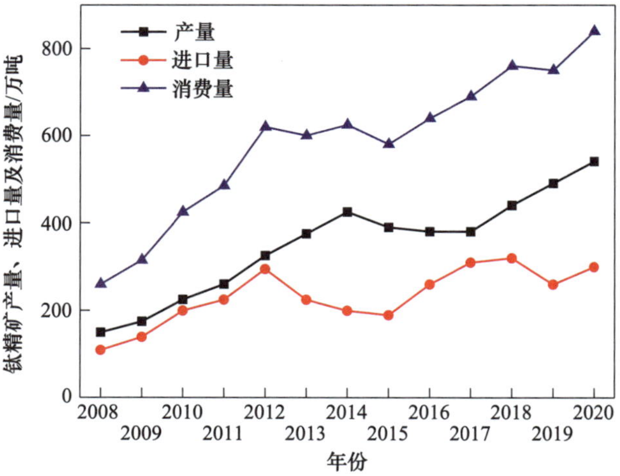

图 20-6　我国钛精矿产量、进口量及消费量情况
（数据来源：海关总署统计数据）

图 20-7 所示。2020 年中国钛白粉进口量为 16.8 万吨，近年来中国钛白粉产量、进出口量和表观消费量见表 20-12。

表 20-12　中国钛白粉产量、进出口量和表观消费量　（万吨）

年份	2014	2015	2016	2017	2018	2019	2020
产量	243.5	232.3	259.7	286.9	295.4	318	351.2
进口量	21.6	20.4	18.2	21.5	19.7	16.7	16.8
出口量	55.2	53.8	72.1	83.1	90.8	100.3	121.4
表观消费量	209.8	198.8	206.6	225.3	224.4	234.4	246.8

3. 海绵钛

2020 年，我国海绵钛产量为 12.5 万吨，总销售量为 12.3 万吨，供需基本平衡。

4. 钛材

2020 年，我国钛材的总销售量为 9.3 万吨，净出口量为 0.9 万吨，国内销售量为 8.4 万吨。2020 年，钛材需求较大的企业受新冠肺炎疫情影响，订单大幅减少，从而使国际钛工业需求量大幅下降。我国钛加工材产量达到近 10 万吨，占全球钛加工材产量的 50%以上。我国钛材在不同领域的应用比例如图 20-8 所示。

综上，我国钛产业面临的形势如下：一是从钛原料生产及消费情况来看，资源供应量仍有缺口，尤其优质钛原料还需进口。二是从钛白粉生产及消费情况来看，国内生产消耗基本平衡，但是行业集中度不高，仅龙蟒佰利集团产能超过 100 万吨，国内排名前四的生

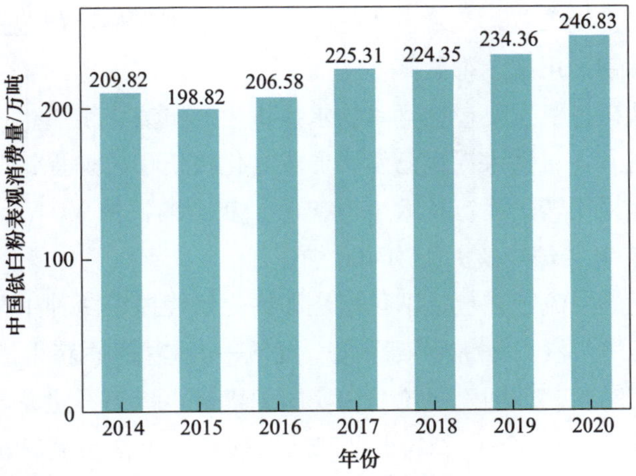

图 20-7　近年来中国钛白粉表观消费量

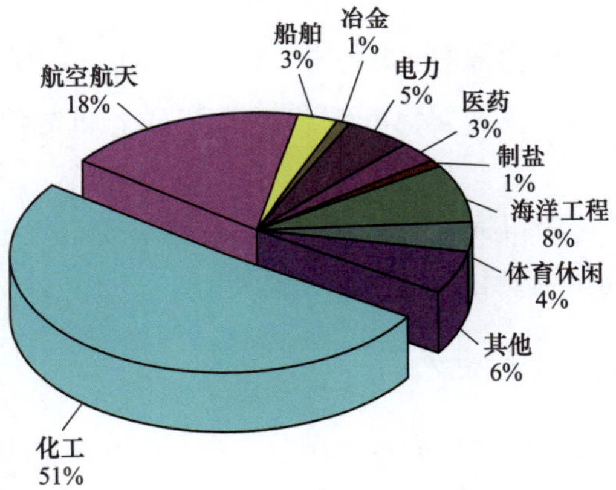

图 20-8　2020 年我国钛材在不同领域的应用比例

产商产能占比不高，仅为 45.6%（国际排名前四的生产商占比为 80%）；产品结构不合理，氯化法钛白粉占比不足 10%（国际近 50%）。三是从海绵钛和钛材生产及消费情况来看，国内生产消耗基本平衡，但是产业集中度低，生产企业众多，高端材料加工能力和性能评价与市场需求尚有较大差距。

三、技术形势

（一）钒提取加工技术现状

1. 氧化钒生产技术

世界范围内，钒提取的原料主要包括钒钛磁铁矿、钒渣、石煤及含钒二次资源等，其中钒钛磁铁矿提钒的产量占比达88%以上。钒钛磁铁矿经高炉—转炉流程生产钒渣并加工生产氧化钒是目前的主流工艺，产量占比达70%以上，典型生产商包括俄罗斯耶弗拉兹集团和我国的攀钢、承钢、川威、德胜等。

典型的钒钛磁铁矿提钒主要包括含钒铁水提钒生产钒渣、钒渣生产氧化钒、氧化钒生产系列钒合金及材料。含钒铁水提钒已发展形成雾化提钒和转炉提钒两类技术，目前我国攀钢等主流生产企业采用转炉提钒技术生产钒渣，获得的钒渣 V_2O_5 品位在16%以上、金属铁在9%~12%、提钒转炉炉龄大于10000炉。

钒渣生产氧化钒的主流工艺包括钠化焙烧和钙化焙烧提钒两种工艺，采用钠盐或石灰石为添加剂，通过焙烧—浸出—钒溶液净化—沉钒—煅烧/还原获得氧化钒产品，钠化提钒是钒行业应用最广的工艺，被巴西拉戈和我国的攀钢、承钢、建龙、川威等主要钒生产企业应用，氧化钒收率可达82%~85%，副产品硫酸钠、钒铬污泥已实现无害化处理。钒渣钙化提钒工艺，目前仅中国攀钢和俄罗斯图拉钒厂采用，氧化钒收率可达78%~83%，该工艺添加剂成本低、沉钒废水简单处理后可循环使用，具有较好的推广应用前景。

2. 钒合金及材料生产技术

在钒合金及材料生产方面，采用多钒酸铵、片状 V_2O_5、V_2O_3 为原料，发展形成生产钒铁、钒氮合金、钒铝合金、高纯偏钒酸铵和高纯 V_2O_5、钒电池电解液等主要钒合金及钒材料的生产技术。

以攀西地区钒钛磁铁矿中钒资源利用为例，已构建形成的产业技术总体流程如图20-9所示，全流程（钒钛铁精矿到氧化钒）钒收率达44%。

（二）钒提取加工技术发展方向

在钒渣提钒方面，聚焦氧化钒的高效利用、绿色制造和智能制造。开展含钒铁水提钒与钒渣加工界面融合、钒渣提钒新技术、提钒废弃物资源化利用、智能化生产技术及装备开发等。

在钒产品加工方面，聚焦非钢领域用钒产品的开发，主要技术方向包括高性能钒电池电解液、钒基功能材料、钒基中间合金、钒金属材料等新型钒产品及材料研制，以扩大钒的高端应用占比。

（三）钛提取加工技术现状

全球范围内，钛加工工业的总体产业链情况如图20-10所示。

1. 钛原料

钛原料主要分为硫酸法钛原料和氯化法钛原料。硫酸法钛原料包括钛精矿（砂矿和岩矿）、酸溶性钛渣，其中钛精矿岩矿主要是以钒钛磁铁矿选铁尾矿为原料，通过“磁选—浮选”工艺流程得到，TiO_2 含量为47%左右，通过超细粒级钛铁矿深度回收技术，选铁

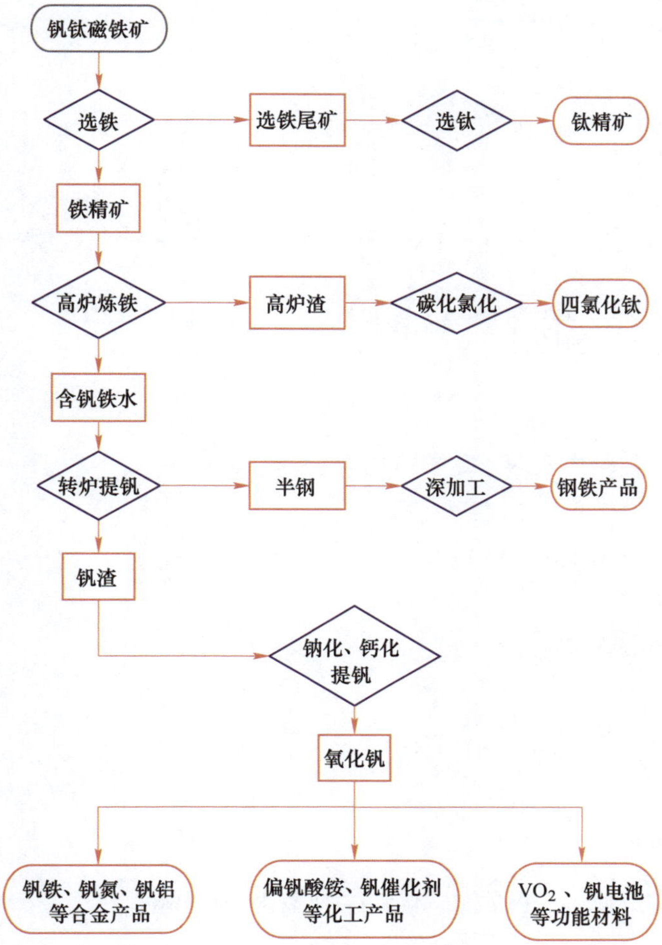

图 20-9 攀西地区钒资源利用流程

尾矿中钛资源回收率有望达到 57%以上。酸溶性钛渣是以钛精矿为原料通过电炉熔炼得到，TiO_2 含量为 74%左右，典型生产技术代表包括加拿大 QIT、攀钢等。氯化法钛原料包括天然金红石、高钛渣、钛砂矿或人造金红石等，其中高钛渣是以优质砂矿为原料通过电炉冶炼得到，TiO_2 含量为 85%以上，典型生产技术代表为南非 RBM、挪威 TINFOS；人造金红石是以钛精矿或酸溶性钛渣为原料通过焙烧—酸浸改性制备，TiO_2 含量在 88%以上，典型生产技术代表为澳大利亚 ILUKA。

钛精矿岩矿主要伴生在钒钛磁铁矿中，通过钒钛磁铁矿选别、钒钛铁精矿高炉—转炉冶金分离、选铁尾矿选别回收钛精矿流程，目前以攀钢为代表的工业实践表明，原矿中约 50%的钛资源随高炉流程进入高钛型高炉渣。针对高钛型高炉渣中钛资源的回收利用，攀钢首创并建立了高钛型高炉渣高温碳化—低温氯化生产四氯化钛经济提取工艺技术体系，已通过中试及示范线规模验证，高炉渣中钛资源回收率达到 65.8%。

2. 钛白产品

钛白产品分为硫酸法钛白和氯化法钛白，硫酸法钛白以钛精矿和酸溶渣为原料，通

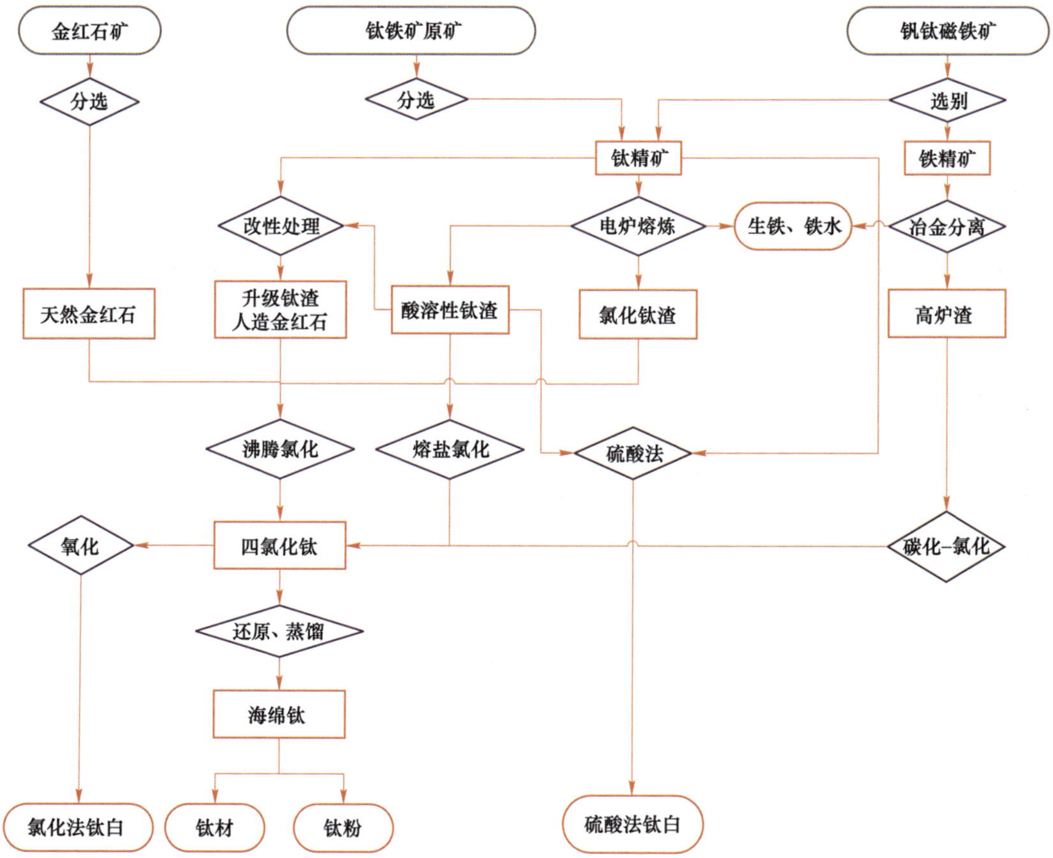

图 20-10　钛加工工业总体产业链情况

过酸解—水解—煅烧—后处理得到钛白产品。氯化法钛白生产分为沸腾氯化和熔盐氯化两类，沸腾氯化以天然金红石、人造金红石、高钛渣为原料，对原料杂质含量、粒度分布要求高（$CaO+MgO<1.0\%$），熔盐氯化是针对高钙镁钛低品位钛原料开发形成的特色生产工艺，主要为俄罗斯、哈萨克斯坦、乌克兰及我国的攀钢集团有限公司等生产企业采用。

3. 海绵钛产品

根据钛原料、产品定位等差异，各生产企业采用不同的氯化、精制、还原、蒸馏工艺路线。美国、日本主要以天然金红石、人造金红石、高钛渣为原料，采用沸腾氯化（氯化炉 $\phi3.05\sim5m$）—矿物油除钒—倒 U 型炉（单炉产能为 10～13t）还原蒸馏工艺生产海绵钛，整体技术先进，产品质量及稳定性好，产品满足航空航天等高端领域要求。俄罗斯、哈萨克斯坦、乌克兰等国家主要以本国钛铁矿生产的钛渣为原料，采用熔盐氯化（$\phi5m$）—铝粉除钒—I 型炉还原蒸馏工艺生产海绵钛，以俄罗斯 AVISMA 为代表，技术先进，产品质量和稳定性好，主要应用于航空航天、民航客机等高端领域。中国的海绵钛生产原料主要为钛铁矿生产的钛渣、进口人造金红石、进口高钛渣，生产工艺有两条：一是以国内钛精矿冶炼的钛渣为原料采用熔盐氯化—铝粉除钒—I 型炉还原蒸馏生产海绵钛；二是以进口高钛渣、金红石为原料，采用沸腾氯化—矿物油/有机物除钒—倒 U 型炉（单炉产能为 5~12t）还原蒸馏工艺生产海绵钛。总体上，相比国外海绵钛先进企业，我国在高端领域专用海绵钛制备技术等方面尚有差距，高端应用不足。

4. 钛金属材料

以海绵钛为原料，经熔铸得到钛锭，进一步通过塑性加工或铸造成钛材、钛粉及钛构件。美国在航空航天等尖端领域钛材料研发应用实力最强；俄罗斯拥有世界最大的钛材料制造商，在军工和尖端科技应用方面处于世界领先水平；日本是钛材民用领域应用最广和研发能力最强的国家。近年来，国外相关厂家及研究机构已经在钛的提取、熔铸、表面处理、机械加工等领域实现了重点技术突破，并陆续进入推广应用阶段。

（四）钛提取加工技术发展方向

在钛原料方面，聚焦钛资源的高效利用，主要技术方向包括钒钛磁铁矿选铁尾矿中超细粒级钛精矿选别技术、钒钛磁铁矿高炉冶炼副产品高钛型高炉渣提钛技术、钒钛磁铁矿选别尾矿中钛资源回收技术等；聚焦钛资源的高值利用，主要技术方向包括高钙镁钛原料熔盐氯化大型化技术、高钙镁钛原料升级制备富钛料技术等。

在钛白产品方面，聚焦钛白产业的高质量发展，主要技术方向包括硫酸法钛白产品提质、专用型钛白产品开发、大型氯化法钛白技术等；聚焦钛白产业的绿色制造，主要技术方向包括钛白废酸、钛石膏、绿矾、氯化尾渣等废弃物和副产品利用技术。

在海绵钛及钛金属材料方面，聚焦海绵钛的低成本制造、钛金属高端材料应用等技术方向，加强航空航天、兵器、海洋工程等领域钛高端材料的开发及规模化应用。

四、发展环境形势

钒钛资源是我国重要的战略资源，经过 60 多年的发展，依托攀西钒钛磁铁矿特色资源，我国已经形成了比较健全的钒钛产业工业体系，发展成为全球最大的钒、钛产品生产、消费国，有力支撑了国家对钒钛材料的需求。然而，在资源保障、绿色制造、产品结构、产业结构、材料加工及应用能力等方面尚存在短板，优质钛原料和高端钒钛产品及材料自给不足。针对上述问题，国家部委和四川省陆续出台了一系列钒钛产业发展政策，引导钒钛产业绿色、高效、高端、智能化发展。

（一）资源政策

国家高度重视钒钛资源综合利用，《工业绿色发展规划（2016—2020 年）》（工信部规〔2016〕225 号）在区域资源综合利用行动中提出，在长江经济带工业基地，建设 5 个共伴生钒钛、稀土、盐湖等资源深度利用示范项目。

国家和有关部门积极推进钒钛资源综合利用，国家发展和改革委员会审议出台了《攀西战略资源创新开发试验区钒钛资源综合利用重大科技攻关及产业化项目实施方案》等文件。四川省承接国家政策相继出台《四川省“十三五”钒钛钢铁及稀土产业发展指南》《攀西战略资源创新开发试验区建设发展规划（2018—2022 年）》《关于深化四川电力体制改革的实施意见》《四川省钒钛钢铁及稀土产业“十四五”发展指南》《关于促进钒钛钢铁行业高质量发展的实施意见》等有关政策文件，指导推进钒钛产业发展。

（二）市场政策

国家有关部门积极构建钛白粉产业标准体系。目前，已颁布实施《二氧化钛颜料》《化妆品用二氧化钛》《纳米二氧化钛》《食品安全国家标准 食品添加剂 二氧化钛》《钛白粉单位产品能源消耗限额》《塑料异型材用钛白粉技术条件》《钛白粉行业绿色工厂评价要求》（HG/T 5984—2021）、《生产钛白粉（二氧化钛）过程中产生的废硫酸处理处置方法》（2020-0423T-HG）等国家和行业标准。

国家标准化管理委员会发布新国标《钢筋混凝土用钢　第 2 部分：热轧带肋钢筋》（GB/T 1499. 2—2018）与国家标准《钢结构设计标准》（GB 50017—2017）和《建筑结构可靠性设计统一标准》（GB 50068—2018），支撑国家“产业升级”规划、《中国制造 2025》和绿色低碳发展，系统推进钒在高强钢种的市场应用。

（三）技术政策

针对钛白粉制造技术，国家发展和改革委员会发布《产业结构调整指导目录》和《西部地区鼓励类产业结构调整指导目录 2020》，将硫酸法列入限制类项目，鼓励支持发展氯化法钛白。

针对新型储能领域，国家发展和改革委员会、国家能源局发布《关于加快推动新型储能发展的指导意见》，提出了坚持储能技术多元化目标：液流电池等长时储能技术进入商业化发展初期，钒液流电池作为关注重点之一。国家标准化管理委员会发布了《全钒液流电池用电解液》国家标准文件，该标准规定了全钒液流电池用电解液的要求、试验方法、检验规则等内容，适用于硫酸体系的全钒液流电池电解液。

针对钛及钛合金材料，国家发展和改革委员会发布的《2019 年产业结构调整目录》将钛及钛合金材料列为重点支持目录，包括用于低模量钛合金材料及记忆合金等生物医用材料，耐腐蚀热交换器用铜合金及钛合金材料，3D 打印用高端金属粉末材料，高品质稀土磁性材料、储氢材料、光功能材料、合金材料、特种陶瓷材料、助剂及高端应用。

由国家发展和改革委员会、科学技术部、财政部联合制定的《新材料产业发展指南》提出：以先进基础材料、关键战略材料、前沿新材料为发展方向，并提出加快重点新材料初期市场培育，研究建立新材料首批应用保险补偿机制，完善新材料产业标准体系，推动新材料产业标准化试点示范。

第二节　钒钛供应链高质量发展评价

一、钒产业链/供应链发展评价

1. 钒产品应用领域有待拓展

我国钒产品96%以上应用于钢铁产业，在高端产品和新材料领域应扩大钒电池、钛合金、功能材料等的应用，贯通钒制品产业链上下游，研究小品种功能性钒材料生产技术及装备，提升产品和材料制造能力，引导钒产业链向高端领域迈进。

2. 钒产品绿色低碳制造技术亟待提升

我国主要采用钠化焙烧工艺生产氧化钒，副产品硫酸钠、钒铬污泥尽管已实现无害化处理，但资源化利用方面与绿色制造仍有差距。此外，我国钒合金生产工艺及装备落后、单位产品能耗高、自动化水平低，低碳制造技术亟待开发。

二、钛产业链/供应链发展评价

1. 钛原料资源缺口大，自主保障能力亟待提升

我国钛矿消费量不断增长，2020年达到846万吨。优质钛矿依赖进口，总体对外依存度较高。从进口国来看，我国钛精矿主要来源于莫桑比克、越南、澳大利亚，供应链安全面临挑战。

2. 钛白粉产业高质量发展，技术水平亟待提升

在国内市场上，我国生产的钛白粉大都只能应用于中低端领域，具有高光泽、高耐候、高分散性、高遮盖力的钛白粉仍然必须使用进口的高端产品。在国际市场上，中国出口的钛白粉产品，部分可配用于中高端领域，高端钛白生产技术水平亟需提升。

3. 钛材产业低端过剩，高端短缺，产业链整合势在必行

2020年国内钛加工材消费量约为9万吨，其中40%应用于化工领域，其次是航空航天和电力领域。目前，钛材行业正处于“中低端钛材竞争激烈、高端钛材制造能力严重不足”的结构性过剩之中，整个产业链的核心在于钛材的加工能力，尤其是高端钛材的研发能力和制造工艺，亟需实施产业链整合。

钒钛资源产业链如图20-11所示。

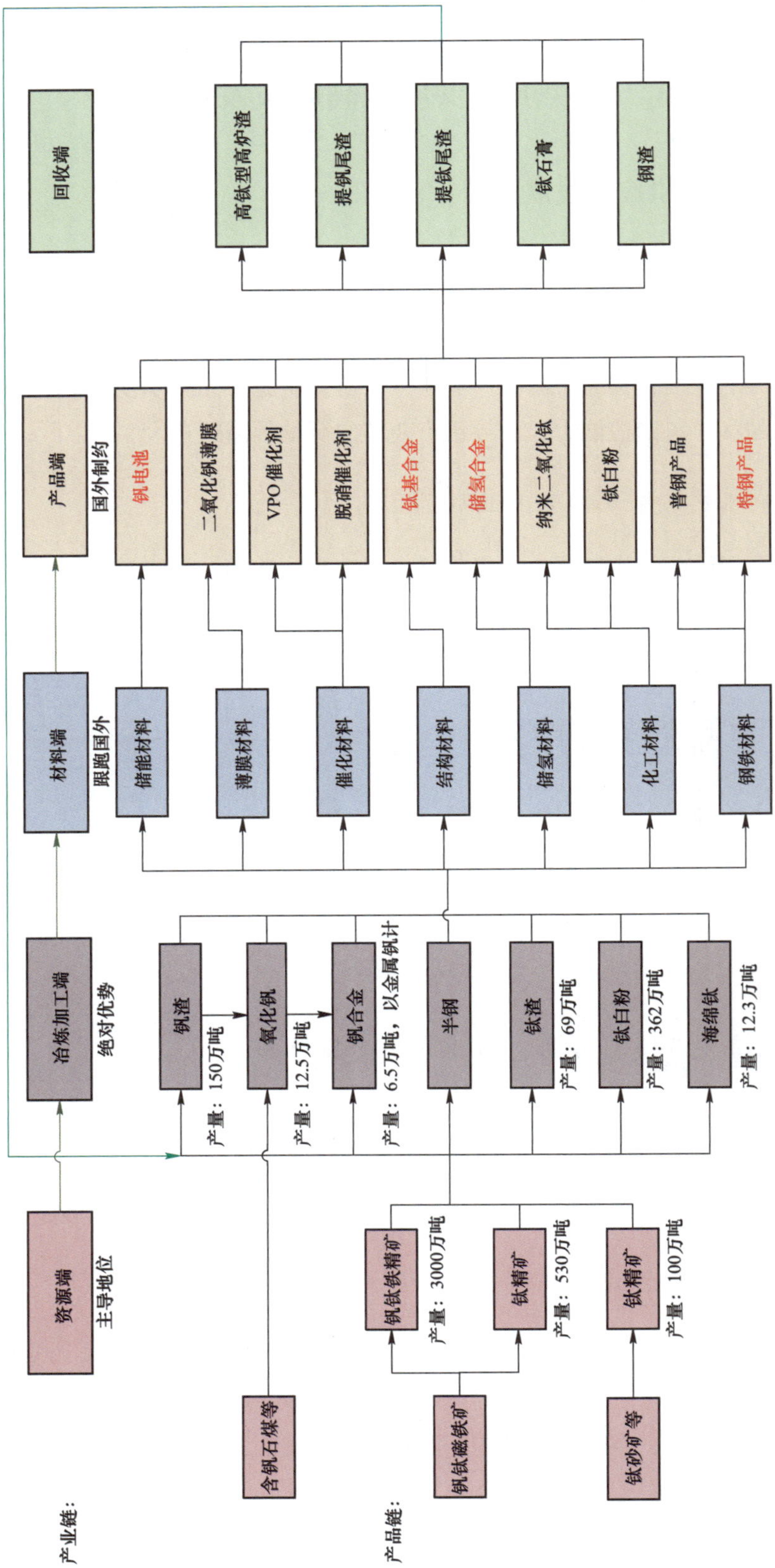

图 20-11　钒钛资源产业链

第三节　面临的重大问题

一、钒钛资源面临保障不足的重大风险

我国的钒钛资源主要来自攀西地区，经过 50 多年的开发利用，大型矿区陆续进入深部开采，产量将逐步衰减，相比 2020 年，预计到 2025 年钒钛铁精矿、钛精矿产量将分别下降 11%、13.8%左右，到 2030 年钒钛铁精矿、钛精矿产量将分别下降 38%、41%左右。

二、钒钛资源与钒钛产业的高质量发展创新供给不足

在钒产业方面：钒资源绿色高效高值制造技术突破不够，传统提钒工艺存在固废产生量大、废水氨氮含量高、高碱尾渣资源化利用困难、生产成本高等突出问题。在钒产业链延伸方面，国内以钢铁领域用钒和民用级钒铝合金为主，高性能钒电池、高品质钒合金、钒功能材料等非钢领域钒产品较世界平均水平尚有较大差距。钒在非钢领域的应用比例偏低，钒电解液、钒铝合金、高纯五氧化二钒等产品仍需加强创新研究与推广应用。

在钛产业方面：市场对钛的新材料需求强烈，但高端产品严重不足，不仅制约了将钛资源优势更好地转化为经济优势，更制约了我国关键钛及钛合金战略材料的保障能力。

三、钒钛产业资源端和应用端企业集中度不高、合力不足

我国钛产业企业多达 1000 余家，总体呈现出企业规模不大、行业集中度不高的特点。由于行业布局分散、企业数量过多，国内中小企业发展后劲不足，产业链上下游协同不足，钒钛产业共性关键技术及装备突破不够，产业整体缺乏国际竞争力。

第四节　发展态势

一、资源安全供给态势

2020 年 9 月 3 日，欧盟每三年更新一次的关键原材料清单首次将钛、锂、锶、铝土矿等原材料纳入战略金属名单，美国也将稀土、钒、钛、铀等 35 种金属列入关键矿物清单，钒钛资源已进入世界各国战略管控。

我国钒钛资源主要集聚在攀西地区，分别为全国的 83%和 63%，随着大型矿山进入深部开采，钒钛资源供应难度增加，将导致我国钛精矿钒资源有可能出现缺口。

二、钒钛需求态势

（1）钒产业方面，2020 年我国钒吨钢消费强度仅为 57g，发达国家为 80g，随着钢铁产业高质量发展以及新能源等战略新兴产业发展，预期到 2025 年，我国钒消费需求将达

到10万吨/年（以金属钒计）以上。

（2）钛白粉产业方面，2020年我国钛白粉人均消费量约2kg，而欧洲和美国的钛白粉人均消费量为3~4kg，仅为发达国家的1/2左右。未来预测钛白粉将以5%左右的年复合增长率稳步提升，高端领域产品的自产占比逐步得到提升。

（3）钛及钛合金产业方面，国内钛材需求量年均增幅约9%，未来预期钛材需求将稳步提升，随着国内加工能力和水平的提升，在航空、航天等高端领域用钛材将得到有力支撑。

第五节　总体战略

一、总体目标

在资源保障方面，到2035年基本实现钒钛资源自主可控。在钒钛材料应用方面，非钢领域钒产品占比达8%；高端领域钛化工、钛金属材料基本实现自主可控。在产业集群方面，到2035年，钒、钛产业规模达到千亿级，建成世界级钒钛产业基地。

二、发展原则

（1）坚持科技引领，创新驱动。坚持自主创新与协同创新相结合，加强创新能力建设，强化高层次人才引进与培养，推进政、产、学、研、用、资协同配合，突破关键核心技术，提高资源利用效率、提升资源利用价值；加快科技成果孵化转化，提升产品质量、性能，满足国家战略要求和国民经济需求。

（2）坚持低碳循环，可持续发展。按照国家绿色低碳发展总体部署，推进绿色矿山建设和钒钛资源综合利用过程清洁、低碳、循环、可持续发展，统筹推进资源开发利用与生态环境保护。

（3）坚持改革创新，先行先试。破除制约科技创新、产业转型、绿色高质量发展的体制机制约束，提高科研人员、产业转化人员等创新创业的积极性。

（4）坚持市场主导，政府引导。坚持以市场需求为导向，以政策引导为方向，围绕强基础、补短板、延链条、建集群，加快产业产能布局与企业优化重组，扩大产业规模，打造产业集群，巩固并强化市场地位。

三、实施路径

（一）加快关键技术创新应用

（1）资源领域：研发推广深部资源采选先进实用技术，加快选铁尾矿中超细粒级钛铁矿回收利用、高钛型高炉渣提钒钛、尾矿选钛等特色技术产业化推广应用，有效提升钒钛资源利用率，提升现有开发规模下钒钛资源供给总量。

（2）钒技术领域：以钒在非钢领域应用为重点，开展以下研究工作。一是加强全钒液流电池研发和商业化应用，融入国家双碳经济发展的格局，在钒电池电解液制备技术基础上，尽快进入商业化阶段；二是加快钒基功能材料开发及应用，持续推进高纯 V_2O_5、金属钒、钒金属材料的开发及应用研究。

（3）钛技术领域：以攀西钛资源高值利用为重点，一是加快高钙镁钛原料熔盐氯化等特色技术产业化推广应用，发展完善基于攀西钛资源的氯化法钛白和海绵钛产业；二是加强钛合金高端产品研发及应用，加快推进航空航天、海洋工程等领域钛材料的开发及应用技术研究。

（4）低碳绿色制造领域：围绕钒钛磁铁矿低碳冶金、钒钛清洁生产工艺、固废综合利用、废气高效处理、废水循环利用等重点领域，加快构建钒钛磁铁矿氢冶金技术体系，推动大宗钒钛冶金固废源头减量和资源化利用，支撑我国钒钛产业低碳绿色发展。

（二）推进钒钛产业高质量整合

我国钒钛产业规模最大、产品序列最全，从事钒产品、钛白粉、海绵钛、钛材等产品的生产企业 1000 多家，且产品主要集中在基础原材料和中低端应用领域。钒钛产业集中度低、企业竞争力弱，在国际市场的话语权低，不利于将我国钒钛资源优势转化为经济和竞争优势，不利于我国钒钛新兴产业高质量发展。针对以上问题，以钒钛产业龙头企业为主导，整合优势资源，提高产业集中度，打造具有国际竞争力的钒钛产业集群，健全完善我国钒钛高端产品开发应用供应链、产业链，形成合力参与国际竞争。

四、建议

（一）将红格南矿开发利用项目纳入国家重点建设项目

四川攀枝花红格南矿是多金属共伴生的高铬型钒钛磁铁矿，探明储量为 19 亿吨，钛储量为 1.8 亿吨（以 TiO_2 计），钒储量为 360 万吨（以 V_2O_5 计），铬储量为 600 万吨（以 Cr_2O_3 计），综合利用价值高。近年来，随着国际形势日益复杂，我国铁、钛、铬等战略资源安全保障和战略领域用特种金属材料供给面临的挑战日益严峻。

鉴于红格南矿开发利用产业化技术已经成熟，建议尽快启动红格南矿开发，将红格南矿开发利用项目纳入国家重点建设项目，并将其配置给资源综合利用技术水平高、绿色开发和高端制造能力强的企业，保障我国钒、钛、铬、铁战略资源安全保障。

（二）设立钒钛领域国家科技重大专项

钒钛资源综合利用涉及多学科、多领域研发能力集成，技术难度大、研发周期长，钒钛新材料研发自主创新能力不足，与国外先进国家相比仍存在明显的短板和弱项。建议将钒钛资源绿色高效利用技术，钒钛新材料研发与应用纳入国家科技重大专项。发挥新型举国体制优势，加快突破关键核心技术与推动钒钛新材料战略应用。

第六节 保障措施

一、创新政策支持

（一）打造国家钒钛领域战略科技力量

我国在钒钛新材料研发与应用方面和国外先进国家相比仍存在明显的短板和弱项，高纯金属钒、高品质钛金属、特种用途钛合金等材料依赖进口，导致我国战略领域用钒钛新材料自主供给能力不足。鉴于钒钛领域创新工作涉及多学科、多领域，技术难度大、研发周期长，迫切需要打造完善国家战略科技力量。一是巩固提升现有钒钛资源综合利用国家重点实验室等国家级平台创新能力，建设完善基础研究、应用研究、工程化转化一体化创新平台，加快建设若干中试与产业化平台，加快建设高通量计算平台与材料数据共享平台；二是整合钒钛领域现有产业技术创新联盟、钒钛材料重点应用企业等创新资源，支持行业领军企业牵头打造钒钛国家级创新联合体，深化产业链上下游产学研用战略协同，加强国际合作，推动产业链、创新链、政策链、资金链融通创新。

（二）加快打造专业化研究团队

汇集现有钒钛科技力量，按照补齐短板、突出重点的工作思路，加快培养基础研究和材料应用研究领域专业人才，创新引进国外研发团队和高端人才。实施开展重大科技人才专项培养计划，鼓励引导现有人才访学交流，创新引进研发团队和人才。

二、产业政策支持

一是对符合国家钒钛产业政策的建设项目，地方政府给予土地规划和年度用地计划等政策倾斜。

二是按照我国钒钛产品和材料需求，核定以钒钛磁铁矿为原料的钢铁企业产能，给予碳排放总量、能耗指标等政策支持。

第二十一章　镁资源及其材料产业高质量发展形势与战略

第一节　镁资源及其材料总体形势

一、镁资源形势

镁资源丰富，主要以菱镁矿、白云石、光卤石、橄榄石和蛇纹石等矿石存在，或以$MgCl_2$存在于盐湖和海水中。镁矿石储量丰富，镁在地壳中含量居第8位，约占地壳质量的2.35%。盐湖和海水中含有大量氯化镁，是电解法制镁的重要资源。几种主要镁资源——白云石、菱镁矿和盐湖镁资源如图21-1所示。

(a)　(b)　(c)

图21-1　几种主要镁资源

（a）白云石；（b）菱镁矿；（c）盐湖镁

我国含镁白云石矿丰富，已探明的白云石储量超过200亿吨。白云石资源遍及我国各省区，特别是山西、宁夏、河南、吉林、青海、贵州等省区。白云岩矿床按性质分，主要有热液型和沉积型两种。热液型主要在辽东、胶东地区广泛发育；沉积型主要分布于山西、河南、湖南、湖北、广西、贵州、宁夏、吉林、青海、云南、四川等省区。

我国是世界上菱镁矿资源最为丰富的国家之一，特点是分布地区不广、储量相对集中、大型矿床多。全球已探明的菱镁矿资源量达120亿吨，蕴藏丰富的国家包括俄罗斯（6.5亿吨）、中国（5亿吨）和韩国（4.5亿吨）等。世界菱镁矿储量的21%集中在中国，产量的67%由中国提供。中国菱镁矿探明储量的矿区有27处，分布于9个省（区），以辽宁菱镁矿储量最为丰富，占全国的85.6%。此外，山东、西藏、新疆、甘肃等地区菱镁矿也较丰富。

我国的盐湖镁盐主要分布于西藏自治区的北部和青海省柴达木盆地，柴达木盆地内的镁盐储量占全国已查明镁盐总量的99%。青海盐湖镁（氯化镁、硫酸镁）资源已编入储量表的矿产地有39处，其中氯化镁25处、硫酸镁14处，多处矿量还未探明。氯化镁估计储量为32.42亿吨，硫酸镁估计储量为16.73亿吨，合计为49.15亿吨。主要有察尔汗、昆特依、大浪滩3个特大矿床和马海、一里坪、西台吉乃尔湖3个大型矿床可供开发利用。

柴达木盆地内的镁盐主要分布在察尔汗、一里坪、东台吉乃尔湖、西台吉乃尔湖、大浪滩、昆特依、马海等盐湖。察尔汗、一里坪、东台吉乃尔湖、西台吉乃尔湖为氯化镁，大浪滩、昆特依、马海、大柴旦等盐湖中氯化镁、硫酸镁均有，两种类型的镁储量基本相当。氯化镁累计查明资源储量为42.81亿吨，其中基础储量为19.08亿吨；硫酸镁累计查明资源储量为17.22亿吨，其中基础储量为12.29亿吨。

综上所述，中国是世界上镁矿资源最丰富的国家，总储量及产量均为世界第一，发展镁产业具有明显的资源优势。2020年世界各国镁矿总产量约为2600万吨，其中，中国镁矿产量约为1800万吨，占世界总产量的69.2%，是第二位俄罗斯和巴西镁矿产量的10余倍。2020年世界各国镁矿产量如图21-2所示。

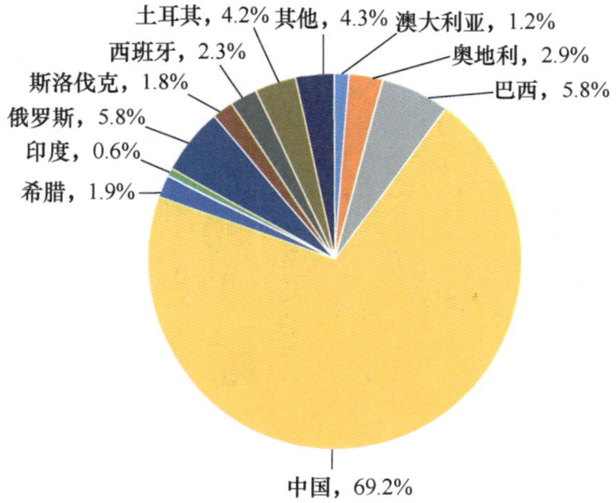

图21-2　2020年世界镁矿产量分布

二、镁及镁合金形势

近20年来，世界镁产业得到了快速的发展。2016年，世界原镁年产量突破100万吨。2020年世界原镁总产量约为110万吨，其中，中国原镁产量约为96万吨，占世界总产量的87.3%。2020年世界各国原镁产量如图21-3所示。相较而言，中国原镁生产优势突出，生产量和出口量均排名世界第一，是我国在世界上极少数具有话语权的金属种类。

我国是世界上最为重要的镁产品出口国。海关统计数据显示，2020年我国共出口各类镁产品39.38万吨，同比减少12.78%，累计金额9.62亿美元，同比减少16.20%。其中，

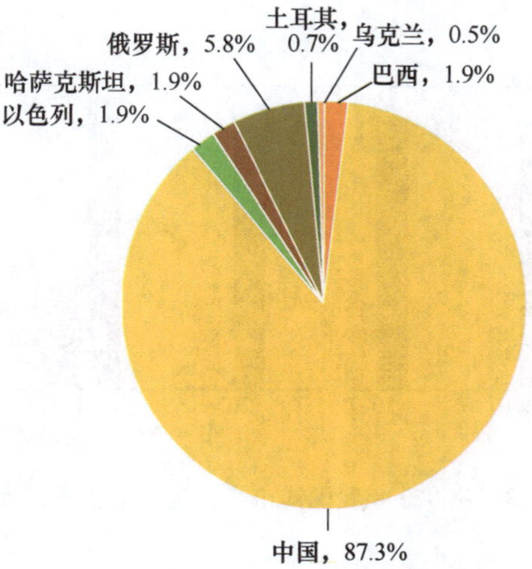

图 21-3 2020 年世界原镁产量分布

原镁和镁粉的出口下降幅度最为明显，分别达到 15.35%和 18.07%。

2020 年我国镁产品出口到 83 个国家和地区。其中，原镁主要出口地为荷兰鹿特丹，鹿特丹港口是欧洲用镁的集散地。2020 年我国各类镁产品出口量和进口量统计见表 21-1，镁产品出口量同比减少 12.78%，进口量同比增加 2.38%。

表 21-1 2020 年我国各类镁产品出口量和进口量统计

名称	累计数量/t		累计同比增长/%	
	进口	出口	进口	出口
原镁	23.66	203500	-7	-15.35
镁合金	140.14	107200	6.90	-4.96
镁废碎料	0	6600	0	0
镁粉等	28.73	68900	1400.19	-18.07
锻轧镁	98.38	2600	-20.64	4.00
镁制品	99.29	5000	75.33	-3.85
总值	390.20	393800	2.38	-12.78

随着我国经济社会的快速发展以及产业界对镁合金的重要性的认识逐渐深入，我国镁产品的国内消费量逐年增加。2016 年以来，我国国内消费量首次超过出口量。2020 年，我国镁产品国内消费约为 54 万吨，占国内总供给比重为 58%，较 2019 年的 53%占比增加，出口依存度持续下降。图 21-4 和图 21-5 表明了 2016～2020 年我国镁市的供求平衡情况。

如表 21-2 所示，我国金属镁消费主要用于炼钢脱硫、铝合金制备、铸铁球化剂、金属还原、镁粉、镁基结构材料等。2020 年，我国镁消费量在冶金领域的比重加大，主要是

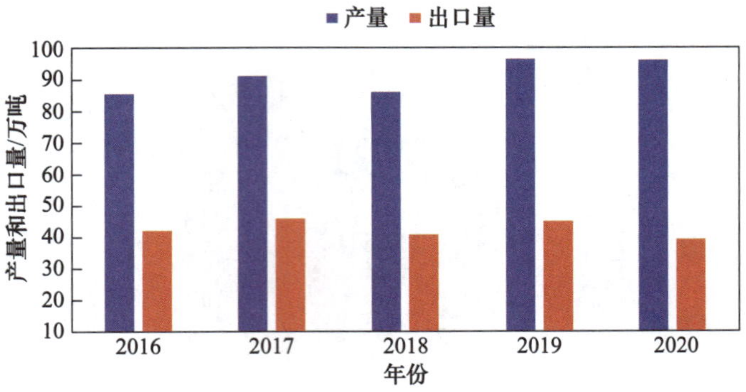

图 21-4　2016~2020 年我国镁市产量和出口量的供求平衡情况

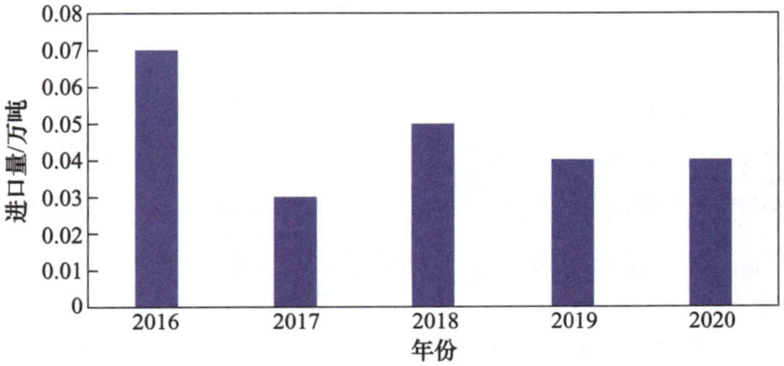

图 21-5　2016~2020 年我国镁市进口量的供求平衡情况

因为铝合金添加及金属还原的需求旺盛。加工应用领域（铸件、压铸、型材等）用量约为 15.57 万吨，镁合金压铸常常采用炉前废料在线回收，如果再加上这部分炉前料，加工领域用镁合金用量已经超过 20 万吨，粗略计算在 30 万吨左右。

表 21-2　2019~2020 年国内镁消费情况统计表

分类 / 消费量/万吨 / 年份	冶金					加工	其他	合计	同比增长/%
	铝合金添加	炼钢脱硫	球墨铸铁球化剂	金属还原	稀土镁合金	铸件、压铸件、型材			
2019	15.03	4.99	3.00	7.21	1.05	16.10	1.20	48.58	8.78
2020	15.91	5.31	3.00	11.94	1.10	15.57	1.30	54.13	11.42

镁产品的消费结构逐年优化，世界镁产业发展的总体趋势是逐渐向高品质镁、镁合金以及铸造和塑性加工构件等高性能深加工镁产品发展，并有望成为仅次于钢和铝的第三大大宗基本金属材料。因此，镁及镁合金产业对原镁的质量要求越来越高，对新型镁合金及先进技术的需求也越来越旺盛。

镁合金可分为铸造镁合金和变形镁合金。铸造镁合金制备工艺简单，成本低，目前商用的镁合金产品90%以上采用铸造的方式生产，主要为Mg-Al系、Mg-Zn-Zr系和Mg-RE-Zr等。变形镁合金主要有Mg-Al、Mg-Zn、Mg-Mn、Mg-Zr、Mg-RE、Mg-Li等合金系。镁合金高端产品具有广阔的应用前景，未来镁产业的发展将主要满足以下应用需求。

（一）镁基结构材料需求

1. 汽车轻量化需求

汽车工业已成为我国的支柱产业之一，2016年，我国的汽车产销量突破2800万辆，已经连续多年居世界首位，汽车保有量超过1.5亿辆，消耗的石油占到整个石油消费总量的60%左右，而且我国每辆汽车的年平均油耗高达2.3t，远高于美国的1.8t、欧盟的1.5t、日本的1.1t。我国汽车平均百公里油耗远高于国外，在造成我国油耗高于国外的诸多影响因素中，汽车轻量化效果远低于国外是最直接和最主要的原因之一。汽车在给人们带来方便的同时，也产生了能耗、安全和环保等重大问题，节能减排刻不容缓。

国内外都非常重视汽车节能减排，制定了相关法律法规。欧盟、北美、日本等都制定了严格的燃油经济性指标，如美国CAFE（Corporation Average Fuel Economy）规定了乘用车的百公里油耗指标，且逐年严格。我国政府高度重视镁合金在汽车上的应用。自2000年起，国家科学技术部、国家发展和改革委员会、工业和信息化部等部门分别安排了“交通工具用镁合金零部件生产及应用共性关键技术研究开发及产业化”“高性能镁合金的研制和应用”等一批国家级科技项目和国际合作项目，在新型高强度镁合金材料、镁合金压铸技术、镁合金轧制和挤压加工技术、镁合金连接技术等方面取得了重要进展，为镁合金材料在汽车上的进一步应用打下了坚实的基础。一些非结构和非耐热的壳体类零部件如方向盘骨架、电器支架、后窗框、门内框、辅助转动支架等已开始使用压铸类镁合金，并取得了较好的经济效益和社会效益。

2. 轨道交通轻量化需求

随着高性能镁合金材料和应用技术的发展和进步，镁合金已开始在高铁、动车、地铁等轨道交通车体上批量应用。镁合金在轨道交通车辆的应用形式主要包括铸件和挤压型材。

法国和日本等轨道交通先行发展国家非常重视镁合金在轨道交通列车上的开发与应用。日本以轨道交通应用为目标，开发了燃点在1200℃的高性能阻燃镁合金，试制了轻质镁合金高铁车体结构体，它由挤压材和轧制镁合金构成，比铝制结构减重约30%。法国在TGV Duplex双层高速列车座椅上应用镁合金铸件，包括小桌面板、扶手、脚踏板、侧面面板。相比铝合金，每个双人座椅重量由36kg减至30kg。

我国已在十几年前开始探索和尝试镁合金在轨道交通车辆上的研发与应用，研制出了车体内饰件、过渡车钩、行李架、座椅骨架、车体型材等镁合金构件，从研发各环节进行了大量尝试，积累了大量的工程化经验。镁合金座椅支架、扶手等已在和谐号动车组批量应用和运营10年，镁合金行李架、车下线槽、设备舱横梁等次承载件已用于复兴号动车组，应用后的轻量化效果非常明显，与原有铝合金构件相比减重约30%。初步建立了镁合金设计—工艺—检查—运维等技术体系，为镁合金在轨道交通车体的进一步发展应用奠定了坚实基础。

3. 建筑模板需求

随着国家城市化发展，楼宇建设日益高层化，以及国家“一带一路”基建的输出，建筑用轻合金模板的需求非常迅猛。

木模板被轻合金模板取代，除了保护森林资源的原因外，还有建筑质量本身的要求。使用轻合金模板，混凝土表面非常光洁，免后处理（省人工）；轻合金模板搭接规范，使得建筑尺寸完全标准化，配套门窗的加工可以同步进行（速度快）。轻合金模板的周转次数多，综合成本也比木模板要低。

建筑过程中，模板是靠人工上下传递的。由于重量的关系，铝模板的最大宽度是400mm。使用镁合金模板，宽度可以做到500~600mm，这可以较大幅度提高模板装/拆/搬运等效率，还可以减少拼缝数量，提高混凝土表面质量。另外，建筑混凝土属于强碱性，易与铝合金反应从而导致混凝土表面被破坏，需要进行表面涂装。而镁合金与强碱性混凝土不会发生反应，从而只需要进行简单的表面处理。

4. 电子信息需求

镁合金在电子信息工业中已得到广泛应用，并具有很大的发展潜力。电子工业是当今发展最为迅速的行业，数字化技术的发展导致各类电子产品不断涌现。电子元器件越来越趋于高度集成化和小型化，便携式电脑、数码摄录像机、数码照相机、智能手机等日新月异，更新速度令人瞠目结舌。

镁合金由于具有比强度高、导热导电性好、电磁屏蔽性能好以及具有环境兼容性能，可代替铝和塑料壳体满足3C（计算机、通信、消费类电子）产品轻、薄、小型化、高集成以及严格的环保要求，在电子信息产业中得到了广泛的应用。在2003年全球出货的3000万台笔记本电脑中，采用铝和塑胶机壳的比重达75%，使用镁合金的比重仅为25%，而2004年笔记本电脑采用镁合金机壳的比重就提高到50%以上。截至2016年，戴尔、惠普、IBM、联想、微软、索尼等主要笔记本电脑厂商基本上都采用镁合金压铸件作为机壳和机身。

5. 军工需求

镁合金在军事工业领域的应用最早可追溯到1916年，被用于制造77mm炮弹引线。随着镁合金材料技术的逐渐发展，铸造镁合金部件被应用于大炮车轮和小雷投掷器、

60mm 迫击炮炮座、6000-16 型大炮炮车车轮、机枪托架、SIG33 15cm 枪托架、坦克车轮的变速箱壳体以及空降部队用自行车框架部件、探照灯灯壳、运输机地板和齿轮箱、机轮等。变形镁合金用于火炮装填器杆、T-31 型 20mm 加农炮、迫击炮底座、榴弹炮炮架架尾、底板炮手站台以及运输机底板、航空火箭发射器、地面导弹发射器、导弹牵引车、雷达控制系统等。美国的 M102 式 105mm 榴弹炮的大架、摇架、前座板、左右耳轴托架等采用了镁合金部件，火炮重量从 3.7t 降到 1.4t，射程还提高了 30%~40%，美国研制中的新式单兵作战系统大量使用镁合金材料。

随着高强镁合金材料的开发和镁合金产品质量的大幅度提高，以及武器装备轻量化的迫切需求，新型镁合金在军事领域的应用逐渐扩大。重庆大学联合重庆博奥、重庆盛镁、山西银光镁业等镁合金企业，已开发出镁合金轻型反坦克导弹壳体、消防灭火炮、坦克路面板、军用夜视仪和望远镜、新型机枪支架、枪托、弹托、炮弹风帽、导弹燃料舱壳体等 10 多种军用镁合金产品，累计应用超过 10 多万套。

结构减重和轻量化材料应用是航空航天领域的重要方向，轻量化材料应用的减重效果和性能改善效果最为显著。随着高强度镁合金的发展和镁合金制备加工技术的进步，镁合金在航空航天领域已被广泛应用于制造飞机、导弹、飞船、卫星上的重要构件，以减轻零件质量，提高飞行器的机动性能，降低航天器的发射成本。例如，美国在 B-2、B-36、B-52 等轰炸机，C-121、C-124、C-130、C-133 等运输机，HC-18、CH-53E 等直升机，PW100、TPE331 等涡轮发动机等重要航空航天零部件上大量使用高性能镁合金，应用部件包括多种框架结构、发动机机罩、涡轮风扇、齿轮箱体等。我国也逐渐开发出了多种飞机用镁合金零部件，包括发动机减速机匣、齿轮减速机匣、齿轮传动箱机匣、军机弹射座椅、座舱盖骨架、发动机叶栅、起动机壳体、发电机壳体、加油吊舱等。镁合金在卫星框架、贮箱支架、底板、电器支架和隔板、仪表支架等也得到广泛应用。

6. 运动器械与便携式工具的需求

镁合金在运动器械方面得到广泛应用。近几年发展迅速的平衡车已大量使用镁合金骨架，淡水独木舟的船体、垒球球棒、背包架、钓鱼竿绕线轮、乒乓球拍等其他器材也在使用镁合金部件。

镁合金在手动工具和通用机械领域得到广泛应用。如手持电钻、射钉枪、手动砂轮、切割机等手动工具，割草机、吸尘器、缝纫机、梯子、轮椅、车床钻机手柄、振动台、办公设备、便携式 X 光机、机床等通用机械均已大量使用镁合金部件。常规望远镜壳体、枪械瞄准镜、显微镜等光学器件也在大量应用镁合金部件。

（二）镁基功能材料需求

镁合金电极电位低，广泛用作牺牲阳极，在家用和工业热水器、地下结构（电缆、管道、罐体、塔基等）、海水蒸馏器、轮船壳体和海洋装备等的防护和延寿方面起到重要作用。2005 年，我国镁合金牺牲阳极产量约为 1 万吨，经过近 10 年的发展，2016 年已增长至 2 万吨左右。另外，镁合金也可作为空气电池阳极，用于鱼雷、小型家用电器、玩具、应急照明等军事和民用电源，镁合金作为阳极的各类电源的年产量在 150 万件左右。

镁合金的弹性模量与人体骨骼相近，可用于人体生物医用材料，近几年已开发出镁合金骨钉、血管支架、青光眼支架等，部分产品已进入临床试验。

我国每年生产 LED 照明元器件数十亿支，其中，散热性能对 LED 的使用寿命影响很大。镁合金具有很好的散热性能，已在并将进一步在照明系统、LED 灯组、芯片散热模组等得到广泛应用。

镁合金具有很好的阻尼减振性能，在纺织机械领域得到了广泛应用。用于制造纺锤、纺织线卷轴、经纬杆、针杆、编织机部件、综框等，可显著降低纺织过程中的断线率。

镁合金已在石油工业得到应用，利用镁合金电极电位低、易腐蚀的特点，开发出了可溶解镁合金桥塞，在油气钻采中得到大量应用。

（三）镁储氢材料需求

镁基储氢材料是氢燃料电池车理想的氢源提供方式之一。镁基储氢材料是金属储氢材料中理论储氢量最高的材料，其理论储氢量为 7.6%（质量分数），且密度低、绿色环保。与高压氢气瓶相比，采用镁基储氢材料为主体的储氢罐具有更高的氢密度，体积能够减小约 2/3 以上，而且重量可进一步降低，在未来氢能产业的应用中具有许多高压气态氢和液氢无法比拟的优势，具有广阔的市场前景。

（四）镁电池需求

近 10 年来，科研工作者在积极探寻资源丰富、价格低廉、环境友好、安全可靠的新型储能电池方案，以钠、镁、铝、钾、钙等为代表的下一代离子电池受到极大关注。其中，Mg、Al 价格较低，具有明显的成本优势。

镁离子电池在电池充放电过程中无枝晶现象，不易引发电池内部短路，此外镁的化学活性相对较弱，因此镁离子电池的安全性更高。总之，由于镁离子电池有较高的安全性和理论能量密度，使得镁离子电池在下一代电池中具有显著的优势。如果镁离子电池能获得更大的关注和集中攻关，将可能在关键技术上取得突破，成为下一代最有前景的电池，有望解决目前锂离子电池存在的安全性低和资源受限问题。

如果镁离子电池能在关键技术上取得突破，首先将替代目前技术已相对成熟的锂离子电池、铅酸电池等，这对动力电池、电子产品电池乃至整个新能源产业储能都将是颠覆性的应用。据简单测算，将来燃油车禁售后，按 2019 年全球汽车销量 9030 万辆（不含重型车辆）来计算，汽车用动力电池规模每年将达到万亿元。在笔记本、手机、无人飞机、智能穿戴等领域，镁离子电池的规模也有每年数千亿元。镁离子电池的应用将是能源工业的颠覆性革命，全球市场容量每年将达数万亿元以上，能够产生巨大的经济和社会效益。

三、镁产业形势

近20年来，随着镁合金材料在汽车、轨道交通、航空航天、船舶等重要领域的不断推广应用，镁产业得到了健康快速发展。全国已形成若干区域性的镁及镁合金产业基地，镁及镁合金深加工企业超过100家。陕西、山西和宁夏等西北地区以原镁为主，其中陕西地区原镁产量近50万吨、宁夏地区超过18万吨、山西地区超过15万吨。山西省镁产业正逐渐向下游深加工发展，尤其是山西的镁合金塑性变形加工具有显著特色；青海地区以青海盐湖镁业为代表，主要以电解镁为主；长三角地区和珠三角地区以镁合金铸造加工和镁合金装备为主；山东和环渤海地区拥有大型加工装备，正在发展大尺寸镁合金变形产品；河南地区主要以镁粉、部分铸造和变形深加工镁合金为主；重庆地区已建成全国领先的国家镁合金高新技术产业基地，包括镁合金汽车产品压铸、变形产品和熔铸装备等，其中镁合金汽车零部件产量居世界前列。

全国镁及镁合金重点企业及产品见表21-3，镁合金相关核心平台见表21-4。

表21-3　产业区域的重点企业及产品

区域	企业名称	重点产品
西北地区	陕西省镁业集团有限公司	原镁
	陕西绥德臻梦镁合金材料有限公司	镁合金锭坯
	山西闻喜银光镁业集团	原镁，镁合金，铸造、挤压和轧制等深加工产品
	山西闻喜瑞格镁业有限公司	原镁，镁合金
	山西八达镁业有限公司	原镁，镁合金
	山西金星镁业有限公司	原镁，镁合金
	鸿富晋精密工业有限公司（山西富士康）	镁合金压铸
	宁夏惠冶镁业集团有限公司	原镁
	宁夏太阳镁业有限公司	原镁
	青海盐湖镁业有限公司	电解镁，镁合金
	青海盐湖特立镁有限公司	汽车零部件
重庆地区	重庆博奥镁铝金属制造有限公司	镁合金汽车零部件
	重庆镁业科技股份有限公司	镁合金汽车零部件
	重庆昱华新材料科技有限公司	镁合金，可溶镁合金，镁合金结构件
	西南铝业集团有限责任公司	大尺寸镁合金产品加工
	重庆硕龙科技有限公司	镁合金熔铸装备
长三角地区	南京云海特种金属股份有限公司	原镁，镁合金，汽车零部件
	上海镁镁合金压铸有限公司	汽车零部件
	浙江万丰新材料有限公司	汽车零部件
	上海方科汽车部件有限公司	汽车零部件

续表 21-3

区域	企业名称	重点产品
珠三角地区	东莞宜安科技股份有限公司	镁合金，汽车零部件，3C 产品
	深圳嘉瑞电子科技有限公司	3C 产品
	香港力劲机械厂有限公司	镁合金设备
山东和环渤海地区	威海万丰镁业科技发展有限公司	汽车零部件
	山东银光钰源轻金属精密成型有限公司	镁合金挤压
	山东华盛荣镁业科技有限公司	大尺寸镁合金产品挤压
	山东丛林集团有限公司	大尺寸镁合金产品挤压
	天津东义镁制品股份有限公司	镁合金挤压
	河北镁轮镁合金科技有限公司	镁合金，镁合金挤压
	北京广灵精华科技有限公司	镁合金挤压
	营口银河镁铝合金有限公司	镁合金板材轧制
河南地区	鹤壁市江浪金属有限公司	镁粉
	鹤壁地恩地新材料科技有限公司	原镁，镁合金
	鹤壁万德芙镁科技有限公司	镁合金
	河南明镁镁业科技有限公司	镁合金，镁合金挤压和轧制
	林州市鼎鑫镁业科技有限公司	镁合金轮毂
	洛阳铜加工集团有限责任公司	镁合金板材
	洛阳华陵镁业有限公司	镁合金板材
东北地区	东北轻合金有限责任公司	镁合金铸锭
湖南地区	岳阳昱华冶金新材料有限公司	镁基中间合金

表 21-4　镁合金相关核心平台

平台名称	依托单位
国家镁合金材料工程技术研究中心	重庆大学
轻合金精密成型国家工程研究中心	上海交通大学
镁基材料及先进加工技术国家地方联合工程中心	山西银光华盛镁业
国家镁及镁合金产品质量监督检验中心	鹤壁市质监局
国家级企业技术中心	山西银光华盛镁业
中国材料研究学会镁合金分会	重庆大学
国际标准化组织镁及镁合金技术委员会	重庆大学、全国有色金属标准化技术委员会
重庆国家镁合金产业化示范基地	重庆市万盛经开区
青海盐湖镁产业技术研究院	青海盐湖工业股份、重庆大学等

四、技术形势

（一）原镁冶炼

1. 竖罐皮江法

皮江法炼镁的实质是在高温和真空条件下，有氧化钙存在时，通过硅（或铝）还原氧化镁生成镁蒸气，与反应生成的固体硅酸二钙（$2CaO \cdot SiO_2$）相互分离，并经冷凝得到结晶镁。目前，皮江法冶炼金属镁产量占全球镁产量的80%以上。

目前广泛使用的卧式还原罐还原周期长，加料、出渣都要人工来做，工作环境恶劣，不易实现自动化，单罐产量低，生产效率低，热利用率低，还原罐寿命短。

竖罐炼镁技术是一种较新颖的技术，和卧罐相比具备很多优势。目前，竖罐皮江法仍然存在如下问题：（1）目前皮江法炼镁企业仍以煤炭为主要能源，因此如何控制SO_2有害气体的排放，是皮江法炼镁技术的一个亟待解决的问题；（2）还原过程为间歇性作业，周期较长，效率低；（3）还原过程中，反应罐中心区域与管壁处的温度差值较大，温度不均匀，反应转换率低；（4）生产1t金属镁锭需要消耗白云石12~14t，无烟煤及烟煤8~10t，副产还原渣5~6t，这些还原渣会造成环境污染，目前还没有发现更好的用途。

2. 电解法

电解法炼镁的原理是在高温下电解熔融的无水氯化镁，使之分解成金属镁和氯气。高温情况下水对熔盐性质的影响是致命的，因此，高纯度的无水氯化镁是电解法制镁关键所在。依据所用原料及处理原料的方法不同，电解法炼镁又可细分为以下几种具体的方法：道乌法、氧化镁氯化法、光卤石法、AMC法、诺斯克法。

目前，国外80%以上金属镁是通过电解法生产，我国青海盐湖电解镁厂已初步建成投产。但电解法仍然存在如下问题：（1）制备无水$MgCl_2$困难，在氯化镁的脱水过程中，由一水氯化镁脱水制取结晶氯化镁的过程极易水解，产生碱式氯化镁[$Mg(OH)Cl$]和氧化镁，生产工艺较难控制，在HCl气氛下，水氯镁石脱水需要较高的温度（一般约为450℃），能耗大，设备腐蚀严重；（2）金属镁的纯度较低，电解法制取的粗镁中主要含有电解质中的氯化物及Fe、Si、Ni、Cr、Mn、K和Na等金属杂质，其存在会降低镁及其合金的耐腐蚀性能；（3）副产物含多种危害气体，其中危害性最大的是氯气和氯化氢，这些物质对人体及环境造成严重影响；（4）废气、废水、废渣处理的任务重、费用高。

3. 碳热还原法

碳热还原炼镁的原理是利用碳质材料（煤、焦炭等）作为还原剂，在高温下将氧化镁或含镁矿物还原成金属镁。与目前被广泛应用的以硅铁作还原剂的皮江法炼镁不同，碳热还原炼镁最突出的优势是碳质还原剂成本低，此外还具有还原反应器使用效率高、固体废物排放量少、对环境无污染等优点，是一种极具竞争力的低成本炼镁新技术。碳热还原炼镁技术按体系压力条件细分为两类，即常压碳热还原炼镁和真空碳热还原炼镁，其中真空碳热还原炼镁技术因其能有效地降低反应温度等优点而成为最有希望获得工业化应用的碳热还原炼镁新技术。

目前，真空碳热还原炼镁技术尚处于实验室研究和小型试验阶段，尚未实现工业化规模的应用。真空碳热还原炼镁存在的主要问题如下：(1) 还原得到的镁蒸气在冷凝过程中容易与 CO 发生逆反应，逆反应阻碍了镁原子的结晶成核及生长，导致镁蒸气冷凝物成粉状，产品难以收集并易于起火爆炸，且逆反应的产物也降低了金属镁产品的纯度；(2) 关于镁蒸气的冷却条件（冷凝温度、冷凝速度、气体压力等）、冷凝物结晶形貌等与逆反应之间的定量关系，因研究不足而缺乏认识和掌握，由此导致产品镁的结晶不稳定，冷凝器设计困难，影响了扩大化试验的效果。

（二）镁合金熔炼与保护

镁合金化学活性较强，熔炼过程中易发生氧化甚至燃烧。主要保护方法包括熔剂保护法、合金化阻燃保护法和气体保护法。

1. 熔剂保护法

熔剂保护法是添加的熔剂在镁熔体表面铺展形成一层覆盖层，隔绝了空气、水蒸气等与熔体的接触，从而起到防止氧化和燃烧的作用。常用熔剂主要有无水光卤石、RJ-1 熔剂、RJ-2 熔剂和 RJ-3 熔剂，其化学成分主要是 $MgCl_2$、KCl、NaCl、$BaCl_2$、CaF_2、MgF_2、MgO 等其中的两种及以上混合组成。此外，熔剂和镁合金熔体中的夹杂物具有良好的湿润能力，可起到精炼作用，含有 CaF_2 的熔剂还能起到增强熔剂的黏度和精炼的效果。但熔剂保护法存在以下不足：(1) 氯盐、氟盐高温下易挥发产生 HF、Cl_2等有毒气体以及熔剂挥发产生 HCl 气体，均会加速合金材料的腐蚀，降低其使用寿命；(2) 熔炼过程中熔剂会下沉，需持续添加，若熔剂作为残渣留在合金中会形成夹杂物，降低镁合金的力学性能。

2. 合金化阻燃法

合金化阻燃法是向镁合金中添加微量的合金元素，使其在熔炼过程中产生连续、致密的氧化膜，以阻止金属镁氧化。常用添加元素有 Ca、Be 和一些稀土元素，这些元素能降低镁合金的活性，提高其燃点，让镁合金的阻燃性能有所提高。但有些元素的加入，会使得镁合金的力学性能降低，如过量 Be 会引起晶粒粗化，热裂倾向严重，而 Ca 会增大合金的脆性。

3. 气体保护法

气体保护法是在熔炼过程中通入干燥、洁净的惰性气体，或者能与镁液反应生成连续、致密的镁化合物膜的气体，从而阻止空气中氧与镁液反应，以此保护镁熔体。该方法操作简单，不污染镁熔体，对铸件性能损害最小，是目前最适宜的一种熔炼保护方法。镁合金熔炼主要保护气体有 Ar、He 等惰性气体、SO_2 气体、SF_6 气体、CO_2 气体、N_2 气，通常采用以 Ar、He、N_2 作为载气和反应性气体按一定比例混合使用，较常用的有 SO_2/N_2、SO_2/空气、SF_6/Ar、$SF_6/Ar/N_2$ 等。值得注意的是，SF_6 是一种温室气体，人们对于寻找更为绿色环保、经济的 SF_6 替代气已做了大量的研究工作，但可投入实际工业化的替代技术尚不成熟，至今工业熔炼镁合金仍会用少量的 SF_6 气体。

（三）镁合金压铸技术

镁合金铸造性能优异，非常适合高压压铸工艺进行大规模生产。目前，超过 90%的镁合金铸件采用高压铸造工艺生产，广泛应用于批量生产薄壁、形状复杂、轮廓清晰的汽车、轨道交通等轻量化铸件。由于高压压力铸造使镁合金液高速充填铸模型腔，弥散状态的金属流与模腔内的空气高度混合，最终在压铸件内形成弥散分布的气孔。因此，压铸件一般不能通过热处理强化。为消除这些缺陷，提高压铸件的内在质量，扩大压铸件的应用范围，近年来研究开发出一些新的压铸方法，其中包括充氧压铸、半固态金属流变或触变压铸以及真空压铸等。

1. 真空压铸

真空压铸是在压铸过程中抽除模腔内的气体，以消除或减少压铸件内的气孔和溶解气体，提高压铸件的力学性能和表面质量的铸造工艺方法。真空压铸镁合金铸件的最小壁厚为 1.5~2.0mm，铸件强度可提高 10%以上，韧性可提高 20%~50%。目前，已有报道在冷室压铸机上用真空压铸法生产出 AM60B 镁合金汽车轮毂。

2. 充氧压铸

充氧压铸是在充型前用氧气或其他活性气体置换型腔内的空气，充型时部分气体排出型腔，余下的气体与金属液反应，生成的金属氧化物弥散分布在铸件内，达到消除压铸件内气体和气孔的目的。由于消除了压铸件内气体，所生产的压铸件可进行热处理和焊接。该法在镁合金成形上已有应用，如日本轻金属株式会社用充氧压铸法生产的 AZ91 镁合金的计算机整体磁头支架已投入生产，该公司还成批生产了 AM60 镁合金汽车轮毂和摩托车轮毂。

3. 半固态金属流变压铸

真空压铸和充氧压铸镁合金产品，虽然产品质量较好，但生产设备复杂，生产成本高，生产效率低。半固态金属流变压铸技术为镁合金的成形提供了一种较为简单的方法。在部件凝固过程中，通过缓慢填充和持续压力，尽可能地减少气孔的形成和空气的进入，具有充型平稳、无金属喷溅、金属液氧化损失少、节能、操作安全、减少铸件内孔洞类缺陷等优点。

（四）镁合金塑性加工技术

镁合金塑性加工主要包括挤压、轧制、锻造和冲压等工艺，已在我国形成较为完整的技术链条。

1. 挤压

密排六方结构导致塑性变形能力较差，通过挤压过程中的三向压应力作用能发生显著动态再结晶，从而改善镁合金塑性成形能力。因此，挤压成形是高性能镁合金的常用成形方法，具有工艺流程简单、生产灵活性大、产品尺寸精度高、表面质量好等优点，可制备加工高质量棒材、管材、板材及型材等产品。

镁合金传统挤压工艺主要包括正挤压和反挤压，近 10 年发展的新型挤压工艺主要包括等通道转角挤压、非对称挤压等。正挤压是最常用的挤压工艺，但坯料芯部到表面存在不均匀应变，使挤压制品表面和中层的组织性能不均匀。反挤压工艺也是常用挤压工艺，在反挤压变形过程中，坯料和型腔之间不存在相对移动，减小了挤压过程中的摩擦力。因此，可使材料在较小的挤压力和挤压温度下成形。非对称挤压是在正/反挤压工艺的基础上，通过模具结构设计、改变坯料形状等，调控挤压过程中的流场和应力场，从而提高成形效率和制品质量，非对称挤压已大规模应用。等通道转角挤压是利用多道次等径剪切作用的一种新型挤压工艺。随着挤压道次的增加，剪切应变量不断累积增加，位错密度增加，形成大量的位错胞，从而诱发交错滑移，形成小角度的织构晶界，进而形成较大尺寸的大角度亚晶，致使极易产生镁合金基面与挤压方向成一定夹角的织构，从而使织构得到弱化，得到均匀的细晶组织，使镁合金的强韧性得到很大的提高。研究表明，AZ31 镁合金经过 8 次挤压后伸长率高达 30%。

2. 轧制

轧制分为常规轧制和特殊轧制，前者主要包括传统热轧开坯轧制、热挤压开坯轧制和连续铸轧等；特殊轧制主要有异步轧制、交叉轧制、大应变轧制、电脉冲轧制等。传统热轧开坯轧制需要多次中间退火，生产效率较低，造成镁合金板材成本很高。热挤压开坯轧制是通过热挤压开坯获得一定厚度的板坯，然后利用轧制工艺将挤压板坯轧制成所需要板材的工艺方法，适用于大部分的镁合金板材生产，但板材幅宽受到限制。双辊连续铸轧可直接从镁合金熔体得到 3～10mm 厚度的镁合金板材，与传统方法相比，具有生产周期短、效率高、成本低的优点，但双辊连续铸轧工艺制备的镁合金板材存在晶粒粗大、具有难以排除的氧化夹杂和铸板缺陷，且可生产的板材尺寸有限的问题。异步轧制是通过改变上下轧辊直径、转速、摩擦条件使得两个工作辊表面线速度不相等，在轧制变形区形成了“搓轧区”，搓轧区减小了外摩擦水平压力对变形的阻碍作用，从而显著降低了轧制变形时的总压力。轧制剪切使所得板材基面织构弱化，塑性成形性提高。大应变轧制可分为累积叠轧和等径角轧制，均采用剧塑性变形技术，能使晶粒尺寸发生大程度的减小，可获得超细晶组织材料，改善塑性和成形性能。此外，还有交叉轧制、电脉冲轧制等新型轧制方法。

3. 锻造

锻造镁合金的性能优于铸态镁合金，锻造工艺可分为自由锻和模锻。热冲锻成形是新发展的技术，被广泛应用于轻量化壳体加工。锻造镁合金主要有 Mg-Al-Zn 系和 Mg-Zn-Zr 系镁合金，其中 Mg-Al-Zn 系合金是最常用的锻造镁合金，包括 AZ31、AZ61 和 AZ80。Mg-Zn-Zr 系锻件以 ZK61 合金为主。河南德威科技有限公司设计制造的镁合金车轮自动化生产线，是我国首条镁合金车轮锻造自动化生产线。

（五）镁合金产品应用：腐蚀防护、连接

1. 腐蚀与防护

镁合金在干燥的空气中耐蚀性能较好，但在潮湿环境中特别是有盐环境下的耐蚀性能显著变差。多元合金化和微合金化虽然能够极大地改善镁合金的综合性能，但镁合金的耐腐蚀性依然是限制其在汽车中应用的瓶颈。目前，常用的提高镁合金腐蚀性能的措施主要有表面化学处理、阳极氧化、有机和金属涂层等，镁合金零部件在服役过程中往往需要多种表面防护手段结合使用。

（1）表面化学处理。表面化学处理主要以铬酸盐或重铬酸盐的水溶液为主，镁合金在上述溶液中表面会形成较薄的 $Mg(OH)_2$ 或 Cr 化合物的钝化膜，能够在一定程度上提高合金的耐腐蚀性能，还可以作为后续涂装的打底层，但作为耐腐蚀涂层单独使用时效果十分有限。近年来，有学者对 Mn 型化学转化膜和无 Cr 型化学转化膜进行了研究，并获得了较好的结果，但对于钝化膜的生长机制、显微结构以及表面组成等的基础研究还有待进一步深入。

（2）阳极氧化。阳极氧化是镁合金最常用的一种表面防护方法。经阳极氧化处理后，镁合金表面能够形成较厚且与基体合金结合紧密的阳极氧化膜。目前，镁合金阳极氧化的研究主要集中在氧化液的改进、开发以及氧化膜的组织结构及耐腐蚀性能等方面。镁合金表面形成的阳极氧化膜往往呈现出多孔特征，耐腐蚀性能不如化学处理后所形成的钝化膜，因此无法单独使用，需要对氧化膜进行进一步密封，常用的密封材料为环氧树脂。镁合金表面阳极氧化膜的多孔性特征使其适合作为后续涂装的打底层，以增加涂装的黏附力。镁合金的阳极氧化已经实现了商业化应用。

（3）有机和金属涂层。镁合金表面的有机物涂层有很多种，例如环氧树脂、乙烯树脂、聚氨酯、油或油脂、油漆、蜡等。有机物涂层的制备工艺简单易行且防护效果良好，因而获得了广泛应用，缺陷是只能短时间内保护基体合金，长时间使用则效果有限。金属涂层也可以用于镁合金的耐腐蚀防护，制备方法有电镀、化学镀或热喷涂

等。但由于镁合金的化学性质十分活泼，极易与空气中的氧发生反应，并且一般金属镀层的电位高于镁合金，因此在镁合金表面制备电镀涂层时对其表面组织的要求很严苛，导致工艺异常复杂。目前主要有 ASTM 的推荐工艺、DOW 公司开发的浸 Zn 工艺以及后续的一些改进工艺。

2. 连接技术

镁合金在实际应用中不可避免地采用连接结构，而焊接是一种较好的连接方法。因镁合金的熔点低、线膨胀系数和热导率高，与氧、氮的亲和力强，焊后易形成夹杂和脆性相，易产生焊接变形和热裂纹，使焊接接头的力学性能下降。因此，镁合金的焊接已成为制约其结构件广泛应用的障碍之一。镁合金的焊接工艺有：（1）钨极氩弧焊（TIG）及熔化极气体保护焊（MIG）；（2）点焊及缝焊；（3）电子束焊（EBW）；（4）激光焊（LBW）；（5）搅拌摩擦焊（FSW）。目前，应用最广的镁合金焊接方式是 TIG 焊和 MIG 焊，该方法是沿用钢铁和铝合金的焊接方式，也是目前技术最成熟的镁合金焊接方法；激光焊是近年来发展起来的一种焊接方式，焊缝美观，但由于镁合金表面吸收激光束率较低，使得深熔焊有阈值问题，在焊接工艺上有较大难度。另一种最新发展的焊接方式为搅拌摩擦焊，该方式焊口性能好，可达到基体的 90%以上，是最具潜力的镁合金连接工艺。

五、发展环境形势

在节能减排和环保政策日趋严格的国内外背景下，镁及镁合金已成为国家战略支持方向之一，在《国家中长期科学和技术发展规划纲要》《中国制造 2025》等国家战略和政策层面，镁及镁合金均是其中的重要组成部分。同时，镁及镁合金也是国内其他多个地方政府的重要支持方向。

在我国《国家中长期科学和技术发展规划纲要（2006—2020 年）》中明确指出“轻质高强金属”基础原材料是优先发展主题之一。工业和信息化部与国务院先后发布了《工业转型升级投资指南》《新材料产业“十二五”发展规划》《中国制造 2025》，指出加快节能减排技术、工艺和装备的研发与应用，推动新能源与新材料的研发和推广，是节能减排领域的重点任务，装备轻量化已经上升为国家战略。经过近 10 年的发展，我国自主品牌乘用车在轻量化设计、材料和工艺的应用方面都取得了长足进步，缩小了与合资品牌的差距。政府、社会、企业和消费者对汽车轻量化的认识也在不断加深。国家发布的《中国制造 2025》等一系列文件中，都已将支持轻量化材料的发展和应用列入其中，并在国家“十三五”重点研发计划中做出了相应的安排，已经产生了较好的效果。

国家层面主要从国家重点研发计划和国家自然科学基金等方面支持镁合金材料的基础研究与技术研发。自 2000 年起，国家科学技术部、国家发展和改革委员会、工业和信息化部等部门分别安排了“大规格高性能镁合金变形加工材制造关键技术”“高性能镁/铝合金高品质铸件制备技术”“轻质高强镁合金集成计算与制备”“交通工具用镁合金零部件生产及应用共性关键技术研究开发及产业化”“高性能镁合金的研制和应用”等一批国家级科技项目和国际合作项目，在新型高强度镁合金材料、镁合金压铸技术、镁合金轧制和挤压加工技术、镁合金连接技术等方面取得了重要进展。

第二节　镁供应链高质量发展评价

在国家战略和市场需求引导下，我国镁产业已形成从原镁、镁合金、制备与加工、产品应用与回收利用、技术研发与工程化开发、标准化等较为完整的产业布局和创新布局。

在原镁方面，青海盐湖镁业通过引进吸收、消化再创新等手段，发展了新型原镁冶炼技术和原镁冶炼-镁合金制备加工一体化工艺，已在青海格尔木地区建成了电解炼镁和镁合金产业化基地。这是当前我国唯一先进的电解炼镁规模化企业。在镁合金方面，由于国家和地方政府的重视和投入，镁合金产业技术得到快速发展，我国镁产业中以深加工为主的镁合金产品开始大量涌现，已形成以高性能材料为基础、产品工程化及应用为目标的涵盖熔炼、铸造、挤压、轧制、表面处理和相关装备的产业体系，深加工产业从无到有，并正在往从小到大、从弱到强的方向发展。在重庆、上海、北京和沈阳等地的高校和科研院所形成了若干研发基地。

相比欧美发达国家，我国镁合金材料相关工艺技术研究起步较晚，虽然在部分镁合金材料领域突破了一批核心关键技术，但在研发效率、生产质量、市场拓展、环境保护等方面仍存在差距。镁资源的产业链图景如图 21-6 所示。

我国镁产业各环节的总评估得分为 73. 2 分，其中，在资源端（占比为 35%）的评估得分为 29. 2 分，冶炼端（占比为 20%）的评估得分为 11. 5 分，材料产品制造端（占比为 30%）的评估得分为 19. 8 分，循环利用端（占比为 15%）的评估得分为 12. 7 分。可以看出，我国镁资源优势明显，循环利用效率高，但在镁冶炼及镁产品制造方面仍有提升的空间。镁冶炼方面，我国目前原镁冶炼以皮江法为主，高端产品（如电解镁）比例低，对环境影响大，有待进一步发展绿色炼镁技术。此外，我国镁行业研发投入较低，市场集中度 CR3（业务规模前三名的公司所占的市场份额）约为 13. 8%。镁材料产品制造方面，我国镁产品出口以原镁为主，镁合金材料及制品出口相对较少，世界贸易占比相对较低，国际优势度、国际竞争力方面需进一步加强。此外，我国镁行业在产品开发方面的投入相对较低，镁合金产品种类较少，镁合金材料、制品产量只占我国原镁产量的 35%左右，高性能镁合金产品更为缺乏。

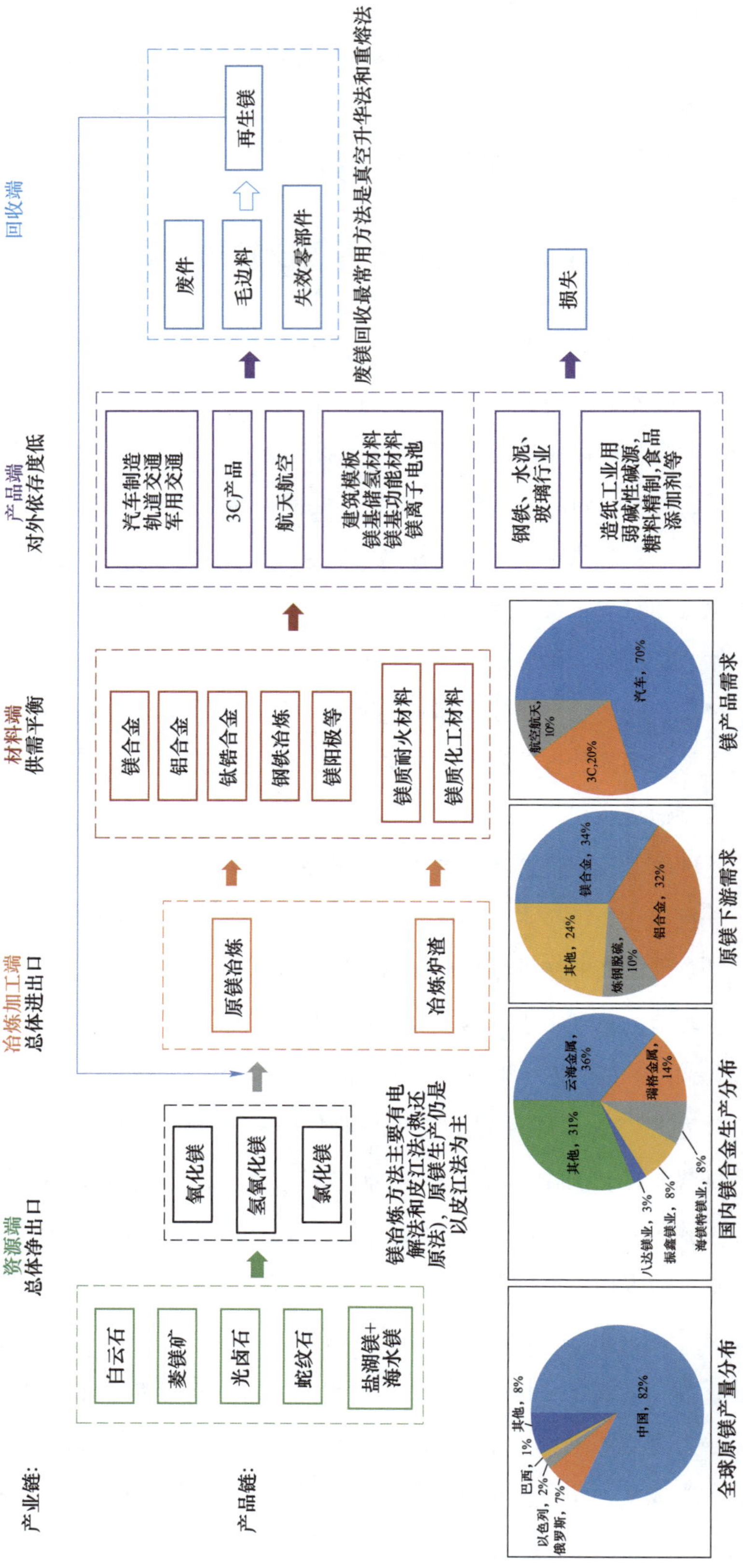

图 21-6　镁资源的产业链图景

第三节　面临的重大问题

一、镁及其材料先进生产和研发技术面临的问题

（一）原镁方面

随着镁需求的增长，对镁冶炼的要求也在不断提高。中国镁冶炼存在自动化程度低、规模偏小、生产效率不高等问题。我国原镁冶炼工艺基本上采用固固反应的皮江法，建设成本低，但还原周期长、生产效率低，资源、能源利用不充分。大规模电解法还处在起步阶段。成本和能耗更低的碳热还原炼镁工艺仍停留在实验室阶段。因此，开发新型原镁冶炼技术势在必行。

（二）镁合金材料方面

镁合金牌号和合金种类较少，技术体系有待进一步完善。由于镁基体是密排六方结构，滑移系少且不对称，目前还缺乏有效的强化相，以及提高塑性的机理和技术途径尚不够明确，导致高强镁合金和高塑性镁合金种类较少。同时，镁合金耐蚀性相对较差，无法满足交通工具服役环境对腐蚀特性的严苛要求。前景十分广阔的镁金属储能材料和电池尚需加大研发投入。

（三）制备加工技术方面

随着对镁合金铸锭熔炼质量的要求逐渐增加，如何实现镁合金铸锭“纯净化、均匀化、大尺寸、细晶化”是铸造镁合金发展需要解决的重大难题。变形镁合金热加工工艺窗口窄、温度控制要求严格，轧制和锻造过程中需重复加热，成本居高不下。挤压型材的生产效率与铝合金相比仍然偏低，且挤压制品沿长度和横截面方向上的组织与性能不均匀。宽幅化和大截面积的高强韧化镁合金挤压型材，宽幅化和低成本化的镁合金轧制板材是镁合金变形材推广应用的重要壁垒。

（四）镁合金装备方面

国产熔铸装备品种和数量少，市场占有率低，装备性能不能完全满足铸造镁合金发展的要求。塑性加工装备虽然针对镁合金变形材本身特性，在原有铝合金成套装备上进行整改优化，但仍然不能完全满足镁合金塑性加工的要求。尤其缺少针对需求量更大、应用前景更广的高强镁合金变形材加工装备。

（五）应用技术方面

虽然镁合金应用量逐年增加，但总体规模与铝和钢相比仍然较小。当前，原镁应用领域很大一部分在铝合金和钢铁工业。镁合金应用领域主要在汽车、3C 和航空航天等领域，

近年已开始在轨道交通、石油钻采领域应用，但大多用作非主承力构件。尽管镁合金应用的相关标准制定工作在近些年取得了长足进展，但有关材料和产品应用的标准体系仍然严重缺失，对镁合金推广应用造成了极大阻碍。应用领域零部件结构与镁合金材料的一体化设计和综合考虑缺失、相关应用的标准体系缺失，又在一定程度上限制了镁及镁合金的进一步应用。因此，镁及镁合金应用领域分布还需要进一步优化。随着镁合金原料价格下降和稳定，以及新型镁合金材料的涌现和新技术的开发，更多的镁合金将用于主承力件和核心部件，镁合金的应用领域和应用量将进一步得到提升。

二、镁及其材料替代其他材料面临的问题

伴随镁合金成型工艺的不断发展，可生产镁合金性能更为优越、逐渐满足更多应用场景需求的产品。同时，由于镁合金较高性价比及上游资源的丰富储量，其作为新兴轻质材料在汽车、3C 和航空航天领域的应用逐渐普及，目前全球新生产汽车方向盘骨架基本采用镁合金为材料，伴随行业节能减排的要求提升以及材料行业迭代更新，有色金属镁及其铸造产物镁合金涉及产业将会进一步扩大。

通过开发市场、创造市场、培育市场，在更大的范围拓展镁合金材料的应用，发挥镁及镁合金对其他材料（如铝合金、钢铁部件等）的替代作用，真正实现镁规模化应用。但由于镁合金替代铝合金以及钢铁部件亦存在部分瓶颈和制约因素，可能导致镁合金替代不及预期。镁合金替代铝合金以及钢铁部件存在的主要瓶颈和制约因素如下。

（一）镁合金材料的耐腐蚀性、高温蠕变性和强度有待提高

目前的商用镁合金耐蚀性较差，耐蚀镁合金材料有待开发。有效的办法是通过控制杂质及合金元素、改善相的组成及微观结构等冶金处理方法来提高镁合金的耐腐蚀性；镁合金在室温下具有良好的综合力学性能，但随着温度的升高，性能将下降，在高温使用条件下易产生蠕变，无法满足壳体类零部件的密封要求。

未来的研究如果能够使镁合金零部件在高温下长期工作，将可扩大汽车高强度耐高温抗蠕变结构件的应用；镁合金比强度高，但其抗拉强度和屈服强度比铝合金和钢低，目前商用镁合金的抗拉强度一般低于 400MPa，不能用于重要结构件。可以通过合金化、热处理以及优化加工工艺等方式来提高镁合金的强度，开发高强镁合金汽车结构件。

（二）镁合金零部件加工成本有待降低

受镁合金特性和加工工艺影响，镁合金的加工成本也较高。如镁合金压铸模价格较高，压铸件废品率高，导致单个镁合金零部件成本与铝合金零部件相比增加 15%以上。突破镁合金产业化核心技术，开发新的镁合金熔铸工艺，缩短工艺流程，可有效提高生产效率，降低生产成本。

（三）镁合金材料工业应用数据库需要进一步健全

目前镁合金基础数据较少，缺少系统的力学、电学腐蚀等方面的性能数据，导致在实

际生产过程中缺乏基础实验数据，如在模具的设计过程中缺少相关数据支撑。因此，需要加强对镁合金的基础性研究。高校、研究机构、镁合金制造商以及整车企业等多方力量在国家产业政策的引导下，可以联合健全镁合金相关的工业数据库，从而促进镁合金在汽车轻量化方面的应用。

三、镁及其材料工业发展面临的问题

（一）规模小、发展分散的局面阻碍镁产业持续健康发展

目前我国镁产业尚处于初级发展阶段，存在企业规模小、发展区域分散等问题。在镁冶炼方面，2020 年产量在 1.0 万吨以上的镁冶炼企业有 41 家，占全年总产量的 95%，而年产 3.0 万吨以上的企业仅 8 家，产量仅为总量的 35%，市场集中度低，规模效应不明显。在加工方面，2020 年镁业分会统计国内镁深加工产量为 15.57 万吨，涉及几十家企业，位于广东、上海、山西、山东、重庆、河南、天津、江苏、浙江等近 10 个省份，单体规模小，而且非常分散，难以形成产业化、规模化发展，影响了镁行业的持续健康发展。

（二）市场价格大幅波动影响行业健康发展

2020 年国内镁价再现大幅波动，年最高价和最低价差距近 4000 元/t。从价格走势图可以看出，镁价在短时间内走出大“V”走势，价格的大幅波动带来市场的起伏不定，信息不对称导致的惜售抬价、低价抛货等投机行为屡现。由于镁价定价模式非常简单，很容易被各种因素所左右，多次出现非理性的大幅度波动，不仅损害了生产企业、贸易商以及下游加工应用企业的利益，对镁市场可持续发展也造成了负面影响。

（三）出口依赖仍然比较严重

从 2020 年镁行业的出口数据看，镁各类出口产品下降 13%，主要出口产品都出现了较大幅度的下降，但是出口依存度仍超过 40%。

（四）应用增长较为缓慢

镁作为 21 世纪的绿色金属，具有密度轻、吸震性强、散热性能好等优异特性，除了作为添加剂应用在冶金领域，更是广泛应用于汽车、高铁等交通领域、航空航天领域、3C 以及医疗等领域，应用前景十分广阔。但经过多年的发展，目前镁加工方面应用增长仍是较为缓慢，镁加工起步基数较低，2000~2020 年年均增长约 20%，2020 年加工用镁 15.57 万吨，占总产量的 16.2%，占比不高，加工应用增长缓慢将直接阻碍行业的大力发展。

四、镁及其材料高端化发展面临的问题

近年来，我国镁及其材料产业发展迅猛。我国一直是镁合金等轻量化材料生产与制备

大国，镁合金技术专利、标准和合金牌号居世界第一，具有显著的技术优势和镁合金轻量化零部件制备加工优势，全球 80%以上的镁合金材料和汽车、轨道交通零部件由中国提供。

我国拥有镁等轻量化材料应用的全球最大市场，美、欧、日等发达国家已在我国进行轻量化材料及应用关键技术布局，给我国企业造成了技术壁垒、卡住中国轻量化制造技术创新“脖子”。虽然我国在镁合金轻量化材料生产和应用方面投入了大量资源、拥有部分优势、取得了显著应用效果，但在轻量化材料的研发与综合应用方面存在诸多短板，与发达国家的轻量化材料应用水平和效果相比，仍然缺少核心技术，缺少共性关键技术攻关，对轻量化材料产业的控制力和创新力不强，产业升级与持续稳定面临严峻挑战。

我国镁等轻量化材料制备生产与应用核心技术攻关缺乏全国性布局和战略统筹。面对日趋激烈的技术与产业竞争，国家多部委和地方政府分别牵头，推动相关企业、研究院所和高校成立多个有关轻量化材料与应用创新平台，在镁合金、汽车与轨道交通等方面，多线并行投入。整个产业链和创新链资源比较分散、未形成统一的有机整体，导致有限的资源投入不能有效整合，未形成有效的可持续发展的价值链，同时容易造成重复投入、资源浪费和效率低下，形成无序竞争的不良格局，无法从根本上与国外轻量化材料开发与应用机构和企业进行抗衡。

总的来看，我国在轻量化材料方面尽管在某些方面处于世界领先水平，但整体水平与国外先进技术还有明显差距，如结构性矛盾依然突出，技术创新能力不足，新品种和新工艺发展滞后等。技术落后不仅影响材料产业本身的发展，导致近年来利润大幅度下降，更重要的是将严重影响中国制造竞争力的提升。

第四节　发展态势

镁合金市场需求前景广阔，预计未来几年市场规模将呈现稳定增长的态势，近几年及未来几年全球镁合金行业市场规模如图 21-7 所示，2023 年全球镁合金市场规模预计将达到 15. 34 亿美元。

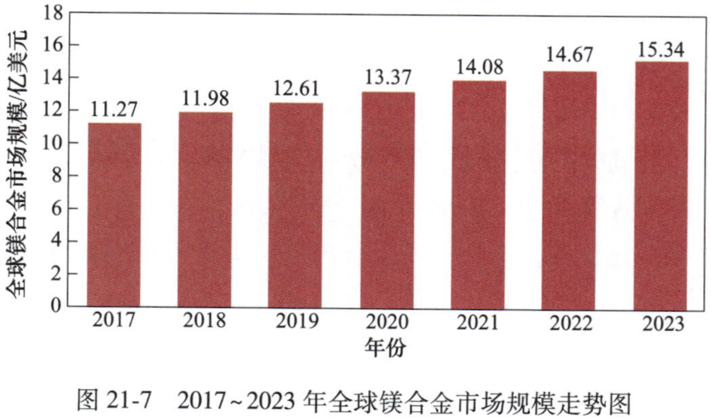

图 21-7　2017~2023 年全球镁合金市场规模走势图

一、镁合金材料及加工技术发展态势

（一）新型镁合金材料

镁合金新材料开发是未来轻量化发展应用的重要方向。目前开发的新型镁合金材料主要有以下几个方向：

（1）高强高塑性镁合金。稀土镁合金是新型高强高塑镁合金开发的重要研究方向。围绕稀土镁合金，目前国内外开发了一系列 Mg-Gd 系、Mg-Y 系高性能合金，主要有 Mg-Gd-Y-Zr、Mg-Gd-Y-Nd、Mg-Gd-Zn、Mg-Gd-Y-Zn、Mg-Y-Nd-Gd 和 Mg-Gd-Y-Ag-Zr 等高强铸造镁合金，抗拉强度可达到 350MPa，伸长率普遍在 5%以上。Mg-Gd-Y 系列高强高塑变形镁合金，抗拉强度达 500MPa，伸长率达 10%。

（2）高性能低成本镁合金。高性能低成本镁合金以低无稀土镁合金为主，具有价格低廉、资源丰富以及密度更低等优点，在工业领域的规模化应用方面更具优势，已成为推动镁合金广泛应用的重点研究方向。

（3）耐热镁合金。耐热镁合金主要有 Mg-Al 系和 Mg-RE 系。应用较多的 Mg-Al 系耐热合金包括 AS 系和 AE 系。AE 系典型合金包括 AE41、AE42 和 AE21，其中，添加的稀土以富 Ce 混合稀土形式加入，该系合金具有抗蠕变强度大、热稳定性较高等良好的综合性能。含碱土系列镁合金 Mg-Al-Sr 和 Mg-Al-Ca 系合金具有良好的抗蠕变性能并且成本低，能够满足汽车动力系统对材料的需求，是低成本耐热镁合金开发的热点。

（4）阻燃镁合金。镁合金在熔炼中易氧化、燃烧。合金化阻燃是一种理想阻燃方法，与熔剂保护和 SF_6 气体保护相比，合金化阻燃可以消除熔剂夹杂，提高合金的力学性能与抗腐蚀性，消除有害气体对大气的污染。目前，阻燃镁合金主要是在镁合金中添加 Ca、Be、Ce、Bi 等合金元素。

（5）高耐蚀镁合金。镁合金的自腐蚀电位低，腐蚀电流密度高，在溶液介质和潮湿的环境中容易发生腐蚀反应。当前提高镁合金耐蚀性最直接的方法为表面处理，但表面涂层被破坏后，基体腐蚀难以控制。因此，开发高耐蚀镁合金材料至关重要。高耐蚀镁合金主要通过添加稀土合金元素实现，目前研究最多的添加元素包括 La、Ce、Er、Nd、Y 和 Gd 等。可进一步通过提高镁基体纯净度，比如降低杂质 Fe 和 Ni 含量，显著提高镁合金耐蚀性。

（6）高导热镁合金。同等重量的镁合金散热性能优于铝合金，发展高导热镁合金具有重要的应用价值。对导热镁合金而言，必须同时考虑合金化元素、第二相对镁导热和力学性能的影响。

（7）高阻尼镁合金。镁合金的主要阻尼机制为位错型阻尼及晶界阻尼。提高镁合金阻尼性能主要通过合金化和先进制备加工。典型高阻尼镁基二元合金系如 Mg-Zr、Mg-Ni、Mg-Si、Mg-La 等，以及镁基三元合金系如 Mg-Zr-X、Mg-Cu-Mn、Mg-Li-Al 等。

（8）电磁屏蔽镁合金。通过调控合金元素、加工工艺与电磁屏蔽性能之间的关系，发展了中等强度电磁屏蔽镁合金，抗拉强度为 320～360MPa，电磁屏蔽效能为 85～100dB（频率范围<1.5GHz，试样厚度为 2mm）。

（9）镁基复合材料。镁基复合材料在保证高的强度和刚度时，通过基体合金优选、增强体优选和制备工艺优化，获得具有稳定界面和高断裂韧性、高疲劳性能。镁基复合材料可分为纤维增强镁基复合材料、颗粒（含晶须）增强镁基复合材料、镁合金层合复合材料、石墨烯增强镁基复合材料等。

（10）超轻镁合金。超轻镁合金主要包括 Mg-Li 合金和多孔结构镁合金等，由于密度低，在航空航天结构件的减重方面极具吸引力。Mg-Li 合金的密度一般为 1.35～1.7g/cm^3，美国已将镁锂合金用于航空航天和军用装备，在 Apollo 宇宙飞船、航天飞机、火箭等重要装备上采用 Mg-Li 合金制造关键部件，合金种类主要有 LA141 和 LA91。多孔结构镁合金的整体密度甚至可低至普通镁合金的 2%，可以用于减重、消声等结构和功能部件。

（11）高强高阻尼镁合金。传统高阻尼镁合金（纯镁、Mg-Zr 等）的强度偏低（$\sigma_b<$ 200MPa），而普通高强度镁合金（如 ZK60、AZ80 等）的阻尼性能较低。因此，平衡优化镁合金的力学性能和阻尼性能，将是今后高性能镁合金发展的重点之一。

（12）生物镁合金。与不锈钢、钛合金及钴铬合金等高耐蚀植入材料相比，镁合金的密度与人体密质骨（1.75/cm^3）相当，弹性模量与人骨相近，且在人体中可降解，具有生物安全性，已成为金属生物材料研发的热点。

（13）电磁屏蔽镁合金。镁的电磁屏蔽性能优良，镁合金是一种十分有潜力的高性能电磁屏蔽材料。目前国内外对镁合金电磁屏蔽性能的研究工作相当有限。因此，迫切需要研发轻量化的、力学性能好的、电磁屏蔽性能优异的新型结构功能一体化镁合金材料，以应对日益复杂的电磁环境，同时有利于镁合金的规模化应用。

（14）镁基储氢材料。镁金属储氢量比较高，理论储氢量可达 7.62%（质量分数），但存在储氢量与吸放氢温度和速度不能兼顾的问题，选择适合规模化生产的材料合成制备技术，并弄清制备工艺对材料组织结构与性能的影响，是当前亟待解决的问题。

（15）镁离子电池材料。2000 年 Aurbach 使用 Chevrel 相的 Mo_6S_8 为正极材料、金属镁为负极、$Mg(AlCl_2BuEt)_2$ 为电解质首次成功研制出了镁离子电池原型。该电池原型可以稳定循环达 2000 次，容量保持率为 85%，能量密度和循环寿命超过了铅酸电池。

（二）镁合金先进熔炼技术与装备

镁合金先进熔炼技术与装备有：

（1）原镁冶炼技术。在原镁生产方面，随着国内越来越严格的环保要求，发展原镁生产新技术并实现工程化和产业化应用，促进原镁冶炼过程中的节能减排显得尤为重要。我国原镁冶炼工艺基本上采用固固反应的硅热还原法，技术较为成熟、建设成本较低，但因还原动力学过程的固有限制，导致其还原周期长（8～12h）、生产效率低，资源、能源利用不充分。因此，为了提高效率和节能减排，新型冶炼技术开发势在必行。当前研究的热点在于碳热还原和固液硅热还原等技术的研究，已在某些关键环节取得突破。同时，应在青海等西北地区大力发展电解炼镁新技术，充分利用青海等地区的大量盐湖氯化镁资源，开发高品质低成本电解原镁，降低 CO_2 排放。

（2）高品质镁熔体制备与供应装备。高品质镁熔体的纯净度对镁合金材料及其制品的腐蚀性能、力学性能及服役性能有着至关重要的影响，高品质熔体是获得高性能镁合金材料的前提和基础。当前，镁合金熔炼与铸造过程大多在暴露空气中进行，大量使用氯化物熔剂进行防护阻燃，缺乏一体化连续工艺及配套装备，导致严重的熔炼污染，并恶化镁熔体品质，使铸件和铸锭坯的质量受到不利影响。工业生产条件下，高纯净度镁合金熔体的获得和制备是未来的一个重要发展方向。

（3）对于含稀土、锆元素等高性能镁合金，传统的熔铸工艺使稀土、锆等贵重元素的合金化收得率下降，造成这些镁合金成分波动大、性能不稳定，成本也显著增加。因此，如何提高活泼元素的收得率是一个重要课题。对原镁生产来说，实现原镁冶炼与合金制备的一体化，减少合金烧损和充分利用热能，也是重要发展趋势。

（4）镁合金铸锭坯高效加工技术。新型外场铸造技术，在镁合金半连续铸造过程中施加外场，如电场、磁场、超声场、组合外场等，能够显著细化、均匀凝固组织，且对金属液无污染。目前，低频电磁铸造技术已推广至国内十几家镁合金企业，已在变形镁合金坯料产业化生产中得到广泛应用；同时，熔剂-惰性气体浮游组合精炼技术也得到产业化应用，显著提高了变形镁合金坯料产品的探伤合格率和冶金质量。

（5）组频超声高效细晶化技术。新型组频超声熔体处理技术，包括变频超声、双/多频超声和扫频超声等形式，能够有效解决由于熔体物性参数变化所引起的谐振频率变化，同时由于多频率声波的叠加，可显著增强空化效应的强度和范围。目前该技术已经实现镁合金半连续铸造的中试研究，将为 AZ 系镁合金锻造产品高成材率制备提供重要支撑。

（6）真空压铸技术与装备。镁合金压铸件已在汽车、摩托车和通信电子等领域得到广泛应用。但传统压铸过程使镁合金熔体与型腔中气体混合，恶化熔体充型工艺动力学、降低压铸件力学性能并抑制制品通过热处理提高性能的可行性。因此，迫切需要开发高铸造成形性的压铸镁合金材料，发展高效真空压铸技术与装备，以改善铸件工艺质量和成品率。

（三）变形镁合金加工技术

（1）镁合金板材。当前，国内外镁合金板带材的生产技术主要有热轧、铸轧-热（温）轧和挤压-热（温）轧三种。板材生产中存在的主要问题：一是成本高，二是超宽镁薄板生产难度大。为满足汽车和轨道交通工具轻量化的需要，国内外都在开发宽幅板材的热轧技术与设备，高效的镁合金板材挤压加工技术，以提高成材率和降低成本。板材生产的另一主要问题是镁合金板材的基面织构很强，导致室温塑性差和成形性差。为此，基于镁合金密排六方晶体结构的非对称性，国内开发出了新型非对称加工技术，包括镁合金板材非对称挤压加工技术、镁合金板材的非对称改性技术。这两种技术均能显著弱化镁合金板材的基面织构，从而明显提高镁合金板材的塑性和成形性。

（2）镁合金管型材。镁合金型材主要采用挤压成形，产品对象主要是汽车和轨道交通工具、纺织机械等轻量化材料领域，主要包括车厢内饰件和连接件，如行李架、线槽、风口、饰带、压线等，以及车厢壁板和地板夹层，纺织机械综框等。经过多年积累，我国的变形镁合金型材生产技术已处于世界领先水平。但大断面、超长镁合金型材和超高强韧镁合金型材的成形、平直度、裂纹控制、高成本等问题尚未解决，从而制约了大型材在轨道交通、航空航天等领域的广泛应用。

（3）镁合金锻件。镁合金锻件强度高、综合性能好，但因其成本较高，而首先在军口关键装备进行应用，主要应用对象包括导弹壳体、武器装备挂架、直升机机匣等，关键技术包括坯料质量控制、锻造工艺控制、组织质量的精确调控和热处理技术等，但镁合金锻件应用量还比较有限。上海交通大学和中北大学在镁合金锻件方面已有很好的工作基础，在汽车轮毂和部分军工产品上开展了大量工作。

（四）先进镁合金材料应用技术

（1）镁合金涂层材料与防护技术。目前镁合金表面涂层材料主要包括有机涂层、金属涂层、无机非金属层和复合涂层材料等，部分涂层已用于工业实践和生产，显示出较好的防护效果。不过，这些涂层均面临如何改善与镁合金基体结合强度较弱的问题。面对涂层破裂或划伤时难以防护镁合金基体的难题，一些自愈合涂层技术受到关注。

（2）镁合金焊接。镁合金的焊接方法主要有电弧焊、搅拌摩擦焊、高能束焊（激光焊、电子束焊）及电阻焊等。重庆市科学技术研究院和重庆大学国家镁中心已联合开发出工业水平的搅拌摩擦焊装备，并成功用于大尺寸镁合金挤压产品的连接。

（3）镁合金标准、数据库和设计平台。镁合金的发展应用迅速，积累了大量数据信息，但数据产生标准不统一，且数据生命周期短，使其工程化应用时不能获得最新的准确数据信息。同时，新材料新产品不断涌现，但规模化生产所需的标准体系缺乏保障；镁合金材料和产品的工业设计更是明显缺乏，技术水平亟待提高。

二、镁产业标准发展态势

镁合金标准的制定和修订对规范镁合金产品市场影响深远、意义重大。随着我国镁产业的发展壮大、技术水平的稳步提高，技术成果不断涌现，镁合金标准工作也得以加强，同时，标准也有力推动了产业的发展进步，具体表现在多项世界先进水平的镁合金技术成果不断涌现，并在大规模生产中得到推广应用，这对标准建设和制定提出了迫切要求。近10年来，由于镁合金行业的快速发展，镁合金的新增国家标准和新修订国家标准项数增多，2010年至今发布的现行国家标准为38项，占总标准项数的66.7%。

依据镁合金标准的特点及应用场景，将标准分为5大类别：元素分析方法标准、检测方法标准、产品标准、材料标准、工艺标准。表21-5统计了ISO、EN、GB/T、ASTM、DIN、BS、GOST、JIS、KS标准中五大标准类别的项数，图21-8展示了各类别标准所占的百分比。可以看出，元素分析方法类标准在多数标准类型中均占有较大的比例。其中，

ISO 标准中元素分析方法类标准为 20 项，占总 ISO 标准数的 76.90%。产品类标准在各类别标准中占有比例较大，其中 GOST 标准中产品类标准项数最多，达到 39 项；DIN 标准中产品标准所占比例最大，达到 68.20%；现行 ISO 标准中产品标准比例仅占 3.85%。由此可见，各个国家的主流标准体系十分注重产品标准的制修订，而国际标准目前更偏重综合类的分析方法标准。

表 21-5　不同类型标准的类别分布　（项）

标准类型	元素分析方法标准	检测方法标准	产品标准	材料标准	工艺标准
ISO	20	1	1	4	0
EN	0	0	14	1	0
GB/T	22	6	18	4	7
ASTM	3	5	11	1	8
DIN	0	1	15	6	0
BS	15	1	14	7	2
GOST	23	0	39	1	2
JIS	16	3	9	0	3
KS	32	2	8	2	2
合计	131	19	129	26	24

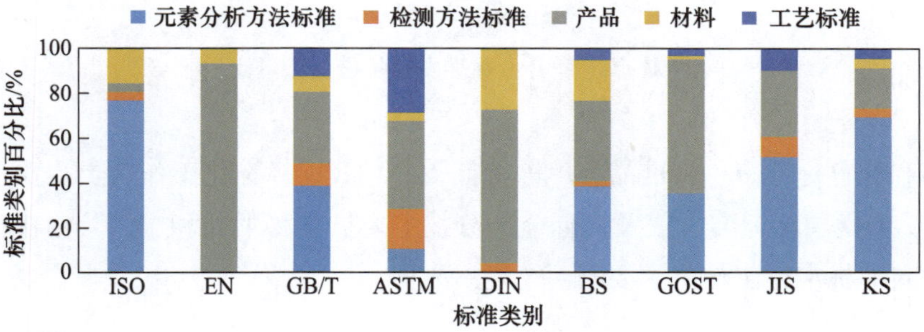

图 21-8　不同镁合金标准类别百分比

图 21-9 为所有标准按照标准类别分类的分布情况，元素分析方法标准和产品标准分别占 39% 和 40%。元素分析方法标准较多的原因是早期镁合金中合金元素和杂质元素分析方法主要采用化学法，每种元素都对应一项分析方法标准。

将现行镁合金标准的发布时间进行分类统计，如图 21-10 所示。近 10 年发布镁合金标准比例最高的为中国，表明我国近年来在镁合金标准化领域具有显著的优势。此外，近 10 年发布的 7 项 ISO 标准中有 4 项为我国主导研制发布，表明我国在镁合金标准化制修订领域的国际话语权日益增加。这与我国近年来在镁合金领域的科研和产业化优势息息相关。

我国在镁合金科研和产业化方面均取得了举世瞩目的成果，在制订镁合金国家标准方

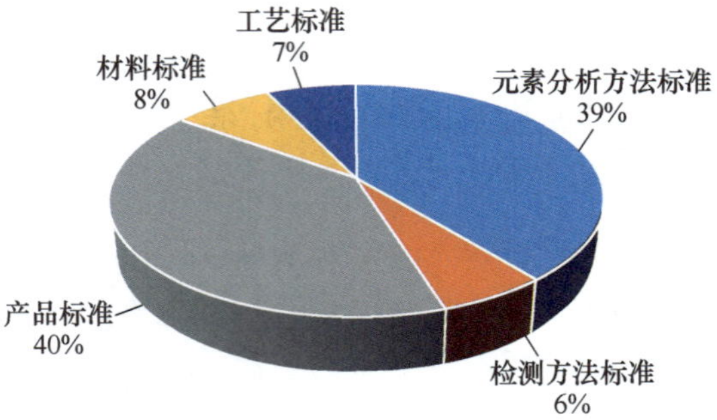

图 21-9 镁合金标准类别占比

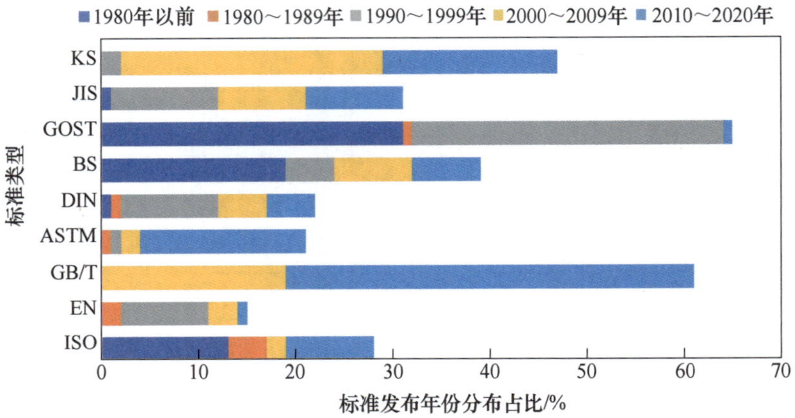

图 21-10 镁合金标准发布年份分布占比

面具有制订和修订标准多、标准品类广等特征，并且我国标准化工作人员也深度活跃于国际标准平台，ISO 国际标准“镁及镁合金”分技术委员会秘书处和主席均由中国承担。我国镁及其材料的标准化工作将主要有两个发展方向。

（一）镁合金标准体系完善

镁合金研发近年来取得不少突破性进展，但部分镁合金标准仍然缺失，阻碍了镁合金产业的发展。(1) 近年来，新发展的镁基复合材料、镁储能材料、电磁屏蔽镁合金等镁基功能材料发展势头良好，但是相关的标准处于空白。(2) 镁合金由于电极电位较低，容易发生腐蚀问题。近年来，针对镁合金耐腐蚀问题进行了广泛的研究，在镁合金腐蚀领域发表的科技论文占比非常大。然而，镁合金表面处理技术方面的相关国际标准、国内标准几乎处于空白。(3) 镁合金的连接与焊接技术对镁合金产品的大规模推广应用至关重要，目前镁合金连接与焊接方面的标准缺失。(4) 目前的原镁主要采用皮江法生产，而青海盐湖集团建立的电解原镁生产线可达到 10 万吨的产能，因此，也急需制定电解原镁相关的各项标准。

（二）军民融合程度加强

军民深度融合是国家重大发展战略之一，军民融合过程中标准是关键，标准统一，才能使寓军于民、军民融合一体化方针得到有效落实。而目前交通用轻量化材料领域尚未制定军民融合标准。交通用轻量化材料是军民融合的有效载体之一，军民融合标准化是军民融合的技术基础。因此，有必要通过制定轻量化材料的军民融合标准来促进轻量化材料的军民深度融合，发挥标准的基础性、引领性和战略性作用，服务于我国经济建设和国防建设融合发展。为此，建议加强标准工作管理、加大标准工作支持力度、强化标准工作激励和社会重视，尽快出台标准和专利、法律相互关系的条例或细则，鼓励我国专利标准化和中国标准国际化，保持和提升我国轻量化金属材料的国际话语权和竞争力。

三、发展重点

（一）高性能镁基结构材料

（1）高性能铸造镁合金。发展高强度铸造镁合金和高性能耐热镁合金，其主要力学性能指标达到现有商用铝合金的水平。

（2）超高强度铸造镁合金。以稀土镁合金为主要体系，发展抗拉强度大于400MPa、屈服强度大于300MPa、伸长率大于5%的高强度铸造镁合金。远期目标：抗拉强度不小于450MPa，屈服强度不小于350MPa，伸长率不小于5%。

（3）超高强变形镁合金。以稀土镁合金为主要体系，开发抗拉强度超过550MPa、伸长率大于10%的超高强高塑性变形镁合金。远期目标：抗拉强度不小于600MPa，屈服强度不小于500MPa，伸长率不小于10%。

（4）低成本高强度镁合金。以不含稀土的镁合金为主要体系，强调低成本元素的使用，开发强度在400~450MPa、伸长率8%~20%的高强度镁合金。

（5）高成形性镁合金。以提高材料的成形性为主要目标，同时考虑材料产品的室温塑性，发展屈服强度大于200MPa的高成形性新型镁合金和高塑性镁合金。高成形性镁合金挤压速度要达到30~40m/min，板材的室温杯突值不小于8~10.0mm；高塑性镁合金的室温伸长率要超过50%。

（6）超轻镁合金。以含锂镁合金为重点，开发密度小于1.60g/cm^3的超轻镁合金，力争抗拉强度大于280~300MPa，伸长率超过20%。

（7）镁合金大规格坯料制备技术。开发镁合金大规格坯料制备，板坯用扁锭1200~1600mm宽、300~600mm厚，铸棒直径500~800mm。

（二）高性能镁基功能材料的研发

（1）高强高阻尼镁合金。研究解决高强度和高阻尼性能无法协调的难题，发展具有高强度的高阻尼镁合金材料，实现抗拉强度350MPa级别时比阻尼系数（SDC）超过40%。

（2）生物医用镁合金。围绕镁合金植入物可控降解的目标，在保证镁合金生物安全性和相容性的前提下，研究新型医用镁合金的合金设计和先进制备技术，发展适合不同用途的新型医用镁合金材料和表面改性技术。研发高纯镁制备与加工技术，纯度≥99.999%的金属镁，挤压棒材力学性能 $\sigma_b \geq 170$MPa，$\sigma_{0.2} \geq 120$MPa，$\varepsilon \geq 3\%$，生物降解速率达到 0.0029mg/(cm^2 · h)。

（3）镁基能源合金。从未来工业对氢能和电池等储能材料的需求出发，研究镁基储氢材料、镁电池材料的成分结构设计理论，形成镁基储氢材料和镁电池材料的成分、结构、性能数据库，研制出高性能新型镁基储氢材料和镁电池材料，开发出高效高能量密度的镁基材料储氢系统和镁电池系统。

（4）电磁屏蔽镁合金。研究电磁屏蔽性能和合金元素与工艺之间的关系，发展中等强度的电磁屏蔽镁合金，在强度为 320~360MPa 时，电磁屏蔽效能达到 85~100dB（频率范围<1.5GHz，试样厚度 2mm）。

（三）镁基复合材料的研发

（1）陶瓷增强镁基复合材料。以陶瓷增强体和变形镁合金的复合材料为研究对象，研究陶瓷增强体和合金成分与工艺之间的关系，发展高弹性模量的镁基复合材料。

（2）碳增强镁基复合材料。以碳纤维、碳纳米管、石墨烯等为增强体，研究增强体和合金元素与工艺之间的关系，发展高强度镁基复合材料。

（四）镁合金产品工程化技术

（1）低成本高品质镁冶炼技术：一是通过盐湖电解原镁生产工艺改进、技术创新和标准规范建设，降低原镁产品成本、提高原镁产品质量，特别是降低杂质铁含量至 10~50ppm，以更好满足市场需求。二是以固-液反应、无硅铁还原等为重点，研究低成本原镁冶炼新技术，构建固-液热还原制镁新方法的理论和技术基础，开辟金属镁高效率、低成本制备新途径。与此同时，要大力推广竖罐短流程还原技术。

（2）高品质镁熔体冶金质量控制技术与装备：以低成本液相自纯化技术、反重力过滤技术等为重点，发展除杂新技术与新工艺，使纯净化成本降低 50%以上，冶金质量大幅度提高。

（3）大型、复杂镁合金铸件生产技术与装备：以大尺寸铸件、超薄铸件和复杂铸件为重点，研究极端镁合金产品的铸造生产新技术，发展自动化程度高的成套新装备。

（4）镁合金板材加工技术及装备：宽幅镁板加工技术及装备。以提高热成形性、控制边裂和板材表面质量为重点，研究宽幅板材用的大铸锭铸造工艺、板材热处理工艺和加工工艺，发展高质量宽幅板材的先进加工技术与装备。板材低成本加工与应用技术及装备。以挤压开坯、薄带铸轧、包铝轧制等为重点，研究工艺技术与板材质量控制之间的关系，发展低成本加工新技术和新装备。

（5）大规格镁合金型材加工技术及装备：以提高成形性、解决大型材表面质量等为重点，研究大型材用的大铸锭铸造工艺、型材热处理工艺和加工工艺，发展高质量大规格型材的先进加工技术与装备。

（6）镁合金先进锻造技术与装备：以提高锻造成形性、改善锻件质量、降低成本为重点，研究锻造产品的组织与工艺的关系，发展适合不同合金的锻造新技术与装备。

（7）镁合金内筋壳体多向加载旋转挤压技术与装备：针对大型内腔带环筋壳体类零件，开展多向加载旋转挤压技术研究，提出镁合金高强韧复杂构件形性一体化控制成形新原理、新方法。

（8）镁合金先进表面防护与连接技术及装备：以解决现有镁合金涂层材料体系少，涂层硬度不高极易划伤、涂层附着力差的难题，开发新型与镁合金基体附着性强、耐蚀性好、硬度高、可自愈合的结构功能一体化的涂层材料体系；发展工艺简单、可靠性强、成本低廉可工程化的涂层制备方法；发展以搅拌摩擦焊为代表的连接新技术与新装备。

（五）标准、数据库与设计平台

（1）镁合金材料与产品的标准化体系建设：建立具有国际水平、能满足镁合金工业化生产的完整标准体系。

（2）镁合金材料与产品的数据库建设：建立具有国际水平、能满足镁合金研发和应用的世界上最大的数据平台。

（3）镁合金材料与产品的开发与现代设计平台：建立材料研发、材料与产品加工、产品开发与应用等一体化、能缩短镁合金产品开发周期并且能充分发挥镁合金性能潜力的现代化产品设计开发平台。

（六）镁合金高端产品集成化生产和应用技术

可以考虑以全镁合金轨道交通车体、全镁合金汽车白车身、大型镁合金火箭环件、深空探测高端构件、大功率镁电池组、油气钻采深井桥塞、风电装备传动箱壳体及承力件、新一代军用飞机大型复杂机匣、民用飞机结构件、超高强超大导弹壳体、高耐蚀镁合金构件、高耐蚀建筑模板、高性能储能和生物镁合金等重点和关键镁合金构件为重点应用目标，开发出一批新型高性能镁合金材料，发展一批镁合金制备加工关键技术，整体水平达到国际领先水平。镁合金材料和制品能够很好地适应和满足国家重大工程和型号工程的综合要求，对交通运输、高端装备、航空航天、武器装备、建筑行业和健康产业等的减重与性能提升起到有力支撑作用。

第五节　总体战略

一、发展目标

（一）总体目标

以国家新材料发展战略为导向，以交通工具发展和市场需求为依据，培养创新人才、聚集全球顶尖轻量化材料人才，将基础研究、关键技术突破、工程化开发、应用研究有机结合，构建覆盖镁及其材料核心技术的研发平台，构建面向交通工具行业的测试检测及数据开放的工程服务平台，构建具有技术转移转化、技术孵化、金融服务三大功能的共享孵化平台。

努力建设世界领先的轻量化金属材料研发基地与技术创新平台，打造我国镁及其材料领域一流的人才聚集中心、技术创新中心、信息资源中心和成果转化基地，提高我国镁等轻量化金属材料的自主创新能力和科技影响力，逐步实现关键轻量化金属材料自主可控和创新领跑，显著提升我国轻量化金属材料研发水平，促进轻量化金属材料行业制造加工和工程应用的规模与水平的同步快速发展，在全国催生新的经济增长点。

（二）阶段目标

我国是世界上镁矿资源最为丰富的国家，在原镁及镁合金生产应用资源优势显著。未来几年的阶段发展目标应集中在镁及其材料的平台和体系建设等方面，具体见表21-6。

表21-6　镁及其材料的阶段发展目标

阶段	目　标
2021~2025年	（1）厘清镁及其材料发展的核心关键技术，夯实轻量化金属材料的关键技术基础，如电解制镁占比由当前的不足10%提升到40%~60%。 （2）组建以镁及其材料为主的国家技术创新中心，成立重点企业与有关高校院所的创新战略产业联盟。 （3）完成若干重点方向研发基地、实验室及测试基地建设，积极推进轻量化金属材料技术研发及产业化应用工作
2026~2030年	（1）形成交通工具轻量化镁及镁合金、储能材料等金属材料的研发、制备加工、规模化生产和应用的技术体系、标准体系、人才梯队、研发平台体系。 （2）完善产业体系和产业链、创新链，支撑我国高性能交通工具核心零部件的生产应用。 （3）实现镁等轻量化材料和储能材料在新能源汽车、轨道交通车体和民航客机的大规模应用
2031~2035年	（1）建立完备的交通工具镁等轻量化金属材料和储能材料的高水平研发、大规模生产和应用链条，如实现超大型复杂镁合金铸锻件设备及工艺的自主研发及应用。 （2）实现镁等轻量化金属材料的完全自主可控和世界领先，充分支撑和引领现代化高性能交通工具的快速发展需求

二、发展原则

（一）服务国家战略，面向市场需求

以市场需求和机制为核心，充分激发各级政府及企业、高校、科研院所等在镁等轻量

化金属材料及应用领域的活力，推动建立以企业为主体，充分发挥产业链核心龙头企业在技术创新决策、研发投入、科研组织和成果转化中的主体作用，构建各具特色的服务国家战略和市场需求的一体化协同联动创新机制，打造跨区域协同创新，形成产学研用协同创新生态，加强创新成果的对外扩散，充分发挥社会效益，强化对国家战略、行业发展和市场需求的重要作用。

（二）聚焦产业重点，打造新的增长点

依托优势机构优质创新资源，围绕镁等轻量化金属材料及应用的重点地区和关键领域，在重点地区合理规划科学布局，以产业源头创新为原点，逐步扩大关键技术创新领域，逐步扩大技术创新辐射地域与带动作用。围绕国家交通轻量化的重大需求，突破技术瓶颈制约，构建轻量化技术体系，形成技术持续供给能力，支撑交通设备制造产业做大做强，打造新的创新增长点，实现技术引领。

（三）推动行业协同共享，实现技术开放服务

集聚镁等轻量化金属材料领域学科、产业优势资源，深化跨国别、跨区域、跨领域、跨产业、跨学科创新力量合作交流，激励构建跨组织研发联盟和全球性研发中心，打造面向全球的开放协同创新网络。建立技术、人才、项目合作交流机制，推动创新人才和资源开放共享，提供共性技术的全方位对外服务。

（四）强化优势资源整合，引领体制机制创新

突出政府在资源整合和体制机制改革的牵头与引导功能，围绕国家轻量化的宏观战略和区域创新重大需求，面向海内外，统筹汇聚创新资源，强化资源整合效果，促进创新资源要素和创新链条的全面融通。探索知识产权保护、成果转化、人才激励等新型体制机制，加强技术创新与体制机制创新的深度结合。

三、实施路径

以交通工具轻量化需求为主导，发挥企业、市场、科研、资本整合下的镁等轻量化金属材料产业资源、信息、技术优势，重点发展相关高附加值精深加工产品，扩大镁合金在汽车和轨道交通上的应用，促进镁合金在民航客机上的应用，大力推动结构-性能一体化轻量化设计与应用。

（一）低成本原材料制备

大力推广皮江法竖罐炼镁技术，提高现有原镁的生产效率、降低原材料成本；着力解决青海盐湖绿色电解炼镁生产技术与装备问题，为轻量化金属材料提供低成本绿色原材料。

（二）高性能合金开发

发展高强韧镁合金、高塑性镁合金、高成形性镁合金、高耐蚀镁合金、电磁屏蔽镁合金、阻尼减振镁合金、高导热镁合金等结构材料与结构功能一体化材料，为汽车、轨道交通、民用航空等重要领域的复杂构件制备与成形提供优质合金材料。

（三）先进成形技术

大力发展大容量熔体纯净化、宽幅板材高效轧制、低压铸造、真空压铸、复杂构件塑性成形（包括锻造、冲压、热塑性成形、超塑成形等）、大尺寸零部件成形、大型复杂构件缺陷控制等关键技术。

（四）先进应用技术

重点发展轻量化金属材料及构件的表面处理与连接技术。在镁合金领域，大力发展低成本绿色表面处理、智能修复涂层、结构功能一体化涂层、搅拌摩擦焊、镁基复合材料等关键技术。

（五）共性关键技术

针对镁等轻量化金属材料的特性，大力发展材料-结构-性能一体化设计，开展轻量化构件的综合服役评价和全寿命周期评估，大力发展先进轻量化金属材料的前沿示范验证。

（六）数据库和智能预测系统

建立镁等轻量化金属材料从原材料、合金制备与加工、产品制造与成形、评价与服役到回收与再生利用的全寿命周期的材料与产品特征数据库，构建基于大数据和理论模型的材料与构件性能预测系统与平台，发展轻量化金属材料与产品的信息收集与交换平台。

（七）标准体系建设

完善、更新和制订镁等轻量化金属材料的行业、团体、国家和国际标准，构建完备的材料、产品、评价等全链条轻量化标准体系。

（八）创新平台建设

完善和加强现有的镁等轻量化金属材料及应用的国家级平台建设，建立国家轻量化材料技术创新中心、国家实验室等国家级平台。

（九）前沿新材料与新技术

加大镁金属储能材料和镁电池等前沿功能材料的研发。加大碳热还原炼镁等前沿新技术的研发，为从根本上获得低成本原镁打下基础和提供技术途径。加大镁、铝、钢之间及其与碳纤维增强复合材料之间的同种或异种复合材料研发。

（十）国际合作与交流

美国、欧洲和日本等发达国家和地区走在轻量化材料开发、零部件设计、规模化应用的前列，应该加大与对应国家和地区的合作与交流，加快合作研发、加快技术引进，推动镁等轻量化金属材料制备加工技术进步及大规模应用。

四、重点任务与重大工程部署建议

为突破镁合金材料的关键技术，引领核心技术发展，逐步实现关键技术的自主可控和创新领跑，促进镁合金材料行业制造加工和工程应用的规模与水平的同步快速发展，进而显著提升我国镁合金材料研发水平。建议从以下各方面着手解决：

（一）加大研发投入，建设我国镁材料国家级创新平台

引入高科技的现代制造技术，强化智能设计与制造、充分利用 AI 和大数据技术，大力推动镁等轻量化金属材料与产品应用的共性关键技术和前瞻技术研发，已成为镁等轻量化金属材料快速发展和产品大规模推广应用的关键所在。建议建立镁等轻量化金属材料国家技术创新中心，建立包括基础数据库、替换设计平台和虚拟技术平台在内的产品设计与制造开发平台，集中国内外优势资源，搭建世界领先轻量化构件产品开发和设计及生产应用技术开发公共服务平台，为我国乃至世界轻量化金属材料产业的可持续发展提供技术支撑和引领。

（二）加大产业引导，合理布局我国镁金属材料产业

我国的镁合金产业布局、产业集中度、产业应用、上下游产业链接、产业创新等还存在诸多问题，应在新型低成本原镁冶炼、重点新产品和镁金属储能材料等领域加强布局，强化我国金属镁的战略优势、引领金属镁技术的发展与应用，如加大原镁新型冶炼技术投入，增强原镁企业竞争力、降低原镁成本；加强镁合金重点产品研发，扩大市场应用；加强镁金属储能材料的前沿发展。

第六节　保障措施

一、政策保障

（一）强化顶层设计，制定国家镁合金材料发展与应用战略

我国是镁资源和镁金属研发与生产大国，镁合金年产量已连续 10 多年位居世界第一。镁合金是我国唯一具有国际话语权的金属材料品种。为打破技术开发和推广应用瓶颈，国家相关部门将会制定国家轻量化金属材料发展战略，加强顶层设计，从国家战略需求层面

牵引轻量化金属材料研发、生产与应用，科学制定发展路线图。

（二）轻量化和功能化应用引导，出台我国镁合金材料和功能材料的政策措施

交通用轻量化材料型号多、零部件种类杂、应用范围宽，涉及汽车、轨道交通列车、民用航空等多个领域。国家相关部门将会加强镁产业的政策引导，出台相关政策鼓励引导和吸引更多的企业，特别是国有大型企业在镁行业加大资金投入，扩大镁合金行业整体规模。出台相关优惠政策鼓励相关行业使用镁合金，刺激镁合金的消费，加快提高镁合金的生产应用水平，促使我国镁产业从以初级产品为主向高附加值的深加工产品为主转变，进一步推动全社会的轻量化应用水平。

二、技术保障

（一）推进我国镁合金材料数据库和标准化建设

全世界镁合金牌号数量偏少，其热处理状态更少，因此可供选用的镁合金材料太少，在很大程度上阻碍了镁合金的轻量化应用。为了使我国的金属镁从生产大国变成应用大国，从入口大国变成出口强国，有必要花大力气来完善我国的镁标准体系。各方要正视我国镁标准目前存在的问题，充分重视镁标准工作。国家有关部门要鼓励和引导镁工业的发展，具体到镁标准体系的完善上，应该从项目和经费保障上予以重点考虑。要做好规划，总体统筹和分步推进镁标准体系建设。要积极学习国际标准和国外先进标准，尽量参照国际标准和国外先进标准制定和完善我国的镁及镁合金产品标准。

（二）加强镁等轻量化和功能金属材料基础研究与共性关键技术突破

镁合金作为轻量化材料和储能材料，其基础科学问题缺乏研究，已严重阻碍其进一步广泛应用。需要集中力量加强以下研究：镁合金相图和材料基础数据研究，镁合金强韧化机制研究，镁合金塑性变形理论研究，镁合金腐蚀与防护研究，镁金属储能材料基础研究。

（三）推动组建镁等轻量化和储能材料的产学研用协同创新体

我国在镁合金等材料领域、汽车和轨道交通等应用领域组建了多个国家级重点实验室、工程中心和协同创新中心，多个地方政府与优势企业联合建设了省部级的与轻量化密切相关的实验室和工程中心。我国将积极推动组建镁等轻量化金属材料的产学研用协同创新体，推动新型镁等轻量化材料在高端装备上的进一步应用，推动我国乃至世界镁及其材料的技术进步和产业化发展。

（四）推动镁等轻量化金属材料领域更广泛的国际合作与交流

欧洲、美国、日本等发达国家在轻量化金属材料产业化方面已经具有了相当的规模。

无论是技术本身，还是组织实施政府攻关计划，都积累了丰富的经验。例如，德国在汽车镁合金压铸件的理论研究和应用方面、日本在轨道交通阻燃镁合金以及表面处理与涂装技术方面、俄罗斯在高强镁合金发展和规模应用方面等，均具有世界水平的先进技术，我国将会组织国内对口单位开展多种形式的合作，缩短差距，强化对国内一些重点单位国际科技合作的支持。

三、四个坚持

（一）坚持深化改革，创新体制机制

将体制机制创新作为轻量化金属材料发展与应用的重中之重，解决制约创新驱动发展的重点矛盾和关键问题，找准改革突破口，结合国内外最新发展动向和趋势，形成有影响、可行的重大举措，为轻量化金属材料的健康快速发展提供支撑保障，打通轻量化材料科技向现实生产力转化的通道，创造新的经济增长点。

（二）坚持需求导向，聚焦重点领域

结合国家经济社会发展的重大战略需求和轻量化金属材料发展的战略定位，瞄准世界科技前沿与顶尖水平，围绕镁等轻量化金属材料产业布局创新链，突破轻量化技术材料及应用技术瓶颈制约，构建轻量化材料及应用技术体系，提升轻量化材料的产业技术供给能力，抢占轻量化材料科技创新制高点。

（三）坚持人才为先，激发源头创新

将人才作为创新第一要素，实施人才驱动战略，围绕镁等轻量化金属材料及应用的产业链和创新链布局人才链，进一步创新人才培养、引进和使用机制，增强镁等轻量化金属材料创新人才活力和吸引力，全力激发创新发展核心源动力。

（四）坚持开放协同，促进科技成果转化

充分发挥镁等轻量化金属材料相关高校和企业的人才和技术优势、产业和资源优势、我国汽车和轨道交通产业的应用需求特色，将镁等轻量化金属材料研发、生产与应用优势紧密结合，以搭建技术创新中心为核心平台，实现全球创新要素聚集，链接跨行业、跨学科、跨领域的技术创新力量，促进科研成果转移转化，发挥产业结构调整新引擎作用，形成面向全球开放协同的创新网络，建立技术、人才、项目合作交流机制，推动创新资源开放共享。

第六篇

新一代信息技术产业用矿产及其材料篇

第二十二章　新型显示材料发展形势与建议

第一节　新型显示材料产业用关键矿产资源概况

显示无处不在，显示功能泛化，显示产业已进入“多元化与新兴应用”的创新发展时期。丰富的创新应用场景，催生出各种新型显示技术，尤其是5G的出现引发了视频视觉新变革，一是催生大尺寸超高清动态视频显示技术，广泛应用于数据中心、智能交通、安防监控、远程教学等应用场景；二是拉动AR/VR新一代可穿戴信息技术加快发展。面对多元化与新兴应用，当前几种主要的新型显示技术有OLED显示、QLED显示、激光显示、Micro-LED显示等，这些显示技术涉及的材料种类较多，其中与矿产资源相关的材料主要有：OLED磷光发光材料、量子点材料、Micro-LED、三基色激光器、电极材料、TFT半导体材料及玻璃基板材料等，涉及的矿产资源主要有20多种，关键矿产资源有铱、铂、钌、镓、铟等，其中铱、铂、钌等金属是全球稀缺的矿产资源，相应的磷光发光材料和核心技术壁垒较高，与国外存在差距；镓、铟等矿产资源我国储量丰富，但由于起步较晚，高端材料制备技术发展相对滞后，需加紧突破。

一、新型显示技术概况

随着互联网、物联网以及5G技术的发展，“万物显示”的时代正在快速到来，未来显示屏幕将无处不在，显示产品的应用领域将远不止于计算机、电视、手机、平板等一些基础领域，车载、医疗、穿戴、工控、公共显示等应用领域将给新型显示技术带来更大的发展空间。多元化与新兴的应用场景，催生出多种显示技术，主要包括LCD显示、OLED显示、QLED显示、激光显示、Micro-LED显示等。当前，没有一种显示技术可以覆盖所有的应用场景，不同的显示技术均具有独特的特点及应用领域：第一，LCD液晶显示技术经过多年的发展已进入成熟期，预计在未来很长一段时间仍然占据市场主导地位，主要应用在中大型屏幕的显示设备中。第二，OLED显示技术，在中小屏的显示设备中，蒸镀OLED显示目前已超越LCD成为主流的显示技术；在大屏的显示设备中，印刷OLED有望在3~5年后超越LCD显示实现量产化应用。第三，QLED显示技术，以其较高的色域及色彩还原力且能够满足当前用户对电视尺寸大、超薄超轻的要求，成为全球研究的热点，目前还处在研发阶段，有望成为更新一代的大屏显示技术方案。第四，Micro-LED显示技术是新兴的显示技术，有望首先在超大型屏幕或者AR/VR领域实现产品应用，未来将有可能进一步扩展到可穿戴、车载显示、高阶 TV 等多个领域。第五，激光显示技术，主要针对特定的应用领域，包括大屏幕激光家庭影院、数字电影、展览展示、便携显示终端等。

二、新型显示材料体系概况

新型显示产业经过多年的发展和技术升级，OLED 显示、QLED 显示、激光显示、Micro-LED 显示等正逐渐成为显示产业发展的新动力。不同的显示技术对应不同的产品结构，涉及不同的矿产资源。其中，OLED 显示技术属于自发光显示技术，是在玻璃或柔性基板上通过喷墨打印、有机气相沉积或真空热蒸发等工艺，形成阳极、空穴传输层、有机发光层、电子传输层和阴极。QLED 显示属于自发光显示技术，其基本结构与 OLED 技术非常相似，由基板、阳极、空穴传输层、量子点发光层、电子传输层、阴极组成。Micro-LED 显示技术属于自发光显示技术，其结构是微型化 LED 阵列，也就是将 LED 结构设计进行薄膜化、微小化以及阵列化后，将 Micro-LED 巨量转移到电路基板上，并与电路基板键合连接，形成以 Micro-LED 为发光元件的显示器。激光显示是以红绿蓝三基色（或多基色）激光为光源的新型显示技术，通过控制三基色激光强度比、总强度和强度空间分布即可实现彩色图像显示。

几种新型显示技术基本机构示意图如图 22-1 所示。

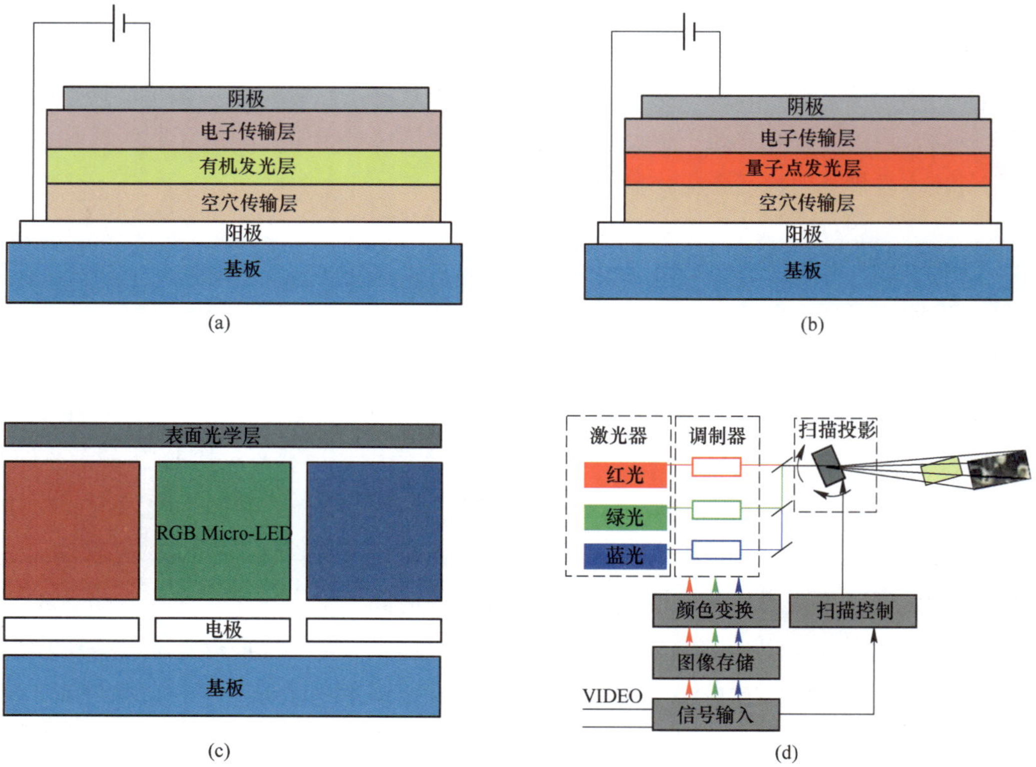

图 22-1　几种新型显示技术基本机构示意图

（a）AMOLED 显示的基本结构图；（b）QLED 显示的基本结构图；

（c）Micro-LED 显示的基本结构图；（d）激光显示的基本结构图

总结上述显示技术，与矿产资源有关的新型显示相关的材料主要分为四类：一是发光材料/器件（OLED 磷光发光材料、量子点材料、Micro-LED、三基色激光器等），二是电极材料，三是 TFT 半导体材料，四是玻璃基板材料。

（一）发光材料/器件

（1）OLED 磷光发光材料为有机材料体系，常用的为包括铱（Ir）、铂（Pt）、钌（Ru）等重金属为中心的金属配合物，因为中心的重金属可以产生强烈的自旋-轨道耦合效应，从而使得原本被禁阻的三重态激子回到基态的辐射跃迁变为允许，化合物在外加能量下发出磷光，即单重态与三重态能量都能以发光形式被利用，内量子效率可达到100%。其中，铱配合物具有三重态寿命较短、发光性能好、光色易调节等优点，成为研究最多、产线应用较成熟的发光材料。

（2）量子点材料为无机材料体系，主要包括四类：Ⅱ-Ⅵ族、Ⅲ-Ⅴ族、Ⅳ-Ⅵ族和Ⅰ-Ⅲ-Ⅵ族。其中，以Ⅱ-Ⅵ族（包括 CdSe、CdTe 等，尤其是基于 CdSe 的核壳结构，例如 CdSe/CdS、CdSe/ZnS、CdSe/ZnSe/ZnS 等）和Ⅲ-Ⅴ族（以 InP 为代表）量子点材料体系在显示技术开发中的应用最为广泛。

（3）Micro-LED 材料体系主要包括衬底和外延材料，目前，GaN 蓝绿光 LED 的衬底一般采用蓝宝石（Al_2O_3）衬底，也有厂家开发基于硅（Si）衬底的外延技术。红光 LED 大多是在 GaAs 衬底上通过金属有机化学气相沉积（MOCVD）生长 AlGaInP 外延层获得。

（4）激光显示的核心是三基色 LD，红光 LD 基于 InP（砷磷化铟）材料体系，采用 InGaP/AlGaInP 量子阱结构。蓝绿光 LD 基于 GaN 材料，采用（In）GaN/InGaN 多量子阱体系。

（二）电极材料

（1）通用布线互连，栅/源/漏电极等需要的如 Mo、Al、Ti、Cu、MoNb 等材料。

（2）阳极材料。为了提高空穴的注入效率，阳极材料需要具有高功函数、高化学稳定性、好的透光性等特性，目前最常用的阳极一般由氧化铟锡（ITO）导电玻璃、高功函的半透明金属（如 Au）、透明导电聚合物（如聚苯胺）组成。聚合物做阳极，可以避免 ITO 不能弯曲的特点而制备柔性显示器件。用掺杂硅作阳极制备有机 OLED 电致发光显示器件，为 OLED 与硅基集成电路的集成化提供了可能。

（3）阴极材料。为了提高电子的注入效率，阴极需采用低功函数材料，以便电子在较低的电压下注入，材料主要是各种金属如 Ag、Al 等以及合金，如镁银合金、镁铟合金和锂铝合金，也有采用层状电极如 LiF/Al、NaCl/Al 等来提高电子的注入效率。

（三）TFT 半导体材料

目前，主流的 TFT 半导体材料主要包括非晶硅 TFT 半导体材料、多晶硅 TFT 半导体材料、金属氧化物半导体材料（如 IGZO、IZO）等。

（四）玻璃基板材料

基板玻璃的主要原料包括石英粉、碳酸锶、碳酸钡、硼酸、硼酐、氧化铝、碳酸钙、硝酸钡、氧化镁、氧化锡、氧化锌等。它们是玻璃的形成物，玻璃的调整物和中间体成分构成了玻璃的主体，决定了该种玻璃的物理和化学性质。

三、关键矿产资源概况

由于新型显示产业及技术范围广，涉及的矿产资源也多种多样，总计有20多种，主要包括贵金属（铱、铂、钌、金、银），有色金属（镉、锡、锑、锌、镍、铜、镁、铝等），稀有金属（镓、铟、钼、钛、铌），半金属（硒、碲、硅），非金属（硫、磷）等。具体如下。

（一）贵金属铱、铂、钌、金、银

铱：属于地壳中最稀有的元素，在地壳中含量仅有$9\times10^{-9}\%$，价格高昂，南非、俄罗斯、加拿大、津巴布韦、美国和澳大利亚储量较多，我国铱资源稀缺。

铂：在地壳中含量极微，在地球化学中是超痕量元素。世界上铂资源最丰富的国家是南非（约占全球铂资源的90%），其次是俄罗斯、加拿大、津巴布韦等国家。

钌：与其他铂族金属伴生在铜镍硫化矿中，作为铂、钯生产过程中的副产品，产量受限于铂、钯，钌的含量比铂低很多，中国是稀缺的国家之一。

金：世界的主要黄金产地包括南非、美国、澳大利亚、中国、俄罗斯等。目前，全球已探知的黄金资源大约为8.9万吨，其中南非金矿资源约占全球金量的50%。中国金矿也不少，每年产量约为200t。

银：全球银矿产资源储量约为560000t（金属吨），主要分布在秘鲁、澳大利亚、波兰、俄罗斯等国家。波兰、秘鲁、澳大利亚银矿储量占据全球储量的60%以上，中国银矿储量约占据全球储量的9%。

（二）有色金属镉、锡、锑、锌、镍、铜、镁、铝

镉：主要矿物有硫镉矿（CdS），贮存于锌矿、铅锌矿和铜铅锌矿石中。镉的世界储量估计为900万吨。亚洲是全球最大的初级镉金属产区，以中国、韩国、日本为主。中国镉储量位列世界第一。

锡：在地壳中的含量为0.004%，全球锡储量约为480万吨，基础储量约为1100万吨。锡矿在全球主要分布在中国、印度尼西亚、秘鲁、巴西、玻利维亚、马来西亚、俄罗斯、澳大利亚、泰国等国家。

锑：根据美国地质调查局2020年发布的数据，2019年全球锑探明储量为150万吨，其中中国48万吨、俄罗斯35万吨、玻利维亚31万吨、澳大利亚14万吨、土耳其10万吨。

锌：根据美国地质调查局2020年的统计数据，世界锌资源总储量2.5亿吨，澳大利亚和中国锌资源储量分别为6800万吨和4400万吨，占世界锌资源总储量的27.2%和17.6%，居世界第一位和第二位。

镍：较为丰富，在地壳中的含量约为0.018%。根据美国地质调查局数据，2019年全球镍的储量为8900万吨。全球镍的储量区域分布较为集中，前三大国家印度尼西亚、澳大利亚、巴西占比均超10%，合计约占全球镍储量的60%，中国镍的储量较少，仅占全球储量的3%。

铜：在地壳中的含量约为0.01%，根据美国地质调查局2020年的统计数据，世界铜资源总储量为8.7亿吨，智利和澳大利亚铜资源储量分别为2亿吨和8700万吨，占世界铜资源总储量的23%和10%，居世界第一位和第二位。中国铜精矿进口需求极大。

镁：资源类型丰富，分布广泛。除了储量丰富的固态含镁矿物，含镁蒸发型矿物（海水，卤水，盐湖）资源可谓是取之不尽。

铝：地壳中含量最丰富的金属元素，含量为8.3%。

（三）稀有金属镓、铟、钼、钛、铌

镓：在地壳中的浓度很低，占地壳总量的0.0015%。它分布很广泛，但不以纯金属状态存在，而以硫镓铜矿（$CuGaS_2$）形式存在。目前公布的镓的世界总储量约为23万吨，我国的镓金属储量居世界首位，占世界储量的80%~85%。

镓生产-产业链如图22-2所示。

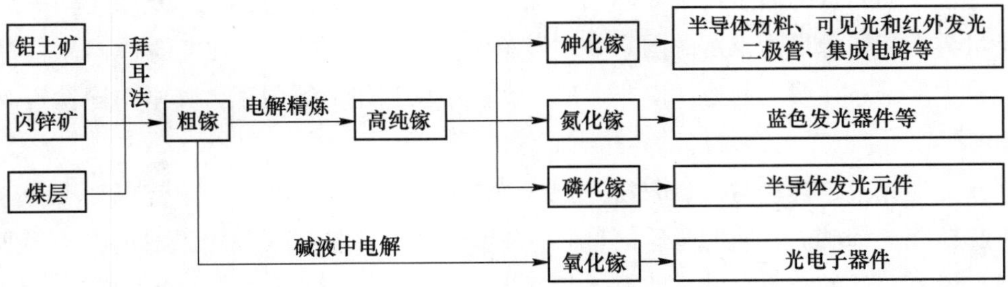

图22-2　镓生产-产业链

初级产业为原生镓（粗镓）的生产，粗镓指纯度为99.9%（3N）和纯度为99.99%(4N）的镓；深加工产业主要指通过进一步电解精炼或拉晶提纯法制得高纯镓及氮化镓、砷化镓、磷化镓、锑化镓等化合物；应用产品指蓝色发光器件、半导体发光元件及光电子器件的制造等。

铟：全球铟资源主要分布于中国、秘鲁、美国、加拿大、俄罗斯等国家，以上五国合计约为8870t，占全球的比例为80.6%。其中储量最多的是中国，储量为8000t，占全球的72.7%。

铟产业链如图22-3所示。

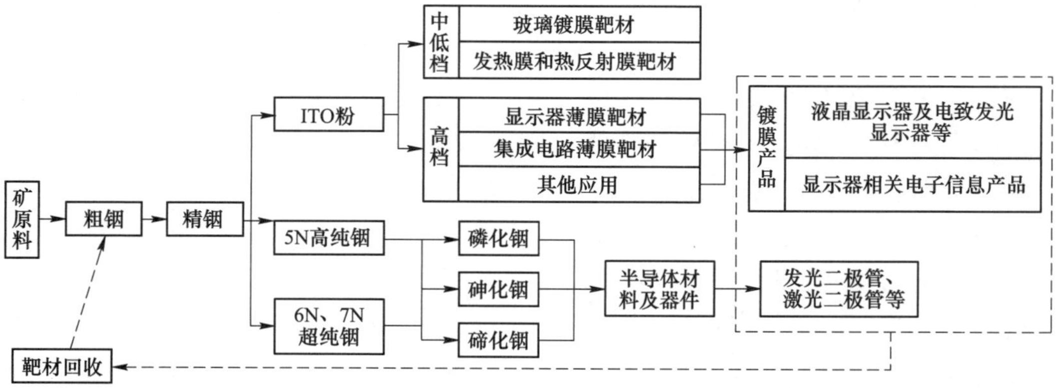

图 22-3　铟产业链

目前精铟制取主要有两种来源，根据不同的制取来源可以分为原生铟和再生铟。原生铟的主要原料为闪锌矿、方铅矿等含铟精矿经冶炼后得到的粗锌、粗铅、炉渣、烟尘、合金、阳极泥、浸出渣、溶液等。再生铟则是从 ITO 靶材废料以及含铟半导体切磨废料、废弃件、合金加工废料、废催化剂中回收提炼，此外还包括废弃含铟的终端产品中的回收提炼。

钼：在地壳中的平均含量约为 0.00011%，已发现的钼矿约有 20 种，其中最具工业价值的是辉钼矿，其次为钨相钙矿、铁钼矿、彩钼铅矿、铂铜矿等。美国地质调查局统计，目前全球已探明钼资源储量约为 1800 万吨，其中我国在 2020 年钼的全球供应中占 41%。中国是世界上钼资源最为丰富的国家，钼资源储量为 830 万吨，占比 46%。

钛：主要分布在澳大利亚、南非、加拿大、中国和印度等国家，其中中国钛资源总量为 9.65 亿吨，居世界之首，占世界探明储量的 38.85%。

铌：在地壳中的含量为 0.002%，主要矿物有铌铁矿、烧绿石、黑稀金矿、褐钇铌矿、钽铁矿和钛铌钙铈矿。目前的全球储量只有 430 万吨，并且 95%铌资源都集中于巴西，巴西的铌产量占全球的 90%。我国铌基本依靠进口。

（四）半金属硒、碲、硅

硒：在地壳中的含量为 0.05ppm[1]，通常极难形成工业富集。2019 年全球硒储量为 99000t，产量为 2800t。其中，中国、日本、德国、比利时、俄罗斯五个国家硒产量总和占全球总产量的 83.9%，是全球硒产量的主要来源国家，中国硒产量占全球总产量的 33.2%，占比最大。

碲：全球碲主要生产国有中国、日本、俄罗斯、瑞典、加拿大、保加利亚和南非七个国家，2019 年七国碲产量的总和占全球总产量的 98.94%，其中，中国碲产量占全球总产

[1] $1ppm = 10^{-6}$。

量的61.70%，占比最大。

硅：以复杂的硅酸盐或二氧化硅的形式，广泛存在于岩石、砂砾、尘土之中。硅在宇宙中的储量排在第八位。在地壳中，它是第二丰富的元素，构成地壳总质量的26.4%。

（五）非金属硫、磷

硫：硫矿是一种基本化工原料。在自然界，硫是分布广泛、亲合力非常强的非金属元素，中国硫资源十分丰富，储量排在世界前列。

磷：磷在生物圈内的分布很广泛，地壳含量丰富，位列前10，主要以磷酸盐形式存在于自然界中，地壳中含磷矿物大约有120种。

第二节　全球新型显示材料产业发展动态及趋势

一、全球新型显示材料产业市场状况分析

在显示技术进步和市场应用引导的双重作用下，全球显示关键战略材料需求不断扩大，据UBI Research预计，OLED发光材料市场2021年将增长41.8%，消耗将从2020年的73t增加至2021年的102t。据CINNO Research预测，至2024年全球量子点显示材料用量将突破22t，年均复合增长率达到52%。据Yole预测，至2025年基于Micro-LED技术的产品将逐步上市，出货量可达3.3亿只模组，Micro-LED显示市场产值将超过100亿美元。2017~2019年激光电视销量同比增长了162%、483%、106%，极大带动了相关关键材料的发展，到2022年激光显示用三基色半导体激光器（LD）年需求量超过50亿只。预计截至2026年，我国显示产业用靶材规模复合增长率维持在15%~20%，我国显示产业用靶材行业市场规模达395亿元。另外，TFT与玻璃基板等材料需求量也将继续攀升。

二、全球新型显示材料产业最新技术进展

（一）OLED显示关键材料

鉴于金属配合物的突出性能，并可以通过对配体的简单结构修饰即可实现对金属配合物磷光材料发光性能及颜色的调控。不论是产业界和学术界，均通过向磷光发光材料注入铱（Ir）等重金属原子以提高光能发光效率。目前，Ir磷光材料占据了OLED磷光发光材料的霸主地位。但是，作为自然丰度最低和价格最高昂的贵金属之一，铱存在获取难度大、性能受限、材料价格高昂、技术选择性单一等问题。因此，近年来基于过渡金属（铂、钌、金等）的OLED磷光材料得到了迅猛的发展。

（二）QLED显示关键材料

目前使用的量子点材料主要有硒化镉（CdSe）系列和磷化铟（InP）系列，两种量子点各有优劣势，硒化镉材料体系开发更为成熟，具有更优的材料光学性能以及对应的器件

性能；磷化铟则由于不含重金属镉更为环保，且不受欧盟 ROHS 标准限制，但在材料光学性能以及器件性能上相比硒化镉体系仍有差距。国内在高性能 QLED 量子点材料及器件的开发上处于全球领先水平，包括 TCL 工研院、杭州纳晶、苏州星烁、广东普加福等都拥有自主开发的高品质量子点显示材料。国外从事量子点显示技术的公司主要包括韩国 Samsung、美国 Nanosys、英国 Nanoco 以及美国 NanoPhotonica。与国内量子点公司主要开发含镉量子点材料所不同，国外量子点公司主要集中于无镉量子点材料及器件的开发上，其技术水平目前领先于国内。

量子点材料的合成制备方法如图 22-4 所示。

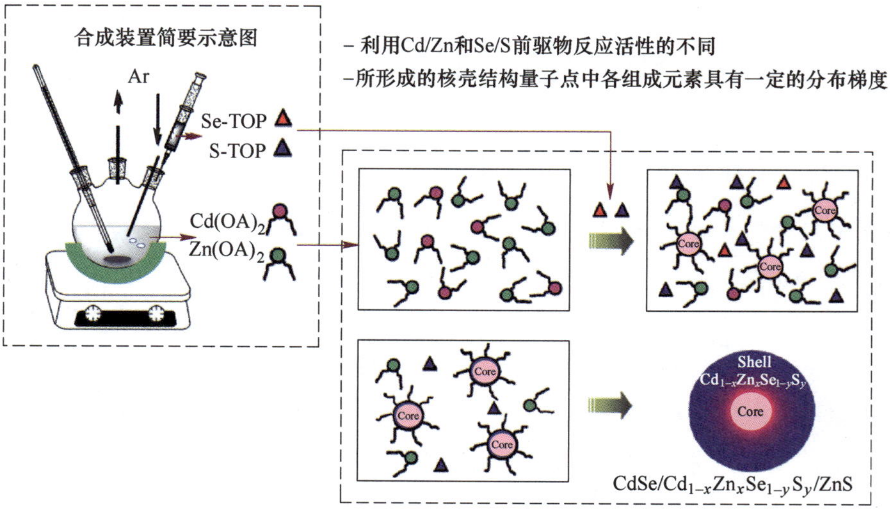

图 22-4 量子点材料的合成制备方法

（三）Micro-LED 显示及关键材料

Micro-LED 显示技术产业链可分为上游的外延和芯片制造、中游的巨量转移及面板制造和下游的整机应用。目前，全球 Micro-LED 显示技术处于开发初期论证阶段，上游与中游均缺乏相应的配套技术，开发 Micro-LED 显示技术必须整合产业链进行合作开发。未来 Micro-LED 显示的发展不单只涉及与竞品技术的竞争，也牵涉产业链与生态的竞争。

Micro-LED 显示器制备流程如图 22-5 所示。

（四）激光显示及关键材料

激光显示关键材料方面，三基色 LD 是激光显示产业化核心，其中红光 LD 基于技术要走向产业应用，亟待解决红绿蓝三基色光源、超高清视频图像技术、配套关键材料与器件、总体设计与集成这四大关键技术。

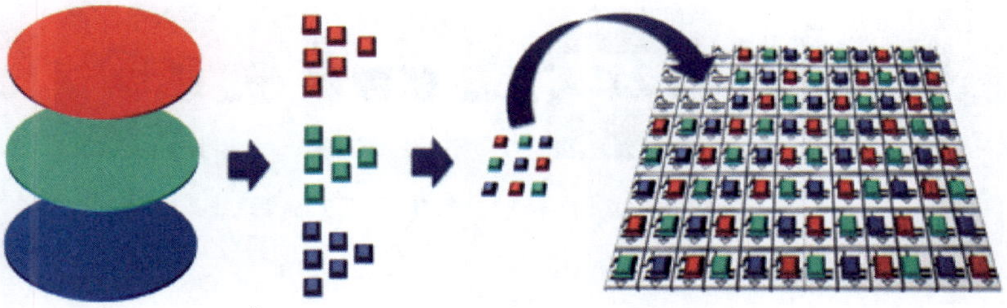

图 22-5　Micro-LED 显示器制备流程

（五）电极材料

目前，制备新型显示电极所使用到的靶材主要品种有钼靶、铝靶、铝合金靶、铜靶、铜合金靶、钛靶、铌靶和氧化铟锡（ITO）靶材等。平板显示器对于溅射靶材的纯度要求为 99.999%(5N) 以上，并且随着靶材尺寸的增大，对溅射靶材的焊接结合率、平整度等指标也提出了更高的要求。

（六）TFT 半导体材料及技术

目前非晶硅（a-Si）TFT 技术制备工艺成熟，相对简单，成品率高，适合于大面积生产。低温多晶硅（LTPS）TFT 技术亦相对比较成熟，产品集中在小屏幕，良品率低。铟镓锌氧化物（IGZO）TFT 技术刚刚起步，虽然已经部分商用，但是工艺尚未成熟。

（七）玻璃基板材料

玻璃基板属于技术密集型行业，有极高的进入壁垒，生产设备需要玻璃基板厂商自主研发。美国康宁、日本旭硝子和 NEG 等企业生产技术先进，远早于其他企业形成量产。

三、全球新型显示技术材料产业供应链情况

（一）OLED 显示关键材料

OLED 面板所需的有机发光材料在生产上分为中间体、升华前材料和终端材料三个阶段。中间体材料生产工艺简单，技术壁垒小，但无法直接供面板厂商使用。经过化学合成和升华提纯工艺后，制备成终端材料可以直接用于 OLED 显示和照明等领域。其生产工艺流程如图 22-6 所示。

作为技术壁垒较高的领域，目前全球蒸镀 OLED 材料的专利基本被韩、美、德、日等国家企业所掌控，其中，红/绿铱磷光材料占据了 OLED 发光材料的霸主地位，市场份额接近 100%，主要被 UDC 等公司垄断；蓝色荧光材料市场则被出光兴产、SFC、默克等所占领。

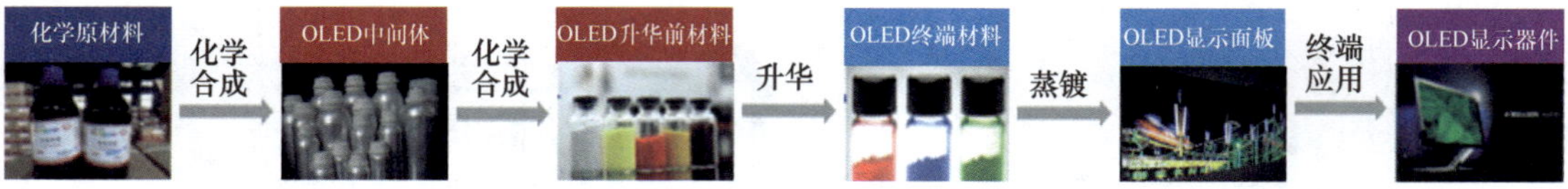

图 22-6 OLED 显示材料生产工艺流程

（二）QLED 显示关键材料

光致发光材料已实现商业化应用，主要用于量子点增强背光源。量子点背光膜片厂商主要有韩国 SKC、日本日立化成等。电致发光材料，各国均投入大量的人力物力开展研究，国际上主要有 Samsung、Nanosys 和 NanoPhotonica 三家创新企业。

（三）Micro-LED 显示及关键材料

Micro-LED 显示正处于发展孕育期，广阔的市场前景使全球各类企业纷纷加速战略布局，谷歌、Facebook、苹果、三星、欧司朗等公司纷纷投资或收购 Micro-LED 初创公司；Mikro Mesa、Plessey、镎创科技、JDC 等小企业通过融资快速成长。

（四）激光显示及关键材料

日本的索尼、Oclaro、日立和三菱等公司红光 LD 研究方面处于领先地位；日本 Nichia 公司、德国欧司朗公司在 GaN 基蓝、绿光 LD 研究方面处于领先地位，其性能指标均可满足激光显示需求。

（五）电极材料

当前电极材料用靶材领域的竞争格局以攀时、世泰科、日立、贺利氏、爱发科、住友化学、三井、日矿、JX 金属、KV（韩国）、优美科等为代表的国外少数几家跨国集团占据主导地位，其中攀时、世泰科等厂商是全球钼靶材的主要供应商，住友化学、爱发科等厂商占据了全球铝靶材的大部分市场，三井、日矿、光洋、KV（韩国）、优美科等厂商是全球 ITO 靶材的主要供应商，爱发科、JX 金属等厂商是全球铜靶材的主要供应商。

（六）TFT 半导体材料及技术

日本夏普公司的金属氧化物 TFT 技术（IGZO）最为领先；韩国的 LG、三星，中国台湾的友达均成功将 IGZO 技术应用于电视中，实现了量产。全球面板巨头都在加速布局金属氧化物技术，介入氧化物 TFT 技术的研发，专利申请量大幅增长。

（七）关键配套材料玻璃基板

全球 TFT-LCD 用玻璃基板市场份额方面，90%以上集中在美国康宁，日本旭硝子、电气硝子、安瀚视特等几大厂商，而欧洲多是与日本厂家合作，份额尚不足1%。

第三节　我国新型显示材料产业基础与发展现状

一、产业规模情况

当前，中国新型显示产业累计投资总额已超过1.3万亿元，2020年中国大陆新型显示产业营收4460亿元，产业规模世界第一，但整体集中在产业链中下游，上游关键材料和装备国产化率较低，面临着“大而不强”的局面。

二、技术进展情况

（一）OLED显示关键材料

我国OLED材料企业技术积累薄弱，核心专利产品较少，以仿制或者技术含量较低的中间体和单体粗品为主，供应给韩国、日本、美国、德国厂商。近期，随着国内产业链的日趋成熟，鼎材科技、华睿光电、三月光电、奥来德、夏禾、阿格蕾雅等企业逐步突破封锁，成功开发了具有自主知识产权，又能够达到与国外材料厂商相同性能的OLED材料，已经被少数国内面板厂商所采用。印刷OLED材料方面，整体发展与国际水平还有一些差距，但差距不大。

（二）QLED显示关键材料

目前，我国在QLED显示材料技术上已处于国际领先地位。以京东方、TCL为代表的国内面板龙头企业在面向产业化应用需求的QLED显示技术开发方面进展迅速，产业化进程持续加速。

（三）Micro-LED显示及关键材料

目前全球LED外延及芯片行业，中国大陆厂家占据了绝对的市场优势。得益于传统LED技术及市场积累，通过对现有LED相关产线改造升级，在Micro-LED显示材料方面的开发，已经基本上实现与国外同步。其中，三安光电、华灿光电、乾照光电等传统LED外延及芯片公司已较早投入Micro-LED芯片研发，并已具备小批量出货能力。

（四）激光显示及关键材料

三基色LD光源等领域研发并取得了重要突破，但是在功率、寿命等关键指标尚需进一步提高，以期满足激光显示整机实用化需求。其中，红光LD方面，中科院半导体所、深圳瑞波公司以及山东华光光电子等单位代表国内最高水平，2016年深圳瑞波公司在国内首次实现国际先进水平的638nm红光LD；山东华光光电子公司已经实现了640nm红光1W以上LD量产。在蓝绿LD方面，国内中科院苏州纳米所、半导体所等先后研制成功了

GaN 基紫光、蓝光和绿光 LD；中科院苏州纳米所研制的蓝光 LD 寿命已超过 5000h，单管最大输出功率为 1.5W；2021 年中科院苏州纳米所已研制成功 GaN 515nm 绿光 LD，目前最大输出功率达到 700mW。

（五）电极材料

经过多年的技术积累和研发投入，我国溅射靶材龙头企业目前已经拥有了自主专利的靶材产品，目前在半导体、面板等多个领域已经初步具备和国际靶材巨头同等的竞争水平。但国内还没有完全掌握 ITO 靶材的生产技术，产品均以低端靶材为主，不能够满足显示面板需求。

（六）TFT 半导体材料及技术

第一代非晶硅（a-Si）TFT 经过京东方、TCL 华星等面板厂 10 多年的发展，通过面板引进、消化、再吸收，现在技术已经领先。第二代低温多晶硅 LTPS 技术也通过国内龙头面板厂的努力，相关技术水平也赶上国外龙头企业，正处于齐头并进状况。第三代金属氧化物 TFT 技术，国内则刚处于起步阶段，并且大部分都是走技术授权路线（IGZO 氧化物技术），新视界自主研发了新型 Ln-IZO 金属氧化物 TFT 材料和阵列技术，掌握了 Ln-IZO TFT 驱动的柔性和透明 AMOLED 显示技术，形成了自主知识产权。

（七）玻璃基板材料

目前国内的凯盛科技集团和彩虹股份也具备了 8.5 代 TFT-LCD 玻璃基板有关的生产技术，并已建成第一座 8.5 代 TFT-LCD 玻璃基板生产基地。相较于康宁、旭硝子等国外公司，国内相关核心技术仍具有较大提升空间。

三、供应链情况

（一）OLED 显示关键材料

我国企业早期主要集中在 OLED 有机发光材料中间体和前端材料领域，在利润较高的 OLED 有机发光材料成品（终端材料）领域占比较低。

（二）QLED 显示关键材料

我国在量子点材料、QLED 原型器件、打印技术等方向处于国际领先地位。国内纳晶科技已建成全球量产规模最大且生产成本最低的光致量子点浓缩液生产基地（达 150t/a），其量子点背光膜片的技术已经和国外厂商持平且成本更低。广东普加福作为我国量子点和其他纳米金属氧化物半导体新材料的核心企业，在量子点材料方面拥有完整的产业链条优势，具备量子点材料和量子点膜一体化量产生产能力。

（三）Micro-LED 显示及关键材料

虽然我国 Micro-LED 技术的发展起步相对较晚，但面临重大机遇。目前我国传统的显示产业规模已经处于全球领先，LED 行业规模也处于全球领先，这些都为我国 Micro-LED 的快速发展打好了技术、产业、应用等方面的需求基础，特别是近年来我国以 GaN 蓝光 LED 为代表的第三代半导体材料技术进步明显，产能充足，都成为我国 Micro-LED 快速发展非常有利的条件。

（四）激光显示及关键材料

目前，高性能、低成本三基色半导体激光器是激光显示走向规模化量产的核心器件，亟需发展铝镓铟磷红光、铟镓氮蓝绿光三基色 LD 量子阱材料器件。

（五）电极材料

国内企业目前通过相关认证，已部分切入下游企业，江丰电子的铝靶、铜靶、钛靶等产品已经与平板显示领域的主要生产商阿石创和京东方合作，在铝靶材、钼靶材及 ITO 陶瓷靶材项目上持续放量，四丰电子给京东方、TCL 华星、天马微电子、信利等企业供应钼靶材；晶联光电平面 ITO 靶材已经开始部分采用。随着国内企业技术进步，陆陆续续切入主流的下游面板厂商，预计与海外靶材生产商差距进一步缩小，未来几年中国靶材市场或将保持快速增长。

（六）TFT 半导体材料及技术

第一代非晶硅（a-Si）TFT 面板产量、产值已经跃居世界第一位。第二代低温多晶硅 LTPS 国内也有相关产品产出。第三代金属氧化物 TFT，国内处于起步阶段，京东方、熊猫液晶显示、TCL 华星、天马微电子等企业开发或者建立产线都是基于 IGZO 的 TFT 技术。

（七）玻璃基板材料

近年来玻璃基板国产化进程加快，彩虹集团、东旭集团、中国建材国际工程集团等本土企业在中小尺寸面板市场份额已达 80%，而高世代液晶面板生产线、AMOLED 无碱玻璃技术工艺及生产技术上还有待突破。

第四节　我国新型显示材料产业链与供应链存在的问题分析

一、OLED 显示发光材料受制于国外企业专利垄断

以全球矿产资源稀缺的铱（Ir）、铂（Pt）、钌（Ru）等重金属为中心的金属配合物

的 OLED 发光材料专利基本被国外厂商垄断，主要企业有 UDC、斗山、LG、默克、三星 SDI、陶氏化学等。以 UDC 为例，其在全球拥有超过 5000 项已发行及申请中的专利许可及独家授权专利，包含磷光 OLED 领域的绝大部分专利，涵盖发光材料、封装、柔性 OLED、印刷工艺等多个领域。UDC、默克等公司的磷光材料占据了 OLED 发光材料的霸主地位，市场份额接近 100%。

二、资源储量较多，但高端材料制造水平落后

我国铟、镓金属的储量居世界第一位，占全球供应量的 80%~85%，但 70%以上的铟出口日本，85%以上的镓消耗量在美国和日本。目前，高品质的 ITO 靶材制备技术还只掌握在少数国家手中，如日本、美国、德国等。我国在 ITO 靶材制备技术起步较晚，高性能 ITO 靶材需经国外加工后进口回国，国内生产的 ITO 靶材只能用于低端产品的生产。

三、产业层次和技术水平较低

在现阶段，全球新型显示有机发光材料的话语权和利润基本被海外厂商掌握，我国新型显示材料产业的层次和技术水平较低。主要有：OLED 材料方面，国内企业主要供应 OLED 材料的中间体和单体粗品，然后销往欧、美、日、韩等地的企业，由这些企业进一步合成或升华成单体，而国内面板生产企业将单体采用蒸镀或印刷工艺在基板上形成 OLED 材料层；TFT 材料方面，国内 IGZO 氧化物背板技术仍采用技术授权路线，拥有自主知识产权、适用于产业化应用的高性能背板驱动技术有待突破；玻璃基板方面，国内自主开发的适用于新型显示高世代玻璃基板的性能及生产工艺技术距离产业化应用仍有距离。

四、下游面板企业认证周期长，缺乏关键中试验证环节

由于新型显示器件结构复杂，涉及的材料多种多样，上游材料厂商开发出的新材料只有与面板厂商的其他材料相匹配，才有可能进入面板厂商的材料供应体系。以有机电致发光器件为例，具体各层的性能要求如下：（1）空穴注入材料的性能要求为降低 ITO 阳极与空穴传输层之间的界面壁垒，使 ITO 与空穴传输层之间形成欧姆接触，增大空穴注入能力；（2）电子注入材料的性能要求为降低阴极注入电子的势垒，使电子能从阴极有效的注入到 OLED 器件中；（3）空穴传输材料的性能要求为较高的热稳定性、能真空蒸镀形成无孔薄膜，合适的迁移速率，有利于空穴传输、阻挡电子，合适的 HOMO（已占有电子的能级最高的轨道）、LUMO（未占有电子的能级最低的轨道）能级，与注入层及发光层匹配；（4）电子传输材料的性能要求为具有较高的电子迁移率，保证电子较易传输，合适的 HOMO、LUMO 轨道，利于电子的注入、阻挡空穴进入，三线态能级要比主/客体高，防止激子扩散进入传输层，要具备较好的成膜特性和热稳定性；（5）发光材料的性能要求为 HOMO 和 LUMO 值要与相邻的空穴和电子传输层相匹配，对空穴和电子具有比较平衡的传输能力，能有效的实现主、客体之间激发态的能量转移，也要有较好的热稳定性和成

膜性。

另外，新型显示材料整个的认证周期长，要经过样品、小试、中试、小批量供货、批量供货五个阶段，一种新材料从验证到进入产线，大约需要1年的时间，而真正大批量供货的时间则可能长达2~3年。在如此长的认证周期下，一旦某家发光材料企业进入面板厂商供应体系，在较长时间内不易被替换，缺乏关键的中试、验证环节，极大阻碍了新材料的研发成果向产业实际输出与应用。

第五节　我国新型显示材料产业中长期发展重点任务

铱、铂、钌、镓、铟等关键矿产资源作为新型显示关键材料的基础，是支撑新一代大尺寸/广色域/超高清/柔性等显示终端的关键核心资源，是实现战略新兴产业创新驱动发展战略的重要物质基础。中国近10年打造了全球最大、产能最高、发展最快的新型显示产业，离不开铱、铂、钌、镓、铟等为代表的关键战略材料的发展。

一、加强基础研究，建立自主材料体系

OLED发光材料方面开发以金等资源丰富的金属配合物为核心的高性能主/客体材料，以替代铱、铂、钌体系的新型发光材料。同时，积极布局下一代OLED材料技术，如TADF（热活化延迟荧光）材料及新一代TASF（热活化敏化荧光）材料等。

二、提升全产业链工艺与制备技术创新

通过不断创新的新型显示全产业链制造工艺与制备技术，提升新型显示产业供应链的整体层次与技术水平。一是积极开展新型显示材料提纯、升华等技术攻关，实现新型显示关键发光材料由单体、粗品向高端产品的延伸，提升新型显示材料产业的层次和技术水平；二是继续开展ITO高端靶材制造技术的自主研发，同时开展纳米银线、金属网格、碳纳米管以及石墨烯等替代ITO材料的研发，克服ITO薄膜不适用于可挠式显示器应用等本质问题；三是自主攻克高效率、高稳定性、加工性好的红绿蓝三基色LD核心材料体系，突破材料基础核心技术；四是加快TFT和玻璃基板等关键配套材料核心技术开发，获得自主知识产权。

三、充分发挥国家级平台作用，加速国产材料验证及产业化

充分发挥国家级创新中心的引领作用，以国家新型显示技术创新中心为主体，构建新型显示创新公共平台，打通新型显示上下游全产业链，解决国产新型显示材料研发周期长，导入下游面板厂商风险高，从研发到产业应用缺乏关键中试验证环节等问题，促进国产材料的研发成果向产业实际输出与应用。

第六节 供应链高质量发展建议

一、加强顶层设计，发挥新型举国体制优势

新型显示产业具有产业规模大、经济带动性强、技术集成度高的特点，需要加强对新型显示技术及产业未来发展趋势研判，对产业发展进行规划和顶层设计，建立国家引导、投入稳定增加的研发新机制，各级政府能够在保持产业支持政策延续性的同时，加大对国内具有自主创新能力与核心技术企业的政策支持力度，与企业自主创新形成合力，形成社会多元投入支持的矿产、材料、技术、器件到产业的良好局面。

二、加大核心技术研发力度，提高自主创新能力

为了继续保持在新型显示材料领域的技术和产业优势，应注重应用驱动，加大新型显示关键材料的国产化技术研究，在短期内补足短板；同时，布局 QLED 显示、Micro-LED 显示、激光显示等前瞻性显示技术，从而在远期形成先发优势。

三、建设专利池，制定标准与规范

知识产权是自主可控发展我国新型显示产业的导引和抓手。未来应重点围绕新型显示核心材料及产业开展全链条布局，突破核心技术制约，建设完整的新型显示专利池、技术标准和规范，加速推动我国新型显示技术及产品全球化，取得国际话语权。

四、全面构建显示产业生态体系，实现可持续发展

围绕我国新型显示全产业链，以国家新型显示创新中心为核心，以关键材料为基础，上承材料/装备，下启整机/终端，加强新型显示创新技术研发，解决产业化共性关键技术，布局前瞻性技术，培养创新团队和人才，最终全面形成具有自主知识产权的覆盖新型显示上下游的产业生态体系，支撑产业聚集，实现我国显示产业由大到强的跨越式发展。

五、以“碳中和、碳达峰”为宗旨，倡导绿色发展理念

牢固树立“人与环境和谐共生”的绿色低碳发展新理念，重视关键战略材料研发、制备和使役全过程的环境友好性，提倡重点发展绿色生产工业和流程，提高资源能源利用效率，促进关键战略材料可再生循环，改变高消耗、高排放、难循环的传统发展模式，走低碳环保、节能高效、循环安全的可持续发展道路。对依靠能源、资源和环境高消耗的关键战略材料，实施集中突破，建立资源节约和环境友好型的技术体系与产业生态体系，实现有序和可持续健康发展。

第二十三章　碳基及二维材料发展形势与建议

第一节　碳基及二维材料矿产资源概况

近年来，随着各类新型材料在科学研究、工程技术、产业应用方向的快速发展，各国竞相开展基于碳基及二维材料的矿产资源勘测及开发。其中，以石墨烯为代表的碳基及二维材料原材料矿产资源丰富、分布广泛，成为新一代关键矿产资源和全新功能材料的竞争高地。

石墨具有耐高温性、导电导热性、润滑性、化学稳定性等特性，是加工制备石墨烯、润滑、密封、导电、吸附、超高温电极、耐火、人造金刚石、核材料、锂离子电池和超级电容等功能材料和关键基础材料的原料。目前，石墨消费重心正在从传统产业向战略性新兴产业转移，正因如此，石墨已成为一种备受关注的资源。

全球石墨矿产资源丰富且分布广泛，土耳其、巴西、中国、印度、墨西哥等国均有石墨资源分布。石墨资源种类繁多，其中晶质石墨矿床主要蕴藏在中国、乌克兰、斯里兰卡、马达加斯加和巴西等国，隐晶质石墨矿床主要分布于印度、韩国、墨西哥、奥地利和中国等国家。石墨总储量分布相对集中，美国地质调查局 2020 年的数据显示，全球石墨储量约为 3.2 亿吨，其中土耳其 9000 万吨，占比为 28.12%；中国 7300 万吨，占比为 22.81%；巴西 7200 万吨，占比为 22.50%；土耳其、中国、巴西这三国的石墨总储量占全球储量的 73.43%。

中国的石墨资源丰富，实际储量可能要高于美国地质调查局公布的结果。根据《中国矿产资源报告 2020》的数据，2019 年我国晶质石墨勘查探明资源储量约为 5.3 亿吨，勘查新增探明资源储量为 0.92 亿吨。重新测算的结果显示，中国石墨资源在全球占比超过 60%。在国内，石墨资源的分布较为集中，主要分布在黑龙江、内蒙古、四川、山西、山东等省（区），其勘察探明资源储量均在 1000 万吨以上。2019 年，全国新发现了包括新疆奇台黄羊山石墨矿在内的七处石墨矿产地，丰富了我国的石墨矿产资源储量。

另外，全球的天然石墨生产主要集中于中国、莫桑比克和巴西三国。根据美国地质调查局 2020 年的数据，全球石墨矿年产量为 110 万吨。中国、莫桑比克和巴西三国合计 90 万吨，占全球总产量的 81.8%，其中，中国 70 万吨，占比 63.6%，居主导地位。中国现有六大石墨生产基地，分布在黑龙江、山东、湖南、内蒙古和吉林 5 个省（区）；除湖南省和吉林省磐石市主要生产隐晶质石墨外，黑龙江省鸡西市和黑龙江省萝北县、山东省平度市、内蒙古自治区兴和县等其他四大产区均是晶质石墨生产基地。

氮化硼具有高耐磨性、润滑性佳、电绝缘性优良、高频损耗低、较高热导率以及安全无毒等特性，被广泛地应用于石油、化工、机械、电子、电力、纺织、核工业、航天等产业。氮化硼没有天然的矿产资源，工业上主要利用硼砂-尿素法、水热合成法、化学气相沉积法、静态高压触媒法及高温热解法等人工合成不同构型的氮化硼。硼矿作为合成氮化硼的重要原料，决定着氮化硼产量的上限。硼是一种重要的稀有非金属元素，在地壳中的含量约为 0.001%，因此硼矿属短缺矿产。根据美国地质调查局的统计数据，2017 年全球硼矿储量达到 11 亿吨（数值为估算值），且分布比较集中，主要集中在土耳其、中国、美国、俄罗斯、智利等国。其中土耳其硼矿储量 9.5 亿吨，占比约为 82.7%，中国硼矿储量 0.78 亿吨，占比约为 6.8%（根据《中国矿产资源报告 2018》的数据）。

第二节 全球碳基及二维材料发展动态及趋势

碳基及二维材料种类丰富，涵盖导体（石墨烯）、半导体（碳纳米管、金属硫族化合物）、绝缘体（六方氮化硼）等，各自拥有优异的光学、电学、热学性能。其中石墨烯是零带隙半金属，具有超高迁移率、极好导电性，并且是已知最薄的二维材料；碳纳米管则具有超高机械强度、超高热导率，并且可以通过结构调控电学性能，是一种储氢材料；金属硫族化合物是半导体材料，具有可见光带隙，可吸收强光；六方氮化硼是绝缘体材料、带隙约 6eV、具有极好导热性与极高硬度。相对于低维材料，他们种类丰富、结构稳定、性能优异。

此外，碳纳米管具备广阔应用市场。目前，市场上基于碳纳米管的典型产品包括碳管粉体、碳管/石墨烯导电浆料、碳管导电母粒等一系列产品。该系列产品主要面向锂离子电池、抗静电/导电塑料、超电容器、体育用品、铅酸电池、静电喷涂聚合物、燃油系统部件、抗静电涂料等市场需求。另外，世界各国也在争相发展基于碳纳米管芯片的前沿器件应用探索。目前，IBM 公司与北京大学等均已开始布局，中美起点基本相同。在通信技术领域，碳纳米管射频器件的频率可以提升至太赫兹，结合太赫兹波独特的高速传输优势，碳纳米管将在 6G 时代提供高速、低能耗、高集成度的芯片技术。在逻辑元件领域，碳纳米管晶体管有希望取代现有的硅基 CMOS 器件，实现上千倍的芯片性能提升。

目前，二维材料产业现状为：（1）超薄二维光电探测器方向，基于单层二硫化钼光电探测器已具有超高探测灵敏度；（2）柔性器件与智能可穿戴器件方向，已实现晶圆级二硫化钼柔性晶体管阵列及逻辑器件制备；（3）绿色能源与环境保护方向，已可用于重金属离子与有机污染物吸附、光催化等领域。目前上述产业大都处于技术探索期，尚未形成规模化应用方向。

对于石墨烯而言，应用场景主要分为两类：（1）升级的石墨，主要应用于锂离子电池、太阳能电池、涂层、导热石墨纸（华为、小米）、复合材料等，产值约 100 亿元；（2）本征石墨烯，主要应用于柔性芯片、电子芯片、原子涂层、TFT-LCD 等，产值约 20000 亿元。升级石墨应用主要是资本推动型，存在产业密集、产能过剩等问题；本征石墨烯主要面向于未来全新器件应用，属于科研成果推动型，目前的问题是缺乏颠覆性突破。举例而言，石墨烯在能源存储领域具有重要应用前景，应用场景主要在石墨烯改性电极、石墨烯复合集流体和电解质添加剂，典型产品包括康飞宇团队负极材料、墨希石墨烯涂层铝集流体、鸿纳科技石墨烯添加剂等，广汽埃安已经在设计制造石墨烯动力电池。石墨烯有望为能源存储领域带来技术进步，而更加前沿、更加高精尖的应用还有待进一步探索。

全球石墨烯发展势头迅猛，已经有 170 多个国家和地区在开展石墨烯的研究与应用。据预测，2023 年全球石墨烯市场规模将超过 13 亿美元。这些国家里，英国的基础研究居于世界领先水平，但产业化应用推进较慢。欧盟对石墨烯研究起步较早、系统性强，且提升至战略高度，2013~2023 年投入 10 亿欧元开展“石墨烯旗舰计划”。美国对石墨烯的研究投入较早，产业布局多元化，产业链相对比较完整，2006~2011 年，美国国家自然科学基金会和国防部立项支持了 200 多个石墨烯项目。韩国对石墨烯的产学研结合紧密，基础研究及产业化方面发展较为均衡，计划投入超过 2.5 亿美元，并将石墨烯列为未来五大产业领先技术开发计划的重要一项。日本是石墨烯研究最先进的国家之一，产业发展较为全面，日本学术振兴会从 2007 年开始支持石墨烯研发项目。中国是石墨烯产业发展最为活跃的国家之一，产业化进程全球领先，已投入 2.1 亿元推动石墨烯项目产业化，全国已有相关企业及单位 12000 多家（2020 年）。

目前全球石墨烯产业代表性企业有：中国常州二维碳素科技股份有限公司，主营触摸屏、石墨烯透明导电薄膜、石墨烯传感器；重庆墨希科技有限公司，主营触摸屏、电子元器件、石墨烯导电薄膜；无锡格菲电子薄膜科技有限公司，主营石墨烯导电薄膜、石墨烯传感器、电磁屏蔽材料、触摸屏、可穿戴电子产品；南京吉仓纳米科技有限公司，主营石墨烯纸、氧化石墨烯、铜箔基底石墨烯与转移石墨烯膜；合肥微晶材料科技有限公司，主营石墨烯纳米银线复合柔性透明导电膜、各类基底石墨烯薄膜。韩国的三星电子株式会社，主营石墨烯薄膜、触摸屏、晶体管；Graphene Square 公司，主营铜箔基底石墨烯、各类基底石墨烯膜、柔性透明电极、阻隔材料及涂层、生化传感器。日本的索尼公司，主营透明导电膜、触摸屏。瑞典的 Graphensic AB 公司，主营 SiC 外延生长石墨烯。美国的 Bluestone Global Tech 公司，主营石墨烯薄膜、电子纸、柔性显示智能玻璃、发光电极、柔性传感器件、高速晶体管。西班牙的 Graphenea 公司，主营铜基底石墨烯晶圆、各类基底石墨烯膜、氧化石墨烯、石墨烯传感器。

目前，碳基及二维材料的全球市场规模稳步提升。石墨烯的全球市场规模扩张增速显著，产业链主要聚焦“高精尖”应用研究。国内外团队不断涌现，寻求迅速抢占市场。有模型预测，石墨烯市场会持续保持快速增长态势。碳纳米管从合成到应用发展已近 30 年，全球市场规模较大且趋于完善。国内以彭练矛院士为代表的团队，不断验证碳纳米管器件的可能性，为碳纳米管市场注入了新的活力。其他二维材料市场较为稳定，主要应用于高温涂料和电子电气领域，且近几年终端产业的发展推动绿色材料需求攀升，高端芯片级的研究也将开始发展。

第三节　我国碳基及二维材料产业基础与发展现状

我国碳基及二维材料产业发展的主要内容分为基础研究、制备工艺和物性应用三个方面。自从2004年石墨烯问世以来，二维材料的研究热潮席卷全球，国内的各大高校研究院开始着重研究石墨烯、碳纳米管、六方氮化硼、过渡金属硫族化合物等碳基及二维材料。无论是在这些二维性质的测量还是对叠层器件的搭建与其内部的物性研究，在国内都有了巨大的进展。伴随着能谷电子学、自旋电子学等基于二维材料的新兴物理学研究发展加快，国内碳基及其二维材料的基础研究也同时跟上了时代的步伐，能够自主地研究二维材料中丰富的自旋、输运、光电、热传导等物理性质。我国在材料生长制备方面也有很大的突破，从大面积高质量单晶二维材料制备到二维材料转移，到最后搭建阵列或器件，国内无论是在高校还是在产业化上都有了相当成熟的样品制备和转移能力。产品应用方面，模块更加多样，覆盖面更加宽广。基于二维材料从柔性电极到传感探测，从光电探测到能源利用，越来越多的应用在国内有了相当规模的市场，整体呈现一种快速上升的趋势。

二维材料产业中最为典型的就是石墨烯产业。我国的石墨烯产业分布呈现“一核两带多点”的形式：“一核”主要以北京为核心，东南沿海一带与内蒙古—黑龙江一带丰富的矿产资源为“两带”，各大内地高校为“多点”。我国石墨烯产业的发展与高校的研究进展分不开，所以石墨烯产业大多依附于高校研究成果进行产品研究与开发，并投入于周边市场。“两带”中内蒙古—黑龙江一带最为明显的特征是其石墨的储量与产量十分庞大，具有很大的资源优势，但起步较晚，石墨烯产业链并不成熟，市场相对较小，大多企业工厂基本处于原料加工阶段。另一带是东南沿海一带，这一带地区由于沿海的效应，城市发展度高，同时与国际进出口有着极为紧密的联系。这一带的石墨烯发展产业链最为活跃，体系最为完善，初步具备了自主研究、制备生产、科技服务等技术能力，同时有十分广阔的市场，石墨烯产量在近几年有翻倍的增长。2010年以来，各种不同的石墨烯上市企业在国内发展起来，国内石墨烯产业也较为繁多，例如，开发石墨烯粉体材料和新型碳材料（第六元素）、触摸屏、太阳能电池、柔性电子、OLED领域透明电极的石墨烯薄膜材料的研发（二维碳素）、导电剂、导热散热碳材料、碳塑合金的研发（凯纳股份）；以石墨烯为基点结合智能化、互联网做产品应用，如服装、健康穿戴、家居家纺等行业（爱家科技）。虽然石墨烯上市企业较多，产品十分丰富，但是就内容上而言并没有真正利用到石墨烯的非凡物性，只是基于已有碳材料的框架做一些改进，同时在市场上的反馈也较为冷淡，中国石墨烯企业在2018年到2020年的业务亏损一直居高不下。

我国石墨烯研究领域广、进度快，不仅在国际顶级期刊上发表了很多石墨烯相关的论文，同时申请了大量石墨烯核心技术的专利，但是对石墨烯核心技术的掌握、产业发展的走向和产业模式的改进并没有很好把控。石墨烯产业是一个以新材料为主体的高科技材料产业，其需要研究机构的全力合作、产品技术开发的跟进与投入市场的把控。目前我国石墨烯的大多产业都以中小产业居多，大企业参与较少，与高校的联系不够紧密，导致其在国际竞争力与可持续发展上并没有很大的优势。由于市场并未拓宽，产品性能较低，导致许多产业出现同质化严重、中低端产业恶性竞争严重等问题。近些年来，石墨烯的发展大多基于其优异的物性，吸引着众多投资与市场。但是真正做成产品时它的应用并不广泛，所以投资者开始对石墨烯以及二维材料这一新兴材料的投入降低，市场的热度开始下降。随着消费者的认知提升，石墨烯产业面临很大的市场危机，如果不能从根本上建立更高的产品设计和做到更好的石墨烯及二维材料的研发，那么我国石墨烯产业的持续亏损、竞争力较弱的特点将会延续很长时间。

随着石墨烯渐渐被人熟知，石墨烯开始进入我国传统企业，这些企业技术相对成熟，改进较为简单，利用石墨烯本身特性的同时，这些企业所具备的已经积累好的完善的产业链与广大的市场可以解决小型企业发展石墨烯产业的一些困难，我国传统企业正在走向产品改进的阶段，并快速步入“石墨烯+”的阶段。

第四节 我国碳基及二维材料发展的关键问题

目前石墨烯产业已取得较大的进步，我国石墨烯相关企业正在稳步发展，但领域内仍有一系列关键问题亟待解决，包括石墨烯本征性质在产业化中的应用、石墨烯产学研合作壁垒、中国石墨烯产业发展中的阻力等。

石墨烯的本征性质在产业化中的应用仍面临巨大困境。石墨烯的本征结构缺陷、光电性质从根本上削弱了其市场竞争力，无法在同类产品中脱颖而出。同时，潜在的环境危害使石墨烯短期内无法大规模应用。

（1）本征结构缺陷限制了高质量石墨烯的制备。目前高质量石墨烯的制备主要依赖化学气相沉积法（CVD 法），但此方法得到的材料仍不理想。一方面，CVD 法制备的石墨烯单晶存在大量点缺陷、晶界等结构缺陷，导致了以石墨烯为基础的产品性能下降；另一方面，由于 CVD 法制备的石墨烯依附于金属衬底，其薄膜转移技术也亟需突破，这也是导致石墨烯产品成品率较低的重要原因。

（2）石墨烯零带隙的性质限制其广泛应用。尽管石墨烯具有一系列优异的力学与电学性能，但其零带隙的特性极大地限制了其实际应用。目前对新材料的应用往往以带隙为基础，而对于石墨烯而言，仅能通过掺杂等手段小幅度打开带隙，零带隙限制了其发展出可应用的开关比，因此需要开发新手段尝试调控石墨烯的能带结构。

（3）部分石墨烯产品可能存在潜在的环境危害。石墨烯的制备过程中可能用到部分环境污染物，而其代表产品氧化石墨烯纳米颗粒也可能有毒，且在地表水里非常稳定，极易扩散。在石墨烯产业发展中，应不可忽视潜在的环境问题。

如何打破产学研合作壁垒、实现前沿研究与产业链的深度协同、将科研成果与市场产品相结合仍是我国石墨烯产业面临的重大难题。

（1）研发成果缺少产业化平台。目前石墨烯的科学研究与其生产力转化衔接较弱，成果碎片化、同质化；研发制备企业与下游应用企业脱节，所制备的石墨烯材料的品质标准不一，市场不规范，实验室中的成果难以实时转化。且目前尚未形成完整、成熟的产业链，对于市场需求的响应也不够及时。

（2）高端应用缺技术。在石墨烯产业中，部分对技术需求较高的应用场景受到了实际研究进度的制约，目前石墨烯制备水平仍无法满足产业化中的部分需求，且当前石墨烯领域专业人才明显匮乏，需要国家加强领域内的人才培养与技术扶持力度。

（3）低端应用缺市场。在当前的石墨烯产业中，较多的企业集中于技术水平较低的应用领域，其中许多科学原理的研究也不透彻，这些应用的优势并不突出，无法开拓消费市场，限制了石墨烯产业的发展。

（4）投资与回报难以成正比。对投资方来说，无论是石墨烯相关的科学研究还是其生产力转化，都存在着回报率较低，回报周期过长的问题，导致资本对石墨烯产业市场的积极性不高，产业动力不足。

当前我国的石墨烯产业，资金不足、缺乏战略支持、市场盲目炒作等问题严重限制了石墨烯产业的发展。

（1）缺乏资金支持。相比其他国家，我国对于石墨烯产业的资金投入明显偏低，截至2020年，我国对石墨烯产业的总投入共计21.7亿元，而对比欧美国家，其对石墨烯产业项目通常重金扶持，如欧盟未来新兴旗舰项目对石墨烯领域投入了10亿欧元，诺基亚石墨烯旗舰联盟投入更是高达13.5亿美元。

（2）缺乏顶层设计。作为新兴产业代表的石墨烯发展时间较短，不具有完善的理论体系，目前产业化中的企业创新能力不强，亟需国家战略引导和资源整合，要根据实际情况进行顶层设计，避免资源浪费。

（3）大企业参与少，中小企业多，竞争力有限。目前国内从事石墨烯制备与应用设计的企业大多数为中小型企业，而大型公司仅仅通过参股与控股的形式参与石墨烯产业。中小企业在实际的生产经营中具有明显劣势即综合实力较弱，往往无法支持独立的研发团队而只能对外合作委托，也无法涉及前沿高端领域，缺少大型企业的行业示范效应和带头作用。对比发达国家著名企业如三星、IBM，后者研发投资巨大，足以支持其在前沿领域的发展。

（4）产业园区同质化严重，中低端恶性竞争较多。尽管我国大部分省市都在积极发展石墨烯产业，但其中许多项目并未被严格论证，技术水平不高，同质化严重。同时，各地的石墨烯产业未能与原有优势产业充分结合，无法发挥地域优势，造成了极大的资源浪费。目前的石墨烯应用绝大多数集中于电加热、理疗产品、涂料等低技术产品，附加价值低，市场竞争力弱。

（5）资本市场炒作，市场商品鱼龙混杂。由于石墨烯的优异性能，逐渐成为资本市场的宠儿，许多石墨烯概念股被提出，在资本的推波助澜下，大量企业借热度炒作，许多产业基地盲目跟风，一系列现象导致当前市场上与石墨烯相关的产品质量参差不齐，这对石墨烯产业的发展造成了极为不利的影响。

（6）应用市场未打开。石墨烯发现至今尚不足20年，目前对石墨烯的应用常常停留在通过与其他现有材料结合提高产品的部分性能上面，技术水平不高，大量的相关产品尚未量产形成真正的商品。在其应用的探索中，可能需要尝试使用石墨烯代替当前已有的具有最高性价比的材料，其投入的风险较高，不确定性很大，即使获得成果也很难得到市场认可度。目前亟需开拓石墨烯的深层次应用，打开大规模的应用市场。

石墨烯的本征性质在产业化的应用、产学研困境等难题不同程度上限制了石墨烯产业化的发展，如何快速获得市场认可度，同时可持续、快速更新产品研发技术，是我国石墨烯产业发展的重点任务。今后的战略应注重这些问题的解决，推动石墨烯产业的进步。

第五节 我国碳基及二维材料产业中长期发展重点任务

作为21世纪全新的前沿材料，石墨烯潜力巨大、用途广泛。但不可否认的是，石墨烯产业作为高新技术产业，仍处于发展的初级阶段。石墨烯原材料的制备技术尚未发展成熟，规模化制备有许多困难需要解决，也导致其目前的应用范围十分受限，其优良的物理化学性质尚未被真正的发挥，大多数应用中石墨烯仅是锦上添花的存在，其真正不可或缺的应用场景还有待人们发掘。石墨烯产业在未来最重要的任务便是发展形成三维立体的网状结构，政府、企业、科研院所等各个部分紧密配合，上下游建立起密切的联系，共同牵引行业的发展。

首先，政府应积极进行顶层设计，从国家的宏观角度进行产业布局、引导和资源整合，发挥我国制度的优势所在。目前，国家已对石墨烯行业的发展有了高度的关注：在“十三五”规划中，提到“以石墨烯为代表的前沿新材料为突破口，抢占材料前沿制高点，发挥石墨烯对新材料产业发展的引领作用”；在“十四五”规划中，明确“发展壮大战略性新兴产业，聚焦新一代信息技术、生物技术、新能源、新材料、高端装备等战略性新兴产业”。但是，仅有政策文件和资金支持还不够，在关键技术研发、成果转化、产业布局等方面都应进行规划，并应充分考虑石墨烯产业作为一种高新材料行业，目前正处于萌芽阶段，需要大量的前期研发投入和人才引进的需求，并且难以在短期内得到回报。政府应关注的是行业的长远目标，在得到关键技术突破、发展出决定性作用之后，将为我国带来难以估量的回报。也因此，地方政府应发挥地方特色，充分考虑当地实际情况，灵活进行产业部署，避免盲目发展，也避免重复建设。

其次，企业间要注重优势互补，加强合作。过去10余年来的“石墨烯热”催生了许多拥有创新能力的小微企业。但是，很少有大规模的国企和央企将石墨烯作为核心业务。小微企业虽创新能力强，但缺少资本和科研资源，故而无法像大型企业一样具有长期发展规划，关注的多是投入少、产出快的领域，并且技术水平参差不齐，这导致大多数企业的产品集中于涂料、导电添加剂、导热材料等领域，其产品附加值低，技术较为低端。未来，行业发展重点应加强大型国企、央企与小微企业的合作，大型企业拥有雄厚的资金和科研资源，能够支持关键技术的研发，使石墨烯能够在芯片、光电、医药等高端领域中得到应用；而小微企业有着极强的创新能力，业务经营灵活。两者结合，能够开发出我国自己的高端石墨烯关键应用市场，形成我国石墨烯行业的核心竞争力。

在产业发展过程中，核心的推动力是关键技术的迭代和升级。目前，石墨烯行业还未找到自己的决定性应用，市场前景远未打开，核心技术的发展便是重中之重。目前的大多数石墨烯产品本质上属于提高原有产品性能，且多数停留在实验室阶段，距离产业化还有很大距离。并且，石墨烯想要替代已经发展成熟的传统材料，厂商面临着付出大量资金进行设备更新、人员培训的问题，而在石墨烯并没有决定性应用的今天，其市场认可度较低，风险较大，企业发展石墨烯行业的意愿自然不高。想要解决这一问题，需要从政府、科研院所、高校到企业的立体配合。国家首先从宏观战略层面出发，以长远的目光布局石墨烯行业发展战略；而科研院所和高校则以国家发展需求为导向，聚焦受限制技术，攻关核心关键难点，掌握创新高地，同时从企业获得市场的动向，明确人民的需求；企业则关注核心技术从实验室到市场的转化，将技术的进步转化为革命性的产品和全新产业的创造，同时将市场对产品的需求反馈给科研机构，实现从基础研究到产业化的无缝衔接。三者之间分工合作，各司其职，才能使石墨烯行业有序、高效地持续发展。

最后，想要使整个石墨烯产业体系有序、高效运行，需要对产品进行规范化管理，建立行业标准。目前，中国石墨烯原材料生产产能已位居世界前列，但不同厂家的产品质量参差不齐，且许多远未达到高端应用的标准。这要求原材料市场建立统一的质量评判标准，以此激励生产商提高原材料的质量和稳定性。同时，如同前面所提到的，目前大多数石墨烯应用局限在“锦上添花”的领域，如导电添加剂、涂料、医疗健康等，产品附加值低，与同类产品相比优势并不明显。在“石墨烯热”中，许多厂家仅仅将石墨烯作为宣传卖点，容易产生不规范行为，导致信任危机。因此，下游市场也亟需行业规范加以约束，从生产工艺、环保卫生、质量监管等方面入手，做到有章可循、有法可依。对高质量、高水平企业加以支持，对不规范企业加以制裁，才能避免劣币驱逐良币的现象发生。另外，随着行业规范的推行，企业会受到激励不断提高产品质量，为未来的高端应用打下基础。

总结而言，我国碳基及二维材料产业中长期发展的重点任务在于政府、大型企业、小微企业、科研院所和高校之间的协同配合。政府负责长远的顶层设计，大型企业提供资金和规划、科研院所和高校提供人才和技术，小微企业提供创新能力，共同致力于石墨烯行业的高端化发展。而在其中的稳定器则是明确的行业规范和质量标准，这也是未来的重点任务之一。

第六节 供应链高质量发展对策建议

碳基及二维材料迈出实验室走向成熟以来，因其得天独厚的理化性能和不断扩展的应用前景，持续受到国内外市场的重点关注。以石墨烯为例，目前已有 80 多个国家和地区积极开展相关研究，从国家层面展开战略部署，出台扶持政策并给予资金资助。大量资本投入带来了二维材料行业的“井喷式”发展，其产业链布局与商业化推广已逐步走向成熟。然而，由于二维材料产业的前沿性与先导性，其发展规律也表现出明显的独特性。目前产业化进程中的支柱力量大多为初创新材料小微企业，产品也以“噱头”与“网红”为主导，质量参差不齐，因而碳基及二维材料产业未来发展仍面临着诸多重大挑战以及不确定因素。如何在机遇与挑战并存的当下，推动碳基及二维材料供应链的高质量发展，是实验室高精尖科技走向市场产业化的“标杆”课题。国家在2020年10月“十四五”规划中明确提出需要加快壮大包括新材料在内的多种新一代战略型新兴产业，推动先进制造业集群发展，培育新技术、新产品、新业态、新模式。在此提出以下几点建议，希望对碳基及二维材料产业未来发展有所帮助。

一、坚持国家战略、市场驱动为主导

二维材料作为当下国际科技前沿研究重点，其产业化进程必然需要面向国家重大基础性、战略性、前沿性需求。在制造业强国的时代课题下，充分挖掘碳基及二维材料技术优势，瞄准人工智能、量子信息、集成电路、航空航天、生命健康等国家重大战略性、前瞻性科技项目，打好重难点技术攻坚战，促进科研院所、高校与企业产学研用高效互动发展。同时需在政府政策引导下，坚持市场驱动为主导，充分调动市场主观能动性：一方面增强应用产品的市场竞争力，提高二维材料产品的市场认可度，在快速发展过程中明晰产业推进思路，避免重复性产业生产导致的低端同质化竞争；另一方面需避免市场炒作，并坚持对市场不太感兴趣的基础性关键技术持续投入。

二、构建优质产业化平台

着眼未来，长期布局。规避碳基及二维材料研发主体（高校和研究机构）和产业化主体（企业）之间，以及产业化主体内部“自产自销”的封闭式运行模式，发展完整自主可控的优质产业生态链。建立连接研发主体和产业化主体的产业化转换平台，挖掘潜在市场需求，整合协调产业化资源，更好地进行技术转移，推动研发成果向产业化应用转化。此外，需要牢牢掌握我国在全球二维材料产业化的领跑地位，与国际先进企业构建健康积极的合作桥梁。

三、建立完整产业链

根据碳基及二维材料得天独厚的物理特性精准寻求合适的下游产业化运营，从性能出发找应用，二维材料性质的每一个闪光点都可能发展为一个大规模产业。目前下游市场发展缓慢严重制约了二维材料产业化进程，主要产品需求来自高校等研究机构，采购量低不足以支撑产业化发展。碳基及二维材料产业化主体中的小微企业，需要寻求性价比的最佳平衡，不断探索稳定的商业模式和盈利模式。实现产品规模化生产后，推动上游研发团队工艺改进，降低成本，这也反过来将推动二维材料产品在下游的推广销售。用需求拉动供给，最终形成完整、成熟的产业链上下游。

四、推动中高端应用

受限于市场与技术等因素，目前碳基及二维材料应用布局主要集中在一些低端应用或者依附于传统产业，例如锂离子电池、涂层材料、结构增强型材料等，技术门槛较低，很难带来出色的产品附加价值。此类资本推动型低端应用往往会导致同质化竞争、产能过剩等弊病。未来二维材料产业的发展更应该聚焦在科研成果推动型高端应用，体现二维材料的核心价值，打造万亿级产业链应用领域，例如柔性电子、集成电路等，构建创新研发体系，面向国家重大需求，带来颠覆性突破。

总之，要推动碳基及二维材料供应链的高质量发展，必须在政府政策引导下，面对国家重大战略需求，以市场驱动为主导，充分发掘二维材料技术优势。长期布局建立协调研发与产业化之间的优质平台，更好地推动研发成果到市场产品之间的转化。发展自主可控的优质企业生态链，形成从低端应用到高端应用的完整上下游产业链，探索稳定的商业模式和盈利模式。

第二十四章　宽禁带半导体材料发展形势与建议

第一节　宽禁带半导体材料产业用关键矿产资源概况

新一轮科技革命的纵深发展、创新超越，新一轮产业变革的持续发展、转型升级，都需要半导体材料提供新基础、新技术，不断催生新功能、新业态。

宽禁带半导体材料一般是指禁带宽度大于等于 2.3eV 的半导体材料，主要包括碳化硅（SiC）、氮化镓（GaN）、氧化镓（Ga_2O_3）、金刚石、氮化铝（AlN）等，主要性能见表 24-1。目前，宽禁带半导体材料中较为成熟的是 SiC 和 GaN 材料，常被称为第三代半导体材料。

表 24-1　宽禁带半导体材料主要性能

材料	SiC(4H)	GaN	Ga_2O_3	氮化铝	金刚石
禁带宽度E_g/eV	3.26	3.49	4.5	6.2	5.6
电子迁移率μ/$cm^2\cdot(V\cdot s)^{-1}$	700	900	300	300	2200
饱和（峰值）电子速度 V/$cm\cdot s^{-1}$	2.0×10^7	2.7×10^7	1.5×10^7	2.5×10^7	2.7×10^7
临界击穿场强 E_c/$MV\cdot cm^{-1}$	2.0	3.3	8	6	5.0
热导率 λ/$W\cdot(cm\cdot K)^{-1}$	4.5	1.7	0.27	2.85	20.0
相对介电常数 ε_r	10	9.0	10	9.1	5.0

近年来以碳化硅（SiC）、氮化镓（GaN）材料为代表的宽禁带半导体材料（第三代半导体材料）快速发展，成为我国“十四五”规划以及“2035 远景目标”的重要发展方向，是支撑新一代移动通信、新能源汽车、高铁、能源互联网等重点领域发展的核心材料。而以氧化镓（Ga_2O_3）、氮化铝（AlN）、金刚石等为代表的超宽禁带半导体材料正凭借着更优异的高频功率特性、高温稳定性能和低能量损耗等优势引起了学术界和产业界的广泛关注，成为国际研究热点。

一、宽禁带半导体材料概况

（一）碳化硅材料

碳化硅是宽禁带半导体材料的典型代表。碳化硅单晶材料的主要制备方法有物理气相传输法（PVT 法）、高温化学气相沉积法（HTCVD 法）和熔体法等，如图 24-1 和表 24-2 所示，其中 PVT 法最为成熟。碳化硅外延则主要采用化学气相沉积（CVD）法制备。碳化硅及外延材料制备过程中所需的主要原辅材料和涉及矿产见表 24-3。

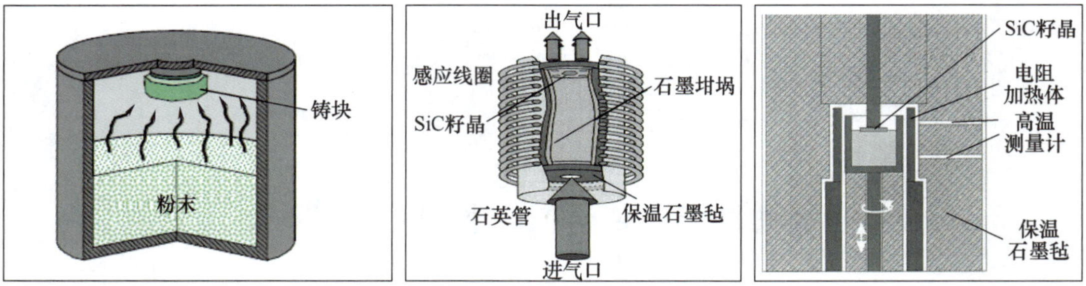

(a)　(b)　(c)

图 24-1　碳化硅晶体生长方法示意图

（a）PVT 法；（b）HTCVD 法；（c）熔体法

表 24-2　碳化硅晶体生长方法

项目	物理气相传输法（PVT 法）	高温化学气相沉积法（HTCVD 法）	液相法（LPE 法）
技术成熟度	技术成熟	不成熟	不成熟
优点	技术成熟；固态原料，成本较低	原料可持续供应；精确控制原料 Si/C	生长的晶体质量高、缺陷少
缺点	原料持续供应性较差；气相成分比例控制较差	气态原料，成本高；技术不成熟，缺陷较多	原料持续供应性差；大尺寸晶体生长难

表 24-3　碳化硅材料制备过程中所需的主要原辅材料

制备过程	制备方法	所需主要原辅材料	涉及主要矿产
碳化硅单晶制备	PVT 法	高纯碳粉、高纯硅粉、半导体级石墨材料、半导体级碳保温材料、高纯石英管等	石墨矿、针状焦（石油重油、渣油、煤焦油）、石英矿、钽矿等
	HTCVD 法	高纯石英钟罩、高纯石英气路、高纯硅烷、高纯丙烷等	
	熔体法	高纯碳粉、高纯硅粉、半导体级石墨、半导体级碳保温材料等	
碳化硅外延生长	CVD 法	碳化钽涂层石墨部件、高纯石英钟罩、高纯石英气路、高纯硅烷、高纯丙烷等	

（二）氮化镓材料

氮化镓材料是重要的宽禁带半导体材料，可广泛应用于光电子、射频以及电力电子领域。目前，氮化镓单晶材料主要采用 HVPE 法、钠助溶剂法和氨热法制备。而氮化镓外延片则主要采用 MBE 法、MOCVD 法制备。氮化镓及外延材料制备过程中所需的主要原辅材料和涉及矿产见表 24-4。

表 24-4　氮化镓材料制备过程中所需的主要原辅材料

制备过程	制备方法	所需主要原辅材料	涉及主要矿产
氮化镓单晶制备	HVPE 法	高纯镓源、高纯石英管等	石英矿、镓矿、硼矿、钠矿、钾矿等
	钠助溶剂法	高纯氮化硼坩埚、高纯镓、高纯钠、高纯钙、高纯钾等	
	氨热法	高纯镓	
氮化镓外延生长	MOCVD 法	高纯石墨配件、高纯石英钟罩、高纯石英气路、高纯镓等	石墨矿、石英矿、镓矿等
	MBE 法	高纯石英钟罩、高纯石英气路、高纯镓等	

（三）氮化铝材料

氮化铝材料是目前禁带宽度最大的直接带隙半导体材料，在日盲紫外探测器、超高压电力电子等方面有重要应用。目前，氮化铝单晶的制备方法主要有 PVT 法、HVPE 法和钠助溶剂法。氮化铝外延片的主要制备方法有 MBE 法、MOCVD 法等。氮化铝及外延材料制备过程中所需的主要原辅材料和涉及矿产见表 24-5。

表 24-5　氮化铝材料制备过程中所需的主要原辅材料

制备过程	制备方法	所需主要原辅材料	涉及主要矿产
氮化铝单晶制备	PVT 法	高纯钨坩埚、高纯碳化钽坩埚、高纯铝源	石墨矿、钨矿、铝矿等石英矿、硼矿、钠矿、钾矿等
	HVPE 法	高纯铝源、高纯石英管等	
	钠助溶剂法	高纯氮化硼坩埚、高纯铝、高纯钠、高纯钙、高纯钾等	
氮化铝外延生长	MOCVD 法	高纯石墨配件、高纯石英钟罩、高纯石英气路、高纯铝等	
	MBE 法	高纯石英钟罩、高纯石英气路、高纯铝等	

（四）氧化镓材料

氧化镓材料是可用熔体法生长的宽禁带半导体材料，具有极高的击穿场强和紫外透过率，在高耐压功率器件、紫外探测器等领域有重要的应用。目前，氧化镓单晶的制备方法主要有导膜法、直拉法等。氧化镓层外延生长则主要采用 CVD、MBE、HVPE 等方法。氧化镓及外延材料制备过程中所需的主要原辅材料和涉及矿产见表 24-6。

表 24-6 氧化镓材料制备过程中所需的主要原辅材料

制备过程	制备方法	所需主要原辅材料	涉及主要矿产
氧化镓单晶制备	导膜法	高纯镓、高纯铱	铱矿、镓矿、石英矿等
	直拉法		
	VB 法		
氧化镓外延生长	CVD 法	高纯石英钟罩、高纯石英气路、高纯镓源等	
	MBE 法		
	HVPE 法		

（五）金刚石材料

金刚石是超宽禁带半导体材料，具有高电子迁移率、高击穿电压和最高的热导率等特性，也被称为终极半导体材料，在高温高功率器件和探测器领域具有突出的应用优势，可用于预警探测、电子对抗、通信以及太空探索等领域。目前，半导体级金刚石材料的制备方法主要是 MPCVD 法。半导体级金刚石材料制备过程中所需的主要原辅材料和涉及矿产见表 24-7。

表 24-7 半导体级金刚石材料制备过程中所需的主要原辅材料

制备过程	制备方法	所需主要原辅材料	涉及主要矿产
金刚石材料制备	MPCVD 法	高纯甲烷、高纯铱	铱矿、石墨矿等

综上所述，宽禁带半导体材料在制备和外延过程主要用到硅、碳、铱、镓、钨、铝、钽、铝、钠、钙等元素，除铝、钠、钙等常用元素外，主要涉及石英矿、石墨矿、镓矿、铱矿、钽矿、钨矿以及石油（重油和渣油）和煤矿（煤焦油）等矿产。

二、关键矿产资源概况

（一）石英矿产概况

硅元素在宽禁带半导体材料领域应用十分广泛。一方面高纯硅粉是宽禁带半导体材料碳化硅的主要原材料之一，另一方面高纯石英钟罩、气路等是宽禁带晶体生长和外延设备的关键组成部分。

石英在自然界中的分布十分广泛，成因多种多样。根据现有资料，全球可应用于半导体产业的高纯石英原料矿床主要分布于美国、挪威、澳大利亚、俄罗斯、毛里塔尼亚、中国、加拿大等7个国家。除中国外，共有14处矿床，其中，有生产矿山的7处，尚未开采生产的7处。美国斯普鲁斯派恩（Spruce Pine）矿的高纯石英原料资源规模最大，超过1000万吨；资源量最小的是挪威德拉格（Drag）矿，仅有26.7万吨。

我国硅矿资源丰富，但大部分矿床为普通硅石矿且纯化等深加工技术尚不成熟。这导致我国中低端石英材料虽然可以部分出口，但高纯石英材料特别是超高纯石英材料（纯度5N及以上）对外依存度很高。

（二）镓矿产概况

金属镓是宽禁带半导体材料氮化镓和氧化镓的重要原材料之一。镓在地壳中的含量为0.0015%。镓只有三种独立矿物，即硫镓铜矿、水镓矿和马硫铜镓矿。自然界中的镓分布比较分散，多以伴生矿存在，主要赋存在铝土矿中，少量存在于锡矿、钨矿、铅锌矿和煤矿中。

我国镓资源储量丰富，居世界首位，产量也排世界第一，约占全球的50%以上。目前，中国、德国和乌克兰是当今世界三大粗镓生产国，其他粗镓生产国还有匈牙利、韩国和俄罗斯等国。日本、英国、美国则为精镓的主产国。

（三）石墨和碳材料相关矿产概况

半导体级石墨在宽禁带半导体材料产业应用广泛，其不仅仅是碳化硅晶体主要的原材料之一，更是生产过程中必不可缺的工艺辅料之一。半导体级石墨的原料部分来自石墨矿，部分来源于石油重油、渣油以及煤焦油炼制的针状焦。

目前，石墨已经被国际公认为是21世纪支撑高新技术发展的战略资源。我国2016年将晶质石墨确定为战略性矿产。欧盟等国家根据经济重要性和供应风险将石墨列入关键矿产名单。

据统计，截至2019年我国石墨储量为7300万吨，占比全球24.3%。不仅如此，我国还是世界第一大石墨生产国。据统计，2019年中国石墨产量为125万吨，占比全球产量74.6%。中国石墨主要以晶质石墨为主，矿床规模以大、中型为主，经济价值大，如鸡西柳毛石墨矿、萝北云山石墨矿，查明晶质石墨矿物资源储量均超过3000万吨。

目前，全球高纯碳粉等碳制品、半导体级等静压石墨材料以及高纯长纤维石墨保温材料主要被日本的东洋、东海、IBIDEN以及德国的西格里、法国的美尔森等公司垄断。在高纯石墨和碳基体材料制造方面，成都炭素（方大炭素）、中钢集团新型材料（浙江）等企业已具有一定研制基础；在高纯碳粉及石墨材料的提纯及设备制造方面，山西中电科新能源技术有限公司和湖南顶立等企业已取得一定突破。但是总体而言，我国的高纯石墨和碳材料制备技术，较国际先进水平还存在一定差距，半导体领域所需的高质量等静压石墨和碳保温材料还主要依赖进口，亟待加强研发和应用验证。

（四）钨矿产概况

钨是一种分布较广泛的元素，几乎遍见于各类岩石中，但含量较低。通过有关地质作用加以富集才能形成矿床作为商品矿石开采。钨矿石主要分为黑钨矿和白钨矿。黑钨矿是提炼钨的最主要矿石，它也叫钨锰铁矿。黑钨矿为褐色至黑色，具有金属或半金属光泽，如图 24-2 所示。

图 24-2　黑钨矿石

根据最新统计数据，全球钨资源储量为 330 万吨（金属量），其中中国钨资源储量为 190 万吨（金属量），全球占比 58%，由于对钨资源的过度利用，中国钨资源全球占比近年已有所下降。随着微电子工业和光电技术的发展，高纯钨的用途日益增加，其中 5N 及以上高纯钨年消耗量为 500t。需求量的日益增加，同时对钨的纯度也将提出更高要求。由于钨产品高纯度化和新功能化的发展跟不上电子元器件的需要，高纯钨及其相关产品质量较国外同类产品仍有一定的差距，许多相关技术尚处于实验室阶段，没有形成规模生产能力。许多公司仍是采用传统加工工艺生产，依靠价格取胜的代加工型企业。高纯钨的制备工艺繁冗，同时各种提纯方法在脱除不同杂质的效果上存在很大差异；国内在高纯钨的精炼工艺方面，仍只是采用简单的真空脱气处理除去间隙杂质，产品纯度受到一定的限制。而熔炼法由于温度高、无污染、提纯效果好等特点，在提纯难熔金属方面具有极大的优势；但其原料纯度要求较高，成本高，工艺费时。因此，如何将各个工艺有机结合成功制备出高纯钨成为研究热点与难点。我国是钨资源大国，应充分发挥其产业优势。微电子和核技术的发展势不可当，高纯钨是其应用的重要原料；如何改进提纯工艺，制备出性能更加优异的高纯钨及其相关产品，实现其工业化是今后的发展方向。

（五）钽矿产概况

钽是稀有金属，在地壳中的含量为0.0002%，在自然界中常与铌共存。具有工业价值的钽的主要矿物有钽铁矿、重钽铁矿、细晶石和黑稀金矿等。全球已探明资源储量逾10万吨，主要分布在澳大利亚（62%）和巴西（36%）。我国分别在陕西（钽铌资源30万吨）和江西（钽铌资源3万吨）发现特大型钽铌矿资源，为我国钽矿资源储量开发提供了更多资源保障。中国钽矿资源分布广泛，但矿品位低、可供利用的矿产地和储量却很少。

（六）铱矿产概况

金属铱可用来制作金刚石和氧化镓材料制备过程中的衬底和坩埚。金属铱是地球地壳中最稀有的元素之一，平均质量比例只有0.001%。铱通常与锇伴生，赋存于砂铂矿中。世界锇铱矿主要产于超基性岩铬铁矿型铂矿床的原生矿及砂矿中，少量见于含金石英脉内，与自然铂、粗铂矿、铁铂矿、铱铂矿等伴生。而钌铱锇矿、硫铱锇钌矿还与硫镍钯铂矿、砷铂矿及其他铂、钯硫化物伴生。目前，锇铱矿最重要的资源是南非威特沃特斯兰德古老超变质砾岩中的金铀共生矿床。多数锇铱矿与砂矿有着密切的关系，通常与砂铂矿一起开采。世界产砂铂矿较多的地区有苏联的乌拉尔、哥伦比亚的乔科和美国的阿拉斯加。主要砂铂矿产地的粗铂精矿成分表明，各产地的粗铂精矿中锇铱矿含量悬殊，其含量较多的有阿拉斯加的弗克斯久尔奇、澳大利亚的塔斯玛尼亚、苏联的个别矿区及缅甸的密支那等地。其含量一般为20%~28%，含量最高者产于阿拉斯加弗克斯久奇，高达54.76%。也有不少的砂铂矿产出的铂精矿中含锇铱矿小于2%。

综上所述，宽禁带半导体碳化硅材料与氮化镓材料所需的石墨矿、石英等矿产，我国虽储量较为丰富，但是深加工产业技术薄弱。

宽禁带半导体氧化镓、金刚石材料所需的铱矿石，目前全球储量较少且增采较为困难，建议增加研发力度以早日攻克氧化镓、金刚石半导体材料制备过于依赖铱元素的问题。

第二节　全球宽禁带半导体材料产业发展动态及趋势

在宽禁带半导体材料中，碳化硅和氮化镓材料主要应用于光电子器件、电力电子器件和微波射频器件等领域，详见图24-3。碳化硅和氮化镓材料及相关器件已形成一定产业或产业基础，正在向大规模产业化方向发展。

一、碳化硅材料

碳化硅是第三代半导体产业发展的重要基础材料，在新能源汽车、光伏发电、轨道交通、智能电网等领域具有明显优势，对产业升级有着极其重要的作用，正成为全球半导体产业新的科技制高点和新一轮科技革命的钥匙，美、日、欧盟及我国都在积极进行战略部

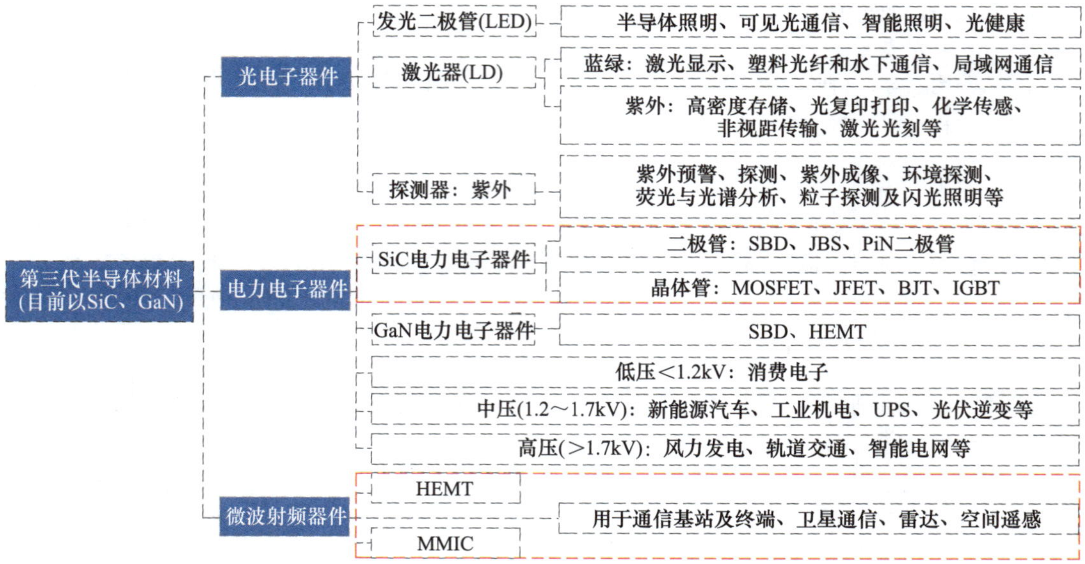

图 24-3　宽禁带半导体材料应用领域

（资料来源：粤开证券研究院）

署。在过去的几年中，碳化硅产业先后在晶体生长、晶体加工、外延、器件以及系统集成等技术方面取得了突破性进展。近年来，整个碳化硅产业已经呈现出爆发式增长的趋势。根据产业种种的发展迹象，按照产业经济学中产业成长周期的理论，这意味碳化硅已经正式告别了其长达 20 余年的产业导入期，而正式进入了产业成长期。

（一）技术方面

国际主流碳化硅晶片产品已经过渡为 6 英寸（特别是 N 型碳化硅衬底）。美国 CREE、Ⅱ-Ⅵ以及德国 Sicrystal（已被日本罗姆公司收购）等公司已经突破了 8 英寸碳化硅衬底工程化技术。未来碳化硅衬底将沿着扩大衬底尺寸和降低缺陷密度的路线继续发展。预计到 2023 年，8 英寸碳化硅衬底产品将打入市场，并将在 5 年之内逐渐渗透为市场主流。

碳化硅衬底尺寸研发趋势如图 24-4 所示。

（二）市场方面

在功率器件领域，碳化硅产业或已迎来发展的风口。目前，在全世界范围内鼓励电动汽车和电动汽车充电桩产业的政策密集出台，各个主要汽车大国都宣布或即将宣布燃油车退出的时间表。预计碳化硅功率器件将借此风口实现爆发式增长。国外知名调研机构 Yole 预测，未来电动汽车及其充电桩用碳化硅功率器件到 2027 年将实现接近 30 倍的增长。主要在该领域增长的带动下，2022～2025 年其复合增长率将达到 30%。预计到 2025 年，碳化硅功率器件的市场将达到 170 亿元左右。依然按照国际通行的碳化硅材料占器件总成本 50%的比例计算，低阻碳化硅衬底材料（含外延）的市场份额将达到 85 亿元左右。

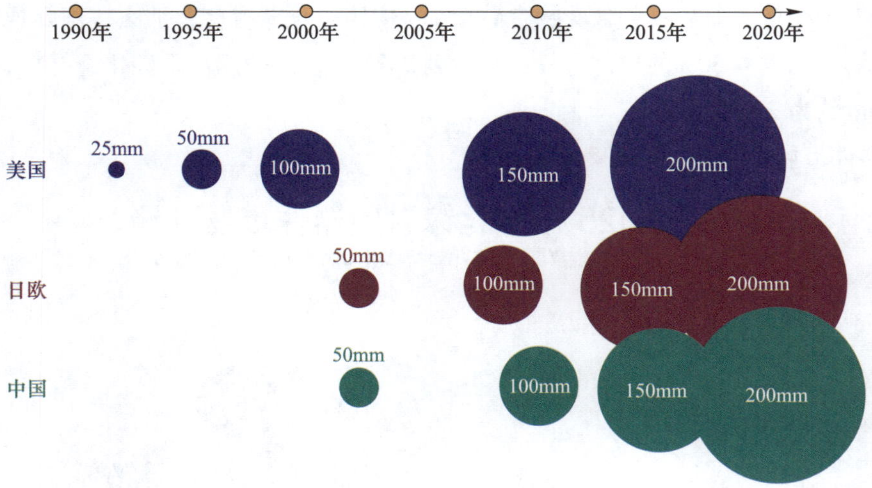

图 24-4　碳化硅衬底尺寸研发趋势

碳化硅功率器件增长趋势，如图 24-5 所示。

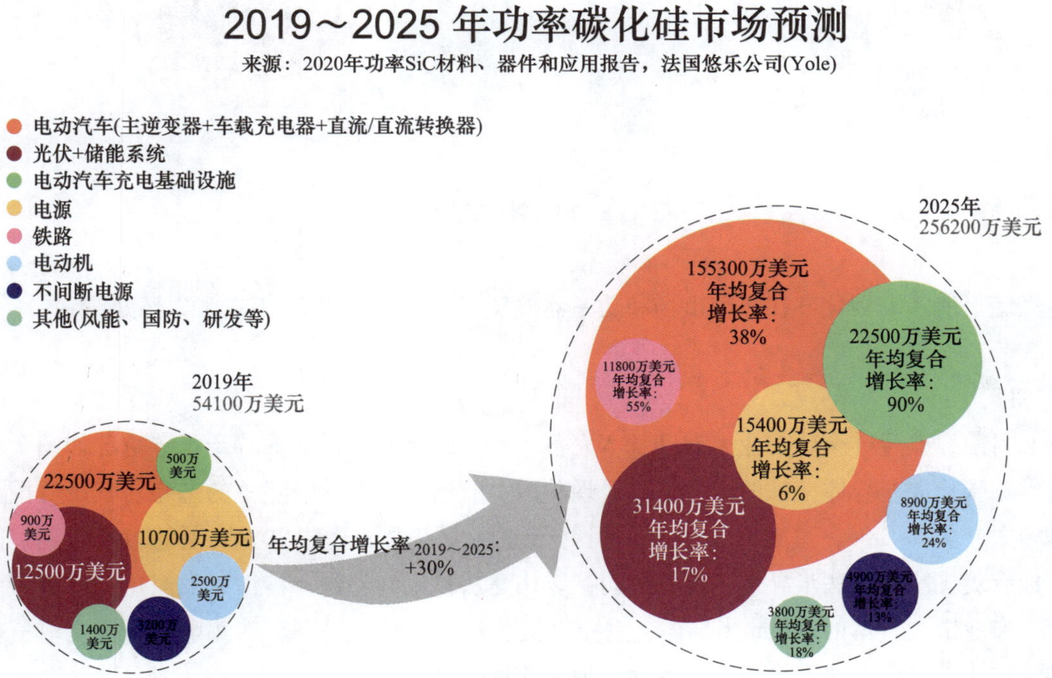

图 24-5　碳化硅功率器件增长趋势

在微波通信领域，5G 通信、物联网及毫米波雷达的崛起将大量使用以碳化硅衬底的基站用功率放大器件（以下简称 PA 器件）。预计到 2025 年，国际上 3W 以上 PA 器件（即非手机终端的功率放大器件）的市场份额将达到 140 亿元左右，其中约 40%的器件将使用氮化镓 PA 器件。如乐观估计，则假设未来现有的碳化硅衬底在微波器件领域的占有率不会发生变化，即 95%的氮化镓 PA 器件将使用碳化硅衬底，那么按国际通行的碳化硅材料占器件总成本 50%的比例计算：预计到 2025 年，通信用高阻碳化硅材料（含外延）的市场总量约为 27 亿元。

RF 器件市场预测图，如图 24-6 所示。

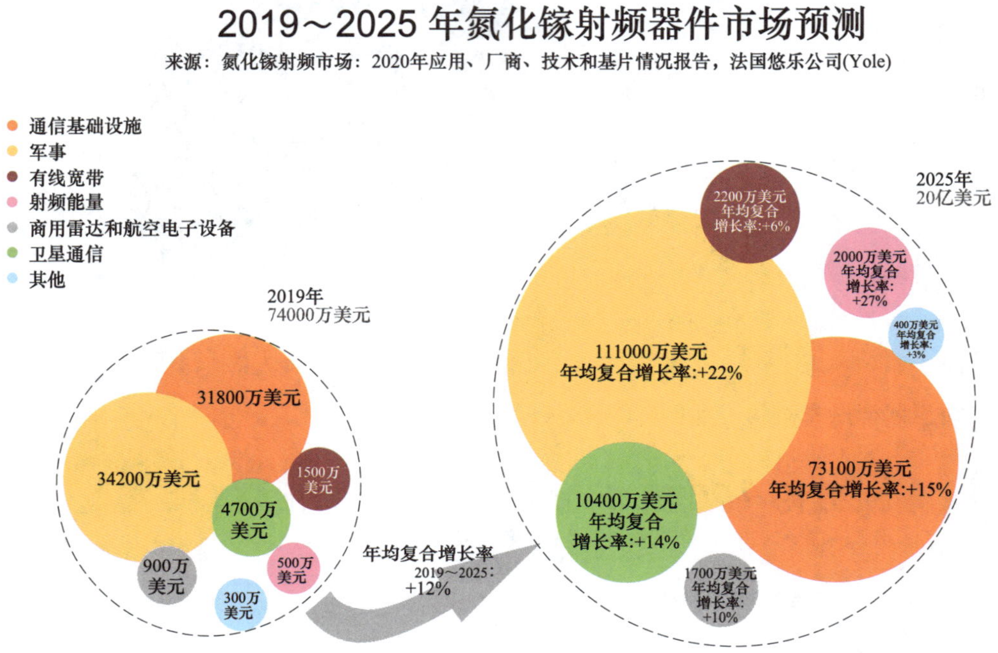

图 24-6　RF 器件市场预测图

综上所述，碳化硅在通信市场和功率器件领域的市场到 2025 年在 112 亿元左右。

（三）产业及产业链方面

目前，碳化硅全球产业生态已基本完备，海外碳化硅材料上下游产业链情况如图 24-7 所示。碳化硅半导体全球的产业格局呈现美国、欧洲、日本三强竞争的态势。其中美国全球独大，美国 Cree、道康宁、Ⅱ-Ⅵ公司等行业巨头占据了全球 70%以上的市场份额。欧洲拥有英飞凌、意法半导体等代表公司，以构建从衬底到外延、器件以及应用的完整碳化硅全产业链。日本的 Rohm 半导体、三菱电机、富士电机、松下、瑞萨电子、住友电气等则是在终端设备和功率模块开发方面占据领先地位。

在 SiC 单晶衬底方面，衬底厂商有美国 Cree、道康宁、Ⅱ-Ⅵ、日本的罗姆 Rohm（收购了德国的 Sicrystal 公司）等。美国 Cree 充分占据了专利技术、规模化、车规级产品认证壁垒等优势，2020 年获得了全球约 45%的 SiC 单晶衬底市场份额。

国外主流产品正从 4 英寸向 6 英寸过渡，已开发出 8 英寸导电型衬底产品。美国Ⅱ-Ⅵ公司于 2015 年首次研制成功 8 英寸 SiC 单晶衬底，美国 Cree、Ⅱ-Ⅵ公司均于 2019 年宣布

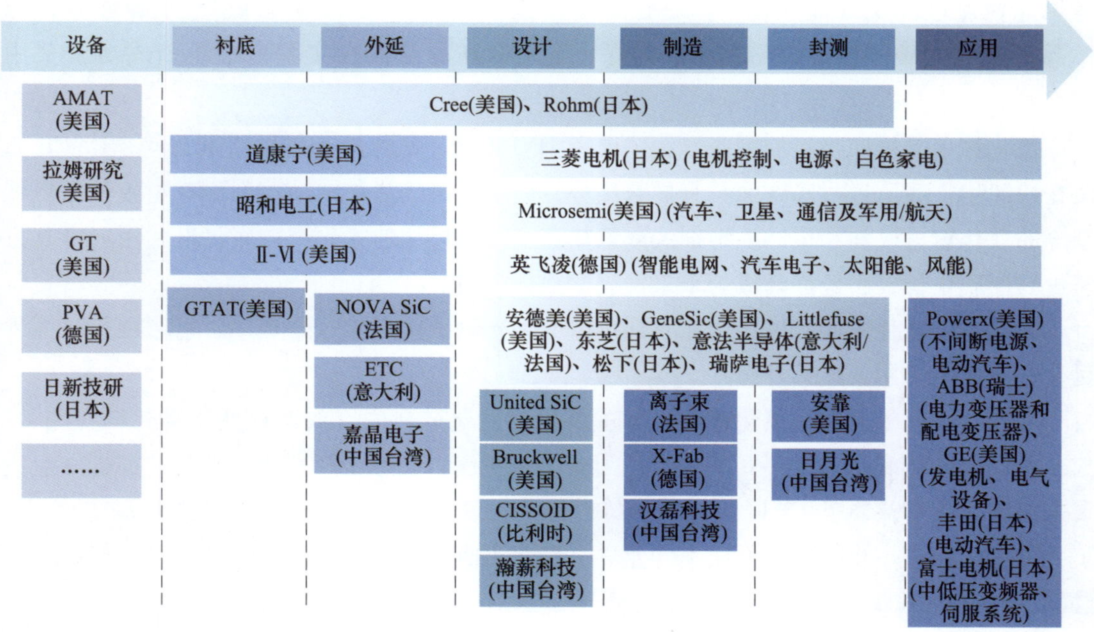

图 24-7　海外碳化硅材料产业链情况

开始建设 8 英寸 SiC 单晶衬底生产线，有望于 2022 年实现量产。

在碳化硅外延方面，国外厂商有 Cree、罗姆 Rohm、X-Fab、三菱化工、昭和电工、富士电机、Norstel、意法半导体、英飞凌等。美国Ⅱ-Ⅵ公司、美国 Cree 公司等外延片行业龙头企业通过不断地发展，都已实现 4~6 英寸 SiC 外延片的产业化。

在 SiC 功率器件方面，市场和技术主要掌握在英飞凌、罗姆、美国 Cree 公司和意法半导体等公司手上，在 3300V 以上电压等级上占据绝对优势。

在器件供应方面，IDM 器件厂商为主，Cree、Rohm 既是器件供应商又是材料厂商，其他主流器件厂商纷纷找上游材料厂商，或并购，或签署长期供应协议。

由于碳化硅产业的封闭性带来供应链的壁垒，长晶与工艺经验及原材料品质高度相关，业内材料厂商的长晶炉一般都自行设计，源粉也自行合成生产，牢牢掌控核心长晶环节的上游设备和原材料资源。

二、氮化镓材料

氮化镓材料具有高电子迁移率，高击穿场强、直接带隙等众多优点，是研制光电子、高温大功率电子器件和高频微波器件的重要材料，按照材料形态主要可分为氮化镓体单晶材料和氮化镓外延材料。

（一）技术方面

氮化镓衬底材料方面，目前，日本的住友电气、日立电缆、三菱化学、古河金属机械、波兰的 TopGaN、法国的 Lumilog 等公司处于技术领先地位。国际上 4 英寸氮化镓单晶衬底已经实现商业化，但是位错密度依然偏高（$10^6/cm^2$量级），6 英寸氮化镓单晶衬底也突破了核心关键技术，7 英寸氮化镓样品已经在实验室中研制成功（采用衬底拼接法）。

氮化镓单晶衬底材料的制备方法主要有 HVPE 法、氨热法和钠助熔剂法等。HVPE 方法在快速生长高质量衬底方面具有显著优势，而采用氨热法和钠助溶剂法有望生长出更低缺陷的氮化镓衬底。利用钠助熔剂法或氨热法获得大尺寸的氮化镓衬底，再利用 HVPE 方法进行厚膜生长，已经逐渐成为未来发展的热门方向。

氮化镓外延片方面，按照用途不同可以分为光电子用氮化镓外延片、射频用氮化镓外延片和电力电子用氮化镓外延片。

目前，国际上射频用氮化镓外延片主要采用碳化硅衬底（约 9 成使用碳化硅衬底，1 成左右使用硅衬底），以 4~6 英寸产品为商业化主流；光电子用氮化镓外延片在国际上主要采用碳化硅（高端）、硅以及蓝宝石材料作为衬底，用碳化硅作为衬底的产品主要以 6 英寸为主，为进一步降低器件成本，业界已经开始研发 12 英寸的硅基产品。2020 年 12 月法国 Aledia 公司宣布在 12 英寸硅片上制备出首款 Micro-LED 氮化镓芯片。

在多种氮化镓外延片中，电力电子用氮化镓外延片具有未来最大的市场空间。目前，6 英寸硅基氮化镓产品的外延层厚度已能达到 5.5μm 以上，XRD FWHM(002) 降至 500arcsec 以下，2DEG 迁移率达到 $1600cm^2/Vs$ 以上；8 英寸硅基氮化镓产品的外延层 XRD FWHM(002) 已能降至 800arcsec 以下，2DEG 迁移率达到 $1500cm^2/Vs$ 以上。预计到 2025 年，12 英寸电力电子用氮化镓外延片有望突破产业技术。

氮化镓外延片示意图，如图 24-8 所示。

图 24-8　氮化镓外延片示意图

（二）市场方面

氮化镓体单晶材料主要用于制作半导体激光器等。在氮化镓基蓝光和绿光激光器研制成功以前，激光显示采用的激光光源为全固态激光器。相对于全固态激光器，半导体激光器具有很多优势，比如体积小、效率高、成本低、寿命长、波长连续可调、易调制等。因此随着氮化镓基蓝光和绿光激光器的发展和成熟，激光显示的激光光源正被氮化镓体单晶所取代。三基色中的红光激光采用 AlGaInP 红光激光器，而蓝光（445~450nm）和绿光（520~530nm）激光器则为氮化镓基激光器。目前，全球氮化镓单晶衬底的市场规模大概在 1 亿美元左右。另外，专家预测未来氮化镓体单晶在激光照明、通信、雷达等领域也有一定应用。

氮化镓外延材料的用途也非常广泛。在电力电子器件领域，综合参照 Yole 和 IHS Market 的数据，2021 年电力电子器件用氮化镓外延材料市场规模约为 1.5 亿美元，但未来成长空间广阔。IHS Market 预计，到 2024 年 GaN 电力电子晶体管在同等性能的情况下，将会达到与 Si MOSFET 和 IGBT 持平的价格。未来 GaN 电力电子器件有可能凭借成本优势，取代价格较高的 SiC MOSFET，成为逆变器中的首选。到 2027 年，电力电子器件用氮化镓外延材料的市场规模预计将达到 10 亿美元，主要受益于混合动力及电动汽车、电力和光伏（PV）逆变器等方面的需求增长。

在射频领域，氮化镓外延材料已成功应用于众多领域，以无线基础设施和国防应用为主，还包括卫星通信、民用雷达和航电、射频能量等领域。国防是 GaN 射频器件也是最主要的应用领域，由于对高性能的需求和对价格的不敏感。据 Yole 统计，2020 年国防领域 GaN 射频器件市场规模约为 3 亿美元，占 GaN 射频器件市场的份额达到 44%，超过基站成为最大的应用市场。全球国防产业没有减缓的迹象，GaN 射频器件在国防领域的市场规模将随着渗透率的提高而继续增长，预计到 2023 年，市场规模将达到 4.54 亿美元。基站是 GaN 射频器件第二大应用市场，据 Yole 统计，2018 年基站领域 GaN 射频器件规模为 1.5 亿美元，占 GaN 射频器件市场 33%的份额。随着 5G 通信的实施，2019~2020 年市场规模会出现明显增长。预计到 2023 年，基站领域 GaN 射频器件的市场规模将达到 5.21 亿美元，2018~2023 年均复合增长率达到 28%。综上所述，预计到 2023 年射频用氮化镓材料的市场将超过 3 亿美元且上升势头迅猛。

（三）产业及产业链方面

目前，全球氮化镓半导体产业生态已经基本完备，海外产业链分布情况详见图 24-9。在氮化镓单晶衬底材料方面，目前日本的住友电气（Sumitomo Electric）、日立电缆（Hitachi Cable）、三菱化学（Mitsubishi）、古河金属机械（Furukawa）、波兰的 TopGaN、法国的 Lumilog 等公司占据着绝大部分的氮化镓衬底的市场份额。射频器件方面，GaN 受到 5G 推动，GaN 射频器件衬底主要采用 SiC 衬底。Cree 拥有最强的实力，在射频应用的 GaN HEMT、尤其是 GaN-on-SiC 技术方面，该公司处于领先地位。台积电、意法半导体等公司在硅基氮化镓外延片领域处于领先地位。

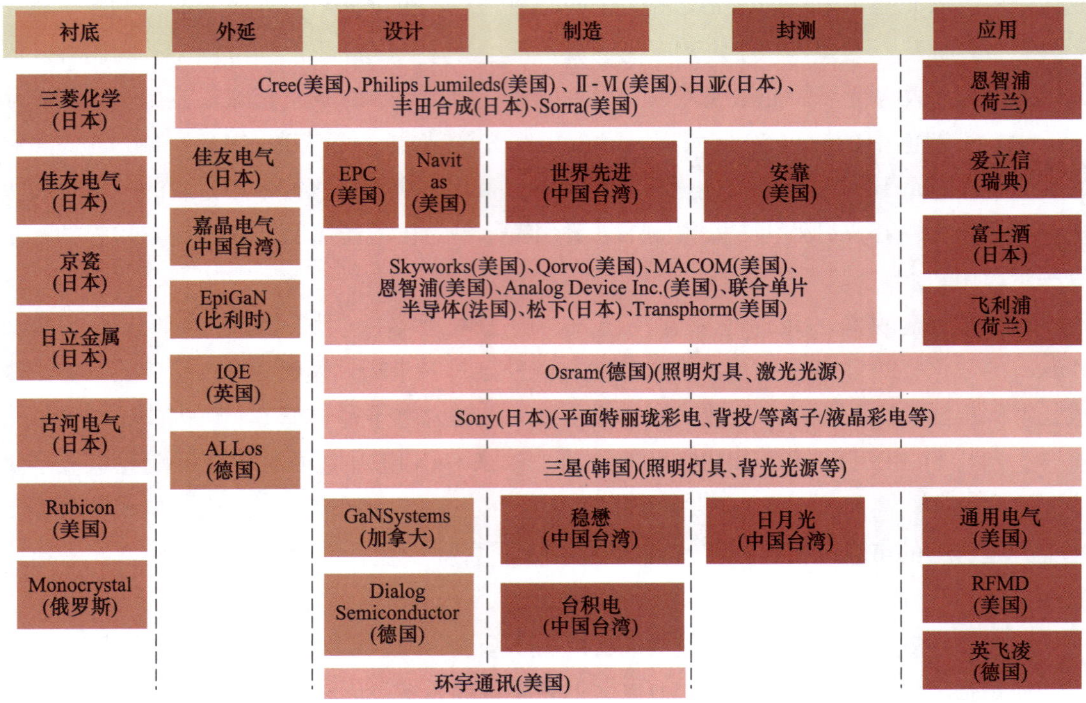

图 24-9 海外 GaN 产业链分布图

第三节 我国宽禁带半导体材料产业基础与发展现状

宽禁带半导体材料产业主要分为碳化硅材料产业和氮化镓材料产业。

一、碳化硅材料

（一）技术方面

在碳化硅单晶方面，经过 20 余年的发展，我国 4 英寸半绝缘碳化硅衬底制备技术已经比较成熟。6 英寸 N 型碳化硅衬底在位错密度、成品率等方面较国外先进水平还存在一定的差距。8 英寸碳化硅衬底尚处于研发阶段，预计 2023 年前后有望突破工程化关键技术。另外，天科合达等单位在液相法生长碳化硅衬底制备技术方面也取得了一定的进展。

在碳化硅外延材料方面，我国碳化硅外延材料的研发工作始于“九五”期间，主要研究单位有中科院半导体研究所、中国电科 13 所、中国电科 55 所以及西安电子科技大学等。目前，我国已经研制成功 6 英寸碳化硅外延片，且基本实现商业化，可以满足 3.3kV 及以下电压等级碳化硅电力电子器件的研制，针对带缓冲层或无缓冲层的厚外延层，低掺杂层厚度可高达 250μm。不过，还不能满足研制 10kV 及以上电压等级器件的需求。

（二）市场方面

我国碳化硅材料产业起步于2000年左右，经过20余年的发展壮大，目前已经初具规模。中国电子材料行业协会半导体材料分会综合工业和信息化部、中国汽车流通协会新能源分会等方面数据预测，到2025年我国新能源汽车产业对碳化硅衬底的需求量将达到70万~80万片（折合6英寸）。而我国对碳化硅衬底的总需求量将达到135万片左右（折合6英寸）。考虑降价因素，2025年我国碳化硅衬底的需求将超过30亿元，达到我国半导体硅材料产值的四分之一左右。

（三）产业及产业链方面

目前，我国碳化硅产业链已经初步形成（见图24-10）。在材料环节，已经涌现出30余家碳化硅衬底企业，规划投资额超300亿元。其中，中电科半导体材料公司、山东天岳、天科合达以及河北同光在碳化硅衬底方面已实现产业化。中电科半导体材料公司、瀚天天成、东莞天域等也在SiC外延方面取得了更多进展。目前，我国4英寸SiC衬底已经实现大批量产；6英寸衬底进入初步工程化和小批量产的阶段；8英寸衬底研发取得了突破。国内的瀚天天成、天域半导体、中电科半导体材料公司等生产厂家，目前已能提供4英寸和6英寸的SiC外延片，针对1700V及以下的器件用的外延片已比较成熟。与国际先进水平相比，国内碳化硅单晶和外延材料在产品质量稳定性、成品率和成本方面还存在差距。

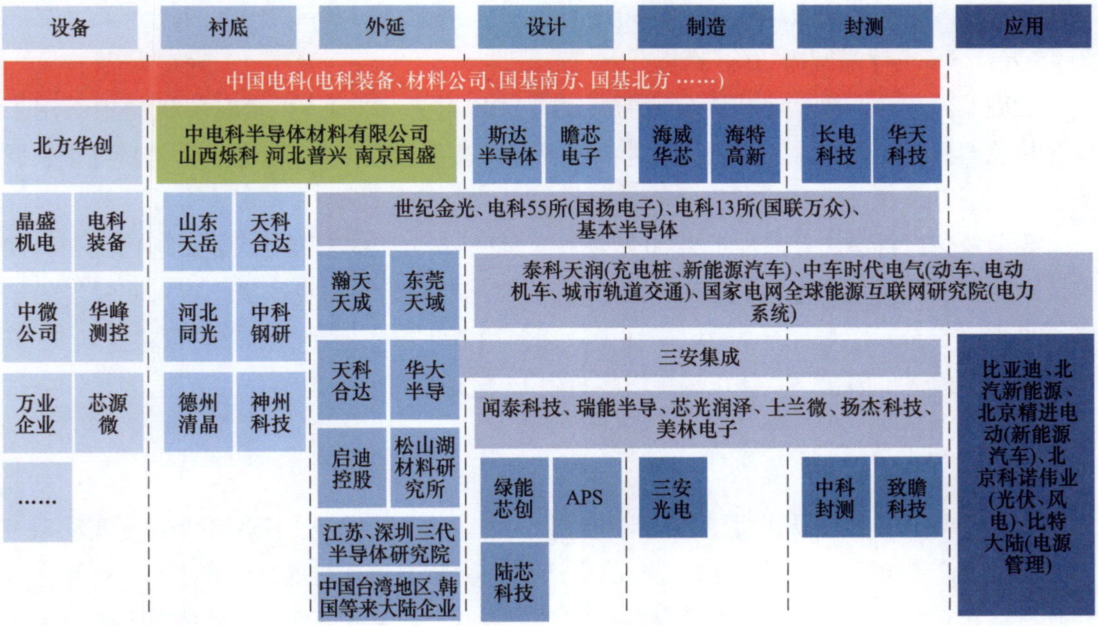

图24-10 我国碳化硅产业生态图

在器件制造环节我国已出现了一批诸如中国电科、斯达半导体、三安集成、海威华芯、泰科天润、中车时代电气、芯光润泽、深圳基本半导体、士兰微、扬杰科技等企业。国产产品基本覆盖了各种电压级别，已初步实现了低端产品的国产化替代。在设备环节，已经有中国电科装备子集团、北方华创、晶盛机电等头部企业。

二、氮化镓材料

（一）技术方面

在氮化镓衬底材料方面，目前我国已能研制出2~4英寸的氮化镓衬底材料，6英寸氮化镓衬底研制技术也取得关键突破。最高氮化镓衬底厚度可达1100μm，2英寸氮化镓衬底的位错密度可降至$10^4/cm^2$以下。

在氮化镓外延材料方面，我国具有氮化镓外延片研制生产能力的单位主要有中国电科、海威华芯、三安集成等，以碳化硅基氮化镓外延材料为主；苏州晶湛和英诺赛科等，以硅基氮化镓外延材料为主。目前，我国的射频用碳化硅基氮化镓外延片主要以4英寸为主，正向6英寸方向发展。硅基氮化镓外延材料主要以6英寸为主，正向8英寸方向发展。未来电力电子用氮化镓外延片预计将在快充充电器等需求的强力牵引下，率先过渡到8英寸。

（二）市场方面

在射频电子领域，5G通信发展对GaN器件市场渗透率和需求量正在快速提升，预计到2025年，我国5G宏基站建设数量约为500万座，宏基站布设将在2023年迎来顶峰达115.2万座，按GaN放大器占总量的80%计算，所需数量达17694万个，折合4英寸衬底需45万片（6英寸晶圆需20万片）。

功率器件方面，快充将成为最大推动力。2019年，OPPO、小米在新机型中采用了GaN快充器件，随着终端客户积极推进，消费级GaN手机电源市场起量。除消费电子领域外，车规级GaN充电市场也将迎来需求增长。

我国氮化镓材料产业起步于2000年左右，经过20余年的发展壮大，目前已经初具规模。中国电子材料行业协会半导体材料分会估计，到2025年，我国氮化镓衬底材料的年需求量将达到5万片左右，电力电子和微波通信用氮化镓外延片的年需求量将达到50万片左右，考虑降价因素，总体市场规模将达到15亿元左右。

（三）产业及产业链方面

我国GaN产品逐步从小批量研发向规模化、商业化生产发展。GaN单晶衬底实现2~4英寸小批量产业化，6英寸已经实现样品生产。GaN异质外延衬底，4英寸SiC基氮化镓外延材料和6英寸硅基氮化镓外延材料已实现产业化，6英寸SiC基氮化镓外延材料和8英寸硅基氮化镓外延材料已初步实现工程化和小批量生产。GaN材料应用范围从LED向射频、功率器件不断扩展。

目前，我国氮化镓产业链已经初步形成，产业生态如图24-11所示。在外延和芯片制造环节，国内主要的厂家是中国电科、海威华芯、三安集成、苏州晶湛、英诺赛科等头部企业；在设备环节，已经有北方华创、中微半导体、电科装备子集团等头部企业；在封测环节主要有华天科技、长电科技等头部企业；在应用终端，主要有华为、中兴、中国移动和中国联通等领军企业；在氮化镓单晶衬底材料环节，我国的苏州纳维、中镓半导体和镓特半导体等企业处于国内领先地位。国内氮化镓单晶衬底材料以及碳化硅基和硅基氮化镓外延材料方面，近年来取得了长足进步，但在材料的成品率、批次一致性等方面较国际一流水平还存在一定的差距。

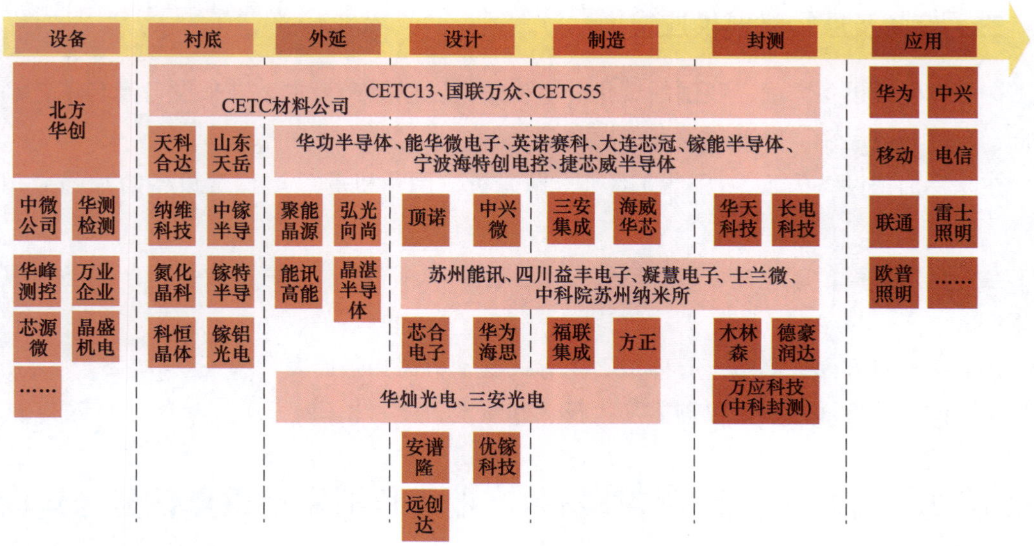

图 24-11　我国 GaN 产业生态图

第四节　我国宽禁带半导体材料产业链与供应链存在的问题分析

近年来，我国宽禁带实现行业飞速发展，取得很大进展，但也面临诸多挑战。

一、成本

目前碳化硅衬底的价格仍远远高于硅、蓝宝石等衬底。在器件制备中，碳化硅衬底成本约占 50%，外延工艺成本约占 25%，器件工艺成本约占 20%，封测成本约占 5%，衬底和外延占据了器件制造的主要成本。与硅芯片相比，目前 SiC MOSFET 器件的每安培成本比 Si IGBT 高出 5 倍以上，降低衬底和外延材料成本是关键，需要提升碳化硅生长、加工及外延技术，一方面需要提高衬底和外延材料的成品率；另一方面是通过研发大尺寸碳化硅晶片，降低单个器件成本。

二、技术

（一）单晶的质量问题

碳化硅单晶衬底的位错密度仍偏高，其他参数如 Warp 等目前也难以控制。因此如何控制相关参数，减低缺陷密度，以提高成品率是当下急需解决的技术问题。

（二）外延技术问题

目前碳化硅外延片核心参数（包括厚度、掺杂浓度等）可以做到相对较优的水平，但在高压领域，目前碳化硅外延片需要攻克的难关还很多，主要参数指标包括厚度（及厚度均匀性）、掺杂浓度（及掺杂浓度均匀性）以及缺陷密度等。

三、设备及原辅材料供应链

在晶体生长设备方面，我国的碳化硅生长炉主要以国产为主。未来设备需与工艺高度融合，以提升成品率，降低辅材和能源的消耗。

在晶片加工设备方面，国产研磨机、抛光机、倒角机等后道加工设备需加强应用和推广。

在外延炉方面，碳化硅 CVD 外延炉、氮化镓 MOCVD 外延炉需加强国产设备研发和验证。

在关键辅料方面，高端半导体级石墨等关键辅料需加强研发和验证。

在测试仪器方面，测试仪器需加大投入和研发力度。

第五节　我国宽禁带半导体材料产业中长期发展重点任务与建议

在宽禁带半导体材料产业方面，面向国家重大战略和市场发展需求，着力突破关键工艺与应用技术，不断提升产业国际竞争力。重点任务为：开展 6~8 英寸碳化硅单晶、6 英寸氮化镓体单晶、6~8 英寸碳化硅外延材料、6~8 英寸碳化硅、氮化镓及硅基氮化镓外延材料能力建设和产业化技术研发，突破 6~8 英寸宽禁带半导体材料低缺陷晶体生长、低翘曲高表面质量晶片加工、高均匀低缺陷外延生长等关键技术，协同高纯石墨材料、抛光液等关键原辅材料，以及单晶生长、外延、晶片抛光等关键设备的研发制造，形成完整产业链，加强材料与器件的研发和应用迭代，实现高频大功率微波功率器件、高压大电流电力电子器件、高亮度 LED 器件用大尺寸高完整性宽禁带半导体材料的批量稳定制造。

为促进我国宽禁带半导体材料产业的快速发展，共提出以下几条措施建议：

（1）半导体材料产业的发展离不开周边产业的支撑。拟建议发展完整且自主可控的半导体材料产业生态，协同设备、原材料等周边产业厂商共同攻克半导体材料产业技术难题。

（2）半导体材料在大规模应用之前，要经过漫长的验证期。拟建议积极搭建验证共享平台、产业化发展促进平台等一批有效促进产业发展的平台或机构，构建完善的产业发展服务体系，缩短国产半导体材料的验证期。

（3）“材料强国，标准先行”。拟建议制定完善的产业标准体系，规范企业发展和产品质量，营造公平的市场环境。

（4）加强基础研究，提升关键材料的纯化技术水平，将工业级“粗放”产品演化为服务于半导体产业的“精细”材料。

（5）注重基础研究，源头创新，开发我国资源丰富的替代物，解决铱等资源短缺问题。

第二十五章　集成电路关键材料发展形势与建议

第一节　集成电路关键材料产业用关键矿产资源概况

集成电路材料是集成电路产业发展的基础，它处于产业链上游，融合了当代众多学科的先进成果，在集成电路制造技术不断升级和产业的持续创新发展中扮演着重要角色。其作为产业发展的基石不但发挥着重要的支撑作用，更是推动技术进步的关键与核心环节。集成电路材料按其在制造工艺中的不同应用可分为晶圆制造材料和封装材料两大类，其中晶圆制造材料包括硅和硅基材料、光掩模、光刻胶及配套材料、电子气体、工艺化学品、CMP 抛光材料、溅射靶材、关键耗材八大类材料；封装材料按其在工艺过程中的用途可分为引线框架、封装基板等承载类材料、键合丝、焊球、焊膏等线路连接类材料、环氧模塑料、底部填充料等模封保护类材料、固晶胶（膜）等黏结类材料、热界面材料、晶圆聚合物介电材料等功能材料、晶圆支持材料、Plasma 材料等工艺类材料。

矿产资源是指由地质作用形成的，具有利用价值的，呈固态、液态、气态的自然资源。集成电路材料领域所涉及关键矿产资源有 20 余种，主要包括金属类矿产资源 15 种，如铝（Al）、钛（Ti）、钴（Co）、镍（Ni）、铜（Cu）、锗（Ge）、锆（Zr）、银（Ag）、锡（Sn）、铪（Hf）、钽（Ta）、钨（W）、铂（Pt）、金（Au）、铈（Ce）等。非金属矿产资源 6 种，如硼（B）、氟（F）、硅（Si）、磷（P）、硫（S）、砷（As）等。

一、金属类矿产资源

铝（Al），是地壳中含量最丰富的金属元素，仅次于氧和硅居第三位。主要以铝硅酸盐矿石的形式存在于各种岩石或矿石里，如长石、云母、高岭石、铝土矿、明矾石等。世界铝土矿主要分布在几内亚、澳大利亚和巴西等国家，三国已探明储量约占全球的 60%。我国铝矿、铝矾土资源储量分布较为集中，主要分布在山西、贵州、广西和河南四省。

钛（Ti），全球钛资源十分丰富，主要分布在澳大利亚、南非、加拿大、中国和印度。我国是世界钛资源大国，钛铁矿储量为 2 亿吨，占全球储量的 28%，排名世界第一，钛资源储量约占世界总储量的 48%左右，主要产地为四川、河北、海南等省区，钛铁矿占我国钛资源总储量的 98%。

钴（Co），大多伴生于铜、镍、锰等矿床中。世界钴资源主要集中分布在刚果（金）、澳大利亚、古巴、菲律宾、赞比亚等国，其中，刚果（金）的钴资源约占世界的一半。

中国钴矿资源主要伴生于金川公司的硫化镍铜矿中，甘肃省储量最多，约占全国的30%。中国是贫钴资源国，钴原料的95%以上依赖进口。

镍（Ni），我国镍资源储量以硫化镍矿为主，红土镍矿储量极少，是一个镍资源相对缺乏的国家。我国硫化镍矿主要分布在西北、西南和东北等地，甘肃储量最多，占全国镍矿总储量的62%。目前我国自产镍精矿产量维持在9万吨左右，远不能满足国内近20万吨的电解镍产能需求，还要从国外进口来满足国内冶炼厂的需求。

铜（Cu），在自然界中多以铜矿石存在。世界铜资源主要集中在智利、美国、赞比亚、俄罗斯和秘鲁等国。其中智利是世界上铜资源最丰富的国家，也是全球最大的铜产国和出口国。我国铜矿资源主要集中在华东地区，占全国储量的一半以上。

锗（Ge），主要应用于红外光学材料、半导体器件、光纤和催化剂四大领域。锗分布极为分散，没有独立矿床。全球锗资源主要分布在亚洲、欧洲和北美。中国含锗的锌矿资源主要分布于云南、贵州及广东，中国是世界上最大的产锗国，产量占世界的70%以上，锗是重要的战备资源，我国于2010年将锗列为控制出口物资。

锆（Zr）、铪（Hf），锆以多种矿物形式与其他矿床共伴生，铪在自然界中常与锆伴生，没有独立矿床。全球锆资源分布集中，主要分布在澳大利亚、南非、印度、美国及中国，其总储量占全球总储量的80%以上。澳大利亚和南非是全球锆英砂主要资源国。我国锆资源储量仅为全球的0.64%，作为我国战略性矿产资源之一，面临着产量少、消费量高的严峻问题，每年需要大量进口。

银（Ag），是一种贵金属，在自然界中除少量银呈自然银、银金矿及金银矿外，银主要以硫化矿物的形式存在。全球银矿资源丰富，储量相对集中的国家有秘鲁、澳大利亚、波兰、俄罗斯、中国、墨西哥、智利、美国和玻利维亚，这9个国家的银储量之和约占全球总储量的89%。中国银矿资源探明储量相对集中，主要集中在内蒙古、江西、云南、安徽和四川，占全国总储量的60%以上。

锡（Sn），在自然界中主要以锡石（氧化锡）和各种硫化物（例如硫锡石）的形式存在，锡矿资源主要分布在中国、印度尼西亚、巴西、澳大利亚等国，2016年全球锡资源储量为480万吨，其中，中国锡资源储量为110万吨，是世界上锡矿资源最为丰富的国家，锡矿资源位居世界第一。云南锡业集团是世界上最大的锡冶炼企业。

钽（Ta），与其他元素以化合物形态出现，大部分矿物是复杂的氧化物和氢化物，也有小部分是硅酸盐或硼酸盐的矿物，同铌共生。世界钽资源分布广泛，主要分布在澳大利亚、巴西、加拿大等国，中国钽矿分布在13个省份，江西、内蒙古、广东占比最多，三省合计占比为72.6%。

钨（W），全球钨资源主要分布在中国、加拿大、俄罗斯和越南等国，中国钨资源储量占全球总储量的57.58%。中国钨矿集中分布在湖南、江西、河南、福建和云南五省，占据中国90%以上的钨储量。

铂（Pt），是一种贵金属，在自然界中大部分以游离态存在。铂族金属资源储量分布极为不均，主要集中在南非和俄罗斯，两国铂族金属储量合计占全球总量的97.12%，形成资源垄断和供给的高度依赖局面。我国铂族金属非常贫乏，资源储量仅为世界总储量的0.028%，已查明资源储量以伴生矿为主。中国铂族金属储量最大的为甘肃省，其次为云南省，两省合计占77.2%。

金（Au），是一种贵金属，在自然界中大部分金以单质形式存在于金矿石中，具有分布范围广、存在形式多、形成方式复杂等特征。全球金矿查明资源储量约为10万吨，主要分布在南非、中国、澳大利亚、俄罗斯等国。中国占世界查明黄金资源储量的12%左右，探明储量主要集中在我国中东部地区，占全国总储量的75%以上。中国也是黄金生产大国，2016年中国累计生产黄金453.486t，连续10年成为全球最大黄金生产国。

铈（Ce），稀土元素的一种，主要存在独居石和氟碳铈矿中，多用作还原剂、催化剂与汽车尾气净化等。中国是世界稀土资源储量大国，矿床类型齐全、分布面广又相对集中，主要以矿物型的轻稀土资源矿为主，占总储量的90%以上。包头白云鄂博矿稀土储量占全国总储量的83%以上，是我国轻稀土主要生产基地。

二、非金属类矿产资源

硼（B），在自然界中主要以硼砂和白硼钙石等矿石的形式存在。硼是一种用途广泛的化工原料矿物，主要用于生产硼砂、硼酸和硼的各种化合物以及元素硼。全球硼矿床大部分分布于美国和土耳其，我国硼矿主要集中分布在辽宁、吉林、青海和西藏四省区，占全国总储量的88.9%。

氟（F），自然界广泛分布的元素之一，主要以萤石（CaF_2）、氟镁石（MgF_2）、氟铝石（$AlF_3 \cdot H_2O$）、冰晶石（Na_3AlF_6）等形式存在。萤石是氟工业的主要来源，能够提取制备氟元素及其各种化合物。中国萤石储量与南非并列第一，萤石资源主要分布于湖南、浙江、江西、福建、安徽、内蒙古、河北等省区，萤石是不可再生的宝贵资源，是现代工业中重要的矿物原料，我国已将萤石列入战略性矿产目录，并限制出口。

硅（Si），自然界广泛分布的元素之一，在自然界极少以单质形式出现，主要以二氧化硅（SiO_2，硅石）或硅酸盐的形式存在。我国的水晶、石英、天然硅砂除上海、天津市以外，其他省、市、自治区均有产出。质量较好的有广东、广西、青海、福建、云南、四川、黑龙江等省区；质量最好的有海南省和江苏省。江苏省东海县天然水晶和脉石英储量丰富，SiO_2 含量高达99.9983%，质量、储量位居全国之首。

磷（P），在自然界分布广泛，地壳中的含量位于前10，主要以磷酸盐形式存在于自然界中。摩洛哥磷矿石储量在全球居于首位。中国磷矿资源比较丰富，位居世界第二位。磷资源富矿主要集中在贵州、湖北、云南和四川4省，贵州开阳集中了我国大部分富矿，品位在33%以上的优质矿储量占全国的78%。

硫（S），在自然界中分布较广，通常以硫化物、硫酸盐或单质的形式存在，单质硫即为硫黄，主要存在于火山周围的地域中。以化合态存在的硫可分为硫化物矿和硫酸盐矿。世界硫资源主要分布在北美、中东、欧洲、东亚等地区，北美、俄罗斯和中东地区为世界硫黄主要生产国，占世界硫黄产量的70%以上。我国天然硫资源很少，以硫铁矿和伴生硫铁矿为主要硫源。广东、四川、安徽、内蒙古、山西是我国五大硫铁矿生产基地，其中广东云浮硫铁矿是中国最大的硫铁矿矿山。

砷（As），属于重金属伴生矿，在开采锑、铜、锡过程中获得。也有报道称砷以硫化物矿的形式（如雄黄（As_4S_4）、雌黄（As_2S_3）等）存在于自然界。砷及其化合物主要用于合金冶炼、农药医药、颜料等工业，中国砷矿资源主要分布于广西、云南、湖南 3 省，占全国总储量的 58%。

第二节　集成电路关键材料产业发展动态及趋势

集成电路诞生 60 年以来，制造工艺和材料技术的进步相伴而行。随着制造工艺“尺寸微缩”趋近于微纳制造的物理极限，新工艺、新结构、新材料的开发在未来集成电路技术发展中将发挥越来越重要的作用。当前最先进的材料能够应用于 10~7nm 技术节点的芯片制造。封装材料则多能够应用于晶圆级封装、三维堆叠封装等先进封装形式。

全球半导体制造材料市场规模，如图 25-1 所示。

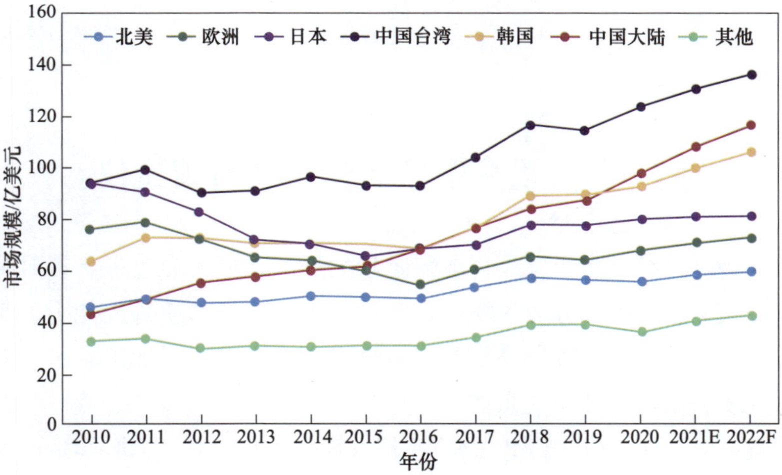

图 25-1　全球半导体制造材料市场规模

（数据来源：SEMI）

根据国际 SEMI 组织预测，2021 年全球半导体制造材料市场规模将达 587 亿美元，中国已成为全球第二大半导体材料市场，如图 25-1 所示。在旺盛的市场需求牵引和国家鼓励半导体产业发展的政策驱动下，我国半导体制造材料产业持续 10 年快速增长，2020 年，用于半导体制造的材料销售收入达到 228 亿元，市场占有率达到 26%，如图 25-2 所示。

伴随着国内半导体制造材料产业技术创新发展和产业规模的不断扩大，对高品质关键原材料的需求不断升级。矿产资源的有效供给是构建集成电路材料供应链必不可少的关键环节。国内材料企业不断加大技术创新和产能建设力度，以期满足高端集成电路和先进封装对材料的需求。

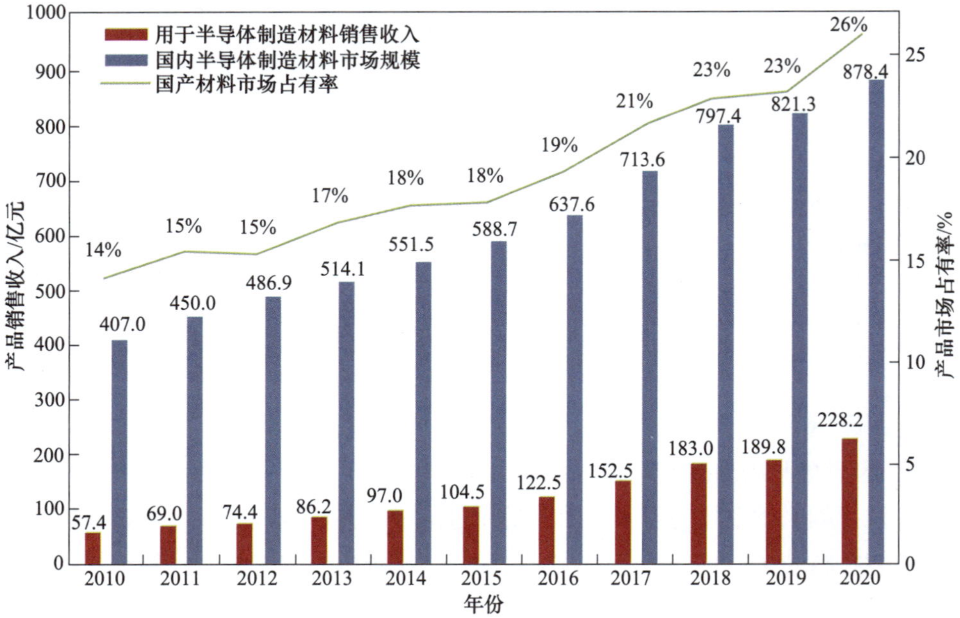

图 25-2 全球半导体制造材料销售收入占有率

（数据来源：ICMtia）

第三节 供应链高质量发展对策建议

我国集成电路材料经过多年发展，取得了较大进展，但还需进一步提升高品质原材料产业化水平，加大关键装备和分析检测仪器迭代，提高产品品质管控能力。集成电路材料涉及的矿产品类较多，系统梳理各类材料供应链以及矿产资源深加工状况，对于保障集成电路材料产业持续、稳定发展至关重要。

（1）对于氟（F）、磷（P）、钨（W）、锡（Sn）、钛（Ti）、锗（Ge）等储量丰富的矿产资源，应加大勘查投入，保护性开发；同时，依靠科技进步，着重提升资源深加工产品品质，攻克制约高品质原材料供应的核心技术、形成规模化生产能力，为含氟工艺化学品、高品质磷酸、钨靶及 WF_6、锡球、钛靶材、锗烷等材料制备提供稳定的原材料供应。

（2）打通关键矿产资源开发—高品质原材料制备—集成电路材料生产全产业链。建立有效合作机制，使产业链各环节形成及时响应、相互支撑、协同发展的良好局面，在全球范围内建立基于我国优势资源的集成电路材料产品竞争优势，进而为形成我国战略供给能力奠定基础。

（3）针对铜（Cu）、钽（Ta）、钴（Co）、铪（Hf）、锆（Zr）、铂（Pt）等短缺型矿产资源，在提高资源利用率，提升资源深加工产品品质，攻克制约高品质原材料供应的核心技术的同时，积极在海外开拓可接替资源，特别是像钽这样的我国稀缺矿产，应果断寻求并控制海外矿源，以形成战略储备。

第二十六章　新型存储材料发展形势与建议

随着移动互联和现代信息技术的快速发展，人们在拥有指数级增长的信息处理能力的同时，也不断追求速度更快、容量更高、功耗更低的非易失存储芯片来存储海量数据。智能手机、平板电脑的广泛使用和云计算的推广，对非易失存储芯片在性能和容量上都提出了更高的要求。进入 21 世纪以来，学术界和工业界的研究者一直追求着同时满足低功耗、高密度和高能效三个重要指标的新型非易失存储技术，已形成 4 种潜力较大的技术路线，包括：基于铁电极化翻转的铁电随机存储器（FeRAM）、基于相变材料可逆相变的相变随机存储器（PCRAM）、基于磁矩翻转导致的磁阻变化的磁阻随机存储器（MRAM）、基于电致阻变效应的阻变存储器（RRAM）。主要涉及的矿产与材料包括铪、钽、钴、铂族（Pt、Ru、Ir）、铁、硼、锰、镁、钨、锗、锑、碲、砷、硒。

第一节　新型存储材料产业用关键矿产资源概况

新型存储材料涉及的矿产中，除铁、硼、锰、镁等资源丰富外，铪、钽、钴、铂族（Pt、Ru、Ir）、钨、锗、锑、碲、砷、硒均为稀缺矿产。

铪在地壳中的含量约为 0.00045%。工业上用的锆石中铪含量为 0.5%~2%，次生锆矿中的铍锆石中铪含量可高达 15%，变质锆石曲晶石中二氧化铪含量达 5%以上。铪主要由生产锆的过程中回收。世界铪资源总量估计超过 100 万吨，铪资源储量丰富的国家有澳大利亚、南非、美国、巴西和印度。中国由于地质风貌特点而难以形成独立矿床且品位低，铪原料多依赖进口。

钽是稀有金属，在地壳中的含量为 0.0002%，在自然界中常与铌共存。具有工业价值的钽的主要矿物有钽铁矿、重钽铁矿、细晶石和黑稀金矿等。全球已探明钽资源储量逾 10 万吨，主要分布在澳大利亚（62%）和巴西（36%）。我国分别在陕西省（钽铌资源 30 万吨）和江西省（3 万吨）发现特大型钽铌矿资源，为我国钽矿资源储量开发提供了更多资源保障。中国钽矿资源分布广泛，但矿品位低、可供利用的矿产地和储量却很少。

锗作为一种稀散金属，是重要的战略储备资源。全球已经探明锗资源的储量>8600t，主要分布在亚洲、欧洲和北美，涉及国家有美国、中国和俄罗斯。其中，美国锗资源储量为 3870t，占全球储量的 45%，居于首位；中国次之，储量为 3500t，占全球储量的 41%；俄罗斯为 860t，占全球储量的 10%。

锑是一种重要的不可再生金属，2019 年全球锑探明储量为 150 万吨，其中中国 48 万吨、俄罗斯 35 万吨、玻利维亚 31 万吨、澳大利亚 14 万吨、土耳其 10 万吨。中国锑资源储量约占全球总储量的 32%，相比 2014 年的 95 万吨下降明显。

碲是非金属元素中金属属性最强的元素，全球碲消费近 80%用于薄膜太阳能、半导体、红外探测等新兴产业。全球碲总储量估计为 3.1 万吨，其中中国碲储量为 6600t，秘鲁为 3600t，美国为 3500t，加拿大与瑞典碲储量分别为 800t 和 670t，其他国家碲储量为 1.6 万吨。目前世界上的独立矿床仅有四川省石棉县大水沟的独立碲矿床一处，品位为 0.1%。

钴在地壳中含量很低（约为 687.5 万吨），且 90%呈分散状态，自然界中钴多为铜、镍和铁等矿种的伴生矿，刚果（金）、澳大利亚、古巴为钴矿储量前三的国家，中国钴储量为 8 万吨（排名第九）。中国钴主要伴生于金川硫化镍铜矿中，中国贫钴，钴原料 95%依赖进口。

钨矿资源比较丰富，中国钨资源储量最多，约占全球总量的 58%。

铂族金属铂、铱、钌是地壳中最稀有的元素之一，南非、俄罗斯、加拿大、津巴布韦、美国和澳大利亚储量较多，中国铂族金属矿产资源比较贫乏。

第二节　新型信息存储材料产业发展动态及趋势

铪主产国主要为法国、美国、俄罗斯和乌克兰，约为 80t/a。锆铪分离、金属制备工艺非常复杂，技术难度高，操作要求严，目前全球只有美国、法国、日本等少数国家掌握了全套生产技术，占据国际市场。

钽工业的发展始于 20 世纪 20 年代。目前，世界钽工业的产品、工艺技术和装备水平普遍都很高，适应了世界科技高速发展的需要。钽的全球产业链中，主要由矿产资源丰富的非洲国家以及巴西向中国、德国、美国等国家的冶金公司供应矿石，由其进行初步加工，中国是初级产品的最大生产及卖家。美国、德国等欧美国家及日本、韩国，对初级产品进行深度加工，生产主要终端产品和进行产品的最终应用。

锗，全球年产量为 150~170t，中国是世界最大的锗生产国，年产量为 110~120t。主要应用于光纤（30%）、红外光学（20%）、聚对苯二甲酸乙二醇酯（20%）以及太阳能发电（15%）。全球锗消费以中国、美国、日本三个国家为主，消费量约占全球的 80%以上。

锑，全球年产量为 20 万吨，中国是世界最大的锑生产国，年产量为 11 万~12 万吨。锑产业包括原生锑生产（中国）、再生锑生产（美国、德国、英国等）和副产物回收。美国、日本及欧洲等国家是锑阻燃剂的消耗大国，各种阻燃剂占锑品总消费量的 80%；我国主要应用于铅酸蓄电池。

碲，2019 年全球碲产量为 470t。中国是世界最大的碲生产国，碲产量约为 290t，日本碲产量为 55t，俄罗斯与瑞典产量均为 40t，加拿大碲产量为 30t，保加利亚与瑞典碲产量均为 5t。全球碲消费量占比估计为：光伏行业 40%，热电生产工业 30%，冶金工业 15%，化工橡胶业5%，其他10%。

钴，全球精炼钴产量超过11万吨，主要生产国包括刚果、赞比亚、芬兰、挪威等。尽管中国钴资源贫乏，目前精炼钴产量达到6万吨。

钨，全球钨产量在8万~10万吨，主要生产国有中国、加拿大、俄罗斯、卢旺达，其中中国占比达80%。

铂族，南非、俄罗斯是全球最主要的铂族金属矿产品供应国，全球铂年产量为200t左右，我国产量不足2t，中国铂族金属矿产资源比较贫乏。

以磁随机存储材料为例，新型存储材料产业主要为芯片工厂提供高纯（4N及以上）、大尺寸、性能稳定的单质或二元、三元、四元合金以及金属氧化物溅射靶材。头部企业主要有：美国先进工程材料公司（Materion）、日本Jx日矿金属、日本高纯化学研究所（Kojundo）；日本东京电子公司（TEL）、美国应用材料公司（AMAT）、日本佳能安内华公司（Canon ANELVA）、德国新格拉斯科技集团（Singulus）垄断了200mm及300mm MRAM量产型超高真空磁控溅射设备；台积电（TSMC）、三星（Samsung）、格芯（GlobalFoundries）、英特尔（Intel）为代表的芯片代工巨头企业及MRAM解决方案提供商美国Everspin公司合作研发掌握了靶材合金材料的配比及工艺配方，并正逐步介入靶材生产环节。

第三节　我国新型信息存储材料产业基础与发展现状

铪，我国铪工业经历了从无到有的全过程，制备出了符合原子能级标准的金属产品与应用材料，已成为继美国、法国、日本等发达国家之后少数几个掌握了铪分离、金属制备与应用材料加工等关键技术的国家，与国际先进水平之间的差距正在缩小。

钽，中国钽工业始于20世纪60年代。中国钽生产应用呈现出快速发展的态势，是全球铌钽氧化物、钽粉及钽铌产品的重要生产基地，全球钽冶炼的主要生产国之一。

由于中国高品位铪钽资源匮乏，且深加工等高新技术产品开发能力不足，落后于发达国家，在国际铪钽市场中主要占据中低端地位。近年来，随着高端电子科技市场发展，全球对铪钽矿需求激增。美国、日本等国相继推出关键矿产清单，均把铪和钽列入其中。

锗，中国是世界最大的锗生产国，年产量为110~120t。我国锗产业链相对来说比较完善，主要包括三个部分：第一部分是上游的资源提炼，第二部分是中游的提纯和深加工，第三部分是下游的红外和光纤等高端产品的生产。

锑，中国是世界最大的锑生产国，年产量为11万~12万吨。目前是全球第一锑矿储量大国和锑供应国，但过度开采使中国锑矿资源的保障程度不断下降。

碲，中国是全球最大的碲资源国、消费国和生产国，国内碲产业也发展较快。全球碲消费量占比估计为：光伏行业40%，热电生产工业30%，冶金工业15%，化工橡胶业5%，其他10%。近年由于热电冰箱生产线转移到中国，致使中国碲消费量增大。

钴，尽管中国钴资源贫乏，目前精炼钴产量达到6万吨，中国已成为全球最大的精炼钴生产国、消费国和出口国，钴的湿法冶炼工艺水平和装备居于世界前列，主要应用于锂离子电池，也非常注重废旧回收体系的建设。

钨，我国钨工业呈跨越式发展，钨产业布局日臻合理，产品结构进一步改善，钨冶炼技术全球领先，中国占全球钨市场的 80%。

铂族，我国作为全球最大的铂族金属消费国，但铂族金属矿产资源极为匮乏。国外铂族冶炼技术已发展 250 年，我国于 1958 年起步，1980 年第一次获得 8 个贵金属元素，目前我国年产铂族金属（包括 Pt、Pd 等）4t 左右。

第四节　我国新型信息存储材料产业链与供应链存在的问题分析

对于资源短缺的 Ha、Ta、Co、Pt 族金属：中国相关材料工业技术、装备虽然已有很大发展，并拥有批量生产全系列产品的能力，但产业链与供应链中仍面临一定问题。形成了“两头在外”的格局，不但原材料的供应受到国际环境变动的影响，深加工产品的出口亦可能受到世界宏观形势的冲击，建立全产业链任务非常艰巨。

供应链中存在的问题主要包括：原料短缺，资源储量稀少。产业链中存在的问题主要包括：高新技术产品开发能力不足，终端应用领域技术落后。需加大新技术、新产品研发支持力度，从传统的粗加工转移到深加工精细制造领域。产业结构不合理。中低档产能过剩，高档产品生产能力不足的尴尬局面难以扭转。

对于矿产丰富的 W、Ge、Sb、Te 材料：相关材料产业链主要包括材料纯化、靶材制造、溅射设备及终端应用。在材料纯化及靶材制造领域，严重落后于美国、日本等传统材料强国，低端材料大量出口，高纯溅射靶材上游的高纯金属市场目前主要集中在美国和日本的企业手中。

从矿产资源的角度，相关材料供应链和产业链中存在的问题主要包括：Ge 勘查不足开采超标；产品结构失衡；设备落后、环境形势严峻；Sb 产量过大，后备资源短缺；资源利用不合理，出口比例过大；产品结构不合理，深加工能力弱；碲回收及碲提纯工艺落后。

以锗、锑、碲为例，我国锑产业的问题主要在于：

（1）勘查程度较低，开采超标严重。中国目前具有开采价值的矿产资源集中分布于滇、蒙与粤三省，近期能提供规模开采的锗矿床很少。总体来看，国内大部分省（区）锗矿资源地质勘查程度较低、远景预测较差；国内长期以来，由于对富锗褐煤矿的开采与利用缺乏统一规划与有力监管，许多矿业公司采富弃贫、采厚弃薄，采易弃难，资源回收率较低。此外，大中型锗矿矿山周边非法盗挖盗采现象频发、部分地方集体与民营小型锗矿企业盲目扩产或以铅锌铜煤等矿种名义开采锗矿，致使国家在对锗矿开采进行总量控制所采取的调整锗矿资源关税、严格开采制度等一系列措施未能完全落实，锗矿超标生产较为严重。

（2）市场管理滞后，产品结构失衡。中国是世界锗矿资源主要供应国之一，但由于对锗行业的市场管理起步较晚，面临着诸如初级产品产能过剩与低价外流、高附加值产品（包括锗单晶、光纤用 $GeCl_4$ 等深加工产业；锗衬底片、PET 催化剂、红外锗镜头及光纤预制棒等元部件产业）发展迟缓、产业技术水平低等一系列问题，造成国内锗矿生产企业在世界锗行业的资源、供应及行业主导优势大大降低。

（3）技术设备落后，环境形势严峻。环境保护是实现可持续发展的前提。然而，国内众多中小型锗矿生产企业技术设备落后、加工工艺陈旧且缺乏较为完善的“三废”回收与处理配套设施，在锗矿生产过程中极易对生态环境造成严重影响与破坏。

我国锑产业的问题主要集中在以下几个方面：

（1）产量过大，后备资源短缺。受市场利益驱动，许多锑矿山开采量持续加大，在有些地方甚至出现私采滥挖的现象，由于其缺乏技术设备支持，往往采富弃贫，造成严重的资源浪费。

（2）产品结构不合理，深加工能力弱。由于起步较晚，致使我国锑产品深加工业落后于美国、日本等国家。在我国生产的锑产品中，以氧化锑和锑锭等初级产品为主，深加工产品所占比例不大。而国际市场对锑深加工产品的需求量占锑产品总需求量的 90%。

（3）再生锑未被重视，造成资源浪费。世界再生锑年均产量为 5.5 万~6 万吨，主要集中在美国、英国、德国、法国等发达国家，在这些发达国家，资源再生利用率达到 80%，而我国只有 20%。随着人口增长和工业发展，我国矿产资源日趋紧张，因为锑金属的回收再生还没有受到应有的重视，致使我国的锑金属回收再生能力已远远落后于国外。

第五节　供应链高质量发展对策建议

具体对策建议如下：

（1）加强基础研究，提升关键材料的纯化技术水平，将工业级“粗放”产品演化为服务于信息产业的“精细”材料。

（2）针对性发展高性能纯金属和合金靶材制造技术，特别是高均匀性、高稳定的多元合金靶材制造技术。

（3）对于资源丰富的矿产资源，创新工艺与制备技术，将资源优势转化为技术优势，最终形成产品和经济优势。

（4）对于资源匮乏的矿产资源，产学研联合，开发“城市矿山”，优先发展资源回收技术，满足存储技术对于相关材料的需求。

（5）注重基础研究，源头创新，开发我国资源丰富的新的存储材料替代物，解决资源短缺问题。

其中，对于资源短缺的 Ha、Ta、Co、Pt 族金属：

（1）节流：摸清资源家底，建立原料基地。提高对稀缺资源的重视程度，增强对现有资源的管理，同时，建立健全相应的科研机构，提高应用和研究水平，深入研究现有资源的合理开发利用技术方法，实行保护性开发，提高资源的保障程度。

（2）开源：加强资源开发、加大找矿力度。提高对成矿条件、成矿规律等基础地质工作的重视，寻找优质资源、接替资源，以保证可持续发展。

提高二次资源利用率：重视废杂金属的再生回收和环境保护工作，大力发展科学和工业新技术，提高资源的回收率和工业利用率。

加强综合利用基础学科、交叉学科的研究，开拓新领域。稀有金属铪钽矿产资源储量有限，需开发新的替代物，解决资源短缺问题。

对于矿产丰富的 W、Ge、Sb、Te 材料：加大勘查投入，进一步摸清资源家底。加强保护性开发，推进开发利用产业化发展；严控产量，有计划性开采。依靠科技进步，着重发展深加工产品。重视回收再生，充分循环利用。

参考文献

[1] S&P Global Market Intelligence [EB/OL]. [2021-09-24]. https://www.snl.com/.

[2] “先进半导体材料及辅助材料”编写组. 中国先进半导体材料及辅助材料发展战略研究 [J]. 中国工程科学, 2020, 22 (5): 10-19.

[3] BP. 2021 Statistical Review of World Energy [J/OL]. http://www.bp.com/statisticalreview.

[4] UN Comtrade. https://comtrade.un.org/USGS. 2021 Minerals Yearbook [EB/OL]. [2021-07-24]. http://minerals.usgs.gov/.

[5] 曹维宇, 杨学萍, 张藕生. 我国高性能高分子复合材料发展现状与展望 [J]. 中国工程科学, 2020, 22 (5): 112-120.

[6] 曹湘洪, 魏志强. 氢能利用安全技术研究与标准体系建设思考 [J]. 中国工程科学, 2020, 22 (5): 144-151.

[7] 陈鸣, 王矛, 杨植岗, 等. 新材料产业质量技术基础发展战略研究 [J]. 中国工程科学, 2020, 22 (5): 137-143.

[8] 陈其慎, 于汶加, 张艳飞, 等. 点石-世界 35 国矿情 [M]. 北京: 地质出版社, 2020.

[9] 陈其慎, 干勇, 延建林, 等. 从矿产资源大国到矿产资源强国: 目标、措施与建议 [J]. 中国工程科学, 2019, 21 (1): 49-54.

[10] 陈其慎, 于汶加, 张艳飞, 等. 关于加强我国矿产资源储备工作的思考 [J]. 中国矿业, 2015, 24 (1): 20-23.

[11] 陈其慎, 于汶加, 张艳飞, 等. 矿业发展周期理论与中国矿业发展趋势 [J]. 资源科学, 2015, 37 (5): 891-899.

[12] 陈其慎, 于汶加, 张艳飞, 等. 资源-产业“雁行式”演进规律 [J]. 资源科学, 2015, 37 (5): 871-882.

[13] 陈其慎, 张艳飞, 杜雪明, 等. 美国矿产资源战略分析 [J]. 中国矿业, 2017, 26 (9): 1-5, 10.

[14] 陈其慎, 张艳飞, 贾德龙, 等. 全球矿业发展报告 2019 [M]. 北京: 地质出版社, 2019.

[15] 陈其慎, 张艳飞, 龙涛, 等. 中国海外石油供应风险分析 [J]. 地质与勘探, 2018, 54 (6): 1091-1098. DOI: 10.13712/j.cnki.dzykt.2018.06.002.

[16] 陈其慎, 张艳飞, 倪善芹, 等. 日本矿产资源经略强国战略分析 [J]. 中国矿业, 2017, 26 (12): 8-15, 23.

[17] 陈其慎, 张艳飞, 邢佳韵, 等. 国内外战略性矿产厘定理论与方法 [J]. 地球学报, 2021, 42 (2): 137-144.

[18] 陈其慎, 张艳飞, 邢佳韵, 等. 矿产资源供应基地评价与供应链调查理论技术方法 [J]. 地球学报, 2021, 42 (2): 159-166.

[19] 陈其慎, 张艳飞, 邢佳韵, 等. 矿产资源强国评价指标体系构建与评价 [J]. 中国矿业, 2017, 26 (11): 1-9.

[20] 陈其慎, 张艳飞, 郑国栋, 等. 中非矿业合作发展报告 [R]. 北京: 中国地质调查局国际矿业研究中心, 2022.

[21] 陈其慎. 中国矿业发展趋势及竞争力评价研究 [D]. 北京: 中国地质大学 (北京), 2013.

[22] 陈其慎. 中国铁矿石供需形势分析 [D]. 北京: 中国地质大学 (北京), 2007.

[23] 陈其慎．正确认识美国的“危机矿产”［J］．国土资源情报，2020（7）：3-11.

[24] 陈其慎，张艳飞，王琨，等．境外矿产资源基地调查与供应链安全评价研究报告［R］．北京：中国地质科学院矿产资源研究所，2020.

[25] 新材料强国 2035 战略研究项目组．新材料强国 2035 战略研究综合报告［R］．北京：中国工程院，2021.

[26] 陈其慎，张艳飞，韩见，等．新冠疫情下全球矿业发展与中国资源安全研究报告［R］．北京：中国地质科学院矿产资源研究所，2021.

[27] 陈其慎，邢佳韵，龙涛，等．新能源汽车用矿产资源需求预测与安全保障［R］．北京：中国地质科学院矿产资源研究所，2021.

[28] 陈其慎，于汶加，张艳飞，等．战略性矿产研究报告［R］．北京：中国地质科学院矿产资源研究所，2014.

[29] 陈其慎，张艳飞，龙涛，等．中国矿业形势、问题与对策研究报告［R］．北京：中国地质科学院矿产资源研究所，2021.

[30] 崔荣国，陈其慎，郭娟，等．全球可再生能源消费现状分析［J］．地质与勘探，2018，54（6）：1135-1140. DOI：10. 13712/j. cnki. dzykt. 2018. 06. 008.

[31] 干勇，赵宪庚，徐匡迪．中国新一代核能用材总体发展战略研究［J］．中国工程科学，2019，21（1）：1-5.

[32] 干勇．钢铁工业智能化及品种发展［C］//第十届中国金属学会青年学术年会暨第四届辽宁青年科学家论坛会议指南，2020：21. DOI：10. 26914/c. cnkihy. 2020. 061399.

[33] 干勇．新材料：制造业进入高端的关键［N］．中国税务报，2015-09-14（B04）. DOI：10. 28139/n. cnki. ncswb. 2015. 001680.

[34] 干勇．21世纪将是氢能时代［J］．中国石油企业，2021（3）：10-12.

[35] 干勇．必须向新材料高新产业转型升级［J］．当代县域经济，2016（8）：11.

[36] 干勇．关键基础材料的发展及创新［J］．钢铁研究学报，2021，33（10）：997-1002. DOI：10. 13228/j. boyuan. issn1001-0963. 20210335.

[37] 干勇．加快实现材料技术突破［J］．稀土信息，2021（2）：1.

[38] 干勇．煤制氢将成为新能源重头戏［J］．高科技与产业化，2018（3）：43.

[39] 干勇．中国制造 2025 三大基础要素：新材料、新型信息技术、技术创新体系［J］．中国科技产业，2018（1）：50. DOI：10. 16277/j. cnki. cn11-2502/n. 2018. 01. 018.

[40] 高伟男，毕勇，刘新厚，等．我国新型显示关键材料发展战略研究［J］．中国工程科学，2020，22（5）：44-50.

[41] 管仁国，娄花芬，黄晖，等．铝合金材料发展现状、趋势及展望［J］．中国工程科学，2020，22（5）：68-75.

[42] 管仁荣，张德会，陈其慎．中国铁矿石需求分析［J］．中国矿业，2011，20（S1）：28-31.

[43] 国际能源署．The International Energy Agency（IEA）. https：//www. iea. org/.

[44] 黄学杰，赵文武，邵志刚，等．我国新型能源材料发展战略研究［J］．中国工程科学，2020，22（5）：60-67.

[45] 贾德龙，陈其慎，王秋舒，等．2018 年以来全球矿业市场态势分析［J］．中国矿业，2019，28（12）：40-45.

[46] 贾逸卿，张艳飞，陈小荣，等．京津冀地区铁矿石需求预测［J］．地球学报，2021，42（2）：217-222.

[47] 姜业欣，娄花芬，解浩峰，等．先进铜合金材料发展现状与展望［J］．中国工程科学，2020，22（5）：84-92.

[48] 蒋金华，陈南梁，钱晓明，等．产业用纺织先进基础材料进展与对策［J］．中国工程科学，2020，22（5）：51-59.

[49] 李芳，管仁国，铁镝，等．我国先进镁合金材料产业2035发展战略研究［J］．中国工程科学，2020，22（5）：76-83.

[50] 李维明，谷树忠，陈其慎．开放条件下的我国矿产资源安全战略［J］．绿叶，2018（7）：40-43.

[51] 李仲平，冯志海，徐樑华，等．我国高性能纤维及其复合材料发展战略研究［J］．中国工程科学，2020，22（5）：28-36.

[52] 刘静．液态金属科技与工业的崛起：进展与机遇［J］．中国工程科学，2020，22（5）：93-103.

[53] 刘璇，陈其慎，张艳飞，等．中国铬需求预测及资源供应安全态势分析［J］．资源科学，2015，37（5）：933-943.

[54] 龙涛，陈其慎，陈程，等．后疫情时代全球石油供需格局研究［J］．地球学报，2021，42（2）：273-278.

[55] 龙涛，陈其慎，于汶加，等．中国海外权益铜矿分析［J］．地质与勘探，2018，54（6）：1099-1106. DOI：10. 13712/j. cnki. dzykt. 2018. 06. 003.

[56] 龙涛，陈其慎，于汶加，等．全球能源供需新格局研究［J］．中国矿业，2019，28（12）：63-66.

[57] 美国地质调查局．https：//www. usgs. gov/centers/nmic/commodity-statistics-and-information?tdsourcetag=s_pcqq_aiomsg.

[58] 曲希明，王颖，邱志成，等．我国先进纤维材料产业发展战略研究［J］．中国工程科学，2020，22（5）：104-111.

[59] 任鑫，陈其慎，邢佳韵，等．2021~2035年全球硫酸镍供需形势分析［J］．中国矿业，2021，30（9）：1-7.

[60] 世界不锈钢协会．International Stainless Steel Forum. https：//www. worldstainless. org/Statistics/.

[61] 世界钢铁协会．World Steel Association. https：//www. worldsteel. org/zh/.

[62] 世界核能协会．World Nuclear Association. https：//www. world-nuclear. org/.

[63] 世界金属统计局．World Bureau of Metal Statistics. http：//www. world-bureau. com/.

[64] 谭化川，张艳飞，陈其慎，等．2015~2025年中国锆英砂资源供需形势分析［J］．资源科学，2015，37（5）：998-1007.

[65] 谭旭光，余卓平．燃料电池商用车产业发展现状与展望［J］．中国工程科学，2020，22（5）：152-158.

[66] 王琨，陈其慎，张艳飞，等．海外铜矿投资项目的一种综合评价方法探讨——以非洲为例［J］．地球学报，2021，42（2）：229-235.

[67] 王秋舒，元春华，陈其慎，等．非洲矿业国际合作新趋势及对策建议［J］．中国矿业，2019，28（12）：57-62.

[68] 王瑞江，陈其慎，聂凤军，等．关于“一带一路”地学合作若干问题的思考［J］．地球学报，2016，37（4）：433-440.

[69] 武铁，李颖，陈其慎，等．中国矿产资源海外供应安全形势浅析［J］．中国矿业，2016，25（4）：6-9，25.

[70] 肖丽俊，陈其慎，张艳飞，等．浅议矿产资源供应强国：澳大利亚［J］．中国矿业，2017，26（10）：15-19，25.

[71] 谢曼，干勇，王慧．面向2035的新材料强国战略研究［J］．中国工程科学，2020，22（5）：1-9.

[72] 邢佳韵，陈其慎，张艳飞，等．新能源汽车发展下锂钴镍等矿产资源需求展望［J］．中国矿业，2019，28（12）：67-71.

[73] 邢佳韵，彭浩，张艳飞，等．世界锂资源供需形势展望［J］．资源科学，2015，37（5）：988-997.

[74] 邢佳韵，张晓鹤，陈其慎，等．“二元消费”影响下的镍供需形势分析［J］．地球学报，2021，42（2）：251-257.

[75] 邢万里，陈其慎．中国钾盐资源安全简析［J］．中国矿业，2013，22（12）：11-14.

[76] 徐林，曾本忠，王超，等．我国高性能合成橡胶材料发展现状与展望［J］．中国工程科学，2020，22（5）：128-136.

[77] 于汶加，陈其慎，张艳飞，等．世界新格局与中国新矿产资源战略观［J］．资源科学，2015，37（5）：860-870.

[78] 张丽平，杨学萍，初立秋，等．我国高性能合成树脂发展战略研究［J］．中国工程科学，2020，22（5）：121-127.

[79] 张艳飞，陈其慎，于汶加，等．2015～2040年全球铁矿石供需趋势分析［J］．资源科学，2015，37（5）：921-932.

[80] 张艳飞，王高尚，陈其慎，等．我国铁矿石期货市场未来趋势浅析［J］．中国矿业，2013，22（11）：9-12.

[81] 张艳飞，邢佳韵，龙涛，等．全球大型矿业公司发展动向分析［J］．中国矿业，2019，28（12）：46-51.

[82] 张艳飞，郑国栋，陈其慎，等．后疫情时期全球铁矿资源格局分析［J］．地球学报，2021，42（2）：209-216.

[83] 郑国栋，陈其慎，邢佳韵，等．典型国家钢铁产业发展路径与启示［J］．中国国土资源经济，2021，34（8）：51-56，68. DOI：10. 19676/j. cnki. 1672-6995. 000649.

[84] 郑国栋，陈其慎，张艳飞，等．从产业链角度看日本矿产资源安全保障［J］．国土资源情报，2021（8）：18-24.

[85] 郑国栋，韩见，陈其慎，等．疫情影响下的全球矿业发展态势［J］．国土资源情报，2021（9）：9-15.

[86] 郑国栋，王琨，陈其慎，等．世界稀土产业格局变化与中国稀土产业面临的问题［J］．地球学报，2021，42（2）：265-272.

[87] 中国工程院矿产资源强国战略研究项目组．矿产资源强国战略研究［M］．北京：科学出版社，2018.

[88] 中国海关统计数据在线查询平台．http：//43. 248. 49. 97/.

[89] 周济，李龙土，熊小雨．我国电子陶瓷技术发展的战略思考［J］．中国工程科学，2020，22（5）：20-27.

[90] 朱明刚，孙旭，刘荣辉，等．稀土功能材料2035发展战略研究［J］．中国工程科学，2020，

22（5）：37-43.

[91] 朱帅，楚克磊，张艳飞，等．越南矿业及相关产业合作前景［J］．中国矿业，2017，26（11）：80-84，117.

[92] BP. Statistical review of world energy 2020［R/OL］.（2020-06）. https：//www. bp. com/en/global/corporate/energy-economics/statistical-review-of-world-energy. html.

[93] Global Energy Monitor. 繁荣与衰落 2021. 追踪全球燃煤电厂开发 . https：//globalenergymonitor. org/wp-content/uploads/2021/04/BoomAndBust_2021_Chinese_final. pdf.

[94] 严晓辉，杨芊，高丹，等．我国煤炭清洁高效转化发展研究［J］．中国工程科学，2022，24（6）：19-25.

[95] 李全生，张凯．我国能源绿色开发利用路径研究［J］．中国工程科学，2021，23（1）：101-111.

[96] 严晓辉，李伟起，谢克昌．新时期我国能源安全形势分析及对策研究［J］．能源科技，2020，18（1）：3-7.

[97] 张博，彭苏萍，王佟，等．构建煤炭资源强国的战略路径与对策研究［J］．中国工程科学，2019，21（1）：88-96.

[98] 张凯，李全生．碳约束条件下我国煤炭清洁高效开发利用战略研究［J］．煤炭经济研究，2019，39（11）：10-14.

[99] 彭苏萍，张博，孙旭东，等．废弃矿井生态开发战略研究［M］．北京：科学出版社，2020.

[100] 彭苏萍等．西部煤炭资源清洁高效利用发展战略研究［M］．北京：科学出版社，2019.

[101] 彭苏萍等．煤炭资源强国战略研究［M］．北京：科学出版社，2018.

[102] 中国石油勘探开发研究院．全球油气勘探开发形势及油公司动态（2021 年）［M］．北京：石油工业出版社，2021.

[103] 自然资源部．全国石油天然气资源勘查开采通报（2020 年度）.

[104] 国家能源局石油天然气司，国务院发展研究中心资源与环境政策研究所，自然资源部油气资源战略研究中心．中国天然气发展报告 2021［M］．北京：石油工业出版社，2021.

[105] 刘合，梁坤，张国生，等．碳达峰、碳中和约束下我国天然气发展策略研究［J］．中国工程科学，2021，23（6）：33-42.

[106] 窦立荣，温志新，王建君，等．2021 年世界油气勘探形势分析与思考［J］．石油勘探与开发，2022，49（5）：1033-1044.

[107] 苏健，梁英波，丁麟，等．碳中和目标下我国能源发展战略探讨［J］．中国科学院院刊，2021，36（9）：1001-1009.

[108] 马新华，张国生，唐红君，等．天然气在构建清洁低碳能源体系中的地位与作用［J］．石油科技论坛，2022，41（1）：18-28.

[109] 唐玮，张国生，徐鹏．“十四五”油气勘探开发科技创新重点领域与方向［J］．石油科技论坛，2022，41（5）：7-15.

[110] 刘合，梁英波，张国生，等．天然气与可再生燃气融合发展挑战与路径［J］．天然气工业，2022，42（9）：1-9.

[111] 张国生，王小林，朱世佳．“十四五”我国油气发展路径选择［J］．石油科技论坛，2020，39（6）：7-12.

[112] 杜祥琬，叶奇蓁，徐銤，等．核能技术方向研究及发展路线图［J］．中国工程科学，2018，

20（3）：17-24.

[113] NEA/IAEA（2021），Uranium 2020：Resources，Production and Demand，OECD Publishing，Paris，https：//doi. org/10. 1787/d82388ab-en.

[114] 北京安泰科信息科技有限公司 . 2019 年有色金属市场发展报告——锂［R］. 北京：安泰科信息科技有限公司，2020.

[115] 中华人民共和国中央人民政府 . 四部委关于印发《促进汽车动力电池产业发展行动方案》的通知[EB/OL]. (2017-03-02)[2022-03-01]. http://www. gov. cn/xinwen/2017-03/02/content_5172254. htm#1.

[116] 中华人民共和国工业和信息化部 .《新能源汽车废旧动力蓄电池综合利用行业规范条件（2019 年本）》《新能源汽车废旧动力蓄电池综合利用行业规范公告管理暂行办法（2019 年本）》公告[EB/OL]. (2020-01-02)[2022-03-01].

[117] 王瑞江，王登红，李健康，等 . 稀有稀土稀散矿产资源及其开发利用［M］. 北京：地质出版社，2015.

[118] 王登红，刘善宝，于扬，等 . 川西大型战略性新兴产业矿产基地勘查进展及其开发利用研究［J］. 地质学报，2019，93（6）：1444-1453.

[119] 李成秀，程仁举，刘星 . 我国锂辉石矿选矿技术研究现状及展望［J］. 矿产综合利用，2021（5）：1-8.

[120] 汪泰，胡真，王威 . 锂铍稀有金属选矿及综合利用研究现状和展望［J］. 有色金属（选矿部分），2020（6）：24-29.

[121] 胡萍，刘明，宋青荣，等 . 我国锂盐市场行情及未来发展趋势［J］. 新材料产业，2019（6）：47-50.

[122] 陈立泉 . 锂离子电池改变世界——2019 年诺贝尔化学奖成果简析［J］. 科技导报，2019，37（24）：36-40.

[123] 黄学杰，赵文武，邵志刚，等 . 我国新型能源材料发展战略研究［J］. 中国工程科学，2020，22（5）：60-67.

[124] 涂康安 . 锂离子电池三元正极材料现状及发展趋势［J］. 当代化工研究，2021（17）：17-18.

[125] 安信证券 . 角力与共生——全球动力电池竞争格局分析[EB/OL]. (2018-11-28)[2022-02-28]. http://pg. jrj. com. cn/acc/Res/CN_RES/INDUS/2018/11/28/82f4da1f-f781-40b1-a14c-547f25bc1a8c. pdf.

[126] 刘贵富，赵英才 . 产业链：内涵、特性及其表现形式［J］. 财经理论与实践，2006（3）：114-117.

[127] 杨公朴，夏大慰 . 现代产业经济学［M］. 上海：上海财经济大学出版社，2002.

[128] 苏东水 . 产业经济学［M］. 北京：高等教育出版社，2010.

[129] United States Geological Survey，2020. Lithium Statistics and Information［R/OL］. America：United States Geological Survey，2020［2022-03-15］. https：//www. usgs. gov/centers/nmic/nickel-statistics-and-information.

[130] S&P Global Market Intelligence. Mine Economics 2021（Calendar）［EB/OL］.（2022-01-01）［2022-03-20］. https：//www. capitaliq. spglobal. cn/web/client? auth = inherit#industry/mine.

[131] 北京安泰科信息科技有限公司 . 2020 年有色金属市场发展报告——锂［R］. 北京：安泰科信息科技有限公司，2020.

[132] 中国海关 . 海关统计数据在线查询平台[EB/OL]. (2021)[2022-04-01]. http：//43. 248. 49. 97/.

[133] 赣锋锂业．江西赣锋锂业股份有限公司 2020 年年度报告［EB/OL］.（2021-03）［2022-03-01］. http：//www. ganfenglithium. com/.

[134] 天齐锂业．天齐锂业股份有限公司 2020 年年度报告［EB/OL］.（2021-04-28）［2022-05-01］. http：//www. tianqilithium. com/relationship/achievement. html.

[135] 鑫椤资讯研究中心．2020 年三元产量 21 万吨　明年有望增长 24%［EB/OL］.（2020-12-15）［2022-04-01］. http：//www. iccsino. com. cn/.

[136] 高工产研锂电研究所 GGII. 2020 中国电解液市场复盘［EB/OL］.（2021-01）［2021-03-01］. https：//www. gg-lb. com/art-42136. html.

[137] 高工产研锂电研究所 GGII. 新能源汽车产业链数据库［R］. 北京：高工锂电研究院 GGII，2020.

[138] 中华人民共和国中央人民政府．中华人民共和国工业和信息化部公告 2018 年第 40 号符合《新能源汽车废旧动力蓄电池综合利用行业规范条件》企业名单（第一批）［EB/OL］.（2018-09-03）［2022-04-01］. http：//www. gov. cn/zhengce/zhengceku/2018-12/31/content_5438758. html.

[139] 中华人民共和国工业和信息化部．《新能源汽车废旧动力蓄电池综合利用行业规范条件》企业名单（第二批）［EB/OL］.（2020-12-16）［2020-12-20］. https：//wap. miit. gov. cn/jgsj/jns/zyjy/art/2020/art_e9a3e4aa47dc40deb59322c5fe8e48de. html.

[140] 中华人民共和国工业和信息化部．《新能源汽车废旧动力蓄电池综合利用行业规范条件》企业名单（第三批）［EB/OL］.（2021-11-23）［2022-04-01］. https：//wap. miit. gov. cn/jgsj/jns/zhlyh/art/2021/art_e0f11c4701f44fa6b2e124c8ccecd5db. html.

[141] 昝文宇，马北越，刘国强．动力锂电池回收利用现状与展望［J］. 稀有金属与硬质合金，2020，48（5）：5-9，71.

[142] U. S Department of State. Energy Resource Governance Initiative（ERGI）［EB/OL］.（2020-12）［2022-04-03］. https：//www. state. gov/wp-content/uploads/2020/12/Marketing-Materials_ERGI-One-Pager_2. 20. 20. pdf#：~：text = ERGI% 20is% 20a% 20U. S. % 20Department% 20of% 20State% 2C% 20Bureau，best% 20practices%2C%20and%20encourage%20a%20level%20playing%20field.

[143] Federal Consortium for Advanced Batteries. National Blueprint for Lithium Batteries 2021-2030［EB/OL］.（2021-06）［2022-04-03］. https：//www. energy. gov/sites/default/files/2021-06/FCAB%20National%20Blueprint%20Lithium%20Batteries%200621_0. pdf.

[144] European Commission. Critical Raw Materials Resilience：Charting a Path towards Greater Security and Sustainability［EB/OL］.（2021-02-09）［2022-02-28］. http：//imformed. com/wp-content/uploads/2021/02/NYBERG-Mineral-Recycling-Forum-2021-ONLINE-IMFORMED. pdf.

[145] 刘国芳，赵立金，王东升．国内外锂离子动力电池发展现状及趋势［J］. 汽车工程师，2018（3）：11-13.

[146] 汪月英，谢海明．国内外动力电池产业发展现状与趋势［J］. 内燃机与配件，2018（2）：205-206.

[147] 杨卉芃，王威．全球钴矿资源现状及开发利用趋势［J］. 矿产保护与利用，2019，39（5）：41-49，55.

[148] 许德如，王智琳，聂逢君，等．中国钴矿资源现状与关键科学问题［J］. 中国科学基金，2019（2）：125-132.

[149] USGS，Cobalt Statistics and Information 2021［EB/OL］.（2021-02-01）［2021-05-30］. https：//

pubs. usgs. gov/periodicals/mcs2021/mcs2021-cobalt. pdf.

[150] 北京安泰科信息科技有限公司 . 2021 年有色金属市场发展报告［R］. 北京：安泰科信息科技有限公司，2022.

[151] 陈耀，彭灿，吴理觉，等 . 电池级硫酸钴生产工艺研究进展［J］. 无机盐工业，2019，51（3）：7-11.

[152] 金川集团 . http：//www. jnmc. com/index/goods/index. html.

[153] Ayman E，Barbara K R，T E G. Anthropogenic nickel supply，demand，and associated energy and water use［J］. Resources，Conservation & Recycling，2017：125.

[154] Department of Energy，Energy Storage Market Report 2020［EB/OL］.（2020-12-07）［2021-05-18］. https：//www. energy. gov/energy-storage-grand-challenge/downloads/energy-storage-market-report-2020.

[155] Elshkaki A，Reck B K，Graedel T E. Anthropogenic nickel supply，demand，and associated energy and water use［J］. Resources，Conservation and Recycling，2017，125：300-307.

[156] Gavin M M，Simon M J. A Detailed Assessment of Global Nickel Resource Trends and Endowments［J］. Economic Geology and the Bulletin of the Society of Economic Geologists，2014，109（7）.

[157] GGII. 2020 全球动力电池装机量 TOP10 解析 . 2021.

[158] IEA. Global EV Outlook 2021. 2021.

[159] Intelligence S P G M. commodity Profile. 2020.

[160] ISSF. Stainless steel in figures. 2021.

[161] Jiali S，Wenyi Y，Hongbin C，et al. Material flow analysis on critical raw materials of lithiumion batteries in China［J］. Journal of Cleaner Production，2019：215.

[162] Lin Z. Safety evaluation of Chinese nickel resources basedon analytic hierarchy process and fuzzy comprehensive evaluation［J］. IOP Conference Series. Earth and Environmental Science，2017，81（1）：12056.

[163] Mistry M，Gediga J，Boonzaier S. Life cycle assessment of nickel products［J］. Int J Life Cycle Assess，2016，21：1559-1572. https：//doi. org/10. 1007/s11367-016-1085-x.

[164] Mudd G M. Global trends and environmental issues in nickel mining：Sulfides versus laterites［J］. Ore Geology Reviews，2010，38（1/2）：9-26.

[165] Nakajima K，Daigo I，Nansai K，et al. Global distribution of material consumption：Nickel，copper，and iron［J］. Resources，Conservation and Recycling，2018，133：369-374.

[166] Norilsk N. ANNUAL REPORT 2020. 2021.

[167] Outokumpu. Outokumpu-annual-report-2020. 2021.

[168] S&P Global Market Intelligence. Lack of major nickel discoveries could impact battery-grade nickel supply［EB/OL］.（2020-06-08）［2021-04-20］. https：//platform. mi. spglobal. cn/web/client? auth = inherit&overridecdc = 1&#news/article? id = 58918901&KeyProductLinkType = 6.

[169] SMM. 2020 中国电池材料产量数据之三：动力需求拉动铁锂产量大幅上涨　三元材料高镍趋势不改 . 2021.

[170] SMM. 镍生铁百科 . 2020.

[171] Song J，Yan W，Cao H，et al. Material flow analysis on critical raw materials of lithiumion batteries in China［J］. Journal of Cleaner Production，2019，215：570-581.

[172] USGS. Nickel Statistics and Information 2021 [EB/OL]. (2021-02-01) [2021-05-30]. https://www.usgs.gov/centers/nmic/nickel-statistics-and-information.

[173] WBMS. World Metal Statistics Yearbook. 2021.

[174] Wind [EB/OL]. https://www.wind.com.cn/NewSite/edb.html.

[175] WoodMac. Nickel sulphate supply to peak in 2027 as EV sector-driven demand accelerates. 2020.

[176] Xianlai Z, Ming X, Jinhui L. Examining the sustainability of China's nickel supply: 1950-2050 [J]. Resources, Conservation & Recycling, 2018, 139.

[177] Xu C, Dai Q, Gaines L, et al. Future material demand for automotive lithium-based batteries [J]. Communications Materials, 2020, 1 (1).

[178] Zeng X, Xu M, Li J. Examining the sustainability of China's nickel supply: 1950-2050 [J]. Resources, Conservation and Recycling, 2018, 139: 188-193.

[179] Zhifeng L. Safety evaluation of Chinese nickel resources based on analytic hierarchy process and fuzzy comprehensive evaluation [J]. IOP Conference Series: Earth and Environmental Science, 2017, 81 (1).

[180] 北京安泰科信息科技有限公司. 2021 电池金属（镍钴锂）资源和环保春季研讨会. 2021. https://www.antaike.cn/.

[181] 北京安泰科信息科技有限公司. 2021 年有色金属市场发展报告 [R]. 北京：安泰科信息科技有限公司，2022.

[182] 曹群，姜振寰. 产业链的内涵及特性分析 [J]. 商业研究，2008 (11)：133-136.

[183] 曾祥婷，许虹，田尤，等. 中国镍资源产业现状及可持续发展策略 [J]. 资源与产业，2015，17 (4)：94-99.

[184] 曾裕. 中国不锈钢市场现状、发展趋势及对策 [J]. 冶金经济与管理，2006 (5)：35-38.

[185] 陈吉清，翁楚滨，兰凤崇，等. 政策影响下的动力电池产业发展现状与趋势 [J]. 科技管理研究，2019，39 (9)：148-157.

[186] 戴相全. 镍的价格预测与采购模型及其应用研究 [D]. 沈阳：东北大学，2015.

[187] 丁浩，王赛. 基于新发展理念的华东地区经济高质量发展评价研究 [J]. 河南科学，2020，38 (7)：1189-1196.

[188] 杜光焱，许菁. 硫酸镍市场分析及展望 [J]. 金川科技，2018 (2)：44-46.

[189] 关德海. 红土镍矿湿法冶炼项目选址要点概述 [J]. 有色金属（冶炼部分），2021 (5)：36-40.

[190] 管清友. 新能源汽车行业 2022 年度展望. 2021.

[191] 何绪文，李静，石靖靖，等. 镍冶炼废渣毒性浸出试验研究 [J]. 环境工程，2014，32 (S1)：804-807.

[192] 胡敏，王恒，陈琪. 电动汽车锂离子动力电池发展现状及趋势 [J]. 汽车实用技术，2020 (9)：8-10.

[193] 华泰期货. 不锈钢产业链分析. 2019.

[194] 黄斐荣，廖亚龙，周娟，等. 镍火法冶炼废渣中钴、镍回收的研究进展 [J]. 化工进展，2015，34 (4)：1133-1138.

[195] 黄学杰. 磷酸铁锂储能电池产业化技术新进展 [J]. 第五届全国储能科学与技术大会，湖北：武汉，2018：1.

[196] 金碚．关于“高质量发展”的经济学研究 [J]．中国工业经济，2018 (4)：5-18.

[197] 金融界．镍：碳排放量第二大的有色金属．2021.

[198] 李静．镍钴冶炼中典型重金属污染识别与防控对策研究 [D]．北京：中国矿业大学（北京），2015.

[199] 李凌云．我国不锈钢市场分析 [J]．冶金经济与管理，2015 (4)：53-56.

[200] 林志峰．我国镍资源安全及国际化战略研究 [D]．昆明：昆明理工大学，2017.

[201] 刘固望．部门终端能源消费模型及其应用 [D]．北京：中国地质大学（北京），2016.

[202] 刘贵富．产业链基本理论研究 [D]．长春：吉林大学，2006.

[203] 刘金龙，李伫民，周永恒，等．镍矿床分布、成矿背景和开发现状 [J]．中国地质，2022：1-23.

[204] 刘名远．中国产业高质量发展评价指标体系构建与实证研究 [J]．石家庄学院学报，2021，23 (4)：55-62.

[205] 刘明宝，段理祎，高莹，等．我国镍矿资源现状及利用技术研究 [J]．中国矿业，2011，20 (11)：98-102.

[206] 刘志彪．理解高质量发展：基本特征、支撑要素与当前重点问题 [J]．学术月刊，2018，50 (7)：39-45.

[207] 娄德波，孙艳，山成栋，等．中国镍矿床地质特征与矿产预测 [J]．地学前缘，2018，25 (3)：67-81.

[208] 路长远，鲁雄刚，邹星礼，等．中国镍矿资源现状及技术进展 [J]．自然杂志，2015，37 (4)：269-277.

[209] 马文军．碳中和背景下电池镍行业发展趋势及应对 [J]．中国有色冶金，2021：1-6.

[210] 马玉芳，沙景华，闫晶晶，等．中国镍资源供应安全评价与对策研究 [J]．资源科学，2019，41 (7)：1317-1328.

[211] 梅简，张杰，刘双宇，等．电池储能技术发展现状 [J]．浙江电力，2020，39 (3)：75-81.

[212] 牛瑶，寇亮，张诚，等．超高镍 NCA 三元前驱体的制备及对应正极材料的研究 [J]．化工新型材料，2021，49 (6)：197-200.

[213] 欧阳明高．中国新能源汽车的研发及展望 [J]．科技导报，2016，34 (6)：13-20.

[214] 齐丁有色研究，镍丨深度：迎接硫酸镍的高光时代 [EB/OL]．(2021-02-15) [2021-06-14]. https：//mp. weixin. qq. com/s/AaeXoPmPpzoTr7SfdKJdCQAaeXoPmPpzoTr7SfdKJdCQ.

[215] 汽车之家 [DB/OL]．https：//ev. autohome. com. cn/# pvareaid = 3311257Autohome，https：//ev. autohome. com. cn/#pvareaid=3311257.

[216] 乔明．镍冶炼行业清洁生产评价指标体系的构建 [D]．兰州：兰州大学，2013.

[217] 秦海林．经济高质量发展亟须增强产业链弹性 [J]．红旗文稿，2020 (12)：25-26.

[218] 饶富，马恩，郑晓洪，等．硫化镍矿中镍提取技术研究进展 [J]．化工学报，2021，72 (1)：495-507.

[219] 任保平，文丰安．新时代中国高质量发展的判断标准、决定因素与实现途径 [J]．改革，2018 (4)：5-16.

[220] 任保平．新时代高质量发展的政治经济学理论逻辑及其现实性 [J]．人文杂志，2018 (2)：26-34.

[221] 阮海峰．中国再生镍产业的发展及问题 [J]．有色金属再生与利用，2005 (6)：31-33.

[222] 上海期货交易所 . 不锈钢品种手册 . 2019.

[223] 宋永华，阳岳希，胡泽春 . 电动汽车电池的现状及发展趋势［J］. 电网技术，2011，35（4）：1-7.

[224] 孙培 . 国际不锈钢市场行情分析与我国对策研究［D］. 太原：山西财经大学，2008.

[225] 太钢不锈 . 2021 年太钢不锈年报 . 2021.

[226] 唐萍芝，陈欣，王京 . 全球镍资源供需和产业结构分析［J］. 矿产勘查，2022，13（1）：152-156.

[227] 投研 . 镍（三元锂电方向）及产业链上市公司解析 . 2021.

[228] 汪伟伟，丁楚雄，高玉仙，等 . 磷酸铁锂及三元电池在不同领域的应用［J］. 电源技术，2020，44（9）：1383-1386.

[229] 王清慧 . 我国不锈钢供需反转过程分析研究［J］. 甘肃科技，2014，30（22）：116-117.

[230] 王帅，姜颖，郑富强，等 . 红土镍矿火法冶炼技术现状与研究进展［J］. 中国冶金，2021，31（10）：1-7.

[231] 王元刚 . 中国镍资源开发现状与可持续发展策略及其关键技术［J］. 世界有色金属，2018（18）：168-169.

[232] 魏国 . 我国镍产业发展现状及市场分析［J］. 中国有色金属，2020（14）：44-45.

[233] 吴晴，张照志，潘昭帅，等 . 2020～2035 年我国钒需求预测［J］. 中国矿业，2021，30（5）：48-56.

[234] 吴展，胡琴 . 镍二次资源回收利用的现状与展望［J］. 矿产与地质，2013，27（S1）：59-62.

[235] 武兵强，齐渊洪，周和敏，等 . 红土镍矿火法冶炼工艺现状及进展［J］. 矿产综合利用，2020（3）：78-83.

[236] 徐爱东，顾其德，范润泽 . 我国再生镍钴资源综合利用现状［J］. 中国有色金属，2013（3）：64-65.

[237] 中国化学与物理电源行业协会 . 2020 年中国动力锂离子电池企业装机量排名前 20 强发布 . 2021.

[238] 中国汽车工程学会 . 节能与新能源汽车技术路线图 2. 0. 2020.

[239] 中国特钢企业协会不锈钢分会 . 2020 年中国不锈钢粗钢产量增长 2. 51%至 3013. 9 万吨 . 2021.

[240] 中伟股份 . 2020 年中伟企业年报 . 2021.

[241] 钟菊芽 . 2016～2017 年镍的市场分析与展望［J］. 中国金属通报，2017（6）：118-119.

[242] 朱宇平 . 红土镍矿湿法冶金工艺综述及进展［J］. 世界有色金属，2020（18）：5-7.

[243] 自然资源部 . 2020 年全国矿产资源储量统计表 . 2021.

[244] 金川集团 . http：//www. jnmc. com/index/goods/index. html.

[245] 徐光宪 . 稀土［M］. 北京：冶金工业出版社，1995：1-28.

[246] 黄小卫，李红卫，薛向欣，等 . 我国稀土湿法冶金发展状况及研究进展［J］. 中国稀土学报，2006，24（2）：129-133.

[247] U. S. Geological Survey. Mineral Commodity Summaries，2022. https：//www. usgs. gov/centers/nmic/mineral-commodity-summaries.

[248] Gupta C K，Krishnamurthy N. Extractive metallurgy of rare earths［J］. Inernational Metallurgical Reviews，1992，37（5）：197-248.

[249] Wang L，Huang X，Yu Y，et al. Towards cleaner production of rare earth elements from bastnaesite in

China [J]. Journal of Cleaner Production, 2017, 165 (1): 231-242.

[250] Jha M K, Kumari A, Panda R, et al. Review on hydrometallurgical recovery of rare earth metals [J]. Hydrometallurgy, 2016, 165: 2-6.

[251] 邱定蕃，王成彦. 稀贵金属冶金新进展 [M]. 北京：冶金工业出版社，2019：3-81.

[252] Huang X W, Long Z Q, Wang L S, et al. Technology development for rare earth cleaner hydrometallurgy in China [J]. Rare Metals, 2015, 34 (4): 215-222.

[253] 张恋，吴开兴，陈陵康，等. 赣南离子吸附型稀土矿床成矿特征概述 [J]. 中国稀土学报，2015，33 (1)：10-17.

[254] 黄小卫，李红卫，王彩凤，等. 我国稀土工业发展现状及进展 [J]. 稀有金属，2007，31 (3)：279-288.

[255] 马莹，李娜，王其伟，等. 白云鄂博矿稀土资源的特点及研究开发现状 [J]. 中国稀土学报，2016，34 (6)：641-649.

[256] 冯宗玉，黄小卫，王猛，等. 典型稀土资源提取分离过程的绿色化学进展及趋势 [J]. 稀有金属，2017，41 (5)：604-612.

[257] 王猛，黄小卫，冯宗玉，等. 包头混合型稀土矿冶炼分离过程的绿色工艺进展及趋势 [J]. 稀有金属，2019，43 (11)：14-24.

[258] Zhang N Q, Yan H, Li L C, et al. Use of rare earth elements in single-atom site catalysis: A critical review e commemorating the 100th anniversary of the birth of Academician Guangxian Xu [J]. Journal of Rare Earths, 2021, 39 (3): 233-242.

[259] Liu H H, Wang Y, Jia A P, et al. Oxygen vacancy promoted CO oxidation over Pt/CeO_2 catalysts: A reaction at Pt/CeO_2 interface [J]. Applied Surface Science, 2014, 314 (30): 725-734.

[260] Jaffari G H, Imran A, Bah M, et al. Identification and quantification of oxygen vacancies in CeO_2 nanocrystals and their role in formation of F-centers [J]. Applied Surface Science, 2016, 396 (1): 547-553.

[261] 张国成，黄小卫，顾保江，等. 从硫酸体系中萃取分离稀土元素：CN，1009332B [P]. 1990.

[262] 黄小卫，冯宗玉，徐旸，等. 稀土矿的冶炼分离方法：CN，106282553A [P]. 2017.

[263] 张国成，黄小卫. 氟碳铈矿冶炼工艺述评 [J]. 稀有金属，1997 (3)：193-199.

[264] Feng Z Y, Huang X W, Liu H J, et al. Study on preparation and application of novel saponification agent for organic phase of rare earths extraction [J]. Journal of Rare Earths, 2012, 30 (9): 903-908.

[265] Huang X W, Long Z Q, Peng X L, et al. Use of $Mg(HCO_3)_2$ and/or $Ca(HCO_3)_2$ aqueous solution in metal extractive separation and purification: US, 20110274597A1 [P]. 2011.

[266] 黄小卫，张国成，龙志奇，等. 从稀土矿中综合回收稀土和钍工艺方法：CN，100348728C [P]. 2005.

[267] 冯宗玉，王猛，赵龙胜，等. 稀土元素萃取分离提纯技术发展现状与展望 [J]. 中国稀土学报，2021，39 (3)：469-478.

[268] Wang M, Huang X W, Xia C, et al. Efficient preparation of magnesium bicarbonate from magnesium sulfate solution andsaponification-extraction for rare earths separation [J]. Transactions of Nonferrous Metals Society of China. 2022. http://kns.cnki.net/kcms/detail/43.1239.TG.20220330.1720.010.html.

[269] 程福祥，吴声，廖春生，等. 联动萃取分离流程设计理论的建立及其运用 [J]. 中国稀土学报，

2021，39（3）：490-503.
[270] Huang X W，Long Z Q，Peng X L，et al. Application of aqueous solution of magnesium bicarbonate and/or calcium bicarbonate in the process of extraction separation and purification of metals：AU，2010205981 [P]. 2013.
[271] Feng Z Y，Huang X W，Wang M，et al. Method for comprehensive recovery of smelting wastewater containing magnesium：AU，2016266463 [P]. 2016.
[272] 冯宗玉，黄小卫，徐旸，等．含镁的冶炼废水综合回收的方法：CN，106277417A [P]. 2017.
[273] 冯宗玉，黄小卫，王猛，等．一种稀土冶炼分离过程含镁和/或钙废液的处理方法：CN，111041249A [P]. 2018.
[274] 廖春生，程福祥，吴声，等．串级萃取理论的发展历程及最新进展 [J]. 中国稀土学报，2017，35（1）：1-3.
[275] 许延辉，刘海蛟，崔建国，等．包头混合稀土矿清洁冶炼资源综合提取技术研究 [J]. 中国稀土学报，2012，30（5）：632-635.
[276] 许延辉，刘海娇，崔建国，等．混合稀土精矿液碱焙烧资源综合回收工艺：CN，102212674A [P]. 2011.
[277] 马莹，张丽萍，许延辉，等．稀土精矿浓硫酸低温焙烧分解工艺：CN，1405337 [P]. 2004.
[278] 李国民，胡克强，刘金山，等．一种混合型稀土精矿分解方法：ZL，200410006443.8 [P]. 2005.
[279] 胡克强．酸法分解包头稀土矿新工艺：ZL，98118153.8 [P]. 2000.
[280] 美国地质调查局 USGS [EB/OL]. [2021-09-29]. https：//www.usgs.gov/centers/nmic/graphite-statistics-and-information.
[281] 刘艳飞，陈正国，颜玲亚，等．全球石墨资源现状、生产、消费及贸易格局 [J]. 中国非金属矿工业导刊，2019（138）：13-17.
[282] 美国地质调查局 USGS [EB/OL]. [2013-09-29]. https：//www.usgs.gov/centers/nmic/graphite-statistics-and-information.
[283] 左力艳，张万益，李壮．全球石墨资源产业现状分析及我国石墨行业发展建议 [J]. 矿产资源利用与保护，2019（6）：32-35.
[284] 陈军元，颜玲亚，刘艳飞，等．全球石墨资源供需形势分析 [J]. 国土资源情报，2020（10）：90-97.
[285] 张苏江，王楠，崔立伟，等．国内外石墨资源供需形势分析 [J]. 无机盐工业，2021（7）：1-11.
[286] 刘艳飞，陈正国，颜玲亚，等．全国石墨资源现状、生产、消费及贸易格局 [J]. 中国非金属矿工业导刊，2019（S1）：13-17.
[287] 焦丽香，高树学，郭加朋，等．我国石墨资源开发利用现状分析 [J]. 中国非金属矿工业导刊，2019（S1）：1-6.
[288] 饶娟，张盼，何帅，等．天然石墨利用现状及石墨制品综述 [J]. 中国科学：技术科学，2017（1）：13-31.
[289] 王力，樊俊雷，李雷，等．中国石墨资源概况及晶质石墨成矿规律 [J]. 地质学刊，2017，41（2）：310-317.
[290] 任静楠．国际石墨贸易格局及影响因素研究 [D]. 北京：中国地质大学（北京），2019.
[291] 刘剑．天然石墨的成因、晶体化学特征及对石墨烯产业化的约束 [D]. 北京：中国地质大学（北京），2017.
[292] 陈婷芳．石墨矿产市场分析 [D]. 北京：中国地质大学（北京），2016.

[293] 安彤．中国石墨资源开发利用现状及产业发展策略研究［D］．北京：中国地质大学（北京），2018.
[294] 刘艳飞，颜玲亚，高树学，等．全球石墨资源分布与供需格局变化分析［J］．地质论评，2020（S1）：129-131.
[295] United Nations. United Nations Commodity Trade Statistics Database 2000-2019［DB/OL］．［2021-01-25］. https：//comtrade. un. org/data/.
[296] 郭佳欢，闫强，高天明．石墨消费结构演变与贸易格局［J］．地球学报，2017，38（1）：115-120.
[297] 周起忠，闫卫东，尹丽文，等．世界石墨资源概况及需求分析［J］．国土资源情报，2019（6）：28-32.
[298] 自然资源部．中国矿产资源通报（2019）［M］．北京：地质出版社，2019.
[299] 颜玲亚，高树学，陈正国，等．中国石墨矿成矿特征及成矿区带划分［J］．中国地质，2018，45（3）：421-441.
[300] 刘敬党，肖荣阁，等．华北显晶质石墨矿床［M］．北京：科学出版社，2017：120-130.
[301] 郭理想，刘磊，王守敬，等．中国石墨资源及晶质石墨典型矿集区矿物学特征［J］．矿产保护与利用，2021（6）：9-18.
[302] 国土资源部信息中心．世界矿产资源年评［M］．北京：地质出版社，2016：285-286.
[303] 中国地质调查局．中国地质调查百项成果［R］．中国石墨资源调查报告，2016：262-269.
[304] 海关总署．海关统计年鉴［Z］．北京，2017-2020.
[305] 康文泽，何花．鳞片石墨浮选药剂研究进展［J］．炭素，2019，180（3）：40-43.
[306] 刘之能，申士富，刘海营，等．我国石墨选矿技术及装备进展［J］．现代矿业，2020，616（8）：143-146.
[307] 王炯辉．从“硅时代”到“碳时代”全球矿业发展的新机遇：三论新技术矿产［J］．中国矿业，2022，31（1）：6-10.
[308] 王炯辉．以“碳减碳”——天然石墨负极材料性能优化探讨［J/OL］．矿冶，（2022-03-05）［2022-04-12］. https：//kns. cnki. net/kcms/detail/11. 3479. TD. 20220301. 1524. 002. html.
[309] 黑龙江省科技厅．黑龙江省将打造国际石墨谷［EB/OL］．（2012-09-04）［2022-04-12］. http：//www. most. gov. cn/dfkj/hlj/zxdt/201209/t20120903_96482. html.
[310] 刘忠范．从石墨烯新材料实践谈高科技产业发展之路［J］．国际人才交流，2022（3）：43-47.
[311] 杨卉芃，张亮，刘磊．国外石墨矿产开发趋势［J］．矿产保护与利用，2019，12（6）：14-21.